2013년도
대한민국학술원 선정
우수학술도서
이 도서는 교육부의 지원으로
대한민국학술원에서 선정한
"2013년도 우수학술도서"임.

[행정법연구 1]

행정법관계에서의 사인의 권리와 의무

김 현 준

法 文 社

序 文

권리가 행정법학에서는 홀대받고 있는지도 모른다.

행정소송 가운데에서도 법률관계소송인 당사자소송에 비하여 행위소송인 항고소송이 압도적인 역할을 하는 동안, 행정법에서 권리론은 원고적격론에 머물고 있다. 행위 중심의 행정법학에서 권리, 나아가 법률관계는 어떠한 의미가 있(어야 하)는가?

사인의 공의무도 행정법관계에서 선명하게 드러나진 않는다. 가령, 사인의 위험방지의무 · 경찰책임의 법리는 최근 대두되는 오염토양정화책임과 같은 난제의 해법이 될 수 있는데도, 법 현실에서 이 법리가 제대로 작동 못하고 있음은 어떻게 이해해야 할까?

한편, 행정법관계의 양 당사자 간의 갈등문제는 행정법학의 숙세이다. 조정 등 비재판적 수단이 갈등해결기제로 각광받지만, 재판수단을 통한 해결방안을 도외시할 순 없다. 특히 행정소송에 대한 접근성 제고는 이 맥락에서도 검토해야 한다.

이러한 고민의 흔적들을 엮은 것이 본서이다. 세어보니, 독일유학에서 돌아온 지 12년이 더 지났다. 여기서 한 단락 정리하고, 이제 새로운 고민을 시작하고자 한다.

돌아보니, 감사드려야 할 분들이 많다.

막연히 꿈만 많던 청년시절, 존경하는 은사 한견우 교수님(당시 경북대)은 필자를 학문의 길로 이끄셨던 분이다. 아둔한 필자에게 그나마 학문에 대한 열정이 다소라도 있다면, 이는 그 시절 은사님으로부터 배운 것이다. 괴팅겐대학 지도교수이셨던 Franz-Joseph Peine 교수님은 지금까지도 독일법 이해에 많은 도움을 주고 계신다. 小早川光郞 교수님과 交告尚史 교수님은 필자를 東京大學으로 초청해주셔서 학문의 지평을 넓히게 해 주셨다. 학계의 큰 어른이신 김남진 교수님(학술원)은 *淺學菲才*의 필자에게 과분한 관심과 격려를 주시는 분이다.

원고정리에 애쓴 우리 연구실의 박웅광 선생, 송철영 선생, 박규수 석사의 학문적 내성을 기원하며, 멋진 편집을 위해 수고하신 법문사 노윤정 차장님에게도 감사드린다. 끝으로, 늘 바쁜 척 하는 남편에게 헌신적인 내조를 아끼지 않은 아내 明善에게 나의 사랑과 감사를 전한다. 출판의 기쁨도 함께 나누고 싶다.

2012년 12월
압량벌 연구실에서
김 현 준

차 례

제 1 편 행정법관계에서의 사인의 공권

제2편 행정법관계에서의 사인의 공의무, 공책임

행정법관계에서의 사인의 권리와 의무

제3편 행정법관계에서의 갈등과 그 조정의 모색

제4편 행정법관계에서의 갈등과 司法接近性

제 1 편

행정법관계에서의 사인의 공권

제 1 장

실체적 공권의 4유형

Ⅰ. 머리말

2011. 11. 15. 법무부가 학계위원과 실무위원으로 구성된 행정소송법 개정위원회(위원장 최송화)를 발족함으로써, 1951년 제정되어 33년만인 1984년에 한 차례 전면 개정된 이후 사실상 개정이 없었던 행정소송법의 개정이 재추진되고 있다.

현행 행정소송법이 국민들의 고양된 권리의식과 행정형식의 다양화 등 급변하는 사회환경을 반영하지 못하고 있다는 현실, 그리고 이를 개선하기 위해 행정소송법 개정이 필요하다는 요청은 어제 오늘 제기된 것은 아니다. 이미 대법원은 행정소송법 개정위원회(2002. 4~2006. 3)를 운영하여 2006. 9. 전면개정안을 국회에 입법의견 형식으로 제출한 바 있고, 법무부도 행정소송법 개정 특별분과위원회(2006. 4~2007. 4)를 운영하여 2007. 11. 전면개정안을 국회에 제출한 바 있으나, 이들 모두 결실을 보진 못했다.

법무부는 이번 개정작업에서 「국민의 권익구제 확대를 위한 새로운 제도 도입 검토」와 「국민이 이용하기 쉬운 행정소송제도 도입」을 국민들을 향해 내세우고 있다.[1] 전자의 예로서 가처분제도를 예로 들고 있지만, 그 외에도 2006년 대법원 개정안, 2007년 법무부 개정안에서도 포함되었던 의무이행소송 · 예방적 금지소송과 같은 새로운 항고소송의 도입이 검토될 가능성이 많아 보인다. 후자의 예로는 소의 변경, 이송의 허용범위 확대, 취소소송의 제소기간 연장이 예시되고 있지만, 그밖에 행정법학계

1) 2011. 11. 15. 법무부 보도자료(『법무부, 행정소송법 개정위원회 발족』 –30여년 만에 '국민 권익구제향상'을 위한 행정소송법 전면개정 추진–) 참조.

의 해묵은 주제인 원고적격과 (특히 법규명령의) 대상적격에 관한 논의 역시 불가피할 것으로 보인다. 이와 관련하여, 헌법 제107 제2항의 해석과 관련된 헌법재판소와 법원 간의 관할문제가 종래 해석론을 넘어 이제 입법론으로 전개될 가능성도 추측해 본다.

그런데 국민의 권익구제를 확대하고 국민이 쉽게 이용할 수 있는 선진화된 행정소송 제도의 구축이라는 숙원의 과제를 실현함에 있어서, 우선 이러한 국민의 권익 내지 권리가 무엇인가를 명확하게 할 필요가 있을 것 같다. 사인의 어떠한 권익 · 권리가 어떠한 소송유형을 통하여 실현할 수 있는가, 그리고 이러한 소송유형이 없을 경우 사인은 어떠한 권익을 제대로 행사하지 못하는 것이 되는가의 근본적 문제가 간과되고 있는 면이 있기 때문이다. 실체적 공권의 4유형의 체계화를 시도하는 이 글의 주된 의도는 여기에 있다. 실체법상의 권리를 기준으로 이러한 작업을 시도하고자 하며, 이때 권리의 개념은 해석론을 통하여 그 의미가 확장될 수 있으리라 생각된다.[2)]

Ⅱ. 실체적 공권의 현황과 이른바 '법률관계이론'

1. 행정법학에서 '행정행위'와 '법률관계'

독일의 오토마이어에 의해 창안된 행정행위(Verwaltungsakt)는 우리나라 행정법학의 중심개념이다. 취소소송의 대상이 되는 처분과 이러한 강학상 행정행위가 완전히 일치하는 독일에서는 물론이고, 양자의 관계를 두고 일원설 · 이원설의 대립이 있는 우리나라에서도 행정행위가 차지하는 비중은 가히 중심적이라고 할 만하다.

이러한 오토마이어의 행정행위론에 대해 그 당시에도 비판론이 있었다고 전해지지만,[3)] 제2차 세계대전 이후의 독일 행정법원법에서는 행정행위 중심의 행정소송 체계가 정착되었고, 오늘날 우리나라도 이러한 영향을 받고 있다고 할 수 있다. 즉, 행정행위가 없는 곳에서는 권리구제가 없다는(wo kein Verwaltungsakt, da kein Rechtsschutz) 식의 일종의 행위법적 사고(aktionenrechtliches Denken)가 정착되어 있다.

그러나 제2차 대전 이후의 독일에서도 행정행위 중심의 행정법학에 대한 비판은 찾

---

2) 이익설 · 의사설 등을 중심으로 한 권리개념에 관해서는 김도균, 권리의 문법, 박영사, 2008; 김현철, 권리에 대한 법철학적 연구-권리개념의 재구성을 중심으로, 서울대학교 법학박사학위논문, 2002/2 참조.

3) 가령, 당시 한스 켈젠(Hans Kelsen)은 법의 전면적 지배, 법인격으로서의 국가 등을 주장하며 반론을 제기했다(최계영, "행정행위가 갖는 특별한 효력의 근거 -그 역사적 기원과 헌법적 근거에 관한 고찰-", 법조 55-5, 2006, 185-192쪽).

아 볼 수 있는바, 그 대표적인 것으로 '법률관계'를 앞세우는 이른바 '법률관계이론'(Rechtsverhältnisslehre) 또는 '행정법관계이론'을 들 수 있다. 1971년 독일 국법학자대회에서 Bachof는 "행정법에서 지배적이고도 중심적인 지위를 차지할 만한 개념 · 제도를 하나만 꼽으라면, 그것은 바로 법률관계(Rechtsverhältnis)[4]" 라고 주장한다.[5] 아울러, 그는 행정행위는 전개되고 있는 관계들 중 하나의 스냅촬영(Momentaufnahme)에 불과한 반면, 법률관계는 실체법의 관점에서 훨씬 더 중요하고 흥미로운 것이라고 한다. 그리고 행정행위와는 전혀 다른 방식으로 발생 · 변경 · 소멸되는 법률관계는 행정행위에 비하여 훨씬 더 포괄적인 제도(viel umfassenderes Institut)라는 점을 역설한다.[6] 그밖에 법률관계를 중시하는 이러한 방법론에 다수의 학자들이 지지를 하며,[7] 한때 독일 행정법학의 논쟁 대상이 되기도 했다. 그러나 이러한 법률관계론, 특히 행정행위 대신에 법률관계를 앞세우려는 입장에 대해서는 많은 비판이 따랐고[8] 오늘날에도 이를 부정적으로 보는 견해가 많다.[9] 무엇보다 국가-시민관계를 근본적으로 새로이 설정하려는 이론으로서는 받아들여지지 않는 것으로 보인다.[10]

이와 같이 행정행위 중심의 사고가 지배해서 그런지, 우리나라 행정법학에서도 법률관계는 중요한 의미로 다가오진 않는다. 행정소송 역시 법률상 쟁송으로서 이는 구체적 법률관계에 관한 쟁송이어야 하지만, 사인의 입장에서 권리는 후술하는 바와 같이 주로 원고적격론에서만 나타나고 있는 것이 현실이다. 즉, 행정법학에서의 권리의무는 민법학에서 그것이 차지하는 비중에 비하여 상대적으로 약화된 모습을 가지고 있다고 할 수 있다.

이는 민 · 형사소송과 행정소송에서 권력분립이 가지는 의미가 다른 점, 그리고 이

---

4) '법관계'라는 말이 더 정확한 것으로 생각되지만, 우리 법학에서 이미 정착된 '법률관계'라는 용어를 그대로 쓴다.

5) Bachof, "Dogmatik des Verwaltungsrechts", VVDStRL 30, 1972, S. 231("Wenn *ein* Begriff und wenn ein Institut eine beherrschende, meinetwegen auch 'zentrale' Stellung im Verwalungsrecht einzunehmen verdienen, so ist es das Rechtsverhältnis")(강조는 원저자 Bachof에 의한 것임).

6) 위의 논문, 231-232쪽.

7) Schnapp, Rechtsverhältnisse in der Leistungsverwaltung, DÖV 1988, 811; Rupp, Grundfragen der heutigen Verwaltungsrechtslehre, 1965. 특히, 행정법을 법률관계 중심으로 구성하고자 했던 N. Achterberg는 법률관계이론의 대표적 논자로 불린다. 이에 관한 그의 다수 저작 중 법이론적으로 이를 정리한 Achterberg, Die Rechtsordnung als Rechtsverhältnisordnung-Grundlegung der Rechtsverhältnistheorie, 1982 참조.

8) 1986년 뮌헨에서 개최되었던 독일 국법학자대회에서는 이 문제를 한 주제로서 다루었고(그 출판물인 VVDStRL 45, 1987 참조), 여기서 Erichsen 등의 법률관계론에 대한 비판이 나타나기도 했다.

9) Detterbeck, Allgemeines Verwaltungsrecht, 2008, Rn. 413 ff. 특히 Rn. 415 참조.

10) Masing, in: Hoffmann-Riem/Schmidt-Aßmann/Voßkuhle (Hrsg.), "Der Einzelne als Träger von Rechten", Grundlagen des Verwaltungsrecht Bd. I, 2006, Rn. 122 f.

와 관련된 항고소송의 구조적 특질 등에서 기인하는 것임을 추측할 수 있지만, 그 '권리'가 단지 소송의 문턱에 들어갈 수 있는지를 심사하는 요건의 하나로만 기능한다는 것은 분명히 기형적인 모습이 아닌가 생각된다.

이러한 문제를 나누어서 살펴보자.

2. 우리나라 행정법에 있어서 공권

(1) 행정행위 중심의 행정법과 항고소송의 구조적 특질

행정법학에서 권리홀대의 현상(?)은 행정소송(항고소송)은 민사소송에 비하여 다른 구조를 가지고 있다는 점에 기인하는 것으로 보인다. 행정법관계에서는 행정청의 판단이 일단 내려지고 난 후에야 법원은 그 행정청의 행위를 법적으로 평가할 수 있다는 '행정청의 先決權' 내지 '행정청의 1차적 판단권의 존중'이라는 관념이 뿌리 깊게 작용하고 있다. 전통적인 행정소송(항고소송)의 기본구조가 민사소송의 그것과 다른 특징을 보이고 있는 것도 이러한 행정청의 1차적 판단권 존중과 깊은 관련이 있다. 일종의 법률관계소송이라고 할 수 있는 민사소송이나 행정소송법상의 당사자소송과는 달리 항고소송은 일종의 행위소송이라고 해야 할 것이다. 항고소송은 양 당사자의 권리의무관계를 직접적으로 다투는 것이 아니라, 행정청이 공익실현을 위한 사회적 임무를 행할 것을 전제로 하면서, 행정청의 사인에 대한 이러한 공익실현 행위가 위법한지 여부를 법원이 판단하는 구조로 되어 있다. 통상적인 민사소송의 경우에는 당사자간의 권리의무가 소송의 주제가 되고 이것을 법원이 심리 · 재판하지만, 항고소송에서는 기본적으로는 공권력의 행사에 관련되는 행정청의 일정한 행동이나 태도, 즉 일정한 처분을 한 것, 하려고 하는 것, 하지 않는 것 등에 대한 불복이 소송의 주제가 된다. 물론 취소소송의 경우에도 권리의무의 다툼의 존재가 전제가 되어 있긴 하지만, 그 다툼이 법원에 의해 전면적으로 심판된다기보다는 다툼의 한 요소인 행정청의 일정한 처분만을 문제삼아 그 적부를 심판의 대상으로 하는 것이다. 즉, 항고소송은 양 당사자의 권리의무관계를 직접적으로 다투는 것이 아니라, 행정청이 공익실현을 위한 사회적 임무를 행할 것을 전제로 하면서, 행정청의 사인에 대한 이러한 공익실현 행위가 위법한지 여부를 법원이 판단하는 구조로 되어 있다.[11]

이와 같이 행정소송(항고소송)은 특정 당사자 상호간의 권리의무를 문제 삼는 것이

11) 상세는 小早川光郎, 行政法講義 下Ⅱ, 弘文堂, 2005, 136-141頁.

아니라, 행정이 그의 임무인 사회에서의 이익조정을 적법하게 하고 있는가, 그 행정청의 행동 · 태도가 위법하지는 않는가에 초점을 맞추고 있다. 따라서 민사소송은 법률관계를 판단하는 소송이라면, 행정소송(항고소송)은 행정작용을 판단하는 소송이라는 차이가 있으며,[12] 소송기술적으로 행정작용만을 판단하는 행정소송에서는 법률관계를 '직접적으로' 판단하지 않아도 된다. 행정행위 중심의 행정법학, 즉 행정행위가 없는 곳에서는 권리구제가 없다는 '행위법적 사고'(aktionenrechtliches Denken)가 우리 행정법에서 강하게 나타나고 있다고 볼 수 있다.

(2) 원고적격론에 머문 공권

법률관계의 요소로서 권리, 즉 공권은 항고소송의 원고적격과 밀접한 관련을 가지며, 주로 여기서(만) 그 역할을 담당하고 있다. 말하자면, '공권론'은 단지 원고적격론의 범주에서 머물고 있는 것이다. 절차적 공권으로서 '무하자재량행사청구권'을 원고적격 확장론으로만 보는 시각도, 신청'권'에서 곧 바로 원고적격을 떠 올리는 견해도 비슷한 취지로 이해할 수 있다.

나아가, 공권론은 원고적격의 문제를 해결하기 위한 것이라고 단언하는 견해도 있다. 이 견해에 따르면, 행정소송법학이 행정소송요건법학에 그치고 있는 이러한 현실은 행정법이 아직도 '형성과정에 있는 법'이라는 점으로 설명한다.[13] 즉, 어떤 법영역의 성립 초기단계에서는 어떠한 생활관계에 대하여 누구의 제소에 의해 재판이 이루어지는가의 문제가 최대의 쟁점이 되며, 이것이 완전히 해결될 때야 하나의 법영역으로서 완성된다는 행정법학의 역사적 · 숙명적 과제가 여기에 존재한다는 것이다. 그리고 이러한 행정법학의 역사적 · 숙명적 과제를 제대로 극복할 때에야 본안문제에 진력할 수 있게 되며, 나아가 특별행정법의 연구로 발전할 수 있다고 한다.[14]

우리나라 행정소송법에서 권리가 단지 원고적격론에서만 의미가 있을 뿐이라는 점은 이른바 위법성견련성의 문제와 관련하여 그 정점에 이른다. 독일 행정법원법상의 취소소송이나 의무이행소송에서는 본안심사에서 그 위법성의 판단기준이 되는 것은 원고적격을 인정한 근거가 되었던 보호규범이다. 즉 사익보호성이 인정되어 원고적격이 있다고 본 보호규범만이 본안심사에서 행정행위의 위법성판단의 기준이 되는 것이

12) 행정소송 중에서 당사자소송은 법률관계소송임이 분명하다(행정소송법 제3조2호 참조).

13) 박정훈, 행정소송의 구조와 기능, 2006, 63쪽("행정법학의 두 가지 중심이론인 행정활동 형식론과 공권론도 취소소송의 대상적격과 원고적격의 문제를 해결하기 위한 것이다").

14) 위의 책, 64쪽.

다(제113조 제1항 제1문, 제5항 제1문). 즉 원고적격과 본안판단은 보호규범을 통해 연결되는데 이를 위법성견련성(Rechtswidrigkeitszusammenhang)이라고 한다.[15] 그런데 우리나라 행정소송법의 해석상 항고소송의 본안판단에서는 오직 '위법성'만이 문제될 뿐이고, '권리침해'는 소송요건, 즉 원고적격의 판단에서만 다루어질 뿐이라는 견해가 있다.[16] 그 논거로서 우리 행정소송법은 일본이나 독일의 행정법원법 제113조1항과 같은 명문의 규정으로 '권리침해'를 본안판단의 요건으로 두고 있지 않다는 점을 들고 있다. 이렇게 본다면 권리는 그야말로 원고적격의 판단 외에는 그 역할이 없다는 결론이 나온다.

그러나 법학의 중심개념인 권리가 행정법학에선 '단지' 소송요건 중 하나인 원고적격론에 머무는 것이 과연 타당한 것인지, 그리고 이러한 현상을 단지 우리나라 행정소송법이 형성단계에 있기 때문으로만 보고, 원고적격론에만 한정하여 이 문제를 다룰 것인지에 대해서는 와 닿지 않는 면이 있다. 논의 전개과정에서 이 점을 검토하기로 한다.

3. 소 결

행정법학에서 법률관계를 보다 전면에 내세우는 것이 바람직한지는 신중한 검토를 요하는 문제일 것이다. 법률관계를 바탕으로 행정법이론을 구성하고자 하는 독일의 이른바 '법률관계이론'이 한때 다수 학자들의 관심을 모은 바가 있지만, 많은 비판이 따랐던 것도 사실이며 특히 전통적인 행정행위론을 대신할 정도의 지지를 얻고 있진 못한 것으로 보인다.

우리나라 행정법학에서 이러한 법률관계이론를 수용할 필요가 있는지는 신중한 검토를 요하는 문제임은 물론이다. 행위소송 형식의 항고소송의 틀에 변화를 준다는 것도 현실적으로 매우 어려운 일일 뿐만 아니라, 본고가 여기서 지향하는 바도 아니다.

그러나 지나친 행위중심적 사고는 현대의 다양한 이해관계가 얽혀있는 행정법관계의 특성을 제대로 반영하지 못할 우려가 있다는 점은 지적하지 않을 수 없다. 몇 가지만 예로 들어보자.

첫째, 제3자효 행정행위에 대한 소송, 특히 행정개입청구권이 문제가 되는 소송에

15) Schmidt-Aßmann, in: Schoch/Schmidt-Aßmann/Pietzner, Verwaltungsgerichtsordnung, 2011, Einleitung Rn. 168.

16) 박정훈, 앞의 책, 15쪽. 이를 우리나라 행정소송법상 취소소송이 객관소송이라는 논거로 삼는 데 대해서는 비판이 제기되고 있다.

서 행정청의 적극적 또는 소극적 행위에만 착안하는 것은 구체적 타당성을 결할 가능성이 있다. 후술하는 제4유형의 실체적 공권이 문제되는 상황에서 이러한 문제점이 나타난다.

둘째, 항고소송이 (새로운 입법을 통해) 다양해져서, 의무이행소송이나 예방적 금지소송이 이용될 경우 종래의 행위중심적 사고로는 이해하기 어려운 면이 없지 않다. 가령, 의무이행소송의 소송물을 '특정한 행정행위 또는 새로운 결정을 행할 것을 행정청에 구하는 원고의 청구권'[17]으로 보면, 이러한 소송에서는 행위만을 앞세우는 것은 적절치 않은 면이 있지 않은가?

셋째, 법무부가 이번 개정작업에서 지향하는 목표로 삼고 있는 「국민의 권익구제 확대를 위한 (새로운) 제도」를 추구하는 것과 관련해서도 마찬가지이다. 실체법상의 법률관계를 분명히 함으로써 사인의 실체법상 권리가 잘 도출될 수 있고, 이러한 실체법상 권리가 있으면 이를 실현할 수 있는 소송수단은 당연히 따라야 한다는 철저한 개괄주의를 바탕으로 국민의 권익구제를 다양하게 실현할 수 있는 행정소송제도가 구축될 수 있다.

넷째, 법무부의 개정작업의 또 다른 목표인 「국민이 이용하기 쉬운 행정소송제도」와 관련해서도 법무부가 짧은 분량의 보도자료(2011. 11. 15.)에서도, 법률지식이 부족한 일반 국민의 입장에서 민사소송과 행정소송을 구분하지 못하거나, 적절한 소송방법을 판단하기 어려운 실정이며, 행정소송 사이(취소소송 ↔ 그 외 항고소송, 당사자소송) 또는 행정소송과 민사소송 사이에 소의 변경이나 이송을 넓게 허용함으로써 국민들이 행정소송을 보다 쉽게 활용할 수 있는 방안을 추구하고 있다. 전형적인 법률관계 소송으로 짜여진 당사자소송과 민사소송과의 사이에 소의 변경이나 이송가능성이 있는 항고소송이 되기 위해서는 항고소송이 이루어지는 부분에서도 법률관계를 제대로 분석하지 않으면 안 된다.

다섯째, 넷째 이유와도 밀접한 관련이 있지만, 행정소송이 처분이라는 행정청의 공권력행사만을 대상으로 하는 것은 아니다. 오늘날 다양한 비권력작용, 비공식행정작용 등을 통한 권익침해가 문제가 되는 경우가 많다. 이러한 작용이 문제되는 상황에서는 행정행위보다 법률관계를 중심으로 해법을 찾는 것이 유용성을 가질 수 있다.[18]

---

17) 실체법상 청구권으로 보아야 할지, 소송법상의 청구권으로 보아야 할지는 소송물이론을 바탕으로 결정해야 할 것이다.

18) 이 문제는 본고의 연구범위인 항고소송의 영역이 아니어서 여기서는 상세한 검토를 하지는 않지만, 이는 법률관계의 확인소송으로 다루어지는게 바람직하다고 할 수 있다. 그 상세는 김남진, "행정상 확인소송의 가능

이상과 같은 이유에서, 아직은 우리나라에서는 거의 논의가 없는 항고소송과 관련된 법률관계이론은 행정소송법 개정이 눈앞의 현실문제로 닥친 이 시점에서 주장할 수 없지만, 행정법관계에서의 사인의 실체법적 공권의 체계화는 기본적으로 행위소송으로서의 항고소송체제에서도 검토할 가치가 있다고 생각한다.

Ⅲ. 숨겨진 열기주의의 현상과 그 극복

1. 청구권의 개념과 로마법상의 actio

청구권(Anspruch) 개념은 로마법상의 actio에 기원을 두고 있다. 로마법에서는 개인이 다른 개인에 대하여 주장하여 실현시킬 수 있는 오늘날 실체법상의 권리라는 개념이 없었고, 문제가 생기면 바로 국가제도인 소송에 의지하였기 때문에 분쟁이 있어도 actio가 인정되지 않으면 원칙적으로 아무 것도 할 수 없었다.[19] 그러나 19세기 Windscheid는 로마법상의 actio에는 소송법적인 요소와 실체법적인 요소가 있으며, 그 중 실체법적 요소가 청구권(Anspruch)이고 소송법적 요소가 訴權(Klagerecht)이라고 함으로써 actio에서 순수한 실체법상의 내용을 추려 내어 청구권의 개념을 세웠다.[20] 이러한 Windscheid의 청구권 개념이 독일 민법에서 청구권으로 받아들여졌고,[21] 오늘날 우리나라에서도 일반적으로 인정되는 이론으로 정착된 것으로 보인다.

이러한 청구권에 관한 관념은 행정법관계에서도 마찬가지로 적용될 수 있다고 보아야 한다. Bühler의 공권의 3요소 가운데 3번째 요소가 더 이상 필요 없다는 주장이 일반적으로 받아들여지는 이유도 이러한 취지에서 이해할 수 있다.[22] 따라서 행정실체법상의 청구권이 있는데도 행정소송법상 명문으로 규정된 항고소송의 유형이 없다는 이유로 그 권리가 행사될 수 없다면, 실체법상의 권리의 내용이 actio라는 옷을 입고 그 속에 숨어 있는 것과 같은 것으로 이해했던 로마법의 관념이나 다를 바 없다.

성과 활용범위", 고시연구 2005/5; 김현준, "처분성 없는 행정작용에 대한 행정소송으로서의 확인소송", 공법연구 37-3, 2009 참조.

19) 호문혁, 민사소송법, 2011, 법문사, 110쪽.

20) Windscheid, Die Actio des römischen Civilrechts vom Standpunkt des heutigen Rechts, 1856, S. 1 ff.(호문혁, 앞의 책, 111쪽에서 재인용).

21) 위의 책, 111쪽.

22) 따라서 우리나라에서는 독일 기본법 제19조4항과 같은 규정이 없다는 이유로 여전히 이 제3요소가 필요하다는 주장은 적절하지 않다.

2. 숨겨진 열기주의

오늘날 행정소송사항을 정하는 입법유형으로서 법치국가원리에 바탕을 둔 개괄주의가 일반적으로 받아들여지고 있다.[23] 개괄주의란 행정소송사항을 한정하여 제한하지 않고 행정청의 위법한 처분으로 인하여 권익이 침해되었다고 주장하는 자에 대하여 행정소송의 제기를 널리 인정하는 입장을 말한다. 이는 행정소송사항에 대하여 법령이 열기하는 특정사항에 관해서만 행정소송의 제기를 허용하려는 열기주의에 상대되는 개념이다. 현대 법치국가의 행정소송법에서는 예외 없이 이 개괄주의를 취하고 있고, 우리나라 현행 행정소송법도 개괄주의를 취하고 있다는 데에는 이론이 없다. 제2차 세계대전 이전에 독일 · 일본 행소법이 취했던 열기주의가 사법섭근성을 보장하는 현대 법치국가에서는 수용될 수 없음은 긴 말을 요하지 않는다.

그런데 행정소송법 제4조에서 법정된 항고소송의 유형 외의 행정소송(가령, 의무이행소송, 예방적 금지소송)을 인정하지 않는 우리나라의 일관된 판례나 일부학설은 '감추어진 열기주의'(verstecktes Enumerationsprinzip), 즉 '개괄주의의 탈을 쓴 열기주의'가 아닌가 하는 의문이 있다. 이러한 의미에서 현행 행정소송법에서 의무이행소송의 규정은 두지 않고 부작위위법확인소송을 행정소송법에서 규정한 것을 의무이행소송을 부인한 입법자의 의사로 해석하는 견해는 다양한 행정소송의 유형의 발전가능성을 막고 이로써 국민의 사법접근성을 저해하는 위험한 발상으로 볼 수 있다.

실체법상의 권리가 있으면 이를 소송법상으로 실현할 수 있는가, 아니면 실체법상의 권리가 있더라도 이를 실현하기 위해서는 소송법에서 특수한 소송유형으로 규정된 기본틀을 통해서만 소송을 제기할 수 있는 것인가?[24] 민사소송에서는 전자의 입장이 취해지고 있음은 주지의 사실이다. 앞서 살펴본 과거 로마법상의 actio사상에서는 후자와 같이 소송을 이해했다. 행정소송에서도 특수한 소송유형으로서 법정된 유형의 소송만을 제기할 수 있다는 사고방식은 이러한 로마법의 actio사상의 연장이라고 할 수 있다. 행정소송법에서 소송유형을 규정하고 있는 것은 이러한 actio사상으로 인한 것이 아니라, 재판실무상 소송요건 · 본안승소요건을 명기하는 것이 이용하기 편리하다는 정책적 차원에서 규정한 것으로 새겨야 한다.[25] 나아가, 이는 개괄주의를 채택한 현

23) 개괄주의가 너무 당연한 내용으로 인식되어서인지, 최근 나오는 행성법교과서에서는 개괄주의에 대한 내용 자체가 없는 경우도 다수 발견된다.

24) 橋本博之, 改正行政事件訴訟法, 弘文堂, 2004, 59頁.

25) 高木光, "義務づけ訴訟 · 差止訴訟", 礒部力 · 小早川光郎 · 芝池義一(編), 行政法の新構想Ⅲ, 有斐閣, 2008, 47頁以下.

행 행정소송법의 취지에 맞지 않는다. 철저하게 행정소송법 제4조에서 명문으로 규정한 소송유형만을 항고소송으로서 인정하려는 태도는 감추어진 열기주의가 될 수 있다는 것이다.[26] 따라서 가령 부작위위법확인소송을 명기한 것을 가지고 입법자의 의사를 추론하는 견해는 로마법의 actio관념으로 볼 수밖에 없고, 현행 행정소송법이 채택하고 있는 개괄주의의 취지에 반하는 것이어서 타당하지 않다. 행정법에서도 실체법상 청구권이 있으면 반드시 명문의 항고소송유형에 해당하지 않더라도 이를 이용할 수 있도록 하는 적극적인 해석론이 요청된다.[27]

이러한 적극적 해석론이 이루어지려면 실체적 공권이 무엇인지, 실체적 공권에는 어떠한 내용들이 있는지에 대한 검토가 있어야 할 것이다. 실체적 공권이 체계적으로 정립되어야 사인이 가지는 권리를 보다 명확하게 인식할 수 있고, 그것이 침해될 경우 이는 곧 소송을 통하여 구제받을 수 있게 된다. 요컨대 행정법관계에서 권리구제의 사각지대를 없애기 위해서 실체적 공권의 의의와 유형을 살펴보아야 할 것이다.

Ⅳ. 실체적 공권의 의의 및 유형

1. 실체적 공권의 의의

실체적 공권의 연구필요성이 인정됨에도 불구하고, 권리를 강조하는 것은 여전히 부담스러운 면이 없지 않다. 앞서 본 대로, 법률관계이론이 독일에서도 다수의 지지를 받고 있는 것도 아니며, 우리나라에서 '권리'의 강조도 자칫 '원고적격의 협애화'라는 원치 않는 전개방향을 초래할 수도 있기 때문이다. 따라서 우선 권리와 이익을 구별하면서 '권리'가 아닌 일정한 이익을 가진 자까지도 원고적격을 확대하고자 하는 견해와 다른 논리를 전개하는 것도 아님을 밝히고자 한다. 여기서 권리는 행정실체법상의 '청구권'(Anspruch)을 가리키는 것이며, 실체적 공권의 유형화는 사인이 행정주체에 대하여 가지는 청구권 유형의 체계화의 한 시도에 지나지 않는다. 민법상의 권리가 다양한 기준으로 분류되고 있고, 큰 틀에서는 물권, 채권 등으로 체계화되는 것처럼 행정법상의 권리(공권)도 논의의 축적을 통해 민법상 권리와 같은 체계적인 분류방식을 가질 날

26) 소송의 제기는 처분권주의(Dispositionsmaxime)에 따라 원고의 주도로 이루어져야 하나, 그 경우에도 이러한 '감추어진 열기주의'가 작용해서는 안 된다고 하는 Bickenbach, Das Bescheidungsurteil als Ergebnis einer Verpflichtungsklage, 2006, S. 72.

27) 김현준, "신청권과 무하자재량행사청구권 · 행정개입청구권", 행정법연구 28, 2011, 88쪽 참조.

을 기대해본다.

또한, 오늘날 권리의 개념은 기초법의 차원에서 많은 연구가 이루어지고 있는 점도 주목해야 한다. 행정법 영역에서의 실체법상 권리 역시 종래의 판에 박힌 원고적격론에서 벗어나서 새로운 이론의 수용과 함께 다양하고 폭넓은 범위에서 사인을 보호하는 기제가 되어야 한다. 사인의 권리보호는 (행정법) 실무에서만이 아니라 (행정법) 이론에서도 전면에 주어져야 한다는 주장도[28] 이러한 차원에서 이해할 만하다.

2. 실체적 공권의 4유형

사인의 행정주체에 대한 권리는 소극적 권리(negative subjektiv-öffentliche Rechte)와 적극적 권리(positive subjektiv-öffentliche Rechte)로 일단 나눌 수 있다. 전자는 방어청구권(Abwehranspruch), 후자는 법률이행청구권(Anspruch auf Gesetzeserfüllung)이다.[29] 간단하게, 전자를 방어권, 후자를 요구권으로 부를 수도 있다. 그리고 소극적 방어권을 다시 제1유형과 제2유형으로, 적극적 요구권은 다시 제3유형과 제4유형으로 나누게 된다.

(1) 실체적 공권의 제1유형

제1유형은 침해에 대한 배제청구권이다. 이는 공권력에 의한 침해에 대하여 그 배제를 요구할 수 있는 권리를 말한다. 존속보장의 가장 기본적 형태라고 할 수 있다. 처분에 의해 권리가 침해될 경우 이를 방어하는 차원에서 그 배제를 청구하는 권리는 실체적 공권의 기초가 될 것이다. 행정법문헌에서 일반적으로 '결과제거청구권'(Folgenbeseitigungsanspruch)이라는 용어가 다른 특정한 의미로 쓰이고 있어 오해의 우려도 있지만,[30] 실체적 공권의 제1유형의 본질은 바로 '결과제거청구권'이라고 할 수 있다. 행정청의 처분에 의해 자신의 권리가 현실적으로 침해된 경우 그 존속을 보장하기 위해 침해된 결과를 제거함으로써 원상을 회복하고자 하는 청구권이 이러한 권리

28) Hien, "Keine allgemeine Fehlersuche-Gerichtliche Kontrolle auf Verletzung von Rechten des Bürgers begrenzen", DVBl. 2003, 443(445); Ehlers, "Die Klagebefugnis nach deutschem, europäischem Gemeinschafts- und U.S.-amerikanischem Recht", VerwArch 84, 1993, 139 (173 ff.).

29) Vgl. Rupp, 앞의 책, 160쪽. Rupp는 전자를 제거청구권(Beseitiungsanspruch)으로 나타내고 있으나, 후술하는 바와 같이 '제거'와 '예방적 금지'(Unterlassung)를 광의의 방어(Abwehr)로 포섭하고자 하는 필자로서는 Rupp의 제거청구권(Beseitiungsanspruch)을 방어청구권(Abwehranspruch)으로 대신했다. 양자의 본질적 차이는 없다고 할 수 있다.

30) 종래 행정법문헌에서의 결과제거청구권이 '침해상태의 위법성'에 중점을 두는 것이라면, 여기서의 결과제거청구권은 '침해행위의 위법성'에 중점을 두는 점에 차이가 있다.

이다. 방어권(Abwehrrecht, Abwehranspruch)으로서의 성질을 가지고 있으며, 취소소송·무효등확인소송을 통해서 현실적으로 가장 많이 실현되고 있는 권리가 바로 이 유형이다.

(2) 실체적 공권의 제2유형

제2유형은 침해에 대한 '예방'청구권이다. 여기서 '예방'의 의미는 주의 깊게 이해할 필요가 있다. 이는 발생개연성이 다소 낮은 '리스크(Risiko)[31]의 사전배려'(Vorsorge)가 아니라, 광의의 방지(Abwehr)의 개념에 포함될 수 있는 예방적 금지(Unterlassung)의 의미이다. 즉 침해의 방지는 이미 발생된 침해결과에 대한 제거와 침해를 목전에 두고 있는 경우 이를 방지하는 것을 포함하는 개념이다. 여기서 예방이란 후자의 의미이다. '위험'개념을 적용하여 이를 설명한다면, 가령 위험방지(위험방어, Gefahrenabwehr)[32]를 청구할 수 있는 권리는 이미 발생한 손해발생의 결과를 제거하는 것과 손해의 발생을 방지하는 것을 포함하는 개념이다. 이렇게 볼 때, 실체적 공권의 제1유형과 제2유형은 연속선상에 있다고 보아야 한다. 권리보호의 효율성 면에서는 제1유형보다 오히려 제2유형이 더 유용할 때가 있다는 점도 의문이 없다. 그러나 우리나라 행정법의 현실에서 제1유형의 권리는 많이 활용되고 있음에 반해, 제2유형의 권리는 제대로 잘 이루어지지 않고 있는 상황이다. 이는 권력분립원칙 및 항고소송의 구조적 특질에 바탕을 둔 행정청의 제1차적 판단권이 강하게 작용했기 때문으로 추측된다. 제1유형과 마찬가지로 방어청구권에 속하는 이 제2유형의 권리는 사인이 그의 자유영역의 침해에 대하여 주관적으로 반응을 하게 되는 청구권(subjektiver Reaktionsanspruch)이라고 할 수 있다.[33] 그리고 방어청구권은 이러한 자유영역 침해가 현실적으로 발생했을 때는 물론 발생이 우려되는 경우 이를 예방적으로 금지하고자 할 때에도 발생하게 된다.

(3) 실체적 공권의 제3유형

제3유형은 행정상대방의 법률이행청구권(Anspruch auf Gesetzeserfüllung), 즉 적극적 인 요구청구권이다. 이는 행정법관계의 양 당사자 중 행정상대방(사인)이 행정주체에 대하여 자신에 대하여 일정한 수익적 행위를 할 것을 청구하는 권리이다. 실체적 공

31) 일상적 표현으로 같은 의미로 쓰이기도 하는 '위험'(Gefahr)과 '리스크'(Risiko)는 엄격히 구분해야 하는 개념으로, 양자는 무엇보다 발생개연성의 정도에서 차이가 있다.

32) 위험방지(Gefahrenabwehr)에서와 같이 '방지'로 통용되는 이 개념은 정확하게는 '방어'에 더 가깝다고 할 것이다.

33) Rupp, 앞의 책, 249쪽 이하; Bickenbach, 앞의 책, 39쪽.

권의 제1유형 및 제2유형이 소극적인 방어권의 성격을 가진 것임에 비해, 제3유형은 후술하는 제4유형과 함께 적극적으로 요구한다는 성격을 가진다. 이는 법률에서 규정된 행정의무를 집행할 것을 청구하는 것이다. 사인의 요구는 법률에 근거한 요구이어야 하며, 행정청에 대하여 법률에 기한 그의 의무를 이행할 것을 요구하는 것이다.

이러한 권리에 대한 침해가 문제되는 상황은 행정청의 적극적 행위, 즉 작위가 아니라 부작위 내지 거부를 통해서 발생한다. 따라서 이때 권리침해를 하고 있는 행정청의 행위는 행정청의 부작위와 거부이며, 이는 필연적으로 행정상대방의 신청을 전제로 하게 된다. 그리고 이때 신청은 단순히 사실상 요청한다고 해서 '신청'의 개념이 충족된다고 보아서는 안 될 것이다. 행정청의 적극적 실현을 요구할 권리인 이러한 제3유형의 권리는 개별 법률에서 그 권리의 근거가 있어야 함은 물론이다. 이러한 적극적인 요구권의 내용으로서 거부처분 · 부작위 개념의 전제가 되는 신청을 할 수 있는 권리(신청권)가 존재하는 것이다. 이러한 배경까지 생각한다면 우리 판례가 거부나 부작위의 개념을 성립시키는 요소로서 신청권을 드는 이유를 이해할 수 있다. 이러한 이유로 신청이나 신청권의 개념을 무한히 넓히고자 하는 시도를 경계하고자 하며, 「민원사무처리에 관한 법률」에 따른 민원신청은 이러한 '신청'의 의미로 볼 수 없다고 선을 긋고자 한다. 또한, 처분개념 확대에만 착안하여 '조리상 신청권' 등을 무리하게 사용할 경우, 실체법적 개념으로서 행정절차가 개시되는 2유형의 한 형태인 사인의 공법행위로서의 '신청'이 형해화될 것을 우려하고 있다.

행정주체와 행정상대방의 2면관계를 전제로 하는 제3유형에서의 행정청의 거부 · 부작위, 그리고 이와 맞물린 신청의 개념은 그다지 어려움이 없이 이해될 수 있다. 그리고 법적으로 일정한 요건을 갖춘 자만이 이러한 적극적 권리를 요구할 수 있다는 점에 대해서도 그다지 무리 없이 정리될 수 있으리라 생각된다. 문제는 2면관계가 아니라, 3면관계를 기본으로 하는 다음의 제4유형의 공권에서 주로 나타나게 되며, 더욱 복잡한 양상을 띠게 된다.

(4) 실체적 공권의 제4유형

제4유형은 제3자의 요구청구권, 즉 행정개입청구권이다. 이는 국가 등 행정주체(A), 피규제자인 사인(B), 피침해자인 사인(C)이라는 3면관계에서 문제가 된다. 가령, 관할행정청인 A가 공해배출업체인 B에게 대기환경보전법상의 적절한 규제조치를 취할 것을 요구하는 C의 청구권이 법률을 통하여 인정될 수 있다. 이는 행정법학에서 말하는 행정개입청구권에 해당하는 것으로서, 행정법관계에서 제3자라고 할 수 있는 C가 A에게 B에 대하여 규제권한을 발동할 것을 적극적으로 요구하는 형태이다.[34]

사인의 이러한 제4유형의 권리는 다른 권리들에 비하여 비교적 새롭게 인식되고 있는 영역이다. 최근 헌법영역에서 논의되고 있는 '국가의 기본권보호의무'(Grundrechtliche Schutzpflicht des Staates)는 이 4유형의 권리와 밀접한 관련이 있다. 국가의 기본권보호의무는 논자에 따라 이를 광의와 협의로 나눌 수 있는데,[35] 협의의 기본권보호의무를 전제로 하는 경우 이 기본권보호의무에 대응하는 권리는 바로 4유형의 권리와 일치하게 된다.

3면관계를 전제로 하는 이 제4유형의 권리 역시 행정청의 적극적인 작용을 요구하는 것이라는 점에서 제3유형의 권리와 공통점이 있지만, 자신에 대한 수익적 행위를 요구하는 제3유형의 권리와는 달리 제4유형의 권리는 타인(다른 사인)에 대하여 규제권한을 발동할 것을 요구하는 것이라는 점에서 차이점이 있다.

이 4유형의 실체적 공권은 우리 행정법학에서 행정개입청구권이라는 이름으로 이미 정착되어 있다고도 할 수 있다. 그러나 이러한 행정개입청구권이 행정청의 거부처분 · 부작위가 있을 때 문제가 된다고 해서, 곧 바로 앞서 본 제3유형의 권리에서와 같이 사인의 공법행위로서 신청을 전제로 하는 것으로 오해해서는 안 된다. 이 4유형의 권리가 성립하기 위해서는 근거법령으로부터 권리의 개념을 성립시키는 사익보호성만 있으면 된다. 이른바 주관법(subjektives Recht)성만 있으면 되는 것이지, 이를 대신하여 '신청권'이 있어야 하는 것은 아니다. 행정개입청구권은 처음부터 신청권과는 무관한 권리이다. 물론, 단지 사실상 요청하는 것까지도 포함하여 신청의 개념을 구성한다면 행정개입청구권의 성립을 위해 신청권이 요청된다고 말할 수 있을지 모르겠지만, 그렇게 볼 경우 '신청권'은 아무런 의미없는 개념으로 전락하게 된다. 다시 말해서, '신청에 의한 처분'과 '직권에 의한 처분'이라는 개념구분이라든가, '신청에 따른 처분절차의 개시'와 같은 행정법학적 성과는 여지없이 무너지게 된다. 즉 제3유형에서의 거부처분 · 부작위와 제4유형에서의 거부처분 · 부작위의 개념의 성립을 위해 똑 같은 기준으로 신청권법리를 적용하는 것 자체가 잘못된 것이다.

이 4유형의 공권은 오늘날 그 중요성이 날로 더해져 가고 있는데, 다음은 모두 이

34) C를 기준으로 보면 B가 제3자가 될 것이다.

35) 협의 · 광의의 기본권보호의무에 대해서는 장영철, "기본권의 제3자적 효력과 기본권보호의무", 공법연구 29-2, 2001, 160-164쪽.

러한 예에 해당한다.

① 토양오염을 야기시킨 공장(B)으로 인하여 고통받고 있는 인근주민(C)은 관할 행정청(A)에 대하여 토양환경보전법상의 정화조치명령 등의 규제권한을 B에게 발동할 것을 요구할 권리가 있는가?[36)]

② 미니컵젤리를 먹다가 질식사한 아동(의 유족)(C)은 국가 또는 식품의약품안전청장(A)에 대하여 미니컵젤리 사업자(B)에게 규제해줄 것을 요구할 권리가 있는가?[37)]

③ 악질의 스토커(B)로부터 시달리다가 결국 그 스토커로부터 무참하게 살해당한 여인(의 유족)(C)은 경찰(A)이 이 스토커에게 일정한 조치를 해줄 것을 요구할 권리가 있는가?[38)]

④ 새만금간척사업을 위한 공유수면매립면허를 행한 행정청(A)이 새만금간척사업자(B)에 대하여 일정한 규제권한을 발동할 것을 인근주민(C)은 요구할 수 있는가?[39)]

⑤ 관할행정청(A)이 무허가건축물의 소유자(B)에게 건축법령에 따른 규제조치를 할 것을 요구할 권리를 그 무허가건축물의 인근주민(C)은 가지고 있는가?[40)]

⑥ 산림법령에 따른 채석허가처분을 한 처분청(A)이 산림을 복구한 자(B)에 대하여 복구설계서승인 및 복구준공통보를 한 경우 A의 직권취소를 구할 권리를 이해관계인(C)이 가지고 있는가?

(5) 요 약

이상과 같은 4가지 유형의 실체적 공권은 다음과 같은 표로 정리할 수 있다.

❖〈표 1〉 실체적 공권의 유형

	실체적 공권의 유형	청구권의 성격
제1유형	침해에 대한 배제청구권(원상회복청구권)	방어권(제3자의 방어권 포함)
제2유형	침해에 대한 예방청구권	방어권
제3유형	행정상대방의 요구청구권	요구권
제4유형	제3자의 요구청구권	제3자의 요구권

36) 이러한 사인의 요구가 계기가 되어 행정청의 규제조치가 있었고 그 처분에 대한 취소를 구한 사안에 대한 판례로서 대법원 2009. 12. 24. 선고 2009두13887 판결.

37) 대법원 2010. 9. 9. 선고 2008다77795 판결.

38) 대법원 2008. 10. 9. 선고 2007다40031 판결.

39) 서울행법 2005. 2. 4. 선고 2001구합33563 판결.

40) 대법원 1999. 12. 7. 선고 97누17568 판결.

Ⅴ. 실체적 공권을 실현하는 행정소송의 유형

1. 실체적 공권을 실현하는 항고소송의 유형

이상과 같은 실체적 청구권별로 이용가능한 행정소송(항고소송)의 유형은 다음과 같다.[41]

(1) 제1유형의 공권을 실현하는 소송

침해에 대한 배제청구권을 실현할 수 있는 행정소송은 취소소송 및 무효등확인소송이다. 우리나라 행정소송 실무에서 이루어지고 있는 대부분의 소송유형이라고 할 수 있다. 이러한 소송에는 행정상대방이 원고가 되는 경우와 제3자가 원고가 되는 경우가 있지만, 이 둘을 구분할 실익이 그다지 크지 않다고 생각된다.

(2) 제2유형의 공권을 실현하는 소송

제2유형의 공권을 실현하는 항고소송은 예방적 금지소송이 되어야 할 것이다. 예방적 금지소송은 행정청이 장래에 일정한 처분을 할 것을 우려하여, 그 일정한 처분을 하지 못하도록 예방적으로 그 부작위(금지)를 구하는 소송을 말한다.

행정소송으로서 예방적 금지소송은 현행 행정소송법에서는 찾아볼 수 없고, 판례도 무명항고소송으로서 이를 인정하지 않고 있다.[42] 그러나 현행 행정소송법 하에서도 해석론상 이러한 실체적 권리를 침해당한 사인은 예방적 금지소송을 이용할 수 있어야 한다. 그 주된 이유는 실체적 권리가 있는 경우라면 그 권리가 침해될 경우 소송상 구제를 구할 수 있음은 현행 행정소송법이 취하고 있는 개괄주의의 원칙상 인정되어야 하는 점에 있다. 실체적 청구권이 있는데도 이를 소송에서 인정하지 않는 입장은 '감추어진 열기주의'가 되는 것이 아닌가 하는 의문이 있다. 또한, 권리가 '이미 침해된 경우'와 '침해가 임박한 경우'는 '침해'라는 개념을 기준으로 본다면 양자는 본질적 차이가 있다기보다 오히려 연속선상에서 이해할 수 있다. 즉, 취소소송은 침해적 행정행위가 행해진 경우에 事後的으로 그 침해의 배제를 구하는 것이라면, 예방적 금지소송은

---

41) 이러한 구분은 환경권의 실체적 공권성을 검토하는 과정에서 부분적으로 시도된 바가 있다(김현준, "環境權, 環境行政訴訟 그리고 司法接近性", 司法 17, 사법발전재단, 2011).

42) 대법원 1987. 3. 24. 선고 86누182 판결; 대법원 2006. 5. 25. 선고 2003두1198 판결 등.

침해적 행정행위가 행해지려는 경우에 事前에 그 침해의 예방을 구하는 소송으로 보아야 한다.[43]

이와 관련하여, 예방적 금지소송의 성립요건이 집행정지의 요건에 흡사하여선 곤란하며, 대법원 개정안과는 달리 법무부 개정안이 집행정지요건에서, 종전의 '회복하기 어려운 손해'를 '중대한 손해'로 바꾼 것은 바람직하다고 보는 견해가 있다.[44] 이는 예방적 금지소송 대신에 취소소송과 집행정지제도를 통해 여기서 말하는 제2유형의 공권이 실현될 수 있다고 보는 듯하다. 그러나 예방적 금지소송은 〈취소소송+집행정지제도〉로는 이 제2유형의 실체적 공권이 충분히 실현될 수 없는 경우에 이를 보완하는 수단이라는 점에 그 주된 존재가치가 있는 것이다. 제2유형의 공권의 충분한 실현과 행정청의 제1차적 판단권 존중을 동시에 고려한다면, 예방적 금지소송의 집행정지에 대한 보충성을 인정하면서, 집행정지로서 구제되지 못하는 영역에 있어서 예방적 금지소송을 통한 제2유형의 공권을 실현해 가는 방안이 모색되어야 할 것이다. 이 경우에도 보충성의 정도는 '행정의 1차적 판단권 존중'과 '제2유형의 권리보호'라는 양 가치가 조화를 이루는 선에서 정해져야 한다.[45]

(3) 제3유형의 공권을 실현하는 소송

행정상대방의 요구권을 실현하는 소송유형의 원칙적 형태는 의무이행소송이 되어야 할 것이다. 다만, 현행 행정소송법에는 의무이행소송에 관한 규정이 없고, 무명항고소송으로서도 법원은 이를 허용하지 않고 있다.[46] 그러나 실체법상 환경권의 실현수단으로서 항고소송을 넓게 해석할 필요가 있다. 무명항고소송으로서 의무이행소송을 인정한다고 볼 경우 부작위위법확인소송 및 거부처분취소소송과의 관계가 문제된다. 이러한 소송유형들에 비하여 의무이행소송은 권리구제실현수단으로서 훨씬 더 효율적인 것이어서 의무이행소송이 인정된다면 이러한 소송들의 권리보호필요성(협의의 소의 이익)이 문제가 될 여지가 있다. 명문규정이 없는 현행 행정소송법 하에서 의무이행소송

43) 高木光, 앞의 논문, 55쪽 참조.
44) 김중권, 행정법기본연구I, 2008, 26쪽. 이와 다른 견해로는 김연태, "의무이행소송과 예방적 금지소송의 쟁점 검토", 고려법학, 2007, 318쪽.
45) 그렇다고 지나친 정도의 보충성을 요구하게 되면 예방적 금지소송을 도입한 취지가 몰각될 우려가 있어 바람직하지 않을 것이다. 집행정지의 수준의 요건규정이건, 그보나 완화한 수준의 규정이건, 보충성을 인정한다는 것만으로 예방적 구제에 비하여 事後救濟를 우선한다는 취지는 나타나기 때문이다. 따라서 같은 행정소송법 규정내의 집행정지규정에 비하여 더 엄격한 요건을 둘 필요는 없다고 생각된다. 이에 관해서는 김현준 · 박웅광, "예방적 금지를 구하는 행정소송", 토지공법연구 50, 2010, 310쪽.
46) 대법원 1986. 8. 19. 선고 86누223 판결; 대법원 1992. 11. 10. 선고 92누1629 판결.

은 이러한 소송들에 비하여 보충적으로, 엄격한 요건 하에서 인정할 수밖에 없다.[47] 그리고 이러한 급부청구권이 의무이행소송으로서 실현될 수 있기 위해서는 개별 행정법규의 해석을 통해 원고의 국가에 대한 신청권을 인정할 수 있는 경우라야 한다.

거부처분에 대한 취소소송으로 의무이행소송의 역할을 그나마 충족할 수 있는 경우는 바로 이 제3유형이 아닐까 생각된다. 그리고 이 경우에는 거부처분의 성립요건에 관한 판례입장인 신청권법리를 채용해도 별 무리가 없다고 할 것이다.

(4) 제4유형의 공권을 실현하는 소송

국가(A)–사인(B)–사인(C)의 3면관계에서 C가 A에 대하여 B에게 규제권한을 발동할 것을 요구하는 권리를 실현하는 소송이다.

만일 A가 아무런 조치를 취하지 않는다면, C의 행정개입청구권은 의무이행소송을 통해 가장 잘 실현될 수 있지만, 의무이행소송이 인정되지 않는 것이 우리의 현실이다. 의무이행소송을 대신하여 거부처분취소소송이나 부작위위법확인소송을 이용할 수밖에 없는데, 이 경우 우리 판례는 거부처분 · 부작위의 개념을 성립시키기 위해서는 C의 신청권이 필요하다는 입장을 일관되게 밝히고 있다. 이러한 판례를 비판하며, 독일의 행정개입청구권의 법리에 따라 항고소송이 가능하도록 하려는 시도도 있다.[48] 이러한 견해에 따르면, C에게는 행정개입청구권이 인정될 수 있고, 이는 곧 신청권의 인정으로 이어져야 한다.

그러나 C의 행정개입청구권이 인정된다고 하더라도 그것이 곧 바로 신청권을 인정하는 것으로 볼 수는 없다.[49] 도대체 행정청이 행정상대방에게 처분을 할 (수 있다는) 근거규범인 처분근거법률에서 제3자의 (단순한 사익보호성을 넘어) '신청권'을 어떻게 인정할 수 있단 말인가? 신청권이란 사인의 공법행위인 신청에 의해 처분절차가 이루어지는 경우 당해 근거법률에서 도출한 그 신청을 할 수 있는 권리를 말한다. 이러한 해석론상 어려움을 판례는 '조리상 신청권'이라는 개념으로 부분적으로 해결해 가기도 하지만, 조리상 권리는 '조리'라는 개념의 특성상 최후보충적으로 원용할 수밖에 없고, 신청권의 지나친 확대는 사인의 공법행위인 신청의 개념을 형해화할 우려도 있다.

따라서 관할행정청(A)이 무허가건축물의 소유자(B)에게 건축법령에 따른 규제조치를 할 것을 요구할 신청권을 그 무허가건축물의 인근주민(C)에게 인정하지 않은 대법

47) 김철용, 행정법, 2011, 609쪽.
48) 김중권, "행정개입청구권의 인정과 관련한 법적 문제점에 관한 소고", 저스티스 86, 2005, 226쪽.
49) 그 상세는 김현준, 행정법연구 28, 82쪽.

원 1999. 12. 7. 선고 97누17568 판결, 산림법령에 따른 채석허가처분을 한 처분청(A)이 산림을 복구한 자(B)에 대하여 복구설계서승인 및 복구준공통보를 한 경우 A의 직권취소를 구할 신청권을 이해관계인(C)이 가지지 않는다고 본 대법원 2006. 6. 30. 선고 2004두701 판결은 '신청권' 그 자체에 관한 한 적절했다고 생각된다. 같은 맥락에서, 새만금간척사업을 위한 공유수면매립면허를 행한 행정청(A)이 새만금간척사업자(B)에 대하여 일정한 규제권한을 발동할 신청권을 인근주민(C)에게 있다고 본 서울행법 2005. 2. 4. 선고 2001구합33563 판결은 비판의 여지가 있다고 볼 수밖에 없다.

그러나 대법원의 97누17568 판결에 대해, 개입수권이나 재량의 영으로의 축소 등을 제대로 검토하지 않은 채 결론을 내림으로써 건축법 제69조 등의 개입수단을 통한 인인(隣人)보호가 제대로 이루어지지 않았다고 비판하며 비교법적으로 독일의 인인의 보호청구권의 법리를 우리 판례에서도 받아들어야 한다고 보거나[50], 같은 취지에서 대법원 2004두701 판결을 비판하는 것은[51] 사견과는 다른 입장이다.

반대로, 서울행법 2001구합33563 판결에 대해서는 환경영향평가대상지역 내의 주민들에게 조리상의 신청권을 인정함으로써, 제3자가 자기의 이익을 위하여 동 조문과 같은 감독규정을 개입수권으로 동원할 수 있음이 공인되어 행정개입청구권 법리를 인정할 바탕이 마련되었다고 높이 평가하는 것도[52] 행정개입청구권 및 이와 관련된 신청권법리에 대한 필자의 입장과 다름이 분명하다.

생각건대, 인근주민과 같은 제3자의 행정개입청구권을 신청권과 결부시키는 것 자체가 적절하지 않다. 즉 신청권과 행정개입청구권은 다른 성질의 것으로, 후자가 인정되더라도 전자가 인정되기는 극히 어렵다. '거부처분'이라는 개념이 (필요)없는 독일 행정법에서는 우리 판례가 채용한 거부처분의 성립요건으로서 '신청권'을 요구한다는 것은 애초부터 생각하기 힘들다. 다른 한편, 행정절차의 개시요건으로서 직권에 의한 행정절차와 신청에 의한 행정절차를 명확하게 구분하는 독일 행정절차법의 취지를 생각하면 행정개입청구권이 인정되는 제3자에게 신청권이 인정되는 경우도 생각하기 힘들다. 그리고 행정개입청구권을 인정하고 있나는 단서를 사익보호성에서 찾는 것도 정확하지 않다. 사익보호성은 공권의 성립요소로 필요함은 물론이나, 무하자재량행사청구권이 행정개입청구권으로 전환되는지 여부의 판단기준이 되는 것은 '재량수축'상황의

50) 김중권, "建築法上의 鎭壓的 介入手段을 통한 隣人保護에 관한 小考 －獨逸의 判例와 學說을 중심으로－", 공법연구 29-3, 2001, 347쪽.

51) 김중권, "채석허가에 따른 적지복구상의 산림소유자의 법적 지위", 법률신문 제3563호, 2007. 6. 18.

52) 김중권, "새만금간척사업判決의 問題點에 관한 小考", 법률신문 제3388호, 2005. 2. 14.

존재여부이기 때문이다. 이러한 의미에서도, 한국에서 행정개입청구권이 착근하기 위해서는 의무이행소송을 인정하거나, 또는 이른바 '신청권법리'에 대한 재검토가 필요하다.[53]

앞서 본 취소소송의 제4유형을 이러한 제3자의 권리와 관련하여 한번 더 살펴보자. 여기서의 제3자의 요구에 대한 거부처분은 판례에서 보는 것처럼 신청권법리에 막혀 취소소송으로는 대상적격 결여로 각하될 수밖에 없다. 이 문제를 원고적격으로 보아야 한다는 견해가 많지만 이를 원고적격으로 보더라도 '신청권'을 고수할 경우 결론은 마찬가지이다. 이러한 점에서도 본래 방어권을 실현하는 방어소송으로서의 성격을 가지는 취소소송은 요구소송이 될 수 없음을 재확인할 수 있다. 취소소송은 권리침해에 대한 방제(방어+제거)로서의 의미가 있을 뿐이다. 사인이 제소 전에 행정청에 요구를 했지만 거부되었음이 소송의 전제가 된다는 점을 고려하여 취소소송은 요구소송이 될 수 있다고 주장할 수 있을지 모르지만, 이는 우회적일 뿐만 아니라 제3자의 신청권이 인정되기 어려운 현실까지 고려하면 효율적인 권익구제수단이 되기 어려움은 마찬가지이다.

그러므로 보다 근본적인 해법은 의무이행소송에서 찾아야 한다. 국가의 기본권보호의무가 나타날 수 있는 이러한 구조에서 국가의 의무에 대응하는 사인의 실체적 청구권을 실현할 수 있는 행정소송은 의무이행소송이어야 한다.[54]

(5) 소 결

이와 같이, 사인에게 인정되는 실체적 공권이 있다면, 이를 실현할 수 있는 항고소송 유형은 넓게 해석해야 하며, 행정소송법이 법정하고 있는 항고소송의 유형에 국한되어서는 안 된다. 가령, 예방적 금지소송, 의무이행소송은 향후 행정소송법 개정에 포함될 가능성이 크고, 입법론으로서는 반드시 포함되어야 한다고 보지만, 현행 행정소송법 하에서도 해석론을 통해서 인정되지 않으면 안 된다. 앞서 본 로마법상의 actio사상, 숨겨진 열기주의에 관한 논의(III.)는 이러한 해석론을 뒷받침하는 근거가 될 것이다.

2. 다양한 행정소송 유형의 가능성

이상에서 본 실체적 공권의 4유형에 따른 항고소송의 유형들은 예시적인 것에 불과

53) 김현준, 행정법연구 28, 85쪽 이하 참조.
54) 입법론만 고수할 수 없는 현실에서의 해석론으로서는 김현준, 행정법연구 28, 86쪽 참조.

하며, 국민의 권익을 보호할 다양한 항고소송 유형이 개발될 필요가 있다고 생각된다. 행정소송법의 개정을 통해서 확보될 법정 항고소송 외에도 해석론을 통하여 새로운 항고소송 유형이 개발될 필요도 있다고 할 것이다. 여기서 한 가지 지적할 점은 항고소송의 성격은 주로 확인 · 형성 · 이행의 소에 포함되겠지만, 반드시 전형적으로 이러한 속성 중 하나에 속해야 할 필연적 이유는 없음이 오늘날 민사소송법에서나 행정소송법에서나 인정되고 있다는 것이다.

이와 관련하여, 50년의 독일 행정법원법의 역사는 성공적인 것(Erfogsgeschichte)이었다고 평가하면서도, 다만 이와 관련하여 다양한 행정소송시스템이 너무 복잡하고 난삽하게 된 점을 지적하는 견해가 주목된다.[55] 이러한 견해에 따르면, 행정소송은 원고의 요구(Begehren)에 따라 확인 · 이행 · 형성의 소로 구분되지만, '거부조치에 대한 의무이행소송'은 '이행소송+형성소송'의 성격을 가진 소로, 계속적 확인소송은 '확인소송+형성소송'의 성격을 가진 소로 분류하고 있다.

우리나라에서도 항고소송의 유형이 너무 많고 복잡하여 분류작업이 요청되는 날이 오기를 기대하게 된다.

3. 항고소송 · 당사자소송 · 민사소송의 상호관계와 피고적격

항고소송의 유형을 열린 채로 두어야 하는 것처럼 당사자소송도 열린 채로 두어야 한다. 행정상 법률관계에는 권력관계 이외에 비권력관계(관리관계, 국고관계)가 존재하는 것이며, 항고소송의 대상이 되지 않는 행정작용에 대해서는 당사자소송,[56] 행정주체가 사경제의 주체로 활동한 국고관계에 대해서는 민사소송을 통한 구제가 가능해야 한다. 항고소송의 대상이 되지 않는다는 의미는 각각의 소송요건을 갖추는 한 당사자소송이나 민사소송의 대상이 된다는 의미가 되어야 한다. 이러한 항고소송-당사자소송-민사소송을 포괄하는 소송체계에 대한 전반적인 구도는 후속연구로 미루어야겠지만, 원고가 이들 소송들간의 선택부담을 지지 않도록 해야 하며, 그 경계(특히 항고소송과 당사자소송)가 애매한 경우에는 양자가 일부 중복되는 상황도 굳이 배제할 필요가 없다고 생각된다. 또한 소송유형을 잘못 선택하여 제소한 경우에는 소의 이송 등이 이루

55) Schmidt, "Das System der verwaltungsgerichtlichen Klagearten", DÖV 2011, 169 ff.

56) 당사자소송까지 포함한 문제까지 첨언한다면, 무리하게 처분성을 확대하지 않고 처분성 없는 행정작용에 대해서는 확인소송으로서의 당사자소송을 활용하는 방안을 검토할 필요가 있다(김현준, "처분성 없는 행정작용에 대한 행정소송으로서의 확인소송", 공법연구 37-3, 2009).

어져 원고에게 소송유형 선택의 부담을 주지 않도록 해야 할 것이다. 이와 관련하여 항고소송의 피고적격을 행정청에서 행정주체로 변경하는 것도 이들 소송간의 탄력적 운용과 관련하여 행정소송법 개정단계에서 검토할 만하다고 생각된다.[57)]

Ⅵ. 맺음말

행정법관계, 특히 권력관계에서 발생한 사인의 권리는 소송을 통해 구제받을 수 있는 길이 열려 있어야 한다. 이러한 권리를 실현할 수 있는 수단이 단지 법정된 항고소송의 목록에서 규정되어 있지 않다고 해서 그 소송수단을 인정하지 않는 것은 법치국가원리에 기초하는 개괄주의에 반할 수 있다. 그렇다면 사인은 행정주체와의 관계에서 어떠한 권리를 가지는가를 체계화하는 것은 매우 중요한 의미를 가진다. 허용될 수 없는 이른바 숨겨진 열기주의로 인하여 침해될 수 있는 권리보호의 사각지대가 발생하지 않도록 하기 위해서는 어떠한 권리가 있는가를 명확히 할 필요가 있기 때문이다.

나아가 항고소송은 당사자소송 및 민사소송과도 조화를 이룰 필요가 있다. 아울러, 국민들에게 소송유형 선택, 피고선택의 부담을 최소화함과 동시에 행정상 법률관계에서 침해되는 국민들의 권리에 대해서는 항고소송, 당사자소송, 민사소송 중 어느 하나를 통해서는 반드시 구제의 길이 주어지도록 해야 한다. 이것이 바로 이번 행정소송법 개정이 추구하는 국민의 권익구제가 확대되고, 국민이 이용하기 쉬운 행정소송제도일 것이다. 그리고 여기서는 그 기초가 되는 작업으로서 항고소송을 통해서 실현될 수 있는 실체적 공권의 체계화를 시도한 것이다.

---

57) 2004년 일본 행정사건소송법 개정에서, 항고소송의 피고적격이 행정청에서 행정주체(행정청이 소속하는 국가 또는 공공단체)로 개정된 것은 이러한 점에서 주목할 만하다(동법 제11조 참조).

제 2 장

신청권과 무하자재량행사청구권 · 행정개입청구권

Ⅰ. 머리말

무하자재량행사청구권 및 행정개입청구권은 우리나라 행정법학의 주요 논점 중 하나이다. 대부분의 교과서에서 그 개념, 성질, 성립요건, 나아가 동 권리를 우리 판례가 채택하고 있는지 여부 등을 비교적 상세하게 다루고 있지만, 실제 행정소송실무에선 이러한 이론들이 제대로 활용되지 않고 있는 것이 현실이 아닌가 생각된다. 이는 동 이론의 발상지인 독일의 행정법교과서에서는 이 문제가 간략하게 다루어지지만[1] 실제 사례로서 다양하게 나타나고 있는 것과[2] 비교된다.

우리나라에서 동 이론이 제대로 정착하지 못하고 있는 이유는 무엇일까?

먼저, 이 독일이론이 우리나라에서 실제 적용되는 과정에서 '신청권'이라는 한국의 판례 법리와 맞물리는 경우가 많지만, 무하자재량행사청구권 · 행정개입청구권과 신청권의 관계가 명확하게 정리되어 있지 않은 데에서 그 이유를 찾을 수 있다. 따라서 '신청(권)'의 행정법적 의미를 이와 관련하여 살펴 볼 필요가 있다.

다음으로, 이 문제와는 분리될 수 없는 의무이행소송에 대하여 행정소송법상 명문

1) Ossenbühl, in: Erichsen/Ehlers(Hrsg.), Allgemeines Verwaltungsrecht, 12. Aufl., §10 Rn. 22; Maurer, Allgemeines Verwaltungsrecht, 17. Aufl., 2009, Rn. 15; Peine, Allgemeines Verwaltungsrecht, 9. Aufl., 2008, Rn. 263 등과 같은 대표적인 행정법교과서에서는 약 반 페이지 내지 한 페이지 남짓한 기본적 설명만을 하면서, 개별적으로 관련되는 문제와 결부하여 이를 보충하는 형식을 취하고 있다.

2) Sodan, in: Sodan/Ziekow(Hrsg.), Verwaltungsgerichtsordnung, 2. Aufl., 2006, §42 Rn. 96 ff. 참조.

의 규정도 없고 판례도 완고하게 부정하고 있는 가운데, 학문적으로도 이를 그다지 논의하고 있지 않는 점도 간과할 수 없다. 거부처분취소소송 및 부작위위법확인소송, 그리고 그 구속력 및 간접강제제도의 활용론이 의무이행소송의 대안으로 제시되곤 하지만, 오히려 이로 인해 의무이행소송론에 대한 문제의식이 흐려지고 무하자재량행사청구권 및 행정개입청구권의 이론적 발전이 저해되는 면도 발견된다. 따라서 이른바 의무이행소송 대안론의 당부에 대한 실증적 검토, 이와 관련된 거부처분의 성립요건에 관한 이른바 '신청권의 법리', 그리고 무명항고소송을 철저하게 부인하고 있는 판례의 입장에 대한 재검토가 요청된다. 여기에 독일이론에 대한 정확한 이해가 바탕이 되어야 함은 물론이다.

이러한 문제의식을 가지고, 본고에서는 행정법상 신청권, 무하자재량행사청구권, 행정개입청구권을 분석하면서, 이를 의무이행소송론의 전개를 위한 기초로 삼고자 한다.

Ⅱ. 행정법상 신청권

1. 행정법상 신청

(1) 신청의 의의

행정법상 신청은 사인의 행정요건적 공법행위로서 사인이 행정기관에 대하여 일정한 행위(작위 · 급부 등) 또는 법률적 · 사실적 판단을 취할 것을 요구하는 의사표시를 말한다. 신청은 처분절차의 개시요건으로서,[3] 가령 허가의 신청의 경우 신청은 허가의 하나의 요건이 되며, 행정청이 상대방의 신청을 받아들여 허가를 한 경우에 행정행위로서 효과가 발생한다.[4]

신청의 개념으로서 ① 각종 인허가 신청 · 등록신청과 같이 쌍방적 행정행위에 있어 행정청에 당해 행위를 청구하는 경우, ② 공법상계약에서의 청약행위, ③ 청원이나 행정심판청구와 같이 행정청의 법률적 또는 사실적 판단을 청구하는 경우 등을 널리 포함하기도 한다.[5] 이러한 모든 유형의 신청에 각각 어떠한 법적 효과를 부여할 것인가는 별론으로 하더라도, 여기서는 처분의 신청인 ①만을 논의범위로 삼는다. 행정절

3) 김철용, 행정법I, 박영사, 2010, 131쪽.
4) 석종현 · 송동수, 일반행정법(상), 삼영사, 2009, 135쪽; 정하중, 행정법개론, 법문사, 2009, 101쪽.
5) 김동희, 행정법1, 박영사, 2008, 125쪽.

차법의 신청에 관한 규정도 ①에 관한 것이다.

행정절차, 특히 처분절차의 開始(Beginn des Verwaltungsverfahrens)는 사인의 신청을 통해(auf Antrag) 이루어지는 경우와 직권으로(von Amts wegen) 이루어지는 경우의 2유형으로 구분할 수 있는데,[6] 신청이란 이 신청에 의한 처분의 요건이 된다. 특히, 당해 행정행위가 상대방에게 의무를 과하거나 기타 불이익의 효과를 수반하는 경우에는 상대방의 신청은 행정행위의 불가결한 전제요건이 된다.

'신청'이 행정행위 발동의 사실상의 동기에 불과한 의미로 쓰이기도 있지만, 이는 사인의 신청의 결여나 하자가 행정행위의 효력에 영향을 미치지 않는 경우이다.[7] 그러나 행정절차법상 의미가 있는 '신청'은 행정행위의 요건으로서의 신청이라고 할 것이다.

신청인의 행정청에 대한 신청의 의사표시는 명시적이고 확정적인 것이어야 한다는 판례(대법원 2004. 9. 24. 선고 2003두13236 판결)가 있지만, 신청의 推定(konkludenter Antrag)이 인정되는 경우도 있다고 보아야 한다.[8] 또한, 신청의 결여는 처분이 있기 전이라면 원칙적으로 사후적으로 追完할 수 있으며, 변경 또는 취하할 수도 있다(행정절차법 제17조8항).

(2) 신청의 실체법적 · 절차법적 기능

행정법상 신청의 기능은 실체법과 절차법의 측면으로 나누어 살펴볼 수 있다.

먼저, 신청의 실체법적 기능을 보자. 신청은 일정한 내용의 행정행위의 적법요건을 구성하는 사인의 실체법상의 의사표시로서 기능한다. 즉, 행정요건으로서의 신청은 행정행위의 실체법상의 요건을 창출하는 기능을 가진다. 이러한 행정행위에서 신청의 결여는 단순한 절차상 하자에 그치는 것이 아니라, 중대 · 명백한 하자가 되어 행정행위를 무효로 만든다고 보아야 할 것이다. 또한, 인허가나 급부결정 등 특정한 행정조치를 구하는 사인의 실체법상 청구권이 존재할 경우 그 청구권의 행사로서 행해지는 신청도 실체법상 성격을 가지게 된다.

다음으로, 신청은 절차법적 기능으로 推進기능(Impulsfunktion) 및 沮止기능

---

6) 독일 행정절차법(VwVerfG)에서는 직권에 의한 개시와 신청에 의한 개시 이전에 처분과 공법상 계약을 행정청이 결정하는 단계가 있다(동법 제9조).

7) 原田尚彦, 行政法要論, 学陽書房, 2010, 165-166頁.

8) 행정절차법 제17조4항의 입법취지 등을 이유로 2003두13236 판결을 비판하는 김민호, "행정절차법상 신청의 의미", 고시연구 2005/2, 51쪽 참조.

(Sperrfunktion, Sperrwirkung)을 가진다.[9] '추진기능'이란 행정청에 행정절차를 개시 또는 속행할 것을 촉구하는 신청이 있으면 절차를 개시 또는 속행할 것인지 여부에 관한 행정청의 재량이 배제되고, 행정청은 무엇인가를 행해야 한다는 의미, 즉 행정절차를 촉구하는 기능이다. 신청인이 실체법상 청구권을 주장하는 경우는 물론 절차의 개시 · 속행에 관해 행정청에 재량이 인정되는 경우에도 행정청은 그 재량을 행사하여 무엇인가 결정을 내려야만 한다는 것이다. 그리고 '저지기능'이란 법령에서 신청에 의해서만 행정절차를 개시하도록 되어 있는 경우, 신청이 행해지지 않으면 행정청은 활동을 개시할 수 없게 되는 것을 말한다.

신청을 통해 사인은 행정절차법관계(Verwaltungsverfahrensverhältnis)의 참여자로서 신청인은 신청접수청구권(행정절차법 제17조4항 참조), 補正指導請求權(동조5항 내지 7항 참조)을 가지게 된다. 다만, 이러한 내용이 우리의 행정절차법에서는 신청인의 권리가 아닌 행정청의 의무형태로 규정되어 있다는 점이 특기할 만하다. 그밖에 명문의 규정은 없지만, 절차적 신청권으로서 '응답청구권'이 인정된다고 보아야 할 것이다. 신청권으로서 응답청구권이 포함된다는 것은 우리나라 행정절차법처럼 이에 관한 명시적 규정이 없는 경우에도[10] 인정될 수 있는데, 그 근거는 행정청의 올바른 행동에 관한 불문의 규율 및 헌법상 청원권의 규정에서 찾을 수 있다.[11]

2. 신청권

(1) 신청권의 의의 및 판단기준

행정절차법상의 신청에 관한 규정은 신청권이 있는 경우에 한정되는 것인지 여부에 대한 명시적 규정은 없다. 그러나 동법상 행정청의 당해 신청에 대한 접수보류 · 접수거부의 금지, 당해 신청에 대한 행정청의 처리기간의 설정 · 공표의무, 거부처분에 대한 이유제시의무 등을 고려하면, 신청에 의한 처분절차가 적용되는 것은 당해 처분에 대하여 사인에게 신청권이 있는 경우에 한정된다고 보아야 할 것이다.[12]

그런데 신청권이 정작 우리나라 행정법학에서 집중적인 조명을 받게 된 것은 행정절차법의 영역이라기보다는 거부처분을 다투는 행정소송에서 거부처분의 성립요건으

9) 이하에 대한 상세한 내용은 人見剛, "行政処分申請権について", 兼子仁 · 磯部力(編), 手続法的行政法学の理論, 1995, 153-173頁 참조.
10) 비교법적으로 일본의 행정절차법은 이를 명문화하고 있다.
11) 人見剛, 앞의 논문, 168쪽.
12) 김동희, 앞의 책, 383쪽.

로 신청권을 요구하는 판례가 나오면서부터가 아닌가 생각된다. 그 계기가 된 대법원 1984. 10. 23. 선고 84누227 판결에 따르면, 무상양도행위의 거부가 항고소송의 대상인 행정처분이 되기 위해서는 신청인에게 그러한 무상양도를 구할 법률상 또는 조리상의 신청권이 있어야 한다.[13] 그 이후 거부처분취소소송에서 이른바 신청권의 법리는 확고한 판례의 입장으로 정착되었다.

84누227 판결 이전 판례에서는 볼 수 없었던 신청권의 법리가 법원에서 채택된 데에는 일본 판례 · 학설의 영향이 있었던 것으로 보인다.[14] 그밖에, 소송상 신청에 대해 신청권에 의거한 신청과 직권발동을 촉구하는 의미에서의 신청을 구별하는 법리, 즉 법원이 신청권에 의거한 신청에 대하여 거부하는 재판을 한 경우에는 항고하여 이를 다툴 수 있으나, 신청권 없이 단지 법원의 직권발동을 촉구하는 의미에서의 신청을 한 경우에는 이에 대해서는 응답할 필요가 없고 명시적으로 이를 거부하는 재판을 하였다고 하더라도 항고가 허용될 수 없다는 법리의 영향을 추론하기도 한다.[15]

이러한 거부처분의 성립요건으로서의 신청권의 인정범위를 넓혀가는 판례의 경향도 나타나고 있다.[16] 최근 판례 가운데, 대법원 2004. 4. 28. 선고 2003두1806 판결은 도시계획구역 내 토지 등을 소유하고 있는 주민으로서는 입안권자에게 도시계획입안을 요구할 수 있는 법규상 또는 조리상의 신청권이 있다고 보았고, 대법원 2006. 7. 6. 선고 2005다16041 판결은 기간제로 임용되어 정상적으로 임용기간이 만료되는 사립학교의 교원이 임면권자에 대하여 재임용심사에 관한 사립학교법에 따른 법률상 신청권을 가진다고 보았다. 부작위위법확인소송에서 대법원 2008. 4. 10. 선고 2007두18611 판결은 4급 공무원이 당해 지방자치단체 인사위원회의 심의를 거쳐 3급 승진대상자로 결정되고 임용권자가 그 사실을 대내외에 공표한 경우, 그 공무원에게 조리상 승진임용 신청권이 있다고 판시했다.

그런데 판례가 대상적격의 요소가 되는 신청권을 객관적으로 파악하고 있는지, 아니면 주관적 요소도 고려하고 있는지에 대해서는 요동치는 모습을 보여주고 있다. 대법원 1996. 6. 11. 선고 95누12460 판결에서 신청권을 다분히 객관적으로 판단했지만,[17] 대법원 1997. 10. 10. 선고 96누4046 판결, 대법원 2003. 9. 23. 선고 2001두

13) 동 판결에 대한 평석으로는 최계영, "용도폐지된 공공시설에 대한 무상양도신청거부의 처분성", 행정법연구 14, 2005, 421쪽 이하.

14) 손지열, "거부처분의 행정처분성", 대법원판례해설 제3호(1984. 10. 23.), 법원도서관, 172쪽; 최계영, 앞의 논문, 432쪽.

15) 최계영, 위의 논문, 432쪽.

16) 84누227 판결 이후 2004년 초반까지 신청권에 관한 판례분석은 위의 논문, 433-436쪽 참조.

10936 판결, 그리고 대법원 2007. 10. 11. 선고 2007두1316 판결에서는 국민일반에게 신청권이 인정되는 것으로 본 것이 아니라, 개별당사자의 주관적 사정을 고려한 것으로 보인다. 그러한 가운데, 다시 대법원 2009. 9. 10. 선고 2007두20638 판결은 95누12460 판결을 인용하면서, 신청권의 존부는 구체적 사건에서 신청인이 누구인가를 고려하지 않고 관계 법규의 해석에 의하여 일반 국민에게 그러한 신청권을 인정하고 있는가를 살펴 추상적으로 결정됨을 분명히 하고 있다. 이러한 입장이 판례의 확고한 입장인가는 좀 더 지켜보아야 하겠지만, 대상적격의 요소를 판단함에 있어서 당사자의 개별적 · 주관적 요소를 고려하는 것은 적절치 않다고 할 것이다.[18]

(2) 조리상 신청권

신청권에 관한 판례를 보면, 법규상 신청권[19]만이 아니라, 조리상 신청권까지 신청권으로서 인정하고 있다. 따라서 실제 법률적용에서는 보다 융통성이 있어 보이는 이 조리상 신청권에 주목하게 될 가능성이 많다, 그러나 조리상 신청권이 판례상 중요한 쟁점으로 부각되는 상황을 그대로 수용할 것인지는 검토의 여지가 있으며, 특히 다음과 같은 점들이 지적될 필요가 있다.

첫째, '조리상 신청권'이 문제의 전면에 등장한 것 자체가 그다지 바람직한 것은 아니라고 생각된다. 條理, 즉 사물의 본성(Natur der Sache)에서 法을 찾을 수밖에 없는 상황은 극히 예외적인 것이어야 한다. 조리란 헌법을 정점으로 하는 각종 성문법원 그리고 관습법, 판례법 등의 불문법을 모두 원용했지만, 그래도 법이 없는 경우 내가 입법자였더라면 제정하였을 것에 해당하는 최종적 法源이다. 이 최종적 法源이 거부처분을 다투는 문제에서는 전면에, 그것도 상시로 등장하는 것은 법관의 법창조기능을 지나치게 중시되는 것이 되어 적절하지 않다고 생각된다. 또한, 조리상 신청권으로 들고 있는 많은 경우가 법령의 해석으로부터 이를 도출할 수 있는 '법규상 신청권'이라는 점도 간과해서는 안 된다. 법규상 신청권 역시 반드시 명시적 규정이 없더라도 해석을 통하여 도출될 수 있는 개념이기 때문이다.

둘째, 조리상 신청권은 자기에 대한 인허가 등의 직접적인 이익처분을 요구하는 경

17) 95누12460 판결이 신청권을 형식상의 단순한 응답요구권의 의미로 이해한다는 점에서 신청권을 대상적격으로 보는 견해가 타당하다고 평가하는 김남신 · 김연태, 행정법I, 법문사, 2010, 750쪽.

18) 이러한 개별 · 주관적 사정은 원고적격이나 협의의 소의 이익에서 판단하는 것이 바람직하다는 박정훈, "취소소송의 4유형론", 특별법연구 6, 2001, 140쪽; 최계영, 앞의 논문, 437쪽.

19) 84누227 판결에서는 법률상 또는 조리상 신청권이라고 하였으나, 그 이후 '법률상'을 대신하여 '법규상' 신청권으로 정착되고 있다.

우에 한하는 것인가, 아니면 제3자가 행정청이 행정상대방에 대한 규제조치의 발동을 구하는 경우까지 포함하는 것인가가 정리될 필요가 있다. 신청은 주로 자신에 대한 수익적인 처분을 요구하기 위하여 행해지는데, 인 · 허가와 같이 자신에 대하여 직접 이익을 부여하는 처분을 요구하는 경우뿐만 아니라 제3자에 대하여 규제조치를 발동할 것을 요구하는 경우도 있다는 견해,[20] 법령상 행정청에 대해 일정한 규제 등의 의무가 부과되어 있는 경우에 규정 등의 행정권발동에 이해관계 있는 자가 행정청에 대하여 행정개입을 청구하는 의미에서의 신청제도가 인정되는 때가 있다는 견해[21]는 이 문제를 넓게 보고 있는 것으로 보인다. 생각건대, 행정청에 대한 규제조치발동의 요구와 같은 제3자의 '신청'이 조리상 신청과 어떤 관계에 있는가는 개별사안에 따라 판단해야 하는 문제로서 어떠한 의미의 '신청'개념을 전제로 하느냐에 따라 달리 결론을 내릴 수 있을 것이다. 그러나 일반적으로 볼 때, 행정요건적 공법행위로서 의미를 가지는 행정절차법상 신청을 전제로 할 경우 제3자의 규제조치의 발동을 구할 수 있는 신청권을 법규가 예정하고 있는 상황은 생각하기 어렵다. 이는 '조리상'이라는 수식어를 덧붙이더라도 큰 차이는 없다고 생각된다.

셋째, '조리상 신청'과 '민원신청'의 관계는 어떠한가? 「민원사무처리에 관한 법률」에서는 '민원신청'에 대해서도 처리결과를 민원인에게 문서로 통지할 의무를 규정하고 있어(제15조)[22], 민원신청도 조리상 신청에 포함된다고 볼 수 있는지가 문제될 수 있다. 이와 관련하여, 대법원 2004. 4. 28. 선고 2003두1806 판결이 도시계획구역 내 토지 등을 소유하고 있는 주민에게 입안권자에게 도시계획입안을 요구할 수 있는 법규상 또는 조리상의 신청권이 있다고 한 점을 들어 행정청에 대한 민원인의 신청에 대하여 조리상의 신청권을 인정할 길이 열리게 되었다고 보는 견해도 있다.[23] 그러나 첫째 민원신청은 반드시 처분을 요구하는 것이 아니며, 행정절차를 개시하는 행정요건적 공법행위로서의 신청이라고도 볼 수도 없다. 둘째, 동법 제15조의 통지의무는 단지 민원처리에 대한 회신 등을 규정한 것으로 행정절차법상 신청에 대한 응답의무와는 거리가 있다. 셋째, 2003두1806 판결도 널리 민원인의 신청을 조리상 신청으로 포섭했다기보다, 근거법률인 구 도시계획법의 여러 규정의 해석, 특히 주민이 입안권자에게 도시계

20) 박균성, 행정법론(상), 박영사, 2009, 98쪽.

21) 김철용, 앞의 책, 137쪽.

22) 행정기관의 장은 민원인이 신청한 민원사항에 대한 처리결과를 민원인에게 문서로 통지하여야 한다(동법 제15조1항1문).

23) 김철용, 앞의 책, 676쪽.

획의 입안을 제안할 수 있고, 입안권자는 그 처리결과를 제안자에게 통보하도록 규정하고 있는 점에서 신청권을 인정한 것이다. 즉, 민원인에게 실체적인 신청권을 부인한 대법원 1999. 8. 24. 선고 97누7004 판결의 취지가 변경된 것으로 단정하긴 어렵다. 따라서 '조리상'이라고 하더라도 민원신청의 경우까지 행정절차법상 신청의 의미로 포함시키는 것은 무리가 있다고 생각된다.

Ⅲ. 독일과 한국에서의 무하자재량행사청구권 및 행정개입청구권

1. 독일에서의 논의

(1) 무하자재량행사청구권 및 행정개입청구권의 의의

행정청의 재량이 인정된다는 것은 '원칙적으로' 일정한 판단의 자유(Entscheidungsfreiheit)가 있음을 뜻하며, 사인은 특정한 재량행사에 대한 청구권이 없다. 그러나 사인이 하자없는 재량행사에 관한 청구권을 가질 수도 있는데, 그것은 당해 재량규범으로부터 사인의 사익보호성을 도출할 수 있는 경우이다.[24] 즉, 이러한 무하자재량행사청구권(Anspruch auf fehlerfreie Ermessensentschdeidung)은 재량하자론으로부터 당연히 발생하는 것이 아니라, 재량의 근거가 되는 법규범이 공익만이 아니라 당해 사인의 사익도 보호하는 경우에만 성립한다는 점에 주의해야 한다. 말하자면, 무하자재량결정에 대한 일반적 청구권(ein allgemeiner Anspruch auf ermessensfehlerfreie Entscheidung)은 존재하지 않는다.[25]

이 무하자재량행사청구권의 구체적 내용으로서, ① 행정이 무엇인가 재량판단 그 자체를 행해야 한다는 응답청구권(Bescheidungsanspruch), ② 하자 있는 재량행사를 해서는 안 된다는 청구권을 들 수 있다. 그런데 행정청이 재량행사를 거부하거나, 하자있는 재량행사를 하게 되면, 사인은 하자 없는 재량행위를 구할 수 있으며, 이를 법원이 받아들일 경우 그 하자있는 재량행위의 효력은 소멸하고, 행정청은 법원의 법적 판단

24) 법령의 문언의 해석만이 아니라, 그 취지 · 목적도 함께 고려하여 당해 규범이 제3자의 이익도 보호하는 것으로 해석될 수 있어야 한다. 이른바 보호규범설(Schutznormtheorie)로 부르는 이러한 공권성립의 인정요건으로서 사익보호성을 요구하는 입장은 우리나라에서도 행정소송법 제12조의 '법률상 이익'의 해석에 관한 통설적 입장인 '법률상 보호이익설'(법률상 이익구제설)로서 나타나고 있다. 말하자면, '법률상 보호이익설'은 한국형 보호규범설이라고 할 수 있다.

25) Maurer, 앞의 책, Rn. 15. 같은 취지로서 박윤흔 · 정형근, 최신행정법강의(상), 박영사, 2009, 150-151쪽.

을 존중하여 새로운 재량결정으로서 사인에게 응답할 의무를 지게 된다.[26]

무하자재량행사청구권이 존재하는 경우라도 특정행위의 발급을 구하는 청구권, 즉 행정개입청구권(Anspruch auf behördliches Einschreiten)은 원칙적으로 인정되지 않는다. 그러나 그 예외가 되는 것은 재량수축의 경우이다. 가령 경찰행정청은 경찰법령에 따라 경찰권의 발동에 대한 결정재량이 있지만, 위험이나 교란의 비중(Gewicht der Gefahr oder Störung), 즉 위협받는 법익의 중요성이나 위협의 정도에 따라 경찰권을 발동하는 것만이 하자 없는 재량행사가 될 수 있다. 이러한 상황에서는 무하자재량행사청구권은 행정개입청구권으로 전환되어, 사인은 단순한 무하자재량행사만이 아니라 특정한 행위의 발급을 청구할 수 있게 된다.[27] 다만, 이때에도 결정재량(ob의 문제)은 수축되지만, 선택재량(welch의 문제)까지 수축되는 것은 아니라는 점에서 '0으로의 수축'이라는 말은 오해의 여지가 있는 표현이라고 생각된다.[28]

요컨대, 재량규범에서 일반적 공권의 성립요건, 특히 사익보호성을 충족할 경우에 성립하는 행정청의 의무 및 사인의 권리는 다음 표와 같이 나타낼 수 있다.[29]

❖ 〈표 2〉 재량규범이 사익보호성을 충족하는 경우 행정청의 의무와 사인의 권리

	통상의 경우	재량수축의 경우
행정청	① 무엇인가 재량결정을 하여 응답할 의무 ② 재량하자 없이 결정할 의무	특정한 행위를 할 의무
사인	① 재량결정에 대한 응답청구권 ② 하자 없는 재량행사청구권	특정행위발급청구권 (제3자의 경우 행정개입청구권)

26) Ossenbühl, 앞의 책, § 10 Rn. 22.

27) Vgl. 위의 책, Rn. 21.

28) '영(零)으로의 수축'이란 표현을 쓰긴 하지만 재량수축의 경우 "기껏해야 적절한 조치나 수단의 선택과 관련한 선택재량만이 남게 될 것이다."라는 견해(류지태 · 박종수, 앞의 책, 82쪽)는 이와 유사한 취지로 보인다. 이와는 달리, 재량수축은 행정청에 재량행사의 여지, 즉 선택의 여지가 전혀 없는 경우라는 견해(홍정선, 행정법특강, 2010, 박영사, 93쪽)나, 재량이 영으로 수축될 경우에는 재량행위는 기속행위로 변하게 된다는 견해(정하중, 앞의 책, 176쪽)는 의문의 여지가 있다. '재량수축의 경우 재량행위'와 '기속행위'는 그 근거규범에서 차이가 있을 뿐만 아니라, 재량수축의 경우에도 일정 정도 '선택재량'의 여지는 남아 있어 一義性을 본질로 하는 기속행위와는 분명히 구분되기 때문이다. 이와 관련하여, 독일의 그 유명한 1960.8.18. 띠톱판결에서 "침해 또는 위험의 강도가 높은 경우 개입을 행하지 않는다는 행정청의 결정은 상황에 따라 전적으로 재량의 하자가 있는 것이 명확하게 될 수 있다. 따라서 법적으로 주어진 재량의 자유가 실제상으로는 수축하여, 재량의 하자가 없는 유일한 결정, 즉 개입을 행할 결정만이 고려될 수 있고, 기껏해야 개입의 태양(wie)에 대한 행정청에게 이용 가능한 재량의 여지가 남는다."라는 판시한 점을(BVerwGE 11, 95) 상기할 필요가 있다.

29) Maurer, 앞의 책, Rn. 15의 내용을 표로 나타낸 것이다. 그밖에 주요 문헌으로, Pietzcker, "Der Anspruch auf ermessensfehlerfreie Entscheidung", JuS 1992, 106; Dietlein, "Der Anspruch auf polizei- oder ordnungsbehördliches Einschreiten", DVBl. 1991, 685. 이와 관련한 독일 판례로서, 교통제한에 대한 무하

(2) 의무이행소송과의 관계

독일에서는 사인은 재량규범에서 사익보호성이 충족될 경우 성립할 수 있는 무하자재량행사청구권을 의무이행소송으로서 訴求할 수 있다.[30] 이러한 사인의 권리를 법원이 인정할 경우 응답판결(Bescheidungsurteil)[31]을 내릴 수 있다(독일 행정법원법 제113조5항2문[32]). 독일에서 의무이행소송의 소송물은 특정한 행정행위 또는 새로운 결정을 행할 것을 행정청에 구하는 원고의 청구권으로 보고 있다.[33] 이러한 소송물을 (특정한 처분을 구하는) 법적 청구권과 무하자재량행사청구권으로 2분할 수 있는 것도 아니다.

법원이 사인이 제기한 의무이행소송에 있어서, 행정청에게 재량규범을 근거로도 특정행위를 행할 것을 명할 수 있는 경우는 재량수축의 경우이다. 즉, 법익침해 · 위험성이 강한 상황에서 사인의 무하자재량행사청구권이 행정개입청구권으로 전환되는 것을 인정한 경우이며, 이때 법원은 특정행위발급을 명하는 의무이행판결(Vornahmeurteil)을 내리게 된다(독일 행정법원법 제113조5항1문).

여기서 무하자재량행사청구권과 행정개입청구권이 소송법에서 구분되는 기준, 즉 재량수축을 인정하여 특정행위의 발급을 판결로서 명할 만한 정도인지는 '사안의 판결성숙성이 있는지'(spruchreif)[34] 여부로 나타난다. 즉, 행정의 법적 의무성 및 사익보호성의 인정을 통하여 본안판단을 하게 되었을 때, 법원은 심리를 통하여 사안의 판결성숙성이 있으면 '의무이행판결'을 내리며, 없으면 '응답판결'을 내리게 된다.[35] 요컨대, 사인의 무하자재량행사청구권과 행정개입청구권은 각각 '응답판결' 또는 '의무이행판

자재량행사청구권(BVerwG, NJW 2003, 601), 주차장 출구 확보의 건축감독조치에 대한 청구권(BVerwGE 37, 112, 113), 교회종소리에 대한 개입청구권(OVG Lüneburg, NVwZ 1991, 801) 참조.

30) 이 경우 의무이행소송을 응답소송(Bescheidungsklage)으로 나타내기도 하지만(가령, Ossenbühl, 앞의 책, Rn. 21), 그러나 독일에서 응답소송이라는 별도의 소송이 있는 것은 아니므로, 응답신청을 구하는 의무이행소송이라고 하는 것이 정확할 것이다. 이러한 취지의 Hufen, Verwaltungsprozessrecht, 6. Aufl., 2005, § 15 Rn. 15; Bickenbach, Das Bescheidungsurteil als Ergebnis einer Verpflichtungsklage, 2006, S. 72.

31) Bescheidungsurteil의 역어로서 전통적인 '지령판결' 외에, 재결정명령판결 등이 있지만, 필자는 語義와 原語를 함께 고려하여 '응답판결'이라고 번역하였다. 향후 의무이행소송론이 활성화되어 우리 학계에서 정착된 용어가 나오면 그에 따르기로 한다.

32) 독일 행정법원법(VwGO) 제113조5항: 행정행위의 거부 또는 부작위가 위법하고 원고가 이로 인해 권리를 침해받은 경우에, 법원은 사안이 판결을 내리기에 성숙한 경우에는 신청된 직무행위를 이행할 의무를 행정청에 대하여 선고한다. 그렇지 않은 경우에는 법원은 법원의 법적 견해를 존중하여 원고에게 응답할 의무를 선고한다.

33) Bickenbach, 앞의 책, 72쪽 참조.

34) 이를 '사건이 선고할 단계'로 번역하는 예(김연태, "의무이행소송과 예방적 금지소송의 쟁점 검토", 고려법학, 49, 2007, 298쪽)도 참고할 만하다. 그러나 이를 '사건성숙성'으로 번역하게 되면 소송요건으로 오해의 여지를 줄 수 있다.

35) 사안에 따라 전부기각의 판결을 내릴 수도 있음은 물론이다.

결'로서 그 결실을 보게 된다.

❖〈표 3〉 무하자재량행사청구권 및 의무이행소송에서 법원의 판결

	사안의 판결성숙성이 없는 경우	사안의 판결성숙성이 있는 경우
행정청	① 무엇인가 재량결정을 하여 응답할 의무 ② 재량하자 없이 결정할 의무	특정한 행위를 할 의무
사 인	① 재량결정에 대한 응답청구권 ② 하자 없는 재량행사청구권	특정행위발급청구권 (제3자의 경우 행정개입청구권)
법 원	응답판결(Bescheidungsurteil)	의무이행판결(Vornahmeurteil)

인근주민과 같은 제3자의 행정개입청구권은 독일에서는 띠톱판결(Bandsägeurteil)[36] 등을 통하여 이미 1960년대부터 인정되고 있으며, 이러한 사인의 실체법상 청구권의 실현수단이 되는 것은 의무이행소송제도이다.

이렇게 볼 때, 의무이행소송의 응답판결이 인정되지 않는 우리의 상황에서는[37] 무하자재량행사청구권 그 자체를 논할 실익이 제한될 수밖에 없다. 행정법학에서 오랜 논의의 대상이 되었던 무하자재량행사청구권이 실무에선 그다지 문제가 되지 않고 있는 이유도 이러한 권리가 실현되는 제도가 없었던 점과도 무관하지 않다. 따라서 우리나라에서 무하자재량행사청구권 및 행정개입청구권은 어떻게 인정되고 있으며, 어떻게 인정되어야 하는가를 검토하기 위해서는, 독일제도의 이해를 바탕으로 한 양국의 상이한 법상황을 고려할 필요가 있다.

36) BVerwG, 18.08.1960-I C 42.59. 판결내용에 대해서는 BVerwGE 11, 95 또는 NJW 1961, 793. 한국에서도 교과서 차원에서도 소개되어 있다(홍정선, 앞의 책, 97쪽).

37) 대법원 및 법무부 행정소송법 개정안은 의무이행판결의 일종으로 응답판결을 두고 있다. 〈대법원 개정안 제51조〉 법원은 행정청의 거부처분 등이나 부작위가 위법한 때에는 다음 각호의 구분에 따라 판결한다. 거부처분 등의 경우에는 이를 함께 취소한다. 1. 당사자의 신청에 따른 처분이나 명령 등을 할 의무가 있음이 명백하고 그 의무를 이행하도록 하는 것이 상당하다고 인정하는 경우에는 행정청이 그 처분이나 명령 등을 하도록 선고한다. 2. 그 밖의 경우에는 행정청이 당사자의 신청에 대하여 판결의 취지에 따라 처분이나 명령 등을 하도록 선고한다. 〈법무부 개정안 제46조〉 법원은 제43조제2항에 따라 병합제기된 거부처분의 취소청구 또는 무효등확인청구가 이유가 있다고 인정되거나, 행정청의 부작위가 위법한 경우에는 다음 각 호의 구분에 따라 판결한다. 1. 당사자의 신청에 따른 처분을 할 의무가 있다는 것이 명백하고 그 의무를 이행하도록 하는 것이 상당하다고 인정하는 경우에는 행정청이 그 처분을 하도록 선고한다. 2. 그 밖의 경우에는 행정청이 당사자의 신청에 대하여 판결의 취지에 따라 처분을 하도록 선고한다.

2. 우리나라에서의 논의

(1) 무하자재량행사청구권과 검사임용청구사건(대법원 1991. 2. 12. 선고 90누5825 판결)

우리나라에서도 무하자재량행사청구권에 대한 정의는 대체로 독일의 개념을 받아들이고 있다.[38] 무하자재량행사청구권과 관련하여, 검사임용청구사건에 관한 대법원판례(90누5825)가 논의되고 있으며, 동 판례가 무하자재량행사청구권을 인정한 것인지 여부가 다투어진다.[39]

우선, 동 판례에 등장하는 '응답을 구할 권리'는 신청인이 무엇인가의 응답을 구할 권리이다. 이 응답청구권은 절차상 신청권에 해당하며, 신청을 접수하여 그 심사를 행한 행정청은 신청자에 대해 무엇인가의 응답을 해야 할 의무를 지게 된다. 즉, 행정청은 신청에 대해 언제까지 침묵할 수는 없고, 신청인에게 적어도 그 처리결과에 대해 통지하지 않으면 안 된다.

절차상 신청권으로서 응답청구권은, ① 응답은 시간적으로 적절한 기간 내에 이루어져야 하는 '상당한 기한 내의' 응답청구권과, ② 그 응답이 적법해야 한다는 '적법한' 응답을 구할 청구권을 내용으로 한다. 만일 응답이 위법할 경우에는 신청인은 행정소송을 통해 이를 다툴 수 있어야 할 것이다.[40] 그런데 행정청의 응답이 일의적으로 구속되고 있는 기속처분일 경우에는 실체법상의 처분청구권의 존부가 쟁점으로 될 것이며, 절차법적인 '적법한 응답을 구할 청구권'은 그다지 문제가 될 여지가 없다. 따라서 이는 주로 재량적 거부처분의 경우 문제되는데, 재량행위가 '위법'이 되는 것은 '재량하자'가 있는 때이므로, 결국 재량행위에서 적법한 응답을 구할 권리는 하자 없는 재량을 행사할 권리라고 할 수 있다. 재량행위에서 신청권을 인정했다는 것은 논리적으로 무하자재량행사청구권을 인정했다는 의미라고 보면 된다. 다시 말해서, 응답청구권을 주된 내용으로 하는 신청권은 재량행위에 있어서는 신청에 대해 하자 없는 재량행사를 청구하는 법적이익이라 할 것이다. 그리고 무하자'계획재량'행사청구권, 무하자'판단여지'행사청구권도 이러한 무하자재량행사청구권과 같은 논리로 인정될 수 있다.

이렇게 볼 때, 검사임용청구사건에 관한 대법원판례(90누5825)의 다음 내용은 응답

38) 김동희, 앞의 책, 96쪽; 김성수, 일반행정법, 홍문사, 2010, 200쪽; 류지태 · 박종수, 앞의 책, 103쪽; 석종현 · 송동수, 앞의 책, 102쪽; 정하중, 앞의 책, 82쪽; 한견우, 앞의 책, 153쪽.

39) 홍정선, 앞의 책, 91쪽 참조.

40) 독일에서는 신청인은 적법한 처분을 구할 의무이행소송 또는 위법한 부관의 취소소송을 제기할 수 있으나, 우리의 경우 의무이행소송이 이용되지 못하고 있음은 주지의 사실이다.

청구권을 주된 내용으로 하는 신청권을 인정한 것이라고 할 수 있다.

"임용권자가 동일한 검사신규임용의 기회에 원고를 비롯한 다수의 검사지원자들로부터 임용신청을 받아 전형을 거쳐 자체에서 정한 임용기준에 따라 이들 중 일부만을 선정하여 검사로 임용하는 경우에 있어서, 법령상 검사임용신청 및 그 처리의 제도에 관한 명문규정이 없다고 하여도 조리상 임용권자는 임용신청자들에게 전형의 결과에 대한 응답, 즉 임용여부의 응답을 해줄 의무가 있다고 보아야 하고 원고로서는 그 임용신청에 대하여 임용여부의 응답을 받을 권리가 있다고 할 것이며……."

나아가, 다음의 판시부분에서는 신청권의 내용인 적법한 응답청구권이 재량행위영역에서는 무하자재량행사청구권이 될 수밖에 없음을 나타내고 있다.

"임용권자가 임용여부에 관하여 어떠한 내용의 응답을 할 것인지는 앞에서 본 바와 같이 임용권자의 자유재량에 속하므로 일단 임용거부라는 응답을 한 이상 설사 그 응답내용이 부당하다고 하여도 사법심사의 대상으로 삼을 수 없는 것이 원칙이나, 다만 자유재량에 속하는 행위일지라도 재량권의 한계를 넘거나 남용이 있을 때에는 위법한 처분으로서 항고소송의 대상이 되는 것이므로(행정소송법 제27조), 적어도 이러한 재량권의 한계일탈이나 남용이 없는 위법하지 않은 응답을 할 의무가 임용권자에게 있고 이에 대응하여 원고로서도 재량권의 한계일탈이나 남용이 없는 적법한 응답을 요구할 권리가 있다고 할 것이며……."

이처럼, 동 판결에서 신청권은 거부처분 성립요건의 판단을 위해 도출된 것이지만,[41] 거부처분을 구성하는 신청'권'으로서 무하자재량행사청구권이 나타나고 있다. 그 인정의 단초가 어디에 있었든, 동 판결은 무하자재량행사청구권을 인정한 것임은 분명하다.

(2) 무하자재량행사청구권의 독자적 청구권성

행정청의 거부처분이나 부작위가 있지만, 달리 청구권에 관한 규범이 없는 경우 무하자재량행사청구권의 근거규정이 원고적격 규범이 될 수 있는지에 관한 이른바

41) 검사임용청구사건에서 대법원이 원고가 응답신청권을 갖기 때문에 원고적격을 갖는다고 파악하는 견해가 있지만(홍정선, 앞의 책, 91쪽), 90누5825 판례에서 응답신청권은 거부처분성의 판단에서 문제가 되었지, 원고적격판단 차원에서 문제되었던 것은 아니다.

무하자재량행사청구권의 독자적 청구권(selbständiger Anspruch auf fehlerfreie Ermessensentscheidung)성이 문제가 된다. 이와 관련하여, 무하자재량행사청구권은 독립성 없는 형식적 권리이므로 그 자체만으로 원고적격을 가져다 줄 수 없고, 다만 본안요건에서 재량권 일탈·남용으로서 위법성 문제로 심사된다는 견해가 주장되고 있다.[42]

생각건대, 절차적 권리와 실체적 권리는 동전의 양면과 같은 관계라고 할 수 있다. 가령, 검사임용청구사건에서 원고는 공무담임권이라는 실체적 내용의 권리를 가지고 있지만, 절차상으로는 재량규정으로 인하여 무하자재량행사청구권을 가진다. 무하자재량행사청구권도 일반적 권리로서 인정될 순 없고 사익보호성이 전제가 되어야 함은 이미 확인한 바이다. 그리고 무하자재량행사청구권 인정을 위한 사익보호성의 판단은 그 이면에 있는 실체적 권리의 인정을 위한 사익보호성의 판단이 될 수밖에 없다. 즉 실체권과 무관한 재량행사에 대한 독자적인 권리는 존재하지 않으며, 구체적인 경우에 이미 존재하고 있는 법률상 청구권 또는 허가유보부 예방적 금지에 관한 결정, 평등권 등 기본권이 문제된다.[43] 따라서 원고적격의 인정근거로서 실체적 권리와 무관한 독자적인 무하자재량행사청구권의 인정은 일반적으로 생각하기 어렵다. 그러나 이는 달리 말하면 무하자재량행사청구권을 인정할 수 있는 경우 원고적격성도 인정될 수 있다고도 할 수 있어, 실제 상황에서 양자의 구분은 그다지 논의실익이 없다고 생각된다.

(3) 무하자재량행사청구권의 전개양상

이상의 내용을 종합적으로 볼 때, 우리나라에서 무하자재량행사청구권의 논의여지가 있는 경우를 정리해 보면, ① 무하자재량행사청구권이 재량수축의 상황에서 행정개입청구권으로 전환되는 경우에 행정개입청구권의 인정을 위한 디딤돌 역할을 하는 경우, ② 원고가 무하자재량행사청구권을 디딤돌로 하여 행정개입청구권을 행사하고자 했지만, 법원의 심리결과 사안의 판결성숙성이 인정되지 않아, 즉 재량수축의 상황이 아니어서 단지 응답판결을 내릴 근거가 되는 경우, ③ 검사임용청구사건에서처럼, 무하자재량행사청구권이 신청권의 내용으로서 거부처분의 성립요소가 되어 취소소송의 대상적격을 인정하는 도구가 되는 경우, ④ 원고적격의 도출을 위해 무하자재량행사청구권을 원용하는 경우를 들 수 있다.

42) 위의 책, 92쪽.
43) Hufen, 앞의 책, § 15 Rn. 27.

이 가운데 가장 핵심적 내용이 되어야 할 ①의 경우는 우리 판례에서 찾아보기 힘든데, 이는 의무이행소송제도의 부재에 기인하는 것이라고 생각된다.[44] 그리고 판례의 '신청권법리'로 인해 법령의 해석으로부터 신청권이 인정되기 힘든 경우, 특히 제3자가 원고가 되는 경우에는 ③도 제대로 작동할 수 없는 것이 현실이다. 따라서 거부처분취소소송 및 부작위위법확인소송이 의무이행소송의 대안이 될 수 없다.[45] ②는 응답판결이 인정되지 않는 현행 행정소송법에서는 기대하기 어렵다. ④는 무하자재량행사청구권의 성립요건으로서나, 그 이면에 있는 실체권의 인정을 위해서나 결국 사인의 사익보호성 도출여부가 문제가 되는 것이어서, 굳이 무하자재량행사청구권을 별도로 논할 필요가 없는 셈이 된다. 이러한 이유에서인지 판례에서도 ④의 상황은 잘 보이지 않는다.

생각건대, 무명항고소송으로서 의무이행소송을 인정하여 ①을 활성화할 필요가 있고, 취소소송 · 무효등확인소송과 의무이행소송의 병합제기를 슬기롭게 활용하여 응답판결과 같은 역할을 할 수 있는 판결을 내릴 수 있는 방안을 모색한다면 현행법 하에서도 ②의 활용여지는 있다.[46] ③은 거부처분과 관련된 법리체계의 전반적인 수정을 통해 더 이상 필요 없도록 하는 것이 바람직하며, ④는 별로 논의실익이 없는 문제라고 생각된다.

(4) 행정개입청구권의 의의

무하자재량행사청구권과 재량수축의 창구를 통한 행정개입청구권에 대한 독일의 이해는 우리나라에서도 그대로 받아들여지고 있다. 나아가, 같은 재량규범을 근거로 하는 경우라도 2면관계에서 행정상대방의 권리와 3면관계의 제3자의 권리를 구분하는 경향이 있다. 이러한 구분을 바탕으로 광의의 행정개입청구권을 행정행위발급청구권과 (협의의) 행정개입청구권으로 분류하기도 한다. 행정행위발급청구권이란 개인이 자기의 권익을 위하여 자기에 대하여 일정한 내용의 행정권을 발동하여 줄 것을 청구할 수 있는 권리이며, (협의의) 행정개입청구권은 어떠한 행정권의 발동이 그 상대방에 대

---

44) 나아가, 항고소송에서만이 아니라 국가의 규제권한 불행사로 인한 국가배상사건에서도 원용의 여지가 있지만, 우리 판례(가령, 대법원 2008. 10. 09. 선고 2007다40031 판결)는 이를 전혀 고려하고 있지 않다. 이러한 판례 분석을 포함한 국가배상청구권의 문제는 본고의 지면관계상 다른 기회에 다루고자 한다.

45) 상세는 후술하는 III. 2. (4) 이하.

46) 이와 관련하여 일본 행정사건소송법 제37조의3제6항은 독일 행정법원법 제113조5항2문과 비교할 수 있는 흥미로운 규정이다. 이에 관한 다수의 관련문헌 중 특히 山本隆司, "義務付け訴訟と仮の義務付け差止め活用のために(上)", 自治研究 81-4, 90-96頁 참조.

하여는 침해적이고 제3자에 대하여는 수익적인 경우에 그 행정권의 발동으로 이익을 받는 자가 행정청에게 그 상대방에 대한 행정권의 발동을 청구할 수 있는 권리를 말한다.[47] 나아가, 재량행위영역이 아닌 기속행위영역에서도 행정청의 거부나 부작위가 있는 경우 그 의무이행을 구할 수 있음은 물론이다.

이와 같은 행정개입청구권 및 이와 구분되는 권리는 다음과 같이 정리할 수 있다.[48]

❖〈표 4〉 행정청의 거부 또는 부작위에 대한 사인의 권리

	재량행위	기속행위 또는 재량수축의 경우
권리주체가 행정상대방	① 무하자재량행사청구권	② 행정발급청구권
권리주체가 제3자	③ 무하자재량행사청구권	④ 행정개입청구권

검사임용청구사건의 무하자재량행사청구권은 ①에 해당할 것이다. ① 또는 ③은 법규범에 따라, 또는 법원의 심리와 같은 소송절차를 통해 재량수축을 인정하여 각각 ② 또는 ④로 전환될 수 있다.

(5) 행정개입청구권의 전개양상

학설상 널리 인정되고 있는 행정개입청구권이 우리나라 소송실무에서 구현되고 있는 경우는 보기 힘들다. 가령, 대법원 1999. 12. 7. 선고 97누17568 판결에서는, 행정청의 규제권한발동에 관해 행정청의 재량을 인정하는 형태로 규정되어 있는 건축법 제69조 제1항 및 제70조 제1항은 각 조항 소정의 사유가 있는 경우에 시장 · 군수 · 구청장에게 건축허가 등을 취소하거나 건축물의 철거 등 필요한 조치를 명할 수 있는 권한 내지 권능을 부여한 것에 불과할 뿐, 시장 · 군수 · 구청장에게 그러한 의무가 있음을 규정한 것은 아니므로 위 조항들도 그 근거 규정이 될 수 없으며, 그 밖에 조리상 이러한 권리가 인정된다고 볼 수도 없다고 한다.[49] 대법원 2006. 6. 30. 선고 2004두701 판

---

47) 박윤흔 · 정형근, 앞의 책, 143-144쪽; 김철용, 앞의 책, 100쪽; 류지태 · 박종수, 앞의 책, 110쪽; 석종현 · 송동수, 앞의 책, 104-105쪽; 박균성, 앞의 책, 143-144쪽; 한견우, 현대행정법강의, 신영사, 2008, 156-157쪽; 홍정선, 앞의 책, 95쪽. 광의의 행정개입청구권을 인정하여 자신에게 행정권을 발동하여 줄 것을 요구할 권리도 포함한다는 견해를 부정적으로 보는 정하중, 앞의 책, 85쪽.

48) 나아가 이 4가지의 경우 모두 각각 행정청이 권리주체의 요구에 대하여 거부한 경우와 부작위의 경우로 나누어 볼 수 있지만, 거부와 부작위의 경우는 같은 법리로서 논할 수 있어 별도로 구분하지 않는다.

49) 김중권, "建築法上의 鎭壓的 介入手段을 통한 隣人保護에 관한 小考 - 獨逸의 判例와 學說을 중심으로 -", 공법연구 29-3, 347쪽 이하.

결에서도 같은 취지가 나타난다.[50)]

이러한 판례에 대해, 개입수권이나 재량의 영으로의 축소 등을 제대로 검토하지 않은 채 결론을 내림으로써 건축법 제69조 등의 개입수단을 통한 隣人보호가 제대로 이루어지지 않았다는 비판이 가해지며, 비교법적으로 독일의 인인의 보호청구권의 법리를 우리 판례에서도 받아들어야 한다는 주장이 제기된다.[51)] 판례의 신청권법리를 전제로 하고 있는 이러한 입장에서는 결국 독일의 인인의 보호청구권과 같은 행정개입청구권의 법리가 신청권의 법리 가운데 흡수되고 있는 것으로 이해된다. 즉, 《① 공권의 성립요건, 특히 사익보호성의 인정을 통한 무하자재량행사청구권의 성립 → ② 재량수축의 인정을 통한 행정개입청구권의 성립 → ③신청권의 인정을 통한 거부처분의 성립》이라는 전개형식이 나타나고 있다.

그러나 제3자의 신청권을 판례에서는 인정하지 않는 가운데, 이를 인정한 서울행법 2005. 2. 4. 선고 2001구합33563 판결은 특기할 만하다.[52)] 동 판례는 신청권법리를 전제로 한 후, 공유수면매립법 등 관계 법령에 국민이 행정청에 대하여 제3자에 대한 공유수면매립 등의 취소 등의 조치를 요구할 수 있다는 취지의 규정이 없지만, 환경 및 생태계변화에 더 큰 위험을 초래할 가능성이나, 대규모의 간척사업에서 발생할 수 있는 막대한 환경피해에 관하여 전문성 등을 갖춘 개인이 행정절차에 참여할 필요성이 더욱 절실해지고 있는 현실상황에 있어서, 개인의 환경이익 보호요청을 행정청에 대한 직권발동촉구의 의미로 한정하여 볼 수는 없는 점, 환경 및 생태계의 변화, 기타 사정변경으로 인하여 당초에 예측하지 못한 환경피해를 입을 위험이 있는 개인으로서는 매립면허처분의 취소 등 행정권의 발동으로 위와 같은 환경상의 불이익이 해소될 수 있는데 이를 거부하는 행위는 실실적으로 그 개인의 환경상 이익을 침해하는 결과에 이를 수 있다는 점 등에 비추어, 적어도 환경영향평가대상지역 내의 주민들에 대하여는 환경상 이익을 보호하기 위하여 행정청에 공유수면매립법 제32조 소정의 취소 등의 처분과 관련한 조리상의 신청권이 있다고 판시했다.

위의 97누17568 판결을 비판하는 입장에서는 이와 다른 결론을 내린 서울행법

50) 이 판례에 대한 비판적 평석으로 김중권, "채석허가에 따른 적지복구상의 산림소유자의 법적 지위", 법률신문 제3563호(2007. 6. 18.).

51) 김중권, 공법연구 29-3, 347쪽 이하.

52) 이른바 새만금사건의 1심판결이다. 그런데 새만금사건에 대한 대법원판결(2006. 3. 16. 선고 2006두330)을 들어, 대법원은 제3자에 대한 이익 행정행위를 취소해 달라는 신청에 대한 거부처분의 취소를 구하는 경우에도 조리상 신청권을 인정하고 있다는 견해(김철용, 앞의 책, 676쪽)가 있는데, 이 사건에서 거부처분성의 문제는 상고이유에 포함되지 않았기 때문에, 이에 관한 대법원의 입장을 단정하긴 어렵다고 생각된다.

2005. 2. 4. 선고 2001구합33563 판결을 매우 긍정적으로 보게 된다.[53] 나아가 동 판례는 환경영향평가대상지역 내의 주민들에게 공유수면매립법 제32조의 처분과 관련한 조리상의 신청권을 인정함으로써, 제3자가 자기의 이익을 위하여 동 조문과 같은 감독규정을 개입수권으로 동원할 수 있음이 공인되어 행정개입청구권 법리를 인정하기 위한 바탕이 마련되었다고 보고 있다.[54]

이러한 판례 및 그에 대한 평가에 대한 필자의 생각은 다음과 같다.

첫째, 인근주민과 같은 제3자의 권리를 신청권과 결부시키는 것 자체가 적절하지 않다. 현행 판례의 입장을 전제로 할 경우 신청권의 법리를 저버릴 수도 없음은 이해가 되는 면도 있지만, 신청권이 제3자의 행정개입청구권과 양립하기 힘든 것이라면 아예 문제 전반에 대한 재검토가 있어야 하지 않을까 생각된다. 거부처분취소소송이나 부작위위법확인소송이 아니라 의무이행소송을 이용하는 독일에서는 신청권의 문제가 부각되지 않는 점에 주목할 필요가 있다. 독일에서도 예외적으로 의무이행소송이 아닌 이른바 독립된 취소소송(eine isolierte Anfechtungsklage)을 이용하는 경우도 있지만, 이때에도 우리의 신청권의 법리와 같은 단계가 필요한 것은 아니다.[55] 독일과는 다른 제도적 환경을 가지고 있는 우리의 현실에서 독일의 행정개입청구권을 뿌리내리도록 하기 위해서는 우리가 가지고 있는 '신청권법리'라는 토양에 대한 점검이 필요한 것이다.

둘째, 행정개입청구권을 인정하고 있다는 단서를 사익보호성에서 찾는 것도 엄밀하게 보면 정확하지 않다. 사익보호성은 무하자재량행사청구권 단계의 문제이다. 무하자재량행사청구권이 행정개입청구권으로 전환되는지 여부의 판단기준이 되는 것은 '재량수축'상황의 존재여부이며, 이는 의무이행소송에서 사안의 판결성숙성을 결정짓는 요소이다.

셋째, 위 서울행법 판례의 논거는 《① 공권의 성립요건, 특히 사익보호성의 인정을 통한 무하자재량행사청구권의 성립, ② 재량수축의 인정을 통한 행정개입청구권의 성립, ③ 신청권의 인정을 통한 거부처분의 성립》이라는 행정개입청구권과 신청권의 결부를 전제로 생각할 수 있는 요건 가운데, ②에 집중되어 있지 않나 생각된다. ①에 대한 논증은 뚜렷하지 않고, ③이 필요하다는 종래 판례의 입장을 전제로 하면서도 ②가

53) 김중권, "새만금판결의 행정법적 의의에 관한 소고", 법률신문 제3459호(2006. 5. 18.); 김중권, "행정개입청구권의 인정과 관련한 법적 문제점에 관한 소고", 저스티스 86, 2005/8, 216쪽 이하.

54) 김중권, 법률신문 제3459호 참조.

55) 의무이행판결을 통해 신청된 행정행위를 구할 수 있음에도 불구하고, 거부취소의 목적을 가진 '독립한 취소소송'(eine isolierte Anfechtungsklage)에 관해서는, Sodan, 앞의 책, § 42 Rn. 125, 148, 251, 270, 324 f., 337 ff.

③이 되는 이유에 대해서도 설명이 없다. 즉, 행정개입청구권의 인정을 통하여 신청권을 도출하고 있지만, 설득력 있는 논거를 제시하고 있는 것은 아니다.

그렇다면, 대안은 무엇인가?

필자는 신청권에 대한 새로운 이해, 그리고 무명항고소송으로서 의무이행소송의 인정에서 그 해법을 찾고자 한다.

Ⅳ. 무하자재량행사청구권 및 행정개입청구권의 보장을 위한 방안

1. 신청권에 대한 새로운 이해

(1) 행정개입청구권 성립요건으로서 신청권?

검사임용청구사건의 원고와 같이 행정상대방에게, 당해 근거법규로부터 그 권리성(특히 사익보호성)을 인정하는 것은 상대적으로 어렵지 않다. 왜냐하면, 이 경우에는 무하자재량행사청구권이 결국 신청권이기 때문이다.

그러나 환경오염물질의 배출업체에 대하여 일정한 행정규제권한을 발동할 것을 요구하는 인근주민, 또는 위법건축물에 대한 행정청의 건축규제권한의 발동을 구하는 인근주민과 같은 제3자의 권리의 경우 이와는 다른 성질을 가지고 있다. 따라서 이러한 자에 대하여도 신청권을 요구하는 것은 다음과 같은 불합리한 점이 있다.

첫째, 무하자재량행사청구권은 재량규범의 사익보호성 등의 요건충족으로 성립하여, 나아가 재량수축의 경우 행정개입청구권이 인정될 수 있지만, 이로 인하여 신청권까지 인정될 수 있는 것은 아니다. 즉, 이러한 권리들은 당해 법령의 해석상 인정되는, 또는 이에 준할 정도인 조리상 인정되는 신청권과는 다른 것이다. 특히 제3자의 경우에는 신청권이 인정되고 있다고 볼 수 있는 상황은 생각하기 어렵지만, 행정개입청구권은 오늘날 제3자의 공권성 인정의 확대 경향과 더불어 인정할 수 있는 여지가 많다 요컨대, 제3자의 행정개입청구권과 제3자의 신청권은 이질적인 것이다.

둘째, 조리상 신청권의 확대해석을 통해 제3자의 신청권을 확대하려는 시도 역시 반드시 바람직하지 않다. 이는 직권에 의한 행정처분절차와 구분되는, 신청에 의한 행정처분절차의 취지를 몰각시킬 수 있다. 법령의 규정 또는 그 해석을 통해 신청권자나, 그에 준하는 자로 인정된다면 그에 상응하는 신청의 실체적 · 절차적 기능을 살릴 수 있도록 해야 한다. 이것이 신청을 규정한 입법취지라고 할 수 있어, 조리상 신청권의 지나친 확대는 오히려 경계해야 한다.

따라서 행정개입청구권은 〈① 공권의 성립요건, 특히 사익보호성의 인정을 통한 무하자재량행사청구권의 성립 → ② 재량수축의 인정을 통한 행정개입청구권의 성립 → ③ 신청권의 인정을 통한 거부처분의 성립〉 가운데 ①, ②단계로 충분하며, ③까지 요구해선 안 된다. ②와 ③이 무관한 경우에는 굳이 ②를 통하여 ③을 도출할 필요는 없도록 하는, 즉 ②의 단계에서 마무리될 수 있도록 하는 해석론이 필요하다.

(2) 행정개입청구권을 인정하기 위한 '신청권'의 해석론

제3자의 조리상 신청권의 확대해석이 바람직하지 않다면 어떠한 대안을 생각할 수 있는가.

먼저, 거부처분, 부작위의 성립요건으로서 '신청권'을 요구하지 않는 해석론을 생각할 수 있다. 이는 거부처분에 대한 판례의 확고한 입장을 생각할 때, 현실적인 어려움이 있는 것은 사실이다. 무엇보다, 거부처분이나 부작위라는 개념이 원래 신청에 대한 불응 또는 무반응이며, 이는 결국 신청에 관한 권리가 있는지 여부에 대한 다툼이라고 할 수 있고, 소송요건 단계에서도 그 신청에 따른 단순한 응답을 받을 권리를 요구해야 하는 점을 어떻게 처리할 것인가 문제가 된다. 생각건대, 이 문제는 반드시 대상적격의 문제로 볼 이유가 없다는 점으로 풀어갈 수 있다. 즉, 신청권에 대한 고려가 필요한 경우 원고적격 또는 협의의 소의 이익차원에서 이를 요구하면서, 신청권이 애초부터 문제가 될 수 없는 행정개입청구권과 같은 제3자의 권리가 문제되는 경우에는 대상적격은 물론 원고적격에서도 신청권을 요구하지 않아야 한다. 그리하여, 제3자의 사익보호성을 기준으로 원고적격을 판단하며, 대상적격은 종래 판례가 들고 있는 요건 가운데 신청권 요건을 제외한 것을 기준으로 삼자는 것이다. 제3자의 행정개입청구권과 같이 일반적으로 신청권과 무관한 권리의 경우에는 원고적격의 판단 역시 '법률상 이익'(행정소송법 제12조)의 요건으로서 사익보호성 충족에 집중하면 된다.

다음으로, 신청과 무관한 행정개입청구권에 대해서는 거부처분취소소송이나 부작위위법확인소송이 아닌 의무이행소송으로 다툴 수 있어야 한다. 특정한 행정행위 또는 새로운 결정을 행할 것을 행정청에 구하는 원고의 청구권을 소송물로 하는 의무이행소송은 '거부처분'이나 '부작위'의 개념을 전제로 할 필요가 없다. 의무이행소송이 행정소송법 개정을 통해 도입되기 전에는 무명항고소송으로서 의무이행소송이 인정되어야 한다. 즉, 현행법상 이용되고 있는 거부처분취소소송 및 부작위위법확인소송은 신청으로 행정절차가 개시되는 행정처분의 경우에 이용하고, 직권발동을 예정하고 있는 행정개입청구권과 같은 제3자의 권리는 무명항고소송으로서 의무이행소송이 이용될 수 있도록 하는 해석론이 필요하다.

2. 무명항고소송으로서 의무이행소송의 인정

이상에서 지적한 문제점을 근본적으로 해소할 수 있는 방안은 결국 의무이행소송을 도입하는 것이다. 입법으로 이를 명시하기 전에라도 무명항고소송으로서 인정되어야 하는데, 그 필요성 및 인정근거가 무엇인지가 문제된다.

(1) 재판받을 권리와 무명항고소송으로서 의무이행소송

무하자재량행사청구권 및 행정개입청구권은 의무이행소송제도와 밀접한 관련을 가지지만, 의무이행소송제도가 없는 우리나라에서는 거분처분취소소송이나 부작위위법확인소송이 이러한 기능을 대신할 수 있다는 주장이 있다. 그러나 거부처분취소판결의 기속력에 따른 재처분의무가 재대로 기능할 수 있느냐의 문제는 별론으로 하더라도, 제3자의 행정개입청구권은 거부처분 및 부작위의 성립요건으로 신청권을 요하는 판례의 태도와 결부되어 제대로 보장될 수 없다는 한계가 있다. 이를 극복하기 위한 해석론을 본고에서 제시했지만, 보다 근본적인 문제해결은 거부처분이나 부작위의 개념성립에 연연할 필요가 없는 의무이행소송의 인정이라고 할 수 있다. 따라서 무하자재량행사청구권 및 행정개입청구권의 실현수단으로서, 그리고 이와 병행하여 또는 별도로 거부처분취소소송이나 부작위위법확인소송이 무명항고소송의 대인이 될 수 있다는 견해는 적절하지 않다고 생각된다. 의무이행소송제도가 명문으로 도입되기 전이라도 무명항고소송으로서 이를 인정하는 것이 권리구제의 사각지대를 없애고 국민들의 재판받을 권리를 보호하는 길이다.

(2) 부작위위법확인소송의 규정을 둔 입법자의 취지?

현행 행정소송법에서 의무이행소송의 규정은 두지 않고 부작위위법확인소송을 행정소송법에서 규정한 점은 의무이행소송을 부인한 입법자의 의사로 보아야 하는지 여부가 문제된다.

이는 근본적으로, 실체법상의 권리가 있으면 이를 소송법상으로 실현할 수 있는 것으로 보아야 하는가, 아니면 실체법상의 권리가 있더라도 이를 실현하기 위해서는 소송법에서 특수한 소송유형으로 규정된 기본틀을 통해서만 소송을 제기할 수 있는 것인가의 문제라고 할 수 있다.[56] 민사소송에서는 전자의 입장이 취해지고 있음은 주지의 사실이다. 과거 로마법상의 actio사상에서는 후자와 같이 소송을 이해했다. 행정소송에서도 특수한 소송유형으로서 법정된 유형의 소송을 제기할 수 있다는 사고방식은 과거 actio사상의 연장이라고 할 수 있다. 행정소송법에서 소송유형을 규정하고 있는 것은 이러한 actio사상으로 인한 것이 아니라, 재판실무상 소송요건 · 본안승소요건을 명기하는 것이 이용하기 편리하다는 정책적 차원에서 규정한 것으로 새겨야 한다.[57] 나아가, 이는 개괄주의를 채택하고 현행 행정소송법의 취지에 맞지 않는다. 철저하게 행정소송법 제4조에서 명문으로 규정한 소송유형만을 항고소송으로서 인정하려는 태도는 한 마디로 감추어진 열기주의(ein verstecktes Enumerationsprinzip)[58]가 될 수 있다는 점에서도 문제가 있다.[59]

따라서 부작위위법확인소송을 명기한 것을 가지고 입법자의 의사를 추론하는 견해는 이러한 구 actio사상에 젖어, 현행 행정소송법이 채택하고 있는 개괄주의의 취지에 반하는 것이어서 타당하지 않다. 즉, 행정법에서도 실체법상 청구권이 있으면 반드시 명문의 항고소송유형에 해당하지 않더라도 이를 이용할 수 있도록 하는 적극적인 해석론이 요청된다.

(3) 행정청의 제1차적 판단권문제와 의무이행소송

의무이행소송 도입을 주저하는 이유로서 아직 행정청의 선결권이 행사되지 않은 상태에서 법원의 판단이 내려질 수 없다는 점이 주장되기도 한다. 그러나 몽테스키외식의 고전적인 권력분립론은 오늘날 상당한 변화를 맞고 있다는 점에 주목해야 한다. 고전적 권력분립론에서는 각 기관이 고유의 권력을 향유하는 것과 더불어 기관 상호간에 권력을 제약할 수 있는 권한을 향유하여야만 권력 상호간의 균형을 이룰 수 있다고 보았다. 그러나 오늘날 권력분립론이 추구하는 객관적 원리로서 입법부와 집행부의 균

56) 橋本博之, 改正行政事件訴訟法, 弘文堂, 2004, 59頁.

57) 高木光, "義務づけ訴訟 · 差止訴訟", 礒部力 · 小早川光郎 · 芝池義一(編), 行政法の新構想Ⅲ, 有斐閣, 2008, 47頁以下.

58) Bickenbach, 앞의 책, 38쪽.

59) 소송의 제기는 처분권주의(Dispositionsmaxime)에 따라 원고의 주도로 이루어져야 하나, 그 경우에도 이러한 '감추어진 열기주의'가 작용해서는 안 된다고 하는 Bickenbach, 위의 책, 72쪽.

60) 성낙인, 헌법학, 법문사, 2010, 827쪽.

형은 사라졌다고 볼 수 없으나 매우 후퇴한 상황이다.[60] 오늘날의 집행부가 강화된 행정국가화 경향으로 더 이상 고전적인 견제와 균형의 틀을 적극적으로 인용할 수 없는 중대한 변용이 요청되고 있다.[61] 이러한 문제에 대응하기 위해, 권력의 분할과 권력상호간의 견제와 균형은 물론이고 권력상호간의 공화화 협조 등을 포괄하는 합리적인 기능적 권력분립론이 주장되고 있다.[62]

따라서 우리나라 행정법학에 많은 영향을 미쳤던 田中二郎의 이른바 '행정청의 제1차적 판단권이론'은 시대적 변용에 따른 재해석이 필요하게 되었다. 이렇게 볼 때 행정청의 1차적 판단권이론에 대한 전면적 부정도 검토할 여지도 없지 않지만, 항고소송제도는 민사소송에 비하여 구조적으로 다르다는 점도 여전히 간과할 수는 없을 것이다. 즉, 법률관계가 아닌 행정청의 작용을 판단하는 구조라는 민사소송과는 다른 항고소송의 특질과 기능적 권력분립 · 법치주의간의 균형점에 대한 진지한 고민이 필요하다고 생각된다. 이렇게 볼 때, 무명항고소송으로서 의무이행소송은 可否의 문제가 아니라, 어떠한 요건 하에서 이를 제기할 수 있는가의 문제가 되어야 하며,[63] 이때 무하자재량행사청구권 및 행정개입청구권의 문제도 현실적으로 고려한 해석론이 이루어져야 할 것이다.

Ⅴ. 맺음말

이상에서 살펴본 바와 같이 독일의 무하자재량행사청구권 및 행정개입청구권이 우리나라에서 정착하기 위해서는 독일의 무하자재량행사청구권 및 행정개입청구권 그 자체는 물론, 신청 및 신청권의 문제, 그리고 의무이행소송제도까지도 연관시켜 검토해야 한다.

재량을 통한 행정청의 행위를 규정한 법령에서 사인의 사익보호성을 인정할 수 있으면, 당해 사인은 무하자재량행사청구권을 가진다. 이는 행정이 무엇인가 재량판단 그 자체를 행해야 한다는 응답청구권과 하자 있는 재량행사를 해서는 안 된나는 청구권을 내용으로 한다. 나아가, 재량수축의 경우는 행정개입청구권으로 전환되어 특정한

61) 위의 책, 830쪽 참조.
62) 권영성, 헌법학원론, 법문사, 2010, 754쪽.
63) 같은 취지의 김철용, 앞의 책, 629-630쪽 참조("독일의 1950년대 이전, 일본의 행정사건소송특례법시대의 비교적 초기에 있어서의 권력분립원리에 의한 극히 형식적인 접근을 답습할 것이 아니라 어떤 범위 내에서 허용할 것인가 하는 의무이행소송의 적법성 요건에 관한 구체적 접근이 필요하다").

행위의 발급청구권을 가진다. 법원은 각각 응답판결과 (특정행위)의무이행판결을 내릴 수 있으며, 양자의 구분기준은 사안의 판결성숙성 유무로 나타난다.

의무이행소송제도가 없고, 거부처분의 성립요소로서 신청권을 요구하는 우리나라에서는 무하자재량행사청구권은 신청권의 인정문제에서 나타나고 있음은 검사임용청구사건에서도 알 수 있다. 행정개입청구권의 경우 제3자의 권리가 일반적으로 신청과 결부되기 어렵다는 점으로 인해 판례의 신청권법리는 행정개입청구권의 인정을 봉쇄하는 역할을 하고 있다. 이를 극복하기 위해 개념본질상 신청권이 문제되는 영역과 그렇지 않은 영역으로 구분하여, 전자의 경우 신청권은 원고적격 또는 협의의 소의 이익으로서 요구하고, 후자의 경우 판례의 신청권법리를 극복할 수 있는 다른 해석론이 필요하다. 보다 근본적인 해결은 행정청의 거부나 부작위의 개념을 소송요건으로 요구하지 않는 의무이행소송에서 찾아야 한다. 무명항고소송으로서 의무이행소송은 재판받을 권리 보장 등을 위하여 필요한 제도임은 우리나라에서 행정개입청구권이 실현될 수 있는 여건에 대한 분석을 통해서도 확인할 수 있다.

제 3 장

규제권한 불행사에 의한 국가배상책임의 구조와 위법성 판단기준

- 대법원 2010. 9. 9. 선고 2008다77795 판결 -

Ⅰ. 판례 개요

1. 사실관계

6세 8개월 남짓의 남아 A는 2004. 2. 2. 얼려진 상태의 미니컵 젤리를 먹다가 이 사건 젤리가 목에 걸려 기도를 막는 바람에 호흡이 곤란하게 되어 병원으로 옮겨졌으나, 위 병원에 도착하기 직전인 같은 날 18:40경 기도폐쇄로 사망하였다(미니컵 젤리사건, 이하 '이 사건 사고'라 한다).

이 사건 사고 발생 이전인 2001. 4.경 안양시에 살고 있는 남자 어린이(9세)가 미니컵 젤리를 먹다가 기도가 막히는 바람에 저산소 뇌손상으로 인한 1급 장애를 입은 바가 있고, 이 사건 사고 발생 바로 전날인 2004. 2. 1.에도 경산시에 있는 사회복지관에서 보호 중인 장애아(9세)가 보육사가 입에 넣어준 미니컵 젤리(○○ fruit bites)를 먹다가 질식하여 사망하였으며, 이 사건 사고에 이어 2004. 9. 23. 수원에 살고 있는 여자 어린이(6세)가 미니컵 젤리를 먹다가 질식하여 2004. 10. 10. 결국 사망한 바가 있다.

A의 유족인 원고들은, 피고 대한민국은 이 사건 사고 이전에 미니컵 젤리로 인한

질식사고가 발생한 적이 있었음에도 불구하고, 미니컵 젤리 형태로 한 입에 흡입하여 내용물을 섭취할 경우 질식사고의 유발 가능성이 내재되어 있는 상황에서, 미니컵 젤리에 대한 물성 등에 대한 시험을 실시하여 그 물성과 질식사고 유발 가능성과의 관계를 파악하는 등으로 질식사고의 발생을 방지하여야 할 의무가 있음에도 이러한 조치를 취하지 않은 채 만연히 수입업자가 신고한 성분에 의존하여 이 사건 젤리를 국내에 수입 · 유통시킨 잘못으로 이 사건 사고 발생의 원인을 제공하였으므로 손해를 배상할 책임이 있다고 주장하며 소를 제기하였다.

2. 법원의 판결

국가배상책임과 관련되는 피고 대한민국에 대한 판결의 요지만 살펴본다.

(1) 제1심 판결 – 서울중앙지법 2006. 8. 17. 선고 2005가합32369 판결

이 사건 젤리는 카라기난을 성분으로 신고하여 수입되었지만 물성은 곤약을 함유한 젤리와 비슷한 탄성과 강도, 응집성을 지니고 있어서 질식의 개연성이 가장 높은 제품인 점, ② 현재 우리나라에 수입 · 유통되고 있는 미니컵 젤리에 포함되어 있는 성분들을 시험 · 검사한 결과 2001. 10.에 곤약, 글루코만난을 함유한 미니컵 젤리를 금지시켰음에도 곤약, 글루코만난을 함유한 미니컵 젤리와 유사한 성질을 가지고 있는 제품이 유통되고 있어서 미니컵 젤리의 물성에 따라 질식의 위험성이 발생할 가능성이 높은 점, ③ 피고 대한민국은 이 사건 사고가 발생한 것과 같은 해에 미니컵 젤리로 인한 두 건의 질식사고가 발생했음에도 위 두 건의 질식사고를 유발한 미니컵 젤리에 대하여 단단함, 탄성 등에 대하여 조사를 한 적이 없고, 나아가 이 사건 사고가 발생하기 전까지 미니컵 젤리의 특성에 대하여 실험하거나 조사한 적도 없는 점, ④ 현재 과학적 기술 수준으로는 미니컵 젤리의 성분에 곤약 성분이 함유되었는지 여부에 대하여 검출할 수 있는 방법이 없고, 달리 이를 검사할 수 있는 기관이 마련되어 있지 않아서 젤리를 수입할 당시 실제와 다르게 성분 신고를 하더라도 이를 확인할 수 있는 방법이 없음에도 막연히 젤리 수입업자의 성분 신고에 의존하여 수입을 허가해 온 점, ⑤ 나아가 미니컵 젤리는 물리적 특성, 크기, 모양, 섭취방법 등이 질식사고의 원인이 되는데, 특히 한 입 크기로 섭취하게 되는 젤리 형태는 그 첨가물이 곤약이든 해조류이든 해조류가 아니든 미니컵 젤리와 유사한 크기, 물리적, 물리화학적 특성을 갖는 젤리 제품을 제조할 수 있는 물질의 경우에는 미니컵 젤리와 같은 섭취방법으로 입으로 빨아들이거

나 미니컵을 눌러서 젤리를 입에 넣어서 섭취하는 경우에는 질식의 위험이 내포되어 있는 점 등에 비추어 보면, 피고 대한민국으로서는 비록 미니컵 젤리의 첨가물에 대하여 관리할 수 있는 방법이 마련되어 있지 않아서 미니컵 젤리에 곤약이 함유되어 있는지 여부를 분석할 수 없다고 하더라도 미니컵 젤리 형태로 한 입에 흡입하여 내용물을 섭취할 경우 질식에 대한 위험이 항상 내포되어 있는 상황에서, 이 사건 사고가 발생한 것과 같은 해에 미니컵 젤리의 섭취로 사망한 두 건의 사고가 있었음에도 미니컵 젤리에 대한 별도의 검사를 실시함이 없이 막연히 수입업자에 의한 성분에 의존하여 이 사건 젤리를 국내에 유통시킨 잘못을 저질렀고, 그로 인하여 망인이 이 사건 젤리를 섭취하다가 사망에 이르렀다고 할 것이므로, 피고 대한민국은 이 사건 사고로 망인 및 원고들이 입은 손해를 배상할 의무가 있다(떡, 사탕, 낙지 등과 같은 식품의 경우에도 잘못 섭취할 경우 질식사가 발생할 개연성이 있지만 위 식품들의 경우에는 섭취하는 과정과 방법의 부주의에 의한 것인 반면, 미니컵 젤리의 경우에는 그 형태 자체가 한 입에 흡입하는 방법으로 섭취하는 것을 유발하는 모양으로 만들어져 있어서 미니컵 젤리 형태로 제조한 것 자체에서 위험성을 내포하고 있다고 보아야 하므로 위에서 열거한 식품들과는 그 위험성의 전제가 본질적으로 다르다).

(2) 원심판결 – 서울고등법원 2008. 9. 11. 선고 2007나7074 판결

일반적으로 공무원이 그 권한을 행사함에 있어서는 국민에 대하여 손해를 방지하여야 할 의무 내지 국민의 안전을 배려하여야 할 직무상의 의무를 부담하고, 공무원이 직무를 수행함에 있어 그 근거되는 법령의 규정에 의하여 구체적으로 공무원에게 부과된 의무 가운데 국민의 이익과는 관계 없이 순전히 행정기관 내부의 질서를 유지하기 위한 것이거나 또는 그 직무상 의무가 국민의 이익을 위한 것이라도 개개의 국민을 염두에 둔 것이 아니라 오로지 공공 일반의 전체적인 이익을 조장하기 위한 경우에 불과할 때에는 공무원이 그 직무상의 의무에 위반하여 국민에게 손해를 가하였다고 하더라도 이에 관하여 그 공무원이 소속된 국가나 지방자치단체의 손해배상책임이 인정되지 않는 반면에, 그 직무상 의무의 내용이 전적으로 또는 부수적으로라도 사회구성원 개인의 안전과 이익을 보호하기 위하여 설정된 것이라면 공무원이 그와 같은 직무상 의무를 위반함으로써 피해자가 입은 손해에 대하여는 상당인과관계가 인정되는 범위 내에서 국가나 지방자치단체가 배상책임을 지는 것이고, 이 때 상당인과관계의 유무를 판단함에 있어서는 일반적인 결과발생의 개연성은 물론이고 더 나아가 직무상 의무를

부과하는 법령 기타 행동규범의 목적이나 가해행위의 태양 및 피해의 정도 등 구체적인 사정을 종합적으로 고려하여야 한다(대법원 1998. 5. 8. 선고 97다36613 판결 참조).

망인이 이 사건 젤리를 먹을 당시 시행중이던 구 식품위생법의 취지, 목적 및 그 법령에 따라 피고 산하 식품의약품안전청 공무원이 부담하는 의무를 고려하여 볼 때, 구 식품위생법은 국민 일반의 건강에 위험이 될 식품의 제조, 판매, 수입 등을 규제하고 국민의 생명 · 신체 및 재산상의 안전에 위해를 끼칠 물품이나 용역을 규제함으로써 국민 전체의 이익을 도모하기 위한 것이라고 할 것이고, 국민 개개인의 안전과 이익을 직접적으로 보호하기 위한 규정이라고 볼 수는 없으므로 이 사건 젤리의 수입이나 유통을 금지시키지 아니한 피고 소속 공무원의 직무상 행위와 이 사건 사고 사이에 상당인과관계가 있다고 할 수 없다 할 것이어서 원고들의 위 주장은 나아가 살펴 볼 필요 없이 이유 없다.

설령 구 식품위생법 소정의 규정들이 오로지 공공 일반 또는 국민 전체의 이익을 도모하기 위한 것은 아니고, 부수적으로라도 사회구성원 개인의 안전과 이익을 보호하기 위하여 설정된 것이라고 본다 하더라도, 앞서 살핀 바와 같이 미국 식품의약국이 2001. 8. 17. 이후 곤약을 함유한 미니컵 젤리에 대하여 앞서 본 바와 같은 일련의 조치를 취하자, 피고 대한민국은 2001. 10. 22. 곤약 및 글루코만난이 함유된 직경 4.5cm 이하 원형, 원추형, 타원형의 미니컵 젤리의 제조 · 수입 · 유통 등을 금지하고, 이들 이외의 겔화제를 사용한 제품에도 경고문을 표시하도록 조치한 점, 유럽연합이 2004. 4. 23. 곤약 이외 겔화제로 사용되는 식품첨가물을 함유한 미니컵 젤리에 대하여 판매 및 수입을 금하는 잠정 조치를 취하였는데, 이는 이 사건 사고 이후인 점, 피고 대한민국이 2001. 10. 22. 곤약 및 글루코만난이 함유된 미니컵 젤리의 제조 · 수입 · 유통 등을 금지한 이후 이 사건 사고 이전까지에는 이 사건 사고 하루 전날 1회의 사고 이외에 다른 사고가 발생하지 않았던 점, 한국소비자보호원이 이 사건 사고 이후에야 2004. 2. 4. 식품의약품안전청장에게 미니컵 젤리에 대한 수입금지 등의 안전조치가 필요한 지에 대하여 검토해 줄 것을 요청한 점, 현재의 과학기술로 미니컵 젤리에 곤약 성분이 함유되었는지 여부에 대하여 검출할 수 있는 방법이 거의 없는 상황에서 피고 대한민국만 세계 각 국가와 달리 곤약 및 글루코만난이 함유된 미니컵 젤리 이외에 모든 미니컵 젤리를 일방적으로 수입을 금지하는 조치를 취하기 어려운 점, 얼려져 있는 상태의 미니컵 젤리를 입으로 흡입하여 빨아들이는 방법으로 섭취하는 경우에는 그 위험성이 현저히 증가함에도 불구하고, 소외 1은 냉장고의 냉동실에 보관되어 있어 얼려져 있던 이 사건 젤리를 통째로 흡입한 점, 소외 1의 부모들인 원고 1, 2나 외할머니인 소외 2 또한 이 사건 젤리를 냉동실에 보관하면서 소외 1이 평소 이 사건 젤리를 통째로 흡입하는 방법으로 섭취하는 데 대하여 제지하였다고 볼 만한 자료가 없는 점 등에 비추어 보면, 식품의약품안전청 공무원이 위험성이 있는 식품 등임에도 이를 규제하지 않았고, 만일 이를 규제하였더라면 국민이 위험성 있는 식품 등을 사용하지 않았을 수도 있었다는 사정만으로는 이 사건 젤리의 수입이나 유통을 금지시키지 아니한 피고 소속 공무원의 직무상 행위와 이 사건 사고 사이에 상당인과관계가 있다고 할 수 없고, 한편 이 사건 젤리의 수입을 허용할 경우 국민의 생명, 신체, 재산 등에 대하여 절박하고 중대한 위험상태가 발생하거나 발생할 우려가 있음에도 피고 소속식품의약품안전청 공무원이 그 직무상의 주의의무를 다하지 아니하여 그 위험을 배제하지 않은 과실이 있다고 보기도 어려우므로, 원고들의 위 주장은 이 점에서도 이유 없다.

(3) 대상판결 – 대법원 2010. 9. 9. 선고 2008다77795 판결

[1] 공무원이 고의 또는 과실로 그에게 부과된 직무상 의무를 위반하였을 경우라고 하더라도 국가는 그러한 직무상의 의무 위반과 피해자가 입은 손해 사이에 상당인과관계가 인정되는 범위 내에서만 배상책임을 지는 것이고, 이 경우 상당인과관계가 인정되기 위하여는 공무원에게 부과된 직무상 의무의 내용이 단순히 공공 일반의 이익을 위한 것이거나 행정기관 내부의 질서를 규율하기 위한 것이 아니고 전적으로 또는 부수적으로 사회구성원 개인의 안전과 이익을 보호하기 위하여 설정된 것이어야 한다.

[2] 구 식품위생법(2005. 1. 27. 법률 제7374호로 개정되기 전의 것)은 제1조에서 "이 법은 식품으로 인한 위생상의 위해를 방지하고 식품영양의 질적 향상을 도모함으로써 국민보건의 증진에 이바지함을 목적으로 한다."고 규정하고 있고, 같은 법 제7조, 제9조, 제10조, 제16조 등에서는 식품의약품안전청장 등으로 하여금 식품 또는 식품첨가물의 제조 등의 방법과 성분, 용기와 포장의 제조 방법과 그 원재료, 표시 등에 대하여 일정한 기준 및 규격 등을 마련하도록 하고, 그와 같은 기준 및 규격 등을 준수하는지 여부를 확인할 필요가 있거나 위생상 위해가 발생할 우려나 국민보건상의 필요가 있을 경우 수입신고시 식품 등을 검사하도록 규정하고 있다. 위와 같은 구 식품위생법의 관련 규정을 종합하여 보면, 같은 법 제7조, 제9조, 제10조, 제16조는 단순히 국민 전체의 보건을 증진한다고 하는 공공 일반의 이익만을 위한 것이 아니라, 그와 함께 사회구성원 개개인의 건강상의 위해를 방지하는 등의 개별적인 안전과 이익도 도모하기 위하여

설정된 것이라고 할 수 있다.

[3] 구 식품위생법(2005. 1. 27. 법률 제7374호로 개정되기 전의 것) 제7조, 제9조, 제10조, 제16조 등 관련 규정이 식품의약품안전청장 및 관련 공무원에게 합리적인 재량에 따른 직무수행 권한을 부여한 것으로 해석된다고 하더라도, 식품의약품안전청장 등에게 그러한 권한을 부여한 취지와 목적에 비추어 볼 때 구체적인 상황 아래에서 식품의약품안전청장 등이 그 권한을 행사하지 아니한 것이 현저하게 합리성을 잃어 사회적 타당성이 없는 경우에는 직무상 의무를 위반한 것이 되어 위법하게 된다. 그리고 위와 같이 식약청장등이 그 권한을 행사하지 아니한 것이 직무상 의무를 위반하여 위법한 것으로 되는 경우에는 특별한 사정이 없는 한 과실도 인정된다.

[4] 어린이가 '미니컵 젤리'를 먹다가 질식하여 사망한 사안에서, 그 사고 발생 전에 미니컵 젤리에 대한 세계 각국의 규제 내용이 주로 곤약 등 미니컵 젤리의 성분과 용기의 규격에 대한 규제에 머물러 있었고, 대한민국 정부도 그 수준에 맞추어 미니컵 젤리의 기준과 규격, 표시 등을 규제하는 조치를 취하여 위 사고 발생 전까지 미니컵 젤리와 관련한 질식사고가 발생하지 않았던 점 등에 비추어, 비록 당시의 과학수준상 미니컵 젤리의 성분에 대하여 허위신고를 하더라도 그 진위를 가려내기 어려웠고, 위 사고 발생 후 시험 등을 통하여 그러한 허위신고의 가능성이 확인되고 곤약 등을 제외한 다른 성분을 함유한 미니컵 젤리로 인한 질식의 위험성이 드러났다고 하더라도, 위 사고 발생 무렵 식품의약품안전청장 및 관계 공무원이 그러한 위험성을 인식하거나 예견하기 어려웠던 점 등 여러 사정을 고려하여 보면, 식품의약품안전청장 및 관계 공무원이 위 사고 발생 시까지 구 식품위생법(2005. 1. 27. 법률 제7374호로 개정되기 전의 것)상의 규제 권한을 행사하여 미니컵 젤리의 수입·유통 등을 금지하거나 그 기준과 규격, 표시 등을 강화하고 그에 필요한 검사 등을 실시하는 조치를 취하지 않은 것이 현저하게 합리성을 잃어 사회적 타당성이 없다거나 객관적 정당성을 상실하여 위법하다고 할 수 있을 정도에까지 이르렀다고 보기 어렵고, 그 권한 불행사에 과실이 있다고 할 수도 없다고 한 원심의 판단이 정당하다.

Ⅱ. 평 석

1. 문제의 제기

공무원의 부작위의 위법이 문제가 되는 영역은 ① 공무원의 작위의무가 법령에서 명문으로 규정되어 있거나, 법령의 해석에 의해 일의적으로 정해지는 경우, ② 법령에 의해 공무원의 권한이 주어져 있지만, 그 권한행사가 공무원의 재량에 맡겨져 있는 경우, ③ 공무원의 작위권한이 법령에 의해 구체적으로 규정되어 있지 않는 경우로 나누어 볼 수 있다.[1] 국민의 생명 · 신체에 대한 위험을 예방하기 위한 조치를 취할 수 있는 합리적 재량권한을 식약청장 및 관련 공무원에게 부여한 것이라고 봄이 상당하다고 판시하고 있는 본 사안은 이 가운데 ②에 해당될 것이다.

나아가 ②의 유형도 2가지로 나누어 생각할 수 있다. 먼저, 신청에 대한 부작위[2]의 경우로서 신청에 대하여 상당한 기간 내에 처분이 행해지지 않는 부작위의 위법이 신청자에 의해 다투어지는 경우이다. 다른 하나는 규제권한의 행사에 의해 이익을 받는 자가 당해 권한의 행사의 해태를 위법이라고 주장하여 다투는 경우이다. 이 중 後者는 피규제자, 행정청, 규제의 수익자라는 3자관계가 존재하게 된다. 즉 사인간의 법률관계에 국가가 개입할 의무가 있음에도 불구하고 국가 소속의 행정청이나 공무원이 이를 행하지 않는 경우 이로 인하여 손해를 입은 사인이 국가에 대하여 손해배상책임을 묻는 구조로서, 사인이 그에게 직접 손해를 가한 다른 사인에 대한 규제권한을 행사하지 않은 국가에 대하여 배상책임을 청구하는 것이다. 대상판결에서의 사안은 이에 해당한다.

2. 규제권한 불행사와 국가의 기본권보호의무

규제권한을 발동하지 않는 국가의 부작위에 대한 위법성의 문제는 국가의 기본권보호의무라는 헌법적 요청에서부터 살펴볼 수 있다. 우리나라에서도 많은 학자들에 의해 주장되고 있는[3] 기본권보호의무는 헌법상 보호되는 기본권을 제3자인 사인에 의한

1) 김남진 · 김연태, 행정법Ⅰ, 2011, 559쪽.

2) 신청에 대한 '거부처분'과 '부작위'가 구분되는 행정쟁송법에서와 달리, 여기서 '부작위'란 양자를 포함하는 개념이다.

3) 이승우, "국가의 기본권보호의무", 현대공법과 개인의 권익보호-균제양승두교수 화갑기념논문집(Ⅰ), 1994;

위법한 가해나 가해의 위험으로부터 국가가 보호해야 하는 의무를 말한다.[4] 기본권보호의무에 바탕을 둘 경우 국가가 국민의 생명 · 신체에 대해 보호해야 하는 정도는 헌법이 요구하는 최소한도의 보호수준에 미달해서는 안 된다는 이른바 과소금지(Untermaßverbot)가 요청된다. 국가목적 또는 행정목적을 위한 개인의 기본권침해가 정당화되기 위해서는 국가의 간섭이 과잉해서 안 되지만(과잉금지원칙), 국가의 간섭이 과소해서도 안 된다는 새로운 국가의 역할을 요구하는 헌법적 요청이다(과소금지원칙). 따라서 사인과 국가의 2면관계에서 나타나는 국가로부터의 방어청구권이나 적극적인 급부청구권만이 아니라, 국가(규제자)－사인(수익자＝요보호자)－다른 사인(피규제자)의 3면관계에서 과소보호금지원칙은 심사기준으로 작용하여, 피해자의 기본권보호를 위해 국가가 일정한 행위를 해 줄 것을 요구한다. 이러한 요구는 기본권보호의무를 이행함에 있어서 일반적으로 국가가 전혀 어떠한 조치를 취하지 않거나 유효한 법적 상황에 의거한 어떤 조치를 취하지 않는 경우, 제3자의 권리나 공익을 심히 침해함이 없이 이미 존재하는 보호수단보다도 더 개선된 보호수단이 존재한다면, 또는 유효한 법률에 의거하여 존재하는 보호법익의 장애 또는 위험에 대하여 私益과 公益을 비교형량할 때 수인할 수 없다면 과소보호금지를 위반하는 것이 된다.[5]

국가의 기본권보호의무가 일찍이 인식되었던 영역은 형법과 함께 행정법, 그 가운데 특히 경찰 · 질서행정법의 영역으로서 기본권보호의무는 행정개입청구권의 기초적 이론이 되었다. 종래 행정권한을 발동하는 과정에서 기본권은 기본권제한의 한계문제인 과잉금지원칙으로서 행정권한의 발동 상대방의 기본권이었지만, 독일의 이른바 띠톱판결[6]을 계기로 '요보호자의 법적 지위'에 대해서도 주목하게 되었다. 경찰공공원칙, 경찰편의주의 등이 개인적 법익의 보호를 위한 구체적 작위의무를 행정에 지우려는 이론구성을 어렵게 했지만, 기본권보호의무론을 통하여 이러한 원칙들이 완화 · 수정되어 경찰개입의 의무나 행정개입을 요구하는 사인의 청구권을 근거지울 수 있었다.[7] 개개사건에서 작위의무로 강화되는 기본권보호의무는 위협받는 법익보호에 적합

정태호, "기본권보호의무", 현대헌법학의 재조명－김남진교수정년기념논문집, 법학논집 특별호, 1997; 이부하, "헌법영역에서 기본권보호의무", 공법학연구 8－3, 2008. 비판적 검토로서, 서경석, "국가의 기본권보호의무 비판", 헌법학연구 9－3, 2003, 참조.

4) Isensee, "Das Grundrecht als Abwehrrecht und als staatliche Schutzpflicht", in: ders./Kirchhof(Hrsg.), HdbStR V, 2000, § 111 Rn. 151.

5) 이부하, 앞의 논문, 123쪽 이하 참조.

6) BVerwG, Urteil vom 18. August 1960－BVerwG 1 C 42.59－BVerwGE 11, 95.

7) 小山剛, 基本権保護の法理, 1998, 18頁.

한 결정만이 적법하도록 행정청의 재량을 제한하게 되므로[8] 대상판결의 사안과 같은 행정권의 규제권한 불행사의 위법성문제의 핵심쟁점이라고 할 수 있는 행정개입의무(작위의무)도 기본권보호의무의 바탕에서 이해할 수 있다.

3. 반사적 이익론과 행정재량론

규제권한 불행사의 위법성을 인정하는데 종래 반사적 이익론과 행정작용의 재량론이 이론적 장애가 되었다.[9]

(1) 반사적 이익론

대상판결은 취소소송의 원고적격 요건에서 중요한 역할을 하고 있는 사익보호성 기준을 국가배상책임의 요건으로 보는 이른바 '반사적 이익론'을 취하고 있다. 즉 공무원이 고의 또는 과실로 그에게 부과된 직무상 의무를 위반하더라도 국가는 그러한 직무상의 의무 위반과 피해자가 입은 손해 사이에 상당인과관계가 인정되는 범위 내에서만 배상책임을 지며, 상당인과관계가 인정되기 위하여는 직무상 의무의 내용이 개인의 안전과 이익을 보호하기 위하여 설정된 것이어야 한다고 한다. 대상판결의 다음과 같은 부분에서 이 점이 분명히 나타난다.

"구 식품위생법의 관련 규정을 종합하여 보면, 같은 법 제7조, 제9조, 제10조, 제16조는 단순히 국민 전체의 보건을 증진한다고 하는 공공 일반의 이익만을 위한 것이 아니라, 그와 함께 사회구성원 개개인의 건강상의 위해를 방지하는 등의 개별적인 안전과 이익도 도모하기 위하여 설정된 것이라고 할 수 있다."

이와 같이 대상판례를 비롯한 최근 우리 판례에서는 위법성 검토 및 인과관계의 검토에서 객관적 위법성 이외에도 해당법령이 피해자의 사익을 보호하고 있는지 여부를 요건으로 하고 있는 것이 일반적이다.[10] 일찍이 독일의 국가배상법 실무에서는 직무행위의 위법성 검토에서 객관적인 위법성에 추가하여, 위법한 직무행위가 개인적 공권 또는 법으로 보호하는 사익을 침해하였는지의 여부가 직무의무의 제3자 관련성(Drittbezogenheit der Amtspflicht)으로서 요구되어 왔다.[11] 독일 국가배상법에서 직무의

8) 김중권, "행정재량의 축소에 관한 고찰", 행정법기본연구 I, 2008, 231쪽. 김중권 교수는 이와 함께 기본권보호의무를 성립시키는 생명과 건강상의 손상이나 위험이 과연 언제 존재하느냐 하는 것이 기본권보호의무가 해결해야 할 문제임을 지적한다. 이는 이 글의 주된 논의대상인 '작위의무'의 문제이기도 하다.

9) 김철용, 행정법I, 2010, 499쪽 참조.

10) 정하중, 행정법개론, 2011, 531쪽.

11) Ossenbühl, Staatshaftungsrecht, 1998, S. 57.

무의 제3자 관련성(Drittbezogenheit der Amtspflicht)은 모든 국가책임의 본질적 요소로 평가되고 있는 것도[12] 이러한 헌법 · 법률의 규정을 전제로 할 경우 쉽게 이해할 수 있다. 그러나 이러한 규정이 없는 우리나라 국가배상법의 해석으로도 사익보호성이라는 요건이 반드시 필요한 것인지는 의문이 생길 수 있다. 독일의 국가배상에 관한 헌법[13] 및 법률[14]의 규정은 우리의 그것과 다르다는 점을 간과할 수 없기 때문이다. 명문규정이 없더라도 책임의 요건이 반드시 될 수 없는 것은 아니지만, 국가배상법 제2조 소정의 요건 외에 사익보호성을 요구한다는 것은 국민들이 행사할 수 있는 국가배상책임청구권을 제한하는 것이 되므로 그 이유가 설득력 있게 제시되어야 할 것이다.

학설은 사익보호성을 ① 위법성의 요건으로 필요하다고 보는 견해,[15] ② 직무행위의 요건으로 필요하다고 보는 견해,[16] ③ 상당인과관계의 요건이 된다는 견해,[17] ④ 손해의 요건으로 보는 견해[18] 등이 주장되고 있다.

먼저, ①설의 경우, 뚜렷한 논증이 없이 명문의 규정이 없는 사익보호성을 국가배상책임을 인정하기 위한 절대적 요소로 파악하는 것은 의문스럽다.[19] 즉 남소의 방지 등을 위해 행정쟁송에서 요청되는 반사적 이익론을 이와 무관한 국가배상책임의 영역에서, 어떠한 근거로 요구하게 되는지를 ①설은 밝히지 않으면 안 된다. 법령의 규정이 사인의 사적 이익도 보호하는 것을 목적으로 하고 있는 경우에만 작위의무가 법적 의무가 되고 그 위반만이 국가배상법상의 위법이 된다고 한다면 이는 반사적 이익론과 부작위의 위법의 관련성을 충분히 논증하고 있다고 보기 어렵다는 견해[20]는 이 점을 지적한 것이라고 생각된다. 다음으로, 사익보호성이 있어야 국가배상법 제2조 소정의 직무행위가 된다는 ②설도 직무행위의 외관만 있으면 직무행위로 보는 통설 · 판례의

12) 위와 같음.
13) 독일기본법 제34조(직무의무 위반에 있어서 배상책임) 제1문: 공무원이 자기에게 위임된 공무수행중 제3자에 대하여 그의 직무의무를 위반하는 경우 국가 또는 그가 근무하는 단체에 원칙적으로 책임이 있다. 고의 또는 중과실의 경우에는 구상권이 유보된다. 손해배상청구권과 구상권에 대하여 정규소송이 배제되어서는 안 된다.
14) 독일민법 제839조(직무의무의 위반) 제1항: 공무원이 고의 또는 과실로 제3자에 대하여 부담하는 직무상 의무에 위반한 때에는 그는 제3자에게 이로 인하여 발생하는 손해를 배상하여야 한다. 공무원이 과실을 범한데 그치는 경우에는, 피해자가 다른 방법으로 배상을 받을 수 없는 때에만, 공무원에 대하여 배상이 청구될 수 있다.
15) 박균성, 행정법강의, 2011, 521쪽.
16) 홍정선, 행정법특강, 2011, 469쪽.
17) 장태주, 행정법개론, 2011, 624쪽.
18) 김남진 · 김연태, 앞의 책, 568쪽.
19) 이러한 취지의 장태주, 앞의 책, 624쪽 참조.
20) 김철용, 행정법, 2011, 473쪽.

입장에서는 이해하기 어렵다고 할 것이다. 반드시 사익보호성이 있는 경우만이 직무행위가 된다고 볼 이유가 없는 것이다. 그리고 ③설은 사익보호성을 일반적 국가배상책임 성립요건으로 인정할 수 없고, 다만 손해배상책임의 무제한적 확대는 방지해야 하므로 인과관계의 하나의 판단요소로서는 작용할 수 있다는 입장이다. ④설은 국가배상책임을 인정하기 위해 사익보호성이 필요하다면 그것은 보호할 가치 있는 손해의 범위를 정하기 위한 것이라는 견해이다. 항고소송에서 사익보호성은 원고적격의 범위를 적절히 정하기 위한 것이지만, 국가배상청구소송에서 그것이 필요하다면 보호할 가치 있는 손해의 범위를 정하기 위한 것으로 보아야 하며, 항고소송에서는 원고적격이 부정되더라도 국가배상청구에서는 보호할 가치 있는 손해로 해석될 수 있다고 보아야 한다는 견해[21]도 이러한 범주에 포함될 것이다.

규제권한 불행사의 위법성을 논하는 이 글에서는 그 제약요소로 거론되는 반사적 이익론은 위법성 또는 직무의 문제(①설 또는 ②설)는 아니라는 점만 지적하며, ③, ④설에 대한 평가를 포함한 사익보호성의 국가배상책임 요건과 관련된 구체적 문제는 다른 기회에 살펴보고자 한다. 부작위의 위법성 판단에 있어서 반사적 이익론이 문제가 되지 않는다면, 결국 다음에서 보는 행정재량론에 주목해야 할 것이다.

(2) 행정재량론

행정의 제3자에 대한 규제권한 발동의 법적 근거가 있더라도 그것이 재량의 형식으로 되어 있는 경우에는 그 재량성은 행정의 부작위에 대한 위법성을 인정하는데 장애가 된다. 이는 특히 경찰행정의 영역에서 두드러져서 이른바 경찰편의주의(Opportunitätsprinzip)라는 모습으로 나타난다. 경찰편의주의란 경찰권발동의 전제조건이 충족되어 있는 경우에도 그에 대한 개입여부는 원칙적으로 경찰의 의무적합적 재량에 따른다는 것으로, 형사소추의 영역에서 발전해 온 합법주의(Legalitätsprinzip)와 대비되는 원칙이다. 이러한 경찰편의주의가 법치주의 하에서도 여전히 통용되는 이유로서 ① 구체적인 직무가 시간직 · 공간직으로 충돌되거니 인적 · 물적 수단이 한정된 경우에 경찰은 보다 중요한 직무를 수행할 수 있어야 하며, ② 경찰은 공공의 안녕과 질서의 유지가 자신이 개입하는 것 이외의 다른 방법으로 보장되거나 보장될 수 있을 때에는 개입하지 않을 수 있어야 하고, ③ 사소한 것은 무시될 수 있어야 한다는 점을 들고 있다.[22] 행정의 규제

21) 이러한 취지의 宇賀克也, "行政介入請求権と危険管理責任," 礒部 · 小早川 · 芝池(編), 行政法の新構想Ⅲ, 2008, 258-259頁.

권한 발동에 관한 문제 역시 경찰 · 질서권의 발동과 같은 차원에서 이해할 수 있다.

그러나 오늘날 행정의 재량이 恣意가 될 수 없고, 일정한 경우에는 재량하자로서 그 위법성을 다툴 수 있음은 의문의 여지가 없다. 따라서 대상판례의 경우와 같이 공무원의 부작위도 일종의 소극적 재량권남용으로서 위법으로 될 수 있다고 보아야 한다(이른바 재량권소극남용론). 뿐만 아니라, 재량이 인정되는 경우에는 일정한 요건 하에서는 재량이 수축되어 공무원의 무하자재량행사의무가 특정행위발급의무가 되는 경우를 생각할 수 있다(이른바 재량수축론). 요컨대, 행정의 부작위의 위법성판단을 위한 논리로서 재량권소극남용론과 재량수축론을 들 수 있다. 이는 곧 '작위의무의 도출'이라는 형태로 전개될 수 있다.

4. 작위의무의 도출

(1) 재량권소극남용론과 재량수축론

부작위가 위법이 되기 위해서는 작위의무 위반이 있어야 하는데, 그 작위의무를 어떻게 도출할 것인가가 문제이다. 부작위의 의한 국가배상책임에서 그 해결의 단초가 될 이러한 작위의무의 도출에 대해 국내문헌에서는 논의가 충분하진 않은 것으로 보인다.

일본에서는 작위의무의 도출방법으로 재량권 소극적 남용론과 재량수축론이 주로 거론되고 있다.[23] 일본의 판례도 이 2가지가 병존해서 나타나고 있는 가운데, 때론 양자의 차이 자체가 반드시 명료한 것은 아니라는 지적도 있다.[24] 먼저, '재량권 소극적 남용론'은 일정한 작위의무가 있는 경우에는 이를 행하지 않는 것이 재량권의 소극적 남용으로서 일종의 재량하자가 된다는 논리이다. 즉 행정의 부작위를 재량의 한계를 넘는 경우로 파악하는 것이다. 다음으로, '재량수축론'은 일정한 경우에는 행정청의 재량이 수축되어 그 행위를 하지 않으면 안 되는 작위의무가 생긴다는 논리이다. 재량영역에서 행정개입청구권의 성립요건으로서 일반적으로 논의되는 재량수축론은 여기서도 그대로 타당할 것이다. 요컨대, 재량권수축이론은 일정한 상황 하에서 재량이 수축되는 것으로 파악하는 발상임에 비해, 재량권 소극적 남용론은 재량은 존재하지만 그 한계를 넘은 것으로 보는 발상이다.[25] 양자는 발상은 다르나 이는 결국 설명방식의 차

22) 서정범 · 김연태 · 이기춘, 경찰법연구, 2009, 383쪽; vgl. Götz, Allgemeines Polizei- und Ordnungsrecht, 1985, S. 130.
23) 西埜章, 国家補償法概説, 2008, 61頁 참조.
24) 宇賀克也, 앞의 논문, 261쪽.

이로 볼 수 있고, 작위의무가 생긴다는 것을 부작위의 위법의 전제로 한다는 점에서는 마찬가지라고 할 수 있다.

독일의 경우 과거 판례는 재량영역에서 恣意(Willkür)가 인정되는 경우 또는 하자가 명백한 경우(Fehler-Evidenz)가 직무의무 위반이 된다고 보았다. 그러나 이러한 판례의 태도에 대해서는 "불명확하고 너무 제한적이다"(unklar und zu eng)는 비판이 이어졌고, 마침내 이러한 판례의 입장은 변경되기에 이르렀다. 오늘날에는 통상적인 재량하자론 또는 재량수축의 법리에 의해 재량행위의 직무의무 위반성을 판단하고 있다.[26]

(2) 현저하게 합리성을 결하여 사회적 타당성이 없는 경우

아래에서 보는 바와 같이 대상판례에서는 재량행정의 부작위에 대한 위법성 판단은 '현저하게 불합리한지 여부'의 문제로 나타난다.

" …… 관련 법령규정이 식품의약품안전청장 및 관련 공무원에게 합리적인 재량에 따른 직무수행 권한을 부여한 것으로 해석된다고 하더라도, 식품의약품안전청장등에게 그러한 권한을 부여한 취지와 목적에 비추어 볼 때 구체적인 상황 아래에서 식품의약품안전청장 등이 그 권한을 행사하지 아니한 것이 현저하게 합리성을 잃어 사회적 타당성이 없는 경우에는 직무상 의무를 위반한 것이 되어 위법하게 된다."

같은 취지를 대법원 1998. 8. 25. 선고 98다16890 판결, 대법원 2001. 3. 9. 선고 99다64278 판결, 대법원 2006. 7. 28. 선고 2004다759 판결, 대법원 2008. 4. 10. 선고 2005다48994 판결, 대법원 2008. 4. 24. 선고 2006다32132 판결 등에서도 나타나는 바, '현저하게 불합리한지 여부'는 확립된 판례의 태도로 정착되고 있는 것으로 보인다. 판례는 공무원의 직무행위의 재량성을 인정한 다음, 행정의 부작위가 위법이 될 수 있는 요건으로서 그 부작위가 '현저하게 합리성을 결하여 사회적 타당성이 없는 경우'를 드는 논리전개방식을 취하고 있다. 말하자면, 현저하게 합리성을 결하면 사회적 타당성이 없게 된다고 보아, '현저한 합리성 결여', 즉 '현저한 불합리' 여부를 행정부작위의 위법에 대한 판단기준으로 삼는 것이다. 행정의 당해 직무에 대한 재량성을 전제로 한다면, 재량하자는 결국 부작위가 현저히 불합리할 경우 인정될 수 있어, 대상판례의 논리는 재량권의 소극적 남용을 바탕으로 한 재량하자론으로 볼 수 있다.

그러나 이를 재량수축론으로도 설명할 수 없는 것은 아니다. 부작위가 현저하게 불

---

25) 宇賀克也, 国家補償法, 1997, 160頁.
26) Ossenbühl, 앞의 책, 46쪽 참조.

합리한 경우에는 재량권이 수축하여 결정재량의 여지가 없어지게 되고 당해 공무원은 이를 행하지 않으면 안 된다는 식으로도 설명이 가능하기 때문이다. 따라서 재량행위인 직무의 부작위가 현저히 불합리한 경우에는 위법이 된다는 것은 재량하자론과도, 재량수축론과도 조화될 수 있다고 할 것이다.

문제는 대상판례가 이야기하는 '현저하게 불합리한 경우'를 어떻게 판단할 것인가이다. 판지에서 볼 수 있는 '…… 권한을 부여한 취지와 목적에 비추어 볼 때, 구체적인 상황 아래에서 ……'와 같은 판단기준은 지나치게 개괄적이어서 단지 법관의 심증에만 위법성판단을 맡기는 격이 될 수 있지 않겠는가. 부작위라는 행위형식이 가지는 특수성에다 반사적 이익론, 행정재량론 등으로 무장한 위법성의 물고기는 '현저한 합리적 결여'와 같은 성긴 그물로는 자칫 놓쳐 버릴 가능성을 우려하지 않을 수 없다. 말하자면, 행정의 부작위의 위법성이라는 물고기를 잡기 위해서는 보다 구체적이고 정치한 판단기준으로 엮어진 그물이 필요하다고 할 수 있다.

(3) 판례에서의 작위의무 인정 기준

재량형식의 행정부작위의 위법성의 판단은 결국 어떠한 경우에 '작위의무'가 생기는가의 문제이다. 이는 대상판례의 '현저하게 불합리한 경우'에 해당하는 것으로서, '재량권 소극적 남용론(재량하자론)' 및 '재량수축론'과 조화될 수 있다. 그러나 재량수축론에 초점을 맞춘다면 보다 유용한 판단기준을 설정할 수 있지 않을까 생각된다. 즉, 근거법령에서 재량을 인정하고 있지만, 재량수축이 되는 상황에서는 행정청의 작위의무가 발생하며, 작위의무가 있는 상황에서의 부작위는 위법이 된다는 것이 재량수축론의 전개방식이다. 재량수축의 상황에서의 행정청에 대한 사인의 행정개입청구권 역시 무하자재량행사청구권을 전제로 하며, 이는 광의의 무하자재량행사청구권의 틀에서 이해할 수 있다는 점을 생각하면[27] 이러한 논리 역시 재량하자론이라고도 할 수 있다.

그렇다면, 어떠한 경우에 재량수축의 상황, 즉 작위의무가 도출된다고 볼 것인가? 그 판단기준을 -다소 산발적으로 제시되고 있긴 하지만- 원심 및 대상판례를 비롯한 우리 판례에서 찾아 볼 수 없는 것은 아니다.

우선, 주목할 만한 것은 에이즈 검사 결과 양성으로 판정된 후 자의로 보건당국의 관리를 벗어난 특수업태부에 대하여 그 후 국가 산하 검사기관이 실시한 일련의 정기

27) 김현준, "신청권과 무하자재량행사청구권 · 행정개입청구권-의무이행소송론 서설", 행정법연구 28, 2010 참조.

검진 결과 중에서 일부가 음성으로 판정된 적이 있음에도 불구하고 위 검사기관이 이를 본인에게 통보하지 않고 그에 따른 후속조치도 없었던 사안에 관한 대법원 1998. 10. 13. 선고 98다18520 판결에서의 다음과 같은 판시부분이다.[28]

"……여기서 '법령에 위반하여'라고 하는 것이 엄격하게 형식적 의미의 법령에 명시적으로 공무원의 작위의무가 규정되어 있는데도 이를 위반하는 경우만을 의미하는 것은 아니고, ① 국민의 생명, 신체, 재산 등에 대하여 절박하고 중대한 위험상태가 발생하였거나 발생할 우려가 있어서 국민의 생명, 신체, 재산 등을 보호하는 것을 본래적 사명으로 하는 국가가 초법규적, 일차적으로 그 위험 배제에 나서지 아니하면 국민의 생명, 신체, 재산 등을 보호할 수 없는 경우에는 형식적 의미의 법령에 근거가 없더라도 국가나 관련 공무원에 대하여 그러한 위험을 배제할 작위의무를 인정할 수 있을 것이지만, 그와 같은 절박하고 중대한 위험상태가 발생하였거나 발생할 우려가 있는 경우가 아니라면 원칙적으로 공무원이 관련 법령을 준수하여 직무를 수행하였다면 그와 같은 공무원의 부작위를 가지고 '고의 또는 과실로 법령에 위반'하였다고 할 수는 없을 것이므로, 공무원의 부작위로 인한 국가배상책임을 인정할 것인지 여부가 문제되는 경우에 관련 공무원에 대하여 작위의무를 명하는 법령의 규정이 없다면 공무원의 부작위로 인하여 침해된 국민의 법익 또는 국민에게 발생한 손해가 어느 정도 심각하고 절박한 것인지, 관련 공무원이 그와 같은 ② 결과를 예견하여, ③ 그 결과를 회피하기 위한 조치를 취할 수 있는 가능성이 있는지 등을 종합적으로 고려하여 판단하여야 할 것이다."

경찰관이 음주운전 단속시 운전자의 요구에 따라 곧바로 채혈을 실시하지 않은 부작위의 위법성이 쟁점이 되었던 대법원 2008. 4. 24. 선고 2006다32132 판결에서도 유사한 내용의 작위의무의 도출기준을 찾아볼 수 있다.

"범죄의 예방 · 진압 및 수사는 경찰관의 직무에 해당하며 그 직무행위의 구체적 내용이나 방법 등이 경찰관의 전문적 판단에 기한 합리적인 재량에 위임되어 있으므로, 경찰관이 구체적 상황 하에서 그 인적 · 물적 능력의 범위 내에서의 적절한 조치라는 판단에 따라 범죄의 진압 및 수사에 관한 직무를 수행한 경우, 경찰관에게 그와 같은 권한을 부여한 취지와 목적, 경찰관이 다른 조치를 취하지 아니함으로 인하여 침해된 국민의 법익 또는 국민에게 발생한 ① 손해의 심각성 내지 그 절박한 정도, 경찰관이, ② 그와 같은 결과를 예견하여, ③ 그 결과를 회피하기 위한 조치를 취할 수 있는 가능

28) 이하 인용되는 판례내용에서의 번호의 표시(①, ②, ③)는 필자에 의한 것임.

성이 있는지 여부 등을 종합적으로 고려하여 볼 때, 그것이 객관적 정당성을 상실하여 현저하게 불합리하다고 인정되지 않는다면 그와 다른 조치를 취하지 아니한 부작위를 내세워 국가배상책임의 요건인 법령 위반에 해당한다고 할 수 없다."

이상과 같이 종래 판례에서 공무원의 부작위로 인한 위법성의 판단 기준, 즉 작위의무의 성립요건으로서 ① 손해의 절박 · 중대성,[29] ② 결과의 예견가능성, ③ 결과의 회피가능성 등을 들고 있다. 그리고 우선적으로 ①의 요건에 의해 현저한 불합리성 여부를 판단할 수 있다고 함으로써, ②, ③의 요건에 비해 보다 큰 비중이 ①의 요건에 주어져 있음을 알 수 있다.

그러나 판례에 따라서는 이러한 3가지 요건을 모두 원용하지 않는 경우도 있다. 가령, 다음과 같은 서울중앙지법 2010. 6. 22. 선고 2009가합120431,120448 판결은 ① 손해의 절박 · 중대성, ② 결과의 예견가능성의 요건을 들어 부작위의 위법성을 판단하고 있다.[30]

"석면이 함유된 베이비파우더를 구입 · 사용한 영 · 유아와 그 부모들이, 국가가 베이비파우더의 주원료인 탈크에 석면이 존재함을 알고 있었음에도 이를 규제하지 않음으로써 정신적 충격과 고통을 입었다는 등의 이유로 국가배상청구를 한 사안에서, 국가가 탈크에 대한 직접적인 석면규제 기준을 마련하지 않음으로써 위 영 · 유아와 그 부모들의 ① '생명 · 신체 · 재산 등에 대하여 절박하고 중대한 위험상태가 발생하였거나 발생할 우려'가 있다고 단정할 수 없고, 또한 국가가 탈크에 석면이 함유되어 있어 베이비파우더에도 ② 석면이 함유되어 있다는 사실을 알았거나 알 수 있었다고 인정할 수도 없다."

이상의 판례에서 볼 수 있는 3개의 요건 가운데, 대상판례는 '사고 발생 무렵 식품의약품안전청장 및 관계 공무원이 그러한 위험성을 인식하거나 예견하기 어려웠던 점'의 부분에서 ②결과의 예견가능성을 언급하면서, 종래 판례에서 행정부작위의 위법성 판단의 기준으로 가장 강조되었던 ①손해의 절박 · 중대성을 전혀 문제삼고 있지 않는 점은 특기할 만하다.

---

29) 판례의 이와 관련된 부분을 '개괄적 위험배제의무'로 파악하는 김철용, 행정법 I, 2010, 501쪽 참조.
30) 판결이유 가운데에서 ①의 요건이 보다 강조되고 있다.

(4) 작위의무 발생요건의 구체적 검토

결국 작위의무의 발생요건이라고 할 수 있는 이러한 ①, ②, ③에 대해 이하에서 분석하고자 한다. 이에 더하여, 우리 판례에서는 뚜렷하게 나타나진 않지만 작위의무 발생요건의 또 하나의 중요한 요소로서 '행정개입의 기대가능성'(④)도 함께 살펴본다.

첫째, 손해의 절박·중대성, 즉 피침해법익의 절박·중대성이다(①). 이는 행정의 권한발동의무가 재량형식으로 되어 있는 경우 작위의무를 도출하기 위한 요건으로서 특히 재량수축론의 입장에서 중요한 의미를 가진다. 이상의 ①, ②, ③의 요건의 전부 또는 일부를 제시하는 판례에서도 우선적으로 ①을 판단근거로 삼고 있음을 볼 수 있다. 독일에서도 규제권한 불행사와 관련된 작위의무(행정개입의무)의 요건은 개별 사안에 따라 다르지만, 그 기준으로 주로 원용되는 것은 위협받는 법익의 중요성(Wertigkeit der bedrohten Rechtsgüter)이다. 높은 보호가치가 있는 법익의 보호를 위한 개입의무, 가령 생명·건강·중요한 재산적 가치의 위험에 대한 방어의 경우에는 개입의무가 강하게 인정되고 있다. 행정이 이러한 경계선 아래에서도 개입의무가 있는지 여부에 대해서는 학설 및 판례가 다투어지고 있는데, 높은 보호가치의 법익의 보호를 넘어서는 개입의무는 부인하는 견해,[31] 중간정도의 중요성이 있는 법익에 대한 위험의 경우에도 개입해야 한다는 견해,[32] 수권규범의 구성요건해당성이 있는 한 법익의 중요성과 무관하게 언제나 개입의무가 있다는 견해 등이 주장된다. 이러한 주장들의 공통점은 ① 기대가능한 비용으로(unter zumutbarem Aufwand), ② 다른 더 중요한 법익을 소홀히 하지 않고서(ohne Vernachlässigung anderer, wichtigerer Rechtsgüter) 손해를 예방할 수 있어야 한다는 점이다.

그리고 피침해법익의 예로는 생명, 신체, 재산을 들 수 있다. 일반적으로 생명·신체의 경우가 재산의 경우에 비하여 '중대성'의 차원에서 작위의무가 인정되기 쉽겠지만, 개별 피침해법익별로 그 정도를 또한 고려해야 할 것이다. 가령, 재산적 법익의 침해라도 생존권에 관련되는 중대한 것일 때에는 작위의무를 인정할 여지가 많을 것이다. 이와 같이 피침해법익의 중요성을 고려하는 것은, 피해결과에 착안하여 위법성의 유무를 판단하려는 결과불법설의 입장에서 보면 자연스럽게 인정될 수 있다.[33] 이에

31) Schenke, Polizei-und Ordnungsrecht, C. F. Müller, 2009, Rn. 101; Würtenberger/Heckmann, Polizeirecht in Baden-Württemberg, C. F. Müller, 2005, Rn. 499; Di Fabio, "Die Ermessensreduzierung", VerwArch 86, 1995, 220 ff., 230.

32) Drews/Wacke/Vogel/Martens, Gefahrenabwehrrecht, 1986, S. 401.

33) 행위 자체의 적법·위법뿐만 아니라 피침해이익의 성격과 침해의 정도 및 가해행위의 태양 등을 고려하여

비해, 가해행위 그 자체에 착안하여 행위가 법규범에 합치하고 있는가의 여부에 따라 위법성의 유무를 판단하려는 행위불법설의 입장에서는 받아들일 수 없는 것은 아닌가 하는 의문이 있을 수 있다. 그러나 여기서 문제가 되는 것은 직접적으로는 어떠한 경우에 작위의무가 생기는가 하는 행위규범의 설정의 문제이고 그 행위 규범 자체가 피침해법익의 중요성에 따라 변할 수 있는 것이다. 행정처분의 작위의 위법이 다투어지는 경우에는 통상 그 발동요건이 법정되어 있고, 발동요건 자체가 피침해법익을 감안하여 규정되어 있으므로 행위불법설의 입장에서 볼 때 위법판단시에는 피침해법익을 고려할 필요는 없다. 피침해법익의 중요성을 감안하여 행위규범이 확정될 경우 행위불법설에 따르면 당해 행위규범 위반으로 위법이 되는 것이다. 따라서 피침해법익의 중대성을 작위의무(행정개입의무)를 도출하는 데 있어서 매우 중요하게 고려하는 것은 결과불법설과 행위불법설의 어느 학설을 취하건 논리적 모순이 없이 가능하다고 할 수 있다.[34)]

그리고 다수의 판례가 손해의 절박성을 '중대성'과 함께 들고 있는 점도 특기할 만하다. 그러나 손해의 '절박성'의 문제는 그 성질상 '중대성'보다는 ②의 '결과예견가능성'에 더 가까운 것이 아닌가 생각된다. 즉 결과예견가능성이 매우 높은 경우라고 보아야 할 것이다. 따라서 이하에서 ①의 요건이라 함은 특별한 설명이 없는 한, '절박성'을 제외한 손해의 '중대성'만을 뜻한다는 점을 전제로 하여 논의를 전개하고자 한다.

둘째, 결과의 예견가능성이다(②). 행정청이 위험을 예견할 수 없는데도 작위의무가 있다고 보기는 어려울 것이어서 이 요건 역시 작위의무 도출을 위한 중요한 요건이 된다. 문제는 어느 정도의 예견가능성이 필요한가, 가령 위험이 급박한 수준의 결과예견가능성이 있어야 하는가, 아니면 개연성이 있는 것만으로 족할 것인가이다. (대상판례에서는 볼 수 없지만) 판례의 일반적 경향은 손해의 절박성을 중대성과 함께 요청하고 있다. 즉 손해의 중대성 요건과 함께 '절박'수준의 결과예견가능성이 인정될 경우에는 원칙적으로 작위의무를 인정할 수 있다는 취지이다. 그러나 그 정도에 미치지 못하더라도 가령 생명침해나 중대한 신체침해가 예상되는 경우와 같이 ①의 요건이 클 경우에는 위험의 개연성이 있는 경우에도 작위의무를 인정해야 할 것이다. 이와 같이 결과의 예견가능성은 다른 여러 조건과의 관계 속에서 결정되어야 한다.

위법성 유무를 판단하려는 입장인 상대적 위법성설도 이 문제에 관한 한 결과불법설의 경우와 마찬가지로 볼 수 있다(다만 이러한 용례에 대한 비판으로서 김철용, 행정법, 2011, 475쪽 참조).

34) 宇賀克也, 앞의 책, 163쪽 참조.

셋째, 결과의 회피가능성이다(③). 행정청이나 그 소속 공무원의 작위를 통하여 결과회피가능성이 있을 때 작위의무가 인정될 수 있다고 보아야 할 것이다. 그러나 어느 정도의 결과회피가능성이 작위의무로 이어지는지는 획일적으로 말하기 곤란하다. 구체적으로 살펴볼 때, 큰 어려움 없이 결과를 회피할 수 있는 경우도 있지만, 재정적 · 기술적 · 사회적 제약으로 인해 당해 행정권한의 행사에 상당히 곤란한 경우도 있기 때문이다. 이 요건 역시 다른 조건들과 관련하여 종합적인 사정으로 고려하여 판단되어야 할 것이다. 가령, ①, ②의 요건이 높을 경우 행정규제권한 발동이 다소 곤란한 경우라도 결과회피가능성이 있는 것으로 인정할 여지도 있다.

②의 예견가능성과 ③의 결과회피가능성은 이처럼 작위의무의 발생요건으로서 매우 중요한 역할을 하면서, 동시에 과실을 인정할 수 있는 기초가 된다. 따라서 부작위의 위법이 긍정될 경우에는 과실도 인정될 여지가 매우 크다고 볼 수 있다.

넷째, (행정개입에 대한) 기대가능성이다(④). 여기서 기대가능성이란 사인이 스스로 위험을 회피하는 것이 곤란하여 행정의 개입이 기대되는 경우를 말한다. 구체적 상황이 행정개입에 대한 기대가능성이 있는 경우에는 작위의무를 인정하기 쉽다. 반대로, 사인 스스로가 용이하게 위험을 알고, 이를 회피할 수 있는 상황이라면 행정개입에 대한 기대가능성은 약해지고, 작위의무를 인정하기도 어렵다. 국민이 행정청에 의존하지 않고 스스로 위험에 대한 방어를 할 수 있기 위해서는 안전에 관한 정보가 충분하고 알기 쉬운 형태로 제공되어 있어야 한다. 즉 안전에 대한 정보액세스가 보장되는 상황이라야 한다. 그러나 현실적으로 국민이 행정개입을 기대하고 있을 필요는 없고, 객관적으로 보아 행정개입이 기대되는 상황인가 하는 관점에서 판단되어야 한다. 이러한 ④의 요건 역시 이상의 ①, ②, ③의 요건과 연관하여 검토되어야 하는 것이다. ①이 중대하면 당연히 ④의 기대가능성은 그 만큼 높게 되는 경향이 있고, ④의 기대가능성이 높은 경우에는 역시 ②의 예견가능성을 엄격하게 요구하는 것은 적절하지 않다. 또한, ④의 기대가능성이 높은 때에는 당해 권한의 발동에 다소 곤란이 수반되더라도 결과회피가능성이 있는 것으로 될 것이다. ④의 기대가능성은, ①의 피침해법익이 중대하고, ③의 결과회피가 용이하게 되면 그 만큼 높게 될 것이다.[35]

대상판결의 사안과 같이 미니컵젤리로 인해 질식사가 발생한다는 것을 일반국민이 인식하기는 어렵고, 그 부작용에 대한 인식을 바탕으로 위험을 피한다는 것도 매우 어

35) 위의 책, 166쪽 참조.

렵다고 할 수 있다. 또한 이러한 식품에 대한 정보가 충분하게 제공되어 있지 않아 그 위험에 대한 정보가 거의 없는 상태라면 관계행정청의 규제권발동이 기대되는 상황이라고 볼 여지가 많을 것이다.

이상에서 본 바와 같이 ①, ②, ③, ④의 요건들은 서로 밀접하게 관련되어 있다. ①의 법익의 중대성이 크면, 다른 요건이 크지 않는 경우에도 재량수축이나 재량하자를 인정할 여지가 있다. ①이 중대하면 당연히 ④의 기대가능성은 그 만큼 높게 되는 경향이 있고, ②도 ①의 피침해법익과의 관련이 중요한 것이다. 따라서 재량수축이나 재량하자를 판단하는 경우에 이들 모두를 종합적으로 고려할 필요가 있다.

(5) 대상판례의 작위의무 도출논리에 대한 평가

부작위에 의한 국가배상책임에 관한 판례의 일반적 경향은 작위의무의 도출을 위해 대체로 손해의 절박 · 중대성, 결과의 예견가능성, 결과의 회피가능성의 3개의 요건을 원용하고 있음을 확인할 수 있다. 이 중 특히 손해의 절박 · 중대성은 행정청의 작위의무를 인정할 수 있는 중요한 요건이 되고 있으며, 이는 재량수축론이나 재량권 소극남용론의 어느 입장을 취하더라도 판단의 중요한 요소가 되어야 한다. 그런데 대상판례에서는 결과의 예견가능성, 결과의 회피가능성에만 착안한 채, 손해의 절박 · 중대성에 대해서는 언급조차 없는 점은 아쉬운 부분이다. 식품의약청 공무원의 작위의무를 판단함에 있어서 판단요소가 된 결과의 예견가능성 · 회피가능성은 손해의 절박 · 중대성과 함께 고려하여 판단할 필요가 있었다. 본 사안의 경우와 같이 생명 · 신체가 관련되는 문제에서는 손해, 즉 피침해법익의 중대성이 크다고 할 수 있으며, 이에 따라 손해의 예견가능성 · 결과회피가능성이 다소 떨어지더라도 작위의무(행정개입의무)를 인정할 여지는 크다고 할 수 있다.

5. 행정개입청구권과의 관계

이상에서 '행정부작위의 국가배상책임'과 '행정개입청구권'은 공히 그 이론적 기초를 (유일한 근거는 아닐지라도) 국가의 기본권보호의무에서 찾을 수 있음을 보았다. 이를 바탕으로 행정개입의무는 2가지 면에서 중요한 의미를 가지게 되는데, 그 하나는 의무위반의 행정부작위가 국가배상청구권의 요건이 되는 경우이며, 다른 하나는 행정개입의무가 일반 국민의 입장에서 볼 때 행정개입청구권이 되는 경우이다. 대상판결은 전자의 문제이지만, 후자의 문제와도 관련된다.

행정개입청구권을 실현할 수 있는 수단인 의무이행소송이 소송실무에서 전혀 인정되지 않는 상황에서[36] 행정권한 불행사로 인한 국가배상청구권은 의무이행소송이 인정되고 있는 대부분의 선진외국의 법제와 비교할 때 또 다른 의미가 있다. 가령, 행정청의 규제권한 발동을 요구하는 제3자는 (행정청의 반응에 따라) 거부처분취소소송이나 부작위위법확인소송을 제기할 수 있겠지만, 소송요건에서 이른바 신청권법리가 정착되어 있는 현행 판례 하에서 제3자의 행정개입청구권을 실현할 항고소송의 본안판단을 받는 것은 매우 어려운 실정이다. 행정권한의 불행사로 인하여 제3자인 사인이 손해를 입은 경우에 '사후적으로나마' 국가배상책임이 인정될 '현실적' 필요성이 더욱 요청되는 이유이기도 하다.

6. 맺음말

오늘날 행정청 또는 그 소속 공무원의 규제권한의 행사에 의해 이익을 받는 자(사인)가 당해 권한의 행사의 해태를 위법이라고 주장하여 다투는 사례가 늘어가고 있다. 이는 국가의 기본권보호의무에서 나타나는 바와 같이 안전배려에 대한 국가의 책임이 점점 그 중요성을 더해가고 있다는 점과 관련이 깊다. 이러한 국민들의 권리행사는 의무이행소송을 통해서도 실현될 수 있지만, 동 소송이 인정되지 않는 우리의 상황에서 이를 다투는 국가배상소송은 그 중요성이 더해진다.

대상판결은 재량영역에서의 공무원의 부작위로 인한 국가배상책임문제에 관한 것이다. 그 판단을 위해서는 공무원에게 작위의무가 있는지 여부를 검토하는 것이 핵심쟁점이며, 이는 재량권의 소극남용론이나 재량수축론을 통하여 보다 논리적으로 전개할 수 있다. 나아가, 작위의무의 도출을 위한 요건으로 ①손해 또는 피침해법익의 절박 · 중대성, ②결과의 예견가능성, ③결과의 회피가능성, ④행정개입에 대한 기대가능성 등을 들 수 있으며, 서로 밀접한 관련이 있는 이들 요건의 종합적 검토는 여기서 중요한 의미가 있다. 그런데 대상판례에서 '현저한 불합리성 여부'라는 개괄적인 기준에만 의존하여 판단을 위한 분석의 정치성이 부족한 면이 없지 않으며, 특히 ①의 요건을 전혀 고려하지 않은 것은 아쉬운 부분이라고 할 것이다.

---

36) 행정개입청구권의 실현수단으로서 거부처분취소소송 및 부작위위법확인소송의 한계에 대해서는 김현준, 행정법연구 28, 85쪽 이하 참조.

제4장

경찰부작위로 인한 국가배상청구소송에 있어서 작위의무의 성립요건

- 대법원 2008. 10. 9. 선고 2007다40031 판결 -

Ⅰ. 사실관계

공동피고 B는 2001. 10.경 헬스클럽에서 망 C를 만난 이후 2002. 7.경부터 C와 사귀어왔는데, C는 2002. 8.경 B로부터 결혼하자는 제의를 받았으나, B가 이혼한 경력이 있고, 부양할 자녀 2명이 있음을 이유로 그 제의를 거절하고 B를 피하는 등 B와 갈등을 빚게 되었다.

그 후, B는 2002. 10.경부터 2003. 4.경까지 수회에 걸쳐 C를 폭행 · 감금 · 협박하였고, 이에 C는 자신의 할머니 집에 머무는 등으로 B를 피하였는데, B는 이와 같이 C와 연락이 되지 아니할 경우에는 C의 집에 전화를 하거나 집을 찾아가기도 하였으며, C의 핸드폰에 입력된 C의 친구들 전화번호를 알아내 여러 차례에 걸쳐 그 친구들에게 전화연락을 하여 C의 소재를 물어보기도 하였고, 심지어는 C의 친구가 운영하는 인터넷 카페 게시판에 자신이 C와 성관계를 가질 정도로 매우 가까운 사이인데 C를 찾아달라는 내용의 글을 여러 차례에 걸쳐 올리기도 하였다.

B는 2004. 4. 말경에는 C에게 중고승용차를 할부로 구입하는데 자신은 신용상태가

좋지 않아 할부구입이 어려우니 명의를 빌려 달라고 거짓말하여 평소 B의 위협적인 태도에 겁을 먹은 C로부터 그녀의 인감증명서, 인감도장, 주민등록등본을 건네받아 이를 이용하여 같은 해 5.7. 용인시 기흥읍장에게 마치 C와 혼인한 것처럼 혼인신고를 마쳤다.

B는 2004. 9. 18. 12:30경 C의 집 앞에서 자신이 타고 온 에스페로 승용차의 뒷유리창을 깬 다음, 구멍을 뚫은 시너 2통과 라이터, 공기총을 들고 그 승용차 위에 올라가 "C를 데려오라"라고 소리치며, 라이터로 시너 통에 불을 붙일 것 같은 행동을 취하고, 제지하려는 사람들을 향해 공기총을 들이대며 위협하는 등 난동을 부리기도 했다.

C는 2004. 9. 21. 원고들과 함께 D경찰서를 방문하여, B가 2002. 11.경부터 2003. 4. 29.경까지 수회에 걸쳐 자신을 폭행 · 협박 · 감금하고, 2004. 5. 7.경에는 허위로 혼인신고를 하는 등 2년간 갖은 방법으로 자신을 괴롭히고 있으므로 B를 처벌하여 달라는 취지의 고소장을 접수하였는데, 당시 제출된 고소장에는 "피해자는 핸드폰을 바꿔가면서 어떻게든 악마 같은 피고소인의 손아귀에서 벗어나고자 전전긍긍하며 살고 있는 바, B가 고소사실을 알면 어떤 험악한 짓을 저지를지 가족 모두가 벌벌 떨고 있는 실정이므로 신속히 수사하여 B가 더 이상 행패 부리지 못하도록 구속하여 달라"는 내용이 기재되어 있다.

C는 이와 같이 고소장을 접수한 다음날인 2004. 9. 22. 전날 제출한 고소장과 관련하여 D경찰서 담당 경찰관으로부터 고소인 조사를 받으면서 고소내용 중 2003. 4. 29. 폭행과 관련하여 이틀간 입원하였다고 하며 그 소명자료로 입원확인서를 제출하였는데, 당시 작성된 진술조서에는 C가 "2003. 4. 29. 폭행을 당하고 나서 피고소인을 고소하려고 고소장까지 작성하고 제출하려고 하였으나, 피고소인이 지인(누구인지는 모름)을 통해서 피고소인과 이제 더 이상 만나지 않는 조건으로 원만하게 합의를 하자고 하여 그 당시 고소장을 제출하지 않았던 것인데, 올해에 와서 피고소인이 혼인신고를 한 사실을 알고 전에 폭행당한 부분까지 포함해서 고소를 하게 된 것이고 그리고 올해 9월 18일에는 제가 집에 없는 사이에 찾아와 자신이 타고 온 승용차 위에 올라가서 공기총과 칼을 들고 신나를 갖고 와서는 결혼을 허락해 달라며 난동을 부려 더 이상 참고 있을 수가 없어서 고소를 하게 된 것입니다"라는 진술을 한 것으로 기재되어 있다.

당시 그 고소사건을 조사한 경찰관은 고소인 조사시 C가 2004. 2.경 먼저 연락을 취하여 B와 다시 만났고 B와 사귀는 동안 계속적인 성관계를 가졌으며 그로 인하여 임신을 한 사실이 있다고 하자, C와 B 사이의 문제를 남녀 간의 애정문제로 인한 갈등

정도로만 판단하고 C에 대한 신변보호조치나 B의 소재파악 등의 별도의 조치 등은 취하지 아니한 채 추석 연휴(2004. 9. 26.부터 같은 해 9. 29.) 뒤에 수사를 계속 진행하기로 하고, 그대로 C를 돌려보냈다.

B는 2004. 10. 1. 23:00경 C의 휴대전화에 "목소리 듣고 싶으니 전화해 달라"는 음성메시지를 남겼으나 C로부터 연락이 없자, 같은 해 10. 2. 09:20경 C의 직장으로 찾아가, C에게 자신과 사이에 임신한 태아의 상태 등을 물었으나 C로부터 "엄마와 함께 병원에서 아이를 지웠다"라는 말을 듣고 격분하여 운전하고 간 승용차에 보관하고 있던 생선회칼을 가져와 C의 얼굴과 목 · 가슴과 배 등 온몸을 약 50회 가량 마구 찔러 C로 하여금 그 자리에서 안면부, 경부자상 등으로 인한 과다출혈로 사망하게 함으로써 C를 살해하였다.

C의 유족은 경찰의 부작위로 인하여 C가 사망에 이르렀다고 주장하며 국가(A)를 상대로 국가배상청구소송을 제기하였다. 제1심은 C의 사망과 경찰의 부작위 사이에는 상당인과관계가 없다는 이유로 원고패소 판결을 했다. 제2심(원심)은 국가의 배상책임을 인정하면서도 C 역시 경찰에 사태의 심각성을 정확히 알리고 스스로를 보호했어야 함에도 노력을 게을리한 만큼 손해배상책임을 25%로 제한한다며 원고 일부승소 판결을 했다. 이에 피고는 상고하였다.

Ⅱ. 법원의 판결[1)]

1. 원심(서울고등법원 2007. 5. 23. 선고 2006나31148 판결)

B의 망인(C)에 대한 폭행 · 협박 · 감금 행위와 2004. 9. 18.의 B의 분신자살소동 및 2004. 9. 21.에 망인이 처음으로 D경찰서에 고소장을 제출하고 진술한 경위 등을 종합하여 보면, 망인이 D경찰서 경찰관에 대하여 명시적으로 자신의 신변을 보호하여 달라는 요청을 하지는 않았으나 적어도 묵시적으로는 B로부터 자신과 가족의 신변보호를 요청한 것이라고 봄이 상당하고 또한, 망인이 고소장 및 고소인 조사과정에서의 진술을 통하여 D경찰서 담당 경찰관에게 밝힌 B의 망인에 대한 행동들에 비추어 B가 망인을 계속 괴롭히며 망인의 생명 · 신체에 위해를 가할 수 있음을 충분히 예상할 수 있었으며, 또한 B의 위와 같은 2004. 9. 18.의 행동이 직접 망인의 집에까지 찾아와 그

1) 판결내용 중 강조표시는 필자에 의한 것임.

집 앞에서 벌인 행동이었다는 점을 보태어 보면 B의 망인에 대한 위해라는 절박하고 중대한 위험상태가 발생할 우려가 있었음이 명백하므로, 이 사건 살인범행이 발생하기 10여일 전인 2004. 9. 21. 망인으로부터 적어도 묵시적인 신변보호요청 내용이 기재된 고소장을 접수받고, 같은 해 9.22. 망인을 조사함으로써 이와 같은 상황을 파악한 D경찰서 소속 담당 경찰공무원으로서는 사태의 심각성을 깨닫고 수사를 신속히 진행하여 B의 소재를 파악하는 등의 조치를 취하고 망인에 대한 범죄의 위험이 일상적 수준으로 감소할 때까지 망인을 보호해야 할 직무상의 의무가 있었다고 판단한 다음, 당시 위 고소사건을 담당한 피고 산하 D경찰서 소속 경찰공무원이 망인과 B 사이의 문제를 단순한 남녀 간의 애정문제로 인한 갈등으로만 판단하여 망인의 신변을 보호하거나 B의 소재를 파악하는 등의 조치를 전혀 취하지 아니한 것은 그 직무상의 의무를 위반한 것이라고 할 것이고, 이와 같이 망인에 대한 신변보호조치 등을 취하지 아니한 피고 소속 경찰공무원의 직무상 의무위반과 이 사건 살인범행은 그 상당인과관계가 있다고 할 것이라는 이유로 이 사건 살인범행에 의한 망인의 사망으로 인하여 망인과 그녀의 부모들인 원고들이 입은 손해에 대하여 피고에게 배상책임이 인정된다.

2. 대상판례(대법원 2008. 10. 9. 선고 2007다40031 판결)

공무원의 부작위로 인한 국가배상책임을 인정하기 위하여는 공무원의 작위로 인한 국가배상책임을 인정하는 경우와 마찬가지로 '공무원이 그 직무를 집행함에 당하여 고의 또는 과실로 법령에 위반하여 타인에게 손해를 가한 때'라고 하는 국가배상법 제2조 제1항의 요건이 충족되어야 할 것인 바, 여기서 '법령에 위반하여'라고 하는 것이 엄격하게 형식적 의미의 법령에 명시적으로 공무원의 작위의무가 규정되어 있는데도 이를 위반하는 경우만을 의미하는 것은 아니고, 국민의 생명 · 신체 · 재산 등에 대하여 **절박하고 중대한 위험상태**가 발생하였거나 발생할 우려가 있어서 국민의 생명 · 신체 · 재산 등을 보호하는 것을 본래적 사명으로 하는 국가가 초법규적 · 일차적으로 그 위험 배제에 나서지 아니하면 국민의 생명 · 신체 · 재산 등을 보호할 수 없는 경우에는 형식적 의미의 법령에 근거가 없더라도 국가나 관련 공무원에 대하여 그러한 위험을 배제할 작위의무를 인정할 수 있을 것이지만, 그와 같은 절박하고 중대한 위험상태가 발생하였거나 발생할 우려가 있는 경우가 아니라면 원칙적으로 공무원이 관련 법령을 준수하여 직무를 수행하였다면 그와 같은 공무원의 부작위를 가지고 '고의 또는 과실로 법령에 위반'하였다고 할 수는 없을 것이므로, 공무원의 부작위로 인한 국가배상책임을 인정할 것인지 여부가 문제되는 경우에 관련 공무원에 대하여 작위의무를 명하는 법령의 규정이 없다면 공무원의 부작위로 인하여 침해된 국민의 법익 또는 국민에게 발생한 손해가 어느 정도 심각하고 절박한 것인지, 관련 공무원이 그와 같은 결과를 예견하여 그 결과를 회피하기 위한 조치를 취할 수 있는 가능성이 있는지 등을 종합적으로 고려하여 판단하여야 할 것이다(대법원 1998. 10. 13. 선고 98다18520 판결 등 참조). 위 법리에 비추어 기록을 살펴보면, B가 망인에게 수회에 걸쳐 폭력을 행사하는 등 괴롭혀 오면서 망인 몰래 망인과 사이에 혼인신고를 한 점이나 B가 2004. 9.18. 망인의 집 앞에서 벌인 난동의 내용 등에 비추어 볼 때, B가 망인의 생명 · 신체에 대하여 계속하여 위해를 가할 **잠재적 · 추상적 위험**이 있었다고 볼 여지는 있으나, 종전 범행이 이루어진 기간 · 빈도 · 경위와 이 사건 살해의 동기 및 경위 등 원심이 확정한 사실관계와 기록에 의하여 알 수 있는 제반 사정에 비추어 원심이 들고 있는 사정만으로 망인의 생명 등에 절박한 위험상태가 발생하였거나 발생할 우려가 있어서 국가가 초법규적 · 일차적으로 그 위험 배제를 위하여 망인의 신변보호에 나서지 아니하면 그 생명 등을 보호할 수 없는 경우에 해당한다고 보기는 어렵다. 따라서 원심이 그 판시와 같은 사정만으로 망인의 고소장을 접수받아 조사한 피고 소속 경찰관이 망인에 대한 범죄의 위험이 일상적인 수준으로 감소할 때까지 그 신변을 특별히 보호해야 할 의무가 있다고 판단한 것은, 채증법칙 위배로 인한 사실오인 또는 공무원의 부작위로 인한 국가배상책임의 성립요건에 관한 법리오해로 인하여 판결에 영향을 미친 잘못을 저지른 것이다. 이점을 지적하는 취지의 상고이유의 주장은 이유 있다.

Ⅲ. 평　　석

1. 문제의 제기

대상판례는 경찰불행사로 인한 국가배상청구권에 관한 것인데, 여기서 핵심이 되는 쟁점은 국가배상책임의 성립요건으로서 '법령에 위반하여', 즉 '위법성'의 요건을 충족하기 위하여 필요한 '작위의무'를 어떻게 도출할 것인가이다. 오늘날 시민들의 안전보장이 중요하게 부각되고, 이에 따라 국가의 위험관리책임이 강조되면서 사인이 자신을 위협하는 다른 사인에 대하여 경찰권의 발동을 구하는 경우가 많아지고 있다. 특히 본 사안에서와 같이 상대방의 의도와는 상관없이 고의적으로 쫓아다니면서 집요하게 정신적 · 신체적으로 괴롭히는 행위인 스토킹(stalking)문제와 관련된 경찰개입청구권이 주장될 수 있고, 이를 해태한 경우 국가배상청구를 할 수 있는지가 문제가 된다. 스토킹이란 다의적으로 쓰일 수 있는 말이지만, 그 특징을 들자면, 주로 어떤 특정인을 대상으로 하며, 그 대상이 되는 사람에게 원하지 않는 일을 하거나 괴롭히는 것으로서, 그 대상자에게 사회적 관습을 넘어서 두려움, 불안, 공표 등을 유발하는 점을 들 수 있다. 이러한 특징으로부터 스토킹은 행위자가 피해자를 집요하게 그리고 계속하여 미행하거나 숨어서 기다리거나 그밖의 다른 방법으로 그의 의사에 반해서 그와 접촉을 시도하려는 행위로 정의된다.[2] 이러한 스토킹 그 자체를 처벌하는 것이 가장 확실한 대응방법이 되겠지만, 우리나라는 이러한 스토킹을 범죄로서 처벌할 법적 근거를 갖추지 못하고 있는 현실이다.[3] 이와 같이 형사법적으로 규율되지 못하고 있는 현실에서 스토킹으로부터 고통을 받고 있는 피해자가 경찰이 스토킹을 행하는 자(스토커)에 대하여 일정한 경찰권을 발동할 것을 요구할 필요성은 더해진다. 즉, 사후적으로나마 국가배상을 청구할 필요성은 요청된다고 할 수 있다.

이와 관련하여 대상판결과 마찬가지로 스토킹으로 인해 살해에까지 이른 사안에 대한 대법원 1998. 5. 26. 선고 98다11635 판결에서는 담당경찰관은 사태의 심각성을 깨달아 수사를 신속히 진행하여 가해(예상)자의 소재를 파악하는 등 조치를 취하고, 피해(예상)자에 대한 범죄의 위험이 일상적인 수준으로 감소할 때까지 신변을 특별히 보호해야 할 의무가 있다고 판단하였다. 이러한 논리는 대상판례의 원심이 채용한 것이기도 하다. 그러나 대상판례에서는 작위의무에 관한 명시적인 법규정이 없는 경우에도 작위의무가 인정될 수 있음을 전제한 후, 이는 '절박하고 중대한 위험'이 있는 경우에 한한다는 취지를 밝히고 있다. 그리고 본 사안은 단지 잠재적 · 추상적 위험이 있는 경우에 그치므로 작위의무가 인정될 수 없다는 점을 들어 국가배상책임을 부정하고 있다. 양 사안의 구체적 사실관계가 다를 수 있음은 물론이지만, 98다11635 판결에서와 다른 논리를 대상판례가 채용하고 있는 점도 수복해서 볼 만하다. 부작위로 인한 배상책임의 구조, 재량권수축 · 재량권소극남용론, 경찰개입청구권, 경찰의 민사불간섭원칙과 예외 등을 검토하면서 이러한 문제의 본질적 부분이라고 할 수 있는 작위의무의

2) 박희영, "독일의 스토킹 범죄의 처벌에 관한 법률", 법제 37, 2007, 90쪽 참조.

3) 이러한 스토킹 범죄에 대한 비교법적 검토로는 김성룡, "독일의 '스토킹행위의 처벌에 관한 법률'의 고찰", 형사정책연구 18-4, 2007, 135쪽 이하; 박희영, 앞의 논문, 37쪽 이하.

성립요건을 어떻게 보아야 할 것인지를 대상판례를 소재로 하여 살펴보고자 한다.

2. 경찰부작위의 위법성과 경찰개입청구권

(1) 작위의무의 유형

경찰부작위가 위법이 되기 위한 전제조건은 경찰의 작위의무가 있어야 한다는 것이다. 이를 살펴보기 위해 우선 경찰의 작위의무의 법적 근거의 유형을 살펴본다.

첫째, 작위의무가 엄격하게 형식적 의미의 법령에 명시적으로 규정되어 있는 경우이다. 대상판례도 국가배상법 제2조의 요건인 '법령에 위반하여'라고 하는 것이 엄격하게 형식적 의미의 법령에 명시적으로 공무원의 작위의무가 규정되어 있는데도 이를 위반하는 경우만을 의미하는 것은 아니라는 점을 이야기한다. 법령에 명시적으로 작위의무가 규정되어 있는데도 이를 해태한 경우라면 그것이 법령에 위반한 경우가 됨은 의문의 여지가 없다. 경찰은 법규범에서 경찰개입에 대한 구성요건해당성이 충족되는 경우에는 기속적으로 개입해야 함은 물론이다. 그러나 이러한 ①의 요건은 실제로는 그다지 적용할 의미가 없는 경우가 많다. 왜냐하면, 경찰개입의무를 일일이 법령에서 명시하는 것이 쉽지 않을 뿐만 아니라, 반드시 필요한 것이라고도 보기 어렵기 때문이다. 따라서 경찰의 작위의무를 명시적인 법령을 기준으로 해석한다는 것은 그럴싸해 보이지만, 개별사안에서는 결국 구체적인 상황에 따라 적용가능한 도그마에 의해 결정할 수밖에 없다.[4)]

둘째, 규제권한이 법령에서 명시되어 있지 않더라도 법령의 해석을 통하여 이러한 의무가 있다고 해석할 수 있는 경우이다. 이와 관련하여, 헌법재판소는 공권력의 불행사를 다투는 헌법소원에서 "행정권력의 부작위에 대한 헌법소원은 공권력의 주체에게 헌법에서 유래하는 작위의무가 특별히 구체적으로 규정되어 이에 의거하여 기본권의 주체가 행정행위 내지 공권력의 행사를 청구할 수 있음에도 공권력의 주체가 그 의무를 해태하는 경우에 한하여 허용된다고 하는 것이 우리 재판소의 확립된 판례이다."[5)] 라고 판시했다. 그리고 동 판례에서는 '공권력의 주체에게 헌법에서 유래하는 작위의무가 특별히 구체적으로 규정되어'의 의미를 ① 헌법상 명문으로 공권력 주체의 작위

4) Vgl. Rachor, Handbuch des Polizeirechts, 4. Aufl., 2007, F., Rn. 134.

5) 헌법재판소 2004. 10. 28. 2003헌마898 전원재판부.

의무가 규정되어 있는 경우, ② 헌법의 해석상 공권력 주체의 작위의무가 도출되는 경우, ③ 공권력 주체의 작위의무가 법령에 구체적으로 규정되어 있는 경우 등을 포괄하고 있는 것으로 보고 있다. 즉 명문으로 작위의무가 규정되어 있는 경우와 해석상 작위의무가 도출되는 경우는 구분되는 개념인 것이다.[6]

셋째, 조리상 작위의무가 있다고 볼 수 있는 경우이다. 조리, 즉 사물의 본성(Natur der Sache)은 최후의 보충적 法源이다. 대상판례를 비롯한 다수의 판례에서 '조리상 작위의무'라는 표현은 명시적으로 쓰지 않지만, '초법규적(인 의무)'인 경우를 인정하고 있어 이를 조리상 의무로 보고 있다고 하겠다.[7]

결국 행정부작위의 위법성이 문제될 수 있는, 즉 작위의무를 인정할 수 있는 경우는 ① 법령에서 명시적으로 작위의무를 규정하고 있는 경우, ② 법령해석상 작의의무를 인정할 수 있는 경우, ③ 조리상 작위의무가 인정된다고 볼 수 있는 경우라고 할 것이다. ①의 경우는 너무나 명백한 경우이어서 그다지 문제될 여지도 없고, ③의 경우는 최후의 보충적 法源인 '조리'의 의미가 추상적이어서 이를 인정한다는 것이 쉽지 않을 뿐만 아니라, '조리'의 성격상 빈번하게 활용(?)하기는 힘든 성격을 갖고 있다고 생각된다. 따라서 ②의 경우를 해석론으로서 우선 주목할 필요가 있다고 생각된다. 이러한 이유에서 ①이 아니면, ③이라고 보아서는 안 될 것이다.

그런데 판례는 다분히 ①이 아니면 ③이라는 취지로 읽을 수 있는 판시내용을 담고 있다. "여기서 '법령에 위반하여'라고 하는 것이 엄격하게 형식적 의미의 법령에 명시적으로 공무원의 작위의무가 규정되어 있는데도 이를 위반하는 경우만을 의미하는 것은 아니고, …… 경우에는 형식적 의미의 법령에 근거가 없더라도 국가나 관련 공무원에 대하여 그러한 위험을 배제할 작위의무를 인정할 수 있을 것"이라고 하는 대상판례의 판지에서 이를 읽을 수 있다. 그밖에도, 대법원 2010. 4. 22. 선고 2008다38288 전원합의체 판결은 명시적 작위의무규정이 있는 경우와 초법규적으로 의무가 있는 경우를 대비시킴으로써, ①이 아니면, ③의 작위의무라는 취지를 보여주고 있다. 대법원 1998. 10. 13. 선고 98다18520 판결 이래, 대법원 2005. 6. 10. 선고 2002다53995 판결, 대법원 2004. 6. 25. 선고 2003다69652 판결, 대법원 2001. 4. 24. 선고 2000다57856 판결 등에서 같은 취지를 찾아볼 수 있다.

---

6) '조리상의 의무'와 '해석상 도출되는 의무'를 동일시하는 견해도 있다(김창록, "일본군 '위안부' 헌법소원", 법학논고 31, 2009, 358쪽). 이러한 입장에 따를 경우 ②와 ③은 차이가 없는 것이 될 것이다. 그러나 최후의 보충적 법원인 조리와 성문법의 해석과 동일시하는 것은 타당하지 않다고 생각된다.

7) 판례가 조리상 작위의무를 인정하고 있다고 평가하는 박균성, 행정법강의, 박영사, 2011, 519쪽 참조.

학설로는 법률에 의한 행정의 원칙에 비추어 법률상의 근거를 결하는 작위의무를 인정할 수 없다고 하여 조리상의 작위의무를 부정하는 견해도 있지만, 국가배상책임을 민법상 불법행위책임과 성질을 같이 하는 것으로 보면서 공서약속, 조리 내지 건전한 사회통념에 근거하여 법적 작위의무를 인정할 수 있으며, 법치행정의 목적은 인권보장이며, 생명과 재산을 보호하여야 한다는 국가의 임무에 비추어서도 이를 긍정하는 견해가 타당하다고 생각된다.

다만, 지적하고자 싶은 것은 명시적 작위의무와 조리상의 작위의무 외에도 해석을 통한 작위의무의 도출이 가능하다는 점이다. 앞서 본 ①, ③ 외에 ②가 인정되어야 한다는 것이다. 그리고 판례가 조리상 작위의무의 의미로 새길 여지가 많은 초법규적 의무는 대부분의 경우 굳이 '조리'로까지 가지 않더라도 인정될 수 있는 법령상의 의무가 아닌가 생각된다.

일본의 판례에서는 조리상 작위의무를 주로 행정지도 부작위의 위법성을 판단함에 있어서 많이 원용되고 있는 것으로 보인다.[8] 행정지도의 부작위도 넓은 의미에서 규제권한의 불행사에 포함될 수 있음은 의문이 없다. 행정지도의 부작위가 위법할 수 있다는 점을 명백히 하고 있는 일본판례로는[9] "행정청이 행정지도를 할 것인지는 자유재량행위로 법적 의무가 있는 것은 아니지만, …… 강대한 권한을 배경으로 하는 기업 등에 대한 영향력을 행사할 수 있는 행정청은 앞의 5요건에 해당하는 긴급사태에서는 이에 맞추어 적절한 행정지도를 해야 할 의무가 발생하며 …… 그 의무를 게을리하여, 국민의 생명 · 건강에 대한 중대한 위해의 발생을 防除하지 않은 때에는 행정청이 국민으로부터 부탁받은 책무에 위반하는 것이며, 그 위반은 작위의무위반이 될 수 있다."고 한다. 또한 C형간염소송의 福岡地裁 平成18 · 8 · 30도 "후생대신은 재평가의 결과를 기다릴 필요가 없이 …… 제조, 판매업자인 피고회사등에 대하여 긴급안정성정보를 배포하도록 피고회사 등에게 행정지도를 해야 할 의무가 있었다."고 하여 행정지도의 불실시를 위법으로 하고 있다. 한편, 택시차 내에서의 흡연방지에 대한 국가의 행정지도의 작위의무가 다투어진 사안에서는 앞서 東京地裁 平成17 · 12 · 20은 택시의 전면금연화가 바람직하다고 하더라도 조리상 행정지도를 행해야 할 작위의무가 생긴다고 볼 수

---

8) 그러나 조리상 작위의무가 반드시 행정지도의 부작위와 관련되는 것은 아니다. 가령, 戰後補償訴訟으로서 중국인강제연행 · 강제노동소송의 경우 東京地裁 平成13 · 7 · 12 및 그 항소심판결은 "원상회복의무는 피고 국가가 國策으로서 행했던 강제연행 · 강제노동의 목적소멸과 항복문서의 수락으로 조리상 당연히 생겼던 의무….."라고 하여 조리에 기한 작위의무의 존재를 행정지도와는 무관하게 긍정하고 있다.

9) 이하 소개되는 판례는 西埜章, 国家補償法概説, 2008, 64-65頁을 참조하여 정리한 것임.

없다고 판시했다.

(2) 기속행위-재량행위, 2면관계-3면관계

공무원의 작위의무가 인정되는 경우에도 그 의무가 법령에서 一義的으로 규정된 기속행위인 경우도 있고, 작위의무가 인정되더라도 재량행위의 형태로 되어 있는 경우도 있다. 경찰권의 발동이 원칙적으로 재량행위라는 점에서 경찰부작위의 문제는 주로 재량행위 영역에서 이루어지며, 다만 이때에도 그 재량권이 수축되는지 또는 재량권을 행사하지 않은 것이 (소극적) 재량남용이 되는지가 문제될 것이다.

또한 법관계의 구조가 공무원과 사인인 상대방이라는 2면관계로 이루어진 경우도 있고, 공무원-가해자(사인1)-피해자(사인2)의 3면관계로 이루어진 경우도 있다. 이러한 구분을 바탕으로 광의의 행정개입청구권을 행정행위발급청구권과 (협의의) 행정개입청구권으로 분류하기도 한다. 행정행위발급청구권이란 개인이 자기의 권익을 위하여 자기에 대하여 일정한 내용의 행정권을 발동하여 줄 것을 청구할 수 있는 권리이며, (협의의) 행정개입청구권은 어떠한 행정권의 발동이 그 상대방에 대하여는 침해적이고 제3자에 대하여는 수익적인 경우에 그 행정권의 발동으로 이익을 받는 자가 행정청에게 그 상대방에 대한 행정권의 발동을 청구할 수 있는 권리를 말한다.[10]

❖〈표 5〉 행정청의 거부 또는 부작위에 대한 사인의 권리

	재량행위	기속행위 또는 재량수축의 경우
권리주체가 행정상대방	① 무하자재량행사청구권	② 행정발급청구권
권리주체가 제3자	③ 무하자재량행사청구권	④ 행정개입청구권

행정부작위와 관련된 종래 대법원판례들 가운데 대법원 2005. 7. 22. 선고 2005다27010 판결, 대법원 2005. 6. 10. 선고 2002다53995 판결, 대법원 1998. 10. 13. 선고 98다18520 판결은 모두 ①의 경우라고 할 수 있다.

이에 대하여, 대상판례를 비롯하여, 대법원 2005. 11. 10. 선고 2003다18876 판결, 대법원 2009. 9. 24. 선고 2006다82649 판결, 대법원 1998. 8. 25. 선고 98다16890 판결은 ③에 해당하는 사안들이다.

---

10) 박윤흔 · 정형근, 최신행정법강의(상), 박영사, 2009, 143-144쪽; 석종현 · 송동수, 일반행정법(상), 삼영사, 2009, 104-105쪽; 박균성, 앞의 책, 102쪽; 장태주, 행정법개론, 법문사, 2011, 138쪽; 한견우, 현대행정법강의, 신영사, 2008, 156-157쪽; 홍정선, 행정법특강, 박영사, 2011, 83쪽.

이 모든 사건들은 후술하는 (재량권 수축론에 따를 경우) ①이 ②로 될 수 있느냐의 문제, ③이 ④로 될 수 있느냐의 문제로 귀착된다. 이러한 권리를 실현할 수 있는 소송수단은 의무이행소송이 되겠지만, 무명항고소송으로도 이러한 소송유형이 인정되지 않는 우리나라의 행정소송법 상황에서는 사후적인 금전배상을 통한 구제방법인 경찰부작위로 인한 국가배상책임이 문제가 되는 것이다. 이렇게 볼 때, 의무이행소송과 부작위로 인한 국가배상책임의 문제는 매우 밀접한 관련성을 가지고 있으며, 향후 의무이행소송이 우리나라에서도 도입된다면 양자의 관계는 중요한 행정법의 주제가 될 것이다.

(3) 작위의무의 도출방법의 비교: 재량권의 수축론과 재량권의 소극적 남용론

국가배상책임의 요건으로서 위법성을 인정하기 위한 전제가 되는 작위의무를 도출하는 방법으로는 다음의 2가지를 생각할 수 있다.

첫째, 재량권의 수축론을 바탕으로 경찰의 작위의무를 도출하는 것이다. 강학상 무하자재량행사청구권 및 행정개입청구권과 관련하여 우리나라에서도 정착되어 있는 재량권의 수축론은[11] 일정한 상황에서는 규제기관이 권한을 행사하지 않을 자유가 수축하여 권한을 행사해야 할 작위의무로 된다는 것이다. 즉 작위의무가 있는데도 경찰권을 발동하지 않는다면 그 부작위는 위법하게 된다는 이론이다. 재량권의 수축론은 행정편의주의를 극복하여 부작위에 의한 불법행위에 대한 국가배상의 길을 열었다는 점에서 큰 의의를 가지고 있지만, 역으로 행정편의주의를 전제로 하고 있다고도 볼 수 있다.

둘째, 재량권의 소극적 남용론이다. 이는 경찰권한의 불행사가 현저히 불합리한 경우에는 경찰부작위가 일종의 재량권의 소극적 남용이라는 의미에서 재량권의 수축이론을 적용하지 않고 곧 바로 재량하자로서 국가배상법 제2조의 '법령에 위법하여'의 요건을 충족하게 된다는 논리이다. 재량권이 수축했다는 이유를 들지 않고, 행정기관의 권한의 불행사가 현저히 불합리한 경우에는 위법으로 된다는 논리 전개도 가능하다. 말하자면, 권한을 행사하지 않는 것이 오히려 권한의 남용에 해당한다는 것으로서, 이러한 주장을 가리켜 재량권의 소극적 남용론이라고 말한다.

판례는 재량권의 소극남용론의 입장에 서 있는 것으로 보인다. 가령, 대법원 1996. 10. 25. 선고 95다45927 판결은 경찰관의 긴급구호권 불행사로 인한 국가배상책임 성립 요건을 판단함에 있어서, "긴급구호권한과 같은 경찰관의 조치권한은 일반적으로

11) 김동희, 행정법I, 박영사, 2008, 103쪽; 김남진 · 김연태, 행정법I, 법문사, 2011, 112쪽; 김철용, 행정법, 박영사, 2011, 211쪽; 정하중, 행정법개론, 법문사, 2011, 185쪽; 박균성, 앞의 책, 102쪽; 홍정선, 앞의 책, 82쪽; 장태주, 앞의 책, 140쪽; 홍준형, 행정법, 법문사, 2011, 89쪽.

경찰관의 전문적 판단에 기한 합리적인 재량에 위임되어 있는 것이나, 그렇다고 하더라도 구체적 상황하에서 경찰관에게 그러한 조치권한을 부여한 취지와 목적에 비추어 볼 때 그 불행사가 현저하게 불합리하다고 인정되는 경우에는, 그러한 불행사는 법령에 위반하는 행위에 해당하게 되어 국가배상법상의 다른 요건이 충족되는 한, 국가는 그로 인하여 피해를 입은 자에 대하여 국가배상책임을 부담한다."라고 하여 그 '불행사가 현저하게 불합리하다고 인정되는 경우'는 위법하다고 한다. 판례의 이러한 취지는 단속경찰관의 주취운전자에 대한 권한 불행사가 직무상 위법행위에 해당하는지 여부를 판단한 대법원 1998. 5. 8. 선고 97다54482 판결, 경찰관이 경찰관직무집행법 제5조에 규정된 위험발생방지조치를 취하지 아니하였음을 이유로 국가배상책임을 인정한 대법원 1998. 8. 25. 선고 98다16890 판결, 대법원 2001. 3. 9. 선고 99다64278 판결, 대법원 2006. 7. 28. 선고 2004다759 판결, 대법원 2008. 4. 10. 선고 2005다48994 판결, 대법원 2008. 4. 24. 선고 2006다32132 판결 등으로 이어졌다. 최근 대법원 2010. 9. 9. 선고 2008다77795 판결에서도 어린이가 '미니컵 젤리'를 먹다가 질식하여 사망한 사안에서, 식품의약품안전청장 등이 그 사고 발생 시까지 구 식품위생법상의 규제 권한을 행사하여 미니컵 젤리의 수입 · 유통 등을 금지하거나 그 기준과 규격, 표시 등을 강화하고 그에 필요한 검사 등을 실시하는 조치를 취하지 않은 것이 현저하게 합리성을 잃어 사회적 타당성이 없다거나 객관적 정당성을 상실하여 위법하다고 할 수 있을 정도에까지 이르렀다고 보기 어렵고, 그 권한 불행사에 과실이 있다고 할 수도 없다......"고 판시하고 있는 점에서 이는 판례의 일관된 입장으로 볼 수 있다.

생각건대, 경찰 부작위에 대한 위법성 판단이라는 점에서는 양자의 차이가 반드시 명확한 것은 아니라고 할 수 있다.[12] 특히, 재량수축의 경우 역시 넓은 의미의 재량하자로 본다면,[13] 재량권의 수축론이나 재량권의 소극적 남용론은 마찬가지 결론에 도달하게 될 것이다.[14] 말하자면, 부작위의 국가배상책임의 성립요건으로서 위법성 판단면에서만 본다면 양자는 구분실익이 크지 않다. 재량행위에 대한 거부처분에 대해 재량수축법리의 원용이 없이 재량권의 일탈 · 남용법리를 적용한다는 말은 곧 바로 위법판단을 하는 것이다. 반면에, 재량권의 수축법리에 따를 경우에는 곧바로 부작위를 위법으로 만드는 것이 아니라, 재량행위를 재량여지 없는 특정행위로 변하게 하는 과정

12) 西埜章, 国家補償法概説, 勁草書房, 2008, 61頁.

13) 김철용, 앞의 책, 211쪽.

14) 西埜章, 앞의 책, 61쪽. 양자의 구분이 반드시 생산적인 것이 아니라고 지적하는 宇賀克也, "行政介入請求権と危険管理責任," 礒部 · 小早川 · 芝池(編), 行政法の新構想Ⅲ, 2008, 261頁.

을 거쳐 위법성의 판단을 하게 된다. 말하자면, 재량권의 수축법리에서는 한 차례의 논리전개가 더 추가된다는 점에서 차이가 있을 뿐이다. 상대적으로 간단한 구조를 가지는 재량권의 소극적 남용론이 일본이나 우리나라의 판례에서 채용된 이유도 바로 여기에 있지 않나 생각된다. 그러나 이는 의무이행소송이 본격화되지 않은 상황에서 다양한 유형의 행정개입청구권이 전개되지 않았던 점과 관련이 있다고 생각된다. 앞으로 행정작용의 부작위가 국가배상사건뿐만 아니라, 의무이행소송으로도 본격적으로 다투어질 상황을 생각한다면 행정부작위를 판단함에 있어서 재량권의 수축법리를 원용하는 것이 의미가 있다고 생각된다.[15)]

3. 국가의 위험관리책임과 기본권보호의무

공무원의 부작위에 대하여 국가가 배상책임을 진다는 것은 국가가 사인들을 위험으로부터 관리할 책임이 있다는 말이 된다. 이로써 사인의 입장에서는 국가로부터의 자유만이 아니라 국가가 자신을 위험으로부터 보호하여 줄 것을 요구할 수 있는 권리가 생긴다. 특히 종래 사인간의 관계로만 보았던 영역에 대해서도 국가가 위험관리책임의 차원에서 적극적으로 개입할 것을 요구할 수 있는 권리로까지 확대하게 된다. 이러한 국가의 위험관리책임은 국가의 기본권보호의무와 매우 연관되어 있음을 알 수 있다. 기본권보호의무이론이 국가의 과잉개입을 초래할 우려가 있다는 점에서 신중하게 접근해야 하는 면도 없지 않지만, 기본권의 사인간 효력의 문제 등을 합리적으로 설명할 수 있다는 점에서 부작위의 위법성을 판단하는 데에도 많은 시사점을 주고 있다. 다만, 기본권보호의무를 우리 헌법학에서 전면적으로 채용할 것인가의 문제는 본고의 논의범위를 벗어나므로, 여기서는 부작위의 위법성과 기본권보호의무와 관계되는 다음의 몇 가지 쟁점을 살펴보는데 그치고자 한다.

---

15) 의무이행소송을 무명항고소송으로도 인정하지 않는 현행 행정소송법 하에서도 양 논리의 차이는 다음과 같이 생각해볼 수 있다. 재량권의 수축법리를 통하지 않고 곧 바로 재량권의 일탈 · 남용법리로서 위법판단을 할 경우 거부처분 취소판결의 기속력으로 인하여 재처분의무가 내려질 것이다. 이때 피고는 또 다른 이유를 들어 다시 거부하거나, 원고가 원하지 않는 다른 처분을 선택할 수도 있다. 반면에, 재량권의 수축법리를 거칠 경우 우선 특정행위만이 적법하게 되고, 이 경우의 거부처분취소판결의 기속력으로 인한 재처분의무로 인해 다른 이유를 들어 다시 거부하거나 원고가 원하지 않는 다른 행정처분을 선택할 수가 없어 피고는 원고가 요구했던 특정행위를 하지 않을 수 없다. 요컨대 재량권의 수축법리는 거부처분에 대한 취소소송이 아닌 의무이행소송에서 진가를 발휘할 수 있지만, 거부처분취소소송에서도 우회적으로나마 곧바로 재량권의 일탈 · 남용의 법리를 원용하는 것에 비해서는 특정행위를 이행시키고자 하는 경우 원용의 실익이 있지 않나 생각된다. 향후 의무이행소송이 본격화되는 경우까지 생각한다면, 재량권의 소극적 남용론은 행정청의 선택재량이 인정되는 경우 선고의 성숙성(Spruchreife)이 인정되지 않아 특정행위발급판결(Vornahmeurteil)을 내리지 못하게 되는 단점을 가지게 된다는 점까지도 생각해보게 된다.

첫째, 기본권보호의무는 모든 부작위의 위법성문제와 관련되는 것이 아니라, 일반적으로 3면관계에서의 문제이다. 위험관리책임과의 관계에서 문제가 되는 기본권보호의무는 제3자에 의한 가해행위에 대하여 국가가 피해자에게 실효적인 구제를 주는 기본권을 옹호하는 의무이고, 기본권보호의무 중 부차적 보호의무로 되는 것이다. 다만, 기본권보호의무를 제3자의 기본권침해에 대한 보호의무로 보는 협의설과 제3자의 기본권침해뿐만 아니라 국가기관의 기본권침해에 대한 보호의무로 보는 광의설로 나누면서,[16] 광의설을 취할 경우에는 기본권보호의무는 2면관계와 3면관계에 모두 적용될 수 있는 것으로 된다.

둘째, 법령상의 작위의무가 인정되지 않는 경우에도 헌법상의 기본권보호의무로부터 작위의무가 인정될 수 있는가가 문제된다. 이는 행정부의 기본권보호의무와 법률유보와의 관계문제라고 할 수 있다. 이에 대하여 행정이 기본권보호의무에 근거하여 개별적인 보호조치를 취할 경우 반드시 구체적 법률에 근거해야 한다고 본다.[17] 법치행정의 원리에 비추어 볼 때 타당한 견해라고 할 것이다. 다만, 그렇다면 앞서 본 '조리에 의한 작위의무'를 어떻게 이해해야 할 것인가가 고민스럽게 된다. 생각건대, 조리에 의한 작위의무는 최후보충적으로 '법'이 될 수 있는 예외적인 것으로 인정되는 것이며, 원칙적으로 명시적인 법령 또는 법령의 해석을 통하여 작위의무가 도출되어야 한다는 점은 기본권보호의무는 구체적 법률에 근거하여 인정된다는 주장과 맥을 같이 하는 것이라 생각된다. 이러한 문제와 관련해 보더라도, '조리'나 '초법규'라는 용어를 남용해서는 안 된다고 생각된다.

셋째, 국가의 위험관리책임과 국가의 기본권보호의무는 대체로는 일치하지만, 항상 일치하지 않을 수도 있다. 위험관리책임이 발생할 수 있는 전형적인 상황으로서 생각되는 것은 생명, 신체, 건강 등의 침해나 현저하게 생활방해가 발생하거나, 그 우려가 있는 사태이다. 재산권도 경제적 자유에 관한 기본권에 포함된다. 그런데 기본권 이외의 법익에서 위험관리책임이 발생할 수 있는 법익이 있다면 그것은 기본권보호의무의 논의 밖의 문제가 된다.[18] 즉, 기본권보호의무와 위험관리책임에 기한 의무가 다를 수도 있는 것이다.

16) 협의설 · 광의설 및 이에 대한 검토에 대해서는 장영철, "기본권의 제3자적 효력과 기본권보호의무", 공법연구 29-2, 2001, 160-164쪽 참조.
17) 정문식, "생명윤리법상 국가의 기본권 보호의무", 공법학연구 8-3, 2007, 174쪽 참조.
18) 宇賀克也, 앞의 책, 264쪽.

4. 중대 · 절박한 위험과 잠재 · 추상적 위험

(1) 중대 · 절박한 위험과 잠재 · 추상적 위험의 의미

작위의무의 인정기준으로 대상판례는 '중대 · 절박한 위험' 및 그 상대개념인 '잠재적 · 추상적 위험'을 핵심개념으로 원용하고 있지만, 그 의미가 무엇인지에 대해서는 아무런 설명이 없다. 단지, 전자의 경우 경찰의 작위의무(경찰개입의무)가 있지만, 후자의 경우에는 이러한 의무가 없다는 점만 언급하고 있다. 양자 모두 '위험'이긴 하지만, 그 위험이 '잠재적'이거나 '추상적'일 경우에는 경찰부작위가 위법하게 되기 위한 전제조건인 '작위의무'가 인정되지 않는다는 정도로 이해된다. 어쨌든 판례에서는 작위의무를 결정짓는 이 중요한 잣대에 대한 설명을 찾아볼 수 없어 이 용어들을 어떻게 해석해야 할 것인가가 문제되는데, 독일의 경찰법의 이론을 참고하여 이하에서 살펴본다.

먼저, 중대한 위험이란 위험이 중대한 경우라기보다는 피침해이익이 중대한 것으로 새겨야 할 것이다. '위험' 그 자체가 중대성의 면에서 차이가 있는 것은 생각하기 어렵기 때문이다. 특히 생명 · 신체의 법익이 위협을 받는 경우가 여기에 해당할 것이며, 재산적 법익도 여기에서 배제되는 것은 아니라고 보아야 할 것이다.

둘째, 절박한 위험이란 손해발생개연성과도 관련되는 개념이라고 생각된다. 독일법에서 찾아볼 수 있는 직면한 위험(unmittelbar bevorstehende Gefahr)[19], 절박한 위험(dringende Gefahr) 또는 임박한 위험(Gefahr im Verzug)[20]은 모두 유사한 의미를 가진다고 생각된다. 여기서 절박한 위험(dringende Gefahr)이란 특별한 시간적 근접성에 관한 것으로 항상 구체적 규범목적에 따라 정해지는 개념이며, 반드시 순수한 시간적으로만 판단하는 것은 아니다. 임박한 위험(Gefahr im Verzug)은 행정청의 권한이 서로 겹치는 경우에 사용된다. 가령 다른 행정청에 대한 경찰의 긴급필요성이나 독일기본법 제13조 2항에 따라 경찰이 사전영장이 없이 주거수색을 할 수 있는 경우이다.[21]

셋째, 잠재적 위험(latente Gefahr)이란 현재 그 자체로서는 위험하지 않으나, 일반적인 생활경험이나 전문가적인 인식에 비추어볼 때, 사후의 외부적인 상황의 개입으로 인해 경찰상 보호이익에 대한 위험이 있으리라고 인정되는 경우를 말한다. 예컨대 돼지축사만 있었으나 사후에 주민의 증가로 인해 돼지축사가 주민의 건강을 침해하는 악

19) 독일 보험법(Versicherungsgesetz) 제15조 제1항.

20) 독일 기본법(GG) 제13조 2항.

21) 절박한 위험(dringende Gefahr) 또는 임박한 위험(Gefahr im Verzug)에 대한 상세는 Gusy, Polizeirecht, 7. Aufl., 2009, Rn. 128 f.

취발생의 근원이 된 경우가 여기에 해당한다. 이러한 잠재적 위험개념에 대해서 비판이 제기되고 있음을 주목할 수 있다.[22] 이 개념은 경찰법이론상 생산적이지도 않을 뿐만 아니라, 오해의 여지조차 있다고 한다. 위험은 그것이 명백하기 전, 즉 잠재적인 경우에도 경찰행정청이 이에 대하여 대응해야 한다는 의미의 위험일 수밖에 없다는 것이다. 즉 예를 든 사례에서도 그것은 이미 경찰법상 위험으로 보고 일정한 경찰조치가 행해져야 한다고 지적하고 있다.

넷째, '추상적 위험'이란 '구체적 위험'의 상대개념이라 할 수 있는데, 구체적 위험과 추상적 위험은 손해발생 개연성의 정도(Grad der Wahrscheinlichkeit des Schadenseintritts)가 아니라, 위험예측과 관련하여(Bezugspunkt der Gefahrenprognose) 또는 관찰방식(Betrachtungsweise)에서 구분될 수 있다.[23] 구체적 위험은 판단될 수 있는 구체적 · 개별적 사례의 경우 머지않은 장래에 손해발생의 충분한 개연성이 인정될 때 존재한다.[24] 추상적 위험은 특정한 유형의 행동양식 · 상태에 대하여 일반적 · 추상적 관찰을 한 경우 충분한 개연성으로 개별사례에서 손해가 발생할 수 있을 때 존재한다. 다시 말하면, 추상적 위험은 위험을 일반적 · 추상적 수단인 법규를 통하여 극복해야 할 필요성이 있을 경우, 즉 개별사안에서 손해발생의 위험이 있음을 증명하지 않아도 되는 경우에 존재한다.[25] 따라서 추상적 위험의 확인 역시 사실상(in tatsächlicher Hinsicht) 충분히 보장된 예측(genügend abgesicherte Prognose)을 요구하게 된다. 추상적 · 일반적 관찰에서 임박한 손해발생의 도출을 정당화할 수 있는 충분한 단서가 있는 경우이어야 한다.[26] 추상적 위험의 상대개념인 구체적 위험이란 직무행위자의 관점에서 객관적 · 이성적인 사실상태의 평가에 의하여 현재의 상태나 행위가 아무런 방해 없이 계속 진행된다면 가까운 장래에 관련 보호이익에 손해가 발생할 충분한 가능성(개연성)이 있는 위험이다. 만취자가 자동차를 운전하려는 경우가 이에 해당한다. 위험의 개념은 특별한 언급이 없는 한 이러한 구체적 위험을 뜻한다. 특정태도나 상황을 일반적 또는 추상

22) Pieroth/Schlink/Kniesel, Polizei- und Ordnungsrecht, 2004, Rn. 28 참조.

23) BVerwG, Urteil vom 3. 7. 2002-6 CN 8. 01.

24) BVerwG, Urteil vom 3. 7. 2002-6 CN 8. 01. 판결의 이 부분에 대한 원문을 그대로 옮기면 다음과 같다. Eine konkrete Gefahr liegt vor, wenn in dem zu beurteilenden konkreten Einzelfall in überschaubarer Zukunft mit dem Schadenseintritt hinreichend wahrscheinlich gerechnet werden kann.

25) Vgl. BVerwG, Beschluss vom 24. Oktober 1997-3 BN 1. 97-Buchholz 418. 9 TierSchG Nr. 10.

26) BVerwG, Urteil vom 3. 7. 2002-6 CN 8. 01. 판결의 이 부분에 대한 원문을 그대로 옮기면 다음과 같다. Auch die Feststellung einer abstrakten Gefahr verlangt mithin eine in tatsächlicher Hinsicht genügend abgesicherte Prognose: Es müssen-bei abstrakt-genereller Betrachtung-hinreichende Anhaltspunkte vorhanden sein, die den Schluss auf den drohenden Eintritt von Schäden rechtfertigen.

적으로 고찰한 결과 그러한 일반추상적인 사실상태가 갖는 위험성을 뜻하는 추상적 위험과는 구분되는 개념이다. 따라서 일반적으로 위험한 사실상태가 인식가능한 개별적인 경우에 손해를 가져 올만한 것이면 구체적인 위험, 그렇지 않다면 추상적 위험이 있을 뿐이다. 경찰법에서 문제가 되는 위험은 통상적으로 구체적 위험이지만, 필요한 경우에는 추상적 위험이 있는 것만으로도 충분할 수 있다.[27)]

(2) 대상판례에서의 사안에의 적용

먼저, 대상판례의 취지를 문언 그대로 해석할 경우 중대한 위험일 뿐만 아니라 절박한 위험이어야 경찰의 작위의무가 인정될 수 있다. 예견가능성과 회피가능성도 함께 참고하고 있는 것으로 보인다. 그러나 (피침해법익의) 중대성과 (손해발생개연성의) 절박성은 종합적으로 고려되어야 할 개별요소들이다. 가령, 피침해법익의 중대성이 크면, 손해발생개연성이 절박한 정도가 아니라도 작위의무가 인정될 수 있다고 보아야 한다. 반대로 손해발생개연성이 절박한 정도이면 피침해법익의 중대성은 다소 완화시켜 해석할 수도 있는 문제이다. 뿐만 아니라, 후술하는 다른 요소들도 함께 연관시켜 종합적으로 고려할 필요가 있다. 중대할 뿐만 아니라 절박까지 한 위험에 대해서만 경찰이 개입할 의무가 있다는 것은 경찰의 위험관리책임을 경시하는 결과를 초래할 수 있다고 생각된다.

다음으로, 위험은 그것이 명백하기 전인 잠재적인 경우에도 경찰행정청이 이에 대하여 대응해야 한다. 따라서 잠재적 위험의 경우 경찰권이 발동되더라도 그것은 정당화될 수 있다. 현재적이건 잠재적이건 손해발생의 개연성이 충분한 경우라면 이는 위험으로 인정될 수 있고 이때의 경찰권발동은 정당화되기 때문이다. 그리고 추상적 위험도 구체적 위험에 비하여 손해발생의 개연성의 정도가 작은 것이라기보다 그 관찰방법 면에서 차이가 있는 것이다. 즉, 개별 · 구체적인 경찰처분이 필요한 경우가 아니라, 일반 · 추상적인 경찰(행정)입법이 필요한 경우라고 할 수 있다. 이러한 기준으로 추상적 위험과 구체적 위험을 정의한다면, 사안의 경우는 추상적 위험이 아니라, 이미 구체적 위험이 존재한다고 할 수 있다. 따라서 강학상 인정되고 있는 (독일 경찰법이론에 바탕을 둔) 잠재적 위험 및 추상적 위험의 개념을 전제로 할 경우 대상판결의 논지는 의문이 있다. 다만, 우리 법원이 반드시 이러한 독일경찰법학의 용어를 따를 필요는 없음은 물론이다. 그러나 결론을 결정지을 정도의 핵심개념으로서 이러한 용어들을 원용하면

27) Pieroth/Schlink/Kniesel, 앞의 책, Rn. 29 참조.

서 그것이 어떠한 의미인가를 밝히지 않았다는 점은 문제가 있다. 이미 우리나라의 경찰법이론으로도 정착되어 있는 강학상의 잠재적 · 추상적 위험을 전제로 할 경우 대상 판례의 논리전개는 비판의 여지가 있다.

5. 경찰개입의무(작위의무)의 성립요건: 재량권 수축의 판단기준으로서 5요소설

작위의무의 도출방법으로 재량권수축론을 취하는 경우에도 작위의무의 성립요건을 구체화할 필요가 있다. 단순히 '피침해법익이 중대할수록, 손해발생개연성이 높을수록' 정도의 기준으로는, 언제 경찰권발동의 재량이 수축되었다고 볼 것인가를 판단하는 것이 현실적으로 쉽지 않기 때문이다. 따라서 다양한 기준을 종합적으로 고려하여 재량권수축 여부를 판단할 필요가 있다.

일본 판례 · 학설은 다음과 같은 5개의 요소(또는 4개의 요소)를 작위의무의 성립요건으로 발전시켜왔다. 그것은 ① 국민의 생명 · 신체 · 건강 등에 대하여 구체적 위험이 절박한 경우일 것(위험의 절박성), ② 행정청이 구체적 위험의 절박을 알거나 용이하게 예견할 수 있는 상황일 것(예견가능성), ③ 행정청이 권한을 행사하게 되면 용이하게 결과발생을 방지할 수 있는 경우일 것(회피가능성), ④ 행정청이 권한을 행사하지 않으면 결과발생을 회피할 수 없을 것(보충성), ⑤ 국민이 권한행사를 요청하고, 기대하고 있는 경우 또는 그것이 용이하게 되는 경우일 것(국민의 기대, 용인)이라는 5개의 기준이다. 그러나 부작위의 위법성을 판단함에 있어 이러한 5개 모두를 항상 고려하는 것도 아니고, 때론 부분적으로 제시되기도 한다.[28] 말하자면, 이 5개의 요소는 최대공약수를 나열한 것이라고 할 수 있다.[29]

이들 가운데 특히 의미를 가지는 것은 ①에서 ③까지의 요건으로서 이들을 필요조건이라고도 부른다. 필요조건인 ①에서 ③까지의 요건은 일반적인 불법행위에서도 필요한 부분이고, 이들은 하나라도 결할 경우 책임이 인정되지 않는다고 보아야 할 것이다. 이들은 작위의무가 성립하기 위해 필요한 조건으로서 그 내용도 어렵지 않게 알 수 있다. 그러나 한편 ①에서 ③까지의 요건 중 일반적인 불법행위에서보다 가중되는 부분이나 ④의 요건은 요건이라기보다 작위의무의 성립을 판단하기 위해 종합적으로 고

28) 학자들에 따라서는 위험의 존재, 대처의 가능성, 대처의 필요성을 부작위의 위법의 판단구조라고도 한다(芝池義一, 行政救済法講義, 有斐閣, 2006, 260頁).
29) 西埜章, 앞의 책, 63쪽; 宇賀克也, 앞의 책, 260쪽.

려해야 하는 사항이라고도 할 수 있다.[30] 말하자면, 이들은 일종의 '충분조건'이라고 할 수 있다. 또한, ⑤의 피해자의 기대가능성이라는 요건에 대해서는 그 추상적 · 포괄적 성격이 지적되기도 하며, 그것을 '기대'라고 하는 주관적인 개념으로 표현하는 것이 타당한지와 관련해서도 현실의 기대와의 혼동의 우려, 그리고 오늘날 형법학에서도 이러한 용법으로 기대라는 개념을 사용하고 있지 않으며, 형법학의 '기대가능성'이론과도 혼동하기 쉬운 것이라는 점 등을 문제점으로 지적하기도 한다.[31]

④의 요건인 권한행사의 보충성은 ⑤의 요건 가운데 포함시켜 논하기도 한다. 그렇게 본다면 5요건이 아니라 4요건이 될 것이다. 여기서는 이 보충성의 요건을 경찰공공의 원칙(민사관계불간섭의 원칙)과 관련하여 ⑤의 요건과는 별도로 검토하고자 한다. 민사관계불간섭의 원칙이란 경찰이 개인간의 민사관계에는 원칙적으로 관여할 수 없음을 말한다. 본 사안과 같은 스토킹사건의 사실관계를 보면, 경찰이 민사적인 문제라는 이유로 개입을 하지 않음에 대한 사인의 불만이 자주 문제되고 있다. 보충성원칙 역시 재량수축의 구성요건이 문제되는 사안을 좁힐 수 있음은 물론이다. 그러나 경찰은 개인이 私法상 권리를 적시에 실현시킬 수 없거나 경찰의 도움이 없이는 권리실현이 현저히 어려운 예외적인 경우에는 개입할 수 있다. 사권실현에 있어서 경찰작용의 보충성원칙이 작용한다.[32] 대상판례의 사안의 경우 C와 B 사이의 문제를 남녀 간의 애정문제로 인한 사적인 갈등 정도로만 판단하고 C에 대한 신변보호조치나 B의 소재파악 등의 별도의 조치 등을 취하지 않는 것도 일견 민사관계불간섭원칙에 비추어 타당한 것으로 보일지 모른다. 그러나 국민의 생명, 신체 등에 절박한 위험이 발생하거나 발생할 것으로 예상되는 경우에는 경찰로서는 더 이상 소극적 · 방관적인 태도를 취할 수는 없다고 할 것이다. 경찰은 무엇을 더 중시할 것인가(Schwerpunktsetzung)의 문제, 전략적 출동계획(strategische Einsatzplanung), 전술적 행동방식(taktische Vorgehensweise)의 측면에서만 개입재량이 있다. 그러나 다른 더 중요한 임무가 있는 경우가 아니라면, 경찰은 보호해야 할 법익이 현저한 의미가 없는 경우에도 개입의무가 있는 것으로 보아야 한다. 이러한 법익 역시 경찰의 임무에 해당하며, 이러한 임무 수행을 이유 없이 거부해서는 아니 된다. 경찰법에서도 다른 위험방지법 영역에서와 마찬가지로 이른바 '의

30) 野呂充, "不作為に対する救済", 公法研究 71, 日本公法学会, 2009, 177頁.

31) 위의 논문, 176쪽.

32) 경찰법상 보충성원칙(Subsidiaritätsprinzip) 또는 경찰작용의 보충성의 원칙(Grundsatz der Subsidiarität polizeilichen Handelns)에 대한 상세는 Denninger, in: Lisken/Denninger(Hrsg.), Handbuch des Polizeirechts, E. Rn. 12.

도된 재량'(intendiertes Ermessen)[33]이 적용된다. 이에 따르면 권한규범의 구성요건이 존재하는 경우 개입은 통상적으로 요청된다. 가령 주거침입(Hausbesetzern)에 대한 불개입은, 개별적인 상황에서 그렇지 않으면 더 중대한 폭력(Ausschreitungen)이 예상되는 경우에야 정당화될 수 있다.[34] 이와 같이 경찰의 민사불간섭문제에 대해서는 원칙과 예외에 대한 판단이 요구된다. 경찰재량권이 수축된다고 볼 것인지를 판단함에 있어서도 이러한 보충성을 합리적으로 고려해야 한다.

⑤의 기대가능성의 요건은 법학에서 일반적으로 이야기하는 수인기대가능성(Zumutbarkeit)의 의미가 아님에 주의할 필요가 있다. 이는 사인이 스스로 위험을 회피하는 것이 곤란하여 행정의 개입이 기대되는 경우, 즉 국민의 기대를 뜻한다. 구체적인 상황에서 국민이 경찰개입에 대하여 기대가능성을 가지고 있는 경우인지를 판단하는 것이다.

이상의 요건 중 필수요건이라 할 수 있는 ①, ②, ③의 요건만이 아니라, ④, ⑤의 요건은 모두 종합적으로 고려되어야 한다.[35] 충분조건으로서 종합 고려해야 하는 요소는 비단 5요소설에서 명시된 것에 그치지 않으므로 이 부분을 구체화하는 것이 특히 중요하다. 따라서 충분조건을 구체화하는 것이 문제가 되는데, 이에 대해 다음과 같은 견해가 제시된다.[36] 첫째, 법의 취지 · 목적이다. 여기서 법의 해석은 침해되는 이익의 성질 · 정도를 함께 고려하면서 행해져야 한다. 둘째, 관계되는 여러 이익이다. 규제권한을 행사하지 않음으로써 침해되는 이익의 성질 · 정도 및 그것이 침해될 개연성의 정도가 특히 중요하며, 그에 대항하는 이익으로서 규제를 받을 자의 이익, 그리고 규제가 공익에 미칠 영향도 고려 대상으로 될 것이다.[37] 셋째, 행정기관의 대처가 용이한지, 규제수단을 선택할 여지가 있는지, 그리고 행정자원의 적절한 배분이라는 관점도 함께 고려될 것이다. 넷째, 피해자가 스스로 손해를 회피할 수 있는 가능성도 고려될 수 있다. 다섯째, 선행행위의 유무이다. 국가가 스스로 위험의 원인을 발생시킨 경우에는 원

33) 독일 연방행정법원의 창조물로 알려진 의도된 재량이란 법률규정의 문언에 의하면 보통의 경우와 같은 재량규범이 존재함에도 불구하고 법규정으로부터 법률에 표시된 재량행사의 방향이 추론될 수 있다고 보는 경우이다. 따라서 특정한 결과가 원칙적으로 법률상 의도되며 단지 예외적으로 그로부터 벗어나게 되는 경우이다. 즉, 전형적인 사안에서 법률에 의해 예정된 법률효과가 발생하고, 단지 예외적인 사안들에서 특별한 이유제시를 요하는 재량이 행사된다는 것이다(이은상, "독일법상의 의도된 재량", 행정법연구 11, 2004, 291쪽 이하 참조).

34) Rachor, 앞의 책, Rn. 136 f.

35) 宇賀克也, 国家補償法, 有斐閣, 1997, 166頁.

36) 野呂充, 앞의 논문, 177쪽.

37) 가령, 규제대상이 되는 약품의 효용, 다른 피해자의 구제에 대한 영향 등이 고려될 수 있다.

인을 제거하지 않는 것이 작위의 의한 가해와 마찬가지가 되므로 부작위의 위법을 인정하는 것이 용이하게 될 것이다.

대상판례는 이러한 5요소 가운데, ①요소에만 치중한 면이 없지 않다. “공무원의 부작위로 인하여 침해된 국민의 법익 또는 국민에게 발생한 손해가 어느 정도 심각하고 절박한 것인지, 관련 공무원이 그와 같은 결과를 예견하여 그 결과를 회피하기 위한 조치를 취할 수 있는 가능성이 있는지 등을 종합적으로 고려하여 판단하여야 할 것”이라고 하여 ②, ③의 요소도 고려한다고 하지만, 절박 · 중대한 위험이냐 잠재적 · 추상적 위험이냐의 기준은 주로 ①요소에 비중을 두고 있는 것이라 할 수 있다. 그밖에 구체적 타당성을 기할 수 있는 이른바 충분조건을 고려하지는 못한 것이 아닌가 하는 느낌을 지울 수 없다. 특히, 본 사안에서 경찰이 개입할 경우 기대가능하지 않는 비용이 필요하거나, 다른 더 중요한 임무와 충돌되는지를 살펴볼 필요가 있지 않았나 생각된다. 경찰의 인적 · 물적 자원은 제한되어 있고, 경찰공무원의 의무충돌이 있는 경우 어차피 한쪽은 포기해할 수밖에 없기 때문이다. 그러나 그렇지 않다면 위험상황이 있는 경우 경찰공무원은 이를 간과해서는 아니 되며, 부작위에 머물러서도 아니 된다. 가령, ‘여력이 없음’(Mangel an Energie)은 불개입의 설득력 있는 이유가 될 수 없다.[38)]

❖〈그림 1〉 5요소와 재량수축 및 작위의무의 발생

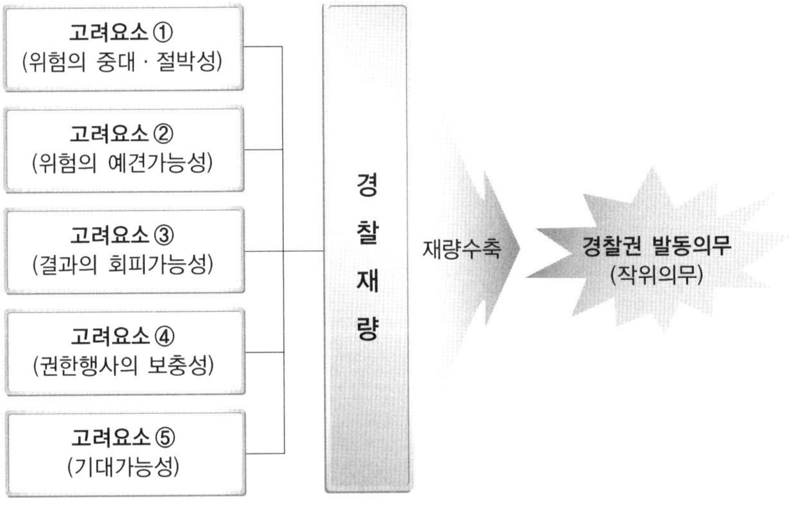

38) Rachor, 앞의 책, Rn. 138.

6. 맺음말

이상의 논의를 다음과 같이 요약함으로써 맺음말에 갈음하고자 한다.

• 경찰부작위의 위법성을 인정하기 위한 전제로서 작위의무의 도출방법은 재량권의 수축론과 재량권의 소극적 남용론이 있는데, 양자는 부작위의 국가배상책임문제를 논하는 한 구분의 실익이 크지 않다. 그러나 법관계의 구조를 명확하게 이해할 수 있는 재량권의 수축론이 더 논리적이라고 생각되며, 이는 향후 의무이행소송과 종합적인 이해를 함에 있어서도 유용할 것으로 생각된다.

• 부작위의 위법성을 이유로 한 국가배상책임의 문제는 다양한 유형의 문제상황이 있는바, 작위의무가 어떠한 유형인가, 작위의무를 행하는 것이 재량행위인가 기속행위인가, 3면관계인가 2면관계인가 등에 따라 체계화하여 검토할 수 있다.

• 부작위의 위법을 이유로 한 국가배상책임의 문제는 국가의 위험관리책임과 연계가 되며, 이는 헌법적으로 기본권보호의무와 관련이 되지만, 양자는 항상 일치되는 문제는 아니다. 일반적으로 3면관계에서 기본권의 침해가 문제되는 경우에 기본권보호의무론이 여기에 적용될 수 있으며, 대상판결의 사안은 이에 해당한다고 생각된다.

• 재량권 수축의 성립요건으로 고려할 수 있는 ① 위험의 중대 · 절박성, ② 예견가능성, ③ 회피가능성, ④ 보충성, ⑤국민의 기대가능성이라는 5개의 기준은 작위의무를 도출함에 있어서 유용한 도구가 될 것이다. 이때 필요조건인 ①, ②, ③만이 아니라, 충분조건에 대한 검토를 통하여 보다 구체적 타당성을 기할 수 있으리라 생각된다. 이러한 점에서 대상판례는 ①, ②, ③, 특히 ①의 요건에 지나치게 치중하지 않았는가 하는 느낌을 지울 수 없다.

• 대상판례는 중대한 위험일 뿐만 아니라 절박한 위험이어야 경찰의 작위의무가 인정될 수 있다고 하는바, 중대성이 강하면 절박성이 다소 떨어지더라도 작위의무가 인정될 수 있고 기타 다른 요건들도 함께 고려하여야 할 것이다. 아울러, 잠재적 · 추상적 위험에 대해서도 그 개념을 정의하지 않고 작위의무 성립의 결정적 기준으로 삼는 것은 바람직해보이지 않는다.

• B와 C간의 민사적인 문제라는 이유로 경찰개입을 거부할 수도 없다. 이때 이른바 '의도된 재량'이 적용되어, 권한규범의 구성요건의 충족만으로 경찰개입이 요청된다고 할 것이다.[39]

39) 국가배상책임이 인정되기 위해서는 경찰의 개입의무, 즉 작위의무가 있다고 인정되는 경우에도 기타 국가배상법 제2조의 요건들이 충족되어야 한다. 작위의무가 인정된다고 해서, 개입을 요구하는 사인의 입장에서는 곧 바로 권리로 주장할 수 있는 것은 아니기 때문이다. 무엇보다, '경찰의 의무'가 '사인의 권리'로 되기 위해서는 그 의무가 사인의 이익을 부수적으로나마 보호하는 것이어야 한다는 사익보호성이 다투어지고 있다는 점만 여기서는 지적하고자 한다.

제 2 편

행정법관계에서의 사인의 공의무, 공책임

제 1 장

'위험'방지의무와 '리스크'배려의무

– 환경행정법을 중심으로 –

Ⅰ. 머리말

위험과 리스크는 환경행정법의 기초가 되는 개념이다.

경찰법에 바탕을 두고 있는 위험의 방지는 전통적인 환경보호수단이다. 환경보호수단으로서 경찰 · 질서법의 퇴조가 오늘날 뚜렷하지만, 이러한 최신 경향만을 외치기엔 우리 환경법이 위험방지와 관련하여 좀 더 살펴보아야 할 부분들이 있을 것 같다. 경찰책임을 예로 들 수 있다.

한편, 울리히 벡(U. Beck)[1]으로 대표되는 많은 학자들이 새로운 키워드 '리스크'를 이야기하는 가운데, 조류독감, 광우병의 공포를 느끼면서도 닭고기, 쇠고기를 먹는 우리는 이미 리스크사회를 실감하고 있다. 법학적 대응도 나타나고 있다.[2] 행정법학,[3] 특히 환경행정법에서 새로운 도전이 되고 있음은 물론이다. 그렇다고, 막연하기 짝이 없는 사전배려(Vorsorge ins Blaue hinein)만 외친다면 고질적인 집행결함에서 헤맬 수

1) Beck, Risikogesellschaft–Auf dem Weg in eine andere Moderne, 1. Aufl., Suhrkamp, 1986; 홍성태 역, 위험사회–새로운 근대성을 향하여, 2006.

2) 가령 リスク学入門이라는 제목으로 다양한 학문영역에서 시리즈로 리스크연구서(전5권)가 나오고 있는 가운데 법학문헌으로서 長谷部恭男(編), 法律からみたリスク(リスク学入門 3), 岩波書店, 2007 참조.

3) Vgl. Trute, "Methodik der Herstellung und Darstellung verwaltungsrechtlicher Entscheidungen", in: Schmidt-Aßmann/Hoffmann-Riem(Hrsg.), Methoden der Verwaltungsrechtswissenschaft, Nomos, 2004, S. 293.; 한국토지공법학회/한국법제연구원이 2006. 8. 공동주최한 한독 국제학술대회의 결과물로서 '리스크사회에 있어서의 공법적 과제'를 특집으로 다룬 토지공법연구 32(2006) 참조.

밖에 없을 것이다.[4]

위험과 리스크를 서로 비교검토하며 살펴야 할 이유가 있다.

양 개념이 일상용어로는 유사하게 쓰이지만 엄격하게 구분해야 한다는 점, 이와 관련하여 우리나라에서 양 개념의 번역상 혼선이 있는 점, 새로운 주제인 리스크연구를 위해 어느 정도 정립되어 있는 위험연구를 바탕으로 할 필요가 있다는 점 등이 그것이다.

이러한 배경과 취지를 가진 이 글은 양 개념이 가장 두드러지게 기능하고 있는 환경행정법을 논의의 場으로 한다. 환경행정법에서의 위험을 먼저 살펴본 뒤(Ⅱ), 리스크를 위험과 비교하며 검토하고(Ⅲ), 논의를 맺는다(Ⅳ).

Ⅱ. 환경행정법에서의 위험

1. 위험의 의의

(1) 위험과 교란(장해)

위험은 원래 경찰법에서 발전한 개념이다. 공공의 안전과 질서에 대한 위험의 방지를 목적으로 하는 경찰법에서 위험은 핵심개념으로서 일찍이 정착되어 왔다.[5] 환경에 대한 위험이 문제되는 경우에도 경찰법의 법리가 마찬가지로 적용되어야 한다.

위험개념은 연혁적으로 프로이센일반란트법으로 거슬러 올라간다. 동법 제2편 제17장 제10조에서는 "공공의 평온, 안전, 질서, 일반공중 및 개인에게 임박해 있는 위험을 방지하기 위해 필요한 준비는 경찰의 임무이다."라고 규정하고 있다. 동 규정을 바탕으로 프로이센 고등행정법원(preußisches OVG)은 이 '위험'개념을 발전시켜 경찰상 위험개념을 '어떤 사건이 방해받지 아니하고 진행될 경우 공공의 안전 혹은 공공질서에 손해를 가져올 충분한 개연성이 있는 상태 혹은 행동이 있는 경우'라고 하였는데, 이것이 오늘날에도 표준적인 위험개념으로 된다.[6]

---

4) 이러한 취지를 강조하는 Ossenbühl, "Vorsorge als Rechtsprinzip im Gesundheits-, Arbeits- und Umweltschutz", NVwZ 1986, 161 (166).

5) 위험의 법적 개념에 대해서는 그간의 대표적인 연구로서는 김남진, "경찰상의 위험과 위험의 혐의 등", 고시연구, 2001/9, 87쪽 이하; 김세규, "경찰법상 위험의 의미", 공법연구 31-3, 2003, 50쪽 이하; 이기춘, "경찰질서법상 위험개념 및 표현위험과 위험의 의심", 공법연구 31-4, 2003, 363쪽 이하; 성훈, "경찰상 위험개념의 법치국가적 · 기본권보장적 기능", 공법연구 34-2, 2005, 397쪽 이하.

6) Laubinger/김현준 역, "임미씨온방지법에서의 위험, 불이익, 부담, 리스크", 토지공법연구 32, 105쪽 이하. 환경법상 위험에 대한 정의 역시 프로이센 고등행정법원 판결에 터 잡고 있는 것이 일반적이다. Kloepfer, Umweltrecht, 2004, § 4 Rn. 16.

이 위험개념에서 '손해'는 핵심요소이다. 여기서 손해란 통상적인 존속의 감소, 보호이익의 경미하지 아니한 침해,[7] 또는 '외부영향으로 인해 법익의 현재 일반상태가 객관적으로 감소하는 것 또는 공공의 질서개념으로 포괄되는 사회규범의 침해나 공공의 질서개념을 통하여 포괄되는 사회규범의 침해'를 말한다.[8]

구체적인 손해발생개연성의 정도는 개별 법령상 규정된 위험의 내용(가령 현저한 위험, 긴급한 위험, 현재의 위험, 중대한 위험, 생명 · 신체에 대한 위험)에 따라 상이하며, 위험의 유무의 판단은 과학적인 인식이나 경험과학에 의한다. 위험을 인정하기 위한 개연성의 정도는 이른바 반비례원칙에 따라 위협받는 법익의 가치가 높을수록, 이러한 법익에 대한 예상손해가 클수록 작아진다.[9]

'손해의 발생'이란 경찰법상의 일반조항에 의해서 보호되는 법익이나 가치가 외부적인 영향에 의해서, 사실상 존재하는 정상적인 상태로부터 객관적으로 감소하는 것이다. 따라서 손해가 발생하게 되면 위험은 실현되고, 이로 인하여 공공안전의 침해가 생기게 된다.

손해가 이미 현실적으로 발생한 상황을 교란(Störung)[10]이라고 부른다. 교란으로 인해 새로운 손해가 발생하는 것은 방지되어야 하므로 교란 역시 위험의 한 종류라고 할 수 있다.

(2) 위험의심

위험의심(Gefahrverdacht)이란 경찰이 개입할 수 있는 위험한 상황이 현재에 존재하는가 여부에 대한 의심을 말한다. 즉, 경찰행정청이 사태를 진단(Diagnose) 또는 예단(Prognose)할 때 일정한 불확실성(Unsicherheiten)으로 인하여 손해발생의 개연성에 대한 결정이 곤란한 경우이다. 다만 실제로 개입하는 경찰의 눈으로 보는 것뿐만 아니라 능력을 갖춘 합리적이고 식견이 풍부한 경찰관이라도 같은 판단에 도달할 경우에 한한다.[11] 위험혐의라고도 한다.[12]

위험의심에 있어서는 위험방지기관에게 행정절차법에서 요구하는 확실성에 근접

7) Laubinger/김현준 역, 앞의 논문, 107쪽.
8) Schenke, Polizei- und Ordnungsrecht, 4. Aufl., 2005, Rn. 69.
9) Pieroth/Schlink/Kniesel, Polizei- und Ordnungsrecht, 2004, § 4 Rn. 7.
10) 이를 일반적으로 '장해', 이러한 장해를 일으킨 자를 '장해자'(Störer)라고 번역하는 것이 일반적인데, 語義의 오해여지가 있을 뿐만 아니라 어색해 보인다. 필자는 이러한 이유로 '교란', '교란자'라는 표현을 쓰고 있다.
11) 그러하지 아니한 경우에는 실제 경찰이 판단을 잘못한 것으로서 오상위험이 된다.
12) 김남진, 고시연구, 2001/9, 87쪽 이하; Schenke/손재영 역, "공공의 안녕에 관한 법(경찰법)에서 외관상 위험과 위험혐의", 토지공법연구 32, 2006, 23쪽 이하.

한 고도의 개연성에 대한 확신 내지 합리적 의심 없는 증명을 요구할 수 없으며, 시간이 허락하는 대로 보유하고 있는 인식원천을 모두 활용하였지만 완전한 확신에 이르지 못하더라도 필요한 조치를 취할 수 있도록 허용되어야 한다.[13] 즉, 위험의 존재여부가 명백해질 때까지 예비적 조치로서 '위험존재여부에 관한 조사'(위험확인조사)를 할 권한을 가지게 된다. 위험확인조사침해(Gefahrerforschungseingriff)[14]를 했을 때, 그 결과 그 위험이 진정으로 존재하는 것으로 확인되는 경우도 있고, 어떠한 위험도 존재하지 않는 경우도 있을 것이다. 前者의 경우 그 교란자는 손실보상 기타 손해전보에 대한 청구권을 가지지 아니한다. 後者의 경우 침해당한 자는 손실보상을 청구할 수 있다.

이러한 전통적인 견해에 대하여, 위험의심의 경우 경찰이 위험을 암시하는 사실적 근거를 갖고 있기는 하지만, 그 근거만으로는 사실상태를 합리적으로 평가했을 때 손해가 실제로 발생될 것이라거나 적어도 충분한 개연성이 존재한다고 판단하기에 불충분하다는 견해가 있다. 이 견해에 따르면, 전통적 견해가 말하는 '손해발생의 충분한 개연성이 존재하는 경우'는 이미 위험(경우에 따라서는 외관상 위험)으로 보아야 한다. 따라서 이른바 위험의심이 존재하는 경우, 권리침해를 수반하지 않는 위험확인조사는 허용되나, 권리침해를 수반하는 경찰조치는 원칙적으로 허용되지 않는다고 한다. 즉, 여전히 손해발생의 충분한 개연성이 존재하지 않기 때문에, 적어도 실제로도 여전히 손해가 임박한 경우가 아니라면, 구체적 위험은 존재하지 않는다고 한다. 같은 취지에서, 위험의심이 존재하는 경우 경찰상 위험확인조사를 허용하는 묵시적 수권이 개괄적 수권조항을 통하여 인정된다는 견해도 타당하지 않다고 한다.[15]

이 위험의심 및 그와 관련된 위험확인조사는 환경법에서도 자주 문제될 수 있다. 가령, 환경오염이 위험상황에 이르러 손해발생에 대한 개연성이 있다고 인정할 만한 근거가 있지만, 위험의 실재에 대한 확신이 결여되는 경우 이른바 위험확인조사를 위한 경찰권발동이 정당화될 수 있는가의 문제가 제기된다. 아울러 이 위험의심과 리스크의 관계가 어떠한가 문제가 되는데, 이는 뒤에 리스크를 논하면서 살펴본다.[16]

---

13) 이기춘, 앞의 논문, 387쪽.

14) 위험확인조사에 대해선 Losch, "Zur Dogmatik der Gefahrenerforschungsmaßnahme", DVBl 1994, 781 ff.

15) Schenke/손재영 역, 앞의 논문. 32쪽 이하; 독일 연방행정법원의 최근 입장 BVerwGE 12, 87(93), 39, 190 (193 f.).

16) 그 밖에도 광의의 위험의 범주에서 논의되는 개념으로 외관상 위험, 구체적 위험, 잠재적 위험 등이 있지만, 그 상세한 검토는 환경행정법에서의 위험과 리스크를 비교검토하는 본 연구의 범위를 넘어서는 것이어서 생략한다.

2. 환경위험과 위험방지행정(법)

(1) 환경법의 기본원칙으로서의 위험방지원칙

위험은 경찰권발동의 전제가 된다. 따라서 환경위험이 발생하였다면 실질적 의미의 경찰로서 환경경찰권이 발동될 수 있다. 이때 경찰권발동의 법적 근거가 있어야 하며, 그 한계가 지켜져야 함은 물론이다. 위험에 대하여 행하는 국가작용은 '방지'(Abwehr)라는 것이다. 위험방지는 개념상 ① 위험조차 발생하지 않도록 하는 예방적 국가활동과, ② 위험이 발생한 후의 진압적 국가활동으로 구분할 수 있다.[17]

이러한 위험방지가 환경법의 기본원칙의 하나로 들 수 있다. 보호원칙(Schutzprinzip) 또는 위험방지원칙(Gefahrenabwehrprinzip)이라 함은 신체, 생명, 건강, 환경에 대한 위험을 방지해야 한다는 원칙을 말한다.[18] 이 원칙은 환경법의 전통적인 기본원칙[19]으로 들고 있는 사전배려원칙의 바탕이 된다. 위험방지원칙은 환경법에서 그다지 비중 있게 다루지 않는 것이 일반적인데, 그 이유는 위험방지원칙이 사전배려원칙을 보완하는 정도의 역할을 하기 때문이다. 즉, 위험과 리스크의 개념을 전제로 할 때, 리스크사전배려(Risikovorsorge) 및 위험사전배려(Gefahrenvorsorge)를 총칭하는 사전배려의 원칙이 강조되면서,[20] 상대적으로 위험방지원칙은 주목을 받지 못하고 있는 것이다.[21]

그러나 일찍이 경찰법이 발달했고, 경찰법상의 개괄적 수권조항이 위험방지에 커다란 역할을 하는 독일의 경우와는 달리 우리나라에서는 환경법의 기본원칙으로서 이 '위험방지원칙'은 그 자체로도 의미가 있다. 왜냐하면 '위험'은 방지(제거 포함)되어야 한다는 기초적인 사고가 우리 환경법에서는 제대로 정립되지 못한 면이 있기 때문이다. 위험개념을 바탕으로 풀어야 할 공법상 책임을 사인의 이익조절을 기초로 하는 사법상 책임으로 파악하여 문제의 본질을 놓칠 수도 있다. 이는 후술하는 환경위험으로 인한 경찰책임론과 관련하여 특히 문제가 되고 있는데, 이러한 이유로 우리나라에서는 환경법의 기본원칙으로서 위험방지원칙의 역할이 강조될 필요가 있다고 본다.

17) Schenke/서정범 역, 독일경찰법론, 8쪽 각주 7.
18) Kniesel, in: Lisken/Denninger(Hrsg.), Handbuch des Polizeirechts, 2006, D. Rn. 18.
19) 이른바 환경법의 3대 기본원칙으로 사전배려원칙, 원인자책임원칙, 협동원칙을 드는 것이 일반적이다.
20) 위험사전배려에 대한 상세는 Kloepfer, Umweltrecht, § 4 Rn. 16 ff.
21) 종종 '위험-방지'(Gefahr-Abwehr), '리스크-사전배려'(Risiko-Vorsorge)를 정식화하는 경우가 있지만, 그와 같은 짝짓기가 기본이 되는 것이긴 하나, 그렇다고 '위험-사전배려(Gefahr-Vorsorge)'의 경우를 간과하면 안 된다.

(2) 환경위험에 대한 私人의 위험방지책임(경찰책임)

환경침해가 공공의 안전과 질서에 대한 '위험'의 수준으로 볼 수 있는 경우라면 그 환경위험에 대한 책임은 누가 질 것인가?

가령, 필자는 최근 허베이스피리트호 유조선유류사고로 인한 오염문제와 관련하여 엉뚱한(?) 생각을 해 본 적이 있다. 만일 유류사고를 일으킨 책임자가 피해주민에게 충분한 재산적 배상을 하였고, 피해주민들은 그 배상금을 가지고 새로운 생활터전을 찾아 다른 도시로 모두 이사를 가고, 기름으로 오염된 마을만 남게 되었다고 가정해 보자. 물론 다소 현실성이 떨어지는 상황일 것이다. 어쨌든 이처럼 재산상 손해를 입은 주민들이 불만이 없을 정도의 배상이 이루어졌다면 유류오염을 발생시킨 업자의 법적 책임은 더 이상 없는 것일까? 이때 형사책임은 별론으로 하자.

민사상 재산피해를 입은 주민의 손해가 다 전보된 경우라 하더라도 기름으로 오염되어 이미 공공의 안전과 질서에 대한 위험이 초래된 이 상황에 대해서는 누가 책임을 질 것인가. 즉 위험방지 또는 위험제거에 대한 책임은 누가 질 것인가?

여기서 적용되어야 하는 것이 바로 경찰책임의 법리이다. 이 책임은 민사책임과는 성질이 다른 공법상 책임이다. 가령, 내 자동차를 손상시킨 자에 대하여 내가 그 배상책임을 면책시켜줄 수도 있지만, 내 토지를 기름으로 오염시킨 자에 대하여는 민사배상책임과는 다른 성질의 오염토양정화책임이라는 공법상 책임이 발생한다. 이 책임은 토지소유권자가 그의 민사상 손해에 대한 배상을 충분히 받았다고 해서 없어지는 것이 아니다. 오히려 그 토지소유권자 스스로 상태책임자로서 책임을 져야 하는 경우조차 있다. 환경위험이 발생했을 때 그 위험발생에 책임이 있는 자는 환경법영역에서도 경찰법에서 유래한 경찰책임의 법리가 그대로 적용되어야 한다.

경찰책임의 법리에 따를 경우, 다음과 같은 자가 위험방지 내지 위험제거의무가 있다.

① 우선, 행위책임자 또는 상태책임자가 여기서의 위험제거책임을 져야 한다.

② 이러한 경찰책임자, 즉 교란자가 없으면 경찰이 스스로 책임을 지게 된다.

③ 이른바 경찰긴급상황에서는 행위책임도 상태책임도 없는 이른바 경찰비책임자가 책임을 지게 된다. 이때 경찰상 손실보상의 문제가 발생한다.

결국 사인이 위험방지 내지 위험제거의 책임을 지는 경우는 ①의 경우(행위책임자, 상태책임자)와, ③ 경찰긴급상황의 경우(경찰비책임자)이다.

①을 좀 더 상세히 살펴보자.

첫째, 행위책임자이다. 행위책임이란 자기의 행위가 위험을 야기한 경우이다. 자기의 행위로 인한 경우뿐만 아니라 타인의 행위를 지배하는 권한을 가진 자는 그의 지배를 받는 자의 행위로부터 생기는 위험에 대해서도 책임을 진다. 이때 책임귀속의 근거는 자기의 행위가 위험을 야기하였다는 것(Verursachung der Gefahr)이다. 따라서 인과관계가 중요한 의미를 가지며, 경찰책임에서의 특유한 인과관계론으로 직접원인설이 여기서 중요한 역할을 한다.

둘째, 상태책임자이다. 상태책임은 물건의 상태가 위험을 야기하는 것이 아니라 물건의 상태 그 자체가 직접적으로 위험의 근원이 된 경우이다. 그리고 그 물건과 일정한 관련이 있는 자, 더 정확하게 말하면 그 물건을 지배하는 자가 상태책임자가 된다. 따라서 상태책임의 근거는 물건의 소유 그 자체에 있는 것이 아니라 물건의 소유와 일반적으로 결합되고 있는 물건에 대한 법적 · 사실적 지배, 즉 물건의 위험한 상태에 대하여 영향력을 가할 수 있는 가능성에 있다. 이러한 이유로 필자는 상태책임의 책임귀속 문제는 행위책임의 경우와는 달리 '인과관계'와는 무관하다고 보고 있다.[22] 자기가 지배하는 물건에서 위험이 발생하여(Ausgehen der Gefahr von der Sache), 그에 대하여 책임을 지는 것이 상태책임이다. 따라서 환경위험의 근원이 된 물건에 대한 법적 · 사실적 지배주체가 상태책임자가 된다.[23]

③의 경우는 경찰긴급상황이라는 예외적인 경우로서 위험발생과 무관한 사람, 즉 행위책임도 상태책임도 없는 자에게 경찰권이 발동될 수 있다. 이때 경찰책임이 없는 자에 대해서 경찰권이 발동함으로써 손실보상의 문제가 발생하게 된다.

위험방지를 목적으로 하는 경찰책임은 사인간의 이익조절을 목적으로 민사책임과는 성질이 다르다. 따라서 책임자를 결정하는 기준도 다르다. 경찰책임은 객관적 · 외부적인 면만 중시하여 경찰책임자의 주관적 · 내부적인 면에는 원칙적으로 관심이 없다.

그런데 개별 실정법적 근거가 없이도 이러한 사인의 위험방지책임을 인정할 수 있을 것인가? 이는 곧 경찰법상의 개별수권조항에 관한 인정여부 문제이기도 하다.

필자는 경찰책임자에 대한 경찰권발동의 근거가 될 수 있는 개괄적 수권조항에 대하여 긍정적인 입장을 가지고 있지만, 이때 '경찰'은 '제도적 의미의 경찰' 및 '형식적 의미의 경찰'에만 한하여 이를 인정해야 할 것이다. 따라서 가령 방치폐기물 처리의 경

22) 상세는 김현준, "경찰법상 상태책임", 토지공법연구 22, 364쪽 이하.

23) 이때 책임귀속의 근거는 물건에 대한 지배(Sachherschaft)이다. 따라서 가령 상태책임과 관련하여 '사실상 지배권자'라는 표현을 쓴다는 것은 상태책임을 제대로 이해하지 못하고 있는 것으로 볼 수밖에 없다.

우 개괄적 수권조항을 인정하고, 이를 근거로 하여 경찰책임법리를 적용하여 행위책임이나 상태책임을 인정하는 것은 곤란하다.

그렇다면 환경위험과 관련하여 경찰책임법리가 가지는 의미는 무엇인가?

우선, 개별법해석에서 이 도그마를 이용할 수 있다. 가령 토양환경보전법 제10조의3의 규정은 경찰책임의 법리를 적용하지 않으면 제대로 해석을 할 수 없다.[24]

아울러, 입법론에서 이를 활용할 수 있다. 즉, 필요한 경우 개별환경법에서 사인의 공법상 환경책임을 규정할 수 있으며, 토양환경법, 폐기물법 등이 대표적인 예가 될 수 있다. 또한, 공법상 환경책임에 대한 일반법의 제정도 생각할 수 있다.[25]

따라서 가령 토양정화책임과 같은 경찰책임문제를 민사책임으로 파악할 경우 오류를 범하게 된다. 그렇게 본다면 위에서 든 사례에서 피해주민들의 손해 외에도 존재할 수 있는 공공의 안전과 질서에 대한 위험과 관련된 손해는 설명할 길이 없다.

(3) 위험방지행정(법) 및 제3자의 환경행정소송 원고적격

오늘날 환경행정소송에서 자주 문제가 되는 인근주민과 같은 제3자의 원고적격에서 위험방지행정과 리스크행정은 확연하게 구분된다. 즉, 개별 환경법의 해석을 통하여 위험방지명령(보호의무)이 인정되는 규정에 대해서는 제3자의 사익보호성을 인정하게 되며, 이에 따라 그 제3자는 행정소송의 원고적격을 인정받게 된다.

독일 연방임미씨온방지법 제5조1항1호와 같이 위험방지를 목적으로 하는 규정에서는 인근주민에 대한 사익보호성이 인정된다고 보고 있다.[26] 말하자면, 위험 수준의 환경피해를 방지하기 위한 법률규정의 경우에는 사익보호성이 인정되는 것이다. 따라서 행정청이 환경관련시설 운영자에 대하여 시설인허가를 한 경우 동 규정을 근거로 하는 환경관련시설의 인근주민은 행정청이 위험방지의무를 다 하지 않았다는 이유로, 즉 그의 위험방지로부터 보호받을 이익이 침해되었다는 이유로 행정소송을 제기할 수 있다. 위험방지의무의 이러한 특징은 후술하는 리스크 사전배려의무의 경우와 원칙적으로 구분되는 것이다.

---

24) 김현준, 공법연구 34-2, 187쪽 이하 참조.

25) 유럽연합 환경책임지침(2004/35/EG) 및 동 유럽지침을 국내법으로 전환한 독일의 환경손해법(Umweltschadensgesetz-USchadG)은 그 대표적인 예이다.

26) 동 규정에 대해서는 후술하는 리스크관련 부분 참조.

Ⅲ. 환경행정법에서의 리스크

1. 리스크의 의의

(1) 리스크의 법적 개념

리스크의 법적 개념을 살펴보기 전에, 위험(Gefahr)과 리스크(Risiko)에 대한 용어정리의 필요성을 이야기하지 않을 수 없다. 이 논의의 기초가 되는 핵심용어가 논자에 따라 혼동스럽게 번역되고 있기 때문이다. 특히 여기서 리스크로 번역한 후자의 경우(Risiko, risk)를 위험으로 번역하는 경우가 있다.[27] 그러나 위험과 구분하면서도 그 의미를 적절하게 표현할 다른 용어가 없는 상태에서는 '리스크'라는 외래어 그대로 나타내는 것이 가장 무난하리라 생각된다.[28]

리스크는 '모호한 법형상'(schillernde Rechtsfigur)[29]으로 아직 법적 정의가 없을 뿐만 아니라, 특히 위험과의 관계도 논의가 분분한 상태에 있다. '위험'이 충분히 큰 손해개연성(hinreichend große Schädigungswahrscheinlichkeit)을 전제로 하는 것이라면, '리스크'는 손해의 단순한 가능성(bloße Möglichkeit eines Schadens)만으로 족한 것이라고 보는 것이 일반적인 견해인 것 같다. 즉, 위험과는 반대로 리스크는 '불확실한 사안', '개별요소의 주관적인 불인식' 등까지 포괄하는 개념이다.[30] 리스크의 반대개념은 안전(Sicherheit)이다.[31] '안전'은 리스크가 없는 곳에서 존재한다. 왜냐하면 리스크로부터 전적으로 자유로운 기술이란 없기 때문이다. 그 리스크가 무시해도 좋을 정도로 경미하여 '받아들일 만한'(akzeptabel) 것으로 간주되는 기술시스템을 '안전한' 것이라고 할 수 있다.[32]

---

27) Risiko를 '위험', Gefahr를 '위해'로 번역하기도 한다(류지태, "행정법에서의 위험관리", 공법연구 32-3, 2004, 459쪽 이하).

28) 울리히 벡(U. Beck)의 저서 'Risikogesellschaft'의 우리말 번역이 '위험사회'로 출판된 것이 그 대표적인 예이다(홍성태 역, 위험사회-새로운 근대성을 향하여, 2006). 리스크에 관한 최근 연구에서의 일반적 용례이기도 하다. 김남진, "위험의 방지와 리스크의 사전배려", 고시계 2008/3, 50쪽 이하; 김중권, "리스크 행정법으로서의 약사법의 의의에 관한 소고", 중앙법학 7-1, 2005, 139쪽 이하; 조홍식, "리스크 法", 법학 43-4, 2002, 27쪽 이하; 한귀현, "환경리스크의 통제에 관한 법리", 환경법연구 27-4, 2005, 5쪽; 박효근, "환경영역에서 리스크방지를 위한 협동원칙", 한양법학 22, 2008, 289쪽 이하.

29) Reich, Gefahr-Risiko-Restrisiko, 1989, S. 1.

30) Laubinger/김현준 역, 앞의 논문, 122쪽.

31) 국가와 사회의 과제로서 '安全'에 대한 연구로는 Stoll, Sicherheit als Aufgabe von Staat und Gesellschaft, 2003.

32) Laubinger/김현준 역, 앞의 논문, 121쪽.

리스크는 일상용어로서, 그리고 다양한 학문영역의 용어로서 사용되고 있지만, 법적 용어로서 리스크에 대해서 그 개념윤곽을 잡아갈 필요가 있다. 이를 위해 리스크에 대한 다양한 용어를 정리하자면 다음 표와 같다.

❖ 〈표 1〉 리스크의 개념[33)]

리스크개념	일상 용어	환경법	보험경제	사회학
개념내용	가능성이 있는, 그러나 확실하지 않은 침해적인 장래 사건의 발생	법적 보호이익에 대한 경미하지만은 않는 영향의 발생가능성	발생가능성 및 손해범위로부터의 산물	장래손해를 (고유한) 결정에 귀속하는 것
반대개념	(사건발생에 대한) 안전	위험(Gefahr), 잔존리스크	안전, 불안, 불확실	위험 (未知의 귀속)

잔존리스크(Restrisiko)를 위험 및 리스크와 비교하여 정리할 필요도 있다.

잔존리스크란 법적으로 요청된 안전수준을 충족하는, 법적으로 허용된 리스크로서, 손해발생의 단순한, 단지 이론적인 가능성을 의미한다. 인간의 인식능력에는 한계가 있고, 과학기술의 이용을 전반적으로 금지할 수 없어 인정할 수밖에 없는 리스크이다. 가령 원자력시설의 안전성에 관하여 과학기술의 수준과 실천이성을 기준으로 일어나지 않을 것으로 평가된 리스크는 사회적으로 타당한 부담으로 수용되어야 하는 것으로 보는 것이다.[34)]

잔존리스크는 리스크와 같은 개념징표를 가지나, 인근주민 및 일반공중이 이를 수인해야 하고, 국가기관이 이에 대하여 개입하지 않음도 받아들여야 한다는 점에서 (통상의) 리스크와는 구분된다. 그것이 어떠한 리스크인가 하는 점은 (자연)과학적으로가 아니라, 관할 국가기관(의회, 행정부, 혹은 꼭 필요하다면 법원)이 정책적으로 결정할 문제이다.[35)]

요컨대 위험에 대해서는 위험방지조치를, 리스크에 대해서는 사전배려조치를 하게 한다. 잔존리스크는 受忍해야 한다.

33) Köck/Kern, Öffentlich-rechtliche Kontrolle von Umweltrisiken, in: Vieweg(Hrsg.), Risiko-Recht-Verantwortung, 2006, S. 280.
34) 김남진, 고시계 2008/3, 54쪽; vgl. BVerfGE 49, S. 89 (143).
35) Laubinger/김현준 역, 앞의 논문, 126쪽.

(2) 리스크와 위험의심

리스크는 앞서 본 '위험의심'과 어떠한 관계에 있는가.

불확실성이라는 면을 양 개념 모두 공유하고 있다는 점에서 일견 위험과 리스크는 유사한 개념으로 보일 수 있다. 전통적인 경찰법도그마에서는 알지 못했던 새로운 용어인 리스크를 이미 경찰법에서 어느 정도 정립된 용어인 위험의심과 동일시할 수 있는가. 아니면 위험의심은 리스크가 아닌 위험영역에 포함된다고 보아야 하는가.

먼저, 위험의심은 위험이 아니라 리스크로 보아야 한다는 견해가 있다. 이 입장에서는, 위험은 확실한 사실 및 예측에 바탕을 두는데 반하여, 위험의심은 단순히 推定的危險(vermeintliche Gefahr)에 불과한 것이어서 그것은 리스크영역에 있다고 한다.[36]

다음으로, 위험의심 역시 위험에 해당한다고 보는 견해가 있다.[37] 이 입장에서는 장래에 대한 예측으로 행해지는 위험성판단은 어느 정도 해명되지 못한 부분이 있을 수밖에 없고, 사실 및 예측의 바탕이 확실한지 여부를 기준으로 위험과 위험의심을 질적으로 구별하는 것은 불가능하다고 한다. 따라서 양자의 차이는 양적인 것에 불과하다고 한다. 즉, 위험의심은 손해발생 예측에 대한 기초에 있어서 상대적으로 불확실성이 큰 경우로서, 그에 따라 발생개연성이 낮은 것이며, '발생개연성이 근소한 위험'과 질적으로 차이가 있는 것은 아니라고 한다. 충분히 중요한 사실을 바탕으로 한 예상되는 침해규모와 발생개연성을 이른바 반비례원칙을 적용하여 종합적으로 고찰할 때 위험으로 볼 만한 경우는 그 단계에서 이미 위험으로 보아야 한다는 것이다.

생각건대, 위험의심은 전통적인 경찰법도그마에서 나온 개념으로 경찰권발동의 근거 및 한계의 차원에서 논의되는 것이다. 즉, 위험의심의 단계에서 위험확인조사와 같은 경찰권을 발동할 수 있을 것인가가 여기서의 주된 쟁점이었다. 또한 위험확인조사 등 위험의심에서 논의된 이론들을 리스크에 그대로 적용시키는 것도 무리가 있을 것이다. 리스크는 현대 공법이 직면하고 있는 새로운 학문적 과제로서 연구해야 하는 것으로 위험의심과 이를 동일시할 수는 없다. 위험의심이 있는 경우에는 이미 위험확인조사와 같은 경찰권이 예외적으로 발동할 수 있다는 입장에 선다면 더더욱 이를 리스크와 동일시할 수는 없을 것이다. '외관상 위험' 등과 함께 위험의심도 일종의 광의의 위험개념에 포함시키는 것은 이미 리스크와는 구별되는 개념으로 보고 있는 것이라고 할

36) Vgl. Kutscheidt, Festschrif für Konrad Redeker, S. 447 f. Kloepfer/Kröger, Zur Konkretisierung der immissionsschutzrechtlichen Vorsorgepflicht, NuR 1990, 8 (13); Ossenbühl, NVwZ 1986, 161 (166 f.).

37) Ossenbühl, NVwZ 1986, 161 (163).

수 있다.[38)]

2. 환경리스크와 리스크행정(법)

환경문제에 대한 전통적인 법적 대응방식은 경찰법적 수단이었다. 즉, 특별경찰법으로서의 환경법이 환경보호를 위한 주요한 법적 수단이었고, 오늘날 그 기능이 퇴조된 것은 사실이나 여전히 무시하지 못할 역할을 경찰법은 하고 있다.

그러나 현대의 환경문제들을 해결하기에 경찰법만으로는 충분하지 않다는 점에는 대체로 공감대가 형성되고 있다. 그 주된 이유 중 하나가 리스크관리라는 새로운 과제가 등장했기 때문이다. 특히 환경리스크의 경우는 ① 그 불확실성, ② 손해의 不可逆性, ③ 이익의 발생장소와 손해의 귀속처의 相異함, ④ 오염의 집합성 · 축적성 등의 특색을 들기도 한다.[39)]

이러한 리스크관리를 위한 리스크행정(법)을 어떻게 구성할 것인가가 문제가 된다.

리스크에 대한 행정(법)을 다양하게 구성하고 있는 가운데, 리스크에 대한 효율적인 관리를 위해 행정주체와 사인간의 협력을 강조하고 있다. 리스크의 감축 유도를 위해 비권력적, 협력적, 자주적 기법을 활용하는 것이 바람직하며, 사업자 스스로에 의한 리스크관리, 관민협력(public-private-partnership)이 필요하다는 견해[40)]나 환경리스크의 법적 제어의 열쇠로서의 국가와 사인간의 협동을 강조하는 견해[41)]가 그것이다.

그러나 효율적인 리스크관리를 위한 리스크행정(법)의 방향설정에 있어서 公私協力에 역점을 두는 견해만이 있는 것은 아니다. '高權的' 리스크행정(hoheitliche Risikoverwaltung)이라는 표현을 쓰며, 이를 인간의 생명 · 건강을 위한 산업 · 기술적 활동에 대한 리스크의 조사 · 평가 · 제한을 하는 법적 통제체제(Kontrollregime)로 정의하는 견해는 분명히 이와 다른 시각에서 리스크행정을 구성하고 있다.[42)] 동 견해가 보는 고권적 리스크행정(hoheitliche Risikoverwaltung)의 특징은 다음과 같다.[43)]

---

38) 한국에서 임미씨온방지법상 위험과 리스크에 대하여 강연한 Laubinger교수의 발제에 대한 토론에서 양 개념의 동일성 여부가 질문으로 주어진 바가 있다(토지공법연구 32, 2006, 132쪽 참조). 이에 Laubinger 교수는 자신의 입장은 발제문에서의 표현 그대로 '推定한 것'(ich vermute……)임을 강조하며(Laubinger, 앞의 논문, 94쪽 참조) 어려운 문제임을 강조한 바가 있다.

39) 高橋滋, "リスク社会下の環境行政", ジュリスト, No. 1356, 2008, 92頁.

40) 김남진, 고시계 2008/3, 58쪽. 동 문헌에서는 이와 관련하여 Scherzberg, Risikosteuerung durch Verwaltungsrecht, VVDStRL 62(2003), S. 245 f.; Di Fabio/김중권 역, "공법상의 리스크 조정", 중앙법학 6-3, 2004, 457쪽 이하가 인용되고 있다.

41) 박효근, 앞의 논문, 289쪽 이하.

42) Köck/Kern, 앞의 논문, 282쪽 이하.

• 특별한 위해성(Gefährdung)[44]의 査定(Abschätzung), 평가(Bewertung), 축소 · 방지(Beschränkung bzw. Abwehr)를 위한 예방적 통제 · 감시의 절차

• 이미 경험칙을 통해 알려진 위험성지식을 넘어 리스크의 진단 · 제한의 확대, 즉 위험방지에서 리스크 사전배려로의 전환

• 불확정법개념을 통해 행정작용을 제어하게 됨으로써, 법도그마가 아니라 '행정에 의한 구체화의 여지'가 커지게 되며, 이는 재판통제에도 영향을 미침

• 리스크査定을 위해 학문적 · 기술적 전문가를 의사결정 준비에 포함시키게 됨

• 통제받는 자(Kontrollunterworfenen)에게 조사부담을 지우는 방식으로 전환하고, 사후집행적 직무조사(nachvollziehende Amtsermittlung)를 기본으로 함

• 리스크의 査定 및 관리 과정에서 정부, 행정, 학계, 기업가간에 네트워크구조가 형성되고, '침해적 국가'와 '침해부담을 지는 시설운영자 및 생산자'는 서로 대립관계가 아니라, 이른바 永續的인 監視的 法律關係[45](permanentes Überwachungsrechtsverhältnis)에 있게 되며 그 관계에서 연속적인 권리 · 의무가 발생하게 됨

동 견해가 정리한 리스크에 대한 통제시스템은 다음과 같다.[46]

❖ 〈표 2〉 리스크 통제시스템

	事前的 統制	事後的 統制	事後的 責任
도구	開始통제, 신고의무, 고지의무, 통제허가, 계획확정, 면제유보부 금지	• 事後인허가단계에서 리스크조사 및 통지의무에 대한 허용 기한 설정 • 리스크관찰 • 감시권한	• 불법행위책임(私法) • 위험책임(私法) • 공법상 환경책임(환경책임 유럽지침) • 국가책임
행위자(관계자)	• 행정 • 신청인 • 전문가 • 이해관계 있는 제3자 • 공중	• 행정 • 전문가 • 감시의무자 • NGO • 이해관계 있는 제3자 • 공중	• 보험회사 • 私人 • 學問 • 국가

43) 위의 논문, 283쪽 이하.

44) 위험과 리스크와 관련된 용어가 혼돈스럽게 사용되는 가운데, 여기서는 Gefährdung을 편의상 '위해성'으로 번역한다. 이는 민법 등에서의 위험책임(Gefährdungshaftung)에서 보는 바와 같이, '위험'으로 일반적으로 번역되고 있지만, 여기서의 위험(Gefahr)과는 다른 개념이다.

45) 사전배려를 이 '감시적 법률관계'에서 개입경계선을 현저히 낮추는 것으로 이해하고 있다(김중권, 앞의 논문, 142쪽).

46) Köck/Kern, 앞의 논문, 281쪽 이하.

그 밖에도 리스크행정(법)에 대한 특징규정 및 그 통제 · 제어시스템에 다양한 견해들이 표출되고 있지만,[47] 여기서 보는 내용을 기본 틀로 하고 있다고 생각된다.

3. 환경리스크에 대한 사인과 국가의 의무

오늘날 환경법분야에서 리스크에 대한 대응은 매우 중요한 과제로 등장하고 있는데, 리스크에 대한 법적 의무는 어떠한 것일까.

(1) 리스크에 대한 사인의 책임?

우선, '위험에 대한 私人의 경찰책임'에 대응할 만한 '리스크에 대한 私人의 책임'은 생각하기 어렵다. 즉 사인은 공공의 안녕과 질서에 대한 '위험'에 대하여 행위책임 또는 상태책임을 지는 것이지, 위험의 前단계에서 이를 배려할 의무까지는 지울 수가 없다.

그런데 최근 위험방지라는 종래의 경찰임무를 넘어 리스크 사전배려에까지 그 임무를 확대하는 경향이 나타나고 있어 이러한 경찰권발동의 상대방으로서 사인의 의무가 확대될 것인가 문제될 수 있다. 그러나 이와 같은 경향은 경찰과 사인간의 협력을 바탕으로 이루어지는 것이어서(이른바 police-private-partnership), 위험방지라는 경찰임무 및 그에 따른 경찰권발동과 경찰권발동대상으로서의 사인의 경찰책임이라는 법리와는 다른 차원에서 이해해야 할 것이다. 다만, 현대의 리스크관리가 이른바 고권적 리스크행정으로도 이루어질 수 있다는 점을 생각한다면, 이와 맞물린 사인의 리스크에 대한 책임은 어떻게 전개될 것인가도 이제 우리가 고민해야 할 문제가 아닌가 생각된다.

(2) 리스크와 국가의 기본권보호의무

국가는 리스크에 대하여 어떤 내용의, 어느 정도의 의무가 있는가.

우선, 이른바 국가의 기본권보호의무의 범위에 리스크문제까지 포함시킬 것인가가

---

47) 특히, 리스크와 관련된 독일연방정부의 특별위원회 활동을 바탕으로 구체적 대안까지 제시하는 Böhm, "Risikoregulierung und Risikokommunikation als interdisziplinäres Problem", NVwZ 2005, 609 ff.; 리스크행성의 내석 · 외석 설차 등을 방대한 독일문헌 분석을 바탕으로 서술하고 있는 山本隆司, "リスク行政の手続法構造", 城山英明/山本隆司(編), 環境と生命, 東京大学出版会, 2005, p.3-59頁; 환경리스크행정의 다양한 모습을 정리하여 제시하고 있는 大橋洋一, "リスクをめぐる環境行政の課題と手法", 長谷部恭男(編), 法律からみたリスク(リスク学入門 3), 岩波書店, 2007, p. 57-86頁 등의 연구가 돋보이지만, 그 구체적인 검토는 리스크법에 대한 각론연구가 될 다음 기회로 미룬다.

문제이다. 기본권보호의무의 범위와 한계는 위해성(Gefährdung) 및 보호법익의 의미 · 보호필요성에 의하는 한편, 상충되는 공익과 사익을 함께 고려해야 한다. 그렇게 볼 때, 리스크 완전배제까지 국가의 기본권보호의무 범위에 포함시킬 수 없다고 해야 할 것이다. 왜냐하면, 그것은 비례원칙에 반할 수 있으며, 절대적인 기술상 안전이란 생각하기 어렵고, 인간의 인식능력한계도 간과할 수 없기 때문이다.

그렇다고 기본권보호의무에 리스크영역이 포함되지 않는다는 것은 아니다. 포함되더라도 위험영역의 경우와 같은 정도로 볼 수는 없을 것이다. 독일의 판례에 따르면, 현재의 인식수준에 따라 '실제로'(praktisch)[48] 배제되는 것으로 통용될 수 있는 '사전배려'라면 리스크에 대한 국가의무로서 충분하다고 한다. 이에 반해, 수인가능한 잔존리스크는 통계적으로 볼 때 개연성이 없이 통용되는 사안 또는 현재의 지식수준에 의할 때 未知의(unbekannt), 즉 不可測의(nicht berechenbar) 손해적성(Schadenseignungen)으로 보아야 할 것이다. 리스크잠재성에 대한 지속적인 새로운 분석 · 평가가 필요하다는 점도 여기에서 요청된다.[49]

4. 환경리스크와 행정소송의 원고적격

(1) 위험방지와 사전배려의 구분

환경위험을 방지하기 위한 법률규정은 인근주민에 대한 사익보호성이 인정된다고 했는데, 이와 달리 환경리스크에 대한 사전배려를 목적으로 하는 법률규정에서는 사익보호성이 인정되지 않는다. 위험수준에 이르지 못한 리스크를 사전배려한다는, 즉 비교적 절박하지 않은 문제에 대한 규율로부터는 사익보호성을 도출할 수 없어, 그 규정 위반을 이유로 하는 제3자의 취소소송 원고적격이 인정될 수 없다. 말하자면, 이러한 규정은 행정소송이라는 통제방법이 아니더라도 행정감독적 · 정치적 · 사회적 통제를 통하여 그 준수를 확보해도 좋다는 취지를 가지고 있다.[50]

이러한 2분법적 사고가 독일 연방임미씨온방지법에서 뚜렷하게 찾아볼 수 있다.

48) 여기서 '실제적'이란 '실천이성의 기준'(Standard praktischer Vernunft)에 따르는 경우로 이해할 수 있다. vgl. Wahl/Schütz, in: Schoch/Schmidt-Aßmann/Pietzner, Kommentar zum Verwaltungsgerichtsordnung, § 42 Abs. 2, Rn. 153.

49) Brenner/Nehrig, "Das Risiko im öffentlichen Recht", DÖV 2003, 1024 (1027).

50) 박정훈, "취소소송의 원고적격(1)", 행정소송의 구조와 기능, 201쪽. 원자력법(Atomgesetz), 방사능방지법(Strahlenschutzgesetz)에서는 이러한 위험방지와 사전배려의 구별에 상응하는 기준으로 개인적 리스크(Individualrisiko)와 일반적 공중리스크(allgemeine Bevölkerungsrisiko)의 구별이 사용되고 있다. 같은 책, 202쪽.

동법 제6조1항은 시설허가의 요건으로서 ① 제5조의 규정 및 제7조에 기한 법규명령에서 발생한 의무의 이행이 확보될 것, ② 다른 공법상의 규정 및 노동보호의 이익이 시설의 설치 · 운영에 반하지 아니할 것을 규정하고 있다.

이와 관련된 동법 제5조1항의 규정은 다음과 같다.

연방임미씨온방지법 제5조(요허가시설 운영자의 의무) 허가를 받아야 하는 시설은 다음 각 호와 같이 설치 · 운영되어야 한다.

1. 일반공중과 인근주민에게 환경에 대한 유해한 영향 기타의 위험, 현저한 불이익, 현저한 부담을 야기하지 아니할 것

2. 환경에 대한 유해한 영향 기타 위험, 현저한 불이익, 현저한 부담에 대한 사전배려, 특히 기술수준에 맞는 조치를 통하여 사전 배려할 것

연방임미씨온방지법 제5조1항1호는 위험방지의무, 동 2호는 사전배려의무에 관한 것이다. 따라서 1호의 규정으로부터는 제3자효가 나올 수 있고, 인근주민의 행정소송 원고적격이 인정될 수 있는 반면에, 2호의 규정으로부터는 제3자효가 나올 수 없다고 보고 있다.

사전배려의무는 주로 위험단계 아래의 안전수준에 있는 '리스크관련'(risikobezogen)의 문제로서, 위험으로까지 인정되지 못하는 리스크를 줄이는데 기여할 수 있다. 따라서 사전배려조치는 특히 우려잠재성을 고려해야 하며, 우려잠재성은 임미씨온의 유해한 영향이 현재의 학문적 인식수준에 의할 때 물질특성 및 그 영향에 대한 불안에 근거하여 손해발생이 가능하긴 하나, 그렇다고 충분한 개연성이 있는 것으로 볼 수는 없다.

위험방지의무 및 사전배려의무로부터 각각의 개별사례에서 요청되는 시설의 설치 · 운영에 대한 요구를 구체화하는 것은 법규명령(연방임미씨온법 제7조, 48a조) 및 행정규칙(동법 제48조)이다. 이들 행정입법은 임미씨온한계치(=오염한계치, Immissionswerte)와 에미씨온한계치(=배출한계치, Emissionswerte)를 규정하여 법률집행을 용이하게 한다.

위험방지와 리스크사전배려의 구별은 이러한 임미씨온한계치와 에미씨온한계치의 구별과 관련되는데, 임미씨온한계치는 위험방지원칙을, 에미씨온한계치는 사전배려원칙을 구체화한다. 직접 인근주민에 대한 위험을 유발하는 前者를 규율하는 법규는 위험방지를 위한 것이므로 사익보호성이 인정되는 반면에, 인근주민의 위험과는 무관한 환경사전배려인 後者를 규율하는 법규의 경우 사익보호성이 부정된다. 이는 위험방지원칙이 유해한 환경영향, 즉 교란자성질(동법 제3조1항)을 가진 임미씨온의 영향이 원

인이 되는 것을 금하고 있는 점에서 설명될 수 있다. 따라서 이 원칙의 구체화는 단지 임미씨온한계치를 통해서만 행해질 수 있다. 이에 반하여, 리스크를 최소화하거나 여지를 부여하는 사전배려명령은 비례원칙에 따라 판단되어야 하는 시설의 배출이 최소화되는 것을 통하여 더 잘 이루어진다.[51)]

이와 같이 위험방지규정으로부터는 사익보호성을 인정하고, 리스크 사전배려규정으로부터는 인정하지 않는 것이 이른바 보호규범이론(Schutznormtheorie)을 근간으로 독일 행정소송법에서의 일반적인 견해이다. 우리나라에서는 이 점에 관한 논의가 없는 편이지만, 행정소송을 주관소송으로 이해하는 한 같은 바탕에 있다고 할 것이다.

(2) 2분법의 수정 경향

그러나 최근 독일에서 이러한 위험방지규정에서는 사익보호성이 인정되나, 사전배려규정으로부터는 인정되지 않는다는 2분법이 흔들리는 경향도 나타나고 있는데, 그 배경으로 다음을 들 수 있다.[52)]

첫째, 새로운 과학기술이 발달함에 따라 다양한 불확실성의 변수(verschiedene Varianten der Ungewißheit)가 발생했고, 이로 인하여 경험을 기초로 하는 위험개념에 대해서는 총체적으로 의문이 생기게 되었다. 원자력법이나 유전공학법 등에서 나타나는 불확실한 리스크잠재성을 가진 기술의 경우에만 예외를 인정한다는 것도 위험방지와 사전배려 간에 그어졌던 제3자효 유무의 경계를 흔들리게 하고 있다.

둘째, 유럽법의 영향이다. 유럽연합재판소 판례에 따르면, 회원국은 EU의 환경지침의 국내법전환이 환경지침에 규정된 한계치 준수를 개인이 법원에서 주장할 수 있도록 보장해야 하는데, 그 내용이 국민건강보호만을 위한 경우에도 마찬가지라고 한다. 독일식의 보호규범론에 의하면 이는 오직 공익만을 위한 것으로 종래 반사적 이익에 불과한 것이라는 점에서 유럽법의 영향은 특기할 만하다.

셋째, 환경행정소송에서 제3자효를 오직 위험방지규정에서만 인정하는 것은 환경정책적으로도 부정적인 결과를 가져올 뿐만 아니라, 집행결함의 원인이 될 수도 있다. 사전배려원칙의 준수를 오직 행정에만 맡기고, 법원에서는 이를 다루지 않는 것은 실행상의 약점을 드러내게 되며, 불이행의 경우에도 제재할 수 없다는 약점을 가지고 있다.

---

51) Wahl/Schütz, 앞의 책, § 42 Abs. 2, Rn. 153, 154; 박정훈, 앞의 책, 201쪽 이하.
52) Wahl/Schütz, 앞의 책, § 42 Abs. 2, Rn. 156 ff.

(3) 구체적 사례 검토 – 독일 연방행정법원의 나노분말(Nanopulver)판결[53)]

리스크 사전배려규정으로부터는 행정소송의 원고적격을 필요한 사익보호성을 인정할 수 있는지 여부와 관련하여 2003. 12. 11. 연방행정법원이 내린 이른바 나노분말 판결을 살펴볼 필요가 있다.[54)]

이 사건은 한 업자가 입자의 크기가 1 내지 100 나노미터(nm) (1/1,000,000,000 m 내지 1/10,000,000 m)인 이른바 나노입자로 구성된 극도로 미세한 금속가루 및 세라믹가루를 제조하기 위해 관할행정청으로부터 임미씨온방지법상의 허가를 받은 데서 발생하였다. 이로 인한 건강침해를 우려한 인근주민은 주위적으로 허가의 취소(Aufhebung)를, 예비적으로 허가를 보충하는 인근주민을 위한 부관규정을 부가하는 행정청의 의무를 구하는 행정소송을 제기한 것이다. 최종심에 이르도록 원고의 주장은 기각되었지만, 여기서 나타나는 제3자의 원고적격에 관한 법원의 논리는 사전배려로부터 도출된 것이라는 점에서 의의가 있다.

이 사건에 대한 연방행정법원의 판결요지는 다음과 같다.

① 잠재적 건강유해물질에 대하여 아무런 임미씨온한계치를 규정하고 있지 않은 경우에, 건강리스크의 최소화를 위한 에미씨온한계치는 시설의 영향권내에 있는 개별화된 인적 영역의 보호에도 기여한다.

② 최소화명령의 틀에서, 보호의무(위험방지의무)는 전문가의 리스크査定을 바탕으로 시설에서 발생한 임미씨온추가부담이 잠재적 건강유해물질과 무관함을 인정할 수 있는 경우에 종료된다.

③ 소가 계속중 에미씨온한계치가 낮추어진 경우 및 다른 임미씨온방지법상 허가에 대한 소가 진행되는 경우에는 본안의 법적 분쟁이 종결(Erledigung des Rechtsstreits in der Hauptsache)되지 않는다.

판결요지 가운데 원고적격과 관련된 ①에 대해서만 살펴본다.

나노분말의 제조를 위한 허가에 관한 본 사안에서 근거법률이 된 것은 앞서 본 연방임미씨온방지법 제6조제1항 및 제5조1항의 규정이다. 여기서 나노기술이라는 최신과학기술이 가져올 손해개연성은 전통적인 의미에서의 '위험'과는 거리가 있다. 연방행정법원도 이 사건에서 위험은 시설운영 및 가능한 손해사이에 인과관계가 명백하게

---

53) BVerwG. 2003. 12. 11 판결, 7 C 19.02, BVerwGE 119, 329 ff.

54) 이 판결을 국내에 처음 소개한 것은 2006년 한독국제학술대회에서 Laubinger 교수이다(Laubinger/김현준 역, 앞의 논문, 104쪽).

증명되는 경우에야 위험을 이야기할 수 있다는 기본입장을 취하고 있다. 원인–결과에 대한 불확실성을 통하여 나타나는 위험의심인 경우에는 이와는 달리 보호의무(위험방지의무)를 발생시키는 위험으로 볼 수 없음을 분명히 했다.

따라서 본 사안에서는 연방임미씨온방지법 제5조1항1호의 위험방지규정은 적용되지 않고, 동 2호의 사전배려규정만이 적용될 수 있으며, 사전배려원칙으로부터 이른바 최소화명령(Minimierungsgebot)이 요청된다. 바로 이 최소화명령으로부터 연방행정법원은 제3자효를 도출하고 있는데, 이에 대하여 연방행정법원은 다음과 같이 판시하고 있다.

"연방임미씨온방지법 제48조에 근거하여 어떠한 임미씨온한계치도 규정되어 있지 않는 경우에, 이러한 최소화명령은 일반적인 환경관계개선에만 기여하는 것이 아니라, 시설의 영향범위내의 개인화된 인적영역의 보호에도 기여한다. 이러한 요건하에서 관계인은 인허가에 대한 법적 수단을 통하여 사전배려원칙의 틀에서 발행된 건강리스크의 최소화를 위한 에미씨온한계치가 유지될 것을 주장할 수 있다."

결국 사전배려원칙의 내용인 최소화명령으로부터 제3자효를 도출하게 됨으로써, 인근주민의 원고적격이 인정될 수 있었던 것이다.[55)]

(4) 소　　결

현대 과학기술의 발달에 따른 리스크문제에 대하여 효율적인 통제가 가능하도록 하기 위해서는 종래 '위험방지–사익보호성인정, 사전배려–사익보호성부정'이라는 2분법을 지양할 필요가 있다. 대안은 '위험방지'의 경우를 확대하거나, 사전배려의 사익보호성을 긍정하는 방안이 되겠지만, 주관소송이 가지는 한계를 인정하는 전제에서는 앞서 본 독일 연방행정법원의 나노분말판결에서 볼 수 있는 논리는 유용한 시사점을 제공하고 있다고 생각된다.

55) 동 판결은 그 밖에도 많은 쟁점을 안고 있는 흥미로운 내용을 담고 있지만, 이 판결에 대한 상세한 검토는 다음 기회로 미루고자 한다. 이에 대한 참고할만한 문헌으로는 Gantzer, "Nanotechnologie und gefahrenunabhängige Risikovorsorge im immissionsschutzrecht", VBlBW. 2004, 174 ff.; Murswiek, "Umweltrecht–Immissionsschutzrecht", JuS 2004, 1026 ff.

Ⅳ. 맺음말

이상의 검토를 요약함으로써 맺음말에 갈음하고자 한다.

환경법상 위험은 전통적인 위험방지수단 내지 경찰 · 질서법적 수단에 의해 규율되어야 한다. 이러한 위험을 야기하였거나, 위험을 발생시킨 물건을 지배하는 자는 일종의 공법상의 책임인 경찰책임을 지게 된다. 행정주체의 위험방지의무에 대해서 이를 상대적으로 절박한 문제로 보고 위험방지의무규정의 위반으로부터는 행정소송(항고소송)의 원고적격인 권리침해를 도출할 수 있다. 따라서 인근주민과 같은 제3자의 원고적격 인정을 위한 사익보호성은 여기에서 나오게 된다.

환경법상 리스크는 오늘날 위험방지수단만으로는 현대 환경문제를 충분히 규율할 수 없다는 데에서 출발한다. 일종의 발견적 개념인 리스크, 리스크행정, 리스크행정법은 이론적으로 상당히 정착된 '위험'의 경우와 비교하면 아직 정리되어야 할 많은 과제를 안고 있다. 행정주체의 리스크 사전배려의무는 위험방지의무와 비교할 때 행정소송이라는 소송법적 통제까지 필요 없고, 행정감독적 · 정치적 · 사회적 통제만으로 충분하다는 취지에서 리스크 사전배려의무의 규정으로부터는 제3자의 행정소송 원고적격이 인정되지 않는 것이 원칙이다. 그러나 2003년 독일의 나노분말판결에서 볼 수 있는 바와 같이 예외적으로 리스크 사전배려의무로부터 사익보호성을 인정할 수 있는 경우도 있다.

환경행정법에서의 리스크문제는 환경법의 새로운 많은 쟁점을 안고 있지만, 위험개념과 함께 리스크를 논하면서 서설적 검토에 그칠 수밖에 없는 한계도 있었다. 후속논의가 필요한 이유이기도 하다.

제 2 장

公法上 責任으로서의 경찰책임

Ⅰ. 머리말

공공의 안녕과 질서에 대한 위험을 방지하는 임무를 가진 경찰이 경찰권을 발동하는 경우는 세 가지로 나누어볼 수 있다. ① 사람의 행위가 경찰상 위험을 야기하여, 그 행위를 한 사람에게 경찰권이 발동되는 경우로서 이를 행위책임이라고 한다. ② 사람의 행위가 아니라 물건으로부터 위험이 발생했고, 그 물건의 상태와 일정한 관련이 있는 사람이 책임을 지는 상태책임이 있다. ③ 경찰긴급상황이라는 예외적인 경우에 위험발생과 무관한 사람에게 경찰권이 발동되는 경우이다. 경찰책임이라 함은 이 중 ①, ②를 총칭하는 개념이며, ③의 경우는 경찰책임이 없는 자에 대해서 경찰권이 발동함으로써 손실보상의 문제가 발생하게 된다.

경찰책임은 경찰의 책임이 아니라, 개인이 경찰법상 지는 책임이다.[1] 전통적으로 법학에서 責任문제는 주로 민·형법 영역에서 발달해왔기 때문에, 공법영역에서의 독특한 책임문제라고 할 수 있는 경찰책임에 대해서는 제대로 인식되지 못한 면이 있는 것 같다. 여기서는 경찰책임에 대하여 종래 "경찰권의 근거와 한계"의 차원을 넘어 "공법상 책임으로서의 경찰책임"이라는 일종의 책임론 차원에서 접근하고자 한다. 또한 행위책임과 상태책임에 대하여 각각 살펴보면서, 이 양 책임의 근본적인 차이점에 대

1) 마찬가지로 경찰의무는 "경찰의 의무"나 "경찰관청의 임무"와는 다른 것임을 주의해야 한다. 참고로 경찰관청의 임무에는 위험방지(교란제거 포함) 외에도 집행원조, 다른 법규범의 지정에 따른 임무 등이 있으며, 위험방지임무에서도 전통적인 위험방지, 장래의 위험방지에 대한 준비, 범죄행위 퇴치를 위한 예방적 조치 등이 포함된다.(Pieroth/Schlink/Kniesel, Polizei- und Ordnungsrecht, 2004, § 5 Rn. 2).

해서도 검토하고자 한다.

Ⅱ. 경찰책임의 성질

교란회피의무(Nichtstörungspflicht)라고 할 수 있는 경찰의무는 공공의 안녕과 질서에 대한 위험이 자기의 행위를 통하여 야기되지 아니하도록 하거나, 혹은 그러한 위험이 자기가 지배하는 물건을 통하여 발생하지 아니하도록 관리하는 것이다. 이때 자기의 행위가 위험을 야기하였거나(Verursachung der Gefahr), 혹은 자기가 지배하는 물건에서 위험이 발생하였다면(Ausgehen der Gefahr von der Sache), 그에 대하여 책임을 지는 것이 경찰책임이다. 이렇게 보면 경찰의무와 경찰책임은 결국 같은 의미로 사용될 수 있다.

경찰책임은 전통적인 민 · 형사법학에서 이야기하는 책임의 개념과는 그 성질을 달리한다. 즉 이들 각 책임은 그 목적이 다르기 때문에 그 책임자를 결정하는 기준도 다르다. 민사책임은 개인과 개인과의 관계에서 개인을 보호하려는 것이고, 형사책임은 사회와 개인과의 관계에서 응보적 제재를 통하여 간접적으로 사회를 개인으로부터 방위하려는 것인데, 경찰책임은 사회공공의 질서를 유지하고 이에 대한 위해를 제거하여 직접적으로 사회를 개인으로부터 보호하려는 데 있다고 할 수 있다.[2] 즉 경찰책임은 객관적 · 외부세계적인 것이며 나타난 현실을 중시한다. 책임자의 내부영역인 심리적 · 도덕적인 면은 고려하지 아니하며, 재정적인 측면조차 원칙적으로 논외로 한다. 경찰은 경찰책임을 지는 자(교란자)를 외부에서 일종의 "블랙박스"(black box)로 간주하게 되며,[3] 그 교란자들이 가지는 법적 · 도덕적 · 심리적 · 경제적인 내부세계에 대해서는 원칙적으로 관심이 없다. 이와 같은 성질로 인하여 형사책임과 민사책임에서와 다른 결과가 경찰책임에서는 나오게 된다.[4]

---

2) 박윤흔, 행정법강의(하), 2005, 330쪽. 경찰책임을 독일어로는 Polizei "haftung"이 아닌 Polizei "verantwortlichkeit"로 나타내는 경우가 많은데, 이렇게 달리 표현하는 것도 전통적인 민 · 형사책임과 경찰책임을 구분하고자 하는 의미이기도 하다. Denninger, in: Lisken/Denninger (Hrsg.), Handbuch des Polizeirechts, 2001, E, Rn. 58.

3) 여기서 "블랙박스"란 제어공학용어로서 어떤 입력을 주면 이에 따른 출력을 내는 장치를 말한다. 장치의 내용이나 실태는 문제 삼지 않고, 입력과 출력의 관계만을 논하는 추상적 개념으로서 사용된다. 즉 이용자에 있어서의 기능(機能)만을 문제시하고, 내부의 구성 · 구조 등은 몰라도 된다는 식의 장치 · 시스템계의 요소이다(출처 : 두산세계대백과 엔싸이버). 이러한 "블랙박스"와 같은 성질을 가진 책임이 경찰책임이라는 의미이며, 이 점이 민 · 형사책임과구별 되는 요소임을 강조한 것이다.

4) Denninger, 앞의 책, Rn. 59.

Ⅲ. 경찰책임의 종류

1. 행위책임

(1) 의 의

행위책임이란 자기의 행위가 공공의 안녕과 질서에 대한 위험을 야기하여 경찰권 발동의 대상이 되는 경우를 말한다. 자기의 행위로 인한 경우뿐만 아니라 타인의 행위를 지배하는 권한을 가진 자(예, 친권자 · 사용인 등)는 그의 지배를 받는 자(예, 자녀 · 피용자 등)의 행위로부터 생기는 질서위반상태에 대해서도 책임을 진다. 이러한 감독자의 책임은 피감독자가 감독자의 지시에 종속하는 경우에만 인정된다. 그러나 私法上의 불법행위의 경우와는 달리 경찰법상 감독자의 책임에는 감경면책의 적용이 없다. 그들의 지배영역에서 발생하는 위험에 대해서는 그들이 책임을 져야 하는 것이 경찰의 목적실현상 불가피하다.[5] 경찰책임의 성질은 객관적인 것이어서 행위책임은 고의 · 과실과 무관하며, 행위자가 성년인가 미성년인가도 가리지 아니한다. 작위에 의한 교란의 경우 행위자의 행위의사는 요구되지 아니한다. 가령 만취자도 행위책임자가 될 수 있다.[6]

(2) 위험야기(Gefahrenverursachung)와 인과관계

이러한 위험을 야기한 사람이 행위책임자가 된다고 할 때, 결국 행위책임자를 특정하는 데 있어서는 누가 "위험을 야기했는가"하는 것이 기준이 된다. 따라서 인과관계의 문제가 중요하게 대두되는데, 경찰법에서는 민 · 형법의 인과관계론에서 주장되는 조건설이나 상당인과관계설이 타당하지 않다는 점이 일반적으로 인정되고 있다.[7]

조건설이나 상당인과관계설이 가지는 결함으로 인하여 이른바 "위법한 위험야기설"(위법성이론)이 주장되는데, 이는 경찰법상 위험과 상당인과관계가 있는 행위 중에서 위법한 행위만이 경찰책임의 대상이 된다고 보는 이론이다. 그러나 이러한 "위법한 위험야기설" 역시 위험야기 그 자체가 이미 위법을 뜻하게 되므로 순환논법에 빠지는 결함이 있는 등 일반적으로 채용하기에는 어려움이 있다는 지적을 받고 있다.

5) 홍정선, 행정법특강, 2005, 1037쪽.
6) 위의 책, 1036쪽.
7) 여기에 대한 상세는 정하중, "경찰법상의 책임", 공법연구 25-3, 113-114쪽.

결국 오늘날 경찰책임과 관련하여 가장 많은 지지를 받는 이론은 "직접원인(제공)설"이라 할 수 있는데, 이는 원칙적으로 "위험을 직접 야기한 자"가 경찰책임의 대상이 된다고 보는 견해이다.[8] 따라서 간접적으로 위험을 초래한 자, 즉 단지 위험한 행위를 하는 동기를 유발시킨 자는 행위책임자가 되지 아니한다. 이 학설을 따를 경우 결과발생의 간접적인 원인은 행위책임에서 배제되므로 일련의 인과관계의 고리 중에서 마지막의, 결정적인 원인을 제공한 자가 원칙적으로 행위책임자가 된다고 한다. 그러나 직접원인설은 전적으로 마지막 원인에 초점을 두고 있는 것은 아니며, 행위와 위험사이에 효과상의 밀접한 관련가운데 직접성이 있으면 충분한 것으로 보고 있다.

(3) 이른바 "의도적 유발자"

행위책임은 위험을 직접 야기한 자만이 지게 되며, 간접적으로 원인을 제공한 자는 그러하지 아니하지만, 단순한 간접적 원인제공자(Veranlasser)와는 달리 의도적 유발자(Zweckveranlasser)[9]는 직접적 원인제공자와 마찬가지로 행위책임자가 된다고 한다. 가령 쇼윈도에 통행인의 흥미를 자극할 만한 내용을 전시함으로써 구경꾼이 모이고 교통의 혼잡을 초래한 경우는 간접적인 원인제공행위와 구체적인 위험행위 사이에 내부적인 밀접한 관련을 인정할 수 있기 때문에 전시자에게도 행위책임을 인정할 수 있다는 것이다.

2. 상태책임

(1) 의 의

상태책임의 개념은 위험이 반드시 사람의 행위를 통해서만이 아니라, 물건의 상태로부터 발생할 수 있다는 데에서 출발하며,[10] 물건의 상태가 위험을 야기하는 것이 아니라 물건의 상태 그 자체가 직접적으로 위험의 근원이 된다는 것이다.[11] 따라서 상태책임의 근거는 물건의 소유 그 자체에 있는 것이 아니라 물건의 소유와 일반적으로 결합되고 있는 물건에 대한 법적 · 사실적 지배, 즉 물건의 위험한 상태에 대하여 영향력

8) 김남진 · 김연태, 행정법Ⅱ, 2005, 272쪽; 김동희, 행정법Ⅱ, 2005, 205쪽; 김철용, 행정법Ⅱ, 2005, 244쪽; 박균성, 행정법론(하), 2005, 444쪽.
9) 목적적 원인제공자, 의도적 유인자 등으로 불리기도 하는 개념이다.
10) Ipsen, Niedersächsisches Polizei- und Ordnungsrecht, 2004, Rn. 198.
11) Friauf, "Zur Problematik des Rechtsgrundes und der Grenzen der polizeilichen Zustandshaftung", in: K. Vogel (Hrsg.), Festschrift für G. Wacke, 1972, S. 293 (235).

을 가할 수 있는 가능성에 있다.

또한 상태책임에 있어서 위험은 "물건의 성질"과 같은 물건의 상태 그 자체로부터만 발생하는 것이 아니라, 다른 물건과의 관계, 특히 "공간에서의 상황"에 의해서도 발생할 수 있다. 가령 화물차가 고속도로상에 짐을 떨어뜨린 경우, 일반적으로 그 짐 자체는 위험을 발생하게 하지 않지만, 고속도로 위에 있다는 상황에서는 위험이 나오게 된다.[12)]

(2) 상태책임과 "물건에 대한 지배"

경찰법상 상태책임은 행위책임과는 서로 다른 위험원과 결부되어 있다. 행위책임이 인간의 행위를 통하여 발생하는 위험에 대한 것이라면, 상태책임은 물건의 상태로부터 발생하는 위험(Gefahren, die vom Zustand einer Sache ausgehen)에 대한 것이다. 행위책임에 있어서는 어떤 사람이 위험을 야기하게 되었을 때 경찰책임이 발생하는 것인 반면, 상태책임에 있어서는 물건과 위험의 관계를 위험야기로 파악하지 아니한다. 상태책임에서는 위험이 물건으로부터 나올 때 그 물건에 대한 사실상의 지배주체가 책임이 있다.[13)] 상태책임에 있어서는 "개인의 행동"과 "위험"은 아무런 관련이 없고, "물건의 상태"가 바로 "위험"과 관련이 되는 것이어서, 때론 "물건으로부터 발생한 위험"을 전혀 초래하지 않았던 사람도 상태책임을 질 수 있다. 상태책임을 진다는 말은 위험이 그 물건으로부터 발생했고, 그 사람이 그 물건에 대한 지배를 한다는 뜻이다. 따라서 상태책임에서 책임귀속의 근거는 "물건에 대한 지배"(Sachherrschaft)라고 할 수 있다.

상태책임에 있어서의 경찰의무를 행위책임에 있어서와 다르게 파악해야 하는 것도 그 때문이다. 상태책임에 있어서 경찰의무자는 사람이지만, 여기서 교란자는 "물건"이기에, 경찰의무를 지는 사람과 교란을 일으키는 물건 간의 관계를 이해함에 있어서는 행위책임에서와는 달리 위험야기에 관한 이론은 필요 없다고 보는 것이다.[14)] 행위책임과 상태책임 양자는 다른 책임요건의 구조를 가지고 있어, 본질적으로 다른 위험상황의 바탕에서 이해해야 하는 개념이다.[15)] 요컨대 행위책임에서의 책임귀속의 근거가

12) Denninger, 앞의 책, Rn. 95.

13) Lepsius, Besitz und Sachherrschaft im öffentlichen Recht, 2002, S. 222 f.

14) 이러한 입장은 학자들의 주장과 함께 독일연방헌법재판소(BVerfG. 16.2.2000, BVerfGE 102, S. 1 ff.)에서도 확인되고 있다. 다만, 異說로는 Schenke, Polizei- und Ordnungsrecht, 2004, Rn. 268; Götz, Allgemeines Polizei- und Ordnungsrecht, 1995, Rn. 195.

15) Lepsius, 앞의 책, 224쪽 이하.

"위험의 야기"였다면, 상태책임에서의 그것은 "물건에 대한 지배"가 된다.

(3) 상태책임자

상태책임의 주체는 위험의 근원이 되는 물건에 대한 사실상의 지배주체[16]이다. 통상적으로 소유권자가 사실상의 지배주체가 될 수도 있겠지만, 지상권자, 임차인 등 물권법상 혹은 채권법상의 권리를 가지는 자도 여기에 해당된다. 또한 직접적인 점유자만이 아니라, 타인의 지시를 받아 물건에 대한 사실상의 지배를 하는 이른바 점유보조자의 경우도 사실상의 지배주체로서 상태책임자가 될 수 있다.

소유권자나 기타 정당한 권원이 있는 자도 상태책임자가 될 수 있다. 이와 같이 물건의 소유권자 등은 2차적으로라도 경찰책임의 대상이 되지만, 사실상의 지배를 하는 자가 소유자의 의사에 반한 경우에는 소유권자는 상태책임으로부터 면제된다(㉮ 도난이나 국가 등에 의한 압류의 경우).

소유권자 등이 소유권 등을 타인에게 양도하거나 포기한 경우에는 지금까지의 상태책임에서 배제되는 것이 원칙이다. 따라서 양도 후에 계속해서 당해 물건 등의 상태로 인하여 위험이 존재하는 경우는 양수인이 상태책임을 지게 된다. 그러나 소유권 등의 포기가 경찰책임을 면하기 위한 목적인 경우에는 포기 후에도 계속해서 위험이 존재한다면 소유권자 등의 상태책임은 배제되지 아니한다. 예컨대 자동차사고를 낸 운전자가 당해 자동차로 인하여 발생한 교통교란에 대해서 자동차소유권을 포기하였다고 해서 상태책임이 배제되는 것은 아니다.

(4) 상태책임의 범위와 한계

상태책임의 인정범위 및 한계는 가장 문제될 수 있는 부분이다. 원칙적으로 원인에 상관없이 당해 물건 등의 상태로부터 발생한 위험에 대해 소유권자 등은 전적인 경찰책임을 지게 된다. 그러나 소유권자 등이 감당할 수 있는 위험영역을 벗어난 비정형적인 사건(예, 자연재해현상, 불가항력의 경우 등)에 의하여 당해 물건 등이 위험을 야기한 경우에는 소유권자 등의 상태책임은 배제된다. 예컨대, 유조차가 도로에서 전복되어 기름이 유출됨으로써 교통상의 위험이 발생한 경우는 유조차의 소유권자 등에게 상태책임을 지게 할 수는 있으나 기름이 유출되어 있는 토지소유권자 등에게 상태책임을

16) 국내 대부분의 경찰법 관련문헌에서는 볼 수 있는 "사실상의 지배권자"라는 용어는 "Inhaber der öffentlichen Gewalt"라는 독일용어를 잘못 이해한 것으로 적절하지 아니함은 필자가 이미 지적한 바가 있다(김현준, "경찰법상의 상태책임", 토지공법연구 22, 2004, 367쪽 참조).

지게 할 수는 없다. 이러한 상태책임의 한계의 문제는 오히려 희생자라고 할 수 있는 상태책임자에게 무거운 경찰의무를 지우는 것이 너무 가혹하다는 이른바 "희생자이론"에 따라 논의가 될 수 있는 부분이다. 비례의 원칙은 상태책임의 범위와 한계에 있어서도 중요한 기준이 될 것이다.

Ⅳ. 경찰책임론의 전개필요성

1. 경찰책임의 원칙(?)

경찰책임에 관해서 경찰권 발동의 한계의 하나로서 "경찰책임의 원칙"이라는 항목으로 논하는 종래 일반적인 입장[17]에 대해서는 다음과 같은 의문이 있다.

첫째, 경찰책임은 반드시 경찰비례의 원칙, 경찰소극목적의 원칙 등과 같은 경찰권 발동의 제약원리가 아닌, 보다 더 근본적인 경찰법상의 문제가 아닌가 생각된다. 이는 마치 형사처벌권의 한계로서 형사책임원리를, 민법상 손해배상책임을 지울 수 있는 한계로서 민사책임원리를 논하지 않는 것과 마찬가지이다. 경찰책임이 있는 자가 원칙적으로 경찰권발동의 대상이 된다는 것은 당연한 것이며, 굳이 원칙이라는 이름으로 내세울 실익도 없다고 생각된다. 또한 다른 경찰권발동의 제약논리인 비례원칙, 소극목적원칙 등과 같은 차원에서 논의할 성질의 것도 아니다.

둘째, 경찰책임의 원칙이라 함은 말 그대로 경찰책임을 지는 자에게 경찰권을 발동하고, 비책임자에게는 그러하지 아니하다는 뜻이지만, 경찰책임이 없는 자에게도 이른바 경찰긴급상황에서 경찰권을 발동할 수 있는 점을 생각할 필요가 있다. 경찰책임의 경우가 원칙이고, 경찰긴급상황에서는 예외가 인정된다고 설명할 수도 있겠지만, 그렇다고 이 원칙을 통하여 국민의 기본권을 더욱 잘 보호할 수 있는 것도 아니어서 "원칙"으로 논의하는 실익을 의심하지 아니할 수 없다. 없는 것보단 낫다고 생각할 수도 있겠지만, 불필요한 원칙의 거론은 중요한 원칙의 의미를 희석시킬 수 있는 것이다.

따라서 경찰권발동의 한계차원에서의 한 원칙으로서의 경찰책임원칙이 아닌 경찰책임론이라는 독자적인 틀에서 경찰책임을 논하는 것이 타당하다고 생각된다.

17) 김철용, 행정법Ⅱ, 2005, 242쪽; 류지태, 행정법신론, 2002, 758쪽. 그 밖에 경찰책임원칙은 경찰권제약논리를 넘어 경찰권 발동의 대상으로 보는 견해 (김남진 · 김연태, 앞의 책, 271쪽; 홍정선, 행정법원론(하), 2005, 382쪽)도 같은 맥락에서 이야기할 수 있다.

2. 경찰책임의 함의와 경찰책임론의 전개필요성

경찰책임이 민 · 형사책임과는 다른 성질을 가진다는 점은 전술한 바와 같지만, 특히 민사책임과 구분하여 공법상 책임으로서 경찰책임론을 적용해야 할 영역이 많이 있다. 가령 지하철역내로 기름통을 들고 가는 정신병자의 책임을 묻는 경우를 생각한다면, 일단 이 위험한 상황에서 벗어날 필요가 있다는 점에 초점을 맞추어야 할 것이다. 따라서 이 경우 그 정신병자의 행위로 인하여 발생한 손해에 대해서는 민사책임을 논하는 것은 별론으로 우선 경찰책임을 논할 필요가 있다. 다시 말하자면 그 사람의 내적 측면은 고려하지 아니하고, 일단 그 위험을 방지 혹은 제거하는 것이 여기서는 더 중요한 것이다. 이와 같은 영역에서 경찰책임은 문제를 제대로 해결할 수 있는 논리로서 기능하게 된다. 경찰책임이 아직 우리나라의 경찰관직무집행법 등 실정법에서는 규정되지 아니한 이유로 그 적용을 주저하는 입장도 있을 수 있지만, 경찰책임론이라는 이론적 도구는 개별 실정법의 해석이나 입법을 향도할 수 있는 중요한 역할을 할 수 있다고 생각된다.[18)]

18) 입법론을 이야기하자면, 경찰책임에 관한 조항을 경찰작용의 일반법이라고 할 수 있는 경찰관직무집행법에 명시할 필요가 있을 것이다. 이는 경찰책임에 대한 체계를 확립하는 방안이 될 뿐만 아니라, 경찰손실보상의 전제논의가 되는 것이며, 경찰법상의 일반수권조항과도 밀접한 관련을 가지는 경찰법의 중요한 내용이라고 보기 때문이다.

제 3 장

경찰법상 상태책임

Ⅰ. 머리말

위험방지(Gefahrenabwehr)와 교란(Störung)의 제거를 목적으로 구체적인 경우에 국민이 부담하는 경찰의무는 그 수범자를 기준으로 다음 세 가지로 나누어볼 수 있다.[1] 첫째 사람의 행위를 통하여 경찰상의 위험을 유발하여, 그 행위를 한 사람이 경찰의무를 지는 경우로서 이를 행위책임(Verhaltensverantwortlichkeit)이라고 한다. 둘째 사람의 행위가 아니라 물건으로부터 위험이 발생했고, 그 물건의 상태와 일정한 관련이 있는 사람이 그 물건에 대하여 책임을 지는 상태책임(Zustandsverantwortlichkeit)이 있다. 셋째 위험 및 교란의 발생과 무관한 사람이 예외적으로 경찰상 조치의 대상이 되는 경우이다. 이러한 非攪亂者(Nicht-Störer)에게 행해진 경찰상 조치에 대해서는 손실보상의 문제가 발생하게 된다.

이 중 세 번째의 경우는 경찰상의 긴급상태로 인하여 예외적으로 경찰의무가 발생하는 경우이며, 경찰법상의 책임이라고 하면 주로 첫 번째의 경우인 행위책임과 두 번째 경우인 상태책임을 가리킨다. 이러한 경찰책임은 그 이론이 가지는 중요성에도 불구하고, 우리나라에서는 실질적 의미의 경찰개념의 본질적 요소를 이루는 개괄수권조항과 경찰책임에 대한 근거규정의 결여로 그 이론이 충분히 발달하지 못하고 있음이 지적된다.[2] 그 중에서도 상태책임의 개념은 아직 우리 법제에 친숙하지 아니한 것으로

1) Vgl. Pieroth/Schlink/Kniesel, Polizei- und Ordnungsrecht, 2004, § 9 Rn. 2.
2) 정하중, "경찰법상의 책임", 공법연구 25-3, 1997, 110쪽.

보이는데, 이는 "물건에 대한 지배"로 인하여 공법적인 책임을 진다는 개념이 아직 확립되지 아니한 데서도 연유하는 것 같다.

상태책임은 위험이 사람의 행위가 아닌 "물건"으로부터 발생하는 것이다. 가령 군부대에서 유출된 기름으로 인하여 인근의 주택지에 심각한 토양이나 지하수의 오염이 초래된 경우, 사고로 인하여 건물이 붕괴직전에 있어 주변에 사는 사람들의 안전이 위협을 받는 경우, 주차장에 잘못 세워둔 자동차가 다른 차량의 안전과 평안에 위험을 초래하는 경우 등에 있어서, 그 행위를 한 사람이 아닌 토지 · 건축물 · 자동차의 소유권자나 사실상 지배주체가 책임을 지는 것이 상태책임의 문제이다. 이와 같이 "물건"으로부터 위험이나 교란이 발생하는 경우, 관련법규를 해석함에 있어서나 입법을 정비하는 과정에서 상태책임의 체계적인 이해는 필요하다고 생각된다. 특히 효율적인 위험방지임무를 수행하기 위해 경찰법상의 상태책임을 인정해야 할 경우가 많다고 보며, 이를 위해서는 상태책임에 대한 이론정립이 선행되어야 할 것이다.

이러한 맥락에서 이 글에서는 상태책임에 대한 전반적인 검토를 하고자 하며, 최근에 관심이 모아지는 상태책임의 근거와 한계에 관해서는 독일 연방헌법재판소의 판례를 중심으로 살펴보고자 한다.

Ⅱ. 경찰법상 상태책임의 의의

상태책임의 개념은 위험이 반드시 사람의 행위를 통해서만이 아니라, 물건의 상태로부터 발생할 수 있다는 데에서 출발하며[3] 행위책임과는 달리 위험의 야기와 무관하다.[4] 물건의 상태가 위험을 야기시키는 것이 아니라 물건의 상태 그 자체가 직접적으로 위험의 근원이 된다.[5] 따라서 상태책임의 근거는 물건의 소유 그 자체에 있는 것이 아니라 물건의 소유와 일반적으로 결합되고 있는 물건에 대한 법적 · 사실적 지배, 즉 물건의 위험한 상태에 대하여 영향력을 가할 수 있다는 가능성에 있다.[6]

동물 역시 경찰법상 물건으로 취급되기 때문에 동물에 대한 사실상의 지배주체가 상태책임을 질 수 있다.[7] 여기서 물건의 개념은 넓게 해석해야 하는데, 가령 상품창고,

3) Ipsen, Niedersächsisches Polizei- und Ordnungsrecht, 2004, Rn. 198.
4) 이에 대한 상세는 후술하는 이 글 Ⅳ. 참조.
5) Friauf, "Zur Problematik des Rechtsgrundes und der Grenzen der polizeilichen Zustandshaftung", in: K. Vogel (Hrsg.), Festschrift für G. Wacke, 1972, S. 293 (235).
6) 정하중, 공법연구 25-3, 119쪽.

(가축 등의) 무리, 영업시설과 같은 물건의 총체 등도 물건의 개념에 포함된다. 지하수에 대해서는 특별히 주의해야 한다. 독일에서는 물관리법의 규정에 따라[8] 토지소유권자는 지하수를 침해할 수 있는 어떠한 법적 권한도 가지고 있지 아니하며, 단지 이용만 할 수 있을 뿐이다. 따라서 토지소유권자가 지하수오염에 대하여 상태책임을 지는 것은 지하수오염이 그의 토지로부터 발생할 경우에만 가능하다.[9]

상태책임에 있어서 위험은 물건의 성질(Beschaffenheit)과 같은 물건의 상태 그 자체로부터만 발생하는 것이 아니라, 다른 물건과의 관계, 특히 공간에서의 상황(Lage im Raum)에 의해서도 발생할 수 있다. 가령 화물차가 고속도로상에 짐을 떨어뜨린 경우, 그 짐 자체는－교통방해 상태를 제외하고는－위험을 발생하게 하지 않지만, 고속도로 위에 있다는 상황에서 위험이 나오게 된다.[10]

또한 상태책임을 인정하기 위해서는 물건 그 자체가 "직접적으로" 위험한 것이어야 한다고 한다.[11] 독일의 경찰법제에서는 과거 "물건의 소유권자는 물건의 질서적합적인 상태(ordnungsgemäßer Zustand)에 대하여 책임이 있다"[12]로 규정된 조항이, 오늘날 "동물이나 물건으로부터 위험이 발생한다면....."[13]과 같은 형식으로 바뀌었다. 위험원(Gefahrenquelle)은 물건 자체에 그 바탕이 있는 것이어서, 권한 없는 제3자가 그 물건을 남용하게 되면 원칙적으로 위험하지 아니하게 된다는 것이다. 가령 차량소지인(소유권자, 대여자 등)은 도둑이 그 차량을 훔쳐 초래한 사고에 대해서는 그 차량소지인이 절도에 대한 필요불가결한 안전조치를 게을리 하지 아니하는 한 책임을 지지 아니하며, 또한 붕괴위험이 있긴 하지만 외부의 침입에 대한 충분히 안전장치가 마련된 주택의 소유권자는 침입자가 추락한 건축자재로부터 손상을 입었더라도 책임을 질 필요가 없다고 한다. 교통법규에 반하여 놓여있는 물건은 그 자체로는 고정되어 있고, 해를 끼치는 것도 아니지만, 그 물건을 향해 돌진하는 운전자가 교통사고를 냈을 때, 경우에 따라 그 물건의 소유권자만이 상태교란자(Zustandsstörer)로서[14] 책임을 지기도 하는데,

---

7) 동물을 물건이 아닌 일종의 동료나 이웃(Mitgeschöpfe)으로 보는 것이 최근 새로운 독일법의 일반적 태도이나(§§ 1 TierSchG, 90a BGB), 경찰법적으로는 물건으로 취급하고 있다(Denninger, in: Lisken/ Denninger (Hrsg.), Handbuch des Polizeirechts, 2001, E Rn. 94).

8) 독일 물관리법(WHG) 제2조, 제1조 제1항 제2호, 제1a조 제3항 제1호.

9) Denninger, 앞의 책, Rn. 94.

10) 위의 책, Rn. 95.

11) 위의 책, Rn. 96.

12) 1954. 3. 26. 당시 § 25 Ⅰ PVGRhPf.

13) § 5 Ⅰ, Ⅱ POG RP.

14) 이때 행위교란자(Verhaltensstörer)로 책임을 지는 경우도 물론 있을 것이다.

이때 운전자가 자기의 권리영역 내에 머물렀고, 교통법규에 맞게 행동했다면 그는 책임이 없다는 것이다.

Ⅲ. 상태책임의 수범자로서 "사실상의 지배주체"

상태책임이 귀속되는 자로서 우선적으로 물건에 대한 "사실상의 지배주체"(Inhaber der tatsächlichen Gewalt)를 들 수 있다. 이는 독일경찰법모범초안(MEPolG)[15]을 수용한 것으로[16] 독일 대부분의 주 경찰법에 규정되어 있다. 통상 소유권자가 사실상의 지배주체가 될 수도 있겠지만, 그 밖에 지상권자, 임차인, 使用借主(Entleiher) 등 물권법상 혹은 채권법상 권리를 가지는 자도 여기에 해당된다.[17] 또한 직접적인 점유자만이 아니라, 타인의 지시를 받아 물건에 대한 사실상의 지배를 하는 이른바 점유보조자의 경우도 사실상의 지배주체로서 상태책임자가 될 수 있다.

그 밖에 소유권자나 기타 정당한 권원이 있는 자도 경찰조치의 수범자가 될 수 있다. 과거의 경찰법률은 소유권자나 사실상의 지배주체를 선택적으로 언급하기도 했다. 그러나 이러한 구 경찰법률의 개정을 통하여, 최근 특히 신속한 작용이 요청되는 집행경찰(Vollzugspolizei)에서 소유관계 확인문제로 그 업무가 지체되거나 어렵게 되어서는 아니 된다는 점을 명문화하고 있다. 그러나 물건의 지배주체에게도 사실상 혹은 법률상 불가능한 것을 요구할 수 없음은 물론이다. 따라서 소유권자나 기타 정당한 권한 있는 자를 조사하는 것이 불가피하게 요청되는 경우가 종종 있다.[18]

상태책임의 수범자로서 물건에 대한 "사실상의 지배주체"라 함은, 말 그대로 "사실상의 지배"를 하는 자이다. 즉 반드시 어떠한 권리나 권한을 가지고 물건을 지배해야 한다는 뜻은 아니다. 따라서 우리나라 경찰법 관련문헌에서 경찰법상 상태책임의 수범자로서 "사실상의 지배권자"를 들고 있는 것은[19] "사실상의 지배를 할 수 있는 本權을 가진 자"로 오해를 줄 수 있어 적절하지 아니하다고 생각된다. 이때 문제가 되는 것은 "있어야 할 상태"(Sollenszustand)가 아니라 "있는 상태"(Seinszustand)라고 할 수 있다.

---

15) 草案 제5조 제1항. 독일경찰법모범초안(번역본)에 대해서는 서정범 역, 독일경찰법론, 313쪽 이하 참조.
16) Denninger, 앞의 책, Rn. 92.
17) 홍정선, "경찰책임의 유형", 고시계 1992/6, 73 (80) 참조.
18) Denninger, 앞의 책, Rn. 93.
19) 국내 경찰법문헌의 일반적인 태도이다 (서정범 역, 독일경찰법론, 160쪽; 정하중, 공법연구 25-3, 119쪽; 이기춘, "독일경찰법상 상태책임의 근거 및 제한에 관한 고찰", 토지공법연구 18, 2003, 413쪽).

이러한 이유에서 이 글에서는 거의 모든 관련문헌에서 일반적으로 사용하는 "사실상의 지배권자" 라는 표현을 쓰지 아니하고 "사실상의 지배주체"라는 용어를 사용하고자 한다.[20]

이러한 "사실상 지배"의 개념은 민법상의 점유의 개념과 밀접한 관련이 있긴 하지만, 경찰책임과 관련된 이 개념은 공법적 관점에 입각한 것이어야 한다.[21]

물건에 대한 사실상의 지배를 함에 있어서, 상태책임의 수범자와 관련하여 자주 문제가 되는 것은 이른바 "포기"의 경우이다. 물건에 대한 사실상의 지배를 포기할 경우, 가령 점유의 상실이나 소유권포기(Dereliktion)가 있을 경우 경찰책임은 소멸하게 된다. 그러나 이러한 "사실상의 지배"의 포기로 인한 상태책임의 소멸은 종종 문제가 되기도 한다. 특히 환경보호측면에서 그 제한의 필요성이 제기되는데, 예컨대 화학공장 운영자가 폐기물이 될 물건이나, 처리비용이 더 많이 나올 수 있는 오래된 자동차에 대한 물적 지배(Sachherrschaft)를 포기함으로써 임의로 상태책임을 면하게 되는 경우 불합리한 결과가 발생하기도 한다. 이러한 문제점을 극복하기 위한 규정을 독일의 경찰법제에서는 독일 모범경찰법초안 제5조 제3항을 참조하여 규정하고 있다.[22] 즉 소유권을 포기하는 소유권자(derelinquierende Eigentümer)는 그 소유권포기 이전에 이미 그의 경찰책임이 인정되는 경우에는 그 무주물이 된 물건에 대해서 경찰책임을 지도록 하고 있다.[23] 가령 노르트라인-베스트팔렌 주경찰법 제5조 제3항은 다음 2가지 요건을 충족할 경우 소유권포기에도 불구하고 계속해서 책임을 지도록 규정하고 있다. 첫째 종래 권리자가 소유권을 포기하는 경우라야 한다. 둘째 물건에 대한 지배가 상실되어야 한다. 즉 당해 물건에 대한 소유권자가 없어야 하며 만일, 제3자가 그 물건을 취득했다면 그는 상태책임을 지게 된다.[24]

20) "사실상의 지배권자"라는 용어는 독일 용어인 "Inhaber der tatsächlichen Gewalt"를 번역한 것으로 보이는데, 여기서 "tatsächliche Gewalt"를 "사실상 지배권"이라기보다는 "사실상 지배"로 보아야 할 것이다. 즉 "Inhaber der tatsächlichen Gewalt"란 사실상 지배(tatsächliche Gewalt)를 가지는 자(Inhaber)라는 의미이므로 "사실상의 지배권자"가 아니라, "사실상 지배주체" 정도의 번역이 보다 적절하다고 보는 것이다.

21) Erbguth/Stollmann, "Verantwortlichkeit im Bodenschutz", DVBl. 2001, 601 (604). 그밖에 민법상 점유개념에서의 논의와 유사하게 "사실상 지배"의 요건으로 사실상 지배의사(tatsächliche Herrschaftswille)가 필요하다고 보아야 할 것에 대하여, 필요하다는 견해(Denninger, 앞의 책, Rn. 100)와 그러하지 아니하다는 견해(Lepsius, Besitz und Sachherrschaft im öffentlichen Recht, 2002, S. 312 f.)가 주장되고 있는데, 마찬가지로 공법적 관점에서 판단해야 할 것이다.

22) Denninger, 앞의 책, Rn. 100.

23) 이때 많은 경우 상태책임 외에도 행위책임의 요건까지 충족하는 경우가 많을 것이다.

24) Gusy, Polizeirecht, 2003, § 5, Rn. 363.

Ⅳ. 경찰법상 행위책임과의 구별

1. 위험야기(Gefahrenverursachung) 논의

경찰법상의 행위책임이란 공공의 안녕과 질서에 대한 위험과 교란이 자연인 또는 법인의 행위에 의해 야기되는 경우에 위험의 방지와 교란의 제거를 위하여 그 행위자에게 지워진 책임을 말한다. 이러한 경찰법상 행위책임은 민사상 · 형사상 책임과는 달리 행위자의 의사능력, 행위능력 및 과실여부를 묻지 아니하는 객관적인 책임을 뜻하며, 이때 행위란 적극적인 행위 외 부작위까지 포함하는 개념이다.[25]

경찰법상 상태책임은(경찰법상) 행위책임과는 서로 다른 위험원과 결부되어 있다. 행위책임이 인간의 행위를 통하여 발생하는 위험에 대한 것이라면, 상태책임은 물건의 상태로부터 발생하는 위험(Gefahren, die vom Zustand einer Sache ausgehen)에 대한 것이다. 행위책임에 있어서는 어떤 사람이 위험을 야기하게 되었을 때 경찰책임이 발생하는 것인 반면, 상태책임에 있어서는 물건과 위험의 관계를 위험야기로 파악하지 아니하며, 오히려 위험이 물건으로부터 나올 때 그 물건에 대한 사실상의 지배를 하는 자, 즉 사실상의 지배주체에게 책임이 있다.[26]

반대견해가 없는 것은 아니지만,[27] 위험야기는 행위책임에 있어서만 논해져야 한다. 이 위험야기가 행위책임에 있어서는 그 경찰책임귀속에 있어서 중심이 되는 개념이지만, 상태책임에 있어서는 이와는 다른 책임에 대한 요건의 구조체계가 있다. 행위책임에 있어서는 개인적인 행위와 위험간의 인과관계를 통하여 경찰책임이 귀속되고, 이 인과관계가 규범적 근거를 이루며, 동시에 규범적 한계를 이루게 된다. 즉 위험야기만이 어떤 사람의 행위가 경찰의무를 지게 된다는 점을 설명하게 되는 것이다. 이러한 위험야기 개념을 행위책임이 가지지 않는다면 행위책임은 무한정으로 확대될 것이다. 말하자면 모든 위험에 대하여 책임을 진다는 것이 아니라, 그의 행위를 통하여 야기된 위험에 대해서만 경찰책임을 지게 된다는 것이다. 따라서 "위험야기"라는 개념은 행위책임에 있어서는 책임귀속근거(Zurechnungsgrund)인 동시에 책임귀속한계

---

25) 정하중, 공법연구 25-3, 112쪽.

26) Lepsius, Besitz und Sachherrschaft im öffentlichen Recht, 2002, S. 222 f.

27) Schenke, in: Schmidt-Aßmann (Hrsg.), Besonderes Verwaltungsrecht, Ⅱ Rn. 171; Pieroth/Schlink/Kniesel, Polizei- und Ordnungsrecht, 2004, § 9 Rn. 45.

(Zurechnungsgrenze)로서 중요한 의미를 가진다.[28]

그러나 상태책임에 있어서는 개인과 위험과의 상관관계는 없다. 왜냐하면 교란을 일으킨 것은 사람의 행위가 아니라, 물건이기 때문이다. 따라서 상태책임에 있어서 책임귀속의 근거는 "물건에 대한 지배"이다. 개인과 위험과의 관계가 아니라, 개인과 물건과의 관계가 여기서 문제가 된다. 상태책임에 있어서는 "개인의 행동"과 "위험"은 아무런 관련이 없고, "물건의 상태"가 바로 "위험"과 관련이 되는 것이어서, 때론 "물건으로부터 발생한 위험"을 전혀 초래하지 않았던 사람도 상태책임을 질 수 있다. 상태책임을 진다는 말은 단지 위험이 그 물건으로부터 발생했고, 그 사람이 그 물건에 대한 지배를 한다는 것이다.

따라서 상태책임에 있어서의 경찰의무는 행위책임에 있어서와 다르게 파악해야 할 필요가 있다. 상태책임에 있어서 경찰의무자는 사람이지만, 여기서 교란자(Störer)는 "물건"이기에, 경찰의무를 지는 사람과 교란을 일으키는 물건 간의 관계를 이해함에 있어서 종래의 위험초래에 관한 이론은 불필요하다고 보는 것이다. 위험초래에 관한 이론들이 "물건의 상태"와 "위험"간의 관계에 있어서 굳이 의미가 있다면 어떠한 사람에게 책임을 귀속시킬 것인가 하는 것인데, 상태책임에 있어서는 단지 "물건에 대한 지배관계"(Sachherrschaftsbeziehung)에 이러한 인적 귀속관계가 있으며, 여기서 그 책임을 지는 사람은 위험초래와는 무관한 성격을 가지고 있다. 따라서 행위책임의 요건은 개인적인 행위, 즉 개인 인간이 책임을 지는 사실행위에 있는 반면에, 상태책임의 요건은 개인의 행위와는 아무런 관련이 없고, "물건에 대한 지배"에 있다. 이와 같이 양자는 근본적으로 다른 책임요건의 구조를 가지고 있어, 본질적으로 다른 위험상황의 바탕에서 이해해야 하는 개념이다.[29]

2. 보충성(Subsidiarität) 논의

상태책임과 행위책임의 관계를 논함에 있어 자주 문제가 되는 것은 양자가 경합되는 경우 상태책임이 행위책임에 대하여 보충적으로 적용되는가 하는 문제이다. 가령 A가 폐기물을 B의 토지에 방치하는 경우에 있어서, 종래 판례는 원칙적으로 행위책임자가 경찰권발동의 대상이 되며, 이와 다른 결정은 하자있는 재량권행사가 되어 위법하다고 판시했다.[30] 그러나 이러한 판례의 태도는 학자들의 비판을 받고 있으며, 상태책

28) Lepsius, 앞의 책, 227쪽.
29) 위의 책, 224쪽 이하.

임자를 선택한다고 하여 반드시 재량의 하자가 발생되는 것은 아니라고 보게 되었다.[31]

나아가 최근 독일 연방헌법재판소에서는[32] 상태책임이 행위책임의 대하여 보충적인 것이 아니라고 했다. 연방헌법재판소는 암묵적이나마 행위책임과 상태책임과의 원칙적인 양자택일성(Alternativität)을 강조하고 있다. 즉 상태책임은 그 근거가 물건에 대한 지배성에서 나오므로 위험야기를 전제로 하는 것이 아니며, 행위책임에 대하여 단계적(abgestuft) 혹은 보충적(subsidiär)인 관계에 있지 아니하다고 한다. 이렇게 파악하는 이유는 앞서 언급한 바와 같이 행위책임과 상태책임은 그 근거가 각각 "위험야기" 및 "물건에 대한 지배"라는 서로 양립할 수 없는 상이한 데에 있기 때문이다.[33]

V. 경찰법상 상태책임의 근거 및 제한

1. 희생자사례 및 상태책임제한을 위한 시도

상태책임의 제한의 문제에 대해서는 독일에 있어서는 일찍이 논쟁의 대상이 되어왔으며, 그 논의의 전제가 되는 상태책임의 근거의 문제 역시 마찬가지이다. 그 논의의 중심에는 때론 희생자일 수도 있는[34] 상태책임자에게 무거운 책임을 지우는 것이 너무 가혹하지 아니한가 하는 점이 깔려 있다.

(1) 희생자사례(Opfer-Fälle)

이러한 희생자적 입장을 설명하는 대표적인 사례로서 다음과 같은 전쟁폐허사례, 기름수송사고사례, 위험오염지(Altlasten)사례 등을 들 수 있는 바, 이러한 사례에서 토지소유권자에게 부과하는 상태책임을 제한해야 한다는 주장이 학자들에 의해 제기되어 왔다.[35] 그러나 독일의 종래 판례는 상태책임자의 이른바 "무제한의 책임원칙"

30) OVG Hamburg, DVBl. 1953, 542; OVG Münster, DVBl. 1964, 683; OVG Lüneburg 33, 403 (정하중, 공법연구 25-3, 128쪽에서 재인용); OVG Rheinland-Pfalz, DÖV 1990, 844 (서정범, "다수의 경찰책임자에 관한 법적 문제", 공법연구 24-2, 386쪽에서 재인용).

31) 정하중, 앞의 논문, 128쪽.

32) BVerfG, Beschluß vom 16.2.2000 - 1BvR 242/91, 315/99 (BVerfGE 102, S. 1 ff.) 이 판례에 대해서는 후술하는 이 글 V. 2. 참조.

33) Lepsius, "Zu den Grenzen der Zustandshaftung des Grundeigentümers", JZ 2001, 22.

34) Papier, "Altlasten und polizeiliche Störerhaftung", DVBl. 1985, 873 (878); Friauf, FS Wacke, S. 293 (301).

35) 이 글 "V. 1. (2)"에서 소개하는 Friauf나 Papier 외에 1970년대에서 1990년대에 이르기까지 P. Kirchhof, H.-U. Erichsen, R. Breuer, A. Schink, O. Depenheuer, J. Kränz, M. Oerder, W. Spannowsky, W.

(Grundsatz der unbeschränkten Verantwortlichkeit)을 고수하였다고 한다.[36]

1) 전쟁폐허사례

전쟁폐허사례(Kriegstrümmer-Fälle)는[37] 제2차 세계대전시 전쟁잔해물이 있는 부동산의 소유권자의 책임에 관한 것이다. 즉 폭격으로 인해 파괴된 주택의 소유권자들은 상태책임자로서 그 폐허물로부터 발생하는 공공의 안전에 대한 위험, 특히 떨어져나간 벽돌조각이나 건축물의 붕괴로 인한 통행인의 생명과 신체에 대한 위험에 대한 경찰의무를 부담해야 했다. 그러나 이와 같은 소유권자의 원칙적인 책임에도 불구하고 경제적인 불능으로 인하여 그 한계가 나타나기도 했는데, 이때 행정행위를 통하여 불가능한 것이 요구될 수는 없다는 점이 이유로 제시되었다. 이와 관련 연방행정법원은 "소유권자는 원칙적으로 경제적 지불능력을 배려할 필요가 없이 건축물의 질서적합한 상태에 대하여 책임이 있다."고 판시한 바가 있다.[38]

2) 기름수송사고사례

기름수송사고사례(Öltransportunfall-Fälle)[39]는 1960년대와 1970년대에 많이 발생하였는데, 상태책임을 져야하는 토지소유권자가 다른 행위책임자의 희생자가 되는 사례라고 할 수 있다. 즉 기름을 수송하는 유조차의 사고로 인하여 기름이 타인의 토지로 흘러들었고, 그 기름으로 인하여 오염된 토지의 소유권자가 토양오염 및 그로 인한 지하수오염에 대하여 경찰책임을 지게 되는 경우이다.[40]

3) 위험오염지사례

물이나 공기에 비하여 상대적으로 늦게 그 법적 보호의 필요성이 인식된 토양환경의 문제는 특히 이른바 위험오염지(Altlasten)[41]의 정화문제가 공법적 책임의 일환으로

Müllensiefen과 같은 학자들에 의해 이러한 주장이 있었다고 한다(Lepsius, JZ 2001, 22).

36) Lepsius, JZ 2001, 22. 다만, 다소 눈여겨 볼 판례로는 Bad. VGH JZ 1953, 238; NJW 1956, 76; VGH München, NVwZ 1986, 942; OVG Münster, NVwZ 1985, 355; VGH Mannheim, NVwZ 1986, 325; BVerwG, NVwZ 1991, 475.

37) Friauf, FS Wacke, S. 293 (294 f.); Lepsius, Besitz und Sachherrschaft im öffentlichen Recht, 2002, S. 265 f.

38) BVerwG, Urteil vom 11. 04. 1989, NJW 1989, 2638.

39) 그 상세는 Lepsius, 앞의 책, 267-268쪽.

40) Friauf, 앞의 논문, 295-296쪽.

41) 적절한 번역 없이 그대로 "알트라스텐"으로 부르기도 하는 Altlasten이라는 개념에 대해서는 독일에서도 학문상 많은 논의가 있었지만, 1997년 연방토양환경보전법이 만들어지면서 동법 제2조 제5항에서 그 정의규정을 두었다. 이에 따르면 Altlasten이란 "정지상태에 있는 폐기물제거시설 및 기타 대지로서 그 위에서 폐기물이 취급되었거나 놓여졌거나, 쌓여졌던 곳(폐기물집적부지)과 정지상태에 있는 시설의 대지 및 기타 환경위해적 물질이 다루어졌던 대지(舊산업부지)로서 이러한 지역을 통해 개인이나 공중에게 유해한 토양변질이나

문제되게 되었다. 독일에서 1997년 연방토양환경보전법이 만들어지면서 토양정화책임은 특히 동법 제4조를 중심으로 한 토양정화책임의 문제가 본격화되지만,[42] 이 법률 제정 이전에는 위험오염지의 정화에 대해서는 주로 각 주 경찰법에 의한 경찰책임을 통하여 이루어졌다. 이때 未知의 어느 행위책임자에 의해 토양이 오염된 경우, 오염된 토양 특히 위험오염지의 소유권자는 오히려 희생자의 지위에 있음에도 불구하고, 당해 토지의 소유권자 내지 사실상의 지배주체라는 이유로 상태책임에 근거하여 정화책임을 지는 경우가 많아졌고, 여기서도 그 불합리한 면을 극복하기 위한 상태책임의 제한 문제가 제기되었다.

(2) 상태책임 제한을 위한 이론적 시도

위와 같은 희생자지위와 관련된 불합리성을 극복하기 위해 많은 학자들이 상태책임 제한을 위한 이론을 제시했는데, 여기서는 일찍이 이 점에 관한 체계적인 이론을 제시한 프리아우프의 견해, 최근의 상태책임에 관한 연방헌법재판소 결정에 많은 영향을 미쳤으리라 생각되는 파피어의 견해, 그리고 보다 근본적으로 이 문제를 해결하려는 그리스벡 등의 견해를 중심으로 살펴보고자 한다.

1) 프리아우프(K. H. Friauf)의 견해

프리아우프는 위와 같은 희생자사례를 예로 들면서 상태책임의 헌법적 제한을 위한 이론을 제기하였다. 그는 상태책임은 원래 기본법 제14조 제2항에 따라 규정되어야 하는 재산권의 사회적 구속보다 더 확장될 수는 없다고 한다. 헌법상 사회국가원리가 구체화된 형태인 재산권의 사회적 구속성은 사익과 공익간을 조정하려고 요구하는 것이며, 물건에 대한 지배와 그로부터 생기는 편익간의 상관개념(Korrelat)으로서 소유권자는 위험제거의 부담 및 비용과 같은 그의 물건으로 생기는 불이익을 부담해야만 한다. 이를 일반공중에 전가하면 반사회적(sozialwidrig)이 되며, 이는 자연현상에 의한 경우에도 마찬가지이다. 그러나 기본법 제2조로부터 정당화 될 수 없는 것은, 소유권자가 자기 물건에서 구체화된 위험이 특별히 일반공중에게 귀속되어야만 하는 사건으로

기타 위험이 초래되는 곳"을 말한다. 필자는 이러한 법적 개념을 종합적으로 고려하여 Altlasten을 "위험오염지"로 번역하고 있다.

42) 1998. 3. 25부터 (일부규정은 1999. 3. 1부터) 효력이 발생한 연방토양환경보전법 중 동법 제4조상의 책임은 이 법률의 핵심을 이루는 것으로 평가되고 있는데 (BT-Drucks. 13/6701 vom 14. 1. 1997, S. 29; Kobes, "Das Bundes-Bodenschutzgesetz", NVwZ 1998, 786 (788)), 그 중심은 바로 경찰법적인 위험방지에 관한 것이며, 행위책임과 상태책임이 여기서 중요하게 문제된다.

인하여 초래되었는데도 상태책임을 지게 되는 경우이다.[43] 따라서 프리아우프는 기본법 제14조 제1항 제2문 및 비례원칙을 고려하여, 당해 경찰법규범들을 헌법합치적으로 해석해야 한다고 주장했다. 이때 토지소유권자는 위험이 그의 토지상에서 현실화되었더라도, 그 원인이 사회일반의 리스크영역에 해당하는 것이면 상태책임을 지지 아니한다는 것이다. 따라서 토지소유권자는 유조차사고, 항공기추락사고, 열차사고 등과 같은 사례에서 그가 직접적으로 위험발생에 기여를 했고, 이로써 행위책임이 발생한 경우가 아니라면 경찰책임이 없다고 한다.[44]

2) 파피어(H.-J. Papier)의 견해

현재 독일 연방헌법재판소장이며, 후술하는 상태책임 관련 헌법재판[45]에도 직접 참여했던 파피어 역시 상태책임의 제한에 관한 이론을 제시한 바 있다.[46] 그는 헌법에 근거하여, 상태책임자가 희생자지위가 되는 데에서 오는 불합리성을 극복하고자 했다. 그에 따르면, 토지소유권자의 경찰법상의 책임은 기본법 제14조 제1항 제2문의 의미의 법률적 제한규정의 일부분이며, 기본법 제14조 제2항은 내용과 한계를 정하는 입법자에게 재산권침해에 대한 정당화근거만이 아니라, 침해의 제한까지도 성립시킨다. 기본법 제14조 제2항 제2문에 따라 재산권의 이용은 동시에 공공복리에 기여해야 한다. 특정 재산권에 대하여 사적으로 유용한 이용을 전적으로 배제시키고, 공동체나 국가 등을 위해서만 이용가능하게 하는 식으로 "재산권의 내용과 한계"를 규정한다면, 이는 기본법 제14조 제2항의 취지에 반하는 것이다. 따라서 경찰법상의 상태책임이 물건으로부터 나오는 위험이나 교란이 모든 "사적 유용한 재산권이용"(privatnütziger Gebrauch des Eigentums)을 배제하거나 방해하는 데 바탕을 둔다면 헌법적 제한이 필요하다고 한다. 위험을 초래하지 아니한 소유권자가 위험상황에 기초하여 그의 사적으로 유용한 재산권행사를 하지 못하거나 방해받는다면, 그는 위험이나 교란상황의 희생자가 되는 것이며, 경찰법은 헌법에 의해 주어진 사적 유용성과 공공복리요청간의 긴장을 조정하는 기능을 더 이상 할 수 없게 된다. 이와 같이 사적 유용성이 침해된 경우에 토지소유권자가 경찰긴급상태라는 조건하에서 침해결과에 대한 보상을 전제로 경

43) Friauf, 앞의 논문, 301쪽.

44) 위의 논문, 303쪽.

45) BVerfG, Beschluß vom 16.2.2000 – 1BvR 242/91, 315/99 (BVerfGE 102, S. 1 ff.). 그는 당시 연방헌법재판소의 부소장이었다.

46) Papier, DVBl. 1985, 873 (878); ders., "Die Verantwortlichkeit für Altlasten im öffentlichen Recht", NVwZ 1986, 256 (261).

찰의무자가 되는 非攪亂者(Nicht-Störer)가 된다는 것은 아니다. 토지소유권자에게는 공권력을 통한 위험제거의 (보상 없는) 수인이 요구될 수 있다. 반면에 침해당한 소유권자에게 위험제거를 맡기거나, 국가나 제3자가 행한 위험제거에 대한 비용을 부담시켜서는 아니 된다.[47)]

요컨대 파피어(H.-J. Papier)에 따르면, 상태책임의 헌법상 정당한 목적은, 구체적인 "재산권의 사적으로 유용한 이용"이 공공복리조화성의 한계를 넘지 아니하면서 "사적 유용성"과 "사회적 의무"를 조정하도록 확보하는 것이므로, "사적으로 유용한 재산권의 이용"을 배제하는 것은 정당화될 수 없다. 따라서 소유권자가 자신이 오염을 초래하지도 동의하지도 아니한 사례에서 비용부담을 포함한 전적인 경찰책임을 져야 한다면, 그는 사적으로 유용한 재산권의 이용을 하지 못하는 것이 된다. 그리고 이 경우 소유권자는 非攪亂者가 되는 것이 아니라, 단지 상태책임의 범위가 헌법적 축소가 된다고 한다.[48)]

3) 그리스벡(M. Griesbeck) 등의 견해

그 밖에 특기할만한 것으로 위험방지에 관한 1차적 영역(차원)과 비용분배에 관한 2차적 영역(차원)을 구분하여 보다 근본적으로 상태책임을 제한하려는 이론이 있다.[49)] 이러한 입장에서는 행위책임과 상태책임의 통일적인 법적 근거로서 실질적 경찰의무(materielle Polizeipflicht)를 들고 있다. 위험방지의무로서의 실질적 경찰의무는 헌법적 기본의무이며, 위험방지의 국가임무 충족을 위한 국민들의 기여(Beitrag)라고 본다. 이러한 실질적 경찰의무는 곧 "위험방지를 위한 협력의무"(Mitwirkungspflicht zur Gefahrenabwehr)로 이해될 수 있기 때문에 실질적 경찰의무로부터 비용부담의무(Kostentragungspflicht)가 나오는 것이 아니며, 위험제거의무와 비용부담의무를 분리하여 고찰해야 한다고 주장한다.[50)] 또한 상태책임자의 희생자지위 문제발생의 원인은 1차적 차원(위험제거)과 2차적 차원(비용부담)이 분리되지 않고 동일하게 판단된 데 있으며, 1차적 차원에서 상태책임자로 판단되어 경찰권발동의 대상으로 되는 사람은 2차적 차원에서도 비용 및 각종 부담의무를 지게 된다는 상호연계원리로부터 벗어나야 문

47) Papier, NVwZ 1986, 256 (261).

48) Papier, DVBl. 1985. 873 (878).

49) Griesbeck, Die materielle Polizeipflicht des Zustandsstörers und die Kostentragungspflicht nach unmittelbarer Ausführung und Ersatzvornahme, 1991; Lindner, Die verfassungsrechtliche Dimension der allgemeinen polizeirechtlichen Adressatenpflichten, 1997; 이기춘, 위험방지를 위한 협력의무로서 경찰책임의 귀속에 관한 연구, 고려대 박사학위논문, 2002; 동인, 토지공법연구 18, 2003, 405쪽 이하.

50) Griesbeck, 앞의 책, 155쪽 이하. "Zusammenfassung" 4, 11, 12, 13, 14에서 정리함.

제해결이 가능하다고 한다.[51] 따라서 "상태책임자-위해제거의무-비용부담의무-손실보상불가"라는 연계원칙의 고리를 단절시켜야 효과적인 위험방지요청과 공평한 부담배분요청간의 긴장관계를 해소시킬 수 있다는 것이다.[52] 나아가 경찰책임자에 대한 무보상원칙에 대해서도 의문을 표시하며 상태책임자가 특별한 수단 등을 가지고 있어 자발적으로 비용을 부담하여 위해를 제거하였다면 손실보상이 불가한 것은 아니라고 한다.[53]

2. 독일 연방헌법재판소의 2000. 2. 16. 결정

독일 연방헌법재판소는 2000년 2월 16일 경찰법상 상태책임의 근거와 제한에 관하여 중요한 결정(Beschluß)[54]을 내렸다. 이 판례는 그동안 많은 논의가 있었던 상태책임의 제한에 대하여 명시적으로 언급했다는 점에서 학자들의 관심의 대상이 되고 있다.[55] 따라서 상태책임의 근거와 제한에 대한 논의를 함에 있어서 동 판례의 내용을 검토하는 것은 의미가 있을 것이다.

(1) 사건의 개요[56]

〈1991년 제기된 사건(BvR 242/91)〉

• 1981년 이 사건 토지상에 있는 공장이 파산되기 전까지 이 공장에서는 염화탄화수소(페르클로에틸렌, 트리클로에틸렌)를 이용한 토끼털가죽으로 된 모자재료 제작.

---

51) 이기춘, 고려대 박사논문, 147쪽.

52) Lindner, 앞의 책, 9-10쪽.; 이기춘, 토지공법연구 18, 426쪽.

53) Griesbeck, 앞의 책, 150쪽 이하.; 이기춘, 고려대 박사논문, 148쪽. 독일에서 아직 소수견해라고 할 수 있는 이러한 입장은 전통적인 상태책임이론에서 본다면 다소 파격적으로 보이는데, 우리 법제에서 그 수용여부에 대해서는 진지한 검토가 필요하리라 생각된다. 이러한 견해에 대한 비판적 견해로는 Schenke, 앞의 책, Rn. 174; 서정범 역, 독일경찰법론, 155쪽.

54) BVerfG, Beschluß vom 16.2.2000-1BvR 242/91, 315/99. 이 판례는 연방헌법재판소판례집(BVerfGE 102, S. 1)에서는 물론, 독일의 여러 공법학 혹은 일반법학전문지(DÖV 2000, 867=NJW 2000, 2573=DVBl. 2000, 1275=UPR 2000, 302=NuR, 567=ZUR 2000, 395=BB 2000, 1367=JZ 2001, 37)에서 소개하고 있으며, http://www.bundesverfassungsgericht.de/에서도 그 결정문을 찾아볼 수 있다.

55) Ginzky, "Sanierungsverantwortlichkeit nach dem BBodSchG-Rechtsprechungsbericht", DVBl. 2003, 169 ff.; Vöneky, "Die Zustandshaftung von Unternehmen-eine Fortführung der Dogmatik des Bundesverfassungsgerichts", DÖV 2003, 400 ff; Knopp, "Bundes-Bodenschutzgesetz und erste Rechtsprechung", DÖV 2001, 441 (448 ff.); Lepsius, "Zu den Grenzen der Zustandshaftung des Grundeigentümers", JZ 2001, 22 ff.; Schäling, "Zur Haftungsbegrenzung bei Inanspruchnahme des Inhabers der tatsächlichen Gewalt als Verantwortlicher im Sinne des Bundes-Bodenschutzgesetzes", NVwZ 2004, 543 ff.; 이기춘, 토지공법연구 18, 405쪽 이하.

56) 여기서는 이 사건의 개요만 간단히 정리하며, 동 연방헌법소원 사건에 대한 보다 상세한 내용은 BVerfGE 102, S. 1 ff. 및 이기춘, 토지공법연구 18, 407쪽 이하 참조.

• 1982년 헌법소원 청구인은 경매를 통하여 한 파산재단으로부터 이 사건 부동산 취득

• 1983년 9월부터 토양과 지하수에 염화탄화수소의 심각한 오염이 나타났으며, 이는 모자생산 원료에 기인하는 것으로 확인

• 1985년과 1986년에 걸쳐 소관행정청은 당해 토지의 소유권자인 위 청구인에게 조사 및 정화조치를 명함.

• 청구인은 1998년까지 정화에 소요된 경비는 110만 마르크에 달했고, 피해발생시점의 당해 부동산의 시세는 35만 마르크 정도였음을 주장하며, 관할 행정청이 교란자 선택의 재량행사에 하자가 있고, 청구인에게 지워진 상태책임이 비례원칙에 반한다는 이유로 행정소송을 제기했으나 실패함.

• 청구인은 위 재판이 기본법 제14조 제1항 및 제2조 1항을 침해했다는 점을 들어 헌법소원을 제기함.

〈1999년 제기된 사건(BvR 315/99)〉

• 1970년 산림부지의 소유권자인 청구인은 그 토지의 일부인 16ha를 년 12792마르크의 임대료를 받고 "사격장의 설치 및 유지를 위한 연맹"에 임대

• 임대차계약이 해제된 후, 사격장으로 이용되었던 곳에서 심각한 납오염이 밝혀짐.

• 연맹의 재산에 대한 파산이 개시된 후에 소관행정청은 청구인에게 상태책임으로 정화명령을 내렸고, 청구인은 가구제신청을 하였으나 실패함.

• 청구인은 이에 따라 1997년까지 그 총비용은 590만 마르크 정도에 달하는 정화조치를 하였는데, 이는 당해 토지가액의 최소한 20배를 넘는 것이라고 하며, 정화명령의 위법성을 확인하고, 피청구인에게 이자 등을 포함하여 550만 마르크를 지불하라는 취지로 행정소송을 제기했지만 실패함.

• 청구인은 위 재판이 기본법 제14조 제1항 및 제103조 제1항을 침해했다는 점을 들어 헌법소원을 청구함.

(2) 결정의 내용

연방헌법재판소는 이 2개의 사건에 대하여 같은 논거로 청구인의 주장을 받아들였는데, 그 구체적인 내용을 쟁점별로 살펴보면 다음과 같다.[57)]

57) 이 결정은 그 내용이 토지소유권자의 상태책임에 관한 내용이어서, 그 1차적인 수범자를 사실상의 지배주체

1) 상태책임의 근거

연방헌법재판소는 소유권자의 위험방지 및 교란제거에 대한 의무로서의 상태책임은 기본법 제14조 제1항 제1문을 통하여 보호되는 법률상 지위와 관련된다고 했다.[58] 따라서 상태책임을 규정하는 법률규정은 수용에 관한 기본법 제14조 제3항과는 무관하며, 재산권의 내용과 한계를 정한 것으로 기본법 제14조 제1항과 제2항에 근거하여 판단해야 한다고 한다.[59]

상태책임에 관한 질서법적인 규정은 기본법 제14조 제1항 제2문의 의미의 재산권의 내용과 한계에 관한 허용된 규율이라고 한다. 이러한 규정들의 목표는 원인야기자의 책임과는 무관하게 물건의 지배자로서의 소유권자를 통해서도 효율적인 위험방지를 확보하려는 것이다. 소유권자는 물건 및 위험원에 영향력을 행사할 법적 · 사실적 가능성을 가진다. 상태책임의 정당성의 근거는, 위험을 초래하는 물건에 대한 지배를 통하여 가지게 되는 영향력행사가능성(Einwirkungsmöglichkeit)에 있다. 또한 소유권자는 물건으로부터 편익을 가지는데, 이 점을 통해서도 소유권자가 그 물건으로부터 나오는 공중에 대한 위험을 제거할 의무가 있음이 정당화된다. “경제적 편익 및 물적 소유권을 이용할 수 있는 가능성”은 “그 물건으로부터 나오는 부담과 그 이용가능성과 연결되는 리스크를 부담할 공법적 의무”와 상응하는 것이라고 한다.[60]

또한 상태책임은 그 근거를 재산권과 연결된 “물건에 대한 지배” 및 “물건의 편익-부담관계”(Verbindung von Vorteilen und Lasten der Sache)에서 찾을 수 있다고 한다. 소유권자는 물건을 개인적으로 이용함으로써 얻는 편익을 그가 관여하지 않고도 누릴 수 있는 것과 마찬가지로, 위험이 그를 통하여 초래되지 않더라도 그 물건에서 오는 부담을 가져야만 하는 것이라고 한다. 특히 위험오염지(Altlasten) 정화와 관련하여, 토양정화는 공익만이 아니라 토지소유권자의 사익과도 관련이 있어, 정화의무가 그리 무거운 것이 아니하다고 한다. 토양정화로 토지의 거래가치 및 그 개인적 이용가치가 현저하게 상승한다는 점을 들고 있으며, 아울러 상태책임은 행위책임에 비하여 후위에 서는 것은 헌법적 이유에서 타당하지 아니하다고 밝히고 있다.[61]

로 하고 있는 일반적인 경찰법상의 상태책임이론에 적용할 수 있을 것인가 하는 문제, 가령 임차인에게도 이 판례의 내용이 적용될 수 있을 것인가 하는 문제가 제기될 수도 있지만, 이때 물건에 대한 지배주체라는 지위는 민법상의 지위를 넘어선 기본법 제14조에 기초한 방어권으로 이해해야 한다는 입장에서 볼 때 문제가 없다고 할 것이다(Lepsius, 앞의 논문, 23쪽).

58) BVerfGE 102, S. 14.

59) BVerfGE 102, S. 15.

60) BVerfGE 102, S. 17 f.

2) 상태책임의 한계 - 비례의 원칙

상태책임 그 자체가 헌법에 합치하는 경우에도, 토지소유권자에게 위험방지를 위하여 어디까지를 요구할 수 있는가 하는 범위의 문제에 있어서, 그 제한이 가능하다고 한다. 연방헌법재판소는 여기서 최소침해적이며(erforderlich), 목적에 있어서 상당하며(angemessen), 기대가능한(zumutbar) 기본권침해만 허용한다는 비례원칙이 특별한 의미를 가진다고 했다. 이는 소유권자가 정화조치의 비용을 부담하는 경우에도 지켜져야 하며, 이러한 정화비용부담은 그것이 소유권자에게 기대가능하지 아니하는 한 정당화될 수 없고, 비례원칙의 차원에서 상태책임이 있는 소유권자의 부담은 고려되어야 하고, 관련되는 공공복리와 형량하여야 한다고 한다.[62] 그리고 연방헌법재판소는 그 형량을 위한 몇 가지 관점을 제시하고 있는 바, 이를 기대가능성이 있는 경우와 없는 경우를 중심으로 나누어 요약하면 다음과 같다.[63]

첫째, 기대가능성이 없는 경우로서, 토지로부터 나오는 위험이 자연현상, 일반공중에 귀속될 수 있는 원인, 혹은 이용권한 없는 제3자와 관련이 될 때를 들고 있다. 이 경우에는 모든 안전의무를 준수하는 소유권자에게 무제한적으로 부담을 지울 수는 없다고 한다. 그렇지 아니하면 정화책임자에게 그가 토지에 대한 물적 지배성이 없으며, 자기 책임영역과 무관한 상황에 근거하여 과도한 리스크를 부과하는 셈이 되는 것이다.[64]

또한 정화비용으로 인한 상태책임자의 부담이 거래가치의 수준까지 이르는 경우, 정화되어야 하는 토지가 정화의무자의 재산의 중요부분을 이루고, 그 가족을 포함하여 개인의 생활을 영위하는 토대가 되는 것이라면 기대가능하지 아니할 수(unzumutbar) 있다고 한다. 여기에서 기본권주체에게 재산권의 영역에서의 자유공간을 확보해주며, 이로써 자기책임하의 생활을 형성할 수 있게 하려는 재산권보장의 과제가 전면에 등장하게 된다.[65]

둘째, 기대가능성이 있다고 보아야 하는 경우로서, 토지소유권자가 그 토지가 위험오염지라는 점을 알거나 알 수 있었을 때에는 비용부담이 토지의 거래가치를 넘더라도 기대 가능한 것이 된다고 한다.[66] 비용부담이 정화된 토지의 거래가액을 넘어설 경우

61) BVerfGE 102, S. 18 f.
62) BVerfGE 102, S. 19 f.
63) BVerfGE 102, S. 20 ff.
64) BVerfGE 102, S. 21. 이 경우 사회국가명령과 같은 다른 이유에 근거한 부담에 대한 제한도 고려해야하는지에 대해서는 여기서 판단할 필요가 없다고 한다.
65) 위와 같음.

에도 그가 발생한 위험의 리스크를 의도적으로 수용하였다면, 이는 기대 가능한 것이 된다는 것이다. 임의적으로 받아들인 리스크는 소유권자의 보호가치를 약화시키게 된다. 따라서 토지매입 시 혹은 제3자에게 이용하게 할 때에 있어서, 리스크상황을 알았거나 과실로 알지 못한 경우에는 거래가치를 넘는 비용부담이 기대가능하게 된다. 이때 기대가능성의 판단은 소유권자가 리스크로부터의 편익, 가령 낮아진 구입가격 혹은 높아진 임차료를 얻었는지 여부에 영향을 받을 수 있다.[67]

셋째, 거래가치를 넘는 비용부담이 소유권자에게 기대가능하게 된 경우에도 소유권자는 그의 모든 경제적 능력으로 부담할 필요가 없다. 소유권자가 정화를 위해 무제한적으로, 즉 정화대상인 토지와 법적 혹은 경제적 관련성이 없는 재산으로도 책임을 지게 된다면, 이는 기대가능하지 아니하는 것이 된다고 한다. 그에 반하여 농림용 재산 등과 같이 정화대상토지와 機能的 統一性(funktionale Einheit)이 있는 재산을 정화를 위해 투입하는 것은 기대 가능할 수 있다. 특히 정화대상 토지와 기능적 일체를 이루는 토지재산이 좋은 예가 될 것이다. 그리고 상태책임으로 져야 하는 비용부담의 기대가능성은 소유권자의 전체적인 경제능력으로 판단해서는 아니 되며, 재산권보장은 소유권자의 수중에 있는 재산의 구체적인 존속의 보호를 목적으로 한다고 한다.[68]

Ⅵ. 맺음말

이상에서 경찰법상의 상태책임에 대하여 검토하였다. 국내에서는 논의가 많지 아니한 분야이긴 하지만, 이 글에서 주된 연구대상으로 삼은 독일경찰법에서는 특히 그 근거 및 한계에 대하여 오래전부터 학설과 판례를 통하여 다양한 견해가 제시되었던 영역이기도 하다. 아직 상태책임에 대한 일반적 논의가 충분하지 아니한 우리 법제 하에서, 상태책임의 근거 및 한계를 포함한 전반적인 상태책임에 관한 문제점을 한 번에 다 검토하는 것은 곤란한 면이 없지 않아, 이 글에서 소개한 견해에 대한 상세한 평가 등 보다 구체적인 논의는 후속연구를 통하여 발전시키고자 한다.

다양한 견해대립과 논의가 전개되고 있는 주제이어서, 상태책임에 관한 필자의 논시를 분명히 하고자 다시 한번 강조하는 것은, 상태책임은 행위책임과는 그 책임에 대

66) 위와 같음.
67) BVerfGE 102, S. 21 f.
68) BVerfGE 102, S. 22 f.

한 이론적 구조를 달리한다는 점이다. 행위책임은 "위험야기"에, 상태책임은 "물건에 대한 지배"에 바탕을 두고 있어 양자는 구별된다. 이와 관련 "물건에 대한 지배"가 상태책임의 근거로까진 볼 수 없고 단지 규범적 연결점 내지 귀속기준에 불과하다는 견해[69]가 있지만, 그렇게 보더라도 최소한 "물건에 대한 지배"는 상태책임의 근거를 위한 "중요한" 연결점이라고 할 것이다. 그럼에도 불구하고 그동안 "물건에 대한 지배"가 가지는 공법상의 의미를 너무 간과하였고, 여기에 대한 학문적 연구도 부족하지 않았나 하는 생각을 하게 된다.

경찰법상 상태책임과 관련하여 우리 공법학이 해결해야 할 문제는 적지 아니하다. 무엇보다 우리나라의 개별법령 가운데 상태책임의 차원에서 규율되어야 할 내용을 행위책임이나 민사법적인 불법행위책임으로 구성한 규정들이 있다면 이는 문제가 아닐 수 없다. 상태책임에 관한 논의가 보다 구체적으로 활성화될 필요가 있다고 보는 이유는 여기에도 있는 것이다.

69) Friauf, 앞의 논문, 298쪽.

제 4 장

數人의 경찰책임자

Ⅰ. 머리말

'數人의 警察責任者'(Mehrheit von polizeilichen Verantwortlichen)의 문제는 행위책임과 상태책임이 경합하는 경우 또는 수인의 행위나 수인의 물건이 합쳐져 경찰위험을 일으키고 있는 경우이다. 일반적으로 하나의 위험에 대해서 1인의 책임자가 있는 것이 경찰책임관계의 원칙적인 모습이겠지만, 경우에 따라서는 하나의 위험에 대해서 책임을 져야 하는 자가 수인이 있는 경우가 있는데, 이것이 바로 수인의 경찰책임자의 문제이다. 가령 피용자의 행위에 대하여 피용자뿐만 아니라, 사용자도 책임을 지는 것처럼 수인의 행위책임자들도 있을 수 있고, 붕괴우려가 있는 건물에 대하여 소유자뿐만 아니라 임차인도 책임을 지는 수인의 상태책임자들도 있을 수 있다. 또한 유조차가 전복되어 기름이 유출되어 인접토지에 스며드는 경우처럼 운전자의 행위책임과 토지소유자의 상태책임을 함께 인정해야 하는 경우도 있다.[1] 학자들에 따라 다수자책임[2], 복합적 경찰책임[3], 혼합책임[4], 책임자의 경합[5] 등으로 논하는 문제영역은 모두 여기서 말

1) 정하중, "경찰법상의 책임", 공법연구 25-3, 1997, 126쪽 이하.
2) 김남진 · 김연태, 행정법Ⅱ, 2005, 273쪽; 박윤흔, 행정법강의(하), 2004, 333쪽; 박균성, 행정법론(하), 2005, 447쪽; 서정범, "다수의 경찰책임자에 관한 법적 문제", 공법연구 24-2, 1996, 383쪽 이하; 정하중, 위의 논문, 126쪽.
3) 김철용, 행정법Ⅱ, 253쪽; 김동희, 행정법Ⅱ, 2006, 215쪽; 정하중, 행정법각론, 2005, 254쪽; 유지태, 행정법신론, 2006, 838쪽.
4) 석종현, 일반행정법(하), 2005, 304쪽; 한견우, 현대행정법강의, 2006, 685쪽.

하는 수인의 경찰책임자에 관한 것이다.

여기서 數人이란 자연적인 의미에서의 數가 복수라는 의미가 아니라, 수인의 당사자 각자가 위험 전체에 대하여 책임을 지는 경우를 뜻한다.[6] 민사상 채무에 대하여 1인의 채무자가 있는 경우가 원칙이지만, 경우에 따라 주채무자와 연대채무자, 주채무자와 보증채무자와 같이 채권자의 입장에서 채무이행을 청구할 수 있는 자가 복수인 것과 구조가 유사한 법률관계라고 할 수 있다.

수인의 경찰책임자를 경찰책임론의 한 영역으로 중요하게 다루어야 하는 이유는 민사채무관계에서 1인의 채무자만이 존재하는 경우 외에 수인의 채무자가 존재하는 법률관계가 많듯이, 경찰책임에 있어서도 수인의 경찰책임자가 존재하는 문제가 흔히 발생할 수 있기 때문이다. 우리나라에서 경찰책임에 관해서는 행정법교과서에서도 비교적 상세하게 다루고 있어 이미 정착된 법이론이라고 할 수 있지만, 실무에서 이를 적용하는 예를 찾아보기는 힘든 것이 현실이다. 경찰책임론의 일종인 수인의 경찰책임자 관계에서도 이러한 현상은 마찬가지이다.

그 이유는 실무적으로 이러한 문제가 발생하지 않기 때문인가.

그렇지는 않다. 현대사회에서 위험방지(Gefahrenabwehr)와 관련된 경찰법의 문제는 없을 수 없다. 위험방지책임자가 수인인 경우 역시 지금 이 순간에도 나타나고 있을지 모른다. 그럼에도 불구하고 이러한 문제영역에 대하여 정확하게 인식하지 못하는 경우가 많은 이유는 위험방지의무관계를 사인의 이익조절에 관한 민사채무관계로 오해한 데에 있다고 생각된다.

이 글의 주된 취지는 이러한 문제점을 지적하고 그에 대한 이론적 바탕을 제시하고자 하는 데 있다. 수인의 경찰책임자관계가 적용되어야 하는 우리의 법제도에 대하여 제대로 해석과 입법을 하자는 것이다. 다만, 우리나라에서는 아직 경찰책임을 규정하는 일반법이 없고, 관련 연구도 충분하지 아니한 상태에 있어, 방법론상 독일의 이론과 판례를 많이 참고하게 된다. 우리 법제 가운데에서도 개별법상 수인의 경찰책임자관계를 적용할 수 있는 문제에 대해서는 부분적으로 우리 법률규정에 대한 구체적인 고찰을 하게 된다.

수인의 경찰책임자관계는 위험방지 내지는 교란의 제거를 기점으로 그 이전 단계

---

5) 홍정선, 행정법특강, 2006, 964쪽.

6) 각자가 위험전체에 대하여 책임을 지는지, 혹은 일정한 책임부담분이 있는지에 대해서는 후술하는 바와 같이 학설대립이 있다. 또한 전자의 경우에도 1차적 영역, 2차적 영역을 나누어 보아야 한다.

를 1차적 영역, 그 이후단계를 2차적 영역으로 나누어 파악할 수 있다. 1차적 영역에서는 위험방지 혹은 교란제거를 지향하게 되고, 2차적 영역에서는 위험상태를 벗어난 후에 수인의 책임자들간에 내부적인 이익조정을 문제삼는다.

이하에서는, 우선 수인의 경찰책임자의 본질이 무엇인가를 살펴본 후(Ⅱ), 위험제거에 관한 1차적 영역(Ⅲ), 위험제거 후 내부적 이익조정에 관한 2차적 영역(Ⅳ)으로 나누어 검토한다. 그리고 수인의 경찰책임자관계로 이해할 수 있는 수인의 토양정화책임관계를 현행 실정법을 중심으로 구체적으로 검토하면서(Ⅴ), 논의를 마무리하고자 한다(Ⅵ).

Ⅱ. 數人의 警察責任者關係의 性質

수인의 경찰책임자의 1차적 영역 및 2차적 영역에서 구체적인 논의를 하기에 앞서 논의의 전제가 되는 몇 가지 기본적인 사항들을 정리함으로써 수인의 경찰책임자관계의 성질에 대하여 살펴보고자 한다.

1. 數人의 경찰책임자관계와 구조가 유사한 민법상 책임관계는 무엇인가

경찰책임은 그 본질상 민·형사법에서 말하는 책임과는 그 성질을 달리한다. 이들 각 책임은 그 목적이 다르기 때문에 그 책임자를 결정하는 기준이 각각 다르다. 민사책임은 개인과 개인간의 관계에서 개인을 보호하려는 것이고, 형사책임은 사회와 개인간의 관계에서 응보적 제재를 통하여 간접적으로 사회를 개인으로부터 방위하려는 것이다. 이와 비교하여, 경찰책임은 사회공공의 질서를 유지하고 이에 대한 위험을 제거하여 직접적으로 사회를 개인으로부터 보호하려는 것이다.[7)]

이러한 그 목적과 성질이 구분되는 책임들 가운데서 민사책임과 경찰책임을 혼동하여, 경찰책임론의 한 부분인 수인의 경찰책임자관계의 성질을 민사책임의 시각으로 잘못 이해하기 쉽다. 따라서 양자의 구분을 보다 명확하게 하고, 이로써 수인의 경찰책임자관계의 성질을 분명히 하기 위하여, 수인의 경찰책임자와 구조가 유사한 민법상 책임관계는 무엇인가를 살펴볼 필요가 있다.

---

7) 박윤흔, 행정법강의(하), 330쪽 참조. 경찰책임의 성질에 대한 상세는 김현준, "경찰책임론", 영남법학 11-1, 2005, 204쪽 이하.

우리 민법에서 그것은 바로 '數人의 債權者 및 債務者'라는 제목을 가진 민법 제3절에 해당하는 제408조 이하에서 규정하고 있다. 경찰법상 수인의 경찰책임자관계가 1개의 경찰의무에 대하여 수인의 경찰책임자가 있는 것이라면, 민법상 수인의 채무자관계는 1개의 민사상 급부에 대하여 수인의 채무자가 있는 경우이다. 이 글에서 수인의 경찰책임자로 표현하는 이유도 이 문제와 유사한 구조를 가진 민법상 법률관계가 수인의 채무자관계임을 지적하고, 양자를 보다 선명하게 비교하기 위해서이다.[8)]

우리 민법상 數人의 債權者 및 債務者관계에는 분할채권관계(민법 제408조) 및 불가분채권과 불가분채무(제409조 이하), 연대채무(제413조 이하), 보증채무(제428조 이하)가 포함된다. 이중 분할채무는 민법상 다수당사자의 채무관계에 있어서 원칙적인 모습으로 되어 있다는 점 외에는 그다지 특수한 제도로서 작용하는 것은 아니어서, 다수채무자로서 구체적으로 문제가 되는 것은 결국 後 3者라고 한다.[9)] 수인의 채권자 및 채무자에 있어서 분할채권 · 채무관계가 민법에서도 그리 문제가 되지 아니하듯, 수인의 경찰책임자에서도 분할될 수 있는 책임은 크게 문제가 되지 아니한다. 그리고 경찰책임에서는 민법에서와 같이 채권자와 채무자간에 다양한 형태의 계약이 이루어지는 것이 아니므로, 불가분채무, 연대채무, 보증채무와 같은 다양한 형태로 나타나는 것도 아니다.

민법상 수인의 채무관계에서도 채무자와 채권자간에 채무를 변제하는 문제인 대외적 효력의 경우와 채무변제 이후에 수인의 채무자간의 문제인 대내적 효력의 경우로 나눌 수 있다. 수인의 경찰책임자에 있어서도 마찬가지로 우선 위험의 방지 내지는 제거라는 민법상 채무이행에 관련된 對外的 效力의 경우와 수인의 경찰책임자 가운데 1인이 경찰책임을 감당한 경우 수인의 경찰책임자들간의 이익조정의 문제인 對內的 效力의 경우로 나누어 살펴볼 수 있다. 이 글에서 말하는 1차적 영역은 前者, 2차적 영역은 後者의 문제이다.

수인의 경찰책임자관계는 민사책임의 경우와 비교하여 논할 때, 경우에 따라 전체 법질서 내지는 책임법일반의 차원에서 같은 맥락으로 볼 수 있는 부분과 서로 다른 성질의 책임으로 보아야 하는 부분을 잘 고려해서 검토할 필요가 있다. 가령, 후술하는 바와 같이 수인의 경찰책임자에 있어서 부분적으로 민법이론의 유추적용 가능성이 문

8) 민법전에 규정된 '數人', '數人의 債權者 및 債務者' 외에, '다수당사자', '다수당사자의 채권관계' 등의 표현도 민법학에서 많이 쓰고 있는 것으로 보이지만(곽윤직, 채권총론, 박영사, 2003, 151쪽), 여기서는 명문규정에 일단 주목하면서, 이와 비교하여 '數人의 경찰책임자'라는 용어를 쓰고 있다. 그 의미는 '다수의 경찰책임자'의 개념과 본질적으로 차이가 없다.

9) 곽윤직, 위의 책, 152쪽.

제되는데, 경찰책임과 민사책임은 그 목적과 성질이 다른 영역이라는 점을 바탕으로 하면서, 양자의 유사성에 대한 검토가 있어야 하는 것이다.

2. 수인의 경찰책임자는 각자 책임부담분이 있는가, 전체에 대하여 책임을 지는가

수인의 경찰책임자관계에서 선택재량을 행사할 때, 이때 수인의 책임자에게는 각자 책임부담분이 있는 것인가, 아니면 그렇지 않고 각자가 전체에 대하여 책임을 진다고 볼 것인가.

前者의 견해는 이른바 '그 정도의 책임은 없는 자'(Nicht-So-Störer)라는 개념을 인정하면서, 수인의 책임자는 각자 책임부담분이 있고, 이를 넘은 경우에는 마치 비교란자(Nicht-Störer)가 보상을 요구하는 것과 유사한 상황으로 이해해야 한다고 한다.[10] 그리고 1차적 영역에서 위험제거를 위해 경찰권을 발동할 수 있는 범위는 제거되어야 하는 부담분에 달려있다고 한다.[11]

이에 반하여, 後者의 입장은 수인의 책임자 각자에게 책임부담분이 있는 것이 아니라(keine nur eine anteilige Verantwortlichkeit), 책임자 모두가 당해 위험 전체에 대하여 책임을 진다고 한다. 그 논거로서 처음부터 각자에게 본인부담분이 있다는 견해는 한정된 책임부분이라는 것을 알지 못하는 책임법일반에서의 대원칙과 맞지 아니하며, 경찰법에서도 이 부분에 관해서는 책임법일반에서의 원칙과 달리 해석할 이유는 없다는 점을 들고 있다.[12]

생각건대, 제1차적 영역에서부터 수인의 경찰책임자에게는 각자의 책임부담분이 있다고 보는 것은 후술하는 효율성원칙 등에 비추어 타당하지 아니하다. 따라서 모든 수인의 경찰책임자는 위험 내지는 교란 전체에 대하여 책임을 진다고 할 것이다. 그리고 내부적인 이익조정의 문제는 2차적 영역에서야 다루어야 한다. 다만, 수인이 혹은 여러 물건이 각자 다른 위험을 발생시켰는데, 이것이 외부에서 보기에 하나로 합쳐져 있는 경우는 달리 보아야 한다. 이 경우에는 처음부터 위험 자체가 분리되는 것이므로

---

10) Giesberts, Die gerechte Lastenverteilung unter mehreren Störern, 1990, S. 79 ff.; Jochum, "Die polizei- und ordnungsrechtliche Störermehrheit und die beschränkte Kostentragungspflicht des 'Nicht-So-Störers'", NVwZ 2003, 526 (529 ff.).

11) Jochum, NVwZ 2003, 526 (529).

12) Schenke, Polizei- und Ordnungsrecht, 4. Aufl., 2005, Rn. 284; Gornig/Hokema, "Störerauswahl", JuS 2002, 21 (22); Kloepfer/Thull, "Der Ausgleich unter mehreren polizei- und ordnungsrechtlich Verantwortlichen", DVBl. 1989, 1121 ff.

각자의 책임부담분이 긍정되어야 할 것이다.[13)]

3. 행정청은 수인의 경찰책임자 가운데 임의로 선택할 자유가 있는가

경찰행정청은 위험방지를 위해 경찰권을 발동할 것인지 여부의 결정에 관한 재량인 결정재량(Entschließungsermessen)과 이때 어떠한 위험방지수단을 선택할 것인가에 관한 수단선택재량(Mittelauswahlermessen)을 가진다. 그리고 수인의 경찰책임자가 있는 경우에는 그 중 누구를 경찰권발동의 대상으로 선택할 것인가 하는 경찰책임자선택재량(Störerauswahlermessen)을 가지게 된다. 이 경우 행정청은 수인의 경찰책임자 가운데 임의로 선택할 자유가 있는가 하는 의문이 생길 수 있다.

그러나 이때에도 재량통제의 법리가 적용되지 않을 이유가 없을 것이다. 따라서 경찰책임자선택재량을 행사함에 있어서 재량권의 일탈 · 남용이 있는 경우에는 위법한 행정작용이 된다. 이 점에서 채권자가 임의의 채무자에게 채무의 이행을 청구할 수 있는 민법상 연대채무와 같은 수인의 채무관계와 다르다. 요컨대 행정청은 수인의 경찰책임자 가운데 임의로 선택하여 경찰권을 발동할 수는 없으며, 의무적합적인 선택재량의 법리가 마찬가지로 적용된다. 그리고 후술하는 효율성원칙, 비례원칙 등은 이러한 재량을 통제하는 구체적인 기준이라고 할 수 있다.

4. 행정청의 선택재량의 행사에 있어서 정형화된 공식이 있는가

선택재량의 기준에 대한 일종의 정형화된 공식으로서 행위책임과 상태책임이 충돌하는 경우 전자가 후자에 우선한다는 견해가 주장되기도 했다.[14)] 그러나 오늘날 일반적인 학설의 경향은 양자간에는 우열이 없다고 보고 있으며,[15)] 최근 독일 연방헌법재판소는 이를 더욱 분명히 했다.[16)] 책임의 근거 및 범위의 측면에서 비례의 원칙을 고려할 때 실제적으로 행위책임자가 상태책임자에 비하여 우선적으로 위험방지의무를 지게 되는 경우도 나타나지만, 그것은 행위책임과 상태책임 그 자체간의 우열관계가 존재하는데 기인하는 것이 아니라, 비례의 원칙 등 다른 기준에 의한 것이다.[17)]

---

13) Schenke, 앞의 책, Rn. 284.
14) 서정범, 앞의 논문, 393쪽에 인용된 독일의 과거 판례 및 학설 참조.
15) Schenke, 앞의 책, Rn. 285.
16) BVerfG, Beschluß vom 16.2.2000 – 1BvR 242/91, 315/99, BVerfGE 102, S. 1 ff..
17) Schwerdtner, "Die Lastenverteilung unter mehreren Störern", NVwZ 1992, 141 f.

그 밖에도 행위책임자인 동시에 상태책임자인 이른바 二重責任者(Doppelstörer)는 우선적으로 책임을 져야 한다는 견해가 있다.[18] 그러나 단순히 이 이유만으로, 즉 일종의 정형화된 공식으로 이중책임자에게 우선적으로 경찰권을 발동하는 것은 곤란하다. 이 경우에도 효율성원칙, 비례원칙 등에 의해 우선적으로 책임질 자가 결정되어야 할 것이다. 이중책임자에게 경찰권을 발동하는 것이 통상적으로 의무적합한 재량행사가 되는 경우가 많겠지만, 그것은 이중책임자가 우선한다는 정형화된 공식에 의한 것이 아니라, 그가 효율성원칙 등에 의해 우선적으로 책임을 질 자가 되기 때문이다.[19]

따라서 선택재량의 기준을 결정함에 있어서 '二重責任者에게 우선적으로 발동', '행위책임자에게 우선적으로 발동'과 같은 정형화된 공식을 인정하는 것은 곤란하고, 각 개별사안에 따라 효율성원칙, 비례원칙, 정당한 부담배분의 원칙과 같은 법원칙이 적용될 뿐이다.[20] 요컨대 수인의 경찰책임자들 가운데 위험방지의무를 명함에 있어서 당해 행정청이 가지는 재량은 의무적합적인 재량(pflichtgemäßes Ermessen)으로 일정한 법적인 구속을 받게 되며, 거기에 정형화된 공식은 인정되지 아니한다.

5. 수인의 경찰책임자의 실질적 경찰책임의 근거는 행정처분인가, 법률인가

이 문제는 경찰책임 전반에 걸쳐 제기되는 영역으로서, 비단 수인의 경찰책임자관계에 한정되어 논의되는 수인의 경찰책임자의 특유한 문제는 아니다.[21] 그러나 이는 후술하는 2차적 영역에서의 수인의 경찰책임자관계를 정리하는데 전제가 되는 중요한 쟁점이라고 할 수 있어 여기서 미리 검토하고자 한다.

먼저 이와 관련하여 주목되는 견해는 법률에 근거한 행정처분이 있는 경우에는 실질적 경찰책임[22]이 발생하지만, 그렇지 않고 단지 법률에만 근거하는 경우에는 아직

18) Schenke, 앞의 책, Rn. 287.

19) 같은 취지로서 서정범, 앞의 논문, 394쪽 및 인용된 독일문헌 참조.

20) Pieroth/Schlink/Kniesel, Polizei- und Ordnungsrecht, 2. Aufl., 2004, Rn. 86 ff. 기타 과거 독일 판례에서 '원인을 야기한 정도', '시간적으로 최후의 원인을 제공한 자'가 우선적으로 경찰권발동의 대상이 되는 일종의 공식으로 적용된 적이 있었다. 그 내용에 대해서는 서정범, 앞의 논문, 385쪽 이하 참조.

21) 이는 경찰책임의 승계와 관련하여 곧 잘 논의되는 문제이기도 하다. 가령 김남진, "경찰 및 질서행정법상의 의무와 그의 승계 등", 고시연구, 2000/11, 144쪽 이하; Nolte, "Gesamtrechtsnachfolge in die abstrakte Verhaltenspflicht bei Altlasten vor und nach In-Kraft-Treten des § 4 Ⅲ 1 Alt. 2 BBodSchG", NVwZ 2000, 1135 ff.

22) 구체적 책임은 경찰상 의무 또는 책임이 경찰처분(행정행위)을 통하여 구체화(현실화) 되어 있는 경우이며, 말하며, 추상적 책임은 아직 경찰처분을 통하여 구체화되지 않은 법령상의 경찰책임을 의미한다고 구분되고 있다(김남진, 앞의 논문, 144쪽).

추상적 경찰책임만 있고, 실질적 경찰책임은 없다고 보는 입장이다.[23] 즉 실질적 경찰책임은 법률의 규정만으로는 발생하지 아니하고, 그 법률에 근거한 행정처분을 통해서야 비로소 발생한다는 것이다.[24] 따라서 경찰책임자가 수인이 있는 경우에도 그 수인의 책임자는 법률규정에 의해서는 아직 형식적 경찰책임을 지며, 행정청이 수인 가운데 누군가에게 위험방지의무를 명한 경우에 그 행정처분의 상대방이 실질적 경찰책임을 지게 된다는 결론이 된다. 그 이유로서 실정법률에서는 일반적인 교란회피의무(Nichtstörungspflicht)를 찾아볼 수 없기 때문에 법률에 근거한 행정처분까지 있어야 실질적인 경찰책임이 발생한다고 한다.[25]

과연 실질적 경찰책임이 법률의 규정만으로도 발생하는 것인가, 아니면 그 법률에 근거한 행정처분을 통하여 비로소 발생하는 것인가.

여기서 민법상 의무는 어떻게 발생하는가를 참고로 살펴볼 필요가 있다. 민법상 청구권자는 이미 존재하는 청구권에 근거하여 채무자에게 일정한 청구를 이행하도록 요구한다. 즉 민법상 의무는 이미 법률에서 발생하며, 청구권행사를 함으로써 새로이 창출되는 것은 아니다. 그런데 경찰법에서는 이러한 실질적 경찰의무의 존재를 그 전에 행해진 행정행위에 의존하게 한다면 그것은 행정행위가 위험제거청구권의 요건의 일부분이라는 의미가 되고, 위험제거청구권의 존재여부가 행정청에 달려 있다는 것이 된다. 행정청은 행정행위를 발령함으로써 청구권을 처음으로 창출한다는 것이다. 그러나 이러한 이해는 그에 대한 필요성이 없이도 성립하는 민사법적 청구권체계와 법이론상 괴리가 생기게 되는 불합리성이 있다.

뿐만 아니라, 행정행위를 명령적 행위 · 형성적 행위 · 확인적 행위로 구분할 때, 형성적 행정행위라고 하더라도[26] 청구권이 처분을 통하여 새로이 창출된다는 것은 이해하기 어렵고, 일종의 명령적 행정행위인 경찰하명을 통하여 청구권이 형성된다는 것은 행정행위의 기본적 이해를 벗어나는 것이라고 생각된다.

따라서 행정행위를 통하여 경찰법상 위험제거청구권이 발생한다기보다 이미 법률

---

23) Papier, DVBl. 1985, 873 (879); ders., NVwZ 1986, 256 (263); Schwachheim, NVwZ 1988, 225 (226).

24) 여기서 실질적 경찰책임이 추상적 경찰책임과 대응하지만, 원래 추상적 경찰책임의 상대되는 개념은 구체적 경찰책임이다(김남진, 앞의 논문, 144쪽 이하 참조). 즉 구체적 책임이어야 실질적 경찰책임이 되느냐, 아니면 추상적 경찰책임만으로도 실질적 경찰책임을 가지느냐 하는 것이 본 문제이다.

25) Petersen, Der gesamtschuldnerische Ausgleich bei einer Mehrheit polizeirechtlich verantwortlicher Personen, 1991, S. 52 (Heßler, Der Störerausgleich im Bodenschutzrecht, Diss. Köln, 2004, S. 52 f.에서 재인용).

26) Vgl. Maurer, Allgemeines Verwaltungsrecht, 2006, S. 217.

에 의해 발생된 경찰책임자의 위험제거의무가 단지 수인의 책임자간의 선택결정으로 구체화된다고 하는 것이 보다 타당하다. 행정청의 구체화의 도움으로써 시민이 수행해야 하는 조치의 시간적 문제와 같은 보다 정확한 위험제거의 종류나 범위가 확정된다는 점은 인정되지만, 이러한 이유로 인하여 일반적인 경찰의무가 이미 그전에 존재한다는 점을 바꿀 수 있는 것은 아니다.[27] 요컨대 행정청의 위험제거청구권은 민법에서와 마찬가지로 법률상 규정된 청구권을 근거지우는 요건이 충족됨으로써 발생하며, 그 밖에 행정처분까지 있어야 하는 것은 아니라고 할 수 있다.[28]

Ⅲ. 數人의 경찰책임자와 교란제거 - 제1차적 영역

수인의 경찰책임자 중 선택재량을 행사함에 있어서 개별법률에 수권이 있는 경우에는 먼저 그 규정에 따라야 할 것이다. 그러나 특별한 규정이 없는 경우 선택재량의 기준 내지는 통제를 위해 적용될 수 있는 원칙들로서 다음과 같은 것들이 있다.[29]

1. 효율성의 원칙

효율성원칙이란 위험방지의무를 가장 효율적으로 수행할 수 있는 자가 우선적으로 경찰권발동의 대상이 된다는 원칙이다. 효율적으로 위험을 제거할 수 있는가에 대한 기준이 되는 것은 '경찰책임자의 위험방지를 위한 인적 · 물적인 수행능력' (persönliche und sachliche Leistungsfähigkeit des Störers) 및 '위험에의 공간적 · 시간적 근접성' (räumliche und zeitliche Nähe zur Gefahr)이다. 따라서 위험방지를 주된 목적으로 하는 경찰법에서 효율성이란 '신속하고 실효성있는 위험의 제거'(rasche und wirksame Beseitigung der Gefahr)를 뜻한다. 이 효율성원칙은 수인의 경찰책임자, 그중에서도 1차적 문제영역에 있어서 매우 중요한 의미를 가진다. 즉 경찰행정청은 수인의 책임자

27) Heßler, 앞의 책, 53쪽 이하. 한편 Martensen은 특히 실질적 경찰의무의 의미를 가능한 한 신속한 위험방지에서 역설한다. 본래의 의무가 처분을 통해서 발생된다면, 신속하고 이로써 가능한 한 효율적인 위험방지는 보장될 수 없을 것이다. 따라서 무엇보다 위험방지의 기본권보장적 의미의 배경하에 실질적 의무는 이미 법률에 의해 발생한다고 해야 한다는 것이다(Martensen, "Materielle Polizeipflicht und polizeiliche Verpflichtbarkeit des Bürgers in Anscheins- und Verdachtslagen", DVBl. 1996, 286 ff.).

28) Grundwaldt, Zivelrechtliche Ausgleichsansprüche unter mehreren polizeirechtlichen Störern, 1994, S. 116 ff.(Heßler, 앞의 책, 53쪽에서 재인용).

29) 특별한 규정이 없는 경우에는 행위책임자가 우선된다거나, 이중책임자가 우선된다거나 하는 공식은 없음은 앞서 본 바와 같다.

가운데 위험을 가장 신속하고, 실효성있게 제거할 수 있는 상태에 있는 자를 선택해야 한다. 만일 보다 신속하고 실효성있게 위험을 제거할 책임자가 있는데도, 그러하지 못한 책임자에게 경찰권을 발동할 경우 효율성원칙에 반하여 재량하자가 된다.[30)]

그런데 효율성원칙은 경찰책임자가 수인인 경우 선택재량을 행사하는 기준이 되지만, 이와 같은 개별적인 문제영역을 넘어 국가임무를 수행함에 있어서도 효율성의 원칙이 독자적 법원칙으로 볼 수 있는가 하는 문제가 있다. 여기에 대한 상세한 검토는 본 주제를 벗어나는 것이어서, 현행 법체계가운데 이를 수용할 것인가에 대해서는 구체적인 상황을 고려하여 매우 신중하게 검토해야 한다는 점만 지적한다.[31)]

효율성원칙과 관련하여 또 하나의 문제는 비례원칙과의 관계이다. 양자가 긴장관계에 있는지 여부가 일단 문제가 될 수 있고, 또한 광의의 비례원칙 중 하나인 적합성원칙과의 구분이 문제될 수 있는데, 이는 '비례원칙'을 논하면서 다루고자 한다.[32)]

2. 정당한 부담배분의 원칙

수인의 경찰책임자의 문제에 있어서는 1차적 영역에서는 효율성원칙이, 2차적 영역에서는 정당한 부담배분의 원칙이 각각 가장 강조된다. 즉 아직 위험방지 혹은 교란제거가 있기 전에는 우선 위험을 없애야 한다. 따라서 효율적인 위험의 방지 혹은 제거가 가장 중요한 원칙으로 작용하며, 헌법상 평등권원칙 및 실질적 법치국가원리에 바탕을 두는[33)] 정당한 부담배분의 원칙은 위험이 제거된 이후인 2차적 영역에서 우선적으로 요청된다.

그러나 정당한 부담배분의 원칙이 1차적 영역에서는 의미가 없는 것은 아니다. 물론 1차적 영역에서 이 원칙은 효율적인 위험방지의 관점에 더 이상 반하지 않는 경우에야 행정청의 선택재량을 지배하게 된다. 가령 A가 의도적으로 B소유의 주차된 차량을 경찰위반상태에 둘 경우, 행위책임이 있는 A만이 아니라, 상태책임이 있는 B도 경찰책임자가 된다. 그 소유권이 사실상 제3자의 영향 하에 있는 경우와 같이 실제로는 오히려 손해 입은 자라고 하더라도 경찰권발동의 대상이 될 수 있다. 이처럼 제3의 운전자가 교통에 위반되게 주차한 차량에 대한 소유자의 책임에 있어서는 정당한 부담배

30) Heßler, 앞의 책, 33쪽.
31) 같은 취지 Racher, in: Lisken/Denninger (Hrsg.), Handbuch des Polizeirechts, 2001, F, Rn. 240 f.
32) 후술하는 이 글 Ⅲ. 4. 참조.
33) Schenke, 앞의 책, Rn. 289.

분의 원칙이 적용될 여지가 발생한다.[34)]

3. 비례의 원칙

(1) 수인의 경찰책임자에 있어서 적합성원칙

적합성원칙이란 채택된 수단이 행정목표달성을 위해 적합해야 한다는 원칙이다. 따라서 수행능력이 없는 자보다는 수행능력이 있는 자에게 우선적으로 경찰권을 발동해야 한다. 수행능력은 사실적 · 법적 관점에서 존재해야 하는데, 여기서 '사실상 수행능력이 있는 자'란 위험야기에 영향을 미칠 수 있는 필요한 수단을 가지고 있는 자를 뜻한다. 가령 위험제거를 위해서 토지를 파거나 톤(t) 단위로 땅을 파내어 운반해야 하는 상황에서 소유자가 그에 필요한 장비가 없는 경우에는 그 소유자에게 경찰권을 발동할 수는 없다. 이때에는 건설회사와 같이 장비를 갖춘 자만이 수행능력이 있다고 해야 할 것이다. 그리고 '법적으로 수행능력이 있는 자'라 함은 법질서에 따라 대상에 영향을 미칠 권한이 있는 자를 말한다. 가령 A와 B간에 설치된 담장이 붕괴위험이 있어 그 보수가 필요하고, 이를 위해 B의 토지에 출입해야 하는 상황에서 B가 그 출입을 거부한 경우에는 A는 법적인 수행능력이 없고, B만이 법적으로 수행능력이 있다고 할 수 있다.[35)]

적합성원칙과 관련하여 Gusy교수는 적합성원칙은 효율성원칙과 연결된다고 하면서,[36)] 다음과 같은 구체적인 기준을 제시하고 있다.

(i) 긴급한 필요성이 있는 경우, 현장에 없는 자 보다는 현장에 있는 자에게 우선하여 경찰권을 발동한다.[37)]

(ii) 행위책임자 대신에 상태책임자에게 경찰권을 발동하는 것이 오랜 경험상 위험방지의 성공가능성이 있었던 경우에는 상태책임자에게 우선적으로 경찰권을 발동한다.

(iii) 공동행위자들이 공동으로만 위험을 막을 수 있을 경우에는 그들은 공동으로 경찰권발동의 대상이 된다. 만일 공동행위자 중 일부만이 있는 경우에는 그 일부에게 경찰권을 발동한다.

(iv) 어떤 자에게 경찰권을 발동할 경우 새로운 위험을 가져올 수 있다면 그렇지 않

34) 이때 B가 A에 대하여 가지는 민법상의 손해배상청구권은 별개의 문제이다.
35) Gusy, 앞의 책, Rn. 369.
36) 위의 책, Rn. 370.
37) 행위책임자는 현장에 없는 경우에, 현장에 있는 상태책임자에게 우선적으로 경찰권을 발동한 독일 판례가 있다. HeVGH, DÖV 1987, 260 (Gusy, 앞의 책, 181쪽 각주 92에서 재인용).

는 자에게 경찰권을 발동한다.

(v) 경찰책임자가 그 현장에 없고, 당해 위험을 방지하기 위해 신속한 조치가 필요한 경우에는, 비용은 경찰책임자에게 부담시키더라도 경찰행정청 스스로가 필요한 조치를 한다. 즉 위험현장에 있는 경찰행정청 스스로가 이를 처리해야 할 만한 긴급한 경우에는 경찰책임자를 찾느라고 위험을 증대시키거나 지속시켜서는 아니 된다.

요컨대 효율성원칙은 구체적으로 '경찰책임자의 위험방지를 위한 인적 · 물적인 수행능력' (persönliche und sachliche Leistungsfähigkeit des Störers) 및 '위험에의 공간적 · 시간적 근접성' (räumliche und zeitliche Nähe zur Gefahr)으로 나타난다. 그리고 수행능력 및 공간적 · 시간적 근접성이 있는 자에게 우선적으로 경찰권을 발동해야 한다는 이야기는 곧 목적달성을 위하여 보다 적합한 수단의 채택, 즉 수인의 경찰책임자 가운데 보다 적합한 자에게 경찰권을 발동해야 한다는 것으로 귀결된다.

그런데 이와 같이 적합성원칙의 구체적인 내용을 보면 수인의 경찰책임자에 있어서 적용되는 적합성원칙은 결국 앞서 본 효율성원칙과 같은 내용이 아닌가, 즉 양자는 결국 같은 개념이 아닌가 하는 의문이 생길 수 있다. 그러나 효율성원칙과 광의의 비례원칙 중 적합성원칙은 양자는 그 기본취지가 다를 뿐만 아니라, 앞으로 각각의 내용에 대한 이론적 발달을 기대할 수 있으므로 양자가 같다고 단정 지을 필요는 없을 것 같다. 또한 이와 관련하여 비례원칙은 효율성원칙과 긴장관계에 있는 것이 아니라, 양자는 조화될 수 있는 원칙으로 보아야 할 것이다.[38] 다만 수인의 경찰책임자의 선택재량과 관련해서는 양자가 상당 부분 접점이 있는 것은 부인할 수 없어, 수인의 경찰책임자 문제의 1차적 영역에 있어서 가장 전면에 등장하는 효율성원칙은 비례원칙 중 적합성원칙의 특별한 표현 정도로 볼 수 있다고 생각된다.

(2) 수인의 경찰책임자에 있어서 필요성원칙(최소침해원칙)

비례원칙의 하나로서 일반행정재량의 통제수단으로는 중요한 역할을 하는 필요성원칙(최소침해원칙)은 같은 행정목적을 달성하기 위하여 선택할 수 있는 수단가운데 국민의 권익을 가장 적게 침해할 수 있는 수단을 택해야 한다는 것을 내용으로 한다.

---

38) 어떠한 소치를 위험방지에 효율적이라고 볼 수 있느냐는 결국 비례원칙으로 해결해야 하며, 이렇게 볼 때 비례원칙은 효율성원칙을 보완하는 기능을 한다는 견해(서정범, 앞의 논문, 389쪽)도 있다. 그러나 효율성의 구체적인 내용을 비례원칙이 해결한다고 볼 수 없고, 광의의 비례원칙 중 적합성원칙, 필요성원칙, 협의의 비례원칙이 각각 여기서 구체적으로 다른 기능을 하는 만큼 단순히 비례원칙이 효율성원칙을 보완한다는 부분도 적절하지 아니하다고 생각된다.

이 필요성원칙이 수인의 경찰책임자관계에 있어서는 어떠한 의미를 가지는가에 대해서는 견해가 대립된다. 필요성원칙의 적용은 위험의 효과적 제거라는 경찰법의 의의 및 목적에 반한다는 부정설과 비례원칙은 모든 집행권의 작용에 적용되는 것이어서 개별적 영역에서 편의상 적용을 배제할 수 없다는 긍정설이 그것이다.[39]

생각건대, 수인의 경찰책임자들 중에서 경찰권발동의 대상을 선택할 때 그에게 최소침해를 준다는 이유만으로 경찰권발동의 대상으로 삼는 것은 곤란하다고 할 것이다. 다만, 이러한 입장을 취하면서도 그 이유를 위험의 효율적 제거라는 경찰법의 의미에서 찾고 있는데,[40] 이 점에 대해서는 다소 의문이 있다. 광의의 비례원칙은 순차적으로 적용되기 때문에, 필요성원칙이 문제되기 전 적합성원칙이 적용된다. 따라서 적합성원칙과 그 주된 내용을 같이 하는 효율성원칙과 필요성원칙이 충돌하는 경우는 실제로는 별로 없을 것 같다. 그렇다면 필요성원칙은 기껏해야 효율성원칙이나 적합성원칙이 이미 적용된 이후에나 문제가 된다. 따라서 효율성원칙을 이유로 필요성원칙의 적용을 부인하는 것은 구체적으로 보면 그리 의미가 없음을 알 수 있다. 필요성원칙이 보충적으로나마 적용되지 않을 이유가 없다. 가령 수인의 경찰책임자에서의 선택재량에 있어서 필요성원칙의 의미가 크지 않다고 하면서도, 다른 책임자에게 경찰권을 발동할 경우 명백하게 적은 비용으로(mit eindeutig geringerem Aufwand) 위험을 제거할 수 있다면 예외적으로 필요성원칙을 적용할 수 있다는 이야기도[41] 이와 같이 해석할 때 더욱 논리적으로 정리할 수 있다. 따라서 필요성원칙은 '보충적으로' 적용된다고 보는 것이 타당하며, 그 보충적인 적용은 광의의 비례원칙의 순차적 적용에 따라 자연스럽게 이루어질 수 있어 실제로도 큰 어려움 없이 인정될 수 있다고 생각된다.

(3) 수인의 경찰책임자에 있어서 기대가능성원칙

적합성원칙, 필요성원칙을 충족한 경우에도 그에게 경찰권을 발동하는 것이 기대가능성을 넘어서는 경우에는 허용될 수 없다. 즉 선택재량에 있어서 기대가능성(Zumutbarkeit)도 고려해야 한다. 수인의 경찰책임자 가운데 경찰권발동의 대상이 되는 것이 기대가능하지 않는 자에 대해서는 경찰권을 발동해서는 아니 된다. 가령 비행기가 추락하거나 기름을 운반하는 차가 전복되어, 그 사고현장인 토지에서 심각한 토양

39) 서정범, 앞의 논문, 390쪽 이하에서는 Ossenbühl의 견해에 기초한 부정설과 Knemeyer의 견해에 근거한 긍정설이 소개되어 있다.

40) Gusy, 앞의 책, Rn. 371.

41) 위와 같음.

오염과 같은 위험이 발생한 경우, 당해 토지의 소유자는 불가피하게 상태책임자가 되고, 기름을 운반하는 차의 운전자는 행위책임자가 된다.[42] 이때 상태책임자에 대해서는 오히려 희생자라고 보아야 하는 경우처럼, 토지소유자에게 경찰권을 발동하는 것이 기대가능성이 없는(unzumutbar) 경우에는 그를 경찰권발동의 대상으로 선택할 수 없다.

그런데 이러한 선택재량의 기준으로서의 기대가능성원칙을 앞서 본 정당한 부담배분의 원칙과 같은 문제로 보는 견해가 있다.[43] 효율성원칙 내지는 적합성원칙, 필요성원칙 등을 고려해서 선택을 했더라도, 그에게 경찰권을 발동하는 것이 정당한 부담배분원칙에 반하는 경우에는 곤란하다는 이러한 견해는 결국 그에게 발동하는 것이 기대가능하지 아니하다는 뜻으로 연결될 수도 있다는 점에서 수긍이 가는 부분도 있다. 그러나 광의의 비례원칙의 일종인 기대가능성원칙과, 법치국가원리 및 평등권에 근거를 둔 정당한 부담배분의 원칙은 그 기본취지가 다르기 때문에 반드시 같은 내용일 수만은 없다고 생각된다. 수인의 경찰책임자관계에 있어서 현실적으로 나타나는 모습을 보면 양자는 상당부분 공통점이 있는 것은 사실이지만, 향후 각각 원칙에 있어서 이론적 전개를 더 넓혀갈 수 있으리라 생각되므로 굳이 같은 의미로 단정할 필요는 없을 것이다.

(4) 수인의 경찰책임자에 있어서 비례원칙의 의미

수인의 경찰책임자문제의 1차적 영역에서 효율성의 원칙이 전면에서 강조되는 점과 관련하여 일반적인 재량통제의 기준으로서 가장 많이 이용되는 비례원칙이 여기서 어떠한 의미를 가지는가를 살펴보았다. 특히 수인의 경찰책임자에 있어서, 이 효율성원칙과 적합성원칙과의 관계 및 정당한 부담배분의 원칙과 기대가능성원칙의 관계에 대한 검토를 통하여 비례원칙이 수인의 경찰책임자관계에서 가지는 의미를 보다 더 심층적으로 이해할 수 있었다.

이렇게 보면 수인의 경찰책임자문제의 1차적 영역에 있어서 효율성원칙, 정당한 부담배분의 원칙을 거론하지 아니하고 이미 잘 알고 있는 광의의 비례원칙만을 가지고도 문제를 해결할 수 있지 않을까 하는 의문이 생길 수 있다. 그러나 앞서 개별적 · 구체적

---

42) 그 밖에도 다른 책임자가 있을 수 있다.

43) Pieroth/Schlink/Kniesel, 앞의 책, Rn. 89에서는 광의의 비례원칙의 내용인 기대가능성원칙에서 이를 설명하면서, 같은 문제를 Garbe, "Die Störerauswahl und das Gebot der gerechten Lastenverteilung", DÖV 1998, 632 및 Giesberts, 앞의 책, 45쪽 이하에서는 정당한 부담배분원칙으로 보고 있다고 한다.

으로 검토한 바와 같이, 이러한 특별한 법원칙의 세심한 발전을 통하여 경찰법의 논리가 더 정치하게 될 수 있다고 보면서, 여전히 효율성원칙, 정당한 부담배분의 원칙이 가지는 의미는 있을 것이라고 생각된다.[44)]

Ⅳ. 數人의 경찰책임자와 내부적 이익조정 - 제2차적 영역

위험을 방지하거나 제거한 이후인 2차적 영역에서는 경찰권발동의 대상이 된 책임자와 그러하지 아니하는 책임자간에 내부적으로 이익을 조정해야 하는 문제가 발생한다.

1. 위험방지의무이행 이후의 정당한 부담배분의 실현

2차적 영역에서는 더 이상 효율성이 강조될 수 없고, 정당한 부담배분이 가장 주된 가치가 된다. 수인의 경찰책임자에 있어서 현실적으로 정당한 부담배분의 원칙이 적용되는 경우는 2가지로 나누어 볼 수 있다. 그 하나는 위험방지의무를 수인의 책임자중 1인이 이행한 경우이고, 다른 하나는 위험방지의무를 행정청이 스스로 행한 경우이다. 후자의 경우도 代執行(Ersatzvornahme), 直接施行(unmittelbare Ausführung) 및 이와 관련한 비용상환청구권 등 매우 많은 논점이 있지만,[45)] 수인의 경찰책임자간의 1차적 영역 및 2차적 영역에서의 문제를 대상으로 하는 이 글에서는 論外로 하며, 前者의 경우만을 수인의 경찰책임자관계의 2차적 영역의 문제로 살펴보고자 한다.

경찰책임을 지는 수인 가운데 특정인이 위험방지의무를 이행하였다면, 그는 정당한 부담배분의 원칙에 따라 다른 책임자에 대하여 구상권을 행사해야 하는데, 이때 어떠한 법적 논리로서 이를 실현할 것인가가 문제이다. 여기에 관하여 일반적으로 적용되는 공법적 원리는 없다. 따라서 민법상 원리 가운데 유추적용할 만한 법리는 없는가 하는 문제가 제기된다.

44) 가령 행정법상 일반원칙으로서 평등원칙 외에 자기구속의 법리를 따로 논하는 것하고 비교할 수 있을 것이다.

45) Heßler, 앞의 책, 40쪽 이하; Schenke, 앞의 책, Rn. 291 참조.

2. 정당한 부담배분과 민법의 유추적용 문제

(1) 사무관리 및 부당이득반환청구권의 유추적용가능성

수인의 경찰책임자에서의 2차적인 영역에 있어서 민법상 사무관리, 즉 법률상 의무 없이, 타인을 위하여 그의 사무를 처리하는 행위(민법 제734조)의 법리를 적용할 수 있는가. 경찰권발동의 대상이 된 경찰책임자는 타인의 사무를 처리하는 것이 아니기 때문에 이를 사무관리의 문제와는 무관하다고 해야 한다.[46)]

그 밖에 민법상 부당이득반환청구의 법리로 해결할 수는 있는가. 이 역시 법률상 원인 없이 재산권을 이전함으로 인하여 발생하는 부당이득반환청구의 전제조건을 결하므로 부당이득반환의 경우라고 할 수 없다.[47)]

이러한 이유로 사무관리 및 부당이득반환청구권의 유추적용은 인정되지 아니한다. 따라서 다음에서 보는 연대채무의 유추적용 가능성여부에 논의의 초점이 맞추어진다.

(2) 연대채무의 유추적용가능성

1) 학설개관

수인의 경찰책임자관계의 2차적 영역의 문제를 해결하기 위하여 민법상 연대채무 법리를 적용할 수 있는가에 대해서는 부정설과 긍정설이 대립되어 있다.

연대채무법리의 적용을 부인하는 견해[48)]는 유추적용을 할 수 있기 위해서는, 규정의 흠결이 있어야 하고, 적용대상이 되는 규율과 요건면에서 비교가능성이 있어야 한다는 점을 전제하면서, 다음과 같은 논거를 제시하고 있다.

첫째, 수인의 경찰책임자의 문제와 민법상 연대채무의 문제는 요건사실에서 비교가능성, 즉 유사성이 없기 때문에 유추적용될 수 없다. 수인의 채무자가운데 어느 누구에게나 채권행사를 할 수 있는 연대채무와는 달리, 여기서는 행정청이 임의로 경찰권을 발동할 수 없다는 차이가 있다. 즉 후자의 경우 인정되는 선택재량은 의무적합적인 재량으로서 앞서 본 효율성의 원칙이나 비례의 원칙이 그 재량통제기준으로 적용된다는 차이가 있어 연대채무의 유추적용이 불가하다.

둘째, 수인의 경찰책임자들에게 실질적인 경찰책임을 인정하기 위해서는 경찰처분이 있어야 한다는 전제하에, 경찰처분의 대상이 된 책임자를 제외한 나머지 책임자들

---

46) 보다 상세한 검토로는 Heßler, 앞의 책, 44쪽 이하 참조.
47) Heßler, 앞의 책, 48쪽 이하; Kloepfer/Thull, DVBl. 1989, 1123 ff.
48) BGH, NJW 1981, 2457 f.

은 법령에 의해서는 단지 추상적 책임만 질뿐이어서, 어떠한 이행의무도 지지 않는다. 즉 이행의무가 있는 경찰처분의 대상이 된 책임자와 기타 추상적 경찰책임만을 지는 자와의 관계는 모든 채무자가 이행의무가 있는 연대채무자들 간의 관계와는 다르다.[49] 따라서 연대채무의 유추적용을 할 수 없다.

셋째, 민법상 연대채무의 규정을 유추적용한다는 것은 결국 경찰책임자에게 민법상의 위험책임을 인정하는 셈이 되는데, 이에 관한 명문규정이 없는데도 이러한 위험책임을 인정하는 것은 허용될 수 없다.[50]

이에 반하여 연대채무법리의 유추적용을 긍정하는 견해[51]에서는 다음과 같은 주장을 한다.

첫째, 경찰권발동대상자에게 구상권의 규정이 존재하지 아니하는 현실에서 정당한 부담배분의 원칙을 실현하기 위해서는 연대채무법리의 유추적용을 인정하지 않을 수 없다.

둘째, 위험방지행정청이 수인의 경찰책임자에 대하여 경찰권을 발동할 수 있는 상황은 채권자가 연대채무자[52]에 대하여 청구할 수 있는 상황과 유사하다.

오늘날 학설의 일반적 경향은 수인의 경찰책임자의 문제에 있어서 민법상의 연대채무에 관한 규정의 유추적용을 긍정하는 입장이 다수로 보이는데,[53] 이하에서 상세하게 살펴본다.

2) 학설에 대한 검토

먼저 임의적 선택가능성의 부존재(keine beliebige Störerauswahl)라는 부분을 살펴보자. 민법상 연대채무의 경우 채권자는 연대채무자 가운데 임의의 한 사람에 대하여,

---

49) Papier, "Altlasten und polizeiliche Störerhaftung", DVBl. 1985, 873 (879); ders., "Die Verantwortlichkeit für Altlasten im öffentlichen Recht", NVwZ 1986, 256 (263); Schwachheim, "Zum Gesamtschuldnerausgleich unter mehreren Störern", NVwZ 1988, 225 (226).

50) Schwachheim, NVwZ 1988, 225 (227).

51) Denninger, Rn. 122 ff.; Kohler/Gehrig, "Der gesamtschuldnerische Innenausgleich zwischen Zustands- und Verhaltensstörer im Polizei- und Ordnungsrecht", NVwZ 1991, 1049 ff.; Finkenauer, "Noch einmal: Der gesamtschuldnerische Ausgleich zwischen polizeilich Verantwortlichen", NJW 1995, 432; BayVGH, NVwZ 2001, 458 ff. mit Anm. Gornig/Hokema, "Störerauswahl", JuS 2002, 21 ff.

52) 독일 민법 제421조 : 수인이 부담하는 동일한 급부를 할 채무에 관하여 각 채무자가 급부 전부를 실행할 의무를 지되 채권자는 1회의 급부만을 청구할 수 있는 경우에(연대채무자), 채권자는 임의로 각 채무자로부터 전부 또는 일부의 급부를 청구할 수 있다. 급부 전부가 실행되기까지는 채무자 전원의 채무가 존속한다.

53) Kloepfer/Thull, DVBl. 1989, 1121 (1125 ff.); Pohl, "Die Altlastenregelungen der Länder", NJW 1995, 1645 (1648 f.); Kohler/Gehrig, "Der gesamtschuldnerische Innenausgleich zwischen Zustands- und Verhaltensstörer im Polizei- und Ordnungsrecht", NVwZ 1992, 1049 (1050); Schenke, 앞의 책, Rn. 290.

채무의 전부나 일부의 이행을 청구할 수 있고, 또는 모든 채무자에 대하여 동시에 또는 순차적으로 채무의 전부나 일부의 이행을 청구할 수 있다(민법 제414조). 이에 반하여 경찰행정청은 수인의 경찰책임자 가운데 임의의 한 책임자에 대하여 경찰의무의 이행을 청구할 수 없으며, 수인의 책임자들간에 선택재량을 행사함에 있어서 앞서 본 여러 기준에 따른 통제가 따른다. 즉 수인의 경찰책임자에 있어서는 수인 가운데 임의의 한 사람에게 경찰권을 발동할 수는 없다. 따라서 유추적용을 하기 위해 요청되는 요건사실에서의 비교가능성, 즉 유사성이 있다고 볼 수 없어 연대채무의 법리를 적용할 수는 없다는 점을 부정설은 주장하고 있다. 그 당부를 논하기 위해서, 당해 규정이 의도하지 아니한 흠결(planwidrige Regelungslücke)이 있어야 하고, 또한 구성요건적 비교가능성(tatbestandliche Vergleichbarkeit)이 있어야 한다는 유추적용이 가능하기 위해 필요한 요건[54]의 충족여부를 살펴보아야 한다. 특히 유추적용대상규정과 흠결규정간의 구성요건적 비교가능성이 있는지 여부, 즉 양자간의 '종류의 유사성'(genus proximum)이 인정되는지를 검토할 필요가 있다. 이러한 비교가능성은 최소한 하나의 관점에서 비교가능한 것이어야 한다. 즉 양자간에 공통적인 하나의 상위개념이 있어야 한다.[55] 그런데 이 임의적 선택가능성 여부에서의 차이는 민법상 연대채무와 수인의 경찰책임자의 책임의 성격을 달리 보게 하는 여지를 주는 것이긴 하다. 이 점에서는 유추적용의 가능성이 다소 의문시되지만, 행정청의 재량결정은 행정청에게 주어진 가장 자유로운 결정가능성이라는 점을 들어[56] 양자의 비교가능성을 긍정할 수 있을 것 같다.[57] 즉, 행정청의 의무적합적인 재량행사는 행정청이 할 수 있는 가장 자유로운 결정가능성이므로, 이것과 민사채권자의 임의적 채권행사가능성은 자유로운 결정가능성이라는 하나의 상위개념으로서의 유사성을 공유한다고 생각된다. 요컨대 1차적 영역에서의 문제가 해결된 이후의 대내적 문제인 2차적 영역에 있어서, 행정청이 행할 수 있는 가장 자유로운 결정인 재량결정은 임의적 선택가능성이 있는 연대채무와의 비교가능성, 즉 유사성이 있는 것으로 보아야 할 것이다.

둘째, 추상적 경찰책임의 비책임성(keine Schuldnerschaft des Anspruchsgegners)에

54) Larenz/Canaris, Methodenlehre der Rechtswissenschaft, 3. Aufl., 1995; vgl. Schmidt, "Die Analogie im Verwaltungsrecht, VerwArch". 2006, 139 (142 ff.)에서는 이 2가지 요건 외에도 법효과의 轉移可能性(Übertragbarkeit der Rechtsfolge)을 들고 있다.

55) 가령 독일의 취소소송에 관한 행정법원법 제42조 제2항의 규정이 동법 제68조의 취소심판에 유추적용이 될 수 있는 이유는 양자가 행정행위관련성이라는 유사성이 있기 때문이라고 한다. Schmidt, VerwArch. 2006, 139 (144).

56) Pohl, "Die Altlastenregelungen der Länder", NJW 1995, 1645 (1649); Heßler, 앞의 책, 51쪽 이하.

대한 부분을 살펴보자. 이 점을 이유로 연대채무의 유추적용을 반대하는 견해는 경찰행정청에 의해 구체적인 행정처분이 발령됨으로써 실질적 경찰책임이 발생한다는 점을 전제로 한다. 그렇다면 수인의 경찰책임자들에게는 민법상 연대채무에서의 채무자에게 인정되는 것과 같은 일종의 이행의무가 없게 된다. 따라서 양자는 본질적으로 다른 것으로 볼 수 있고, 서로 비교가능성이 없는 것으로 볼 수 있어 연대채무의 법리를 유추적용할 수 없다고 주장한다.[58] 그러나 앞서 실질적인 경찰책임은 행정행위를 통하여 새로이 형성되는 것은 아니라, 이미 법률규정에 의해 발생하는 것임을 살펴본 바가 있다.[59] 따라서 추상적 경찰책임의 비책임성을 들어 연대채무법리의 적용가능성을 주장도 타당하지 않다.

셋째, 위험책임(Gefährdungshaftung)과 관련된 문제를 살펴보자. 1981년 독일 연방통상법원(BGH)은 유추적용을 인정할 경우 이는 결국 현행법에서는 알지 못하는 위험책임을 법률상 한정적인 적용사례를 넘어 인정하게 되어 허용될 수 없다고 판시하였다.[60] 무과실책임의 일종으로서 위험책임은 그것이 개별법률에서 규정하고 있을 때 인정된다는 이른바 열거주의(Enumerationsprinzip)가 일반적으로 받아들여지고 있다. 그러나 경찰책임에서 이러한 위험책임의 성격을 띠게 되는 것은 민법의 연대채무규정의 유추적용을 통해서가 아니라, 경찰 · 질서법적 책임자를 규율하는 개별 경찰 · 질서법률에 근거하여 발생하는 것이다. 행위책임에서만이 아니라, 상태책임에서도 이 위험책임은 민법상 연대채무규정과 관계없이 이미 공법에 근거하여 나타나는 것이다.[61] 즉 경찰책임에서 위험책임의 성격이 나타나긴 하나, 그것은 연대채무의 유추적용과는 무관한 것이다. 따라서 연대채무의 유추적용으로 인하여 허용될 수 없는 위험책임이 창출되어 유추적용이 불가하다는 주장은 설득력이 없다.

마지막으로 이처럼 연대채무의 법리를 적용하는 것이 법해석차원에서도 타당하다고 해야 할 뿐만 아니라, 이와 같이 해석하는 것이 법정책적 차원에서도 보다 만족스러운 결과를 가져올 수 있다는 점도 함께 지적하고자 한다.[62]

---

57) 이 문제는 유추적용에 관한 법이론에 대한 충분한 검토를 거쳐 판단할 문제라고 보는데, 일단 이러한 점을 들어 긍정적으로 판단하고자 한다.

58) Papier, "Altlasten und polizeiliche Störerhaftung", DVBl. 1985, 873 (879); ders., "Die Verantwortlichkeit für Altlasten im öffentlichen Recht", NVwZ 1986, 256 (263); Schwachheim, NVwZ 1988, 225 (226).

59) 이 글 Ⅲ. 1. (2).

60) BGH, NJW 1981, 2457.

61) Binder, Die polizeiliche Zustandshaftung als Gefährdungstatbestand, Diss. Konstanz, 1991. (Heßler, 앞의 책, 54쪽에서 재인용).

62) Vgl. Schenke, 앞의 책, Rn. 290.

그러므로 2차적 영역에서는 수인의 책임자 가운데 경찰책임을 수행한 자는 다른 책임자들에 대하여 구상권을 행사할 수 있으며, 그 구상권행사의 근거로서 민법상 연대채무의 법리를 유추적용할 수 있다. 이러한 구상권이 인정되는 2차적 영역을 지배하는 원리는 정당한 부담배분의 원칙임은 물론이다.

Ⅴ. 토양오염에 있어서 數人의 경찰책임자

우리나라에서 경찰작용법에 대한 일반법적 역할을 하는 경찰관직무집행법에서는 경찰책임에 관한 규정이 없고, 이를 규율하고 있는 다른 법률도 없다. 이처럼 경찰책임에 대한 근거가 되는 규정이 없는 동법에서 수인의 경찰책임자에 대한 법적 근거를 찾아본다는 것은 기대하기 어렵다. 즉 일반법으로서의 수인의 경찰책임자에 대한 규정은 향후 경찰관직무집행법의 개정으로 경찰책임부분이 보완되거나 기타 입법적 정비가 이루어진 이후에나 기대할 수 있을 것이다.

그렇다면 개별법의 영역에서 수인의 경찰책임자관계가 나타나는 법규정은 없는가.

토양환경보전법 제10조의3 제2항에서는 "汚染原因者가 2人 이상 있는 경우에 어느 汚染原因者에 의하여 第1項의 被害가 발생한 것인지를 알 수 없을 때에는 각 汚染原因者가 連帶하여 배상하고 오염된 토양을 정화하여야 한다."라는 내용의 규정을 두고 있는데, 필자는 이 규정을 다름 아닌 수인의 경찰책임자에 관한 규정으로 보고 있다.

동법에는 원래 손해배상책임에 대한 규정만 있다가 개정과정을 거치면서 정화책임이 삽입되었는데, 그 과정에서 손해배상책임과 정화책임이 혼동스럽게 규정되어 있는 점이라든지, 동 규정에 포함된 오염원인자개념의 문제점에 대해서는 필자로서는 매우 비판적인 견해는 가지고 있다. 그러나 그 점에 대해서는 이미 다른 곳에서 견해를 밝힌 바가 있어[63] 여기서는 더 이상 거론하지 않기로 한다.[64]

이 규정에서 주목해야 하는 부분은 오염토양의 정화책임자가 2인 이상 있는 경우에 그들은 연대책임, 정확하게는 부진정연대책임을 지도록 하는 점이다. 여기서도 마찬가지로 1차적 영역과 2차적 영역으로 나누어 살펴보자.

먼저, 동규정에서 연대책임을 진다고 해서, 1차적 영역에서는 수인의 정화책임자,

63) 김현준, "토양정화책임", 공법연구 34-2, 2005, 201쪽 이하.

64) 또한 여기서는 손해배상책임은 별론으로 하고 정화책임과 관련된 수인의 경찰책임자의 문제에 관해서만 검토하고자 한다.

즉 동법상의 용어로는 오염원인자들간에 정화에 있어서 연대책임을 지는 것이라고 볼 수는 없다. 민사상 손해배상책임에 있어서는 연대책임을 질 수 있겠지만, 경찰책임의 성격을 갖는 공법상 정화책임의 경우는 그렇게 해석할 수가 없다. 다시 말해서 당해 행정청이 수인의 경찰책임자(정화책임자)들 가운데 임의로 아무에게나 정화책임을 명할 수는 없는 것이다. 이 경우 행정청은 의무적합적인 선택재량을 가지며, 이때 앞서 검토한 효율성원칙, 비례원칙 등이 적용되어야 한다. 그렇지 않으면 재량하자가 되어 위법한 행정처분이 된다.

그렇다면 연대책임을 명시적으로 규정하고 있는 입법자의 취지를 어떻게 보아야 할 것인가. 그것은 바로 2차적 영역에서 의미가 있다. 1차적 영역에서 수인의 경찰책임자 가운데 어느 한 책임자에게 경찰권을 발동한 경우에는, 정당한 부담배분의 원칙에 따라 그 책임자는 다른 수인의 책임자들에게 구상권을 행사할 수 있다고 보아야 한다. 그리고 그 구상권실현을 위한 논리로서 연대채무의 법리가 적용될 수 있다. 앞서 이러한 명시적인 규정이 없는 경우에도 해석론으로 연대채무법리를 유추적용할 수 있음을 긍정하였는데, 우리 토양환경보전법에서는 이 부분에 대하여 명시적인 규정을 둠으로써 해석의 혼란을 피하고 있다고 볼 수 있다.

그리고 토양환경보전법 제10조의3 제2항의 규정상 연대책임은 汚染原因者가 2人 이상 있는 경우에 '어느 汚染原因者에 의하여 발생한 것인지를 알 수 없을 때'에 적용된다. 따라서 정화책임자가 2인 이상 있는 경우에라도 어떠한 책임자에 의해서 발생한 것인지 알 수 있는 경우에는 연대책임은 적용되지 않는다. 이 경우는 일종의 분할될 수 있는 경찰책임의 문제로서 수인이 혹은 여러 물건이 각자 다른 위험을 발생시켰는데, 이것이 외부에서 보기에 하나로 합쳐져 있는 것이다. 이때에는 처음부터 위험 자체가 분리되는 것이므로 각자의 책임부담분이 긍정되어야 할 것이며, 연대채무의 법리가 적용될 여지가 없다.

비교법적으로 볼 때, 독일 연방토양보호법(BBodSchG) 제24조 제2항에서는 "수인의 의무자들은 명령수범자가 되는 것과 관계없이 상호 조정청구권을 가진다. 다른 것과 조화될 수 없는 한, 이 조정의무 및 그 조정범위는 우선적으로 일부 혹은 다른 일부에 의해 위험이나 손해가 야기된 정도에 의한다. 민법 제426조[65] 제1항 2문이 여기에

65) 독일민법 제426조 (1) 연대채무자 상호간에는 다른 정함이 없는 한 균등한 비율로 의무를 진다. 연대채무자 중 1인의 부담부분이 실현될 수 없는 때에 그 부족액은 구상의무 있는 다른 채무자가 부담한다. (2) 연대채무자 중 1인이 채권자를 만족시키고 그가 다른 채무자에 대하여 구상할 수 있는 경우에는 채권자의 다른 채무자에 대한 채권은 그 범위에서 그에게 이전한다. 그 이전은 채권자의 불이익으로 이를 주장할 수 없다.

적용된다……."라고 규정하고 있다. 이 규정은 우리나라 토양환경보전법 제10조의3 제2항과 비교할 만한 규정이라 할 수 있는데, 독일에서는 동 규정을 수인의 경찰책임자의 문제로 보는 데에 대한 異見을 찾아볼 수 없다.

Ⅵ. 맺음말

이상에서 경찰책임론의 한 영역인 수인의 경찰책임자에 대해서 살펴보았다.

수인의 경찰책임자관계는 수인의 채무자에 대하여 임의적으로 이행을 청구할 수 있는 수인의 채무자에서와는 달리 행정청의 의무적합적인 선택재량이 지배한다. 그 선택재량을 통제하는 기준으로서 1차적 영역에서는 효율성원칙이, 2차적 영역에서는 정당한 부담배분의 원칙이 가장 전면에서 강조된다. 그러나 1차적 영역에서 효율성원칙 외에도 적합성원칙을 비롯한 광의의 비례의 원칙과 정당한 부담배분의 원칙도 적용할 여지가 있음도 알 수 있었다.

'수인의 경찰책임자'라는 용어에서도 이미 나타내고 있는 것처럼, 이 문제는 무엇보다 민법상 수인의 채무자와 비교하면서, 민사책임과는 그 목적 · 성질이 다른 경찰책임의 한 범주로서의 특질을 분명히 할 필요가 있다. 그렇게 함으로써 자칫 민사문제로 오해하기 쉬운 수인의 경찰책임자관계를 제대로 이해할 수 있고, 이는 결국 구체적 타당성을 기할 수 있는 길이 된다. 가령 우리 개별 실정법상의 문제로서 토양환경보전법 제10조의3 제2항의 규정은 다소 입법적 미비가 있는 점은 별론으로 하더라도, 수인의 경찰책임자관계로 보아야 관련문제를 제대로 해결할 수 있다.

수인의 경찰책임자관계의 법적 성질과 그 구체적인 문제상황을 밝히는 것이 이 글의 목적이었지만, 특히 민사책임과의 관계에 대한 상세한 비교구분 등 보다 더 정치하게 규명되어야 할 부분이 있을 것이다. 여기에 대한 학자들의 관심과 새로운 담론의 형성을 기대한다.

제 5 장

경찰책임과 손해전보

Ⅰ. 머리말

경찰권의 발동으로 인하여 국민이 특별한 희생을 입게 되는 경우에도 경찰관계법률에 보상에 관한 규정이 결여되어 있어 제대로 구제를 받지 못하는 경우가 발생하고 있다. 이때 직접효력설, 위헌무효설, 유추적용설 등의 이론구성을 통하여 피해를 입은 국민이 보상을 청구할 수 있다는 주장이 없는 것은 아니지만, 그 이론적 타당성은 별론으로 하더라도, 실무에서 보상에 관한 근거법규가 없는 경우에는 보상을 하지 아니하는 상황이 생긴다.[1] 오늘날 민주경찰로 거듭나고자 노력하는 경찰이 국민들로부터 지지받는 경찰상을 확립하기 위해서는 경찰행정작용에 대한 근거법률에서부터 그 정당성을 갖출 필요가 있다. 따라서 공공의 안녕과 질서유지라는 경찰목적을 수행하는 과정에서 국민이 손해나 손실을 입는다면 이를 전보하는 것이 검토되어야 하며, 특히 적법한 경찰작용이 개인에게 특별한 희생을 초래한 경우에는 그 손실을 보상해야 할 것이다.

아울러 적법한 경찰권의 발동에서의 손해전보만이 아니라, 위법한 경찰작용으로

1) 이러한 현실은 다음과 같은 우리나라 경찰청의 민원안내에서도 곧 바로 확인할 수 있다. "국가기관의 손실보상은 특별법에 규정이 있는 경우에만 보상할 수 있으므로 경찰관의 적법한 직무집행으로 인한 국민의 손실을 보상할 근거 법규나 배정된 예산도 없는 실정으로 (근거법규가 있어야 예산배정도 가능함) 현재로서는 지급할 근거가 없고 차후에 근거 법규 제정을 통해 지급해야 합니다."(경찰청 홈페이지 http://www.police.go.kr 내 민원정보센터-무엇이든 물어 보세요-자주 들어오는 질문 중에서).

인한 손해의 전보 또한 인정되어야 하는 경우도 생각할 수 있다. 위법한 경찰작용이 국가배상법상의 요건을 충족하는 경우 이를 통한 구제가 가능하지만, 고의 · 과실이 없는 경찰공무원의 위법한 조치로 인하여 손해가 발생하는 경우에는 권리구제의 사각지대가 생길 수가 있기 때문이다. 이러한 점을 생각해서 여기서는 적법한 경찰작용 및 위법한 경찰작용으로 인한 손해전보 전반을 다루고자 한다. 다만 이때 위법한 경찰작용으로 인한 손해전보는 일반적으로 행정구제법에서 논하는 행정상 손해배상의 문제와는 구분되는 것임은 후술하는 바와 같다.

경찰행정작용의 일반법률이라고 할 수 있는 현행 경찰관직무집행법에서는 손해전보에 관한 어떠한 규정도 찾아볼 수 없는 실정이지만, 최근 동법에 대한 개정논의가 있는 상황이다.[2] 경찰력의 공권력의 확립에 대한 요청은 이로 인하여 일어날 수 있는 국민들의 피해에 대한 손해전보제도의 완비와 함께 맞물려야 그 정당성을 확보할 수 있을 것이다. 이러한 의미에서 경찰행정작용으로 인한 손해전보에 관한 문제를 입법론을 포함하여 다루는 것은 실제적인 의미도 있으리라 생각된다.

Ⅱ. 경찰법상 손해전보 논의의 전제로서 경찰책임 및 일반적 수권조항

1. 경찰책임

국가공동체의 모든 구성원은 자신의 행위 또는 자신이 지배하는 물건으로부터 공공의 안녕과 질서에 대한 어떠한 위험이 발생하지 아니하도록 하여야 할 경찰상의 의무를 지고 있다. 공공의 안녕과 질서에 대한 위험이 특정한 개인의 행위나 그가 소유하는 물건으로부터 발생한다면 그는 경찰책임자가 되어 경찰권발동의 대상이 된다. 이러한 개인이 부담하는 경찰책임에는 행위책임과 상태책임이 있다.[3]

행위책임이란 공공의 안녕과 질서에 대한 위험과 교란이 사람(자연인 또는 법인)의 행위로 인하여 야기되는 경우로서, 이러한 위험의 방지와 제거를 위하여 필요한 조치가 행위자에 대하여 발하여지는 것이다. 그리고 상태책임이란 위험이 사람의 행위를

2) 한견우, "경찰공권력확립을 위한 합리적 불심검문과 총기사용방안", 경찰혁신위원회 주최 "인권보호와 법집행의 효율성 제고방안" 세미나 주제발표문, 2004 참조.
3) 정하중, "경찰법상의 책임", 공법연구 25-3, 1997, 109쪽 이하.

통해서가 아니라 물건으로부터 발생하는 것이며, 그 물건의 상태와 일정한 관련이 있는 사람이 그 위험에 대하여 책임을 지게 된다.[4] 행위책임이나 상태책임이 없는 자가 일정한 경우에 예외적으로 위험방지의무를 지는 경우, 즉 공공의 안녕 혹은 질서에 대한 위험을 제거하기 위하여 실질적 경찰책임이 없는 자에 대해서 경찰권을 발동하는 경우가 있다. 이를 "경찰긴급상황"이라고 하며, 경찰긴급상황으로 인하여 경찰비책임자에게 경찰권을 발동함으로써 발생한 손실에 대해서는 보상의 문제가 생긴다. 경찰권의 발동으로 인한 손실보상의 문제는 원칙적으로 이러한 경찰책임자가 아닌 자에게 경찰긴급상황에서 경찰권을 예외적으로 발동한 경우 발생하게 되는 것이다.[5] 이와 같이 경찰권의 발동으로 인한 손실보상의 문제는 바로 이 경찰책임논의와 밀접한 관련을 가진다. 다만, 후술하는 바와 같이 외관상 위험 및 위험혐의(=위험의심) 등의 경우에서와 같이 경찰비책임자의 손실보상청구권에서와는 다른 바탕 위에서 손해전보의 문제를 판단해야 하는 것도 있다.

2. 일반적 수권조항

구체적으로 경찰비책임자가 손실보상청구권을 가지느냐를 검토하기 위해서는 비책임자에게 발동한 경찰권이 적법한 것인가를 먼저 살펴보아야 한다. 따라서 개별법률에 경찰권 발동을 위한 수권규정(권한규정)이 없는 경우 현행 경찰관직무집행법에 일반적 수권조항이 있다고 볼 것인가 하는 점이 중요한 의미를 가질 것이다. 왜냐하면 일반적 수권조항이 없다고 보게 될 경우, 이때 경찰권이 발동되었다면 법적 근거가 없는 위법한 경찰조치가 되어 손실보상이 거론될 여지가 없게 되기 때문이다. 이와 같이 경찰법상의 손해전보의 문제들은 근본적으로 이 일반적 수권조항의 인정여부와 밀접한 관련이 있다. 효율적인 경찰목적을 달성하기 위해서나, 이와 관련된 경찰관직무집행법에 대한 해석상 난점을 극복하기 위해서라도 일반적 수권조항을 입법적으로 규정하는 것이 바람직하다고 할 것이다.[6]

---

4) 여기에 관한 상세는 김현준, "경찰법상의 상태책임", 토지공법연구 22, 2004, 363쪽 이하.

5) Schenke, in: Schmidt-Aßmann (Hrsg), Besonderes Verwaltungsrecht, 1999. Rn. 190; Friauf, Polizei- und Ordnungsrecht, in: v. Münch (Hrsg.), Besonderes Verwaltungsrecht, Rn. 198.

6) 그간 많이 논의되어 온 일반적 수권조항의 일반적 논의, 임무규범 · 수권규범의 구분문제, 현행 경찰관직무집행법 제2조 제5호의 일반적 수권조항성 등에 대한 상세한 언급은 여기서는 생략한다. 이에 관해서는 행정법 교과서에서의 논의 외에도 다음과 같은 많은 연구가 축적되어 있다. 홍정선, "경찰권의 법적 근거로서 개괄조항", 공법이론의 현대적 과제, 구병삭 박사 정년기념논문집, 1991, 731쪽 이하; 정하중, "독일경찰법의 체계와 한국 경찰관직무집행법의 개선방향", 사법행정 1994/2, 11쪽 이하; 김남진, "경찰상의 개괄적 수권조

Ⅲ. 적법한 경찰조치와 손해전보

1. 경찰긴급상황에서의 경찰비책임자의 경우

경찰행정청은 경찰위반에 대하여 책임이 있는 자에게 경찰조치를 발동하거나[7] 혹은 자력에 의해 경찰상의 위험이나 교란을 제거하는 것이 원칙이다. 그러나 급박하게 발생하는 위험에 대하여 경찰비책임자에게라도 경찰권을 발동해서 위험이나 교란을 제거하는 경우가 있다. 이와 같이 경찰긴급상황에 있어서 경찰비책임자에게 경찰권의 발동이 가능하다는 것이 1926년 독일 튀링엔(Thüringen)주 행정법령 제26조 및 1931년 프러시아 경찰행정법 제21조에서 규정되었고, 현재 독일에서는 대부분의 주경찰법에서 이러한 규정을 명문으로 인정하고 있다. 그러나 경찰긴급상황은 위험방지를 위하여 경찰책임자가 아닌 자에게 경찰권발동을 허용하여 그들의 권리를 침해하는 예외적인 제도이므로 각 주의 경찰법은 이를 매우 제한된 요건 하에서 인정하고 있으며, 실무상으로도 제한적으로 인정하고 있다.[8]

이러한 경찰긴급상황이 인정되는 요건은 다음과 같다.[9]

첫째, 이미 교란이 발생하고 있거나 급박한 위험이 존재하여야 한다. 즉 위험발생의 시간적 근접성이 존재하여야 한다. 또한 그 위험은 중대한 것이어야 하는데, 중대성은 예견되는 손해와 손해를 예방하기 위하여 침해되는 법익을 고려하여 판단하여야 한다. 둘째, 경찰책임자에 대한 조치나 자기 자신의 고유한 수단만으로는 위험에 대처하는 것이 불가능하여야 한다. 이를 판단함에 있어서는 경찰작용이 행해지는 시점에 있어서 행정청의 합리적인 판단에 따를 때 나타나는 상황을 기준으로 하여야 한다. 따라서 경찰책임자에 대한 조치에 의하여 위험을 제거하는 것이 전적으로 가능하였다는 것

항", 고시연구 1994/7, 171쪽 이하; 남승길, "경찰관직무집행법", 공법연구 25-3, 1997, 89쪽 이하; 김성태, "독일경찰법 임무규범에서의 새로운 개념에 관한 고찰", 행정법연구 8, 2002, 267쪽 이하; 박상희 · 서정범, 경찰작용법제의 개선방안, 한국법제연구원 연구보고 96-8, 28쪽 이하; 장영민 · 박기석, 경찰관직무집행법에 관한 연구, 1995, 한국형사정책연구원, 58쪽 이하; 홍준형, 경찰통합법에 관한 연구, 치안연구소 연구보고서 97-03, 64쪽 이하; 김재광, 경찰관직무집행법의 개선방안 연구, 2003, 한국법제연구원, 49쪽 이하.

7) 이를 경찰책임의 원칙이라고 하며(김동희, 행정법Ⅱ, 2000, 173쪽; 김철용, 행정법Ⅱ, 2004, 238쪽; 홍정선, 행정법원론(하), 2004, 371쪽; 석종현, 일반행정법(하), 317쪽; 김해룡, 경찰권의 발동과 행정상 손실보상, 고시계 98, 4, 65쪽), 이를 경찰권발동의 상대방에 관한 문제로 보고 있다 (한견우, 현대행정법Ⅱ, 2000, 319쪽).

8) 정하중, 공법연구 25-3, 137쪽.

9) 홍정선, 앞의 책, 387쪽; 김철용, 앞의 책, 242쪽; 김연태, "경찰작용에 대한 권익구제수단", 고시계 2003/3, 140쪽.

이 사후에 밝혀진 경우에도 이전의 경찰작용의 적법성에는 아무런 영향이 없으며, 경찰행정청이 적시에 예방조치를 취했더라면 그 같은 긴급상황이 발생하지 않았을 것이라는 것 또한 경찰행정청의 조치에 대한 반대의 논거가 될 수는 없다.[10] 셋째, 비책임자에 대한 조치가 그의 생명, 신체 등에 대한 현저한 위험발생의 우려가 없고, 다른 보다 고차원의 의무를 침해함이 없이 행해질 수 있어야 한다. 즉 수인기대가능성이 여기서 중요한 요건으로 기능한다.

이때 경찰상 긴급상황으로 인하여 경찰책임의 수범자가 된 경찰비책임자는 자신과 무관한 위험이나 교란으로 인하여 재산상 혹은 신체상 손실을 입게 되었으므로, "특별한 회생"에 해당할 것이다. 따라서 그 당사자에게 발생한 손실은 보상되어야 한다.[11] 이때 경찰조치와 손실간에 상당한 인과관계가 있어야 함은 물론이다. 독일의 경우 과거 관습법적인 효력을 가진 희생보상제도하에서 보상을 하여 왔으나, 프러시아 경찰행정법 제70조에서 보상규정을 둔 이래 오늘날 거의 예외 없이 보상규정을 두고 있다.[12]

우리나라의 경우 일반 경찰권의 발동의 근거가 되는 규범이라고 할 수 있는 경찰관직무집행법에 경찰법상 손실보상의 기본형태라고 할 수 있는 경찰비책임자에 대한 보상규정이 없어 국민의 권익구제가 충분하지 아니한 실정이다. 다만 개별법상 경찰비책임자에 대한 특별수권규정으로 수난구호법 제7조, 자연재해대책법 제41조 및 제47조, 소방기본법 제24조 제1항, 그리고 그 보상규정으로 수난구호법 제24조, 자연재해대책법 제61조, 소방기본법 제24조 제2항이 있다. 그러나 사실관계가 이들 개별법의 규율영역에 속하지 아니하는 경우에 경찰비책임자에게 경찰권을 발동할 수 없어 경찰작용의 일반법적 성격을 가지는 경찰관직무집행법에 그 규정을 둘 필요가 있다 할 것이다.[13]

2. 경찰조력자의 경우

경찰권의 발동으로 인하여 국민이 손해를 입게 되는 경우로 경찰비책임자가 손실보상청구권을 가지는 것 이외에, 경찰임무에 자발적으로 협력한 자가 입게 되는 손해에 대한 전보를 생각할 수 있다. 독일의 많은 주의 경찰법률에서는 손실보상청구권의

10) 서정범 (역), 독일행정법론, 174쪽.
11) 류지태, 행정법신론, 2002, 767쪽.
12) 정하중, 앞의 논문 25-3, 139쪽.
13) 이때 수용유사침해이론에 입각한 보상의 문제를 논할 여지가 충분히 있다고 보는 견해도 있다(김남진, 고시연구 2001/9, 95쪽).

범위를 넓혀 이러한 경찰임무에 자발적으로 조력하였거나, 자기 물건을 임의로 제공하였고, 이로써 손실을 입게 되는 이른바 경찰조력자(Polizeihelfer)도 손실보상청구권이 있는 것으로 규정하고 있다. 독일 베를린의 경찰법률에서는 재해나 일반적인 위험 및 위급상태에서 부조의무의 불이행에 대하여는 1년 이내의 금고형이나 벌금형으로 처벌하는 형법 제323c조(부조의무의 불이행죄)의 의무를 충족하였고 이로써 손실을 입은 경우에는 그에 상응하는 보상을 해야 한다고 규정하고 있다. 이러한 규정의 의미는 자발적인 경찰조력자 및 자발적인 동기로 법률상 성실하게 행동했던 자가 경찰처분을 통하여 의무적으로 조력행위를 하는 비책임자보다 불리하게 되어서는 아니 된다는 데에 있다.

만일 이러한 규정이 존재하지 아니한다면 조력자는 손해전보를 받을 수 있는 길이 없는 것일까? 우선 경찰법상의 비책임자에 대한 손실보상청구권을 유추하는 방법을 생각해볼 수 있다.[14] 그러나 자발적인 경찰조력자에 대하여 공공필요에 의거 사인의 재산권에 특별한 희생을 가져오는 적법한 침해가 있을 때 주어지는 손실보상을 인정하는 것은 다소 무리가 있어 보인다. 이 경우 경찰행정작용이 당해 자발적 협력자의 재산권을 침해했다고 보긴 어렵기 때문이다. 또한 자발적 조력자의 손해가 비재산적인 경우 일반적인 희생보상청구권을 통하여 그 손해를 전보하는 방법을 생각할 수 있을 것인데, 이 경우 역시 마찬가지의 어려움이 있다고 할 것이다. 그러나 자발적인 경찰조력자나 스스로의 동기에 의해 성실하게 경찰법상의 행위를 한 자가 강제적으로 행한 자보다 항상 불이익을 받는 것은 바람직하지 아니하며, 경찰목적을 효율적으로 수행하기 위하여 자발적인 조력이 필요한 경우가 많을 것이다. 개별법률 가운데 이와 같은 조력자의 손해전보에 관한 규정과 유사한 내용을 찾아 볼 수 있는데, 산림법 제102조의3에서는 "사상자에 대한 보상"이라는 제목 하에 "시장 · 군수 또는 지방산림관리청장은 산불진화 및 인명구조작업으로 인한 사상자에 대하여는 소방기본법 제39조제2항의 규정을 준용하여 보상금을 지급할 수 있다"는 규정을 두고 있다. 이러한 자발적인 경찰조력자가 입는 손해에 대하여 일반 경찰작용법적 차원에서도 그 전보에 관한 규정을 두는 것을 검토할 만하다고 생각된다.

14) 경찰행성삭용으로 인한 손해전보의 문제 중에서 가장 기본적인 손해전보의 경우라고 할 수 있는 이 경찰비책임자의 손실보상청구권에 대한 법률규정이 현행 경찰관직무집행법에는 아직 없는 현실이지만, 향후 경찰관직무집행법이 개정되어 손해전보에 관한 규정이 포함된다면 최소한 이 부분은 포함되리라 생각된다. 또한 이론상 경찰비책임자의 손실보상청구권은 일반적으로 인정되고 있기 때문에 이를 전제로 다른 손해전보의 문제를 전개하는 것은 필요하리라 생각된다.

3. 당사자가 아닌 제3자의 경우

적법한 경찰조치의 결과로 당사자가 아닌 제3자가 손해를 입을 수 있다. 이는 적법한 경찰작용의 비의도적인 부수적 결과로 인하여 경찰조치와 관계없는 사람이 손해를 입는 경우이다. 가령 경찰관이 총기발사에 필요한 법적 요건을 구비하고 총기를 발사하였으나, 그 총알이 빗나갔고 빗맞은 총알에 의하여 사인이 심하게 다친 경우가 여기에 해당한다.

이러한 경우 제3자는 손실보상청구권이 생긴다고 할 것이며, 독일의 몇몇 경찰법률에서는 이러한 제3자에 대하여 손해전보규정을 두고 있다. 이때 경찰조치의 적법성이 요청되며, 위법한 경찰작용에 대해서는 귀책사유가 있는 한 국가배상법상 손해배상, 그렇지 않으면 위법한 경찰조치로 인한 경찰법상의 손해전보가 문제될 것이다.

추상적 위험의 방지를 위한 경찰상의 통제조치와 관련이 있는 자는 여기서의 제3자가 아니다. 왜냐하면 이때 경찰조치는 그에게 향해져있기 때문이다. 그러나 그가 경찰조치를 통하여 손해를 입었다면 마찬가지로 경찰법상의 비책임자의 손실보상청구권은 그에게 주어진다. 왜냐하면 그에게는 같은 방법으로 특별한 희생이 되기 때문이다.[15]

만일 이와 같은 제3자에 대한 손해전보규정이 없는 경우에는 경찰비책임자에 대한 손실보상청구권이 유추적용될 수 있을 것인가 하는 문제가 있지만, "경찰상의 긴급상황"이라는 요건의 충족여부가 검토되어야 할 것이다. 또한 일반적인 희생보상청구권을 여기에 적용할 수 있을 것인가 하는 문제가 있다.

최근 우리나라에서 경찰의 총기사용이 많은 사회적인 문제가 되고 있는 바, 경찰관의 총기사용으로 인하여 경찰조치와 무관한 제3자가 빗맞은 총알로 재산상 혹은 생명이나 신체에 대한 손해를 입을 가능성이 많다는 점을 생각할 때, 여기에 관한 입법적 검토가 고려될 수 있을 것이다.

4. 攪亂者의 경우

교란자에게 적법하게 경찰상의 조치가 요구된 경우 그 교란자는 원칙적으로 손실보상청구나 기타 손해전보에 대한 청구권이 없다. 그는 경찰책임자이며, 경찰법률에서도 이러한 청구권에 관한 규정을 두고 있지 아니하고, 재산권에 관한 규정 등 기본권보장규정으로부터도 이는 도출되지 아니한다. 왜냐하면 경찰행정청을 통한 적법한 요구

15) Pieroth/Schlink/Kniesel, Polizei- und Ordnungsrecht, 2004, § 22 Rn. 12.

는 기본권의 한계에 해당하기 때문이다.

그러나 개별적인 경제 · 사회정책상 입법된 규정에서는 교란자에게 손실보상청구권을 인정하는 경우가 있다. 가령 독일에서는 동물보호법 제66조 제1문 제1호에 따르면 관청의 지시에 근거하여 혹은 도축명령에 따라 죽임을 당한 동물에 대해 금전보상이 행해진다. 혹은 전염병방지법(IfSG) 제56조 제1조 제1문에 따라 특히 격리자(Ausscheider), 전염병의심자(Ansteckungsverdächtiger), 질병의심자로서 그가 행하던 직업활동이나 직무를 못하게 되었을 때 금전보상이 주어진다. 따라서 교란자, 즉 경찰책임자라고 해서 반드시 보상을 청구할 수 없는 것은 아니며, 정책적으로 필요하다면 교란자에 대한 보상에 대한 규정도 둘 수 있는 것이다.

5. 외관상 교란자(Anscheinsstörer)의 경우

외관상 위험(Anscheinsgefahr)이란 객관적으로 위험이 없다고 하여도, 경찰이 상황을 판단하는 시점에 주관적으로는 위험이 존재하는 것으로 판단되는 경우를 말한다.[16] 즉 사후적으로 모든 상황을 평가할 때에 경찰이 부작위 하였다고 하여도 아무런 피해가 발생하지 않았을 경우의 위험을 말한다. 경찰의 판단시점을 기준으로 의무에 합당하게 올바른 판단을 할 때에 피해발생이 논리필연적이라고 판단되면 외관상 위험을 방지하기 위한 경찰의 개입은 적법하다.[17] 이는 곧 실제로 위험이 존재하지 않음에도 불구하고 행정청이 위험이 존재하는 것으로 판단하였을 경우에 문제된다. 외관상 위험은 손해발생을 예측하는 경찰의 눈에서 본 행위 또는 상태가 위험에 해당하지만, 현실적으로는 손해발생의 가능성이 없다는 것이다. 다만, 실제로 개입하는 경찰의 눈으로 보는 것뿐만 아니라 능력을 갖춘 합리적이고 식견이 풍부한 직원이라도 같은 판단에 도달할 경우에 한한다. 그렇지 아니한 경우에는 실제 경찰이 판단을 잘못한 것으로 이는 후술하는 오상의 위험이 될 것이다.

이러한 외관상 교란자의 경우는 다음에서 보는 위험의 혐의의 문제와 함께 많은 학문적 논의가 집중되는 영역이기도 하다. 이른바 주관적 위험개념에 따를 경우 이러한 외관상 교란자에게는 손해전보가 발생하지 아니한다고 할 것이다. 왜냐하면 경찰관청

16) 외관상 위험 및 위험혐의에 대해서는 Martensen. J., "Materielle Polizeipflicht und polizeiliche Verpflichtbarkeit des Bürgers in Anscheins- und Verdachtslagen", DVBl. 1996, 286; Schenke/Ruthig, "Rechtsscheinhaftung im Polizei- und Ordnungsrecht?-Zur polizeirechtlichen Verantwortlichkeit des sog. Anscheinsstörers", VerwArch 87, 1996, 330.

17) 홍정선, 행정법원론(하), 2004, 312쪽.

은 적법하게 교란자에게 경찰조치를 발동했기 때문이다. 그 한도에서 독일의 판례 및 통설은 2차적 영역으로서 손실보상문제와 1차적 영역으로서 적법성문제를 구분하고 있다. 즉 위험방지법의 1차적 영역 및 손실보상청구권의 2차적 영역에서 각각 다른 법률적 목적이 추구되기 때문이라는 논리의 바탕 위에서, 외관상 교란자가 위험외관을 고의나 과실로 야기한 경우, 즉 비난가능한 경우가 아닌 한 책임없는 자로서 경찰긴급상황에서의 비책임자의 보상에 대한 규정을 유추적용할 수 있을 것이라고 한다. 효율적인 위험방지에 있어 사전적 관점(ex-ante-Sichtweise)이 놓여지는 동안, 손실보상에서는 희생자에 대한 정당한 조정이 필요하다는 것이다. 다만, 외관상 교란자가 그 이관에 귀책사유를 가질 경우에는 손실보상청구권은 발생하지 아니한다고 한다.[18]

그러나 외관상 위험의 경우 그 근본에 있어서는 위법한 조치로 인한 보상청구권이 발생하게 된다는 주장이 있다. 즉 외관상 위험의 사례에 있어서 위험방지조치와 관련된 자는 교란자로서 요구되는데, 이는 경찰행정청(위험방지행정청)이 주관적으로 그의 책임에 대한 확신을 가지기 때문이지만,[19] 객관적으로는 위험이 존재하지 아니하였기 때문에 그 위험방지조치는 위법한 것이 된다고 한다.[20] 이러한 청구의 발생에 있어서 그 근본적으로는 당사자가 외관의 발생에 어떠한 기여를 했다는 점은 일단은 중요하지 아니하다고 본다. 그러나 보상의 책정(Bemessung)에 있어서 이는 고려되는데, 보상의 책정은 모든 구체적 사례상황에서 열려있다. 여기서 손해의 발생이나 정도가 영향을 미친 당사자에 의해 주장되는 상황이 보상의 축소나 심지어 배제로 이끌 수 있음을 법률에서 규정할 수 있으며, 위법한 침해로 인한 피해자가 위험이나 책임의 외관이나 의심을 예측할 수 있는 방법으로 유발한다면 손실보상청구권의 틀에서 이를 고려할 수 있다고 한다.[21]

---

18) Pieroth/Schlink/Kniesel, Polizei- und Ordnungsrecht, § 22 Rn. 17. 동 문헌에서는 다음과 같은 예를 들어 설명하고 있다. 앵무새가 그의 주인이자 집주인인 A가 없을 때 큰소리로 도움을 요청하는 소리를 질렀다. 이 소리를 들은 경찰공무원이 문을 부수고 집안으로 들어오게 된 경우 A에게 부서진 문에 대한 손실보상청구권이 인정될 것인가 하는 것이 문제이다. 이때 A가 이 경우의 외관상 위험에 귀책사유가 있는 경우라면, 가령 그가 자기 앵무새가 도움요청소리를 훈련시켰거나 최소한 앵무새의 이러한 능력을 알고 있었다면 손실보상청구권은 발생하지 아니한다. 그러나 그가 단지 앵무새의 주인이라는 이유만으로, 혹은 자기 앵무새를 그 집에 두었다는 이유만으로는 손실보상청구권을 부인할 수는 없는 것이다.

19) 위험개념의 주관화를 위한 이론적 시도에 관해서는 Hoffmann-Riem, "Anscheinsgefahr und Anscheinsverursachung im Polizeirecht", in: Vogel/Tipke(Hrsg.), Festschrift für G. Wacke zum 70. Geburtstag, 1972, S. 327 ff.; 이기춘, "경찰질서법상 위험개념 및 표현위험과 위험의 의심", 공법연구 31-4, 2003, 371쪽.

20) Poscher, Gefahrenabwehr, 1999, S. 143 ff.

21) Poscher, 앞의 책, 144쪽.

6. 교란혐의자의 경우

위험이란 장래 피해발생의 개연성을 의미하지만, 위험혐의 또는 위험의심(Gefahrenverdacht)이란 경찰이 개입할 수 있는 위험한 상황이 현재에 존재하는가의 여부에 대한 의심을 말한다. 말하자면 위험에 대한 의심은 주어진 상황의 미래발전에 대한 예측이 아니라 현재의 사실상황과 관련이 있다. 위험에 대한 의심이 있는 경우에도 기본적으로 위험방지의 필요성이 인정되어야 하는 경우이다. 다만 실제로 개입하는 경찰의 눈으로 보는 것뿐만 아니라 능력을 갖춘 합리적이고 식견이 풍부한 직원이라도 같은 판단에 도달할 경우에 한한다. 그러하지 아니한 경우에는 실제 경찰이 판단을 잘못한 것으로 이 경우 역시 후술하는 오상위험의 문제로 된다.

이러한 위험혐의를 인정할 수 있는 요건을 정리하자면, 첫째 위험 및 손해발생에 대한 개연성을 인정할만한 근거의 존재, 둘째 위험의 실재에 대한 확신의 결여, 셋째 행동을 취해야할 시간의 압박을 들 수 있다.[22)]

위험혐의는 두 가지로 구분된다. 우선 위험혐의가 있는 경우에도 이를 야기한 자가 불명확한 경우, 가령 특정지역의 지하수가 폐기물로 오염된 사실이 수차례 조사로 확인되었지만, 아직 그 원인제공자를 밝히지 못한 경우이다. 이러한 경우에는 공공의 안녕에 대한 긴급하고 현존하는 위험이 존재한다고 판단되는 경우에 한하여 경찰권이 발동될 수 있다. 다음으로 노후한 유조차로부터 유류가 유출되어 지하수오염 여부가 객관적으로는 아직 불명확하더라도 그 소유자가 밝혀진 경우에는 위험혐의는 이미 구체적이고 개별화될 수 있으므로 이 위험의 구체적인 원인을 밝히기 위한 경찰권발동, 즉 위험확인조사는 이루어질 수 있으며, 이 조치는 사후에 객관적으로 정당한 것인지 여부와 별도로 적법한 것으로 평가된다.[23)]

위험혐의에 있어서는 위험방지기관에게 행정절차법에서 요구하는 확실성에 근접한 고도의 개연성에 대한 확신 내지 합리적 의심 없는 증명을 요구할 수 없으며, 시간이 허락하는 대로 보유하고 있는 인식원천을 모두 활용하였지만 완전한 확신에 이르지 못하더라도 필요한 조치를 취할 수 있도록 허용되어야 한다.[24)] 이 경우 위험의 존재여부가 명백해질 때까지 예비적 조치로서 위험의 존재여부에 관하여 조사할 권한을 가지

22) 김남진, 고시연구 2001/9, 91쪽; 이기춘, 앞의 논문, 385쪽 이하; Poscher, "Gefahrenverdacht", NVwZ 2001, 142.

23) Friauf, Polizei- und Ordnungsrecht, in: v. Münch (Hrsg.), Besonderes Verwaltungsrecht, S. 224; 김성수, 개별행정법, 2001, 468쪽.

24) 이기춘, 앞의 논문, 387쪽.

게 될 것이다.

위험확인조사적 침해(Gefahrerforschungseingriff)[25]를 통하여 그 위험이 진정으로 존재하는 것으로 확인된다면, 그 교란자는 손실보상 기타 손해전보에 대한 청구권을 가지지 아니한다. 그러나 외관상 위험에서와 같은 근거로 위험혐의가 확인되지 아니하고, 위험확인조사에서 어떠한 위험도 존재하지 아니하여, 그가 교란자가 아니었다고 나타날 경우 그러하지 아니할 것이다.

경찰관직무집행법과 같은 일반적인 경찰작용법에는 이에 관한 규정이 없지만, 개별 법률에서는 위험의 혐의에 관한 규정을 찾아 볼 수 있다. 예방접종으로 인한 피해에 대한 국가보상이라는 제목을 가진 전염병예방법 제54조의2 제1항에서는 국가는 동법 제10조의2 내지 제12조의 규정에 의하여 예방접종을 받은 者가 그 예방접종으로 인하여 질병에 걸리거나 장애인이 된 때나 사망한 때에는 대통령령이 정하는 기준과 절차에 따라 질병으로 진료를 받은 자에 대하여는 그 진료비 전액과 정액 간병비, 장애인이 된 자에 대하여는 일시보상금, 사망한 자에 대하여는 대통령령으로 정하는 유족에 대하여 一時補償金과 葬祭費를 보상하도록 규정하고 있다.

Ⅳ. 위법한 경찰조치와 손해전보

1. 국가배상법에 따른 손해배상과의 구별

위법하고 유책한 경찰권의 발동은 여기서의 논의를 기다릴 필요가 없이 헌법 제29조 및 국가배상법의 규정에 따라 행정상 손해배상의 문제를 발생할 것이다. 따라서 국가배상법 제2조의 요건을 충족하는 경우 동법에 따른 손해배상청구권이 인정될 것이다. 이러한 경우는 반드시 경찰권의 발동으로 인하여 특수한 문제를 발생하는 것이 아니며, 일반적인 행정상 손해배상의 틀에서 이해될 수 있는 것이다.

여기서 논하는 위법한 경찰조치에 대한 손해전보는 국가배상법상의 손해배상과는 다음과 같은 점에서 구분된다. 첫째, 손해전보청구권을 인정하기 위한 요건 면에서 차이가 있다. 후자의 성립요건은 전자의 그것에 비하여 훨씬 엄격하다고 할 것이다.[26] 즉

25) 위험확인조사에 대해서는 Losch, "Zur Dogmatik der Gefahrenerforschungsmaßnahme", DVBl 1994, 781 ff.

26) Rachor, in: Lisken/Denninger (Hrsg.), Handbuch des Polizeirechts, L, Rn. 78 ff.

국가배상법 제2조의 책임을 인정하기 위해서는 그 작용의 위법성 이외에도 고의 · 과실이라는 요건까지 충족해야 하는 것이다. 그러나 전자의 경우는 고의 · 과실을 요하지 아니한다. 둘째, 법률효과면에서 구분되는데, 국가배상법상 손해배상은 여기서의 위법한 경찰조치로 인한 손해전보에 비하여 보다 넓은 개념이다. 즉 전자는 보전되어야만 하는 상황이 없었더라면 존재하였을 상태를 만들고자 하는데 그 취지가 있다면, 후자는 단지 금전상의 상당한 조정 내지는 보상을 그 취지로 하고 있기 때문이다.[27] 따라서 위법한 경찰작용으로 인한 손해전보가 있는 경우에도 국가배상법상의 손해배상은 청구될 수 있다고 할 것이다.[28]

2. 위법한 경찰작용으로 인한 손해전보청구권자

위에서 본 바와 같이 적법한 경찰조치에 대하여 손해전보가 이루어진다면, 위법한 경찰조치에 대해서는 당연히 손해전보가 이루어져야 함을 알 수 있다. 독일의 많은 주의 경찰질서법에서는 위법한 경찰조치를 통하여 손해를 입은 사람에 대해서는 그에 상당하는 전보청구권이 이루어져야 함을 규정하고 있으며, 이때 경찰청에게 귀책사유를 있어야 함을 요하지 아니한다. 그러나 이때 경찰권의 발동과 그 손해 간에 인과관계는 있어야 할 것이며, 손해전보요건을 충족하기 위한 위법성은 일반적인 기준에 따라 판단된다. 그리고 여기서의 경찰조치는 법률상 · 사실상 행위, 침해적 · 비침해적 행위, 경찰처분 및 경찰명령을 포괄하는 넓은 개념으로 보고 있다.[29] 그리고 이와 같은 손해전보의 청구권을 가지는 자로서 위법하게 경찰의무가 요구된 비책임자, 경찰행정청에 대하여 다른 사유로 위법하게 취급된 책임자, 책임자나 비책임자가 아닌 것으로 경찰에 의해 인정되었지만, 우발적으로 경찰권 발동으로 손해를 입게 된 사람 등이 여기에 해당한다.[30]

그 밖에 최근 경찰질서법이나 개인정보보호관련 법에서는 특수한 형태의 손해전보청구권을 규정하는 경우가 있는데 허용되지 아니하는 정보처리를 통한 손해가 발생한데 대한 청구권이 문제시되기도 한다.

위법한 조치에 대한 손해전보에 대하여 경찰법률에 특별한 규율이 없는 경우에는

27) Pieroth/Schlink/Kniesel, Polizei- und Ordnungsrecht, § 22 Rn. 4.
28) 양 청구권이 경합될 수 있음을 독일의 바덴뷔르템베르크, 베를린, 브레멘, 헤센, 니더작센, 노르트라인-베스트팔렌, 라인란트-팔쯔, 작센, 튀링엔 등의 경찰법률에서 규정하고 있다.
29) Friauf, Polizei- und Ordnungsrecht, in: v. Münch (Hrsg.), Besonderes Verwaltungsrecht, Rn. 200.
30) Pieroth/Schlink/Kniesel, Polizei- und Ordnungsrecht, § 22 Rn. 21.

일반적인 희생보상청구권이나 경찰비책임자가 가지는 손실보상청구권을 최소한 유추 적용하는 것을 검토할 수 있을 것이나, 입법적 정비가 가장 확실한 방안임은 긴말을 요하지 아니할 것이다.

3. 오상위험의 경우

오상위험(Schein-/Putativgefahr)이란 실제로는 위험이 존재하지 아니함에도 불구하고 (경찰)행정청이 객관적인 주의의무를 다하지 못함으로써 위험이 존재하는 것으로 잘못 판단한 경우를 말한다.[31] 즉 사려있는 평가에 따를 때 위험의 존재에 관하여 전혀 근거가 없는데도 손해발생에 대하여 충분한 개연성이 있다고 오인한 경우를 말한다. 오상위험은 사전의 평가(주관적 고찰)를 사후의 평가(객관적 고찰)로 보아도 법적 의미에서의 위험은 존재하지 아니하는 경우이다. 따라서 이때 위험방지요구를 받은 자는 교란자가 아니다. 그럼에도 불구하고 경찰이 경찰권을 발동했다면 이는 위법한 것으로 될 수 있다. 유책의 침해의 경우라면 국가배상법상의 손해배상의 문제가 되며, 무책의 경우라면 전술한 손해전보의 문제가 생길 것이다.

4. 위법한 경찰작용과 결과제거청구권

행정상 손해배상청구권의 후속조치로서 논의되는 결과제거청구권의 문제는 마찬가지로 여기서도 적용될 수 있다. 위법한 경찰작용으로 인하여 자기의 권리가 침해되고 또한 그 위법침해로 인해 야기된 사실상태가 계속되는 경우에 관계자는 경찰행정관청에 대하여 불이익한 결과의 제거를 통하여 계속적인 법익침해의 해소를 구할 수 있는 권리를 가진다. 이러한 권리를 결과제거청구권이라고 한다. 이는 곧 위법침해가 동시에 위법한 사실상태를 야기한 경우, 적법한 사실상태의 회복을 구할 수 있는 청구권이라고 할 수 있다. 가령 A가 즉시명령집행에 의거 경찰공무원에게 운전면허증이 압수되었으나, 그 압수가 위법한 것이라면 A는 위법한 면허증압수처분에 대해 취소소송을 제기할 수 있다. 그런데 만약 취소판결이 있음에도 불구하고 관계행정청이 A에게 면허증을 되돌려주지 아니하면 법원은 독일행정법원법 제13조 제1항 제2문에 의거 행정청이 되돌려 줄 것을 명할 수 있다는 것이다. 이러한 방식으로 A의 권리에 대한 위법한 침해의 결과는 사실상 제거될 수 있다.

---

31) 이를 "추측상 위험"으로 나타내기도 한다 (홍정선, 행정법원론(하), 312쪽).

그리고 이 결과제거청구권은 원래의 상태로의 회복이 사실상 가능하고 그것이 동 청구권의 대상인 행정청에게 기대가능 해야 한다.[32)]

또한 앞서 본 경찰상의 긴급상황에서의 비책임자의 손실보상에 있어서, 더 이상 긴급상황이 존재하지 않게 된 때에는 경찰 스스로 당해 처분을 중지해야 할 것이다. 그러나 위법하게 이를 중지하지 아니할 때에는 당사자는 처음부터 위법인 경찰조치에 있어서와 마찬가지로 경찰권발동으로 인한 사실상의 결과제거를 청구할 수 있다.[33)]

V. 경찰법상 손해전보의 기타 개별적 문제

1. 손해전보의 내용 및 범위

경찰법상의 손해전보는 원상회복(Naturalrestitution)이 아니라, 상당한 금전상의 보전을 뜻하며, 재산상 손해에만 한정되는 것으로 보는 것이 독일경찰법의 일반적인 경향이다.[34)] 그러나 독일의 여러 주에서는 경찰법률들이 보호되는 이익이 건강 및 자유에 관한 다양한 규정에 있어서 손해입은 자들에게 공무원의 책임에서처럼 희생보상원칙을 넘어 비물질적 손해에 대한 위자료(Schmerzengeld)를 규정하기도 한다. 우리의 법제에서 이를 규정하는 경우 법정책적인 관점에서 그 내용과 범위를 폭 넓게 규율하는 것도 가능하다고 할 것이다.

또한 대부분의 독일 경찰질서법률들은 통상적인 수입이나 이용결여(Nutzungsausfall)가 보전되는 한도에서 손해를 보전한다. 그 이상의 손해는 허용될 수 없는 정도의 손해가 존재할 때에만 고려될 수 있다. 비물질적 손해의 지급에 대한 규정이나, 반대되는 이익에 대한 규정이 없는 주에서는 손실보상에 대한 희생보상원칙에 근거로서만 전적으로 전보될 수는 없다. 가령 바뎀-뷔르텐베르크 경찰법(bwPolG) 제55조 제1항 제1문은 손해의 완전보상을 규정하고 있지만, 포괄적인 물질 및 이해상황의 고려는 허용된다. 당사자의 특별희생이 물질적 손해만이 아닌 경우에는 그 손해가 부적절한 정도(unbillige Härte)인 경우라면 비물질적인 손해 및 반대되는 이익에 대한 조정(보전)이 주어질 수 있다.

---

32) 김해룡, 고시계 1998/4, 74쪽 이하.

33) 류지태, 행정법신론, 2002, 768쪽.

34) Pieroth/Schlink/Kniesel, Polizei- und Ordnungsrecht, § 22 Rn. 26 및 411쪽 각주 9에 소개된 독일 각 주의 경찰법 참조.

2. 塡補額의 감경 · 배제사유

독일의 대부분 경찰질서법률은 독일민법 제254조를 유추적용하여 손해전보의 정도에 있어서 손해입은 자의 쌍방과실(Mitverschulden)을 고려한다. 즉 민법상의 과실상계에 있어서와 같은 전보액의 감경이 쌍방과실을 고려하여 결정될 수 있을 것이다. 그 책임의 정도는 당사자가 攪亂者, 교란혐의자, 非攪亂者 혹은 비참여자인가에 여부에 따라 정하여질 것이다. 또한 피해자가 손해를 입은 동시에 이익을 얻는 경우에는 손익상계(Vorteilausgleichung)에 대한 민법상의 원칙에 따라 손해에서 이익을 공제하여 전보해야 한다.[35] 만일 손익상계와 과실상계의 둘 다 문제될 경우 손해전보액을 산정함에 있어서는 과실상계를 한 다음 손익상계를 하여야 하는 것이라는 논리가 여기서도 적용 가능할 것 이다.[36]

그리고 손해를 일으키는 조치가 당사자나 그 재산의 보호를 위해 행해진 경우에는 손해전보가 배제될 수 있다. 여기서 중요한 것은 당사자에게 마찬가지로 이익이 생긴다는 점이 아니라, 그 보호가 의도되었고 그의 이익 하에 있었다는 점에 있으며, 이러한 경우에는 그 당사자에게 특별한 희생이 발생하는 것은 아니라고 보게 되는 것이다.

손해전보는 손해 입은 자가 다른 방식으로 전보를 획득하였을 경우에도 배제된다. 그 배제는 손실보상이 셀 수 있는 것일 때 발생되며 현실화의 가능성만으로는 충분하지 아니하다. 손해를 입은 자가 제3자에 대하여 청구권을 가질 경우, 그는 손해전보를 그가 이 청구권을 손해전보의무자에게 양도하는 때에야 손해전보를 가질 수 있다.

3. 청구권의 소멸시효 및 경합

경찰법률에 손해전보의 규정을 두게 될 경우 시효에 관한 사항을 함께 규정할 필요가 있다. 우리나라 국가배상법상의 손해배상에 있어서는 국가배상법 제8조에 의거 민법 제766조의 단기소멸시효기간, 즉 손해 및 가해자를 안 날로부터 3년, 불법행위를 한 날로부터 10년을 적용하고 있다. 경찰법상의 손해전보를 규정하고 있는 독일의 대부분 주의 경찰질서법률은 손해전보에 있어서 3년의 시효를 규정하고 있다. 일부 주에서는[37] 1년의 소멸시효기간(Verjährungsfrist)을 두고 있기도 하지만, 기타 대부분의 주

35) 독일의 베를린, 브레멘, 헤센, 자알란트, 작센, 튀링엔 등의 주경찰법의 태도이다.
36) 대법원 1996. 1. 23. 95다 24340; 김준호, 민법강의, 2001, 1480쪽.
37) 메켈른부륵-포어폼메른, 쉴레스비히-홀스타인 등.

에서는 독일민법 제195조로부터 3년의 소멸시효기간을 정하고 있다.

우리나라 현행 예산회계법 제96조는 국가의 또는 국가에 대한 금전채권은, 다른 법률에 특별한 규정이 없는 한, 5년간 행사하지 않으면 소멸한다고 규정하고 있다. 그러나 경찰행정작용의 특수성을 고려하여 일반적인 공법상의 금전채권보다 단기의 시효를 규정하는 것도 가능할 것이다.

또한 경찰질서법적인 전보청구권은 일반적인 희생보상청구권에 우선되는 것이다. 그리고 국가배상에 있어서 청구권경합이 생기기도 하는데, 양자는 성격을 달리하는 것이므로 양 청구권은 중첩적으로 존재할 수 있다.[38]

4. 손해전보의 피청구인 및 소송수단

손해전보의 의무를 지는 것은 당해 작용을 한 공무원의 직무를 행하는 소속행정청이다. 따라서 경찰공무원에 있어서는 국가가 될 것이며, 최근 논의되고 있는 자치체경찰이 도입될 경우 지방자치단체가 손해전보의 피청구인이 될 것이다. 질서행정공무원에 있어서는 국가 또는 당해 지방자치단체가 된다.

이를 다툴 수 있는 소송수단으로는 경찰작용으로 인한 손해전보를 공법적 성격으로 보는 한 행정소송법상 당사자소송절차에 따라야 할 것이다. 다만, 주지하는 바와 같이 종래 행정상 손해배상이나 손실보상에 있어서 판례는 이를 민사사건으로 다루고 있다. 독일의 경우 행정재판소법 제40조 제2항 제1문에 따라 희생으로부터의 재산법적 청구권에 있어 통상적인 쟁송수단이 주어진다. 독일 대부분의 주 경찰질서법률에서는 동법 제40조 제1항 제2문의 위임의 형태로 규정되어 있으며, 희생원칙에 기하지 아니한 경찰조력자의 청구권을 포함한 이러한 모든 전보청구권에 있어서 통상적인 쟁송수단이 열려 있다.

Ⅵ. 맺음말 – 경찰관직무집행법의 개정방향

이와 같이 경찰행정작용으로 인한 발생한 손해를 전보하는 것은 국민의 권익보호의 측면에서 매우 필요한 것이지만, 현행 경찰관직무집행법에는 관련 규정을 두고 있지 않아, 위법한 경찰작용에 대하여 국가배상법 제2조에 기한 행정상 손해배상을 청구

38) 이 글 Ⅳ. 1. 참조.

하는 방법 이외에는 손해전보가 제대로 이루어지지 못하고 있는 것이 우리의 현실이다. 따라서 최근 경찰관직무집행법의 개정이 논의되고 있는 바, 여기에 손실보상 및 손해배상에 관한 규정을 둘 필요가 있다.[39] 또한 경찰법상의 손해전보의 문제는 앞서 언급한 바와 같이 경찰책임 및 일반적 수권조항과 밀접한 관련이 있으므로 여기에 관한 명문규정 역시 경찰관직무집행법에서 입법론적으로 해결되어야 할 것이다.

그 밖에 경찰법상의 손해전보에 관한 다음과 같은 사항들이 향후 경찰관직무집행법에서 포함되어야 할 것이다.

첫째, 경찰긴급상황으로 인하여 경찰책임이 없는 자에 대하여 부득불 경찰조치를 한 경우, 그 적법한 조치로 인하여 손실을 입은 자는 정당한 보상을 청구할 수 있다는 규정이 필요하다. 경찰작용으로 인한 손실보상의 가장 기본적인 틀은 경찰긴급상황에서의 경찰비책임자에게 경찰상의 조치를 하게 된 경우이며 이러한 손해전보에 관한 입법적 근거가 필요한 것이다.

둘째, 경찰의 동의를 얻어 경찰업무의 수행에 자발적으로 협조하거나 물건을 제공함으로 인하여 손해를 입은 자에 대해서도 손해전보가 행해져야 할 것이다. 이 경우 역시 손실보상의 법리를 통하여 보상이 이루어지도록 근거규정을 마련하는 것이 형평의 측면에서나 효율적인 경찰목적 달성을 위한 정책적 차원에서 바람직할 것이다.

셋째, 국가배상법상의 손해배상과는 다른 위법한 경찰조치로 인한 손해전보에 대한 규정을 둘 필요가 있다. 적법한 조치로 인한 손해전보가 가능하다면, 위법한 조치로 발생한 손해가 구제받지 못해서는 아니 되기 때문이다.

넷째, 손해전보의 내용 · 범위, 전보액의 감경 · 배제사유, 시효, 청구병합, 피청구인, 쟁송수단 등과 같은 사항에 대해서도 경찰작용의 일반법의 성격을 가지는 경찰관직무집행법에서 규정할 필요가 있다. 또한 전보의 내용이나 범위에 관한 상세한 부분에 대해서는 토지의취득및보상에관한특례법 및 그 하위법령에서 상세한 규정을 두고 있으므로, 동 법령에서 관련되는 부분을 준용한다는 규정을 둘 수 있을 것이다.

39) 그 입법적인 모델로는 독일의 통일모범경찰법초안을 참조할 수 있는데, 동 초안에서는 제5절 "손실보상, 구상, 배상청구"라는 제목 하에 제45조(손해전보의 요건), 제46조(손해전보의 내용, 종류, 범위), 제47조(간접적 피해자의 청구권), 제48조(손해전보청구권의 시효), 제49조(손해전보의무자, 구상권), 제50조(경찰책임자에 대한 구상), 제51조(쟁송수단)과 같은 상세한 규정을 두고 있다.

제 6 장

公法上 環境責任論의 전개

Ⅰ. 머리말

손해에 대한 법적 책임이라고 하면 민사책임을 생각하게 되는 것이 보통이다. 환경책임의 경우도 마찬가지이어서, 가령 A가 B에 대하여 환경손해로 인한 책임을 묻는다는 말은 B의 환경침해행위로 인하여 A의 재산상 이익이나 인격적 이익의 손해가 있어 이에 대한 금전배상 또는 원상회복을 구한다는 뜻으로 일반적으로 이해하고 있다.

그런데 환경침해로 인한 손해 가운데에는 개인적 이익과는 무관한 순수한 환경손해가 포함될 수 있다. 때론 오직 순수한 환경손해만이 있는 경우도 생각할 수 있다. 가령 생물다양성이 침해되거나, 해양오염이 발생하는 경우 또는 토양오염에 대하여 토지소유자에게도 정화책임이 있다고 보아야 하는 경우이다.

이와 같이 본질적으로 공공재인 '생태'에 대한 손해를 민사책임에서 다루는 것은 한계가 있다는 데에서 본 연구는 출발하고 있다. 개인의 이익과 무관한 순수한 생태손해는 민사상 손해배상청구를 통하여 회복되지 못할 수 있다는 점이다. 따라서 이 생태손해에 대한 회복은 어떻게 할 것이며, 그 회복에 대한 책임은 누구에게 있는 것인가를 살펴볼 필요가 있다.

이러한 취지에서, 이 글에서는 환경침해로 인한 책임문제에 있어서 민사책임과는 성질이 다른 공법상 환경책임에 관한 법리를 전개하고자 한다. 책임법제에 대한 새로운 패러다임을 모색해야 하는 방대한 연구가 될 이러한 작업의 기초연구로서 여기서는 문제제기 및 기본방향에 대한 제시를 하고자 한다. 이를 위해, 우선 공·사법상의 환경책임을 비교하여 살펴본 뒤(Ⅱ), 공법상 환경책임의 법이론적 근거 및 관련 법제를 검토한다(Ⅲ). 나아가 본 연구의 모델법제로 삼고 있는 독일 환경손해법을 주로 참고하여 공법상 환경책임에 관한 법은 어떠한 내용을 담아야 하는가에 대하여 살펴보면서(Ⅳ), 논의를 맺고자 한다(Ⅴ).

Ⅱ. 공법상 환경책임과 사법상 환경책임

1. 환경책임의 유형

넓은 의미의 환경손해는 크게 2가지로 나누어, ① 환경영향에 기인하는 손해일반(광의의 환경손해), ② 환경영향에 기인하는 손해 중, 인격적 이익이나 재산적 이익에 관한 손해를 제외한 환경손해(협의의 환경손해)로 분류할 수 있다.[1] 공법상 환경책임에 관한 이 글은 이 중 ②의 손해를 주로 다룬다.

환경책임체계를 좀 더 상세하게 구분해 보자.

환경법상 보호이익의 위험·손해에 대한 공·사법상 책임체계를 정리하면 다음과 같다.[2]

❖〈표 3〉 환경법상 보호이익의 위험·손해에 대한 공·사법상 책임체계

환경법상 보호이익(예 물,토양, 동·식물상, 공기, 자연, 경관)	사인에 의한 위험·손해발생	국가·지자체 또는 그 직무 수행자에 의한 위험·손해발생
공법질서를 통한 보호	① 사인의 위험방지 제거에 대한 공법상 책임	③ 이른바 행정주체의 경찰책임
이러한 환경법상 법익에 대한 주관적·사법적(私法的) 권리의 보호	② 원상회복 및 손해배상에 대한 사법상 책임	④ 행정상 손해배상책임

①은 이 글에서 주로 논하고자 하는 공법상 환경손해책임이다.

②는 민사상 환경책임에 관한 것이다. 독일 환경책임법(Umwelthaftungsgesetz)이 규율하는 영역이기도 하다.[3] ①의 경우와는 원인자책임원칙이 공히 적용된다는 공통점

1) 大塚 直, "環境損害に対する責任", ジュリスト No.1372, 2009, 42頁.
2) Becker, Das neue Umweltschadensgesetz, Beck Juristischer Verlag, München 2007, Rn. 360에 나오는 도표에서 필자가 ③의 부분을 수정한 것이다.

을 가지기도 하지만, 공법적 규율과 사법적 규율이라는 결정적인 차이가 있다. 그리고 ②에서는 순수한 생태손해에 대해서는 규율할 수 없다는 점도 ①과 차이나는 부분이다.

③에 대해서는 법질서가 원칙적으로 규율하지 않는다는 견해도 있지만,[4] 이른바 '행정주체의 경찰책임'[5]의 형태로서 환경손해책임이 이루어지는 경우는 여기에 해당된다고 생각된다.

④도 마찬가지로 공법상 책임임은 물론이다. 그러나 이는 전통적인 행정상 손해전보책임 내지 국가책임(Staatshaftung)의 범주에서 다루어지는 것으로 이 글에서 문제삼는 사인[6]의 공법상 환경손해책임과는 거리가 있다. 필자가 ①의 의미로 '공법상 환경책임'이라는 용어를 사용함에 있어서도 이 ④와의 혼동문제가 다소 고민스럽긴 하나, 책임당사자가 ①의 경우는 원칙적으로 사인이며, ④의 경우는 국가라는 점에서 구분될 것이다.

2. 생태손해에 대한 사법상 환경책임의 한계

민사책임을 통하여 생태손해를 회복할 수 있을까?

가령, A가 B소유의 산림에 건설폐기물을 불법매립함으로써 B소유 산림에서 자연환경이 심각하게 침해되었다면 B는 A에 대하여 손해배상을 청구하게 될 것이다. 이때 B가 A에게 배상을 청구할 수 있는 손해는 주로 B소유 산림에 관하여 생긴 재산적 손해가 되겠지만, 기타 생명 · 신체 등에 관한 비재산적 손해가 있다면 이에 대한 배상도 포함하게 될 것이다. 그리고 우리 민법상 손해배상의 방법은 금전배상이 원칙이며(민법 제394조), '당사자의 합의가 있는 경우에는'[7] B는 A에게 원상회복을 청구할 수도 있다. 어쨌든, B가 배상을 청구할 수 있는 손해는 B의 개인적 이익, 특히 재산상 이익에 관하여 발생한 불이익이다. 생태손해가 개인의 재산상 이익 등과 맞물리면서 때론 원

---

3) 독일 환경책임법에 관한 연구로는 전경운, "환경책임법 제정의 필요성과 그 내용", 환경법연구 25-1, 2003, 27쪽 이하; 최광준, "독일환경책임법의 기본구조와 주요내용", 재산법연구 21-2, 2005, 299쪽 이하.

4) Becker, 앞의 책, Rn. 360에 나오는 원래의 도표 참조. 필자가 수정하기 이전의 원래 도표에서 ③의 부분은 다음과 같다. "grundsätzlich von der Rechtsordnung nicht vorgesehen(ausgenommen Disziplinar- und Strafrecht), falls doch vorkommend: öffentl.-rechtl. Drittschutz subjektiver Rechte"

5) 원문에 충실하여 '고권주체(Hoheitsträgern)의 경찰책임'이라고도 한다. 손재영, "고권주체의 경찰책임", 환경법연구 30-1, 2008, 113쪽 이하 참조.

6) 행정주체가 이러한 책임당사자가 되기도 하지만, '사인의 책임'에 대한 특수한 경우라고 할 수 있다. 이에 관한 상세는 손재영, 앞의 논문, 113쪽 이하 참조.

7) 민법 제394조의 "다른 의사표시가 없으면 손해는 금전으로 배상한다."에서 '다른 의사표시가 없으면'을 '채권자와 채무자의 합의가 있는 때에만'으로 해석하는 곽윤직, 채권총론, 박영사, 2003, 109쪽 참조.

상회복의 형태로 양자가 어우러져 회복될 수도 있지만, 금전배상원칙을 취하고 있는 우리 민법 하에서 생태손해가 원상회복의 형태로 배상이 이루어지는 것은 쉽지 않다.[8] 특히 생태손해의 배상이 침해물건의 가액을 상회하는 경우에는 원상회복을 기대하기 어렵다. 어떤 이유에서이건 당사자가 금전배상을 원하는 경우에는 원상회복형태의 '생태손해'회복은 이루어지지 않는다. 결국, 순수한 '생태손해', 즉 사인(私人)에게는 배타적인 처분이나 이용이 허용되지 않는 이익에 대한 손해를 민사책임을 통하여 그 전보를 구한다는 것은 매우 곤란하다고 할 수 있다.[9]

손해배상책임의 형식이 아닌 방해제거청구권, 방해예방청구권에 의하는 경우에도 개인의 이익과 무관한 생태손해에 대해서는 같은 문제가 발생한다.[10]

그렇다면, 민사특별법 형식의 환경책임법을 만들게 되면 생태손해문제를 해결할 수 있을까? 독일 환경책임법에서는 이러한 생태손해를 보전할 수 있는지 여부를 살펴보자.[11]

복원조치의 비용(Aufwendungen bei Wiederherstellungsmaßnahmen)이라는 제목을 가진 독일 환경책임법 제16조1항에서는 물건의 손상이 자연이나 경관의 침해를 가져오는 경우에는 원상회복이 물건의 가액을 초과한다는 사실만으로는 원상회복[12]을 위해 과도한 비용의 지출을 수반하는 것으로 인정되지 않는다고 규정한다. 원상회복이 과도한 비용지출에 의하여만 가능한 경우에는 배상자는 금전으로 배상할 수 있다는 독일민법 제251조2항1문의 예외를 인정하고 있는 것이다. 즉, 자연환경손해의 원상회복을 위한 비용이 물건의 가액을 넘는 경우에도 독일민법 제251조2항1문의 금전배상의 예외규정이 적용되지 않도록 하여, 결국 원상회복의 확장을 통하여 생태손해의 복구를 지향하고 있다.[13] 그러나 이러한 규정에도 불구하고 개별적 성격을 갖는 민사책임의 성격상 당사자들에게 강제할 수 없어 피해자가 원상회복이 아닌 금전배상만을 원할 경우 이를 따를 수밖에 없다는 점, 그리고 생태손해가 동시에 소유권침해 등 개별적 손해와 연결되는 경우가 아닐 때에는 환경책임법 제16조가 제대로 기능할 수 없다는 점을

---

8) 원상회복원칙을 취하면서 환경책임법(Umwelthaftungsgesetz)에서 원상회복원칙을 확대하려는 독일 민법체계도 생태손해를 제대로 배상할 수 없는 것으로 보고 있다. 상세는 후술하는 이 글 Ⅱ. 2. 참조.

9) 이러한 취지의 Marburger/강기홍 역, "Umwelthaftung im deutschen Recht", 환경법연구 29-3, 2007, 11쪽 이하.

10) 방해제거청구권과 방해예방청구권을 묶어 유지청구권으로 설명하는 전경운, "해양유류오염사고피해에 대한 손해배상의 법적 문제", 환경법연구 30-2, 2008, 520쪽 참조.

11) 우리나라에서 이러한 환경책임법 제정에 관한 많은 논의가 있었지만, 아직 입법화되지 않았다.

12) 독일민법은 우리 민법과는 달리 손해배상에 있어 원상회복주의를 취한다(최광준, 앞의 논문, 315쪽).

13) 최광준, 앞의 논문, 316쪽; 전경운, "환경책임법 제정의 필요성과 그 내용", 환경법연구 25-1, 2003, 50쪽.

들어 민사책임으로는 생태손해를 규율하는 데에는 한계가 있다는 점이 지적되고 있다.[14)]

결국 생태손해가 민사책임을 통하여 그 전보가 이루어지는 것은 그것이 피해자의 개별이익과 맞물리고, 또한 원상회복의 가액이 침해물건의 가액을 넘지 않는 등의 '단지 우연한'(nur zufällig)[15)] 상황에서 이루어질 뿐이다. 본질적으로 공공재인 '생태'에 대한 손해를 민사책임에서 다루는 것은 한계가 있다. 따라서 순수한 환경손해인 '생태손해'는 환경침해로 인한 私人의 인격적 이익이나 재산적 이익에 관한 손해와는 구분되며, 그 책임문제도 개인의 이익조절을 목적으로 하는 사법적 시각이 아닌 새로운 시각으로 파악해야 한다.

그렇다면, 이 손해에 대한 회복을 국가의 책임으로 할 것인가? 그러나 이는 결국 납세자인 국민 전체에게 책임을 전가하는 셈이 되어, 원인자책임원칙이나 환경정의에 맞지 않다. 개별 환경법규에서 이를 단속하는 규정을 두어 해결하는 방안을 생각할 수 있지만, 전체 책임법체계에서 이를 규율할 필요성은 여전히 인정된다. 공공재인 환경이익 손해에 대한 책임은 '환경보호'라는 공법상 목적을 실현한다는 틀에서 다루고자 하는 새로운 책임체계의 모색이 요청된다. 일종의 공법상 환경손해책임에 관한 새로운 법체계를 구성할 필요가 있다는 것이다.

Ⅲ. 공법상 환경손해책임의 법이론적 근거

1. 공공신탁이론(公共信託理論)

로마법이나 보통법에서 기원하여 주로 영미법에서 발전해 온 공공신탁이론(public trust doctrine)은 가령 야생동물과 같은 일정한 자연자원을 시민들을 위하여 유지하고 보전하려는 주권국가의 의무에 관한 것으로 설명되고 있다. 즉, 자연자원은 일반국민(the whole public)에 속하는 것이며, 사적 소유자는 공중으로부터 이를 박탈할 수 없다는 것이다. 국가는 자연자원침해에 대한 책임당사자에 대하여 손해배상청구이나 유지청구(injunctive relief)를 할 법적 권한을 가진다.[16)]

---

14) 최광준, 앞의 논문, 317쪽.

15) Wagner, "Die gemeinschaftsrechtliche Umwelthaftung aus der Sicht der Zivilrechts", in: Umwelthaftung nach neuem EG-Recht, 2005, 73 (77).

16) Allan Kanner, "The Public Trust Doctrine, Parens Patriae and the Attorney General as the Guardian of

수많은 학자들에 의해 매우 다양하게 전개되고 있는 이 공공신탁이론은 미국환경법에서는 원래 항행가능한 수역(navigable waters)이나 해안선(shorelines)을 보호하기 위한 것이었지만, 오늘날 야생동물, 연방정부 소유 공유지(federal public lands), 먹는물(drinking water) 등 그 범위가 늘어가고 있다고 한다.[17)]

일정한 환경손해가 있는 경우에는 그것이 사적 소유권의 보호차원이 아니라, 국가 등이 受託者(trustee)로서 일반국민에 속하는 환경재에 대한 권한을 행사함으로써, 새로운 형태의 손해책임을 청구할 수 있다고 할 것이다.

영미법에서 발전해 온 이 이론이 우리 법제에 그대로 적용시키기는 쉽지 않겠지만, 전통적인 민사책임이 아닌 공법상 책임으로서 환경손해책임을 정립하고자 하는 입장에서 생각할 때 공공신탁이론 역시 같은 맥락에서 이해할 수 있을 것 같다. 자연자원에 대한 손해로서의 환경침해에 대한 책임자에게 공공신탁(public trust)을 받은 국가(state)에 이를 묻고자 하는 이 공공신탁이론은 공법상 환경책임론의 근거가 될 수 있다.[18)] 이는 후술하는 독일의 경찰책임론과도 공법상 환경책임론의 근거로서 연결점이 있다고 생각된다.

2. 경찰책임론

공법상 책임으로서의 경찰책임(polizeiliche Verantwortlichkeit)은 공법상 환경책임을 이해함에 있어서 단초가 될 수 있는 법리이다. 경찰책임은 공공의 안녕과 질서에 대한 위험이 자기의 행위를 통하여 야기되지 아니하도록 하거나, 혹은 그러한 위험이 자기가 지배하는 물건을 통하여 발생하지 아니하도록 관리하는 것이다. 이때 자기의 행위가 위험을 야기하였거나(Verursachung der Gefahr), 자기가 지배하는 물건에서 위험이 발생하였다면(Ausgehen der Gefahr von der Sache), 그에 대하여 각각 행위책임 및 상태책임을 지는 것이 경찰책임이다.[19)] 경찰책임의 단초가 되는 것은 경찰법상 '위험'인데,

---

the State's Natural Resources", 16 DUKE J. ENVTL. L. & POL'Y F, 2005, p. 57; 공공신탁이론의 고전이라 할 수 있는 Joseph L. Sax, "The Public Trust Doctrine in Natural Resource Law", 68 MICH. L. REV, 1970, p.471 참조; 이에 관한 국내문헌으로는 조홍식, "공공신탁이론과 한국에서의 적용가능성", 환경법연구 19, 1997, 192쪽 이하; 고문현, "환경보호의 패러다임으로서의 공공신탁이론", 공법학연구 7-4, 2006, 53쪽 이하; 김춘환, "환경법원리로서의 공공신탁이론의 역할", 토지공법연구 12, 2001, 465쪽 이하.

17) 조홍식, 앞의 논문, 196-197쪽.

18) 자연자원손해책임의 이론적 근거로서 공공신탁이론을 들고 있는 Hinteregger, "Internatinal and supranational systems of environmental liability in Europe, in: Hinteregger(ed.), Environmental Liability and Ecological Damage in European Law, Cambridge Univ. Press, 2008, p. 9.

19) 김현준, "공법상 책임으로서의 경찰책임", 고시연구 2005/10, 91쪽.

환경침해가 '위험'의 수준이라면 이러한 '위험'수준의 환경손해에 대한 책임을 행위책임자나 상태책임자가 져야 한다는 것이다.

일찍이 경찰법이 발달한 독일의 경우와는 달리, 우리 경찰관직무집행법과 같은 경찰법제에서 경찰책임을 곧 바로 도출할 수 있는가에 대해서는 회의적이지만, 경찰책임론이 공법상 환경책임법을 제정하고, 그 법을 해석함에 있어서 중요한 길잡이역할을 할 수 있다. 가령, 우리 현행법상 토양환경보전법 제10조의3의 규정을 이 법리를 통하여 해석할 수 있고, 필요한 경우 (공법상) 환경책임법을 제정할 때 이를 이용할 수 있다. 또한, 경찰책임론의 내용인 행위책임, 상태책임, 경찰책임의 승계, 다수의 경찰책임자 등은 공법상 환경책임론을 전개함에 있어서 그대로 적용할 수 있는 법리이다. 경찰책임법리의 적용이 지나치게 가혹한 경우에는 비례원칙 등을 고려하여 적절하게 활용할 수도 있다.

Ⅳ. 공법상 환경책임법의 내용-독일 환경손해법을 모델법제로 하여-

공법상 환경책임체계를 입법화한 것으로 2007. 5. 10. 제정되어[20], 2007. 11. 14. 부터 시행된 독일 환경손해법이 있다. 동법은 2004. 4. 30. 제정된 유럽환경책임지침(EU-Umwelthaftungsrichtlinie)을 독일 국내법으로 수용한 것이다.[21] 독일 환경손해법은 공법상 환경책임에 관한 정치한 내용을 담고 있어, 동법을 공법상 환경책임법체계의 모델법제로 삼아 그 내용을 살펴보고, 아울러 우리 현행법 상황을 함께 고려하여 공법상 환경책임법의 내용을 구성해 보고자 한다.

---

20) BGBl. I, S. 666.

21) Richtlinie 2004/35/EG des Europäischen Parlaments und des Rates vom 21. 4. 2004 über Umwelthaftung zur Vermeidung und Sanierung von Umweltschäden. 원인자책임원칙(Verursacherprinzip)을 바탕으로 환경손해의 예방 및 정화를 위한 환경책임에 대한 기본틀을 정함을 목적으로 하고 있는 유럽환경책임지침은 제1조 목적, 제2조 개념정의, 제3조 적용범위, 제4조 예외규정, 제5조 회피활동, 제6조 정화활동, 제7조 정화조치의 규정, 제8조 회피 · 정화활동의 비용, 제9조 다수의 원인자가 있는 경우 비용분담, 제10조 비용상환의 기한, 제11조 관할행정청, 제12조 활동개시의 요구, 제13조 심사절차, 제14조 담보제공의무, 제15조 회원국 간의 협력, 제16조 국내법과의 관계, 제17조 적용의 시간적 제한, 제18조 국내법으로의 전환, 제19조 발효, 제21조 수범자, 부속서 Ⅰ~Ⅵ의 내용을 담고 있는데, 그 내용의 대부분이 독일 환경손해법에 수용이 되어 있어 이 글에서는 주로 독일 환경손해법의 내용을 중심으로 살펴보게 된다. 이 유럽환경책임지침에 대해서는 한귀현, "환경손해에 대한 책임법제-유럽환경손해지침과 독일 환경손해법안을 중심으로-", 공법연구 35-1, 2006, 695쪽 이하 참조. 독일문헌으로는 많은 관련문헌 가운데 특히 2004년 제20차 트리어대학 학술대회 결과물인 Hendler(Hrsg.), Umwelthaftung nach neuem EG-Recht(UTR Bd. 81), Erich Schmidt Verlag, Berlin 2005 참조.

1. 법의 기본성격 및 목적

(1) 공법상 책임체계

우선, 사인의 공법상 책임에 관한 법체계이어야 한다. 예외적으로 행정주체가 책임당사자가 되는 경우도 있지만, 주로 사인이 책임당사자가 될 것이다. 또한 민사책임성격의 환경책임법과는 성격이 다른 공법상 법체계이어야 한다. 이와 관련된 법적 분쟁은 행정소송의 방법에 의하게 된다.

공법상 책임이라고 하더라도 이미 민법체계에서 정치하게 발전해 온 이론들을 유추적용하는 경우도 있을 수 있다. 그러한 경우에도 공법적 특수성을 고려해야 한다. 예컨대 민사채권관계에서 다수의 채무자의 경우처럼, 다수의 환경손해책임자가 있는 경우를 생각할 수 있다. 이때 곧 바로 (부진정) 연대채무의 법리를 (유추)적용해서는 아니 된다. 행정권의 발동의 대상이 되는 이들 다수의 환경손해책임자간에 행정청은 임의로 행정권을 발동하는 것이 아니라, 하자 없는 재량행사를 해야 한다. 즉, 사법상 책임과 구분되는 책임의 성격이다.

(2) '회복중심의 접근방식'과 '금전배상중심의 접근방식'

환경손해에 대한 책임을 회복중심으로 접근할 것인가, 아니면 금전배상중심으로 접근할 것인가의 문제가 있다. 후자의 경우 그 금액산정에 관하여 불확실한 점이 있다는 단점이 있고, 전자의 경우 환경의 비이용가치와 같이 회복중심의 접근방식으로는 대처하기 곤란한 점이 있다는 단점이 있다.[22)]

환경손해책임은 공익적 차원에서 환경 그 자체의 보호를 목적으로 한다는 점에서 회복중심의 접근방식이 타당하리라 생각된다. 그러나 실제로 행정청이 이를 대행하고 책임당사자에게 비용을 상환하는 방식도 적지 않을 것이다. 이 경우에는 결국 금전배상과 유사한 결과가 될 수도 있다.

2. 법의 적용범위

(1) 법적용 대상인 환경손해

법적용대상인 환경손해에 대한 한정이 필요하다. 환경손해의 정화필요성을 감안한

---

22) 大塚 直, 앞의 논문, 51쪽. 大塚 直(Otsuka Tadashi) 교수는 여기서의 회복의 의미로 '수복'(修復)이라는 표현을 쓰고 있다.

다고 하더라도 새로운 책임법체계가 가져올 수인기대가능성을 감안하여, 공법적 통제가 필요한 환경손해를 제한하여 규정해야 한다.

우선, 어떠한 '환경'손해를 규율할 것인가? 일정영역에 한정하여 규정할 필요가 있다. 이를 위해 자연환경, 물, 토양과 같은 핵심환경보호분야와 기후변화, 생물다양성과 같은 최근 특히 보호필요성이 강조되는 분야를 적극적으로 검토할 필요가 있을 것이다. 가령, 독일 환경손해법에서는 ①종(種) 및 자연생활공간, ②토양, ③'물'(Gewässer)에 대한 손해만을 법적용대상으로 한정하고 있다. 따라서 이 3가지에 해당하지 않는 가령 대기, 소음, 기후에 대한 손해는 동법의 적용대상이 아니다. 이들 개념에 대해서는 각각 개별 전문법인 연방자연보호법(BNatSchG), 물관리법(WHG), 연방토양보호법(BBodSchG)에서 규정을 두고 있다.[23)]

(2) 법률불소급원칙의 문제

공법상 환경손해법을 제정할 경우 법률불소급원칙이 문제될 수밖에 없다. 환경손해책임은 이미 지나간 행위에 대하여 책임을 묻는 형식이 되기 때문에, 어떠한 시점의 환경손해에 대해서까지 법적 책임을 물을 것인가에 대해 법률불소급원칙과 관련하여 정리해야 한다. 독일 환경손해법은 2007. 4. 30. 이전에 행해진 배출(Emission), 사건, 사고로 인하여 야기된 손해 및 2007. 4. 30. 이전에 종료된 특정한 활동으로 소급되는 손해에 대해서는 적용되지 않는 것으로 규정하고 있다. 동법의 시행일이 2007. 11. 14.이므로 불소급의 기점도 같은 날이 되어야 하나, 이 규정에 따라 2007. 5. 1.부터 2007. 11. 14. 사이에 발생한 사안의 경우에는 환경손해책임이 인정되는 것으로 한다. 그 이유로서 이 기간의 사안에 대해서는 이른바 부진정불소급의 경우로서 비례원칙에도 반하지 않아 허용되는 것으로 설명되고 있다.[24)] 또한, 독일법은 손해가 30년 이상이 지난 시점에 야기된 것으로, 행정청이 그 책임당사자에 대하여 어떠한 조치도 취하지 않았다면, 그 손해에 대해서는 적용되지 않는 것으로 하고 있다.[25)]

(3) 환경손해책임의 예외

공법상 환경손해법에서는 일정한 경우에 있어서 환경손해책임의 예외사유를 인정할 필요가 있다.[26)] 특히 국제조약을 통하여 해결되는 손해책임에 대해서는 환경손해법

23) 부록의 독일 환경손해법(번역) 제3조1항 참조.
24) Kloepfer, Umweltschutzrecht, C.H.Beck, München 2008, § 4 Rn. 132, § 2 Rn. 18.
25) 부록의 독일 환경손해법(번역) 제13조1항 및 2항 참조.

의 적용이 되지 않도록 하는 점은 특기할 만하다.

3. 환경손해의 책임당사자 및 책임청구주체

(1) 책임당사자

누가 환경손해의 책임을 지는가는 공법상 환경책임법의 핵심문제일 것이다. 공법상 환경책임의 이론적 근거를 경찰책임론에서 찾을 경우 책임당사자는 행위책임자와 상태책임자가 되어야 할 것이다. 즉, 자신의 행위로 인하여 '위험'(Gefahr) 수준의 환경손해를 야기한 자(행위책임자)와 자신이 지배하는 물건이 '위험' 수준의 환경손해를 발생한 경우 그 물건에 대한 지배주체(상태책임자)가 책임당사자가 된다는 말이다. 가령 자기가 지배하는 물건인 토지상에 토양오염이 발생한 경우 상태책임을 관철시킬 경우 당해 토지의 소유자나 임차인도 상태책임자로서 정화책임을 물어야 한다. 만일 행위책임자가 있는 경우에는 그와 연대하여 정화책임을 지게 될 것이다. 행위책임자와의 관계에서 그 책임이 후순위로 되지도 않는다.[27]

그렇다면, 공법상 환경책임의 일반법에서는 책임당사자를 어느 정도 제한할 필요가 있다. 독일 환경손해법상 책임당사자는 '그의 업무상 활동으로 인하여 환경손해 또는 그 손해에 대한 직접적인 위험을 야기한 자연인 또는 법인' 및 '이러한 활동에 대한 인허가를 받은 자'[28]이다. 즉, 유럽지침을 국내법화한 독일법에서는 업무상 활동으로 인한 경우에 한정하여 책임당사자를 규정하고 있다. 독일법에서 또 하나 특기할 만한 것은 위험을 '야기한'(verursacht) 자만을 규정하고 있다는 점이다. 즉, 공법상 환경책임법에서는 상태책임자는 책임당사자가 아니라는 의미이다.[29]

이러한 제한규정이 필요함은 물론이다. 그러나 구체적인 선을 그을 경우, 경찰책임, 특히 상태책임에 대한 이해와 우리 법실무에서의 수용도(受容度)를 고려해야 할 것이다.

책임당사자의 고의 · 과실, 업무상 활동 등에 관해서는 '책임발생의 요건'의 차원에

26) 가령, 독일 환경손해법 제3조3항, 5항 참조.

27) 이러한 입장을 분명히 한 BVerfG, Beschluß vom 16.2.2000-1BvR 242-91, 315-99, BVerfGE 102, S. 1 ff. 이러한 상태책임을 통하여 경우에 따라 희생자일 수 있는 상태책임자의 책임이 너무 가혹하다는 점이 독일에서는 지적되고 있다(김현준, "경찰법상의 상태책임", 토지공법연구 22, 2004, 370쪽 이하 참조).

28) 부록의 독일 환경손해법(번역) 제2조3호.

29) 이는 상태책임의 귀속근거는 '인과관계'가 아니라 '물건에 대한 지배'(Sachherrschaft)라고 보는 필자와 같은 입장에 설 경우(김현준, 앞의 논문, 369쪽) 논리적으로 이해될 수 있다.

서 후술한다.

(2) 책임청구주체

책임청구주체를 누구로 할 것인가?

유럽지침 및 독일 환경손해법은 행정청을 매개로 하고 있다.[30] 공공신탁이론에 따르면 공공수탁자는 주로 국가가 될 것이다. 결국 공법상 환경책임의 청구는 환경행정청이 그 권한인 환경경찰권[31]을 발동하는 형태가 될 것이다. 이때 행정청이 직접 발생한 환경손해를 회복하고, 그 비용을 책임당사자에게 부담시키는 형식이 될 수도 있다.

그런데 행정청이 이러한 권한을 행사하지 않고 있는 경우에는 문제상황이 다소 복잡해진다. 이때 법률관계는 3면관계로서, 권한을 행사하지 않고 있는 행정청(A), 책임당사자(B), 제3자(C)간의 관계가 형성된다. 여기서 제3자는 주로 이해관계인이나 환경단체 등이 될 것이다.

우선, 행정청의 환경경찰권의 발동을 재량행위의 형태로 규정할 경우를 생각할 수 있다. 이 경우 C의 A에 대한 청구는 원칙적으로 무하자재량행사청구권의 영역에 머물게 되며, 재량권의 0으로의 수축의 경우에 해당할 때에만 책임당사자에게 특정한 행정작용을 발할 것을 요구할 수 있는 실체적 청구권이 될 것이다. 법익의 중대성이 클수록, 손해발생의 개연성이 높을수록 재량권이 수축되는 이른바 반비례의 공식(Je-desto-Formel) 등을 통하여 A가 B에 대한 행정권을 발동하도록 요구하는 C의 청구권을 인정할 여지가 없는 것은 아니지만, 해석상의 문제가 생길 뿐만 아니라, 환경손해책임을 물을 수 있는 여지가 현저하게 줄어들 것이다.

다음으로, 행정청의 환경경찰권의 발동을 기속행위의 형태로 규정할 경우이다. 이 경우 A가 B에 대한 행정권을 발동하도록 요구하는 C의 청구권은 보다 큰 위력을 발휘할 것이다.

요컨대, 책임당사자(B)에 대한 책임청구주체는 주로 행정청(A)이 되겠지만, 이해당사자나 환경단체 등인 제3자(C)가 될 수도 있다. 이때 제3자는 이해당사자 및 일정한 요건을 갖춘 환경단체로 한정할 필요가 있을 것이다. 즉, 만인청구권(Jedermann-Anspruch)이 되어서는 아니 된다. 또한 이러한 이해당사자나 환경단체가 언제나 청구할 수 있는 것이 아니라, 환경손해발생을 소명하는 경우로 한정하고 있는 독일 환경손

30) 부록의 독일 환경손해법(번역) 제4조, 제7조, 제8조 참조.

31) 여기서의 '경찰'의 의미는 실질적 의미의 경찰을 뜻한다.

해법도 참고할 만하다.[32)]

따라서 A, B, C간에는 다음과 같은 3면관계가 이루어진다.

❖ 〈그림 1〉 관할행정청(A) – 책임당사자(B) – 환경단체 등 제3자(C)의 관계

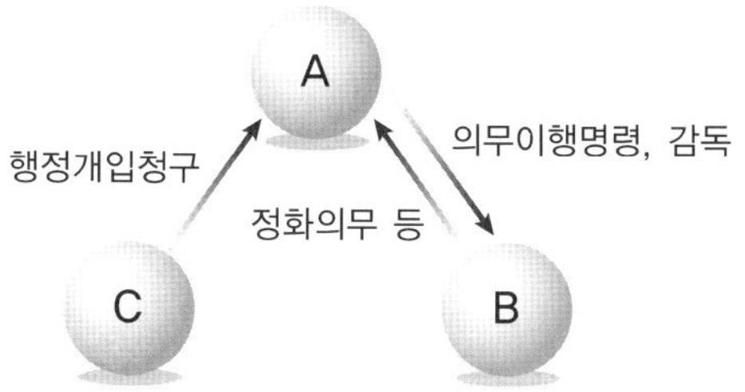

4. 환경상 손해책임발생의 요건

(1) '업무상 활동'으로 인한 것일 것

독일 환경손해법에서는 모든 행위책임이나 상태책임이 법의 적용대상이 되는 것이 아니라, 업무상 활동(berufliche Tätigkeiten)으로 인한 행위책임만이 대상이다. 그리고 일반법으로서의 공법상 환경책임법에서는 이처럼 일정한 한정을 두는 것이 필요하다. 손해책임발생 요건으로 '업무상 활동'이란 경제활동, 영업활동, 기업활동의 차원에서 행해지는 모든 활동으로 그것이 사적활동인지, 공적 활동인지, 또한 영리성이 있는지 없는지는 불문하는 것으로 하고 있다.[33)]

독일법에서는 업무상 활동도 ①주요 업무상 활동과 ②기타 업무상 활동으로 구분하여, ①에 해당하는 활동에 대해 별표1에서 구체적으로 규정하고 있다.[34)] 그리고 ①과는 달리 ②의 경우 물, 토양의 경우 해당사항이 없고, 또한 과실책임이라는 점에서 차이가 있다.[35)]

양자를 정리하면 다음과 같다.

---

32) 독일 환경손해법에 의하면, 관할행정청은 정화의무가 이행될 수 있도록 직권으로 활동을 할 수도 있고, 이해관계인이나 환경단체가 환경손해발생을 소명하여 신청하는 경우에 활동을 할 수도 있다. 부록의 독일 환경손해법(번역) 제10조 참조.

33) 부록의 독일 환경손해법(번역) 제2조 4호 참조.

34) 부록의 독일 환경손해법(번역) 별표 1 참조.

35) 부록의 독일 환경손해법(번역) 제3조1항 1호, 2호 참조.

❖ 〈표 4〉 '주요 업무상 활동'과 '기타 업무상 활동'

	① 주요 업무상 활동	② 기타 업무상 활동
적용대상인 환경침해	• 종 및 자연생활공간 • 물 • 토양	• 종 및 자연생활공간 (물, 토양은 해당 없음)
고의 · 과실의 필요여부	무과실책임	과실책임
업무상 활동의 내용	환경손해법 별표1에서 규정	별표1 이외의 업무상 활동

(2) '환경손해'가 발생하거나, '환경손해에 대한 직접적인 위험'이 있을 것

업무상 활동으로 인하여 '환경손해' 또는 '환경손해에 대한 직접적인 위험'이 있어야 한다. 여기서, 환경손해란 자연자원(종, 자연적 생활공간, 하수, 토양)에 있어서 직 · 간접적으로 발생하는 확인 가능한 불리한 변화로 정의할 수 있다. 그리고 '직접적 위험'이란 환경손해가 가까운 장래에 발생할 것이라는 충분한 개연성이 있는 경우라고 할 수 있다.[36)]

경찰법상 용어로는 전자는 교란(Störung)[37)], 후자는 위험(Gefahr)에 해당하는 경우이다. 양자를 통틀어 위험이라고도 할 수 있다. 즉, 교란은 이미 위험이 발생한 경우로서 제거(Beseitigung)가 필요하며, 위험은 방지가 필요한 것이다. 위험의 개념에서 이른바 직접원인설을 통하여 이미 '직접적인'의 의미가 포함되어 있기 때문에 없어도 되는 개념이 아닌가 생각된다. 우리 대법원은 국가배상법 제2조와 관련하여, 경찰의 작위의무의 요건으로 '중대하고 절박한 위험'이 있어야 하며, '잠재적 · 추상적 위험'의 경우에는 작위의무가 없다고 판시하여,[38)] 모처럼 경찰법상 위험과 관련한 판례를 찾아볼 수 있게 되었다. 동 판결의 타당성은 별론으로 하더라도, 대법원이 여기서 말하는 '잠재적 · 추상적 위험'도 이러한 직접적인 위험에 해당하는 개념으로 보아야 할 것이다.[39)]

36) 부록의 독일 환경손해법(번역) 제2조1항 1호, 2호, 5호 참조.

37) 국내 학자들이 일반적으로 '장해'라고 번역하는 개념이다.

38) 대법원 2008. 10. 9. 선고 2007다40031 판결.

39) 대법원의 동 판결에서 쓰고 있는 '잠재적 · 추상적 위험'은 독일 경찰법상 잠재적 위험(latente Gefahr), 추상적 위험(abstrakte Gefahr)과는 차이가 있음을 주의해야 한다. 구체적 위험의 상대개념으로서 추상적 위험에 대해서는 BVerwG, Urteil vom 3. 7. 2002－6 CN 8. 01.

(3) 고의 또는 과실

공법상 환경책임을 경찰책임에 바탕을 둘 경우 그것은 무과실책임이어야 한다. 경찰책임은 공공의 안녕과 질서에 대한 위험의 방지 또는 제거에 그 주된 목적을 둔 것이기 때문이다.[40] 이러한 점에서 볼 때, 독일 환경손해법 제3조1항2호상의 이른바 '그 밖의 업무상 활동'의 경우에는 과실책임으로 구성하고 있는 점은 의문스러운 면이 있다. 이는 결국 경찰책임으로서의 행위책임이 과실책임의 형태로 인정된다는 다소 애매한 결과가 나올 수 있지만, 이는 가혹한 책임을 피하기 위해 '환경손해법'에서 특별히 규정한 것이라고 보아야 할 것 같다.[41] 또한 독일 환경손해법 제3조1항2호상의 '그 밖의 업무상 활동'으로 인한 과신책임의 경우 '토양', '물'에 대한 환경침해를 제외되어 있는데, 그 이유는 물과 토양은 통상적으로 私的 재산권에 포함되어 있어 그 경우 독일 민법 제823조1항[42]에 의한 민사상 과실책임의 법리로 처리할 수 있다는 점을 들고 있다.[43]

그러나 여기서의 공법상 환경책임은 위험수준에 있는 환경침해를 방지 또는 제거하는 책임의 성격이 있음을 분명히 할 필요가 있다. 말하자면 그 본질은 경찰책임의 성격으로 규정해야 한다는 것이다. 그리고 지나치게 가혹한 책임이 되어서는 아니 된다는 점을 반영하기 위해, 일정한 감경사유를 두는 형태로 과실책임을 병행하는 방식을 취하면 어떨까 생각된다. 즉, 원칙적으로 무과실책임으로 하되, 일정한 경우에는 고의, 과실이 있는 경우에 한한다는 식의 규정이 되어야 한다. 요컨대, 주관적 요소를 배제한 경찰책임으로서의 무과실책임을 기본으로 하면서, 비례원칙을 감안한 감경사유의 일환으로 과실책임을 규정하는 것이 바람직하리라 생각된다.

(4) 인과관계

업무상 활동으로 인하여, '환경손해' 또는 '환경손해에 대한 직접적 위험'을 야기한 경우이어야 한다. 여기서 '야기한 경우'에 대해서는 관할행정청은 개별사안에 있어서

40) 김현준, "공법상 책임으로서의 경찰책임", 고시연구 2005/10, 92쪽.

41) 같은 취지의 Becker, 앞의 책, 1108쪽.

42) 독일 민법 제823조1항 : 고의 또는 과실로 타인의 생명, 신체, 건강, 자유, 소유권 또는 기타의 권리를 위법하게 침해한 사람은, 그 타인에 대하여 이로 인하여 발생하는 손해를 배상할 의무를 진다(양창수 역, 독일민법전, 박영사 2005, 531쪽).

43) Scheidler, "Umweltschutz durch Umweltverantwortung", NVwZ 2007, 1113(1115); 여기에 비판적 견해로서는 Schmidt, "Neue Haftungsrisiken für Organmitglieder im Umweltbereich?－Zur Umsetzung der Umwelthaftungsrichtlinie", NVwZ 2006, 635(636).

일반 경찰법상 원칙에 따라 이를 증명해야 한다. 이른바 원인자책임원칙이 여기서 작용한다. 그리고 이때 인과관계는 객관적인 상황에서 인과관계를 인정할 수 있는 단서가 나타나는 경우면 족한 것으로 보고 있다.[44]

5. 환경손해책임의 내용 – 책임당사자의 의무

책임당사자가 지게 되는 의무는 곧 환경손해책임의 내용인데, 독일 환경손해법에서는 그 내용으로서 고지의무, 위험방지의무, 정화의무를 규정하고 있다. 이러한 의무를 중심으로 환경손해책임의 내용을 살펴본다.

(1) 고지의무

책임당사자는 우선 고지의무(정보제공의무)를 지게 된다. '환경손해에 대한 직접적인 위험', 즉 환경손해가 가까운 장래에 발생할 것이라는 충분한 개연성이 있는 경우에는 책임당사자는 행정청에 대하여 사실관계의 중요한 내용을 지체 없이 고지해야 한다.[45] 이러한 고지는 관할행정청이 필요한 조치를 직접 하거나, 책임당사자가 필요한 조치를 하도록 명할 수 있는 기초가 될 수 있다. 고지의무는 후속 조사조치를 하거나, 전문가에게 용역의뢰를 해야 할 정도의 의무까지 포함하는 것은 아니다.[46]

'환경손해'가 이미 발생한 경우에도 환경손해위험의 경우와 마찬가지로 고지의무가 발생한다. 고지의무는 환경손해위험이 있는 시점부터 이미 발생한 위험(더 정확하게는 교란)이 제거되기까지의 전 기간에 걸쳐 발생한다고 보아야 하기 때문이다.

(2) 위험방지의무

환경손해에 대한 직접적인 위험이 있는 경우, 책임당사자는 앞서 본 고지의무 외에도 지체없이 '필수불가결한 위험방지조치'를 해야 할 의무가 생긴다.[47] 위험방지조치는 환경손해의 직접적인 위험이 있는 경우에 손해를 사전에 방지하거나, 최소화할 수 있는 조치이다. 어떠한 조치가 '필수불가결한'(erforderlich) 조치인가는 개별사안에 따라 구체적으로 판단해야 한다. 이 의무는 행정청의 명령이 없더라도 주어질 수 있는 것이나, 관할행정청이 책임당사자에게 이를 명하는 형식으로 이루어질 수도 있다.

---

44) BT-Drucks. 16/3806, S. 22; Scheidler, 앞의 논문, 1115쪽.
45) 부록의 독일 환경손해법(번역) 제4조.
46) Scheidler, 앞의 논문, 1117쪽.
47) 부록의 독일 환경손해법(번역) 제5조.

(3) 정화의무

환경손해가 발생할 경우 책임당사자에겐 고지의무 외에도 '필수불가결한 손해제한 조치' 및 '필수불가결한 정화조치의무'가 생긴다.[48] '손해제한조치'란 유해물질을 지체 없이 통제 · 저지 · 제거하기 위한 모든 조치, 기타 다른 방법으로 처리하는 모든 조치, 그리고 후속 환경손해 및 인간건강에 대한 불리한 영향 또는 기능의 후속 침해를 제한 · 예방하기 위한 모든 조치를 말한다.[49] '정화조치'란 환경손해를 개별 환경법의 기준에 따라 정화하는 모든 조치를 말한다.[50] 독일법에서 규정하는 정화의 유형은 다음 3가지이다. ① 가장 우선적으로 고려해야 하는 기본정화(primäre Sanierung)이다. 이는 손상된 상태의 복원(Wiederherstellung)을 위한 것이다. ② 기본정학가 여의치 않을 경우 행해야 하는 것은 보완정화(ergänzende Sanierung)이다. 이는 손상된 장소와 다른 장소에서 자연자원의 상태나 기능이 생길 수 있도록 조성하는 것이다. ③ 보전정화(補塡淨化, Ausgleichssanierung)는 복원이 이루어질 때까지 그 사이에 나타날 수 있는 자연자원이나 그 기능의 유실을 보전(補塡, Ausgleich)하는 것이다.

관할행정청이 직접 필요한 정화조치를 하지 않을 경우에는 책임당사자는 개별 환경법의 규정에 따라 필요한 정화조치에 대해 조사하고, 관할행정청에 인가를 얻어야 한다.[51] 행정청의 입장에서는, ① 언제라도 직접 필요한 조치를 할 수 있고, ② 책임당사자에게 필요한 손해제한 · 정화조치를 할 것을 명령할 수도 있는 2개의 선택가능성이 있다. 행정청은 필요한 예방조치를 직접 행할 것인지, 아니면 이를 책임당사자에게 부과할 것인지에 대해서도 마찬가지로 재량권을 가진다.[52]

행정청은 개별 환경법규정의 기준에 따라 정화조치의 종류 · 범위에 대해 결정한다. 행정청은 이때 책임당사자의 제안을 승인할 수도 있고, 부담부로 할 수도 있으며, 주어진 정보를 토대로 하여 다른 결정을 내릴 수도 있다. 필요한 정화조치를 행함에 있어서 비례원칙이 준수되어야 한다. 또한, 결정을 내리기 전 행정청은 이해관계인 및 승인된 단체(환경구제법 제3조1항, 제2항 참조)의 의견을 들을 수 있고, 그 의견은 판단시 고려되어야 한다. 여기서 '이해관계인'이란 환경손해로 인하여 그의 권리나 법률상 보

---

48) 부록의 독일 환경손해법(번역) 제6조~제8조.

49) 부록의 독일 환경손해법(번역) 제2조7호 참조.

50) 부록의 독일 환경손해법(번역) 제2조8호. 동 규정에 따라 결국 환경손해 및 정화의무에 대하여 적용되는 실질적 기준은 환경손해법에서 나오는 것이 아니라, 개별 환경법규정에서 도출되는 셈이다.

51) 부록의 독일 환경손해법(번역) 제8조1항.

52) Scheidler, 앞의 논문, 1118쪽.

호되는 이익이 침해되거나, 침해될 가능성이 있는 자연인 또는 법인을 말한다.

(4) 예방 · 정화조치에 대한 비용부담의무

공법상 환경책임으로서 예방 · 손해제한 · 정화의무가 있지만, 이러한 조치의 비용도 책임당사자가 부담하는 것이 원칙이다.[53] 고유비용만이 아니라, 행정조치비용도 이에 포함된다.[54]

다수의 환경책임당사자간에 제2차적 영역의 문제인 책임자간의 내부적 이익조정에 관한 규정도 있어야 한다.[55] 이는 우리나라 토양환경보전법 제10조의3제2항[56] 또는 독일 연방토양보호법(BBodSchG) 제24조제2항[57]과 같은 취지의 규정이라고 할 수 있다.[58]

그러나 우리나라 토양환경보전법이나 독일 토양환경보호법의 경우에는 행위책임자 외에 상태책임자도 포함될 수 있지만, 독일 환경손해법에서는 그 적용범위가 '업무상 활동으로 인하여 야기되는 손해'에 한정되어 있어 상태책임자는 다수의 책임자 가운데 포함되지 않는다는 점에서는 차이가 있다.[59]

6. 관할행정청의 권한 및 의무

공법상 환경책임에 있어서 관할행정청의 권한 및 의무는 매우 중요하다. 환경손해의 책임당사자는 결국 행정청의 권한발동을 통하여 그 책임이 구체화되기 때문이다.

---

53) 부록의 독일 환경손해법(번역) 제9조; Becker, 앞의 책, 1110쪽.

54) 비용에 관한 유럽환경책임지침의 중요한 부분은 州가 전환하도록 유보하고 있는데(독일 환경손해법 제9조1항2문), 이때 州는 특히 책임당사자가 同 유럽지침 제8조4항의 요건 하에 정화조치 비용부담에 대한 면제를 규정할 수 있다. 여기서 '유럽환경책임지침 제8조4항의 요건'이란 책임당사자가 고의 · 과실로 한 것이 아니어야 하며, 손해가 유럽환경책임지침 부속서 Ⅲ에 열거된 유럽공동체 법규정을 전환하는 법에 기하여 명시적으로 허용한 배출이나 사건을 통하여 야기되었음을 책임당사자가 증명하는 경우를 말한다. 따라서 이 규정은 위험이나 손해의 야기를 합법화하는 것은 아니라, 신뢰보호에 기한 책임의 면제라고 할 수 있다. 이로써 공동부담원칙(Gemeinlastprinzip)이 강조되고 있다. 그 상세는 Scheidler, 앞의 논문, 1118쪽.

55) 부록의 독일 환경손해법(번역) 제9조2항 참조.

56) 토양환경보전법 제10조의3제2항 : "오염원인자가 2인이상 있는 경우에 어느 오염원인자에 의하여 제1항의 피해가 발생한 것인지를 알 수 없을 때에는 각 오염원인자가 연대하여 배상하고 오염된 토양을 정화하여야 한다." 동 규정에 대한 해석으로는 김현준, "토양정화책임", 공법연구 34-2, 2005, 199-201쪽 참조.

57) 연방토양보호법 제24조2항 : "다수의 의무자들은 명령수범자가 되는 것과 관계없이 상호 구상권을 가진다. 다른 것과 조화될 수 없는 한, 이 구상의무 및 그 구상범위는 우신적으로 일부 또는 다른 일부에 의해 위험이나 손해가 야기된 정도에 의한다. 민법 제426조제1항2문은 여기에 준용한다……"

58) 그 법이론적 바탕에 대해서는 김현준, "수인의 경찰책임자", 공법연구 35-3, 2007, 233쪽 이하.

59) Scheidler, 앞의 논문, 1118쪽. 이 의미는 경찰책임 가운데 상태책임은 행위책임과는 달리 '위험의 야기'가 필요한 것은 아니라는 점에서 이해할 수 있다.

관할행정청이 책임당사자에게 환경손해에 대한 예방조치, 손해제한조치, 정화조치 등을 행할 것을 명할 권한이 있다. 또한 이를 구체적으로 이행할 수 있도록 환경손해에 대한 직접적인 위험, 그 직접적인 위험이나 발생한 손해에 대한 의심, 자체평가에 대한 모든 필요한 정보 및 통계정보 등을 제출하게 할 권한이 있다.[60]

이러한 관할행정청의 권한과 함께 그 의무도 생각할 수 있다.

우선, 위의 권한의 내용 가운데, 필수불가결한 조치에 대해서는 강행적으로 이러한 권한을 행사하도록 하는 방안도 필요하다. 그 이유는 기속행위의 형태로 되어 제3자의 청구도 보다 실효성이 있도록 하기 위함이다. 또한, 책임당사자가 예방 · 손해제한 · 정화조치를 제대로 잘 하고 있는지 감독할 의무에 대한 규정도 있어야 할 것이다.[61]

이러한 의무를 제대로 이행하지 않는 경우에는 제3자와의 관계가 문제될 수 있음을 '환경손해책임 청구주체'의 차원에서 이미 살펴보았다. 제3자의 무하자재량행사청구권 및 행정개입청구권이 문제될 수 있는 경우이다.

7. 금전적 보증(담보제공의무, 塡補準備, Deckungsvorsorge)

환경손해의 금전적 보증이란 환경배상책임보험, 환경오염 · 배상책임보험, 환경정화 · 배상책임보험과 같은 보험유형과 보험과는 별도로 기금을 만들어 책임한도액을 초과하는 부분에 대해서는 일정액의 보상을 기금으로 지불하는 방안을 생각할 수 있다.

이에 관해 유럽지침 제14조에는 그 규정이 있으며, 독일 환경손해법의 연방정부안에서는 이 내용이 포함되었으나, 최종법률에서는 빠졌다. 이러한 규정을 포함시키려고 하는 경우 업체의 반발 등 현실적인 어려움이 따르기 마련이다. 그러나 책임당사자가 파산하는 경우를 대비할 필요가 있다고 할 것이다. 현대 환경법은 결국 기금 등의 재원 마련으로 현실적으로 구현될 수 있다는 점을 고려해야 한다. 이 담보제공의 문제는 민사환경책임이나 공법상 환경책임에서나 같은 취지에서 파악할 수 있는 것이다.[62]

8. 환경손해법과 행정쟁송법

행정청(A)이 책임당사자(B)에 대하여 직권으로 행정권을 발동하는 경우 A와 B의 양

60) 부록의 독일 환경손해법(번역) 제7조1항 참조.
61) 부록의 독일 환경손해법(번역) 제7조2항 참조.
62) Peter, "Deckungsvorsorgeregelungen nach Umwelthaftungsgesetz", LKV 2007, 493; 전경운, 앞의 논문, 56쪽 이하 참조.

당사자간에 법률관계가 이루어지며, A의 행정작용이 하자가 있는 경우 B는 권리구제 수단을 강구하게 될 것이다. 통상적인 행정구제의 법리가 여기에 적용될 것이다.

환경손해의 복구라는 관점에서 특히 중요한 문제는 행정청(A)이 책임당사자(B)에 대하여 그 권한을 행사하지 않는 경우이다. 이때 이해당사자 또는 환경단체와 같은 제3자(C)에게 A가 일정한 행위를 할 것을 요구할 수 있도록 해야 한다. 이에 대한 구체적인 실현은 결국 행정쟁송을 통하여 이루어질 수 있다. 그러나 우선 현행 행정소송법이 의무이행소송을 인정하고 있지 않다는 점에서 C는 일단 난관에 부닥치게 될 것이다. 즉, A의 부작위나 거부처분에 대하여 현행 행정쟁송법상으로는 의무이행심판, 거부처분에 대한 취소소송, 부작위위법확인소송의 방법을 생각할 수 있는데, 우리 행정소송법상 의무이행소송의 부재로 구제가 우회적일 수밖에 없다는 한계가 있다. 이보다 더 큰 난관은 주관소송체계로 되어 있는 현행 항고소송의 체계에서 순수한 생태손해의 회복이라는 공익목적의 항고소송은 인정되기 어렵다. 더욱이 환경단체가 원고가 된다는 것은 그 환경단체의 사익과 관련되지 않는 한 생각할 수 없을 정도이다.

이러한 문제를 해결하기 위해서는 결국 환경법상 단체소송을 인정하는 것 외에는 달리 구제방법이 마땅치 않음을 알 수 있다. 환경손해법과 환경법상 단체소송을 결부시켜 논하는 이유도 바로 여기에 있다.[63] 환경법상 단체소송은 승인받은 단체의 경우 통상적인 원고적격 요건이 없더라도 제소할 수 있도록 하는 소송이다.

독일 환경손해법 제11조2항은 일정한 승인된 단체의 경우에 환경손해법에 의한 관할행정청의 결정이나 부작위에 대한 권리구제에 있어서는 환경구제법 제2조가 준용되도록 하고 있다.[64][65] 환경구제법상 승인된 단체가 관할행정청의 결정이나 부작위에 대하여 제소하고자 하는 경우에는 환경구제법 제2조가 준용되도록 하고 있는데(제11조2항), 이 제11조2항에 따라 준용되는 환경구제법 제2조에 의한 행정소송제기는 말하자면 환경손해책임을 묻기 위한 환경단체소송이라고 할 수 있다. 이때 원고는 (승인된) 환경단체가 되며, 피고는 관할행정청이 된다.[66] 전통적인 독일 행정소송법에서도 소송으로 청구할 수 있기 위해서는 당해 법률규정에서 이른바 제3자효가 인정되어야 한다는 점에서 우리 행정소송법제의 경우와 기본적으로 유사하다. 무엇보다 제3자의 사익보

63) Vgl. Schrader/Hellenbroich, "Verbandklage nach dem Umweltschadensgesetz", ZUR 2007, 289.

64) 부록의 독일 환경손해법(번역) 제11조 참조.

65) 관할행정청과 책임당사자간에 발생할 수 있는 다양한 행정분쟁에 대한 상세는 Beckmann/Wittmann, "Rechtsschutz für Verantwortliche bei Umweltschäden im Sinne des Umweltschadensgesetze", DVBl. 2008, 1287 ff.

66) Schrader/Hellenbroich, 앞의 논문, 291쪽.

호성이라는 원고적격 요건이 충족되어야 한다. 그런데 환경법상 단체소송의 새로운 전기를 마련하고 있는 독일 환경구제법(Umwelt-Rechtsbehelfsgesetz)을 통하여 환경단체가 통상적인 엄격한 원고적격요건을 충족하지 않고도 행정소송을 제기할 수 있는 길을 열리게 되었다. 그것이 바로 독일 환경손해법에서 언급하고 있는 독일 환경구제법 제2조1항의 규정이다. 말하자면, 통상적인 행정소송의 원고적격이 인정되기 위해 요구되는 권리침해의 요건(독일행정법원법 제42조2항[67])은 주장할 필요가 없이, 환경구제법 제2조1항에서 규정하는 요건을 충족하는 경우 행정소송의 제기가 가능하게 된 것이다.[68] 그리고 환경구제법 제2조5항에서는 단체의 권리구제의 인용을 위해서는 동법 제2조1항1호, 2호의 요건과 결부되어야 한다. 따라서 단체소송이 승소를 거두기 위해서는 환경보호를 위하고, 개인의 권리를 근거지우는 법규정에 반한다는 점을 밝혀야 하며, 이러한 위반이 단체의 정관상 단체가 추구하는 환경보호이익과 관련되는 경우이어야 한다. 이는 지구상세계획(B-Plan)에 관한 경우에는 법위반이 환경영향평가의무가 있는 사업의 허가를 근거지우는 지구상세계획 확정과 관련되는 경우에만 적용된다.[69]

아직 공법상 환경책임에 관한 법도 없고, 환경법상 단체소송에 관한 법도 없는 우리의 현상황에서 이 양자의 관계를 구체적으로 논하는 것은 쉽지 아니한 문제이다. 필자는 단체소송의 경우 적극적으로 그 도입필요성을 주장하고 있지만, 단체소송제도가 환경손해법의 도입을 위한 필수적 전제조건으로 보지는 않는다. 다시 말해서, 환경법상 단체소송을 도입하기 전이라도 생태손해에 관한 책임법제를 도입할 수 있다고 생각된다. 그러나 공법상 환경책임법이 보다 실효성을 거둘 수 있기 위해서는 단체소송제도와 결부될 필요가 있다고 할 수 있다.

공법상 환경책임과 관련하여 또 하나 생각할 수 있는 행정소송형태는 지방자치법 제17조의 주민소송의 경우이다. 관할행정청이 위임을 통하여 지방자치단체의 장인 경우에는, 그 지방자치단체와 그 장의 권한에 속하는 사무의 처리가 법령에 위반되거나 공익을 현저히 해치는 것으로 인정되면, 청구인의 수 등의 요건을 갖춘다면 감사를 청구할 수 있을 것이다(지방자치법상 제16조 참조). 감사청구 이후에 지방자치법상 주민소송이 이루어질 수도 있다(동법 제17조).

67) 독일 행정법원법(VwGO) 제42조2항 : 법률상 별도의 규정이 없는 한, 원고가 행정행위 또는 행정행위의 거부나 부작위로 인하여 자기의 권리가 침해되었음을 주장하는 경우에 한하여 소를 제기할 수 있다.

68) 그러나 이 경우에도 특히 행정결정이 개인의 권리를 근거지우는 것이어야 한다는 환경구제법 제2조1항1호의 요건은 진정한 객관소송을 막고 있다는 점에서 논쟁의 대상이 되고 있는 부분이다. 그 상세는 김현준, "독일 환경법상 단체소송의 새로운 전개", 환경법연구 29-2, 2007, 55쪽 이하 참조.

69) 위의 논문, 57-58쪽 참조.

V. 맺음말

이상의 논의를 테제별로 요약함으로써 맺음말에 갈음한다.

• 사인(私人)에게는 배타적인 처분이나 이용이 허용되지 않는 환경이익에 대한 손해인 순수한 생태손해에 대하여 민사책임을 통하여 그 전보를 구하기 어렵다.

• 민사환경책임이 환경법상 중요한 의미가 있음은 이론의 여지가 없지만, 생태손해에 있어서와 같이 공법상 환경책임에 관한 법리가 필요한 영역도 있다.

• 공법상 환경책임의 법이론적 근거로 공공신탁이론, 경찰책임론을 들 수 있다.

• 공법상 환경책임에 관한 모델법제로서 유럽환경책임지침을 국내법화한 독일 환경손해법(USchadG, 2007)이 있다.

• 환경손해책임에 대해 금전배상중심으로 접근할 수도 있지만, 환경 그 자체의 보호를 목적으로 환경손해책임은 회복중심으로 접근하는 방식이 타당하다.

• 공법상 환경책임법 적용대상인 환경손해는 수인기대가능성을 감안하여, 가령 '종 및 자연생활공간', 토양, 물의 3영역을 대상으로 하는 독일 환경손해법처럼 한정할 필요가 있다.

• 경찰책임론을 바탕으로 할 경우 책임당사자는 모든 행위 · 상태책임자가 되어야 하나, 독일 환경손해법에서와 같이 '업무상 활동'으로 인한 '행위책임자'로 한정할 수 있다.

• 책임청구주체는 주로 행정청이 되겠지만, 행정청이 권한을 행사하지 않고 있는 경우에는 환경단체나 이해당사자와 같은 제3자가 행정청에 대하여 권한행사를 요구할 수도 있다.

• 위험수준에 있는 환경침해를 방지 · 제거하는 공법상 환경책임은 무과실책임이 원칙이나, 일정한 경우에는 비례원칙에 따른 감경사유의 형태로 과실책임으로 규정할 수 있다.

• 책임당사자는 고지 · 위험방지 · 정화의무, 그리고 비용부담의무를 진다.

• 관할행정청은 책임당사자에게 환경손해에 대한 예방 · 손해제한 · 정화조치 등을 행할 것을 명할 권한이 있고, 책임당사자가 이러한 조치를 제대로 하고 있는지 감독할 의무가 있다.

• 환경배상책임보험, 환경오염 · 배상책임보험, 환경정화 · 배상책임보험과 같은

보험유형, 또는 기금을 통한 환경손해의 금전적 보증 제도를 환경손해책임과 관련하여 검토해야 한다.

• 환경법상 단체소송은 공법상 환경책임법이 실효성을 거두기 위해 필요한 제도이며, 특히 행정권한을 행사하지 않는 행정청을 효율적으로 통제할 수 있는 수단이 될 수 있다.

부 록

독일의 「환경손해의 예방 및 정화에 관한 법률」 (환경손해법, Umweltschadensgesetz)

(2007. 5. 10. 제정, BGBl. I, S. 666)

제1조 (다른 법규정과의 관계)

이 법은 연방 또는 주의 법규정이 환경손해의 예방 및 정화에 관하여 상세한 규정을 두고 있지 않거나, 그 요구사항이 이 법률에 해당하지 않는 경우에 적용된다. 보다 더 엄격한 요구사항을 정한 법규정이 있는 경우에는 그에 따른다.

제2조 (용어정의)

이 법에서의 용어의 정의는 다음과 같다.

1. 환경손해 :

a) 연방자연보호법 제21a조의 기준에 의한 종의 손상 및 자연적 생활공간의 손상

b) 물관리법 제22a조의 기준에 의한 물의 보호

c) 토양에 물질, 조합물, 생물, 미생물을 유입하여 나타나는, 사람의 건강에 대한 위험을 야기하는 연방토양보호법 제2조2항의 토양기능을 침해하는 토양의 손상

2. 손해 또는 손상 : 자연자원(종, 자연적 생활공간, 하수, 토양)에 있어서 직 · 간접적으로 발생하는 확인 가능한 불리한 변화

3. 책임당사자 : 업무상 활동을 행하거나, 정하는 모든 자연인 또는 법인으로서, 이러한 활동에 대한 인허가를 받은 자, 이러한 활동을 신고했거나 통보한(notifizieren) 자, 이를 통하여 직접적으로 환경손해나 그 손해에 대한 직접적인 위험을 야기한 자를 포함한다.

4. 업무상 활동 : 경제활동, 영업활동(Geschäftstätigkeit), 기업활동(Unternehmen)의 차원에서 행해지는 모든 활동으로서, 그것이 사적활동인지, 공적 활동인지, 또한 영리성이 있는지 없는지는 불문한다.

5. 환경손해에 대한 직접적인 위험 : 환경손해가 가까운 장래에 발생하리라는 충분한 개연성

6. 예방조치(Vermeidungsmaßnahme) : 환경손해에 대한 직접적인 위험이 있는 경우 이 손해를 예방 또는 최소화하기 위한 모든 조치

7. 손해제한조치(Schadensbegrenzungsmaßnahme) : 관련된 유해물질이나 기타 유해요소를 지체없이 통제 · 저지 · 제거하기 위한 모든 조치, 기타 다른 방법으로 처리하는 모든 조치, 그리고 후속(weitere) 환경손해 및 인간건강에 대한 불리한 영향 또는 기능의 후속 침해를 제한 · 예방하기 위한 모든 조치

8. 정화조치 : 환경손해를 개별전문법의 기준에 따라 정화하기 위한 모든 조치

9. 비용 : 이 법률의 질서적합적이고 유효한 시행으로 인하여 필요로 하는 비용, 환경손해 및 환경손해에 대한 직접적인 위험의 심사에 필요한 비용으로서, 여기에는 행정 · 절차비용, 조치실행을 위한 비용, 정보수집을 위한 비용, 기타 공통비용, 감독 · 감시의 비용을 포함한다.

10. 개별전문법의 규정 : 연방자연보호법, 물관리법, 연방토양보호법, 기타 이들 법률의 시행을 위한 명령의 규정

제3조 (적용범위)

(1) 이 법은 다음 각 호의 경우에 적용된다.

1. 별표 1에서 열거된 업무상 활동으로 야기된 환경손해 및 환경손해에 대한 직접적인 위험의 경우

2. 별표 1에서 열거되지 아니한 업무상 활동으로 야기된 연방자연보호법 제21a조2항,3항의 종 및 자연적 생활공간의 손상 및 그 환경손해에 대한 직접적인 위험으로서, 책임자가 고의 또는 과실로 이를 행한 경우

(2) 종 및 자연적 생활공간의 손상 및 그 손해의 직접적인 위험이 있는 경우 이 법은 1982. 12. 10.의 UN해양법조약(BGBl. 1994 Ⅱ S. 1799)의 틀에서 배타적 경제수역 및 대륙붕(Festlandsockel)의 영역에서도 적용된다.

(3) 이 법은 다음의 환경손해 및 그 손해에 대한 직접적인 위험의 경우에는 적용되지 아니한다.

1. 무장충돌, 적대행위(Feindseligkeiten), 內戰, 폭동(Aufstände)

2. 통상적이지 않은(außergewöhnlich), 불가피한(unabwendbar), 어쩔 수 없는(nicht beeinflussbar) 자연재해

3. 별표 2에서 열거된 국제조약(독일에서 적용되는 것)의 적용영역에서의 事故 또는 활동

4. 유럽원자력공동체의 설립을 위한 조약 하에 있는 활동의 시행

5. 별표 3에서 열거된 국제조약(독일에서 적용되는 것)에서의 책임 또는 보상이 행해지는 사고 또는 활동

(4) 환경손해 또는 그 손해에 대한 직접적인 위험이 명백하게 구분되지 않는 오염을 통하여 야기된 때에는 이 법은 손해와 개별 책임자의 활동 간의 인과관계가 확인될 수 있는 경우에만 적용된다.

(5) 이 법은 국방이나 국제안전을 주된 목적으로 하는 활동이나, 자연재해로부터의 보호만을 목적으로 하는 활동의 경우에는 적용되지 아니한다.

제4조 고지의무(Informationspflicht)

환경손해에 대한 직접적인 위험이 있거나, 환경손해가 발생한 경우에는 책임당사자는 관할 행정청에 지체 없이 사실관계의 중요한 내용을 고지해야 한다.

제5조 위험방지의무(Gefahrenabwehrpflicht)

환경손해에 대한 직접적인 위험이 있는 경우에는 책임당사자는 지체 없이 필요한 예방조치를 취해야 한다.

제6조 정화의무(Sanierungspflicht)

환경손해가 발생한 경우에는 책임당사자는 다음 각 호의 조치를 취해야 한다.

1. 필요한 손해제한조치
2. 제8조의 필요한 정화조치

제7조 관할행정청의 일반적인 의무 및 권한

(1) 관할행정청은 책임당사자가 필요한 예방 · 손해제한 · 정화조치를 행하는지에 대하여 감독해야 한다.

(2) 제4조 내지 제6조의 의무에 있어서 관할행정청은 책임당사자에게 다음 각 호의 조치를 행하게 할 수 있다.

1. 환경손해에 대한 직접적인 위험, 그 직접적인 위험이나 발생한 손해에 대한 의심, 자체평가에 대한 모든 필요한 정보 및 통계정보의 제출
2. 필요한 예방조치
3. 필요한 손해제한조치 및 정화조치

제8조 정화조치의 결정

(1) 관할행정청이 직접 필요한 정화조치를 하지 않은 경우에는, 개별전문법의 규정에 따라 필요한 정화조치에 대해 조사하고, 관할행정청에 인가를 얻어야 한다.

(2) 관할행정청은 개별전문법의 규정을 기준으로 필요한 정화조치의 종류 및 범위를 결정한다.

(3) 다수의 환경손해사건에 있어서 필요한 정화조치를 동시에 행할 수 없는 경우에는, 관할행정청은 개별 환경손해사건에 대한 종류 · 정도 · 중대성, 자연적 복원가능성, 인간의 건강에 대한 리스크를 고려하여 정화조치의 우선순위를 정할 수 있다.

(4) 관할행정청은 제10조의 신청자격이 있는 이해관계인 및 단체(Vereinigungen)에 대하여, 예상되는 정화조치를 고지하고, 그들 스스로 의견표명할 기회를 줄 수 있다. 이때 고지는 공람을 통하여 행해질 수도 있다. 기한 내에 제출된 의견표명은 판단을 할 때 고려되어야 한다.

제9조 예방조치 및 정화조치의 비용

(1) 책임당사자는 예방 · 손해제한 · 정화의 조치에 대한 비용을 부담하며, 일정한 경우 행정청이나 제3자에 대한 청구권을 행사할 수 있다. 州는 '환경손해의 예방 및 정화를 위한 환경책임에 관한 유럽의회 및 이사회의 지침'(2004. 4. 21. 제정, 2004/35/EG, ABl.EU Nr.L 143 S. 56)의 국내법전환에 필요한 비용규정, 비용의 면제 · 부담규정, 기한규정을 제정해야 하며, 이때 주(州)는 특히 책임당사자가 동 유럽지침 제8조4항의 조건 하에 정화조치비용을 부담할 필요가 없다는 점을 규정할 수 있다. 이때 주는 농약사용에 있어서 농업의 특수한 상황을 고려해야 한다.

(2) 다수의 책임당사자는 그들이 청구상대방이 되는지 여부와 관계없이, 상호간에 구상권(Ausgleichsanspruch)을 가진다. 달리 합의가 없는 한, 구상의무 및 구상범위는 위험이나 손해가 주로 어떠한 부분에 의해 어느 정도로 야기되었는가에 따라 결정된다. 민법 426조1항2문은

여기에 준용된다. 구상청구권은 3년의 시효를 가진다. 민법 제438조, 제548조, 제606조는 적용될 수 없다. 시효는 관할행정청 직접 시행하는 경우에는 비용의 강제징수(Beitreibung)부터 기산되며, 그 밖의 경우에는 책임자가 배상의무자를 알게 된 시점에 책임당사자를 통한 조치가 종료된 날로부터 기산된다. 조치종료로부터 30년이 경과하면, 안 날과는 무관하게 시효가 완성된다. 이에 관한 분쟁은 일반법원에서 다툴 수 있다.

(3) 이 법의 규정에도 불구하고 상법 제486조1항, 4항, 5항, 제487조 내지 487e조에 의한 책임 또는 내륙수운법(內陸水運法, Binnenschiffahrtsgesetz) 제4조 내지 5m조에 의한 책임이 감소되는 책임당사자의 권리는 영향을 받지 아니한다.

제10조 활동에 대한 요구(Aufforderung zum Tätigwerden)

관할행정청은 이 법에 의한 정화의무가 이행될 수 있도록 직권으로 활동을 할 수도 있고, 이해관계인이나 제11조2항의 권리구제신청을 할 수 있는 단체가 신청하여, 환경손해발생을 소명하는 경우에 활동을 할 수도 있다.

제11조 권리구제(Rechtsschutz)

(1) 이 법에 의한 행정행위는 이유제시 및 권리구제 고지와 함께 행해져야 한다.

(2) 환경구제법(2006. 12. 7. 제정, BGBl. Ⅰ, S. 2816) 제3조1항에 의해 승인되거나 승인된 것으로 보는 단체의 경우에 이 법에 의한 관할행정청의 결정 또는 부작위에 대한 권리구제에 있어서는 환경구제법 제2조가 준용된다.

제12조 유럽연합회원국과의 협력

(1) 유럽연합의 하나 또는 다수의 회원국이 환경손해와 관련이 되거나 관련될 개연성이 있는 경우에는 관할행정청은 필요한 예방 · 손해제한 · 정화조치가 실시될 수 있도록 다른 회원국의 행정청과 협력하며, 적절한 범위에서 정보를 교환한다.

(2) 유럽연합의 다른 회원국의 영토에서 영향을 줄 수 있는 이 법의 적용영역의 환경손해가 야기된 경우, 관할행정청은 관련될 수 있는 회원국에 적절한 범위에서 통지해야 한다.

(3) 관할행정청이 이 법의 적용영역 내에 있지 않고, 유럽연합의 다른 회원국의 영토내에서 야기된 환경손해를 확인한 경우 관할행정청은 예방 · 손해제한 · 정화조치의 실시를 위한 권고안을 제공할 수 있고, 이 조치의 실시와 관련하여 발생하는 비용의 상환을 위해 노력할 수 있다.

제13조 적용에 있어서 시간적 제한

(1) 이 법은 2007. 4. 30. 이전에 행해진 에미시온, 사건, 사고로 인하여 야기된 손해 및 2007. 4. 30. 이전에 종료된 특정한 활동으로 소급되는 손해에는 적용되지 아니한다.

(2) 이 법은 손해가 30년 이상이 지난 시점에 야기된 것으로, 행정청이 그 책임당사자에 대하여 어떠한 조치도 취하지 않았다면, 그 손해에 대해서는 적용되지 아니한다.

제14조 별표 1에 관한 경과규정

2006. 6. 14.의 유럽의회 및 이사회의 규칙(EG 1013/2006) 제62조1항의 폐기물 Verbringungen의 경우 이 법 제3조1항 및 별표1 제12호는 2007. 5. 10.의 환경손해의 예방 및

손해에 대한 환경책임에 관한 유럽의회 및 이사회의 지침(BGBl. I S. 666)의 국내법전환법 제1조에 적용되어야 한다.

❖ 별표 1(제3조1항 관련) 업무상 활동(Berufliche Tätigkeiten)

제1호	유럽지침 96/61/EG에 의한 시설의 운영
제2호	유럽지침 75/442/EWG 및 유럽지침 91/689/EWG를 전환한 법규정에 의한 허가, 신고가 필요한 경우의 폐기물관리조치
제3호	물관리법(WHG) 제2조1항의 허가가 필요한 동법 제3조1항4호, 4a호, 제3조2항2호에 의한 지표수로의 유해물질의 유입
제4호	물관리법(WHG) 제2조1항의 허가가 필요한 동법 제3조1항5호 및 제3조2항2호에 의한 지하수로의 유해물질의 유입
제5호	물관리법(WHG) 제2조1항의 인허가가 필요한 동법 제3조1항1호, 6호의 지하수 취수
제6호	물관리법(WHG) 제2조1항의 인허가 또는 동법 제31조2항, 3항, 제3조1항2호에 의한 계획확정이나 계획허가가 필요한 동법 제3조1항2호의 지표수역 높임
제7호	유해화학물질법(ChemG) 제3a조1항의 위험물질 및 위험한 가공, 식물보호법(PflSchG) 제2조9호의 식물보호제, 유해화학물질법 제3b조1항1호(a)의 Biozid제품의 생산 · 이용 · 저장 · 가공 · 주조 · 환경방출 · 시설내 수송
제8호	위험물질법 제2조9호 및 '항만에서의 선박통제령' (Anlaufbedingungsverordnung, AnlBV)에서의 위험하거나 환경유해적인 물건의 도로, 철도, 내륙수, 해양, 항공에서의 수송
제10호	유전공학법(GenTG) 제3조2호의 유전공학시설에서의 미생물에 대한 유전공학적 작업 및 유전공학법(GenTG) 제3조4호의 유전자조작미생물의 시설외부에서의 운송
제11호	유전공학법(GenTG) 제3조5호전단의 유전자조작생물체의 의도적 환경방출 및 동법 제3조6호의 유전자조작생물체의 유통화
제12호	유럽규칙 1013/2006에 의한 EU 역내에서 초국경적 폐기물유출, EU의 폐기물수출입
제13호	유럽지침 2006/21/EG에 의한 광물폐기물의 관리

❖ 별표 2(제3조3항3호 관련), 별표 3(제3조3항5호 관련) : 생략

제 3 편

행정법관계에서의 갈등과 그 조정의 모색

제 1 장

保障國家에서의 갈등해결형 행정법 序說

Ⅰ. 머리말

사회현실의 변화속도가 전례 없이 빠른 시대를 살고 있다.

해석론에 큰 비중을 두고 있는 전통적인 법학에서 이러한 신속한 변화에 적시에 대응하는게 그리 쉬운 일은 아니겠지만, 감당해야 할 과제인 것만은 분명하다. 행정의 조직, 작용, 구제에 관한 법인 행정법에서도 마찬가지이다. 국가의 역할이 변화하고 있고, 국가 등 행정주체에 대응하는 사인의 위상이 변화하고 있다. 이러한 달라진 여건을 인식하지 못하고 종래의 행정상 법률관계, 행정작용, 행정조직, 행정구제를 고집한다면 어떤 결과가 나타날까?

바로 葛藤이다. 칡(葛)과 등나무(藤)가 서로 복잡하게 뒤얽혀 있다는 의미의 葛藤은 일이나 인간관계에서 복잡하게 뒤얽혀 풀기 어려운 상태나, 인간 내면의 상충되는 생각 때문에 고민하는 심리적 상태를 말한다. 서양어의 갈등을 나타내는 conflict는 라틴어 conflictus의 과거분사 형인 comfligere에서 유래된 com(together)+fligere(to strike)라는 의미로서, 서로 때리거나 부딪치는 상황을 형상화한 말이다.[1] 행정상 법률관계의 양당사자인 행정주체와 그 상대방간에도 서로 때리거나 부딪치는 상황이 발생하고 있는 것이다. 충돌상황이 때로는 서로 복잡하게 뒤얽혀 풀기 어려운 상태로 되어 엄청난

1) 지속가능발전위원회 편, 공공갈등관리의 이론과 기법(상), 2005, 72쪽 이하.

국가적 손실을 초래하기도 하는 것이 최근 우리나라에서 공공갈등현실이 되었다.

'공공기관의 갈등 예방과 해결에 관한 규정'[2] 제2조1호에서는, 葛藤이란 법령의 제정 · 개정, 각종 사업계획의 수립 · 추진을 포함하는 공공정책을 수립하거나 추진하는 과정에서 발생하는 이해관계의 충돌이라고 규정한다. 이러한 갈등을 '公共葛藤'이라고 정의할 수 있다.

공공갈등의 문제는 다양한 학문영역에서 그 해결방안을 논할 수 있지만, 무엇보다 행정상 법률관계를 다루는 법인 행정법학이 다루어야 한다. 역설적으로 행정상 법률관계 당사자 간의 갈등이 그 해결책을 찾지 못하고 있다면, 이는 행정법학이 제 역할을 못하고 있는 셈이다.

'갈등해결형 행정법'은 변하고 있는 행정상 법률관계의 현상을 행정법학이 미처 따라가지 못하고 있지 않는가 하는 문제의식에서 출발한다. 그 이론적 기초로서 새로운 국가의 역할에 역점을 둔 이른바 '보장국가의 법리'를 주목하며, 보장국가에서 재정립된 행정주체 및 사인의 역할과 조화를 이루는 방법을 행정법학의 틀에서 찾고자 한다.

행정상 법률관계 전반에 걸쳐 공공갈등이 발생할 수 있어 공공갈등해결을 위한 행정법인 갈등해결형 행정법은 행정법학 전반에 걸친 방대한 영역이 될 것이다. 그 가운데 서설적 검토인 이 글에서는 갈등해결형 행정법의 전체 체계와 방향제시를 목적으로 공공갈등과 관련된 행정법학의 주요 쟁점을 조망한다는 데 그 목적을 두고 있다.

Ⅱ. 행정상 법률관계의 변화 : 새로운 國家像으로서 保障國家

1. 국가역할의 변화 – 지식정보사회와 保障國家

오늘날 사회를 '정보사회', '지식사회', '지식정보사회'(knowledge-information society)[3]로 부르고 있다. 디지털방식으로 이루어지는 웹사이트 등 각종 정보매체는 새로운 정보경제(Informationsökonomie)를 출현시켰고, 컴퓨터산업 등에서와 같은 지식

2) 2007. 2. 12. 대통령령 제19886호로 제정된 '공공기관의 갈등 예방과 해결에 관한 규정'의 주요내용은 갈등영향분석제도, 갈등조정협의회의 구성 · 운영, 갈등관리연구기관 지정 · 운영 등을 내용으로 하고 있다. 노무현 정부 당시 대통령자문 지속가능발전위원회에서 갈등해결에 관한 분과가 만들어져, 2005년 5월 정부가 '공공기관의 갈등관리에 관한 법률(안)'을 국회에 제출한 바가 있지만, 국회에서 통과되진 못했다. 결국 대통령령의 형태로 동 규정이 만들어졌는데, '공공기관의 갈등관리에 관한 법률(안)'과 거의 같은 내용을 가지고 있다.

3) 김민호 · 김정준, "지식정보사회에서 행정법학의 새로운 패러다임 모색", 공법학연구 8-3, 2007, 443쪽 이하. 동 문헌에서는 지식정보사회에서 행정법학의 기본이념으로서 ① 사회적 형평성 추구, ② 민주적 절차 중시, ③ 고객지향적 행정, ④ 효율성과 책임성 제고, ⑤ 조정 · 통합 및 협력 증대를 들고 있다.

에 집중투자하는 지식경제(Wissensökonomie), 이들을 종합적으로 연결한 네트워크망을 중심으로 하는 네트워크경제(Netzwerkökonomie) 등이 등장하고 있다.

이와 같은 글로벌한 성격을 가지는 지식정보사회로의 이행이라는 환경변화에서 국가의 모습(Staatlichkeit)의 변화도 살펴볼 수 있다. 그 가운데 특히 주목이 되는 것은 최근 다수의 독일문헌에서 등장하고 있는 '보장국가'(Gewährleistungsstaat)라는 國家像이다.[4] '제어국가', '규제국가' 등의 용어를 함께 쓰기도 하지만, 이제는 어느 정도 정착된 용어로 '보장국가'를 쓰고 있는 것으로 보인다.

생존배려(Daseinsvorsorge)에 대한 개혁차원에서 이야기되는 보장국가는[5] 대체로 종래와는 다른 '작은 국가'를 지향하고 있다. 그러나 작은 국가라고 하더라도 私經濟에 대한 국가의 간섭은 국가의 법적 수단의 다양성에서 볼 수 있는 바와 같이 오히려 더 증대되었음을 주시할 필요가 있다. 즉, 작은 국가라고 해서 국가의 법적 책임(juristische Verantwortung)이 없어지는 것이 아니라, 새로운 형태로 될 뿐이다. 종래 급부국가적 이행책임(leistungsstaatliche Erfüllungsverantwortung)이 새로운 형태의 보장책임(Gewährleistungsverantwortung)으로 전환된다. 이 보장책임을 制御責任(Steuerungsverantwortung), 기반시설책임(Infrastrukturverantwortung), '국가와 시장 간의 책임분리(Verantwortungsteilung)'라고도 부른다.[6] 보장책임을 기초로 파악한 국가가 바로 보장국가이다. 보장국가에서는 국가가 스스로 모든 일을 행하는 것이 아니라, 보다 슬기롭고 섬세하게 사인이 이행할 수 있도록(ermöglicht) 해야 한다.[7] 그 대표적인 예로 우편 · 통신사무의 자유화과정을 들 수 있다. 가령 비교적 최근에 개정된 독일 기본법 제87f조[8]에서 이러한 보장국가의 모습을 찾아 볼 수 있다. 동법 제87f조1항에 따

4) 다수의 문헌 가운데 이 논문에서 주로 참조한 문헌만 들자면, Schuppert, "Der Gewährleistungsstaat – modisches Label oder Leitbild sich wandelnder Staatlichkeit", in: Schuppert(Hrsg.), Der Gewährleistungsstaat – Ein Leitbild auf dem Prüfstand, Nomos, 2005; Schoch, "Gewährleistungsverwaltung: Stärkung der Privatrechtsgesellschaft?", NVwZ 2008, 241 ff.; Vesting, "Zwischen Gewährleistungsstaat und Minimalstaat", in: Hoffmann-Riem Schmidt-Aßmann(Hrsg.), Verwaltungsrecht in der Informationsgesellschaft, 2000, S. 101 (113 f); Waechter, Verwaltungsrecht im Gewährleistungsstaat, Mohr Siebeck, 2008; Baer, Der Bürger im Verwaltungsrecht, 2005, S. 93 ff.; Franzius, "Der Gewährleistungsstaat"(www.claudio-franzius.de/FranziusC/texts/gewaehrleistungsstaat.pdf 2009. 5. 28. 방문).

5) Knauff, Der Gewährleistungsstaat: Reform der Daseinsvorsorge, 2004.

6) Vesting, 앞의 논문, 113-114쪽.

7) Franzius, 앞의 논문, 1-2쪽.

8) 독일 기본법 제87f조(郵便행정과 電信행정) : ① 연방참사원의 동의를 요하는 연방법률의 내용에 따라 연방은 우편과 전신의 영역에서 전국적으로 제공되는 적정하고도 충분한 업무수행을 보장한다. ② 제1항의 의미에서의 업무수행은 독일연방우편의 특별재산으로부터 出捐된 기업에 의해, 그리고 다른 私的 희망자에 의해 사경제활동으로서 수행된다. 우편과 전신의 영역에서의 고권적 임무는 연방고유행정으로 수행된다. ③ 제2

르면 연방은 우편 · 통신영역에서 적정하고도 충분한(abgemessen und ausreichend) 서비스를 '측면에서' 보장해야 한다. 또한 동법 제87f조2항에 의하여 과거 국가가 운영했던 우편 · 통신사무를 사인이 운영하게 된다. 운영은 사인이 하게 되지만, 시장구조에 대한 법적 틀을 만들 의무는 국가에게 있다.[9)]

보장국가는 누구라도 자기에게 유리한 이익을 향유하고, 동등한 자격으로 공동체에 참여할 수 있도록 보장해야 한다. 이를 위한 급부를 국가 스스로 창출하고 분배하는 것이 아니라, 사인에게 맡길 수도 있다. 여기서 保障이란 국가가 일종의 支給保證(Ausfallbürgschaft)을 하는 것이다. 사인이 그에게 주어진 공적 임무를 잘 수행할 수 있도록 보살펴주는 것이다. 만일 사인이 이러한 임무를 제대로 수행하지 못할 경우에는 국가는 사인에게 영향력을 행사해서라도 임무가 제대로 수행될 수 있도록 해야 한다. 이러한 영향력으로도 제대로 임무수행이 이루어지지 않는다면, 사인에게 위탁된 임무가 다시 국가의 임무로 되돌아 올 수도 있다(이른바 脫민간화, Entprivatisierung).[10)]

보장국가에서의 국가의 임무와 민영화된 사인의 임무를 구분하여 정리하면 다음과 같다.

❖ 〈표 1〉 임무유형과 책임영역[11)]

	保障責任	執行責任	財政責任
국가의 핵심임무	국가의 책임		
국가의 보장임무	국가의 책임	국가 또는 사인의 책임	
사인의 핵심임무	사인의 책임		

보장국가는 다음과 같은 점에서 복지국가 및 신자유주의를 바탕으로 한 '날씬한 국가' 내지 '작은 국가'와도 구분된다.[12)]

첫째, 국가영역, 사적 영역, 제3영역간의 변화된 역할분배에서 구분된다. 종래 생산하는 국가(Produzierender Staat)에서와 다른 새로운 역할을 보장국가에서 담당한다. 생산하는 국가는 '계획 및 공공서비스의 실시 · 통제의 독점'을 했지만, 보장국가는 계

항 제2문과는 상관없이 연방은 연방직속의 공법상 영조물의 법적 형태로 독일 연방우편의 특별재산으로부터 출연된 기업과 관련한 임무를 연방법률의 내용에 따라 수행한다(콘라드 헷세/계희열 역, 독일헌법원론, 박영사, 2001, 524쪽에서의 번역문 참조).

9) Vgl. BVerfGE 108, 370 (392 f.).

10) Waechter, 앞의 책, 278쪽.

11) Schuppert, 앞의 논문, 39쪽.

12) Vgl. 위의 논문, 23쪽 이하.

획가(Planer), 주도자(Initiator), 조율자(Koordinator), 기반시설조성자(Infrastruktur-Bereisteller), 브로커(Makler), 동기부여자(Motivator), 민주적인 유도자(demokratischer Steuerer) 등으로서의 역할을 하게 된다. 이러한 점에서 생존배려에 기초한 복지국가와 구분된다.

둘째, 국가임무에 대한 새로운 이해에서 구분할 수 있다. 보장국가에서는 국가나 행정의 임무 그 자체가 변하는 것이 아니라, 임무를 어떻게 이해할 것인가에 대한 인식이 변한다. 즉, 임무수행방법이 변한다. 국가임무를 종래에는 행정청이나 그 소속 공무원이 직접수행하는 형태였다면, 보장국가에서는 기본적으로 사인이 행하도록 하면서, 국가는 이를 활성화(aktivieren) 내지 보장함으로써 공공복리친화적인 임무수행이 이루어지도록 하는 것이다. 따라서 국가가 종래의 활동영역을 축소하는 것이 아니라, 대강설정자(Rahmensetzer) 또는 규제자(Regulierer)의 역할을 하게 된다.[13] 따라서 작은 국가 내지 최소국가(Minimal Staat)와도 차이가 있다.

국가 등 행정주체와 행정상대방인 사인 간에 발생하는 갈등으로서 공공갈등은 이처럼 변한 국가의 모습을 잘못 인식할 때 생겨날 수 있다. 이러한 흐름을 읽지 못하고 행정주체가 종래의 사고에서만 머물고 있다면, 또는 글로벌한 성격을 가진 신자유주의의 거센 물결가운데 강조되고 있는 '작은 정부, 큰 시장'의 논리에서 이른바 '미약한 협상국가', '날씬한 국가'에만 편중되어 있다면 어떻게 될 것인가? 오늘날 사인의 위상은 행정주체가 생각하고 있는 그것과 이미 달라져 있다면 어떠한 상황이 나타날 것인가? 이것이 바로 공공갈등을 낳고 있진 않을까?

초점을 국가에서 私人으로 돌려보자.

2. 행정상 법률관계에서 '私人'의 위상변화

이상과 같은 배경에서, 시대에 따라 변모하는 국가 및 이에 대응하는 사인의 像을 분류하고 있는 Baer 교수의 분석은 흥미롭다.[14] 동 교수는 변천하는 국가상에 따라 정립된 사인의 모습을 다음과 같이 나누어 설명하고 있다.

첫째, 官憲國家(Obrigkeitsstaat)의 경우이다. 리바이어턴으로 상징되는 이 당시의 국가는 수직적 패러다임으로 특징지어졌다. 이러한 관헌국가에 대한 사인의 모습은 臣民(Untertan)의 수준이었다.

13) 위의 논문, 15쪽 이하.
14) Baer, 앞의 책, 93쪽 이하.

둘째, 자유국가이다. 이러한 국가와 대응하는 私人은 부르조아계급인 市民으로 나타난다.

셋째, 급부국가(Leisungsstaat) 내지 복지국가(Wohlfahrtsstaat)의 경우이다. 사회국가(Sozialstaat)가 동의어로 쓰이기도 한다. 여기서의 사인은 '약한 급부수령자'(schwache Leistungsempfänger)인 소비자(Konsumenten)로서의 위상을 가지고 있다.

넷째, '약한 협상국가'(schwache Verhandlungsstaat)이다. 여기서 사인은 여전히 약한 존재이지만, 그렇다고 국가가 일방적으로 법을 집행하는 관계에 있는 것은 아니다. 그리고 국가와 대응하는 사인은 상대적으로 강한 사인, 주로 경제계가 된다.

다섯째, '날씬한 국가'(schlanker Staat)이다. 이 국가상은 많은 영역에서 종래 그의 임무를 내어놓고, 민영화한다. 즉 과거 국가가 수행했던 임무를 사적 영역에 맡기게 된다. 이른바 신자유주의가 지배하는 사회이다. 여기서 국가와 대응하는 사인은 경제인(Wirtschaftsbürger)이다. 주로 이 경제인과 협상을 하게 되고, 경제인들에게 공적 임무를 맡긴다. 경제인으로서의 사인은 국가의 도움이 없이도 이러한 종래의 국가임무를 수행한다. '작은 정부, 큰 시장'이라는 말은 여기에서 특히 의미를 가진다.

마지막으로 드는 것이 바로 보장국가이다. 이러한 국가상은 종래의 국가작용에 대한 고정관념을 깨트리고 있다. 보장국가 역시 날씬하게 공적 서비스를 행한다. 그러나 날씬한 데에서 그치는 것이 아니다. 활성화시키고(aktivierend), 가능하게 하는(ermöglichend) 국가이다. 보장국가에 대한 사인의 모습은 顧客이다. 수동적인 고객이 아니라 행위자(Akteure)의 역할까지 겸하는 고객이다.

❖ 〈표 2〉 변천하는 국가와 사인의 모습

국 가	私 人
① 관헌국가	臣民
② 자유국가	市民(bourgeois)
③ 급부국가 = 복지국가 = 사회국가	약한 급부수령자로서의 고객
④ 약한 협상국가	경제계
⑤ 날씬한 국가	경제인
⑥ 보장국가	고객

현 정부 들어 특히 강조되고 있는 것이 ④ 또는 ⑤의 유형이 아닌가 생각된다. 국가의 주된 파트너로서의 사인은 주로 경제계에 정향되는 경우가 많지 않았나 생각된다.

국가 등 행정주체의 작용은 큰 틀에서 올바르게 결정될 필요가 있다. 오늘날 바람직한 국가의 모습은 보장국가가 되어야 한다고 보면서, "국가의 다른 쪽 당사자로서 私人의 모습은 고객으로서의 사인으로 잡아가야 하지 않을까", "이미 이러한 인식이 오늘날 행정의 상대방 속에 뿌리 내려져 있지만, 그 상대방인 행정주체가 이를 인식하지 못하고 있는 것은 아닐까", "종래 명령 · 강제를 키워드로 하는 권력관계 중심의 행정상 법률관계도 이제 변화가 필요하지 않을까" 등을 생각하게 된다.

이미 고객으로서의 위상을 가진 私人을 여전히 급부수령자로서의 소비자로만 바라보거나, 시장경제의 중심이 되어 있는 경제인들에게만 행정의 주된 방향을 맞추게 된다면 갈등이 여기에서 싹틀 수밖에 없을 것이다. 공공갈등의 해결을 지향하는 갈등해결형 행정법은 고객으로서 사인의 모습을 전제로 하는 보장국가론을 바탕으로 이루어져야 할 것이다.

3. 보장국가에서의 행정법학

보장국가로서 새로이 국가상을 정립하고, 그에 대응하는 사인의 모습을 고객으로 설정했다면, 이러한 보장국가와 고객 간의 법률관계인 행정상 법률관계를 어떻게 구성해야 할 것인가?

우선, 보장국가와 고객으로서의 사인 간에는 협력에 바탕을 둔 관계설정이 필요하다. 공익실현을 목적으로 항해하고 있는 국가라는 큰 배를 제어함에 있어서 협력은 핵심적 역할을 하게 된다(Kooperation als staatlicher Steuerungsmodus). 최근 행정법학에서도 公私協力(Public-Private- Partnership, PPP)이 강조되고 있는 점도 같은 맥락에서 이해할 수 있다.

또한, 사인의 역할이 증대되고 있다고 해서, 국가의 '규제'역할이 빛을 잃게 되는 것이 아님을 알아야 한다. 이 점이 신자유주의적 사고와 차이가 나는 점이다. 즉, 신자유주의에서는 민영화와 脫規制(Deregulierung)가 결부되어 나타나지만, 민영화가 이루어진 경우에도 규제를 포기하지 않는 것이 보장국가의 입장이다. 따라서 보장국가에서는 오히려 규제가 중요한 역할을 하며, 규제를 보장국가의 중심개념으로 보고 있다.[15) 보장국가행정법을 다른 말로 규제법(Regulierungsrecht)이라고 부르는 것도 그 때문이다. 요컨대, 보장국가에서는 자유를 제한할 뿐만 아니라, 자유를 보호하고, 가능하도록 하는 것이다. 다만, 다의적으로 쓰일 수 있는 규제의 개념을 제대로 이해할 필요가 있

15) Schoch, 앞의 논문, 241쪽.

는바, 여기서 말하는 '규제'란 개별사례를 넘어 선 특별한 질서목표(Ordnungszweck)를 추구하는 사회적 · 경제적 과정에서의 모든 의도된 국가의 영향력을 뜻한다.[16)]

Ⅲ. 갈등해결형 행정작용법

이러한 보장국가론을 바탕으로 행정법학의 주된 작용, 절차, 조직, 구제에 관한 사항들을 점검함으로써 갈등해결형 행정법학을 모색하고자 하는바, 먼저 갈등해결을 위한 행정작용법을 행정절차법을 포함하여 살펴본다.

1. 공법상 계약

공법상 계약은 '행정주체 상호간 또는 행정주체와 사인간에 공법적 효과의 발생을 내용으로 하는 계약'으로 정의할 수 있다.[17)] 행정작용의 일종이면서도 민법상 계약과 마찬가지로 의사의 합치(Willenseinigung)와 법적 구속력의 의사(Rechtsbindungswille)를 중요한 요소로 하는 공법상 계약은 갈등해결의 행정법에서 빼놓을 수 없는 행정의 행위형식이다. 그 일반법적 규정이 없는 우리나라에서는 그리 많이 활용되고 있진 않지만, 독일의 경우에는 도시건축법, 경제행정법, 환경법 분야 등 행정실무의 많은 분야에서 빈번히 이용되고 있고, 오늘날 행정환경의 변화로 인한 문제해결 대안으로 부각되기도 한다.[18)] 독일에서 공법상 계약이 많이 활용되고 있는 이유는 연방행정절차법 제54조가 "공법영역에 속하는 법률관계는 법에 반하지 않는 한 계약에 의해 발생, 변경 또는 소멸될 수 있다."라는 규정 등 동법 제54조에서 제64조에 걸친 공법상 계약에 대한 명문규정을 두고 있기 때문이다. 공법상 계약은 종래 행정행위를 통한 국가작용을 계약이 대신하는 것이다. 보장국가와 고객으로서의 사인 간에는 일방적인 행정처분보다는 상호 대등한 입장에서 이루어지는 계약이 선호될 수밖에 없다.

우리나라에서도 공법상 계약이 허용된다고 보는 것이 학설의 일반적인 경향이다.[19)] 따라서 현재 상태에서도 공법상 계약을 활용할 여지도 있겠지만, 제대로 활용하기 위

16) 위와 같음.
17) 송동수, "행성계약의 현대적 재조명", 토지공법연구 10, 2000, 269쪽 이하. 행정계약에 관한 상세한 연구로는 김대인, 행정계약법의 이해, 경인문화사, 2007.
18) 송동수, 앞의 논문, 269쪽.
19) 김동희, 행정법 I, 2008, 224쪽; 김철용, 행정법 I, 2009, 319쪽; 정하중, 행정법개론, 2009, 326쪽; 홍정선, 행정법특강, 2009, 332쪽.

해서는 그 허용성 여부뿐만 아니라, 성립요건, 계약의 전형적인 종류, 제3자와의 관계, 위법한 계약의 효과, 계약의 실행 등을 명확하게 할 필요가 있다. 이러한 공법상 계약에 관한 규정은 행정절차법 개정을 통하여 이루어져야 할 것이다.[20]

공법상 계약이 갈등해결의 행정법에서 중요한 의미를 가지는 또 다른 이유는 후술하는 協商(negotiation)이나 調停의 결과를 구체화하는 작업을 '계약'이 담당하는 경우가 많기 때문이다. 최근 우리 사회에서 발생하고 있는 갈등상황을 보자면, 협의되어 결정한 약속을 지키지 않는 경우를 자주 볼 수 있다. 이러한 점에서 공법상 계약은 유용성이 있다. 즉, 공법상 계약은 갈등관리를 마무리할 수 있는 행정작용이다.

2. 비공식 행정작용

계약과 함께 협력적 사고에 바탕을 둔 행정의 행위형식으로서 비공식적 행정작용의 중요성이 높아지고 있다.

非公式的 行政作用(informelles Verwaltungshandeln)이란 그의 요건 · 효과 · 절차 등이 법에 정해져 있는 '公式的 行政作用'이 아닌 행정작용을 총칭하는 개념이다.[21] 행정주체와 사인간의 타협 및 협력관계를 기초로 하는 비공식적 행정작용은 행정청의 일방적인 비공식 행정작용(경고, 권고, 시사 또는 정보제공 등)과 행정청과 개인의 협력에 의한 비공식 행정작용(교섭, 비구속적 합의, 사전절충, 사전조정, 규범대체적 협약 등)으로 나눌 수 있다. 갈등해결의 행정법에서 보다 의미를 가지는 것은 후자의 경우인 협력에 의한 비공식작용이다.[22] 즉, 합의적 · 협력적 행정작용(konsensual-kooperatives Verwaltungshandeln)인 비공식 행정작용은 갈등해결형 행정법에서 중요한 역할을 할 수 있다. 최근에 많이 이루어지고 있는 자발적 환경협약에서 그 예를 찾을 수 있다.

협력에 바탕을 둔 비공식적 행정작용은 앞서 본 공법상 계약과 공통점이 있지만, 구속력의 유무에서는 차이가 있다. 행정청의 입장에서 볼 때 私人의 遵守를 통하여 재

---

20) 우리나라 행정절차법이 제정되기 전에, 공법상 계약의 허용성, 서면형식, 제3자의 동의, 계약의 해제 및 타법과의 관계 등을 중심으로 이를 포함한 행정절차법안이 제시된 바 있다(홍준형 · 김성수 · 김유환, 행정절차법 제정연구, 법문사, 1996).

21) 김남진 · 김연태, 행정법 I, 2006, 343쪽; 정하중, 앞의 책, 346쪽; 한견우, 행정법강의, 2008, 475쪽; 홍정선, 앞의 책, 338쪽.

22) 이를 좁은 의미의 비공식적 행정작용이라고도 한다(김남진 · 김연태, 앞의 책, 349쪽; 한귀현, "協同的 行政作用으로서의 行政과 私人間의 協商의 法理", 법제연구 29, 2005, 211쪽 이하). 협력적 비공식 행정작용 외에 행정청의 일방적인 비공식 행정작용 역시 갈등해결의 행정법에서 그 역할이 없는 것은 아니다. 가령 '권고'와 같은 행정의 행위형식은 우리나라에서도 국민권익위원회, 국가인권위원회 등에서 '시정권고'의 형태로 행해지고 있다.

판까지 할 소지를 피할 수 있는 이른바 법적 평화(Rechtsfrieden)를 확보할 수 있는 점에서 양자는 마찬가지이다. 공법상 계약과 비공식작용 가운데, 합의결과를 안정적으로 이끌 수 있다는 점에서는 前者가 有利하고, 구체적인 상황에 있어서 융통성 있고, 신속하게 진행될 수 있는 점에서는 후자가 유용성이 있다. 행정청의 입장에서는 구체적 상황에 따라 갈등해결에 보다 유리한 수단을 선택할 수 있을 것이다.[23)]

3. 協商(negotiation)

(1) 판단모델(Entscheidungsmodell)에서 담론모델(Diskursmodell)로의 변화

행정법의 영역에서 협상[24)]은 아직은 친숙하지 않은 개념이다. 사실 법치국가원리를 주된 축의 하나로 삼고 있는 행정법학에서 협상은 행정의 행위형식으로 와 닿지 않는 면도 있기 때문이다. 그러나 보장국가에서는 행정법학이 변해야 한다. 전통적인 판단모델이 행정법상 담론모델로 바뀌어야 한다는 것이다.

담론모델은 단순한 협력차원을 넘어 선 것이다. 담론(Diskurs, 대화, 논변)의 한 형태인 협상(negotiation, Verhandlung)은 '목적지향적' 내지 '이익지향적'으로 행해진다는 특징을 가진다. 이러한 담론모델인 협상은 후술하는 調停의 단초를 제공하기도 한다.[25)]

협상의 기본적인 원칙으로 ①문제로부터 이해당사자들을 분리시킬 것, ②협상당사자의 입장이 아니고 서로의 이해관계에 초점을 맞출 것, ③먼저 상호이득을 가져오는 대안들을 적극적으로 개발할 것, ④객관적인 기준에 의해 협상내용이 결정될 것 등을 들 수 있으며, 이러한 원칙을 유지하면서 협상과정에서 사회의 구조적 특성을 고려할 필요도 있다.[26)]

(2) 협상과 행정작용

협상은 행정법의 어떠한 영역에서 그 역할을 발휘할 수 있을까? 협상은 모든 행정

---

23) 김현준, "자발적 환경협약", 환경법연구 29-1, 2007, 11쪽 참조.

24) 여기서 협상이란 영어로 negotiation, 독일어로 Verhandlung으로 나타내고 있는 용어이다. 학자들간에 번역상 차이가 있을 수 있는데, 가령 영어의 (voluntary) agreement, 독일어의 Absprache로 불리는 '협약' 또는 '자발적 협약'의 의미를 '協商'으로 나타내는 경우도 있다(김연태, "환경행정에 있어서 비공식적 행정작용으로서의 협상", 공법연구 23-3, 1995, 233쪽 이하; 한귀현, 앞의 논문, 211쪽 이하).

25) Ortloff/Riese, in: Schoch/Schmidt-Aßmann/Pietzner, Kommentar zum Verwaltungsgerichtsordnung, 17. Ergänzungslieferung 2008, Vorbemerkung § 81, Rn. 37.

26) 노정현, "갈등관리로서의 협상", 도시정보 No. 307, 2007/10, 2쪽.

작용에서 일어날 수 있다는 지적도 있지만,[27] 구체적인 작용에 따라 차이가 있을 것이다. 또한 협상은 담론적 성격의 행정작용으로서 협상이라는 독자적인 행위형식으로도 가능하겠지만, 다른 행정작용과 결부되어 나타나는 경우가 많을 것이다.

먼저, 협상은 공법상 계약 및 비공식 행정작용과 같은 협력적 사고에 바탕을 둔 행정작용과 밀접하게 관련된다. 공법상 계약의 체결을 위한 전단계로서 협상이 이루어질 수 있고, 협상을 통하여 공법상 계약이나 비공식 행정작용이 이루어질 수도 있다.

아울러, 행정입법과 결부될 수도 있다. 그 예로서, 미국행정법상에서 볼 수 있는 '협상에 의한 규칙제정'(negotiated rulemaking)을 들 수 있다. 비공식 행정작용으로서의 규범대체적 협정(normvertretende Absprachen)[28]도 같은 취지에서 이해할 수 있다. '협상에 의한 규칙제정'은 '규제협상'(Regulatory Negotiation)이라고도 하며, 규제기관이 공식적인 정책결정에 들어가기 이전에, 규제로 인해 영향을 받는 이해관계자들과의 상호논의와 협상을 통해 규제내용에 대한 합의를 도출하고 이 과정을 통해 작성된 정책대안을 규제기관이 수용하는 규제정책의 결정방식이다.[29] 이는 행정기관의 규제로 인해 영향을 받는 이해관계자들이 참여하는 협상을 통해 규제내용에 대해 합의를 도출하고 행정기관은 이것을 바탕으로 규칙을 제정하는 제도이다. 즉, 전통적인 하향식 규칙제정과는 구별되는 일종의 상향식 의사결정방식으로서 규칙 내용의 결정과정에 사회집단의 참여가 직접 이루어진다. 모든 이해관계인들과 처분청이 규칙안을 제정하기 위하여 협력하게 된다. 20~25명 정도의 대표들이 협상테이블에 앉아 행정청과 함께 필요한 규칙을 입안한다. 만일 당사자들 간에 합의가 도출되면 전통적인 고지 및 의견서 제출절차에 회부되어 APA 제553조의 절차를 거치게 되지만, 협상에 의한 규칙이 최종규칙으로 되고, 이해관계인들에 의해 그 규칙이 이미 논의되어 합의에 도달하였기 때문에 법원에서 다투어지지 않을 것으로 추정된다. 이 협상에 의한 규칙제정의 근거법으로서는 '협상에 의한 규칙제정에 관한 법률'(Negotiated Rulemaking Act)이 있다. 동법에 의한 절차는 ①협상에 의한 규칙제정을 사용하기 위한 결정, ②협상에 의한 규칙제정위원회 소집절차, ③규칙안에 대한 협상, ④합의로 이루어진다.[30]

27) Ortloff/Riese, 앞의 책, Rn. 37.

28) 미국의 협상에 의한 규칙제정과 독일의 규범대체적 협정을 비교분석한 문헌으로 Schnöckel, Negotiated Rulemaking in den USA und normvertretende Absprachen in Deutschland – Eine rechtsvergleichende Analyse kooperativen Verwaltungshandelns, 2005.

29) 지속가능발전위원회 (편), 앞의 책, 288쪽.

30) 협상에 의한 규칙제정에 대한 상세는 박수헌, "미국행정법상의 협상에 의한 규칙제정에 관한 고찰", 공법연구 30-1, 2001, 329쪽 이하 참조.

행정행위와도 결부될 수 있다. 행정행위의 부관과 관련하여, 최근 우리 대법원이 "수익적 행정처분에서는 법령에 특별한 근거규정이 없다고 하더라도 그 부관으로서 부담을 붙일 수 있고, 그와 같은 부담은 행정청이 행정처분을 하면서 일방적으로 부가할 수도 있지만 부담을 부가하기 이전에 상대방과 협의하여 부담의 내용을 협약의 형식으로 미리 정한 다음 행정처분을 하면서 이를 부가할 수도 있다."[31]고 판시하고 있는 점은 이와 관련하여 주목할 만하다.

이와 같이 행정법상 담론모델로서의 협상은 갈등을 해소하면서 서로에게 이익을 줄 수 있도록 활용할 수 있다. 갈등해결형 행정법학에서 협상에 관심을 가지는 이유이다.

4. 調　停

(1) 공공갈등 해결수단으로서의 조정

행정상 법률관계에서 발생하는 이른바 공공갈등의 해결기제로서 특히 주목을 받고 있는 것은 ADR(alternative dispute resolution)수법이다. 이러한 ADR은 법학의 영역에서 새로운 연구대상이 되고 있지만, 주로 민사상 법률관계를 규율하는 사법영역에서 논의되어 왔고 법치행정을 기본으로 하는 행정상 법률관계에서는 그다지 활용되지 못한 면이 있다. 그러나 최근 공공갈등이 심화되면서 행정법영역에서의 ADR 역시 관심의 대상이 되고 있다.

대표적인 ADR수법인 조정은 중립적 지위에 있는 제3자가 분쟁당사자들이 쉽게 협상하여 분쟁을 해결할 수 있도록 도와주는 분쟁해결방법이다. 중립적인 제3자의 위치에 있는 조정인에게는 결정권한이 없고 단지 당사자들의 협상을 도울 권한만 인정된다는 특징을 가진다.

우리나라에서도 최근 들어 공공갈등 해결 차원에서 조정의 활용을 많이 주장하고 있다.[32] 다만, 사후분쟁해결로서의 조정은 갈등해결의 행정구제법에서 후술하게 되므로, 여기서는 행정작용과 관련된 조정, 그 중에서도 선행연구와의 중복을 피하여, '법치행정과의 조화' 및 '변호사의 조정인으로서의 역할'에 대해서만 살펴보고자 한다. 행정법상 조정에서도 우선 보장국가에서 달라진 행정주체와 사인간의 관계가 바탕에 자

31) 대법원 2009. 2. 12. 선고 2005다65500 판결.

32) 김용섭, "행정법상 분쟁해결수단으로서의 조정", 저스티스, 37-5(통권 제81호), 2004/10, 6쪽; 김유환, "공공갈등관리를 위한 제도정비방향", 공법연구 33-1, 2004, 639쪽 이하; 김남철, "갈등관리수단으로서의 공법상의 조정", 공법연구 34-4(2), 2006, 209쪽 이하; 한귀현, "독일행정법상 행정절차에서의 조정을 통한 갈등해결의 가능성과 한계", 법제연구 31, 2006, 199쪽 이하.

리잡고 있음은 물론이다.

(2) 행정법상 조정과 법치행정

법치행정과의 조화와 관련하여 헌법상 협력국가원리라든가 민주주의원리 등을 통하여 이를 적극적으로 볼 수 있다는 주장도 있다.[33] 그러나 행정법상 조정에서 법치행정과의 조화가 어려운 문제이기도 하지만,[34] 조정의 경우에도 이는 지켜져야 한다.[35] 다만, 행정법상 조정과 민사상 조정의 구조적 차이는 인정되어야 하므로, 행정법에서 조정의 활용은 구체적인 경우에 따라 구분하여 판단할 필요가 있다.[36]

우선, 무효의 성질을 가지는 행정행위나 행정계약은 조정이라는 수단을 통해서도 정당화될 수는 없다.[37]

또한, 법률이 당해 행정작용을 기속행위로 규정하고 있는 경우에는 조정이 개입될 여지가 그다지 없을 것이다. 불확정법개념의 해석문제에 있어서도 조정을 통하여 결론이 달라질 수 없으리라 생각된다.

이렇게 볼 때, 행정법상 조정과 관련하여 특히 관심 있게 볼 영역은 재량행위나 계획상 형성의 자유(계획재량)가 인정되는 행정작용이다.[38] 가령, 원칙적으로 기속행위의 성격을 띠는 건축허가(건축법 제11조1항)가 예외적으로 위락시설이나 숙박시설에 해당하는 건축물의 건축을 허가하는 경우 그 허가는 재량행위가 된다. 즉, 해당 대지에 건축하려는 건축물의 용도 · 규모 또는 형태가 주거환경이나 교육환경 등 주변 환경을 고려할 때 부적합하다고 인정하면 건축법 등에도 건축위원회의 심의를 거쳐 건축허가를 하지 아니할 수 있다(건축법 제11조4항). 이른바 러브호텔을 규제하기 위한 이 규정과 관련된 문제에서, 단순히 건축위원회의 심의만으로 처리하기보다는 건축주와 인근주민들 간에 조정을 함으로써 갈등이 유발될 소지를 예방할 수 있을 것이다.

---

33) 김용섭, 앞의 논문, 8쪽. 동 견해에서는, 다만 공법영역에 있어서의 행정조정은 특히 법률적합성의 원칙에 따라야 하기 때문에 조정위원회의 구성이나 위원자격, 조정절차등에 관하여 법률에 근거를 두고 운영하는 것이 바람직하다고 덧붙여 이야기한다.

34) 독일 학자들도 이 부분이 어려운 문제임에 동감을 하고 있다. Ortloff, "Mediation und Verwaltungsprozess", in: Haft/Schlieffen, Handbuch Mediation, 2002, Rn. 64.

35) Pitschas, "Mediation als Methode und Instrument der Konfliktmittlung im öffentlichen Sektor", NVwZ 2004, 396 (399).

36) 위와 같음.

37) Ortloff, 앞의 논문, Rn. 62 f.

38) Vgl. Voß, in: Münchener Anwaltshandbuch, Verwaltungsrecht, § 3 Die Mediation im Verwaltungsrecht, 2003, Rn. 35 ff.

(3) 변호사의 조정인으로서의 역할

오늘날 미국, 독일 등에서는 다양한 형태의 갈등 조정의 매개자 역할을 하는 조정인 양성프로그램이 많이 생겨나고 있으며, 그것은 법학, 경영학, 경제학, 행정학, 심리학, 인류학, 교육학 등이 결부된 학제적 프로그램으로 이루어지기도 한다. 그 대표적인 것으로 미국 하버드로스쿨이 주축이 되어, MIT, Tufts대학이 컨소시엄의 형태로 운영되고 있는 협상프로그램(Program on Negotiation, PON)을 들 수 있다.[39)]

여기서 지적하고 싶은 것은 이때 법률전문가, 특히 변호사가 이러한 교육과정을 거쳐 이른바 변호사조정인(AnwaltMediator)[40)]이 될 경우 매우 효율적인 조정이 이루어질 수 있다는 점이다. 그 이유는, 우선, 법치행정과의 조화문제를 특히 잘 살펴야 하는 공공갈등의 경우에는 다른 어떠한 직역보다는 행정법에 정통한 법률전문가가 조정인으로서 필요하기 때문이다. 둘째, 조정의 결과가 계약서와 같은 문서로 이루어지는 경우가 많다. 경우에 따라서는 매우 복잡한 이해관계가 합의된 내용이 계약내용으로 포함될 수 있고, 때론 공증이 필요할 수도 있어 법률지식에 정통한 변호사가 조정인이 되면 순조로운 조정이 진행될 수 있다. 셋째, 조정이 본격적으로 활성화될 경우 조정인이 유급으로 활동하지 않을 수 없을 텐데, 변호사 이외의 조정인은 변호사법 위반과 관련된 활동제약이 있을 수 있다.[41)]

그러나 특정 이익의 대변자로서 주로 활동하는 변호사가 중립성 · 不偏不黨性을 핵심으로 하는 조정인이 되는 것이 쉬운 일은 아니며, 또한 법률지식만이 아닌 전문적인 조정기술에 대한 교육이 필요할 것이다. 새로운 블루오션이 필요한 변호사영역에 조정인으로서의 변호사의 역할은 여러 측면에서 필요할 것이며, 이로써 공공갈등해결에 긍정적인 기여하는 결과도 가져올 수 있으리라 생각된다.

5. 行政計劃

행정계획은 그에 관한 법인 계획법의 규범구조적 특질상 이미 갈등해결의 요소를 담고 있다. 즉, 공공사업 등을 계획하는 과정에서 사업과 관련된 다양한 공익과 사익간, 그리고 공익 및 사익 상호간을 형량해야 하기 때문이다. 이렇게 계획권자의 恣意를

---

39) 그 상세는 http://www.pon.harvard.edu/(2009. 6. 1. 방문) 참조.

40) 독일의 변호사들은 변호사협회(DAA)나 Hagen원격대학(FernUni.)과 같은 교육기관에서 최소한 90시간의 교육을 거쳐 이러한 변호사로서 활동하고 있다(Voß, 앞의 책, Rn. 63).

41) Vgl. Voß, 위의 책, Rn. 65 f.

막고자 하는 행정계획은 이미 그 개념자체에서 갈등해결형 행정법을 구성하고 있는 것이다.

갈등해결의 행정법을 위한 행정계획의 요소를 계획형량, 행정계획절차, 전략적 환경영향평가로 나누어 살펴보자.

먼저, 계획법에서의 衡量命令의 확립은 공공갈등 해결을 위해 매우 중요하다. 공공갈등의 많은 부분이 대규모 국책사업을 통해서 나타나며, 이는 곧 계획법의 문제이기 때문이다. 갈등해결 차원에서 독일 건설법전(BauGB) 제1조7항의 규정과 같은 형량명령을 명문화하자는 견해도 있지만, 법치국가원리상 명문이 없더라도 형량명령이 인정된다는 점을 생각하면 명문화가 반드시 필요한 것은 아니다. 우리 대법원도 계획상 형성의 자유를 통제하기 위한 형량명령의 필요성을 인정하고 있다.[42] 형량명령을 국토의계획및이용에관한법률과 같은 계획법제에 일종의 간판효과를 위하여 명문화하는 것도 생각할 수 있다.

계획법상의 형량명령이 계획주체의 형성의 자유를 실체적으로 통제함으로써 갈등해소를 기여하는 것이라면, 계획주체의 형성의 자유가 恣意가 되지 않도록 절차적으로 통제하는 것이 행정계획절차라고 할 수 있다. 독일 행정절차법의 계획확정절차(Planfeststellungsverfahren)가 모델이 될 것인데, 우리의 경우 절차의 경제를 함께 고려할 필요도 있을 것이다.

전략환경평가(Strategic Environmental Assessment, SEA)란 의사결정의 상위단계인 정책(Policy), 계획(Plan), 프로그램(Program)이라는 이른바 3P 단계에서부터 환경영향을 고려하는 전략적 접근을 뜻한다. 이는 계획법과 환경법이 교차하는 영역에 해당된다고 할 수 있는데, 전략환경평가를 '계획-환경평가'(Plan-UVP)라고도 부를 수 있다. 공공갈등의 많은 부분을 차지하는 것이 환경갈등인 점을 생각한다면 사업의 실시계획단계보다 앞선 단계인 계획단계에서 환경영향평가를 실시하는 전략환경평가제도는 갈등해결의 행정법에서 빼놓을 수 없는 제도이다. 주민참여규정 등이 보강되어 2006년 이후 시행되었던 구 환경정책기본법상 사전환경성검토제도를 두고 우리나라에서도 전략환경평가제도를 도입하였다고 보기도 했는데, 그 후 2012. 7. 22부터 시행되는 개정 환경영향평가법에서는 '전략환경영향평가'를 명시적으로 도입하였다.[43] 제대로 된 환경영향평가, 특히 계획이나 프로그램단계에서 미리 환경영향을 미리 평가하는 전략환

42) 대법원 2007. 1. 25 선고 2004두12063 판결; 대법원 2006. 9. 8 선고 2003두5426 판결 등.
43) 환경영향평가법 제2조 1호, 제9조 이하 참조.

경평가제도는 절차적 성격을 가진 중요한 갈등해결형 행정작용이 될 것이다.

6. 행정절차법

행정절차법은 갈등해결형 행정법의 전초기지가 될 수 있는 영역이다.

공법상 계약, 조정, 행정계획 등 갈등해결을 위한 행정의 행위형식은 공히 행정절차법의 틀에서 조화가 이루어져야 한다. 그 외에도 전통적인 처분절차 역시 갈등해결에 크게 기여할 수 있다. 참여와 협력을 위한 제도는 결국 행정절차법에서 실현될 수 있기 때문이다.

광의의 행정절차법으로서 정보공개법 역시 마찬가지 역할을 할 수 있다.

갈등해결을 위한 제도개선과 관련하여 '참여적 의사결정방법'이 많이 논의되고 있다. 가령, '공공기관의 갈등 예방과 해결에 관한 규정' 제15조에서는 '참여적 의사결정방법의 활용'이라는 제목 하에 "① 중앙행정기관의 장은 제13조제5호에 따른 갈등영향분석에 대한 심의결과 갈등의 예방 · 해결을 위하여 이해관계인 · 일반시민 또는 전문가 등의 참여가 중요하다고 판단되는 경우에는 이해관계인 · 일반시민 또는 전문가 등도 참여하는 의사결정방법을 활용할 수 있다. ② 중앙행정기관의 장은 공공정책을 결정함에 있어 참여적 의사결정방법의 활용결과를 충분히 고려하여야 한다."는 규정을 두고 있다.

여기서의 참여적 의사결정방법의 예로서 합의회의, 시민배심원, 시나리오 워크샵, 공론조사, 규제협상 등을 들 수 있다.[44] 이러한 참여적 의사결정방법은 실정법에서 구체적으로 규정된 것이 아닌, 일종의 임의적 방법인데, 이러한 의사결정방법을 규범의 틀에서 수용하는 것은 갈등해결의 행정절차법의 과제라고 할 것이다.[45]

Ⅳ. 갈등해결형 행정조직법

1. 갈등해결형 행정조직법관계

공공갈등은 주로 행정주체와 행정의 상대방간에 발생하기 때문에 행정조직법보다는 행정작용법에서 많이 문제가 된다. 그러나 보장국가시대에 맞는 행정조직의 편성도

---

44) 그 상세는 지속가능발전위원회 (편), 앞의 책, 281쪽 이하.
45) 이러한 참여적 의사결정방법의 필요성을 이야기하는 김유환, 앞의 논문, 656쪽 참조.

필요하다고 생각된다. 이는 기본적으로 행정학의 차원에서 다루어질 사안이겠지만, 행정조직법의 차원에서 원론적인 몇 가지만 살펴본다.

첫째, 고기능의 행정조직이 필요함이 지적되고 있다. 국가의 임무가 변하고 있다는 점이 행정조직구조의 변화를 통해서 나타나야 한다는 것이다.[46)]

둘째, 보장국가에서 행정은 '이행책임에서 보장책임으로'(Erfüllungs-zur Gewährleistungsverantwortung) 그 역할의 변화가 나타나야 하므로, 일종의 문짜귀(Scharnier)와 같은 조직의 필요성이 강조되고 있다. 행정은 감독책임 내지 규제책임(Aufsichts-und Regulierungsverantwortung)을 지게 되며, 이를 위해 세심한 규제제도의 설계가 필요하다. 보장국가는 실무적으로 단지 규제국가로서만 기능할 수 있기 때문이다. 다른 한편, 책임분배적 행정국가에서 국가감독의 재설정(Neubestimmung der Staatsaufsicht im verantwortungsteilenden Verwaltungsstaat)이 필요하다. 이를 보장감독(Gewährleistungsaufsicht)이라고도 한다.[47)]

2. 행정조직법과 관련한 새로운 논의

기존의 행정조직법 틀을 넘어서는 논의로 나아가 보자.

이른바 '자율규제'라는 용어가 이미 여러 영역에서 거론되고 있다.[48)]

행정주체와 행정객체를 준별하는 전통적인 행정상 법률관계에서 행정객체에 의한 자율규제라는 것은 행정법학의 영역이 될 수 없었다. 왜냐하면, 행정법학의 고찰대상의 범위를 정하는 기준으로 '권력성'과 함께 '행정주체성'의 요소가 있었기 때문이다.[49)] 즉, 행정법의 고찰대상이 되기 위해서는 반드시 법률관계의 한쪽 당사자는 행정

46) Vgl. Schuppert, 앞의 논문, 44쪽 이하. 그 밖에도 우리나라 현실에서 기관위임사무의 문제, 지방자치행정조직간의 분쟁조정장치의 필요성 등을 갈등해결형 행정조직법의 과제가 될 수 있을 것이다.

47) 위의 논문 45쪽 이하.

48) 황승흠, "인터넷 콘텐츠 규제에 있어서 법제도와 사업자 자율규제의 결합에 관한 연구", 공법학연구 9-4, 2008, 261쪽 이하; 이원우, "규제개혁과 규제완화-올바른 규제정책 실현을 위한 법정책의 모색", 저스티스 通卷106號, 2008, 355쪽 이하; 김성수, "금융감독법상 자율규제에 관한 연구", 공법연구 34-1, 2005, 343쪽 이하.

49) 原田大樹, 自主規制の公法學的硏究, 2007, 15頁 以下. 동 문헌에서는, '행정주체성'과 함께 '권력성'을 또한 자율규제가 행정법의 대상이 될 수 없었던 이유로 들고 있다. 권력성이란 사인의 입장에서 본 행정법의 특색으로서, 전통적 이론에 있어서는 수평적인 사법관계에 대하여 공법관계를 수직적·종속적 관계로 파악하는 입장이다. 행정행위의 공정력으로 대표되는 국가의사의 발동의 우월성의 입장이 지배적이었지만, 戰後 행정법학의 여러 업적으로 이러한 권력과잉의 사고는 수정됨과 동시에, 행정법학의 대상이 급부행정에까지 확대한 것을 이어받아, 현재는 민주정 프로세스에 의해 제정된 법규범의 구체화로서 상대방의 의사와는 무관하게 법적 상태를 변동 내지 확정시키는 행위에 '권력성'을 인정하는 이해가 유력하다고 한다.

주체성이 있어야 하며, 사인이라도 최소한 공무를 수탁받은 자(Beliehne)가 법률관계의 당사자가 되어야만 행정법영역이 될 수 있었던 것이다.

그러나 이른바 자율규제로 나타나는 다양한 법현상은 이 전통적인 도식으로만 설명하기 곤란한 것이다. 거버넌스나 책임성(accountability)을 강조하는 입장에서 행정주체론을 재검토하려는 사고방식이 제시되고 있으며, 단체자율모델, 단체참여모델, 감사인증모델, 유도모델 등으로 체계화될 수 있는 다양한 형태의 자율규제에 대한 공법적 관심도 생겨나고 있다.[50)]

전통적인 행정주체에만 지나치게 얽매일 수 없다는 점은 행정정보공개법상 정보공개 의무기관으로서 행정주체의 기관에만 한정하는 것이 아니라 넓은 의미의 공공기관의 개념을 사용하고 있는 점에서도 찾아볼 수 있다. 즉, 동법에서 공공기관이라 함은 국가기관, 지방자치단체, 정부투자기관 그 밖에 대통령령이 정하는 기관으로서 사립학교를 포함한 각급 학교까지 여기에 해당한다(동법 제2조3호 및 동법시행령 제2조[51)]). 이와 관련하여 대법원판례가 "정보공개 의무기관을 정하는 것은 입법자의 입법형성권에 속하고, …… 정보공개의무를 지는 공공기관의 하나로 사립대학교를 들고 있는 것이 모법인 구 공공기관의 정보공개에 관한 법률의 위임 범위를 벗어났다거나 사립대학교가 국비의 지원을 받는 범위 내에서만 공공기관의 성격을 가진다고 볼 수 없다."[52)]라고 판시하고 있는 점도 주의 깊게 볼 필요가 있다.

종래 행정주체성이 있는 조직이 행했던 임무를 민간으로 이동하는 과정에서, 가령 檢査, 檢定業務인 공권력 행사에 해당하는 사무를 민간에 위임하는 경우에 이른바 '기능적 규제'의 사고방식이 나타나고 있는 점도 주목할 만하다.

행정과 사인이 공공선의 실현을 위해 협력하는 공사협동이라는 현상과 관련해서도, 행정조직이 담당했던 임무가 행정주체성이 없는 조직에 의해 실시되는 경우에 있어서 한계나 규범적 요청에 대한 검토가 필요할 것이다. 이러한 모든 논의를 갈등해결형 행정조직법의 차원에서 살펴볼 수 있다고 생각된다. 어떠한 경우에도 법치국가원리와 민주주의원리가 행정조직법에서도 바탕이 되어야 함은 두말할 나위가 없지만, 전통적인 행정주체에만 얽매이지 말고, 보다 열린 관점으로 非행정주체가 행하는 활동에

50) 原田大樹, 위의 책, 186쪽 이하 및 123쪽 이하.

51) 동법시행령 제2조에 의하면, 초 · 중등교육법 및 고등교육법 그 밖에 다른 법률에 의하여 설치된 각급학교, 지방공기업법에 의한 지방공사 및 지방공단, 정부산하기관관리기본법의 적용을 받는 정부산하기관, 특별법에 의하여 설립된 특수법인, 사회복지사업법 제42조제1항의 규정에 의하여 국가 또는 지방자치단체로부터 보조금을 받는 사회복지법인과 사회복지사업을 하는 비영리법인에 여기에 해당한다.

52) 대법원 2006. 8. 24. 선고 2004두2783 판결.

대해서도 관심을 가질 필요가 있으리라 생각된다.

Ⅴ. 갈등해결형 행정구제법 - 행정쟁송법을 중심으로 -

1. 서

행정구제법은 그 본래적 의미에서 이미 공공갈등해결을 지향하는 것이라 할 수 있다.

그러나 전통적인 구제에서 흔히 볼 수 있는 이른바 '全部 또는 全無'(all or nothing) 식의 해결이 아니라, 행정상 법률관계 양 당사자 상호간에 相生(win-win)을 도모할 수 있는 구제가 이루어져야 한다. 이러한 취지의 갈등해결형 행정구제법으로서, 조정의 적절한 활용, 갈등해결기제로서의 옴부즈만제도의 활성화를 생각해 보았다. 아울러 반드시 이러한 相生的 방안은 아니지만 행정재판에서 사법접근성을 보장하는 것도 넓은 의미에서 갈등해결에 기여할 수 있다고 보아, 이를 갈등해결의 행정구제법의 차원에서 함께 살펴본다.[53)]

2. 행정쟁송에서의 調停(mediation)

행정쟁송에서의 조정을 갈등해결을 위한 수단으로 빼놓을 수 없다.[54)] 민사소송에서는 이미 조정이 폭넓게 이루어지고 있음은 주지의 사실이다. 행정심판이나 행정소송의 조정도 마찬가지로 활용될 필요가 있다. 이때 법치국가원리와의 조화가 문제로 될 수 있는데, 이는 행정작용으로서의 조정에서 살펴본 내용들이 마찬가지로 적용될 수 있을 것이다.

행정쟁송제도로서 조정을 활용하는 방안은 크게 둘로 나눌 수 있다.

첫째, 기존의 행정심판, 행정소송에서 조정을 적극 활용하는 방안이다.[55)]

53) 갈등해결을 위한 행정구제법은 매우 광범위한 내용이 될 것이다. 그중 손실보상법은 갈등해결을 위해 매우 중요한 영역으로, 특히 간접보상, 생활보상의 문제는 공공갈등을 유발하는 대표적인 것이어서 그 정비가 공공갈등해결을 위해 반드시 요청된다. 또한 이른바 비선호시설의 입지와 관련하여 헌법 제23조3항이 규정하는 '정당한 보상'을 어떻게 구현할 것인가는 갈등해결의 행정법학에서 중요하게 다루어야 할 주제이다. 그러나 그 상세한 논의는 갈등해결의 행정법의 서설적 검토를 하는 이 글에서는 논외로 한다. 즉, 갈등해결을 위한 행정쟁송법을 이 글에서는 주로 다룬다.

54) 앞서 갈등해결형 행정작용법 차원에서도 조정을 살펴보았는데(이 논문 Ⅲ. 4.), 행정구제를 넓은 의미로서 사전적 구제까지 포함한다면, 앞서 본 조정도 갈등해결형 행정구제법에 포함될 수 있을 것이다. 그러나 여기서는 행정쟁송에서의 조정을 중심으로 살펴보게 되므로 구분될 수 있다.

둘째, 행정심판, 행정소송과는 별도의 공공갈등해결을 위한 별도의 조정제도를 생각할 수 있다. 비교법적으로 이에 해당하는 대표적인 예는 미연방정부의 규제, 인허가, 공공사업 등 각종 행정행위를 둘러싸고 벌어지는 분쟁을 효율적으로 해결하기 위해 제정된 행정분쟁해결법(act of administrative dispute resolution)에 의한 행정분쟁해결제도이다.[56] 우리나라에서도 현행법상 환경분쟁조정제도 등 다양한 분쟁조정제도가 시행되고 있지만, 이는 대부분 사인 대 사인간에 발생하는 것이 대부분으로 행정주체와 사인간의 공공갈등을 위한 제도로서는 부족한 면이 있다. 오히려 공공갈등해결을 위한 조정제도의 가능성은 후술하는 옴부즈맨제도에서 찾을 수 있으리라 생각된다.

3. 옴부즈맨제도

한국형 옴부즈맨제도로서 우리나라에서 시행되고 있는 고충처리제도는 공공갈등해결을 위해 매우 중요한 역할을 할 수 있다. '민원사무처리에 관한 법률'에 그 법적 근거가 있었던 고충처리제도는 2005. 7. 29. '국민고충처리위원회의 설치 및 운영에 관한 법률'(법률 7650호)의 제정을 통하여 독자적 근거법률을 가지고 오던 중, 현 정부가 들어서면서, '부패방지 및 국민권익위원회의 설치와 운영에 관한 법률'(법률 제8878호, 2008. 2. 29. 제정)에 따라 종래 국민고충처리위원회와 국가청렴위원회, 국무총리 행정심판위원회 등의 기능을 합친 국민권익위원회가 만들어져, 고충처리는 국민권익위원회의 임무 중 하나가 되었다.[57]

국민권익위원회는 과거 국민고충처리위원회와 국가청렴위원회, 국무총리 행정심판위원회가 해 왔던 기능들을 그대로 수행하고 있는 바. ① 고충민원의 처리와 이와 관련된 불합리한 행정제도 개선, ② 공직사회 부패 예방 · 부패행위 규제를 통한 청렴한 공직 및 사회풍토 확립, ③ 행정쟁송을 통하여 행정청의 위법 · 부당한 처분으로부터 국민의 권리를 보호가 그것이다. 이 가운데 ①의 고충처리제도가 이른바 한국형 옴부

55) 여기에 대해서는 김남진, "행정소송상의 화해 및 조정-그의 허용성을 중심으로", 고시연구, 2006/3, 15쪽 이하; 정남철, "대체적 분쟁해결수단으로서 행정소송에서의 조정", 사법행정, 2005/4, 6쪽 이하; 박정훈, "행정소송에서 소송상 화해", 인권과 정의, 1999/11, 8쪽 이하 참조.

56) 미국의 행정분쟁해결법에 대해서는 서순복, 거버넌스 상황에서 갈등관리를 위한 대체적 분쟁해결제도, 아산재단 연구총서 172, 2005, 188쪽 이하.

57) 통합의 취지는 과거 3개의 위원회에서 행하던 고충민원처리, 부패방지 및 행정심판 기능이 나뉘어져 있어 국민에게 혼란과 불편을 초래함에 따라 이를 통합함으로써 국민의 권익 구제 창구를 일원화 하고 신속하고 충실한 원스톱 서비스 체제를 마련한 것이라고 한다(국민권익위원회 홈페이지 참조(http://www.acrc.go.kr/acrc/index.do 2009. 6. 1. 방문).

즈만제도이다.

고충처리업무 가운데 갈등해결과 관련하여 주목이 가는 것은 '부패방지 및 국민권익위원회의 설치와 운영에 관한 법률' 제44조(합의의 권고) 및 제45조(조정)의 규정이다.

국민권익위원회는 조사 중이거나 조사가 끝난 고충민원에 대한 공정한 해결을 위하여 필요한 조치를 당사자에게 제시하고 합의를 권고할 수 있다(동법 제44조). 또한, 국민권익위원회는 권익위원회는 다수인이 관련되거나 사회적 파급효과가 크다고 인정되는 고충민원의 신속하고 공정한 해결을 위하여 필요하다고 인정하는 경우에는 당사자의 신청 또는 직권에 의하여 조정을 할 수 있다. 조정은 당사자가 합의한 사항을 조정서에 기재한 후 당사자가 기명날인하고 권익위원회가 이를 확인함으로써 성립한다. 이러한 조정은 「민법」상의 화해와 같은 효력이 있다(동법 제45조).

행정상 법률관계 당사자 간의 갈등에 대하여 합의를 권고하며, 공공갈등해결을 위한 조정을 하는 調停者로서의 역할을 여기서 읽을 수 있다. 여기서의 조정의 효력이 '재판상 화해'가 아닌 '민법상의 화해'와 같은 효력으로 되어 있어, 구속력이 없는 조정의 효력으로 인한 실효성의 문제가 없지 않다. 그러나 진정한 옴부즈맨으로서의 성격을 발휘하여, 구속력 없는 조정수단을 통하여 공공갈등을 해결하는 운영의 묘를 살리는 것이 보다 중요할 것이다. 앞서 본 공법상 계약을 잘 활용함으로써 공공갈등의 당사자가 합의한 내용의 구속력을 담보할 수 있는 방안도 가능하리라 생각된다.

그 밖에도 고충처리제도가 가지는 고충민원의 조사와 처리, 고충민원과 관련된 시정권고 또는 의견표명, 제도개선과 관련된 업무 등을 통하여 갈등해결을 위한 행정구제의 역할을 할 수 있으리라 생각된다. 즉, 한국형 옴부즈맨제도로서의 국민권익위원회의 고충처리제도를 통해, 행정상 법률관계의 양 당사자 간의 갈등을 해결하고 관리할 수 있다는 것이다. 요컨대, 갈등해결의 행정쟁송법에서 한국형 옴부즈맨제도로서의 고충처리제도는 매우 중요한 역할을 담당할 수 있고, 또한 담당해야 한다고 생각된다.

4. 행정소송에서 司法接近性 보장

갈등해결은 ADR만으로 할 수 있는 것은 아니다. 사안에 따라 정식 행정재판절차가 갈등해결을 위해 필요할 수도 있다. 이를 위해서는 국민의 司法으로의 접근성(access to justice)이 보장되어야 한다. 누가 옳고 그른지는 본안문제로 다투면 된다는 기본적 인식에 바탕을 둘 필요가 있다.

우선, 항고소송의 원고적격판단에 있어서 '법률상 이익'을 적극적으로 해석하려는 노력은 이와 관련하여 필요할 것이다. 또한, 갈등해결형 행정법에서는 공정력에 바탕을 둔 행정주체의 우월적 지위를 전제로 하는 행정처분만이 아니라 公私協力에 바탕을 둔 다양한 행정작용을 중시하게 된다. 이들로 인하여 분쟁이 생기는 경우에는 행정소송은 이용가능 해야 한다. 따라서 항고소송중심주의에 사로잡혀 취소소송 등 항고소송만을 고집할 경우 행정소송 대상을 제대로 넓히기도 힘들 뿐만 아니라, 행정행위론을 중심으로 이루어진 행정법체계를 흩트릴 수 있다. 이들 간에 역할분담이 필요하다. 즉, 처분성이 있는 작용에 대해서는 항고소송으로, 그렇지 않는 작용에 대해서는 당사자소송, 특히 확인소송형 당사자소송을 적극 활용할 필요가 있다.[58] 즉, 국민들의 재판받을 권리를 최대한 보장할 수 있는 행정소송법의 해석론이 갈등해결 차원에서 요청된다.

공공갈등 가운데 환경갈등이 많은 비중을 차지하고 있는데, 환경법상 단체소송의 도입이 주장되는가 하면, 이른바 '자연의 권리'를 주장하며 가령 동물의 원고적격성을 주장하기도 한다. 이러한 현상 모두 공공갈등과 관련하여 사인의 사법접근성의 보장이 필요한 경우이다. 따라서 환경법상 단체소송의 도입과 같은 사법접근성 보장을 위한 입법론을 모색할 필요가 있다.

요컨대, 국민들의 사법접근성을 보장함으로써 공공갈등해결을 도모하는 행정소송법의 해석론(de lege lata) 및 입법론(de lege ferenda)이 필요하리라 생각된다.

Ⅵ. 맺음말

오늘날 바람직한 국가상을 보장국가로 보면서, 보장국가와 그에 대응하는 고객으로서의 사인간의 행정상 법률관계는 그에 걸맞은 행정법학을 요구하고 있다. 그렇지 못할 때 갈등이 생기게 되며, 이러한 공공갈등이 빚고 있는 폐단을 우리는 이미 경험하고 있다.

이러한 요구에 부응하는 행정법을 여기서 갈등해결형 행정법이라고 부르면서, 그 내용을 행정작용법, 행정조직법, 행정구제법이라는 행정법의 기본틀에 맞추어 구성해 보았다. 종래 행정법학이론과 전혀 다른 방법론이라기보다는 '공공갈등해결'이라는 관점으로 행정법학 내용을 재점검해 본 것이다. 갈등해결형 행정법의 이론적 기초로서

58) 김현준, "처분성 없는 행정작용에 대한 행정소송으로서의 확인소송", 공법연구 37-3, 2009, 335쪽 이하 참조.

오늘날 행정상 법률관계에 있어서 차지하는 私人의 위상변화를 현대국가의 기능변화와 함께 이해할 필요가 있다는 점과 행정주체와 사인간에 발생하는 다양한 갈등상황에 대한 해결방안으로 제시되는 행정학, 정치학 등에서 논의되는 새로운 학문적 과제들을 행정법학의 체계에서 정리할 필요가 있다는 점도 확인할 수 있었다. 우리 사회에 커다란 문제로 되어 있는 공공갈등해결의 문제는 다른 어떤 학문영역보다 행정법학적 해결방안이 모색되어야 함을 다시 한번 강조하며, 이 글을 통해 행정법학이 공공갈등을 적극적으로 다루어야 한다는 인식이 확대될 수 있기를 기대한다.

제2장

계획법에서의 형량명령

Ⅰ. 머리말

형량(Abwägung)이란 비교하여 저울질한다는 정도로 일단 새길 수 있다. 이러한 형량은 알게 모르게 우리 일상생활 가까이에 있다. 가령 중환자를 진료한 의사는 환자를 위하여 수술하는 게 좋을까, 약물치료 하는 것이 좋을까. 대학졸업을 앞둔 학생은 대학원을 진학할 것인가, 취직을 할까. 결혼적령기의 사람은 사귀던 사람과 결혼을 하는 게 좋을까, 좀 더 기다리는 게 좋을까 등등…….

우리는 종종 최종 판단을 앞두고 판단의 참고자료가 될 수 있는 갖가지 요소들을 떠올리며, 그 개별 요소들에 그에 상응하는 중요성을 부여하고, 평가된 다양한 정(正)·부(負)의 이익들을 최종적으로 비교한 후 가장 이익이 극대화되는 쪽으로 결론을 내리게 된다. 바로 이러한 과정 및 그 결과가 바로 형량이다. 최종적 결론도출에 있어서 이러한 형량의 방법은 "일정한 요건이 충족되면 바로 일정한 법률효과를 부여하는 방법"과 함께 법발견수단으로서 모든 영역의 법학에서 적용되는 도구이다.[1] 그 중 계획법의 영역은 위와 같은 형량이 특히 문제되는 곳이라고 할 수 있으며, 계획상 형성의 자유의 통제방법으로 형량명령이 요구된다는 점은 독일 건설법전(BauGB) 제1조 제6항

1) 법학에 있어서 형량의 적용영역으로서, "헌법에서의 형량", "계획법에서의 형량", "재량행사에서의 형량", "법률해석에서의 형량" 등을 들 수 있다(vgl. H.-J. Koch, "Die normtheoretische Basis der Abwägung", in: Erbguth u.a.(Hrsg.), Abwägung im Recht, 1996, S. 9). 이에 관한 전반적인 내용으론 오준근, "이익형량원칙의 실제적 적용 방안", 공법연구 29-3, 70쪽 이하 참조.

과 같은 명시적 입법이 없는 우리나라에서도 대다수의 학자들이 적극적 입장을 표하고 있다.[2)]

최근 우리 대법원에서도, 행정주체는 구체적인 행정계획을 입안·결정함에 있어서 비교적 광범위한 형성의 자유를 가지는 한편, 행정주체가 가지는 이와 같은 형성의 자유는 무제한적인 것이 아니라 그 행정계획에 관련되는 자들의 이익을 공익과 사익 사이에서는 물론이고 공익 상호간과 사익 상호간에도 정당하게 비교교량하여야 한다는 판결[3)]을 통하여 형량명령을 인정하기에 이르렀다.

그런데 계획법에서는 왜 굳이 형량이어야 하는가.

너무나 기본적이어서 간과할 수도 있을 이러한 의문에 대한 답을 찾는 과정에서 형량명령의 법적 의미를 밝히고자 함이 이 글의 취지이다. 법 외적인 세상만사까지 거론하진 않더라도, 법학의 모든 영역에서 문제될 수 있는 것이 형량이지만,[4)] 계획법의 규범구조적 특질을 중심으로 논의를 전개하는 이 글에서는 계획법 영역에 한정하여 검토하게 됨은 물론이다.

Ⅱ. 계획상 형성의 자유와 형량명령

1. "형량조건부 자유"로서의 "계획상 형성의 자유"

계획주체의 계획권한에는 어느 정도 확충된 형성자유의 여지를 포함하며, 이러한 형성의 자유가 없는 계획은 그 자체가 모순일 수밖에 없다. 이와 같이 제한된 사법심사의 대상이 되는[5)] 계획상 형성의 자유는 계획법규범의 대표적 특질이라고 할 수 있다.[6)] 그러나 계획상 형성의 자유가 곧 바로 계획의 자유를 뜻할 수는 없고, 법치주의 요청상

---

2) 강의중, 행정법강의, 2000, 317쪽; 김남진, 행정법I, 2001, 386쪽; 김동희, 행정법 I, 1999, 176쪽; 김성수, 일반행정법, 2001, 185쪽; 박균성, 행정법총론, 2000, 191쪽; 박수혁, 행정법요론, 1998, 239쪽; 박윤흔, 행정법강의(상), 2001, 299쪽; 석종현, 일반행정법(상), 257쪽; 한견우, 행정법 I, 2000, 477쪽; 홍정선, 행정법원론(상), 2001, 255쪽; 류해웅, 토지공법론, 2000, 291쪽.

3) 1996. 11. 29. 선고 96누8567 판결; 1997. 6. 24. 선고, 96누1313판결; 1997. 9. 26. 선고, 96누10096 판결; 1998. 4. 24. 선고, 97누1501 판결; 2000. 3. 23. 선고, 98두2768 판결; 2000. 9. 8. 선고, 98두11854 판결 등. 이러한 판례들에 대해서는 후술하게 된다.

4) 강의중, "행정계획과정에서의 손실의 구제", 토지공법연구 8, 71쪽 참조.

5) 계획상 형성의 자유에 대하여, 제한된 사법심사라는 소극적인 기능 외에 "행정에 대한 적극적인 유도기능"(positive Steuerungsfunktion für die Verwaltung)을 이야기하기도 한다(Brohm, Öffentliches Baurecht, 1999, § 11 Rn. 5).

6) BVerwG, Urteil vom 12. 12. 1969 – 4C 105.66 –, BVerwGE 34, S. 304.

계획에 있어서 형량이 요구된다는 점에서 계획상 형성의 자유란 결국 "형량조건부 자유영역"이라고 이해해야 한다.[7] 이 형량명령을 입법화한 것이 독일 건설법전 제1조 제6항[8]이라고 할 수 있지만, 형량명령은 반드시 이 규정을 전제로 하는 것이 아니라, 법치주의 요청상 명시적인 형량명령에 관한 규정이 없이도 요구된다고 할 수 있다.[9]

2. 계획상 형성의 자유와 일반 행정재량

(1) 학설개관

계획상 형성의 자유(계획재량)가 통상적인 재량행위와 비교하여 그 법적 성질이 같은 것인가 여부에 관하여 학설이 대립하고 있다. 다수설인 통상적인 재량행위와 구별하는 입장[10]에서는, 전통적인 재량행위의 수권규범은 조건적 규범구조이나, 계획상 형성의 자유(계획재량행위)의 수권규범은 목적적 규범구조로 되어 있는 특색이 있으며, 행정재량권행사의 위법성 여부에 대하여는 재량권의 내적 · 외적 한계를 기준으로 판단하게 되는 것이나, 계획상 형성의 자유에는 형량명령이라는 특유한 하자이론이 존재한다는 이유 등을 그 논거로 하고 있다.

이에 반하여 통상적인 재량행위와의 구별을 부정하는 견해[11]는 양자가 서로 질적인 면에서는 차이가 없고 단지 양적인 면, 즉 재량의 인정범위 면에서만 차이를 가질 뿐이라고 하며, 그 논거로서 수권규범구조상의 특색이 중요한 것이 아니라, 이러한 수권규범구조상의 차이가 나타나게 되는 배경에 관하여 검토되어야 하며, 형량명령이란 결국 비례성 원칙으로서 반드시 계획상 형성의 자유(계획재량)에 특유한 것이 아니며, 양 유형에서 나타나는 하자의 모습은 유사하다는 점, 재량개념을 전체적 · 통일적으로 파악할 수 있는 장점이 있는 점 등을 들고 있다.

(2) 사　　견

이러한 논의에 대한 해결을 위해서는 규범구조에 대한 법이론적 이해[12] 및 넓은 의

---

7) Vgl. Erbguth/Wagner, Bauplanungsrecht, 1998, Rn. 222

8) 독일 건설법전(BauGB) 제1조 제6항 : "건설기본계획을 세움에 있어서 공익과 사익을 서로 정당하게 형량해야 한다."

9) Peine, Öffentliches Baurecht, 1997, Rn. 137; Stüer, Handbuch des Bau-und Fachplanungsrechts, 1998, Rn. 704.

10) 김남진, 앞의 책, 386쪽; 석종현, 앞의 책, 266쪽; 신봉기, "행정계획에 대한 사법적 통제", 토지공법연구 10(2000. 8.), 197쪽.

11) 류지태, 앞의 책, 75쪽; 한견우, 앞의 책, 478-479쪽.

12) 이와 관련하여서는 R. Rubel, Planungsermessen: Norm- und Begründungsstruktur, 1982, S. 165 ff.; K.

미의 재량하자에 대한 심도있는 검토가 필요할 것이라고 보면서, 이제 본격적으로 형량명령이 논의되는 상태에 있는[13] 우리나라에서는 최소한 이론적인 측면과 실제적인 측면을 함께 고려해서 판단해야 할 것 같다.

계획상 형성의 자유와 같은 의미로 흔히 사용되는 계획"재량"이라는 표현조차 가능한 한 피하고자 하는 이 글 역시 양자의 차이를 인정하는 입장이라고 할 수 있다.[14] 그리고 그 논거로는 한 마디로 "효율적인 국민의 권익보호"를 이야기하고 싶다. 편의상 나누어서 살핀다면 ① 이론적인 측면에서의 논거와 ② 실제적인 측면에서의 논거로 나타낼 수 있겠지만, 양자는 결국 서로 연관되는 것이다.

첫째, 이론적 논거로서, 계획규범은 그 규범구조적으로 일반행정법규와 차이가 난다고 보기 때문이다. 다만, 여기서 규범구조적 특질이라고 할 때, 종래 통설이 이야기하는 것처럼 계획법은 목적프로그램으로 구성되어 있다는 것을 뜻하는 것은 아니라, 후술하는 바와 같이 계획규범은 "규칙"규범이 아닌 "원칙"규범이라는 것이다.[15]

둘째, 실제적 논거로서, 이와 같이 일반행정재량과는 다르게 파악하면서, 계획법에 특유한 하자통제방법인 형량명령을 적용할 때 국민의 권익보호가 보다 효율적으로 구현될 수 있다고 보기 때문이다. 계획이란 포괄적인 형성의 자유를 가지는 것이며, 이러한 형성의 자유에 대한 통제를 함에 있어서 종래 일반행정재량을 통제하는 방식으론 포괄적인 계획상 형성의 자유를 행사하는 과정에서 나타날 수 있는 행정주체의 자의를 미처 다 체크하지 못할 수도 있기 때문이다. 가령 계획주체가 도시계획법 제42조 이하의 지구단위계획을 수립하는 과정에서 범할 수 있는 계획재량(계획상 형성의 자유)의 하자를, 식품위생법상의 허가취소에 관한 재량을 통제하는 방식을 통하여 통제한다고 할 때, 그 통제의 그물망은 빈틈이 많이 생길 수 있지 않겠는가. 식품위생법 제30조에서는 보건복지부장관은 공익상 또는 선량한 풍속을 유지하기 위하여 필요하다고 인정하는 때에는 영업자 중 식품접객업을 하는 자 및 그 종업원에 대하여 영업시간 및 영업행위에 관한 필요한 제한을 할 수 있는 바, 그 제한을 함에 있어서 재량권의 일탈 · 남용이 있다고 판단이 되면 위법한 재량행사로서 통제될 것이나. 그 과정에서 주로 광의의

Engisch, Einführung in das juristische Denken, 9. Aufl. 1997, S. 8 ff. 참조.

13) 여기서 "본격적"이라 함은 최근 대법원에서 "형량"개념을 사용함으로써, 계획법의 특질이나 형량명령에 관한 논의가 더 이상 강학상의 개념에만 머물지 않게 되었다는 뜻이다.

14) 이는 굳이 양적 혹은 질적이라는 수식어를 붙여 논하자면, 질적인 차이가 있다는 입장이지만, 이러한 양적 · 질적 차이라는 개념으로 구분하는 실익은 의문스럽다. 이와 관련, 질적 차이라는 개념도 상대적인 개념이므로 양자의 견해에 본질적인 차이가 있다고 보기는 어렵다는 입장도 있다(홍정선, 앞의 책, 255쪽).

15) 후술하는 이 장 Ⅲ. 참조.

비례의 원칙이 판단의 기준으로서 중요하게 작용할 수 있을 것이다. 즉 허가 취소의 수단이 당해 식품위생법상 규정의 취지나 목적을 달성하기에 적합한 것인가, 취소의 방법이 필요최소한으로 사익을 침해하면서 법령에서 보호하는 이익을 지킬 수 있는 것인가, 그리고 관련되는 이익들간에 상당성이 있는가 등이 검토되어야 할 것이다. 그러나 계획주체가 지구단위계획을 제대로 수립했는가, 도시재개발계획을 제대로 수립했는가, 개발제한구역의 지정을 제대로 했는가를 통제하는 방법이 식품위생법상 영업제한에 대한 통제방법과 같은 차원에서 이루어진다면 자칫 피상적인 통제에 그칠 우려가 있다고 본다. 극단적으로 이야기한다면, 행정주체의 계획권 행사는 제대로 통제되지 못한 채로 정당화될 가능성이 있다. 그 이유는 계획주체가 도시계획법상 지구단위계획을 수립함에 있어서의 형성의 자유 등은 행정주체가 식품위생법상 영업허가취소를 할 것인가, 영업정지를 할 것인가 등에서의 재량(선택재량)과는 다르기 때문이다. 가령 행정주체가 도시계획시설인 도로의 설치를 어느 특정 지역에 했다고 할 때, 그 위치에 따라 개인의 이해관계가 매우 첨예하게 대립될 가능성이 있는 것이고, 이때 권익침해 주장에 대한 판단, 즉 계획주체의 계획이 위법하다는 판단을 하기 위해서는, 계획주체가 관련되는 이익을 충분히 수집하였는가, 여기서 문제시되는 이익들을 당해 상황하에서 어떠한 비중을 가지는지 제대로 평가했는가, 제각기의 비중이 평가된 상태에서 이익들간의 비교 · 교량은 제대로 했는가 하는 과정을 거칠 필요가 있다. 왜냐하면 계획상 형성의 자유는, 계획 및 계획법의 특질상 이러한 형량이라는 방법을 통하여 제대로 통제가 가능하게끔 되어 있기 때문이다. 이때 종래의 재량하자론에 형량이론까지 포함시켜 넓은 의미의 재량하자개념을 구성하는 방법도 반드시 불가한 것은 아닐 것이다. 그러나 종래의 방법에 의한 안일한(?) 통제방법을 취하는 경우를 경계하고, 계획과 계획규범의 특수성을 정확하게 인식하여 계획상 형성의 자유를 통제해야 한다는 점에서 종래의 재량하자론과 다른 각도에서 형량명령을 이해해야 할 필요성이 있다고 본다.

따라서 일반 행정재량과 다른 계획상 형성의 자유에 대해서는, 그 통제방법에 있어서도 다른 수단인 형량을 통하여 제대로 행해질 수 있는 바, 그 근저에 일반행정법규와 비교할 때 계획법규는 그 규범구조상 다른 형식으로 구성되어 있다는 차이점이 존재하기 때문이다.

Ⅲ. 계획법의 규범구조적 특질

1. 조건 · 목적프로그램론

(1) 루만(N. Luhmann)의 사회학적 분석도구로서의 조건 · 목적프로그램[16)]

종래 계획법의 규범구조적 특질로서 일반적으로 이야기하는 것은 전통적인 일반행정법규는 조건프로그램 내지는 가언명제(Wenn–Dann–Schema)로 되어 있음에 반하여, 계획법규는 목적프로그램 내지는 목적–수단명제(Zweck–Mittel–Schema)로 되어 있다는 점이다.

계획법의 특질과 관련한 통설의 입장인 조건 · 목적프로그램론은 조직구성원의 행동의 유도가능성에 대한 사회학적 분석에서 시작된 것이었다. 루만(N. Luhmann)에 따르면 조건프로그램은 행정작용을 input에 따라 유도하는 것이다. 즉 특정한 요건(법적 구성요건)이 충족될 경우 특정한 조치(법률효과)가 선택되어 진다는 것이다.[17)] 그리고 조건프로그램이란 판단을 정하는 방법과 관련하여 가언명제로 되어 있다. 이러한 프로그램에 포함된 결과는 정해진 전제조건이 충족되면 자동적으로 발생하며,[18)] 나머지 조건들은 충족될 필요가 없다. 즉 판단의 정당성은 오직 프로그램에서만 나온다. 여기서 중요한 것은 신호(Signal)와 반응(Reaktion)의 불변적 연결(invariante Verbindung)이다.[19)]

그에 반하여 목적프로그램은 행정을 output에 따라 유도한다고 한다. 즉 행정은 특정한 목표를 도달하려는 규정과 그에 적합한 수단을 선택하려는 규정에 따라 주어진다는 것이다.[20)] 목적프로그램은 반드시 도달되어야 하는 목표설정을 포함하고 있으며, 이러한 목표실현을 위한 구체적 수단의 선택은 임의적인 것이다.[21)] 이러한 의미에서 목적프로그램은 목적–수단명제로 표현되는 바, 판단에 있어서 규범적용자의 주관적인 효력예상 (Wirkungsvorstellung)이 문제시되어야 한다.[22)]

16) 이 부분의 내용은 주로 Koch, 앞의 논문, 15–16쪽. 및 J.–D. Just, Ermittlung und Einstellung von Belangen bei der planerischen Abwägung, 1996, S. 23의 글을 토대로, N. Luhmann의 당해 원저를 확인하는 방법으로 정리한 것임을 밝힌다.
17) Luhmann, Recht und Automation in der öffentlichen Verwaltung, 1966, S. 39 f.
18) Luhmann, "Lob der Routine", VerwArch. 1964, 1 (8 f.).
19) 위의 논문, 12쪽.
20) Luhmann, Recht und Automation in der öffentlichen Verwaltung, 1966, S. 39 f.
21) Luhmann, Zweckbegriff und Systemrationalität, 1991, S. 101 f.
22) 위의 책, 102–103쪽.

(2) 계획법의 특질로서의 목적프로그램

이러한 루만의 이론은 호페(W. Hoppe),[23] 오베른도르퍼(Oberndorfer)[24]와 같은 학자들에 의하여 계획법의 특수성을 설명하는 데 이용되었다. 이러한 계획법과 관련된 조건 · 목적프로그램의 내용은 국내에서도 이미 많이 소개된 상태이므로 여기서는 개관하는 데에 그치고자 한다. 호페에 따르면, 계획규범은 목적프로그램이며, 계획형량은 상충하는 목표들을 조정하는 것이다. 따라서 계획행정작용은 본질적으로 목표에 바탕을 둔다는, 다시 말해서 목적적으로 프로그램되어(finalprogrammiert) 있다는 것이다.[25]

전통적인 법률구조형태라고 할 수 있는 "…..할 경우, …….하다"라는 구조("Wenn….dann"-Schema), 즉 구성요건이 충족되면 그에 따른 정확한 법률효과가 정해지는 구조인 조건프로그램(Konditionalprogramm)은 복잡한 계획상황에서는 적절하지 아니하며, 계획법률은 오직 특정한 목표들과 개별 수단 혹은 작용권한을 열거하는 데 국한되어야 하는 목적프로그램(Finalprogramm)으로 되어 있다고 한다. 행정은 제각기 구체적으로 주어진 계획상황에 따라 주어진 목표 중 무엇이, 어느 정도로, 어떠한 방식으로 도달되어야 하는가를 스스로 결정해야만 한다고 한다.[26]

(3) 계획규범의 특질로서의 목적프로그램론에 대한 문제점

계획법률의 규범구조적 특질에 관한 위의 조건 · 목적프로그램이라는 2분론은 독일에서도 여전히 다수설의 입장에 있긴 하지만, 최근 많은 학자들에 의하여 비판을 받고 있는 데에[27] 눈길이 간다. 그 비판의 주된 내용은 목적프로그램 내지는 목적-수단 구조라는 점은 비단 계획법률에만 고유한 특질로 볼 순 없고, 따라서 이러한 개념도구는 일반행정법률에 대한 계획법률의 특질을 설명하는 데 예리한 구분도구로 이용하긴 곤란하다는 것이다.[28] 또한 법발견의 목적지향성은 흔히 볼 수 있는 현상(durchgängig anzutreffende Erscheinung)에 불과한 것으로서, 계획법에서는 물론, 헌법영역이나, 통

23) Koch에 의하면 위의 N. Luhmann의 가설을 계획법의 영역에서 호페(W. Hoppe)가 정립시켰다고 한다(Koch, 앞의 논문, 9쪽).
24) Vgl. Oberndorfer, Strukturprobleme des Raumordnungsrechts, Die Verwaltung, 1972, 257 ff.
25) W. Hoppe, Zur Struktur von Normen des Planungsrechts, DVBl. 1974, 641, 643 f.
26) W. Brohm, Öffentliches Baurecht, 1999, § 11 Rn. 3.
27) Koch, 앞의 논문, 15쪽; Erbguth/Wagner, Bauplanungsrecht, 1998, Rn. 223; R. Rubel, Planungsermessen, 1982, S. 165 ff.; Koch/Rüßmann, Juristische Begründungslehre, 1982, S. 91 ff.; M. Ibler, Die Schranken planerischer Gestaltungsfreiheit im Planfeststellungsrecht, 1988, S. 37 ff.
28) Erbguth/Wagner, 앞의 책, Rn. 223.

상적인 행정재량에서도, 그리고 법률의 목적해석(teleologische Gesetzesauslegung)에서도 확인될 수 있다고 한다. 이와 함께 루만 스스로도 통상적인 재량행위를 두고 목적프로그램으로 자리매김하고 있다는 흥미로운 지적도 있는 바,[29] 계획법과 목적프로그램간의 관계에 대한 근본적인 의문을 불러일으키게 하는 부분이다. 이와 같이 조건 · 목적프로그램의 구분이 형량결정의 규범구조적 바탕에 대한 명백한 기준이 되지는 못한다는 비판적 입장은 오직 목적지향성만으로 계획법의 특성을 설명하는 우리나라에서의 논의에 있어서도 시사하는 바가 있다고 본다.[30]

2. 규칙 · 원칙론

(1) 계획규범의 구조적 특질에 관한 새로운 논의

위와 같은 루만의 사회학적 분석도구에 바탕을 두는 조건 · 목적프로그램론이 계획규범의 구조적 특질로서 논해지는 데에 대한 비판이 가해지면서 그 대안으로 제시되고 있는 것은 이른바 "규칙 · 원칙모델"이다. 규칙과 원칙[31]에 관한 논의는 법이론영역에서는 이미 오랜 역사를 가지는 것이라고 할 수 있지만,[32] 이 이론을 특히 정립한 사람은 드워킨 (R. Dworkin)[33]과의 논쟁을 통하여 이를 체계화한 알렉시(R. Alexy)라고 할 수 있다.

(2) 규칙 · 원칙 모델

알렉시에 따르면 규칙이나 원칙은 공히 당위(Sollen)의 영역인 규범에 속하며, 명령, 허가, 금지의 형식으로 구성되어 있다. 즉 모든 규범은 규칙 혹은 원칙으로 구성되어

29) Koch, 앞의 논문, 15쪽.

30) 위의 논문, 15-16쪽.

31) 이 글에서 rule 혹은 Regel에 해당하는 번역으로 "규칙", principle 혹은 Prinzip에 대해서는 "원칙"이라는 표현으로 나타내고자 하는 바, 전자의 경우 "규율", 후자에 있어서 "원리"로 번역하는 있지만, 양자 모두 규범에 포함되면서 서로 비교 · 검토의 의미를 보다 살리기 위하여 규칙과 원칙으로 번역하고자 한다. 규칙과 원칙으로 표현하는 용례로서는 이준일, 앞의 논문 참조.

32) 규칙 · 원칙에 대해서는 이미 국내에서도 법철학 · 헌법학 · 일반행정법 논의를 통하여 소개되고 있다(정태호, "기본권보호의무", 김남진 교수 정년기념논문집, 1997, 392쪽; 이준일, "원칙으로서의 기본권과 비례성명령", 공법연구 28-1, 79쪽 이하). 그리고 독일에서의 논의로는 R. Alexy, Theorie der Grundrechte, 1985, S. 75 ff.; J. Esser, Grundsatz und Norm in der richterlichen Fortbildung des Privatrechts, 4. unveränd. Aufl., 1990(1. Aufl., 1956), S. 14 ff.; U. Penski, Rechtsgrundsätze und Rechtsregeln, JZ 1989, 105 (109 ff.); K. Larenz, Richtiges Recht, 1979, S. 45 ff.; F. Bydlinski, Fundamentale Rechtsgrundsätze, 1988, S. 1 ff.; Jeong Hoon Park, Rechtsfindung im Verwaltungsrecht, 1999, Zugl. Diss. Göttingen, 1996, §§ 8, 9.

33) R. Dworkin, Taking Rights Seriously, 1977 참조.

있다.[34)]

규칙이란 일정한 조건[35)]이 충족되면 곧 바로 일정한 법률효과가 발생하게 되는 규범(금지나 명령)을 뜻한다. 규칙이란 사안판단의 결정적인 규정을 통하여 "전부 혹은 전무"(all or nothing; Alles-oder-Nichts)의 방식으로 적용가능한 것이다. 그 적용방법은 사실관계의 포섭이라는 방법을 통하여 규칙의 구성요건 하에 법률효과의 연역(Deduktion)으로 이루어진다.[36)] 그 엄격한 효력발생으로 인하여, 여기서는 형량이란 방법이 적용될 여지가 없다. 따라서 규칙이란 항상 단지 충족되거나, 될 수 없거나 하는 규범이다. 하나의 규칙이 적용될 경우 그 규칙은 정확히 그 규칙이 요청하는 것을 행할 것을 명하는 것이며, 그 이하도 그 이상도 아니다.[37)]

이에 반하여 원칙은 특정한 조건이 충족될 경우 곧 바로 발생하는 법적 결과를 확정하는 것이 아니다. 원칙이란 판단에 있어서 근거를 제시하는 규범이다. 규칙은 판단을 일정한 방향으로 이끄는 논증을 제시함에 비하여, 원칙은 여기에서 구체적으로 취해야 하는 결정적인 판단을 정하는 것이 아니다. 법적으로(규칙, 상충되는 원칙들), 사실적으로(주어진 상황)-목표상태의 실현을 위한 엄격한 의무가 존재하지 아니하는 가능성에 도달해야 하는 규칙과는 달리 점진적 충족가능성(graduelle Erfüllbarkeit)이 가능하며, 따라서 불충분한 충족 즉 목표상태의 불충분한 충족이 규범의 손상을 의미하는 것은 아니다.[38)] 즉 규칙과 원칙의 구분에 있어서 결정적인 것은 원칙은 법적 · 사실적 가능성과 관련하여 최대한 높은 정도로 현실화되는 어떠한 것을 명하는 규범이라는 것이다. 이러한 의미에서 알렉시는 원칙을 최적화명령(Optimierungsgebot)이라고 한다.[39)] 이 최적화명령이란 다양한 정도로 채워질 수 있는 것으로 특징지워지고, 그 충족정도의 사실적인 가능성만이 아니라 법적 가능성에도 의존한다.[40)]

규칙과 원칙이라는 두 형태는 법규범의 성격을 가지며, 법적인 구속력을 전개한다. 그들은 법적 판단의 바탕을 형성한다. 규칙이 결정적인 전제조건이 충족될 경우 강제적으로 법률효과가 발생하며 그 적용은 부동적인 것임에 반하여, 원칙의 적용은 그 중요성(Gewicht)에 따라, 즉 구체적으로 판단되어야 하는 사안의 주어진 상황에 따라 유

34) Alexy, Theorie der Grundrechte, S. 72, 77.
35) 이러한 조건은 일반적으로 당해 규칙에 포함되어 있을 것이다.
36) Vgl. Just, 앞의 책, 12쪽.
37) Alexy, Theorie der Grundrechte, 1985, S. 76.
38) Alexy, 위의 책, 79쪽; Koch, 앞의 논문, 16쪽.
39) Alexy, 앞의 책, 76쪽.
40) 위와 같음.

동적이다.

이러한 규칙과 원칙의 구분은 충돌문제, 즉 규칙간 충돌되거나, 원칙간 충돌되는 경우에, 그 충돌해결방법에 있어서 뚜렷해진다. 2개의 규칙이 충돌되면 하나의 규칙이 다른 규칙의 예외로서 이해되든지, 아니면 "후법우선" 이나 "특별법우선"과 같은 충돌해결규칙을 통하여 하나의 규칙이 무효화됨으로써 해결된다. 이에 반하여 원칙간의 충돌은 전혀 다른 방법으로 해결된다. 2개의 원칙이 충돌되면 하나의 원칙은 다른 원칙의 효력을 상실시키지 않은 채, 특정 상황에서 다른 원칙에 우선한다. 이는 후자가 그 효력을 상실함이 없이도 가능한 것이다. 그리고 다른 상황에서는 그 반대의 결과도 얼마든지 가능한 것이다. 왜냐하면 원칙이라는 것은 구체적인 경우에 다양한 중요성을 가지는 것이며 원칙의 충돌은 효력(Geltung)의 차원이 아니라, 중요성(Gewicht)의 차원에서 해결되는 것이기 때문이다.[41]

(3) 계획규범의 구조적 특질로서의 원칙

1) 규칙 · 원칙모델과 계획법

위와 같은 법이론적인 규칙과 원칙간의 규범구조적 구분은 계획법에 있어서도 마찬가지로 적용될 수 있다.[42] 즉 계획이란 그 자체에 내재된 형량유도강도에 따라 형량을 유도하는 규범이라고 할 수 있는 원칙에 따라 유도된다.[43] 계획규범 중 규칙은 계획주체가 반드시 지켜져야 하는 것으로 계획상 형성의 자유가 절충의 여지없이 결정되는, 즉 계획상 형성의 자유가 전혀 없는 것이다. 그리고 이러한 규칙에 대한 위반은 바로 계획하자로 위법성의 문제가 생긴다. 이러한 계획법상 규칙을 독일 연방행정법원은 계획엄수규범(Planungsleitsätze)[44]이라고 표현했다.[45]

계획법상 원칙에 해당하는 것으로는 계획법상 최적화명령(planungsrechtliches

---

41) Alexy, 위의 책, 79쪽.

42) 이에 관해서는 특히 M. Pfeifer, "Regeln und Prinzipien im Bauplanungsrecht", DVBl. 1989, 337 (342 ff.) 참조.

43) Vgl. 위의 논문, 342쪽. 다만 Pfeifer는 이 글에서 이른바 형량유도규범으로서 원칙과 규칙을 공히 포함시키고 있다. 그러나 엄밀하게 말해서 규칙은 형량유도규범이 될 수 없다고 할 것이다. 왜냐하면 규칙은 어떠한 경우에도 엄수되어야 하며 형량과정을 통한 고려의 여지가 없기 때문이다.

44) 여기서 Planungsleitsätze라 함은 계획에 있어서 고려의 여지가 없이 엄격하게 준수해야 하는 지침(Leitsätze)이라는 의미로서, 엄격한 명령(striktes Gebot)으로도 부르는 개념이다. 이 용어를 직역할 경우 계획지침 등으로 번역가능하겠지만, 계획엄수규범으로 번역을 한 이유는 그 의미를 살리기 위해서뿐만 아니라, 직역할 경우 유사한 번역이 될 수 있지만, 내용상 전혀 다른 개념인 Planungsleitnien과의 혼동을 피하기 위해서이기도 하다.

45) BVerwG, Urteil vom 22. 3. 1985 – 4C 73.82 –, BVerwGE 71, 163 ff.=DVBl. 1985, 899 f.

Optimierungsgebot)과 고려의 명령(Berücksichtigungsgebot)을 들 수 있다. 양자 모두 형량과정에 있어서 계획엄수규범처럼 반드시 지켜져야 하는 것이 아니라, 다른 이익을 위하여 극복당할 수도 있는 규범이라는 점에서 공통점이 있다. 그러나 계획법상 최적화명령은 통상의 고려를 해야 하는 것이 아니라 "가능한 한 보다 더" 고려해야 하는 "특별한" 고려의 명령이라는 점에서 차이가 있다.[46] 그러나 이러한 계획법상 최적화명령과 (통상의) 고려의 명령은 공히 반드시 지켜져야만 하는 규범이 아니며, 그 충돌 시 효력의 유무가 문제되는 것이 아니라, 중요성의 차원에서 해결되는 것으로서, 상황에 따라 그 비중을 달리 할 수 있으며, 형량을 통해서 취해지기도 버려지기도 하면서, 충돌을 해결한다는 점에서 양자 공히 원칙으로 파악될 수 있다.

2) 알렉시(R. Alexy)의 최적화 명령과 계획법상 최적화 명령

그런데 위의 계획법상 형량유도규범으로서의 최적화명령은, 그 전에 언급되었던 알렉시의 최적화명령과는 구분해야 한다. 이 양자 모두 제각기 논의 방향에 따라 국내에서도 소개되고 있는 바, 개념상 혼동을 피하기 위하여 정확한 구분이 필요하다고 할 것이다.

계획법상 최적화명령은 계획법이론상 형량의 여지조차 없이 엄격히 준수해야만 하는 계획엄수규범(Planungsleitsätze)과 "(통상의) 고려의 명령(Berücksichtigungsgebot)"의 중간에 위치하는 개념이라고 할 수 있다. 즉 계획엄수규범은 고려의 여지가 전혀 없이 반드시 법적으로 준수해야 하는 것이며, 계획법상 최적화명령은 경우에 따라서는 준수되지 않고 버려질 수도 있는 것이지만, (통상의) 고려의 명령보다는 보다 고양된 고려의무가 주어지는 것임은 이미 본 바와 같다.

반면에 알렉시가 이야기하는 최적화명령은 계획법에 있어서 계획형량을 유도하는 모든 목표규정을 뜻하는 것이다. 즉 계획법상 최적화명령과 (통상의) 고려의 명령 모두를 포함하는 개념이다. 그리고 계획법상 최적화명령은 모든 원칙규범을 말하는 것이

46) 독일 연방행정법원이 창출한 개념인 계획법상 최적화명령에 대해서는 최근 독일에서도 많은 논의가 있지만, 그 내용과 관련하여 독일에서도 그 적용상 많은 회의가 있는 상태일 뿐만 아니라, 우리 계획법과 관련하여 반드시 그 구체적인 내용까지 검토할 필요는 없으리라는 생각에서 이 글에서는 간략하게 소개하고자 한다. 그 내용에 관해서는 무엇보다 J. Dreier, Die normative Steuerung der planerischen Abwägung, 1995, S. 215 ff. 참조. 그 밖에도 W. Hoppe, "Die Bedeutung von Optimierungsgeboten im Planungsrecht", DVBl. 1992, 853 (859); ders., "Verwirrung und Entwirrung beim Abwägungsgebot", UPR 1995, 201 f.; H. Sendler, "Die Bedeutung des Abwägungsgebots in § 1 Abs. 6 BauGB für die Berücksichtigung der Belange des Umweltschutzes in der Bauleitplanung", UPR 1995, 41 (45); Hyun-Joon Kim, Bodenschutz durch Bauplanungsrecht, 2000, Diss. Göttingen, S. 34 ff. 이 개념에 관한 학설개관 및 회의적 결론으로서는 Brohm, 앞의 책, § 13 Rn. 6 ff.

아니라 원칙규범 중에서도 "보다 강하게 고려할 필요가 있는 특별한 원칙"(besonders qualifizierte Prinzipien)만을 뜻한다. 이러한 계획법상 최적화명령은 알렉시의 체계에서는 "일견 우위 규정(prima-facie-Vorrang)"으로 표현되고 있다.[47] 여기서 "일견 우위를 가진 이익"이란 "보다 높은 비중을 가지고 형량되는 것으로, 이러한 이익을 극복하고 다른 이익을 취하기 위해서는 특별한 논증을 필요로 하는 것"으로 이해되고 있다.[48] 따라서 알렉시가 이야기하는 이러한 "일견 우위규정"은 독일연방행정법원의 용례인 "계획법상 최적화명령"을 뜻하는 것이며, 계획법에서 "상대적 우위(relativer Vorrang) 규정"으로 표현되는 개념 역시 같은 내용이라고 할 수 있다.[49]

3. 소 결

계획법의 규범구조적 특질에 대한 설명으로서 종래 통설적 입장이었던 루만(N. Luhmann)의 이론에 바탕을 둔 조건 · 목적프로그램론에 의하기보다는 알렉시(R. Alexy) 등의 이론에 바탕을 둔 규칙 · 원칙모델이 계획법에 있어서도 그 규범구조적 특질을 설명하는 유용한 도구가 될 수 있음을 보았다. 특히 목적프로그램이라는 특성은 반드시 계획법의 영역에서만 나타나는 것이 아니라, 헌법에서도, 통상적인 행정재량에서도, 법률의 목적해석(teleologische Gesetzesauslegung)에서도 흔히 확인될 수 있다는 지적은 설득력이 있다고 본다. "목적프로그램" 대신에 "원칙"이라는 도구를 통하여 계획법규의 구조적 특질을 더 잘 나타낼 수 있다고 할 것이다. 또한 원칙모델을 통하여, 계획법규범 가운데 포함된 다양한 이해관계를 조정하는 모습을 보다 논리적으로 설명할 수 있으며, 나아가 형량이론의 체계적 설명을 위해서도 유용한 도구가 되리라 생각된다. 따라서 계획법의 규범구조적 특질은 "목적프로그램" 혹은 "목적-수단명제"라기보다는 "원칙"으로 나타내는 것이 바람직하다고 본다. 이러한 점에서 종래 계획법의 특수성으로서 표현하였던 "목적지향성"은 지양될 필요가 있다고 생각된다.

---

47) R. Alexy, Recht, Vernunft, Diskurs, 1995, S. 226.
48) Koch, Diskussionsbeitrag, in: Erbguth u.a. (Hrsg.), Abwägung im Recht, 1996, S. 46.
49) J. Dreier, 앞의 책, 121쪽 이하.

Ⅳ. 형량명령에 대한 대법원판례 검토

1. 형량명령에 대한 대법원판례

우리 대법원은 1996. 11. 29. 계획법에 있어서 형량명령을 인정하는 판결[50]을 하였는바, 학자들의 비상한 관심을 끌기에 충분한 것이었다.[51]

이어서 1997. 6. 24. 96누1313판결, 대법원 1997. 9. 26. 96누10096판결, 대법원 1998. 4. 24. 97누1501판결, 대법원 2000. 3. 23. 98두2768판결, 대법원 2000. 9. 8. 선고 98두11854 판결 등에서도 계획결정에 있어서는 이익형량을 해야 하며, 이러한 이익형량을 그르친 경우 재량권의 일탈·남용으로서 위법하다는 판결이 잇달아 나오고 있다.

우리나라에서 계획법에서의 형량명령 논의는 그야말로 학계가 실무를 향도한 대표적인 예로 꼽을 수 있다. 이러한 점에서 계획법에서의 형량명령의 필요성을 오래 전부터 역설해 온 학자들의 위 판례에 대한 환영과 보완촉구를 담은 평석은 유난히 의미 있어 보인다. 특히 위 판례가 학설상의 형량이론을 수용하고 있으나, 그 논거에 대해서는 아무런 언급을 하지 않고 있다는 지적이나, 계획주체에게는 광범위한 형성의 자유가 있다고 하여 재량권과는 구분하면서도 결국 재량권의 문제로 보아 위법을 인정하는 대법원의 논지가 적절치 않다는 지적,[52] 그리고 계획재량·형량명령·형량하자론을 언급하면서도 그것이 당해 사건의 결론에는 전혀 영향을 미치지 않는 대법원태도에 대한 비판[53] 등은 향후 대법원판례에서 적극적으로 검토해야 할 내용으로 생각된다. 이하에서는 이러한 대법원판례에 대하여 나름대로 평가하면서, 종래 평석들에 대하여도 부분적으로 다소의 문제제기를 덧붙이고자 한다.

2. 대법원판례에 대한 사견

우선, 대법원이 1996년에 들어서야 처음으로 계획법영역에서 형량명령이론을 수용

50) 96누8567 판결(도시계획시설결정처분무효확인등).

51) 김남진, "도시계획시설결정처분과 계획재량", 법률신문(1997. 1. 13), 14-15쪽; 석종현, "형량법리에 위배된 행정계획의 효력", 법률신문(1997. 2. 17), 12-13쪽; 신봉기, "계획재량과 형량하자론", 법정신문(1997. 1. 27), 8쪽; 같은이, "행정계획에 대한 사법적 통제", 토지공법연구, 197쪽 이하.

52) 석종현, 앞의 판례평석, 13쪽.

53) 신봉기, "행정계획에 대한 사법적 통제", 토지공법연구 10, 210쪽.

하면서, 그 논거를 제시하지 아니하고 있다는 점은 비판의 여지가 있다.[54] "행정주체는 구체적인 행정계획을 입안 · 결정함에 있어서 비교적 광범위한 형성의 자유를 가진다고 할 것이지만, 행정주체가 가지는 이와 같은 형성의 자유는 무제한적인 것이 아니라 그 행정계획에 관련되는 자들의 이익을 공익과 사익 사이에서는 물론이고 공익 상호간과 사익 상호간에도 정당하게 비교교량하여야 한다는 제한이 있는 것이고……"[55] 라는 부분을 보자. 이는 계획권자는 계획상 형성의 자유를 가지지만, 이익형량을 해야 할 제한이 있다는 말인데, 왜 그런지를 명백히 밝혔으면 좋겠다. 물론 그 근본적인 이유는 명확하다. 법치주의의 요청이다. 바로 법치주의의 요청 때문에 독일 건설법전 제1조 제6항과 같은 형량명령에 관한 조문이 없는 우리나라에서도 이 형량명령이 계획법에서는 필연적으로 요청되는 것이다. 법치주의 요청이란 결국 국민의 구체적인 권익보장, 나아가 기본권보장을 위한 것이다. 그리고 바로 이 점이 우리가 계획법에서 형량명령을 논하는 실익이라고 본다. 계획법에서는 굳이 영업허가취소과정에서 발생할 수 있는 재량하자가 아닌, 형량하자론을 애써 도입하고자 하는 것은 계획과정에서 침해당할 수 있는 국민의 권익을 보다 잘 보호할 수 있기 위해서이다. 일반행정법률과는 기본적으로 규범바탕이 다른 계획규범을 적용하는 행정청의 자의를 통제하기 위해서는, 일반행정법률 적용에서와 같은 방식보다는, 질적으로 다른 특별한 그물이 필요하다. 영업허가취소과정에서의 행정청의 자의를 잡을 수 있는 그물을 가지고, 계획과정에서 있을 수 있는 행정청의 자의를 통제하려고 할 경우, 놓쳐 버릴 수 있는 행정청의 자의가 있을 수 있다. 가령 도시계획수립과정에서 발생할 수 있는 행정청의 위법한 자의가 적합성의 원칙이나 필요성의 원칙이라는 그물로 통제될 수 있겠는가. 이때의 통제그물은 계획과정에서 고려해야 할 이익을 제대로 고려대상으로 삼았는가, 그 이익들 간에 비중을 제대로 평가했는가, 종국에는 이들 이익 간에 비교형량을 제대로 했는가 하는 형식의 특수한 그물을 통해서만 계획주체에게 필연적으로 주어지는 계획상 형성의 자유가 무제한의 자유가 되지 아니하게끔 하는 것이다. 이와 같은 이유에서 대법원판례는 계획법에서 형량이 왜 필요한 것인가에 대한 검토가 없이, 계획법을 곧 바로 형량명령으로 연결시키는 전개는 아쉽다고 본다. 만일 형량명령 없이 종래 이론만 가지고도 계획상 형성의 자유를 제대로 통제할 수 있다면, 즉 행정청의 자의로부터 국민의 권익을

54) 이 점은 이미 대법원 1996. 11. 29. 선고, 96누8576 판결이 나온 직후에 지적된 바가 있다(석종현, 앞의 판례평석, 13쪽).

55) 대법원 1996. 11. 29. 96누8576 판결; 대법원 1998. 4. 24. 97누1501 판결; 대법원 2000. 3. 23. 98두2768 판결.

보호하는 데에 아무런 문제가 없다는 확신이 있다면, 우리나라에서 형량명령이론의 도입은 필요 없는 것이다. 그리고 이러한 확신이나 목적의식이 없이 형량명령이란 이론을 가져왔다면, 굳이 형량명령 운운할 필요가 없다고 할 것이다. 따라서 후술하는 바와 같이 대법원판례의 문제점은 우리 대법원이 왜 계획법에서 형량명령이 필요한가에 대한 심도 있는 검토가 없었던 데에서 기인한다고 보면서, 이 점에 대한 정립이 필요하다고 본다.

둘째, 대법원은 형량명령에 대한 원칙을 천명하면서, 그 종국적인 위법성 판단의 기준으로 (광의의) 비례의 원칙을 들고 있는 바, 이는 일견 정당해 보이는 듯하지만, 본질적인 오류를 범하고 있다고 생각된다. 이는 다음의 판례[56]에서 살펴볼 수 있다. "행정주체가 도시계획을 입안 · 결정함에 있어서 이익형량을 전혀 하지 아니하거나 이익형량의 고려대상에 마땅히 포함시켜야 할 사항을 누락한 경우 또는 이익형량을 하였으나 정당성 · 객관성이 결여된 경우에는 그 행정계획결정은 재량권을 일탈 · 남용한 위법한 처분이라 할 수 있고, 또한 비례의 원칙(과잉금지의 원칙)상 그 행정목적을 달성하기 위한 수단은 목적달성에 유효 · 적절하고 또한 가능한 한 최소침해를 가져오는 것이어야 하며 아울러 그 수단의 도입으로 인한 침해가 의도하는 공익을 능가하여서는 아니 된다........도시계획변경결정이 공익상의 필요에 터잡은 것으로서 그 행정목적에 적합하고 필요하며 상당성을 가진 것이라 인정할 수 있고, 그로 인하여 침해될 우려가 있는 개인의 법률상 이익 등을 고려한다고 하더라도, 위 결정이 비례의 원칙이나 평등의 원칙 등에 반하지 아니하고, 재량권 일탈 · 남용이 아니다" 그러나 헌법상 원칙으로서 우리 헌법재판이나 행정재판에서도 중요하게 다루어지는 (광의의) 비례의 원칙 중에서, 형량명령에서 문제시될 수 있는 것은 협의의 비례의 원칙, 즉 "상당성의 원칙"뿐이다. 특히 "도시계획변경결정이 공익상의 필요에 터잡은 것으로서 그 행정목적에 적합하고 필요하며 상당성을 가진 것이라 인정할 수 있고..."라는 부분에서 보면 문제의 심각성이 뚜렷해 보인다. (광의의) 비례의 원칙이란 원래 개인의 권익을 행정목적(공익)상 침해하는 경우에도 한계가 있음을 논증하는 논리라고 할 수 있다. 즉 침해적 행정(eingreifende Verwaltung)을 전제로 하는 것인 바, 계획적 행정(planende Verwaltung)은 다른 차원에서 논해져야 한다. 도시계획변경결정을 영업취소처분과 같은 차원에서 논

56) 대법원 1998. 4. 24. 선고 97누1501 판결 (주택건설사업계획사전결정불허가처분취소등). 형량명령에 대한 비례성의 원칙적용에 관한 또 다른 대법원판결로는 대법원 1997. 9. 26. 선고 96누10096 판결 (택지개발예정지구지정처분취소등).

할 수 있는 것이 아니다. "계획상 형성의 자유" 행사과정에서의 자의를 잡아내는 데 있어서, 불필요한 적합성원칙 · 필요성원칙을 등장시키고, 상당성원칙도 이와 관련하여 적용함으로써 행정청의 자의를 오히려 정당화할 우를 범할 수 있다. 형량에 있어서 비례의 원칙은 일련의 형량과정에서 최종적으로 고려해야 하는 이익들을 서로 비교 · 교량하는 상당성의 원칙으로 필요 · 충분하다.[57] 따라서 광의의 비례의 원칙을 형량과정에서 적용시키는 대법원의 태도는 불필요할 뿐만 아니라, 오히려 행정청의 자의를 정당화시킬 우려가 있기 때문에 잘못된 것이다.

셋째, 대법원에서 형량명령론 및 형량하자론의 도입을 위한 보다 구체적 검토, 특히 개별적인 형량과정에 대한 검토가 필요하다고 본다. 이 형량과정과 형량결과에 대해서는 그 어느 것을 더 중시할지에 대해서는 논의가 있긴 하지만,[58] 설령 형량결과가 더 중요하다고 보더라도 최소한 형량과정과의 인과관계를 검토해야 할 필요가 있다.[59] 형량명령을 본격적으로 도입한 우리나라에서 필요한 것은 형량의 최종과정인 이른바 협의의 비례의 원칙이 적용되는 마지막 비교형량단계도 중요한 것이지만, 그 전단계들에 대한 검토도 간과될 수 없는 것이다. 대법원은 "행정주체가 행정계획을 입안 · 결정함에 있어서 이익형량을 전혀 행하지 아니하거나 이익형량의 고려 대상에 마땅히 포함시켜야 할 사항을 누락한 경우 또는 이익형량을 하였으나 정당성 · 객관성이 결여된 경우에는 그 행정계획결정은 재량권을 일탈 · 남용한 것으로서 위법하다."라는 표현은 하고 있으나, 구체적인 사안과 관련하여 여기서 마땅히 고려대상에 포함시켜야 할 사항이 어떠한 것이 있으며,[60] 당해 사안의 경우 어떠했는지, 개별 이익의 중요성결정에는 문제가 없었는가 등에 대하여 구체적으로 논할 필요가 있었다. 이러한 검토를 위해서는 이론적 도움도 필요하겠지만, 결국 우리 판례의 집적을 통하여 정립될 사항이라고 할 것이다. 따라서 이러한 부분에 대한 판단 없이 계획상 형성의 자유, 형량명령의 필요성에 이어 바로 재량권의 일탈 · 남용으로 넘어가는 우리 대법원의 태도는 비판의

57) 이와 같이 형량명령도 결국 (협의의) 비례의 원칙에 귀결되는 것은 분명하므로, 위 대법원판례 태도와 관련하여 "일반 행정재량의 적법성 판단기준인 비례원칙을 적용할 것이 아니라, 형량명령 내지는 형량하자론을 적용해야 한다"는 논리(신봉기, 앞의 논문, 210쪽 이하)는 의문스러운 면이 있다.

58) 형량과정 및 형량결과에 대해서는 신봉기, "계획재량 및 형량명령이론에 대한 재검토", 고시연구, 1989. 12., 186-189쪽; 강현호, "형량과정과 형량결과의 법적 의미", 공법연구, 26-1, 1998, 245쪽 이하 참조.

59) Vgl. M. Ibler, "Die Differenzierung zwischen Vorgangs- und Ergebniskontrolle bei planerischen Abwägungsentscheidungen", DVBl. 1988, 469 (473); 강현호, 앞의 논문, 251쪽 이하; 신봉기, 고시연구, 1989. 12., 188쪽.

60) 독일의 경우 이 문제에 관한 검토만으로 박사논문(Just, Ermittlung und Einstellung von Belangen bei der planerischen Abwägung, Diss. Münster, 1996)이 나올 정도이다.

여지가 있는 것이다.

마지막으로 앞서 언급한 위 대법원 판례에 대한 기존평석과 관련하여, 2가지 정도의 문제제기를 하고자 한다. 그 하나는 계획규범의 특질로서 들고 있는 목적지향성 혹은 목적프로그램성은[61] 과연 계획법의 특질을 나타내는 적확한 도구인가 하는 점에 대한 의문이다. 이는 알렉시(R. Alexy) 등의 원칙모델을 통하여 논리전개가 가능함을 이미 언급한 바와 같다. 다른 하나는 구체적인 형량과정상의 검토가 없이, 일반행정재량의 통제법리인 재량권의 일탈 · 남용론으로 빠져버리는 대법원의 태도는 분명히 비판의 여지가 있지만, "형량하자론"과 "재량권의 일탈 · 남용론"을 상호배타적인 것으로 대립시키는 것은[62] 신중한 검토를 요한다고 본다. 가령 계획상 형성의 자유(계획재량)는 통상적인 행정재량보다 훨씬 넓은 것으로서 질적인 차이(eine andere Qualität)가 있는 것으로 파악하면서도,[63] 그 하자이론에 있어서 행정재량에서와 마찬가지로 외적 · 내적 재량한계문제로 전개하는 견해[64]도 반드시 잘못되었다고 할 수는 없을 것 같다. 따라서 양자를 포괄하는 넓은 의미의 재량하자론의 구성은 불가한 것은 아닐 수 있다는 생각을 해보면서, 이 점은 학자들의 충분한 논의를 통하여 정리될 문제라고 생각된다.

V. 맺음말

계획상 형성의 자유(계획재량)가 일반행정재량과 본질적으로 차이가 나는 것일까, 혹은 근본적인 차이는 없는 것일까. 계획상 형성의 자유를 통제하기 위해서 형량명령이 필요한 것일까, 혹은 종래의 재량하자법리로도 충분한 것일까. 이와 같은 의문들에 답하기 위해서는 어떠한 논리구성이 법치주의를 보다 잘 구현하느냐에 주안점을 두어야 할 것이다. 즉 구체적인 경우에 계획주체의 계획상 형성의 자유 행사과정에 있어서 침해당할 수도 있을 국민의 권익침해를 가장 효율적으로 체크할 통제메커니즘을 제시할 수 있는 이론이 타당할 것이다. 이러한 이유에서 계획상 형성의 자유를 통제하는 도구로서 형량명령이 실정법에 규정되어 있지 아니하는 우리나라에서도 요청되는 근본

61) 이 점은 위 판례평석 외에도 계획법에 대한 대부분의 문헌에서 취하는 입장이라고 할 수 있다.

62) 석종현, 앞의 판례평석, 12쪽; 신봉기, 토지공법연구 10, 198, 210, 211쪽.

63) Brohm, 앞의 책, § 11 Rn. 2.

64) 위의 책, Rn. 5 ff. "전술한 바와 같이 계획재량과 행정재량은 구분이 되지만, 행정재량에서의 구체적인 기본개념들은 계획재량에 있어서도 적용가능한 것이다. 그것은 특히 재량행사에 대한 법적인 요구의 체계화에 있어서 적용된다.……계획재량과 행정재량은 공히 그 법적 구속은 재량의 외부적 한계 및 내부적 한계로 구분하여 논할 수 있다."(위의 책, Rn. 5).

적인 이유는 다름 아닌 법치주의의 요청, 나아가 국민의 권익보호임을 재삼 강조하고 싶다.

계획을 입안 · 결정할 때 주어질 필요가 있는, 또한 주어져야 할 계획주체의 형성의 자유는 전통적인 행정재량과는 비교가 아니 될 정도로 포괄적인 것이다. 전통적인 행정재량이 선택재량이나 결정재량을 뜻하는 평면적 개념으로 표현될 수 있다면, 계획상 형성의 자유는 다분히 입체적인 개념이리라 하는 생각도 든다. 이러한 입체적 · 포괄적인 계획상 형성의 자유를 통제함에 있어서, 선택 · 결정재량의 통제수단에 이용되어 온 종래의 논리만으로는 자칫 입체적인 계획상 형성의 자유를 행사하는 과정에서의 하자를 잡아내기에 충분치 못할 수 있다. 물론 형량하자를 포함하는 개념인 넓은 의미의 재량권 일탈 · 남용법리를 체계화하는 것도 반드시 불가능한 것은 아니라고 보지만, 우리나라에 있어서 계획상 형성의 자유를 보다 체계적이고 효율적으로 통제하기 위해서는 구체적인 형량과정에 관한 심도 있는 검토를 통한 이른바 형량하자론을 정립하는 것이 법치주의를 보다 잘 구현하는 길이리라 생각된다.

그리고 위와 같은 계획상 형성의 자유가 일반행정재량과 구분되어야 한다는 논의의 전제로서 계획규범은 일반행정규범과는 다른 구조적 바탕을 가지고 있다는 점을 분명히 할 필요가 있다. 즉, 일반행정규범이 규칙인 데 비해, 계획규범은 원칙이다. 규칙인 일반행정법규에 적용되는 "포섭"(Subsumtion)이 아닌, 원칙인 계획규범에 적용되는 "형량"에 대한 요청은 계획의 본질적 내용인 "계획상 형성의 자유"가 "자의(恣意)"가 되지 아니하게끔 하는 유용한 수단이 될 수 있다.

최근 대법원에서도 수용한 계획법상 형량명령이론은 이제 보다 각론적인 검토가 필요한 단계에 있다고 할 것이다. 그동안 전개된 우리나라 여러 학자들의 많은 연구성과들을 바탕으로 앞으로 전개될 개별 형량과정에 대한 구체적인 연구 등을 통하여, 이 부분에 있어서 아직은 시작단계에 있다고 보여지는 대법원판례와 동 판례에 직접적으로 영향을 받을 계획행정실무가 법치주의를 실질적으로 구현하는 방향으로 정립되었으면 좋겠다.

제3장

토지계획법의 생태화

Ⅰ. 문제의 제기

최근 우리 한국사회가 직면한 가장 중요한 문제 중 하나는 "마구잡이개발" 혹은 "난개발"이라고 부르는 무분별한 개발행위로 인한 국토의 황폐현상일 것이다.

이러한 신조어를 대하면서 상대적 개념으로 쉽게 연상할 수 있는 말은 지난 세기말 이후 지구촌 전역에 걸쳐 회자되고 있는 "지속가능한 발전"일 것 같다. 지속가능한 발전은 그동안 우리나라에서도 당면한 새로운 과제로서 열심히 거론되곤 했지만, 최근 결과로 나타난 우리의 현실은 이와 정반대인 "난개발", "마구잡이개발"이었다는 점은 참으로 많은 생각을 하게 하는 부분이다. 우리는 결국 말로는 지속가능한 발전 혹은 지속가능한 개발을, 행동으로는 마구잡이 개발을 했던 셈이다.

여기에 대한 입법적 대응을 정부에서도 준비하고 있으며, 그 일환으로 국토기본법(안)과 국토이용및도시계획에관한법률(안)이 이미 만들어진 상태에 있다. 이 과정에서 전면에 등장한 "계획 없인 개발 없다", "선계획-후개발"의 강조는 법학의 영역에서 계획법의 중요성을 다시 한번 확인시키고 있으며, 특히 토지이용계획관련 법이 환경친화적이어야 함을 실증적으로 나타내고 있다고 할 것이다.

이러한 현상에 대한 법적 검토를 대상으로 하는 이 글에서는 우리의 토시이용에 관한 사회적 · 경제적 요구가 도시와 농촌의 생태적 기능과 조화되어야 한다는 당위성이 특히 요청되는 이 시점에서 앞으로 우리의 토지관련법률을 만들거나, 해석함에 있어서

"토지계획법의 생태화"가 하나의 중요한 지도원리가 되어야 한다는 점을 강조하고자 한다.

Ⅱ. 토지계획법 일반론

우선 후속논의의 전제로서 토지계획법이 무엇인가에 대한 설명이 필요할 것 같다. 토지계획법이란 토지행정상의 행정목적 달성을 위한 수단으로서 토지계획을 규정하고 있는 모든 토지행정법을 말한다.[1] 즉 우리나라에서 이른바 토지공법 내지는 토지행정법으로 부르는 영역 중 계획과 관련된 부분을 총칭한 것이다. 토지공법영역 중에서 계획과 관련된 법분야는 이미 우리 토지공법론에서도 중요한 한 영역으로 취급되었고, 앞서 언급한 정부의 이른바 난개발대처입법에 대한 취지에서도 "계획 없인 개발 없다", "선계획-후개발" 등 계획이 이례적으로 강조되고 있는 점에서, 이제 우리 토지공법분야에서 더욱 중시될 영역은 계획관련법제라고 할 것이다. 같은 이유에서 토지관련법 중 계획에 관한 법들을 학문적으로도 보다 체계화시킬 필요성도 크다고 할 것이다.

그런데 이 토지계획법의 상위개념인 토지공법이란 어떠한 것인가. 우리나라에서 최근 토지공법(학)이 종래 행정법각론 단계를 넘어 독자적 학문으로서 자리잡혀가고 있는 바, 토지공법의 의의 내지는 토지공법의 연구대상에 대한 정착된 개념이 필요할 것 같다. 관련 문헌에서는 "토지공법이란 토지에 관하여 공법적 규율을 가하는 법규의 총체[2]", 혹은 "국가나 지방자치단체가 공공복리를 위해 토지의 소유 · 이용 · 개발 · 보전 · 거래 등에 관하여 적극적으로 규제 · 지도 · 부담 · 강제 · 관리하는 법규의 총체"라고 정의하고 있다.[3] 그러나 학문으로서의 토지공법학을 위해서는 그 연구범위가 좀 더 체계화될 필요가 있지 않을까 싶다. 지나치게 포괄적인 개념정립이나 현행 토지관련법률을 정리식으로 나열하는 단계를 넘어 학문적 체계화가 필요한 시점이 되지 않았나 하는 생각이 든다. 이는 곧 주된 연구 분야를 정립하는 작업이 필요하다는 것으로, 가령 민법의 영역에 총칙, 물권, 채권, 가족법이 있다는 식의 영역체계화가 요청된다는 것이다. 지금과 같은 방법론으로는 환경정책기본법이나, 자연환경보전법 등 토지와 약간의 연관이 있으면 모두 토지공법학의 영역이란 결론이 나온다.[4] 이처럼 다른 학문과

1) 석종현, 토지공법강의, 1999, 37쪽.
2) 서원우, 부동산공법, 3쪽; 김경렬, 신토지공법, 2쪽; 류해웅, 토지공법론, 2000, 39쪽 이하.
3) 류해웅, 앞의 책, 40쪽.

의 경계를 명확하게 하기 위해서라도 과학으로서의 토지공법학의 개념 내지 연구영역은 정립되어야 한다. 특히 실무를 향도할 필요성이 있는 학문으로서의 토지공법학의 위상까지 생각한다면 더욱 그러한 것 같다.

이와 관련 우리 토지공법을 토지계획법, 토지질서법(토지경찰법), 토지보상법 등의 영역으로 체계화하는 것은 어떨까 하는 생각을 해보게 된다. 토지계획법이나 토지보상에 관한 법은 이미 토지공법의 한 영역으로 자리 잡고 있거니와,[5] 그 밖에 토지관련 위험방지(Gefahrenabwehr)에 관한 법을 총칭한 것이라 할 수 있는 토지질서법 내지 토지경찰법이란 영역을 토지공법의 중요한 영역으로 같이 묶을 수도 있을 것 같다. 여기에는 건축법 등이 포함될 수 있다.[6] 만일 위와 같은 전체적 체계를 잡기에는 너무도 폭넓은 연구대상을 가진 학문이 토지공법학이라면, 토지관련법 중 건설에 관한 법,[7] 도시법 등과 같은 연구대상의 명확 · 집약화를 통하여 연구범위를 정치시켜 가는 작업도 괜찮지 않을까 하는 생각도 든다.

이와 같은 토지공법의 정의 및 연구대상과 관련한 상세한 논의는 본 주제를 벗어나는 것이어서 더 이상의 검토는 다음 기회로 미루고 싶으며, 어쨌든 토지공법영역 중에서 토지이용계획을 그 대상으로 하는 법은 비교적 그 대상도 명확하여 그 자체만의 학문적 발달은 충분히 가능하며, 필요하다고 할 수 있다. 실정법상 예로는 국토건설종합계획법, 수도권정비계획법, 국토이용관리법, 도시계획법, 도시재개발법, 개발제한구역의지정및관리에관한특별조치법 등이 포함되며,[8] 현재 입법안으로 제출된 국토기본법(안), 국토이용및도시계획에관한법률(안) 등도 제정될 경우 그 대표적인 예가 될 것이다. 그리고 "토지계획법의 생태화"[9]란 이러한 토지계획법에 근거한 토지이용에 관한 사회적 · 경제적 요구가 도시 및 농촌의 생태적 기능과 조화되어야 한다는 의미로서,

---

4) 우리나라의 현행 토지이용에 관한 법률의 범위에 관해서는 류해웅, 토지법제론, 2000, 143-145쪽 참조.

5) 석종현, 앞의 책, 37-111쪽 참조

6) 건축법은 건축물의 대지 · 구조 및 설비의 기준과 건축물의 용도등을 정하여 건축물의 안전 · 기능 및 미관을 향상시킴으로써 공공복리의 증진에 이바지함을 목적으로 하고 있는 바(동법 제1조), 이는 위험의 방지(Gefahrenabwehr)에 관한 법인 것이다. 여기서 위험으로 번역된 Gefahr에 대하여 "위해"라고 번역하기도 한다. 이 점에 관한 상세는 류지태, 환경법, 2000, 54-67쪽 참조.

7) 독일의 건설법(Baurecht)이론에 다분히 터잡아 건축행정법이란 영역을 구축하고 있는 입장(김종보, 건축행정법, 1999, 17-19쪽 참조)이 여기에 속할 수 있겠다.

8) 석종현, 앞의 책, 37쪽 참조.

9) "토지계획법의 생태화"라는 표현은 1998년부터 시행에 들어간 독일 건설법전 (이른바 BauGB 1998)의 개정내용으로서 환경보호가 많이 중시된 데 대하여 "건설계획법의 생태화"(Ökologisierung des Bauplanungsrechts)라고 평가한 데서 착안한 것이다. vgl. Erbguth, "Grundfragen des neugefaßten Städtebaurechts im Verhältnis zum Umweltrecht", VR 1999, 119.

이는 곧 "친환경적 토지계획법" 혹은 "토지계획법의 환경보호기능강화"를 뜻한다.

Ⅲ. 환경보호에 있어서 토지계획법의 중요성

1. 환경보호수단으로서의 계획

환경보호수단으로서 계획과 계획법의 중요성은 복잡한 사실관계의 해결에 적합하다는 데서 찾을 수 있다. 계획은 전형적으로 복잡한 이해구조의 형성과 관련된다. 따라서 계획은 다양한 환경오염을 파악하고, 장기적인 안목으로, 특히 국토와 관련된 환경문제를 해결하는 데 적절한 수단이다.[10] 환경문제와 관련되는 수많은 이해관계상충의 해결에 있어서 비계획적인 행정수단인 급부적 행정(leistende Verwaltung)이나 침해적 행정(eingreifende Verwaltung)만으론 한계가 있으며,[11] 형성의 자유를 본질적 내용으로 하는 계획이 여기에서 효율적 수단으로 등장할 수 있고, 이는 환경법상 원칙인 사전배려의 원칙이나 협력의 원칙과도 조화될 수 있다.[12]

2. 환경보호수단으로서의 토지이용계획

위와 같이 계획이라는 행정작용 그 자체가 환경보호수단으로서 유효적절한 것이지만, 행정계획 중에서도 토지이용계획은 더욱 환경보호수단으로서 중요한 것이다. 왜냐하면, 토지이용계획 그 자체가 다양한 형태의 환경침해가능성을 가져올 수 있으며, 토지이용계획은 계획과정에서 발생하는 다양한 이해관계의 충돌을 극복해야 한다는 점에서 환경보호문제는 필연적으로 토지이용계획과정에서 발생될 수 있기 때문이다. 무계획적인 토지개발은 환경악화를 불러올 수 있고, 양적으로 한정된 토지에 대하여 제요소를 조정하지 않고 방임해 두면 토지이용이 무질서하게 흐를 가능성이 있기 때문에 토지이용계획은 환경보호차원에서도 불가결한 것이다.[13]

이와 관련하여 토지이용계획을 통하여 환경이 사전배려적으로 보호될 수 있나는 점에서 토지계획법의 환경보호기능을 역설하거나,[14] 토지의 법적 성질과 이용가능성

10) Brandt, Altlastenrecht, 1993, S. 301 ; Book, Bodenschutz durch räumliche Planung, 1986, S. 25.
11) Steiger, "Umweltschutz durch planende Gestaltung", ZRP 1971, S. 135 ; Wahl, "Genehmigung und Planungsentscheidung", DVBl. 1982, 52.
12) Schmidt-Aßmann, "Struktur und Gestaltungselemente eines Umweltplanungsrechts", DÖV 1990, 169.
13) 류해웅, 앞의 책, 118쪽.

을 확정하는 것을 주임무로 하는 독일의 건설계획법을 오늘날 현대 환경정책을 실현하는 중심적 수단으로 평가하는 것[15]도 이러한 차원에서 이해할 수 있다.

3. 토지계획법과 환경법

위에서 환경보호수단으로서의 토지계획법의 중요성에 대하여 보았거니와, 토지이용계획은 이미 환경법의 영역에서 비중있게 다루어지고 있으며,[16] 최근 환경법각론의 한 영역으로 삼는 경우도 있는 점에 비추어,[17] 토지계획법도 "모든 국민에게 '건강하고 쾌적한 환경에서 생활할 권리', 즉 환경권을 보장하고 생활환경 및 자연환경(환경자원 · 생태계 등)의 침해 및 훼손으로부터 보호하며 나아가 환경침해로 인한 피해와 불이익을 전보하기 위한 법규의 총체[18]"로 정의되고 있는 환경법의 한 부분인가 하는 의문을 가질 수 있다. 이는 오늘날 우리나라에서도 각각 독자적인 학문으로서 발달하고 있는 환경법과 토지공법의 관계에 대한 논의가 될 것이며, 동시에 최근 국토난개발방지정책을 둘러싸고 발생할 수 있는 건설교통부와 환경부의 영역구분과도 관련되는 문제가 될 것이다.

이와 같이 양 영역이 맞물리는 것(Verzahnung)은 오늘날 불가피한 것이라고 하겠다. 가령 독일 건설법전 개정에서 토지개발 등으로 인한 자연환경침해에 관한 사항에 관하여 자연환경보호법(Bundes-Naturschutzgesetz)에 있던 규정을 아예 건설법전에 옮긴 예는 양법간 협력의 중요성을 나타내주는 것이다. 그 과정에서 자연환경보호법의 핵심내용인 이 자연환경보호법상 침해규정을 건설법전에 규정할 경우 자연환경보호법이 형해화할 우려가 있다면서 반대가 많았던 것도 사실이었다. 또 다른 예로서 최근 독일의 연방토양보호법 (Bundes-Bodenschutzgesetz)에서 건설법과 관련되는 영역에선 일단 건설법이 우선 적용되도록 하는 규정을 두어[19] 양자의 교차성을 인정하고 입법적

---

14) Lendi, "Die Raumplanung als Vorsorge im Umweltschutz", UPR 1992, 281 (282 ff.). Lendi는 이 논문에서 스위스법을 바탕으로 토지계획법이 특히 사전 환경보호와 관련이 있음을 15 항목으로 구체적으로 논하고 있다.

15) Krautzberger, in: Battis/Krautzberger/Löhr, Baugesetzbuch, 1999, § 1a Rn. 1; Brandt, Altlastenrecht, 1993, S. 301.

16) 홍준형, 앞의 책, 2001, 152쪽 이하; Hoppe/Beckmann/Kauch, Umweltrecht, 2000, S. 150 ff.; Sanden, Umweltrecht, 1999, S. 74 ff.

17) 가령 Kloepfer는 환경법각론으로서 "§10 토지공간계획에서의 환경이익"이라는 제목 하에 이 부분을 다른 각론부분(§11 자연 · 경관보호법, §12 토양보호법, §13 수질보호법, §14 임미씨온방지법, §15 원자력 및 방사선보호법, §16 유전공학법, §17 유해물질법, §18 자원재생및폐기물법)과 함께 논하고 있다(Kloepfer, Umweltrecht, 1998, S. 639-697).

18) 홍준형, 앞의 책, 5쪽.

19) 독일 연방토양보호법(Bundes-Bodenschutzgesetz) 제3조 제1항 제9호.

으로 정리하고 있는 점은 마찬가지 맥락에서 이해할 수 있다.

그 밖에 양법의 학문적 체계와 관련하여 참고할만한 사항은, 독일의 통합환경법전[20] 논의과정에서, 환경법전의 규율영역을 정함에 있어서 건설법(Baurecht)을 포함시킬 것인가를 둘러싼 논쟁이다. 이 문제는 결국 건설법의 환경보호관련규정을 통합환경법전(안)에 포함시킬 경우 전통적인 건설법의 파괴를 가져올 것이고, 오히려 이러한 환경에 중요한 법수단과의 조화를 통해서 효율적인 환경보호를 기할 필요가 있다는 점에서 통합환경법전에서 건설법이 제외되었다는 점이[21] 눈길을 끈다.

따라서 토지계획법과 환경법은 각각 다른 주된 목적으로 하는 법체계이므로, 독자적 학문으로서 발전할 필요가 있으며, 구체적으로 서로 맞물리는 영역이 있음을 인식하여 학문적 · 입법적 조화를 이루게 하는 것이 필요할 것 같다.

Ⅳ. 지속가능발전원칙과 토지계획법

최근 우리 사회에서 문제시되는 이른바 "난개발"이, 환경보호영역에선 너무나 알려진 말로 자리 잡은 "지속가능한 발전"과 아이러니컬하게도 정반대현상이었다는 점에서, 다시 한번 "지속가능한 발전"의 의미를 생각해보게 된다. 지속가능한 발전이라는 말은 이미 우리의 법제 가운데, 특히 토지계획법제 가운데서도 정착되어 있다.

1. "지속가능한 발전"의 배경과 의의

환경과 개발(발전)의 결혼(marriage of environment and development)이라고도 일컬어지는[22] 지속가능한 발전(sustainable development; nachhaltige Entwicklung)은 1987년 일명 "브룬트란트"보고서라고도 불리는 "우리의 공동미래"(Our Common Future)보고서에서 포함된 개념으로 1992년 리우데자네이루에서 개최된 유엔환경개발회의 이후 널리 알려진 개념이다.[23]

---

20) 여기서의 통합안은 독일 연방환경부 후원으로 Sendler를 위원장으로 한 환경보호 실무경험이 풍부한 전문가로 구성된 독자적 전문가위원회에서 1992년에서 1997년에 걸쳐 작업한 이른바 전문가위원회안을 가리키는 것이다.

21) BMU(Hrsg.), Umweltgesetzbuch (UGB-KomE), S. 93.

22) Mary Pat Williams Silveira, "The Rio Process: Marriage of Environment and Development", in: Winfried Lang (ed.), Sustainable Development and International Law, 1995, p. 9.

23) 그 등장배경에 대해서는 이상돈 · 이창환, 환경법, 1999, 32-39쪽; 홍준형, 앞의 책, 72-96쪽 참조.

이 지속가능한 발전의 개념정의에 대해서는 다양한 시도가 나와 있는 상태이지만, 아직 어떠한 정착된 것도 없는 것 같다. 우선 "우리의 공동미래"의 보고서에 따르면 지속가능한 발전이란 "미래의 세대가 그들의 필요를 충족시킬 수 있는 능력을 저해하지 않으면서 현세대의 필요를 충족시키는 개발"[24]이라고 정의되고 있다. 그 밖에도 "인간의 욕구를 지속적으로 충족시키고 삶의 질을 개선시키는 데 적합한 개발"(Allen, 1980), "인간 종의 무한한 생존과 단순한 생물학적 생존을 넘어서는 삶의 질의 고양, 그리고 외견상 인류에게 어떠한 이익도 제공하지 않는 요소들까지도 포함한 생태계의 모든 구성요소들의 존속"(Brown/Flavin/Postel, 1991), "미래의 유사한 이익에 대한 잠재적 가능성을 위태롭게 하지 않으면서도 현재 살고 있는 사람들의 경제적 · 사회적 이익들을 극대화하는 사회적 · 경제구조적 변혁을 위한 모델"(Goddland Leddec, 1987), "자연적 자본 총량의 불변성과 미래에도 그 이자로 살 수 있는 가능성"(Pearce/Markandya/Barbier, 1993), "불특정의 먼 미래를 위한 생산능력을 보장하는 실천명령으로 귀결되어야 하는 원칙"(Solow, 1992), "사회와 그 하위그룹들이 의존하고 있는 생태계와 사회체계들을 약화시키지 않는 긍정적인 사회 · 경제적 변화"(Rees, 1988), "미래세대의 삶의 질이 보장될 수 있도록 자연환경과 이와 결부된 자연자원 총량의 보존을 목표로 하는 구상"(Akademie für Technikfolgenabschätzung, 1993) 등 다양한 견해가 나와 있다.[25]

그리고 이 지속가능성을 나타내는 실행규율로서는 다음 세 개념을 들 수 있다.[26]

• 재생(Regeneration) : 재생가능한 자연재(㉨ 나무, 잔존물고기량(Fischbestände))는 지속적으로 재생가능한 범위에서만 이용되어야 하며, 그렇지 않으면 미래세대는 이를 이용하지 못하게 된다.

• 대체(Substitution) : 재생불가능한 자연재(㉨ 광물, 화석에너지원)은 다른 광물이나 다른 에너지원을 통하여 대체될 수 있는 범위에서 이용될 수 있다.

• 적응력(Anpassungsfähigkiet) : 물질이나 에너지는 기후, 숲, 해양과 같은 생태계가 적응할 수 있는 능력 이상으로 지속적으로 방출되어서는 아니 된다.

24) WCED, Our Common Future, 1987, 8. 43: "development that meets the needs of the present without compromising the ability of future generations to meet their own needs."

25) Renn/Knaus/Kastenholz, "Wege in eine nachhaltige Zukunft", in: Breuel (Hrsg.), Agenda 21, 1999, S. 20 및 이 책의 번역서인 윤선구(역), 아젠다 21, 2000, 33쪽.

26) BMU (Hrsg.), Nachhaltige Entwicklung in Deutschland – Entwurf eines umweltpolitischen Schwerpunktprogramms, Bonn 1998, S. 8; Sanden, Umweltrecht, 1999, S. 63.

2. 규범적 해석이 필요한 "지속가능한 발전"

그러나 이 지속가능성이란 개념은 반드시 획일적으로 계량화할 수 있는 것은 아니다. 이와 관련하여 지속가능성이라는 개념은 과학적으로 관찰 가능한 어떠한 상태도 아니며, 생태학적 지식이나 기타 자연과학적 지식을 통해서도 도출될 수 없고, 오히려 규범적으로 해결해야 하는 문제라는 최근의 한 지적이[27] 눈길을 끈다. 지속가능발전의 의미와 관련하여 단언적인 개념도출이 어렵다고 해서 이에 대하여 냉소적으로 평가하는 시각보다는 이를 구체적인 경우에 있어서 규범적으로 해석하려는 시도가 필요하다고 할 것이다. 특히 지속가능성의 의미는 후술하는 바와 같이 특히 토지계획법 영역에서 규범으로서 중대한 역할을 할 수 있다고 본다.

3. 환경법의 기본원칙으로서의 "지속가능한 발전"

이 '지속가능발전원칙'이 환경법에서 사전배려의 원칙, 존속보장의 원칙, 원인자책임의 원칙, 협동의 원칙과 마찬가지로 하나의 기본원칙으로 작용할 수 있느냐 하는 것은 논란이 있다. 환경법의 기본원칙으로서 위의 전통적인 기본원칙만을 논하는 입장[28]이 있는가 하면, 최근 '지속가능발전원칙'을 환경법의 기본원리로서 보기도 한다. 후자의 입장에 있어서도 지속가능발전원칙을 사전배려의 원칙의 파생원칙으로 보자는 견해[29]와 하나의 독자적인 기본원칙으로 파악하자는 견해가 있다.[30] 지속가능한 발전의 원칙이란 위에서 볼 수 있는 것처럼, 종래의 사전배려의 원칙을 포함한 전통적인 환경법의 기본원칙과는 질적으로 다른 내용을 담고 있으며, 이미 우리의 환경관련법제 속에서 어느 정도 독자적 의미를 가지고 기능하고 있는 점까지 고려한다면, 종래의 환경법의 기본원칙과는 다른 독자적 환경법의 기본원칙으로 파악하는 견해가 타당할 것 같다.

---

27) Renn/Knaus/Kastenholz, 앞의 논문, 20쪽 이하.

28) 류지태, 앞의 책, 67-73쪽; 이상돈 · 이창환, 앞의 책, 25-27쪽; Schmidt/Müller, Einführung in das Umweltrecht, 1995, § 1 Rn. 6 ff.; Hoppe/Beckmann/Kauch, Umweltrecht, 2000, § 1 Rn. 122 ff.

29) Kloepfer, Umweltrecht, 1998, § 4 Rn. 24.

30) Rehbinder, Ziele, Grundsätze, Strategien und Instrumente, in: Arbeitskreis für Umweltrecht (Hrsg.), Umweltrecht, 1997, Rn. 57 ff., 65; Sanden, 앞의 책, 62쪽; 홍준형, 앞의 책, 2001, 72쪽 이하; 고영훈, 환경법, 2000, 64-65쪽. 그리고 이 점에 관한 문제제기로서는 홍준형, "환경법의 기본원리로서 지속가능한 발전의 원칙, 공법연구 25-2, 259쪽.

4. 토지계획법에서의 "지속가능한 발전" - 환경보호를 위한 형량유도 규범

토지계획법영역에서는 지속가능발전원칙이 실정법상 명문화될 정도로 구현되어 있다. 우리나라에서 대표적인 예로서 현행 도시계획법 제2조 제2항은 국가 및 지방자치단체와 주민은 도시가 환경적으로 건전하고 지속가능하게 발전[31]되도록 함께 노력하여야 한다고 규정하여 환경법상 "지속가능발전원칙"을 "협동의 원칙"과 결부하여 도시계획의 기본이념으로 규정하고 있다.

토지계획법에서 이러한 명문화된 지속가능발전원칙의 의미를 단순히 추상적인 이념규정으로 보아서는 아니 된다. 가령 도시계획을 수립함에 있어서는 같은법 제2조 제2항 소정의 "도시계획은 도시와 주거기능 · 상업기능 · 공업기능 등이 조화를 이루고 주민이 편안하고 안전하게 생활할 수 있도록 이를 수립 · 집행하여야 한다."는 규정과 함께 계획형량과정에서 고려해야 하는 원칙으로 자리매김되어야 한다. 다시 말하자면 도시건설계획에 있어서 지속가능성이라는 이익(Belange)은 계획형량과정에서 포함되어야 하는 이익이며 다른 공 · 사익과의 형량에 있어서 반드시 고려되어야 하는 계획상 이익이라고 할 수 있다.

그리고 "환경적으로 건전하고 지속가능한 발전"이라는 이익은 위에서 언급한 바와 같이 자연과학적으로 확정할 수 있는 것이 아니라, 규범적으로 정립되어야 하는 개념이다. 생태학적 · 자연과학적 지식을 바탕으로 해야 할 것임은 물론이지만, 종국적으로 구체적인 상황에 따라 규범적으로 해결될 수 있는 문제라고 할 것이며, 앞으로 이와 관련한 판례의 집적이 여기서 중요한 역할을 하여야 한다.

따라서 토지계획법에서의 지속가능발전원칙은 하나의 추상적이거나 방침적 성격의 규정이 아닌 계획형량을 함에 있어서 계획주체로 하여금 환경보호방향으로 유도할 수 있는 이른바 형량유도규범으로서의 기능을 할 수 있다. 우리 실정법상 도시계획에 있어서도 그 계획이 지속가능한 개발이 되도록 형량을 유도할 수 있는 규범으로서의 기능을 할 수 있으며, 따라서 앞으로의 제 · 개정되는 토지계획법영역의 법률에서도 이러한 지속가능발전원칙이 구체적으로 명문화될 필요성은 충분히 있다고 할 것이다. 이는 환경보호방향으로 계획을 유도하는 규범으로서, 단순한 추상적인 선언이 아니라,

31) 이는 1987년 브룬트란트보고서에서 나온 개념인 "환경적으로 건전하고 지속가능한 발전"(Environmentally Sound and Sustainable Development)을 사용하고 있는 점에서 흥미롭다.

계획주체에 대하여 주의를 환기시킬 수 있는 긍정적인 역할을 한다고 할 것이다.[32] 그리고 이 원칙의 계획법상 성질은 이른바 "고려의 명령(Berücksichtigungsgebot)"에 해당한다고 본다.[33]

Ⅴ. 토지계획법 생태화의 내용

1. 독일 건설계획법의 생태화

최근 개정된 독일의 건설법전의 주요 개정내용 중 하나는 바로 환경보호기능의 강화이다.[34] 이는 곧 국가의 환경보호의무를 규정한 기본법 제20a조를 구체화하고 있는 것이라고 할 수 있다.[35] 그 주된 내용은 다음과 같다.[36]

(1) 건설기본계획의 기본이념으로서 "지속가능한 도시건설개발"

독일 건설법전(BauGB) 제1조 제5항 제1문에 따르면 "건설기본계획은 지속가능한 도시건설개발(nachhaltige städtebauliche Entwicklung)과 일반의 복리(Wohl der Allgemeinheit)에 적합하고 사회정의에 맞는 토지이용(sozialgerechte Bodennutzung)을 확보해야 하며, 인간존중적인 환경을 확보하고 자연적 생활토대를 보호하고 개발하는 데 기여해야 한다"고 규정하고 있다. 계획목표조항이라고 불리는 이 규정은 1998년부

32) Vgl. Dreier, Die normative Steuerung der planerischen Abwägung, 1995, S. 177.

33) 고려의 명령에 관해서는 김현준, "건설계획법을 통한 환경보호", 환경법연구 22, 518쪽 이하 참조.

34) Schink, "Die Berücksichtigung von Umweltbelangen in der Bauleitplanung, BauR 1998", 1164 ; Erbguth, VR 1999, 119.

35) Erbguth, 위의 논문, 119쪽.

36) 독일건설법에 있어서 환경보호에 관한 연구는 헤아리기 힘들 정도이지만, 새로운 독일 건설법전의 환경보호기능강화에 관한 참고할 만한 문헌만 하더라도 다음과 같다. Battis/Krautzberger/Löhr, Baugesetzbuch, 1999, § 1a Rn. 1 ff.; Bunzel, "Nachhaltigkeit ein neues Leitbild für die kommunale Flächennutzungsplanung", NuR 1997, 583-591; Kirchgässner, "Nachhaltigkeit in der Umweltnutzung", ZfU 1997, 1-34; Lüers, "Der Bedeutungszuwachs für die Flächennutzungsplanung durch das Bau- und Raumordnungsgesetz 1998", UPR 1997, 348-353; ders., "Die Änderungen des Baugesetzbuchs durch das Bau- und Raumordnungsgesetz 1998 BauROG", (Teil 1), ZfBR 1997, 231-240; (Teil 2), ZfBR 1997, 275-281; Mitschang, "Die neuen Eingriffs- und Ausgleichsregelungen und ihre Bedeutung für die städtebaulichen Planungen", WiVerw 1998, 20-56; Schink, "Die Berücksichtigung von Umweltbelangen in der Bauleitplanung", BauR 1998, 1163-1178; Stich, "Rechtsprobleme bei der Umsetzung der Forderungen des Umweltschutzes nach § 1a BauGB 1998 in die städtebaulichen Planungen und bei deren Vollzug", UPR 1998, 121-127; Stüer, "Städtebaurecht 1998 : Vom Grundsatz der Planerhaltung zum Grundsatz der Normerhaltung", DVBl. 1997, 1201-1211; Wagner, "Das neue Bauplanungsrecht zu seiner Verknüpfung mit dem Bauordnungs-, Fach- und Umweltplanungsrecht", UPR 1997, 387-394.

터 새롭게 시행된 건설법전에서 규정된 것으로서, 오늘날 환경법에서 자주 거론되는 '지속가능한 발전'(nachhaltige Entwicklung)의 원칙을 건설계획법에서 구현한 것이다.[37] 여기서 지속가능한 도시건설개발, 말하자면 건설계획법상 지속가능한 발전이라 함은 도시건설에 대한 사회적 · 경제적 요구를 도시의 생태적 기능과 조화되도록 개발한다는 뜻으로 새길 수 있다.[38] 따라서 건설계획법상 지속가능한 발전은 사회적 · 경제적 · 생태적 이익들간의 정당한 조절 내지는 조정을 도모한 것이다.[39]

(2) 토양보호규정

토양의 양적 보호,[40] 특히 "토양봉인"(Bodenversiegelung)으로부터의 보호는 토양보호문제에 있어서 어떠한 영역에 비해서도 간과될 수 없는 중요한 부문이다. 독일의 연방토양보호법에서 토양의 양적 보호를 거의 규정하지 않고, 건설법 등에 이를 위임을 하고 있기 때문에, 토양의 양적 보호에 관해서는 건설계획법(Bauplanungsrecht)이 그 중심역할을 하게 된다. 건설계획법은 토양의 양적 보호와 밀접한 관련성을 가진다. 주로 택지조성이나 교통시설확충을 위해 빈 공간이 많이 필요로 하고, 이는 건설법전(Baugesetzbuch, 약칭: BauGB)에서 규정된 건설기본계획(Bauleitplanung)을 통해 주로 이루어진다는 점에서 토양의 양적 보호를 위해 핵심적인 역할을 하는 법제는 바로 건설계획법이라고 할 수 있다. 가장 대표적인 것으로 제1a조 제1항을 들 수 있다. 동 규정은 "토양은 절약적이고 소중하게 다루어져야 하며, 토양봉인은 필요최소한도로 제한되어야 한다"고 규정하고 있다. 이른바 토양보호조항(Bodenschutzklausel)으로 불리워지는 이 규정은 법이론상 "계획법상 최적화명령(planungsrechtliche Optimierungsgebote)"으로 파악된다.[41] 이 규정을 통해서 건설계획과정에서 토양보호이익, 특히 양적인 토양보호이익이 고려될 수 있다는 점에서 중요한 의미가 있다고 하겠다.

---

37) Bunzel, "Nachhaltigkeit – ein neues Leitbild für die kommunale Flächennutzungsplanung", NuR 1997, 584.

38) 이는 건설법전(BauGB)과 함께 개정된 독일의 국토정비법(Raumordnungsgesetz)에서 "지속가능한 국토개발"에 관해서 동법 제1조 제2항 제1문에서 "국토에 대한 사회적 · 경제적 요구를 그 생태적 기능과 조화를 이루며, 지속적 · 광역적으로 균형잡힌 국토질서로 유도하는 국토개발"이라고 개념정의하는 데에서 유추한 것이다.

39) Krautzberger, in : Battis/Krautzberger/Löhr, Kommentar zum BauGB, 1999, § 1 Rn. 45.

40) 토양보호법의 영역에는 단순히 노양오염에 관한 사항만이 아니라, 토양의 양적 보호에 관한 법, 토양의 질적 보호에 관한 법, 그리고 위험오염지(Altlasten)정화를 중심으로 한 토양정화법의 3가지 영역으로 체계화될 수 있으며, 특히 토양의 양적 보호라는 개념을 인식할 필요가 있다. 여기에 관한 상세는 김현준, "독일법상 토양환경보호와 그 시사점", 공법연구 29-1, 471쪽 이하 참조.

41) 계획법상 최적화명령에 관해서는 김현준, "건설계획법을 통한 환경보호", 환경법연구 22, 2000, 519쪽 참조.

(3) 환경보호조항인 건설법전 제1a조 제2항의 규정

형량에서의 환경보호이익(umweltschützende Belange in der Abwägung)이라는 제목을 가진 독일 건설법전 제1a조의 규정은 건설계획법상 형량을 함에 있어서 고려해야 할 다음과 같은 환경보호이익을 구체적으로 규정하고 있다.

- 경관계획 및 그 밖의 환경보호지향적 계획유형들 (건설법전 제1a조 제2항 제1호)
- 자연보호법적 침해규정[42]에 따른 회피 및 보상 (같은항 제2호)
- 환경영향평가대상 지구상세계획의 경우 환경영향평가에서의 평가 (같은항 제3호)
- "야생동 · 식물, 자연서식처 지침"(FFH-Richtlinien)에 따른 심사에 행해지지 아니하는 한, 연방자연보호법에 따른 유럽공동체적 의미를 가지는 지역 및 유럽조류보호지역의 보존목표 혹은 보호목적 (같은항 제4호)

이러한 규정의 의미는 종래 연방자연환경보호법 등 각 개별 환경법에서만 논했던 경관계획 등 전문환경보호계획, 자연보호법적 침해규정, 환경영향평가법에서만 규정했던 환경영향평가 대상인 지구상세계획에 있어서 환경문제나, 유럽공동체 차원에서의 야생동 · 식물, 자연서식처지침(Fauna-Flora-Habitat-Richtlinie; 약칭 FFH-RL[43])이나 유럽조류보호지침(Vogelschutzrichtlinie[44])에서 규정하였던 환경보호문제를 건설계획법에 직접 규정했다는 점이다. 위와 같은 종류의 환경보호문제는 결국 토지이용계획 차원에서 문제되는 것이므로 이러한 환경보호이익들을 계획형량을 함에 있어서 반드시 포함되어야 하는 이익이 되도록 명문화하고 있다.

(4) 구체적인 토지이용계획 및 지구상세계획을 통한 환경보호

위와 같은 규정들은 계획형량과정에서 환경보호방향으로 유도할 수 있는 규범들이라고 할 수 있다. 이러한 환경보호이익이 구체적으로 실현될 수 있는 것은 토지이용계획과 지구상세계획을 통해서이며, 독일 건설법전에서는 다양한 계획가능성을 규정하고 있다.[45]

---

42) "자연보호법적 침해"(naturschutzrechtlicher Eingriff)에 관해서는 박수혁, "토지이용규제로 인한 갈등해소의 법정책", 환경법연구 20, 1998, 142-153쪽; 김현준, "독일법상 토양환경보호와 그 시사점", 공법연구 29-1, 474쪽 이하 참조.

43) Richtlinie 92/43/EWG vom 21. 5. 1992 zur Erhaltung der natürlichen Lebensräume sowie der wildlebenden Tiere und Pflanzen, ABI.-EG L 206, S. 7.

44) Richtlinie 79/109/EWG vom 2. 4. 1979 über die Erhaltung der wildlebenden Vogelarten, ABI-EG Nr. L 103, S. 1.

45) 여기에 관해서는 김현준, "건설계획법을 통한 환경보호", 환경법연구 22, 523-532쪽 참조.

2. 우리나라 토지계획법의 생태화

위와 같은 독일의 건설계획법에 비하여, 우리의 토지관련법률들은 개발연대를 거치는 동안 환경보호는 미처 고려할 여유가 없을 정도로 오직 개발만을 목적으로 삼았고, 더욱이 토지관련법령에서 가끔 발견되는 －촉진법, －특별조치법 등의 법령명에서 볼 수 있는 것처럼 장기적인 계획과는 무관한 개발중심의 법제도로 구성되어 온 것이 사실이다. 즉 우리의 토지계획법은 지속가능성이니 생태화니 하는 개념과는 전혀 무관하게 만들어져 기능하여 왔으며, 최근 국토의 황폐현상이 문제시되고 있는 것은 바로 여기에 기인하는 것이라 할 수 있다.

이러한 가운데 2000년 5월 31일 정부(건설교통부)는 사회문제로 부각된 난개발에 대한 대책으로서 "계획 없인 개발 없다"는 주제아래 "국토의 난개발방지 종합대책"을 발표한 바가 있으며, 그 후속조치로서 2000년 10월 13일 종래 국토건설종합계획법, 국토이용관리법 그리고 도시계획법을 대체하는 "국토기본법(안)"과 "국토이용 및 도시계획에 관한 법률(안)"을 발표하기에 이르렀다. 이 두 개의 법률안 중 구속력있는 계획에 관한 법으로서 중요한 의미를 가지는 "국토이용 및 도시계획에 관한 법률(안)"의 기본방향을 살펴보면 다음과 같다.[46]

첫째, "선계획–후개발"의 국토이용체계를 구축한다는 것이다. 계획 없이는 개발 없다는 국토이용원칙을 확립하여, 철저한 계획을 통해 개발이 행해지도록 한다는 것이다. 아울러 토지이용체계를 통합하여 전 국토에 대하여 도시계획기법을 적용한다고 한다. 현행 국토이용관리법상 5개 용도지역을 도시 · 관리 · 보전의 3개 용도지역으로 구분하고, 관리지역을 다시 보전관리 · 생산관리 · 계획관리지역으로 세분하며, 특히 계획관리지역 등에 대해서는 산발적인 소규모개발을 방지하기 위해 일정규모 이상의 개발에 대하여 통상적인 지구단위계획 외에 특별지구단위계획제도를 도입하고자 한다.

둘째, 원인자 · 수익자 부담원칙에 입각한 기반시설을 확보하여 개발과 기반시설을 연동화한다는 것이다. 즉 "부담없이 개발없다"는 국토개발원칙을 확립하고, 개발로 인한 기반시설부족 문제를 해소하고자 한다.

셋째, 국토관리의 투명성을 확보한다는 것이다. 주민이 참여하는 국토관리원칙을 확립하고, 중규모 이상의 개발사업은 국토도시계획위원회에서 철저히 심사한다는 것이다.

---

46) 건설교통부 토지국, "국토이용및도시계획에관한법률(안) 주요내용(2000. 10), 2쪽 이하.

위와 같은 기본방향을 가진 이른바 "난개발대처입법"에 대하여 최근 주목할 만한 평가가 있는 바,[47] 환경친화적 국토이용과 그 관리는 그 어떤 수단보다 계획적 토지이용제도에 의해 기대할 수 있다는 지적이 그것이다. 즉 지구상세계획을 근간으로 하는 독일식 토지이용계획제도와는 달리, 우리나라가 기본적으로 채택하고 있는 용도지역제는 용도로 지정되지 않은 토지에서 건축이 자유롭게 이루어질 수 있는 건축자유의 원칙이 바탕을 이루고 있어,[48] 정부의 이번 입법추진에서의 "선계획-후개발"의 지향은 근본적인 한계가 있다는 것이다. 따라서 선계획-후개발이 제대로 이루어지도록 하기 위해서는 건축부자유를 바탕으로 하는 계획중심의 토지이용제도로 전환할 필요가 있지만, 이미 기득권이 존재하는 상태에서 이를 부인하는 것은 쉽지 아니하는 어려움이 있으며, 국토공간의 효율적 관리나 환경친화적 국토관리를 위해서는 점진적으로 토지이용제도를 개편하기 위해 노력해야 한다는 주장이다.[49] 이와 같이, 우리의 토지이용제도를 개편하는 문제는 참으로 신중을 기해야 하는 장기적인 과제라고 하겠으며, 다만 현재 입법이나 집행이 가능한 범위에서라도 계획적 수단이 효율적으로 시행되기 위한 방안의 모색은 필요할 것 같다. 이를 위해서는 계획법에 대한 정립과 함께, 특히 우리 법원의 역할이 무엇보다 중요하리라 본다. 위의 새로운 법안에서는 종래 준농림지역에서의 난개발문제에 대한 반성으로 전국토에 걸쳐 도시계획기법을 적용하고자 하며, 종래 (일반)지구단위계획 외에도 특별지구단위계획제도를 도입하고자 하는 바, 이러한 계획수단의 효율적인 활용만으로도 그 효과는 상당할 것 같다.

그러나 여기서 지적하고 싶은 것은 종래 "무계획에 의한 개발"이 우리 국토를 황폐화시킨 것처럼, "위법한 계획에 의한 개발" 역시 앞으로 심각한 문제를 가져올 수 있다는 점이다. 즉, 계획을 세웠다는 사실만으로 모든 것이 정당화될 수는 없고, 도시계획결정이 제대로 되었는지, 지구단위계획수립이나 변경과정에서 주민의 권익이 위법하게 침해된 것은 아닌지에 대한 통제가 필요하다. 이는 이른바 "계획상 형성의 자유[50]"를 그 본질적 내용으로 하는 계획의 속성상 계획이 위법으로 되는 경우가 매우 어렵다는 점과 관련이 있다. 계획법에 있어서 형량명령이 요청됨을 최근 우리 대법원에서도

47) 류해웅, "환경친화적 국토관리정책의 전개방향", 한국환경법학회 2001년 국제학술심포지움 자료집 87-124(특히 124쪽).

48) 류해웅, 토지공법론, 2000, 338-339쪽에 있는 "용도지역제와 계획에 의한 토지이용제도의 비교" 참조.

49) 류해웅, "환경친화적 국토관리정책의 전개방향", 한국환경법학회 2001년 국제학술심포지움 자료집(2001. 10. 13), 124쪽.

50) "계획재량"으로도 표현되는 의미이지만, 계획주체가 가지는 계획상 형성의 자유는 종래 행정재량과는 다르다는 입장에서 계획상 형성의 자유라는 용어로만 표현하고자 한다.

인정하고 있지만,[51] 나아가 형량과정에 대한 구체적 검토가 포함된 보다 심도있는 형량명령에 대한 논리구성이 필요하리라 본다. 독일에서의 계획법이 발전할 수 있는 배경에는 독일의 대표적인 토지이용계획인 지구상세계획(Bebauungsplan)이 조례(Satzung)의 하나로서 그에 따른 특유의 행정소송인 규범통제절차(Normenkontrollverfahren)를 통하여 행정법원에서 철저하게 통제되고 있다는 점은,[52] 환경보호에 있어서 계획행정의 중요성을 인식하기 시작하는 이 시점에서 시사하는 바가 있다. 형량되어야 할 이익을 제대로 고려하지 못한 계획, 고려되어야 할 이익들의 중요성을 제대로 평가하지 못한 계획, 이익들 간의 구체적인 형량을 제대로 하지 못한 계획은 법원에서 제대로 체크하여 과감하게(?) 위법한 것으로 판결을 내리게 될 때, 우리의 계획법은 확립될 수 있고, 나아가 계획법의 생태화도 기대할 수 있다. 이는 우리 법원이 계획법에 대한 명확한 입장이 필요하다는 의미이며, 나아가 실무를 이끌어야 하는 우리 공법학에 있어서 계획법에 대한 보다 구체적이고 각론적인 논의가 활성화되어야 함을 뜻하기도 한다.

계획, 그중에서도 특히 토지이용계획을 통한 환경보호의 중요성이 본격적으로 인식되는 시점을 우리 사회는 맞고 있다. 무계획에 따른 마구잡이 개발, 그리고 더 나아가 위법한 계획에 의한 마구잡이 개발을 법적으로 정비하고 효율적으로 통제함으로써, 헌법 제35조 제1항에서 규정하는 쾌적하고 건강한 환경에 대한 국민의 권리가 이미 토지이용계획단계에서부터 보장될 수 있기를 기대한다.

---

51) 대법원 2000. 9. 8. 선고 98두11854 판결; 대법원 1998. 4. 24. 선고 97누1501판결; 대법원 1997. 9. 26. 선고 96누10096 판결 등.

52) Vgl. Peine, Öffentliches Baurecht, 1997, Rn. 223, 238 ff.

제 4 장

건설계획법을 통한 환경보호

- 독일 건설법전(BauGB)의 示唆 -

Ⅰ. 머리말

최근 우리 국토가 개발과정에서 많이 손상되고 있지만, 여기에 관한 규제와 관리를 위한 법이라고 할 수 있는 국토이용관리법, 도시계획법 등이 제 기능을 못하고 있다는 지적이 높아지고 있다.[1)]

국토의 개발과정에서 발생하는 환경침해에 대한 법적 보호는 바로 그 개발이 바탕을 두고 있는 법을 통해서 해결하는 것이 가장 효율적일 것이다. 말하자면 토지이용의 계획단계에서 환경보호의 고려를 함으로써, 예상되는 환경침해를 사전에 배려할 수 있다는 뜻이다. 이를 위하여 먼저 계획과정에서 환경보호라는 현대적 이익(Belange)이 다른 이익과의 형량에 있어서 충분히 고려될 수 있도록 하는 입법적 장치가 필요하며, 나아가 환경보호방향으로 유도된 형량결과를 구체적으로 실현할 수 있는 계획수단 역시 입법을 통해 마련될 필요가 있다. 그리고 우리나라의 토지이용계획에 관한 대표적 법이라고 할 수 있는 국토이용관리법이나 도시계획법이 환경보호적인 기능을 못했다는

1) 조선일보 2000년 5월 22일 1쪽 : "국토가 파괴되고 있다. 온 나라의 들과 산, 강, 바다가 개발이란 이름아래 무참히 파헤쳐지고 짓밟히고 있다. …… 그러나 우리에겐 전 국토를 하나의 재산으로 보고 기획하는 장기 마스터플랜이 없다. 국토이용관리법, 도시계획법 등 규제와 관리를 위한 법이 난립하고 있지만, 이 법들을 관통하는 일관된 국토이용철학이 없다. …… 이제 이 탐욕스러운 국토파괴의 행진을 멈춰야 한다. 회복불능의 단계에 빠지기 전에 제동을 걸어야 한다. 그렇지 않으면 우리가 국토를 황폐화시키는 그만큼, 더불어 우리의 삶도 급속히 황폐해져갈 것이다."

점은, 계획형량에 대한 체계적 이해를 포함한, 계획법의 환경보호수단으로서의 현대적 역할에 대한 연구가 부족했다는 사실과도 많은 관련이 있을 것 같다.

독일의 경우, 개별환경 각 영역에서 고유한 환경법제가 발달되어 있는 것과는 별도로, 토지이용계획에 관한 법률 그 자체에서도 환경보호문제를 중요시하고 있으며, 그 중요성에 대한 인식은 날로 커지고 있다. 이는 환경법상 사전배려의 원칙이 무엇보다 중요하다는 점과 환경보호수단으로서의 계획법의 역할을 생각할 때 바람직한 방향이라고 볼 수 있으며, 이 점이 부족한 우리 법제에 시사하는 바가 크다고 하겠다. 특히 건설법전(Baugesetzbuch, 약칭 : BauGB)을 주된 法源으로 하는 도시계획법(Stadtplanungsrecht) 혹은 도시건설법(Städtebaurecht)이라고도 불리는 독일의 건설계획법(Bauplanungsrecht)은[2] 개발과 계획 그리고 환경보호 등을 조화시키고 있다는 점에서, 이 건설계획법을 통한 환경보호의 방법은 앞서 제기한 문제의 해결을 위해서 검토가치가 충분하다고 할 수 있다.

Ⅱ. 환경보호수단으로서의 건설계획법

1. 독일의 건설계획법

독일에서 건설계획법은 건설공법(öffentliches Baurecht)에 속한다. 여기서 건설공법이란 건설물의 건립의 허가(Zulässigkeit), 제한(Grenzen), 정비(Ordnung) 및 촉진(Förderung)에 관한 법 및 그 용도에 맞는(bestimmungsgemäß) 이용에 관한 일체의 법을 말한다.[3] 이러한 건설공법에는 건설계획법 외에도 건설질서법(Bauordnungsrecht)이 포함된다. 건설계획법은 지방자치단체 내에서 공간이용을 확정하는 기능을 하며, 토지와 관련되는(flächenbezogen) 연방법(Bundesrecht)인 반면에, 건설질서법은 구체적인 건설물에 대한 경찰법적 요구를 규율하며, 대상과 관련되는(objektbezogen) 주법(Landesrecht)이다.[4]

건설계획법은 전통적으로 토지의 법적 성질과 이용가능성을 확정하는 임무를 가지고 있다.[5] 따라서 건설계획법규는 대지의 건설적 이용 및 기타 이용을 준비하고 유도

2) Vgl. Brohm, Öffentliches Baurecht, 1999, § 1 Rn. 1.

3) Peine, Öffentliches Baurecht, 1997, § 8 Rn. 108 ; Krautzberger, in : Battis/Krautzberger/Löhr, Kommentar zum BauGB, 1999, Einl. Rn. 3.

4) Battis, Öffentliches Baurecht, 1999, S. 1.

하는 사항을 규정하고 있으며, 이는 특히 토지의 법적 성질을 확정하는 계획을 수단으로 채택하고 있다.[6] 건설계획법은 실정법상 건설법전(Baugesetzbuch, 약칭 : BauGB)을 주된 내용으로 하고 있으며, 건설법전에 근거하여 제정된 하위법령들인 건설이용령(Baunutzungsverordnung, 약칭 : BauNVO), 가치심사령(Wertermittlungsverordnung, 약칭 : WertV), 계획표시령(Planzeichenverordnung, 약칭 : PlanZV) 등도 여기에 포함된다.[7] 이 건설계획법은 실무상 가장 중요한 계획이라고 할 수 있는 건설기본계획(Bauleitplanung)에 관한 것을 주된 내용으로 하고 있다.[8]

2. 건설계획법의 환경보호적 역할

토지의 법적 성질과 이용가능성을 확정하는 것을 주임무로 하는 독일의 건설계획법이 오늘날 현대 환경정책을 실현하는 중심적 수단으로 간주되고 있는 사실에 주목할 필요가 있다.[9] '건설계획법의 생태화(Ökologisierung)'라는 표현이 등장하는 것도[10] 같은 맥락에서 이해해야 한다.

환경보호수단으로서 계획과 계획법의 중요성은 복잡한 사실관계의 해결에 적합하다는 데서 찾을 수 있다. 계획은 전형적으로 복잡한 이해구조의 형성과 관련된다. 따라서 계획은 다양한 환경오염을 파악하고, 장기적인 안목으로, 특히 국토와 관련된 환경문제를 해결하는 데 적절한 수단이다.[11] 환경문제와 관련되는 수많은 이해관계상충의 해결에 있어서 비계획적인 행정수단인 급부적 행정(leistende Verwaltung)이나 침해적 행정(eingreifende Verwaltung)만으론 한계가 있으며,[12] 형성의 자유를 본질적 내용으로 하는 계획이 여기에서 효율적 수단으로 등장할 수 있고, 이는 환경법상 원칙인 사전배려의 원칙이나 협력의 원칙과도 조화될 수 있다.[13]

행정의 행위형식 중 이러한 계획에 속하는 도시계획에 관한 법인 건설계획법은 특

5) BVerfG, Rechtsgutachten vom 16. 6. 1954－1 PBvV 2/52－BVerfGE 3, S. 423 f.
6) Erbguth/Wagner, Bauplanungsrecht, 1998, Rn. 48.
7) 위와 같음.
8) Krautzberger, 앞의 책, § 1, Rn. 1.
9) 위의 책, § 1a Rn. 1 ; Brandt, Altlastenrecht, 1993, S. 301.
10) Erbguth, "Grundfragen des neugefaßten Städtebaurechts im Verhältnis zum Umweltrecht", VR 1999, S. 119.
11) Brandt, Altlastenrecht, 1993, S. 301 ; Book, Bodenschutz durch räumliche Planung, 1986, S. 25.
12) Steiger, "Umweltschutz durch planende Gestaltung", ZRP 1971, S. 135 ; Wahl, "Genehmigung und Planungsentscheidung", DVBl. 1982, S. 52.
13) Schmidt－Aßmann, "Struktur und Gestaltungselemente eines Umweltplanungsrechts", DÖV 1990, S. 169.

히 복잡한 환경문제를 사전배려적으로 해결하는 데 적절한 수단이라고 할 수 있다. 최근 1998년에 전면 개정된 독일의 건설법전이 이를 대폭 반영한 것도, 건설계획법의 환경보호수단으로서의 역할에 대한 인식증대에서 기인하는 것이며,[14] 아울러 국가의 환경보호의무를 규정한 기본법 제20a조를 구체화하고 있는 것이다.[15] 독일 건설법전 제1조 제1항에 따라, 건설기본계획은 지방자치단체에 있는 대지의 건설적 이용 및 그 밖의 이용을 준비하고 유도하는 것을 그 기본과제로 삼고 있지만, 이때 계획주체는 이러한 계획과정에서 환경보호이익을 고려해야 함을 새로운 건설계획법은 분명히 했으며, 건설기본계획을 통해 구체적으로 환경이 보호될 수 있는 가능성을 확대시키고 있다.

Ⅲ. 건설계획법상 환경보호를 위한 형량유도규범

1. 계획법과 형량명령

연방행정법원이 일찍이 확인한 바와 같이,[16] 계획주체의 계획권한에는 어느 정도 확충된 형성자유의 여지를 포함하며, 이러한 형성의 자유가 없는 계획은 그 자체가 모순일 수밖에 없을 것이다. 이와 같이 제한된 사법심사의 대상이 되는 계획상 형성의 자유는 계획법규범의 대표적 특질이라고 할 수 있다. 그러나 계획상 형성의 자유가 바로 계획의 자유를 뜻할 수는 없고, 법치주의 요청상 계획에 있어서 형량이 요구되는데, 이러한 의미에서 계획상 형성의 자유란 결국 "형량조건부 자유영역"라고 이해해야 한다.[17] 이 형량명령을 입법화한 것이 건설법전 제1조 제6항[18]이라고 할 수 있지만, 형량명령은 반드시 이 규정을 전제로 하는 것이 아니라, 법치주의의 요청상 명시적인 형량명령에 관한 규정이 없이도 요구된다고 할 수 있다.[19]

그리고 계획형량을 함에 있어서 형량을 유도하는 규정들을 먼저 파악할 필요가 있

---

14) BT-Drucks. 13/6392; Schink, Die Berücksichtigung von Umweltbelangen in der Bauleitplanung, BauR 1998, S. 1164 ; Erbguth, 앞의 논문, 119쪽.

15) Erbguth, 위의 논문, 119쪽.

16) BVerwG, Urteil vom 12. 12. 1969-4C 105.66-, BVerwGE 34, S. 304.

17) Vgl. Erbguth/Wagner, Bauplanungsrecht, 1998, Rn. 222.

18) 독일 건설법전(BauGB) 제1조 제6항 : "건설기본계획을 세움에 있어서 공익과 사익을 서로 정당하게 형량해야 한다."

19) Peine, Öffentliches Baurecht, 1997, Rn. 137 ; Stüer, Handbuch des Bau-und Fachplanungsrechts, 1998, Rn. 704. 바로 이 점에 근거하여 독일 건설법전 제1조 제6항과 같은 명시적 형량명령 규정이 없는 우리나라에서도 이 형량명령이 요청될 수 있다고 할 수 있다.

으며, 이는 이른바 형량유도규범에 대한 정확한 해석을 전제로 한다. 즉 건설계획법이 환경보호방향으로 형량을 유도하는 규정을 담고 있는 경우에도, 그 유도강도(Steuerungsintensität)에 대하여 평가해야 하며, 이를 위해 건설계획법에서 규율하고 있는 다양한 형량유도규범에 대해 검토할 필요가 있다.

2. 형량유도규범

유도규범이라고 부른다. 형량유도규범은 계획과정에서 고려의 여지가 없이 엄수해야 하는, 즉 계획형량을 통해 극복될 수 없는 계획엄수규범(Planungsleitsätze)[20]과는 구별되는 것이다. 따라서 형량유도규범이란 단지 계획의 틀에서 고려할 것을 요구하는 것이고, 형량을 통해서 극복가능한 것이다.

이와 같이 계획엄수규범과는 구별되는 형량유도규범을 다시 '考慮의 명령'(Berücksichtigungsgebote)과 '최적화명령'(Optimierungsgebote)으로 구분할 수 있다.

먼저, 고려의 명령이란 형량에 있어서 단순한 고려만을 요구하는 것을 뜻한다. 말하자면 고려의 명령으로 분류되는 이익을 형량과정에 포함시키고, 다른 이익과 이익형량되도록 해야 한다는 것이다.[21] 이러한 고려의 명령은 그 유도강도(Steuerungsintensität)가 특별히 높지 않음을 특징으로 한다.[22] 고려의 명령들 간의 관계는 추상적으로 동등한 중요성을 가지며, 그들간 이익충돌의 해결방법으로서 미리 정해져 있는 어떤 것도 없다.[23]

다음으로, 최적화명령이란 넓은 의미로는 고려의 명령에 포함된다고도 할 수 있겠지만, 앞서 본 고려의 명령과 같은 단순한 고려가 아니라, 특별한 고려를 요하는 규범이다. 최적화명령의 기능은 이 명령이 요구하는 이익에 특별한 의미가 부여되며, 그 범위에서 계획상 형성의 자유가 제한된다는 데에 있다.[24] 그리고 최적화명령인 규범은 고려의 명령인 규범에 비하여 형량에 있어서 일반적으로 우위를 가진다. 그리고 구체

20) 여기서 계획엄수규범으로 번역한 Planungsleitsätze를 직역하면, '계획지도원칙' 정도로 번역가능하겠지만, 이 용어가 가지는 본질적인 의미가 고려의 가치가 없이 엄수해야 한다는 데 있음에 비추어 계획엄수규범이란 용어가 적절하리라 본다. 이는 가령 Planungsleitlinien과 같이 전혀 의미가 다르지만, 직역할 경우 유사하게 번역될 수 있는 용어와의 혼동을 피해야 한다는 점도 고려한 것이다.

21) Stüer, 앞의 책, Rn. 709.

22) Pfeifer, "Regeln und Prinzipien im Bauplanungsrecht", DVBl. 1989, S. 343.

23) Funke, "Die Lenkbarkeit von Abwägungsvorgang und Abwägungsergebnis zugunsten des Umweltschutzes", DVBl. 1987, S. 516.

24) BVerwG, Urteil vom 22. 3. 1985－4C 73.82－BVerwGE 71, S. 165.

적인 경우에 고려의 명령이 최적화명령보다 예외적으로 우위를 가지는 경우도 가능하지만, 이 경우 특별한 논거의 제시(besondere Begründung)가 필요하다.[25] 따라서 이러한 의미에서의 최적화명령(Optimierungsgebot)이란 곧 상대적 우위(relativer Vorrang)를 가지는 규범을 가리킨다고 할 수 있다.[26] 하지만 독일 연방행정법원의 판례[27]에 의해서 만들어진 이 최적화명령이라는 용어에 관해서는 매우 주의할 점이 있다. 우선, 이 연방행정법원에서 만든 최적화명령이란 용어를 매우 확대해석한 일부 견해가 있다는 것이다.[28] 그리고 계획법과도 많은 관련이 있는 독일의 이론법학에서 같은 표현의 '최적화명령'(Optimierungsgebote)이라는 개념을 사용하는 경우가 있다는 점이다.[29] 아울러 이러한 계획법상의 최적화명령에 대해 최근 비판이 강하게 제기되고 있다는 점도[30] 참고할 필요가 있다.

3. 건설계획법에서 환경보호를 유도하는 규정

위에서 살펴 본 형량명령 및 형량유도규범에 대한 일반적 이해를 토대로, 구체적으로 건설계획법에서 규정하고 있는 형량유도규범 중 환경보호를 위한 규정, 즉 환경보호유도규정을 검토해 볼 필요가 있다.

(1) 계획목표(Planungsziele)규정

독일 건설법전(BauGB) 제1조 제5항 제1문에 따르면 "건설기본계획은 지속가능한 도시건설개발(nachhaltige städtebauliche Entwicklung)과 일반의 복리(Wohl der Allgemeinheit)에 적합하고 사회정의에 맞는 토지이용(sozialgerechte Bodennutzung)을 확보해야 하며, 인간존중적인 환경을 확보하고 자연적 생활토대를 보호하고 개발하는데 기여해야 한다"고 규정하고 있다. 계획목표조항이라고 불리는[31] 이 규정은 1998년

25) Pfeifer, 앞의 논문, 343쪽.

26) Dreier, Die normative Steuerung der planerischen Abwägung, 1995, S. 121 ; Sendler, "Die Bedeutung des Abwägungsgebots in § 1 Abs. 6 BauGB", UPR 1995, S. 45.

27) Urteil vom 22. 3. 1985 – 4C 73.82 – BVerwGE 71, 163 ff.

28) Hoppe, "Die Bedeutung von Optimierungsgeboten im Planungsrecht", DVBl. 1992, S. 859.

29) Alexy, Theorie der Grundrechte, 1985, S. 76 이러한 R. Alexy가 말하는 최적화명령은 여기서 이야기하는 이른바 '계획법상 최적화명령'과도 많은 관련이 있긴 하지만, 보다 넓은 개념이라고 할 수 있다. 말하자면 Alexy가 이야기하는 최석화명령에는 '여기서의 최적화명령'과 앞서 언급한 '고려의 명령'을 모두 포괄하는 개념이라는 정도만 이 글에서 언급하고자 한다.

30) 여기에 관해선 Brohm, Öffentliches Baurecht, 1999, § 13 Rn. 9 f., 12 및 이 문헌에 나오는 다른 문헌 참조.

31) 계획목표조항이라는 표현 이외의 다른 용어를 사용하는 경우도 있지만, 용어례에 관해서는 큰 문제의 여지는 없을 것 같다. 다양한 용례에 관해서는 Dreier, 앞의 책, 167, 185쪽.

건설법전의 전면개정을 통해 새롭게 규정된 것으로서, 오늘날 환경법에서 자주 거론되는 '지속가능한 개발'(nachhaltige Entwicklung)의 원칙을 건설계획법에서 구현한 것이다.[32] 여기서 지속가능한 도시건설개발, 말하자면 건설계획법상 지속가능한 개발이라 함은 도시건설에 대한 사회적 · 경제적 요구를 도시의 생태적 기능과 조화되도록 개발한다는 뜻으로 새길 수 있다.[33] 따라서 건설계획법상 지속가능한 개발은 사회적 · 경제적 · 생태적 이익들간의 정당한 조절 내지는 조정을 도모한 것이다.[34]

(2) 계획지침(Planungsleitlinien)규정

건설법전 제1조 제5항 제2문은 전술한 지속가능한 도시건설개발의 계획목표를 구체화하는 다양한 계획지침을 규정하고 있다. 이 규정에 따르면 건설기본계획의 수립에 있어서 특히 일정한 사항을 고려해야 한다고 하는데, 그 중에서도 환경보호와 관련되는 것은 제7호의 사항, 즉 동법 제1a조에 따른 환경보호이익을 고려해야 한다는 규정을 들 수 있다.

그리고 제1호에 따르면 건강한 주거 · 노동관계 및 주거민 · 직장인의 안전에 대한 일반적 요구가 고려되어야 한다고 규정하고 있는 것도 환경보호와 무관하지 않는 것이다. 따라서 지속가능한 개발이라고 할 수 있는 계획목표를 구체화하는 계획지침 중 특히 제7호나 제1호와 같은 환경보호이익이 건설법전에서 명시됨으로써 계획수립단계에서 환경보호가 고려될 수 있는 입법적 바탕이 마련되어 있다고 하겠다.

(3) 형량에서의 환경보호이익

전술한 계획목표규정과 계획지침규정을 통해서 환경보호를 유도하는 방향으로 형량이 행해질 수 있는 가능성이 있음을 살펴보았다. 그리고 이 점은 1998년 건설법전의 개정에서 '형량에서의 환경보호이익'(umweltschützende Belange in der Abwägung)이라는 제목을 가진 제1a조가 새로 만들어짐으로써 더욱 강조되었다고 할 수 있다. 동조 제1항에서는 토양보호이익을 고려할 것을 규정하고 있으며, 동조 제2항 제1호는 건설

---

32) Bunzel, "Nachhaltigkeit – ein neues Leitbild für die kommunale Flächennutzungsplanung", NuR 1997, S. 584.

33) 이는 건설법전(BauGB)과 함께 1998에 전면개정된 독일의 국토정비법(Raumordnungsgesetz)에서 '지속가능한 국토개발'에 관해서 동법 제1조 2항 1문에서 "국토에 대한 사회적 · 경제적 요구를 그 생태적 기능과 조화를 이루며, 지속적 · 광역적으로 균형잡힌 국토질서로 유도하는 국토개발"이라고 개념정의하는 데에서 유추한 것이다.

34) Krautzberger, 앞의 책, § 1 Rn. 45.

기본계획상 형량에 있어서 경관계획 및 기타 水法 · 폐기물법 · 임미씨온법적인 계획의 설정을, 동조 제2항 제2호는 자연 및 경관에 대하여 발생할 수 있는 침해의 회피 및 보상을, 동조 제2항 제3호는 환경영향평가를, 동조 제2항 제4호는 유럽법인 이른바 '동물군 · 식물군 · 서식지에 관한 지침'(Fauna – Flora – Habitat – Richtlinie)에 따른 심사를 고려할 것을 규정하고 있다. 그리고 동조 제3항은 '자연보호법상 침해규정'(naturschutzrechtliche Eingriffsregelung)과 건설기본계획과의 관계에 관한 사항을 규정하고 있다.

이러한 개별적인 환경보호이익은 '건설계획법을 통한 개별 환경보호'의 차원에서 검토하게 되지만,[35] 여기서 문제 삼고자 하는 것은 환경보호이익(umweltschützende Belange)이 계획형량의 단계에서 다른 관련되는 이익(Belange)에 비하여 일반적 차원에서 우월한 지위를 가지는 이익으로 보아야 할 것인가 하는 점이다. 이러한 주장은 환경보호이익이 오늘날 특별히 중시되고 있고, 기본법 제20a조에서 환경보호를 새로운 국가목표규정으로 하고 있음에 비추어 주장될 법도 하지만, 환경보호이익 그 자체가 선험적인 우월성(apriorische Vorrangigkeit)을 가지고 있는 것으로 인정되지는 않는다.[36] 그러나 입법자의 명시적 표현을 통해서, 개별 환경보호이익이 상대적 혹은 절대적 우월을 가지게 하는 것은 입법론상(de lege ferenda) 가능하다고 보아야 한다. 이와 관련하여 건설법전 제1a조의 규정이 상대적 우월성을 인정하는 이른바 '최적화명령'인가 하는 문제가 다투어지고 있기도 하다.[37] 요컨대 환경보호이익이 계획형량에 있어서 선험적인 우월성을 가질 수는 없으며, 개별 환경법률에서 다른 이익에 비하여 우월성을 갖도록 입법자가 규정하는 것은 가능하다고 할 수 있다.

(4) 환경보호규정의 형량유도강도

계획형량의 단계에서 환경보호방향으로 형량을 유도할 수 있는 건설법상 규정들을 살펴보았거니와, 먼저 계획목표 및 계획지침이 가지는 유도강도는 특별히 강한 것은 아니라고 보아야 한다. 물론 지속가능한 도시개발이라는 명시적인 도시건설의 목표를 분명히 한 점이나 환경보호이익이 구체적으로 명시된 점에서 형량과정에서 계획주체의 주의를 환기시키고, 이는 곧 집행결함을 개선하는 역할을 한다고도 볼 수 있지만,[38]

35) 이 글 'Ⅳ. 건설계획법을 통한 구체적 환경보호' 참조.

36) Erbguth/Wagner, 앞의 책, Rn. 76.

37) 이 계획법상 최적화명령이라는 개념이 1985년 연방행정법원의 판결 이래, 많은 학자들의 관심의 대상이 되어 왔지만, 그 이론적 당부를 떠나 실무상 큰 의미가 없다는 지적이 있다. 위의 책, Rn. 78.

환경보호이익에 대하여 우월한 중요성을 부여한다고 볼 수는 없을 것이다. 따라서 이는 앞서 본 (단순한) 고려의 명령에 해당한다고 할 수 있다. 그리고 건설법전 제1a조 제2항에서 규정하고 있는 다양한 환경보호이익 역시 고려의 명령 정도로 이해하는 점에 의문이 없지만, 제1a조 제1항에서 규정하는 토양보호조항은 다른 이익에 비해 상대적 우월성을 규정하는 이른바 '계획법상 최적화명령'으로 보아야 한다는 것이 다수설이다.[39] 요컨대 입법자의 의도에 따라 형량유도규범의 유도강도를 조절하는 것은 가능하다는 것이며, 특히 특정한 환경보호를 특별히 형량과정에서 고려하게끔 해야 할 필요가 있을 경우에는 입법규정을 통해서 계획상 형성의 자유를 다소 제한할 수도 있다는 이야기가 된다.

Ⅳ. 건설계획법을 통한 구체적 환경보호

이상에서 환경보호이익을 계획형량을 함에 있어서 고려해야 한다는 점을 살펴보았는데, 이는 형량의 모든 과정, 즉 형량자료를 수집하고, 형량에 편입된 모든 이익의 중요성을 평가하고, 최종적으로 비교형량하는 각 단계에서 환경보호의 방향으로 작용할 수 있다. 그리고 이러한 과정을 거친 형량결과는 구체적 건설계획을 통해 현실화될 수 있다. 구체적인 건설기본계획은 토지이용계획(Flächennutzungsplanung)과 지구상세계획(Bebauungsplanung)으로 구성되며, 구체적으로 건설계획이 확정되는 효과를 가져오는 지구상세계획은 토지이용계획을 발전시킨 내용임이 원칙이다(건설법전 제8조 2항). 이 중 준비적 건설기본계획(vorbeireitender Bauleitplan)이라고 할 수 있는 토지이용계획은 이미 이 단계에서 지방자치단체의 계획이 어느 정도 틀이 잡힌다는 점에서 환경보호상 중요성을 가지지만, 원칙적으로 이 토지이용계획에서 발전된 구속적 건설기본계획(verbindlicher Bauleitplan)인 지구상세계획에서 확정된 법률효과를 가져온다는 점에서,[40] 여기서는 지구상세계획의 경우만 검토하고자 한다. 지구상세계획을 통한 환경보호는 다음과 같이 개별적인 환경보호종류에 따라 살펴볼 수 있다.

---

38) Vgl. Dreier, Die normative Steuerung der planerischen Abwägung, 1995, S. 172.
39) 후술하는 이 글 'Ⅳ. 3. 토양환경보호' 참조
40) 지구상세계획(Bebauungsplan)은 건설법전 제10조에 따라 조례(Satzung)로서 이해되므로, 이와 관련하여 권리침해가 있는 경우 독일행정재판소법 제47조 1항 1호에 따른 행정소송, 즉 규범통제소송(Normenkontrolle)도 가능하다(vgl. Peine, 앞의 책, Rn. 223, 238 ff.).

1. 대기환경보호

건설계획법은 대기환경보호에 관해서 다음과 같은 다양한 계획가능성을 규정하고 있다.

첫째, 건설구역의 편성 및 특정한 이용의 배제를 확정하는 방법이다. 이는 특히 건설이용의 종류에 따라 서로 상충된 상황을 해결하는 점에서 중요한 의미가 있으며, 이는 곧 연방임미씨온방지법 제50조가 "전적으로 혹은 주로 주거용으로 이용되는 구역 및 기타 보호필요성이 있는 구역에 대한 유해한 환경영향은 최대한(so weit wie möglich) 피해야 한다."고 규정하는 것과 관련이 있다.[41]이러한 이른바 '분리명령'(Trennungsgebot)을 실현하는 방법은 바로 도시계획을 통해서 가능하기 때문이다. 따라서 건설이용령(BauNVO)에 따라 건설구역을 편성하고, 서로 인접한 구역간 조화되는 이용을 하도록 계획할 필요성이 있다. 그리고 인접한 구역간 이미 조화되지 않는 이용이 존재하는 경우에는 이용제한의 방법 등을 생각할 수 있다.

둘째, 건설법전 제9조 제1항 제23호에 따라 계획주체는 연방임미씨온방지법상의 유해한 환경영향으로부터의 보호를 위해 특정한 대기오염물질을 사용할 수 없거나(사용금지) 제한적으로만 사용할 수 있는 지역을 확정할 수 있다(사용제한). 이 규정은 주로 지구상세계획에 있어서 석탄이나 난방용 기름과 같은 특정한 난방연료의 사용을 제한하는 것을 목적으로 하며,[42] 이를 통해서 배출농도가 심한 연소물질이나 제조물질이 사용되는 것을 방지함으로써, 지역적인 대기보호에 기여할 수 있다. 그리고 여기서 말하는 유해한 환경영향이라 함은 종류, 정도, 지속성에 따라 공중이나 이웃에 대하여 위험(Gefahren)이나 현저한 불이익(erhebliche Nachteile) 혹은 현저한 부담(erhebliche Belästigung)을 주는 것을 뜻한다. 대기오염물질이란 특히 연기, 검댕(Ruß), 먼지, 가스, 煙霧質(Aerosole), 김, 후각에 작용하는 물질(Geruchsstoffe)을 통해서 대기의 자연적 합성에 변화를 주는 물질을 말한다.[43] 이와 같은 계획가능성은 연방임미씨온법상의 유해기준을 넘어서지 않는 경우에도 적용될 수 있는 사전배려적 환경보호의 가능성을 열어주는 것이지만, 항상 도시계획적 목표설정과 관련해서만 적용될 수 있음은 물론이다.[44]

---

41) 이 규정은 '최대한'(so weit wie möglich)이란 표현에 근거하여, 그 형량유도강도의 측면에서 앞서 살펴본 '최적화명령'(Optimierungsgebote)으로 해석되고 있는 대표적 규정 중 하나이다.

42) Löhr, in : Battis/Krautzberger/Löhr, Kommentar zum BauGB, 1999, § 9 Rn. 81a.

43) 이러한 정의는 연방임미씨온법 제3조 제1항 및 제4항의 규정에 따른 것이다.

44) Vgl. Gaentzsch, in : Schlichter/Stich, Kommentar zum BauGB, 1995, § 9 Rn. 55.

셋째, 건설법전 제9조 제1항 제24호 역시 대기오염방지를 위한 특별한 계획가능성을 규정하고 있으며, 이에 따라 다음과 같은 지구상세계획의 확정가능성이 있다.

① 건설되지 않는 보호지역 및 이러한 보호지역의 이용의 확정

② 유해한 환경영향으로부터 보호를 위한 방지나 특별한 시설을 위한 지역

③ 유해한 환경영향으로부터 보호를 위하거나 이러한 영향의 회피나 감소를 위한 건설적 혹은 기타 기술적 예방의 확정

2. 소음방지

건설계획법적 차원의 소음방지는 역시 계획의 수립과정에서 효율적으로 행해질 수 있다. 독일에서 소음방지는 대기환경보호와 함께 임미씨온이라는 상위개념 속에서 같이 논해지는 것이 일반적이지만,[45] 분리해서 파악할 경우 다음과 같은 계획가능성을 들 수 있다.

첫째, 이른바 '적극적 소음방지'(Aktive Lärmschutzvorkehrungen), 즉 소음원에 대해 그 방지책을 맞추는 경우이며, 건설법전 제9조 제1항 제24호에 근거하여 이루어질 수 있다. 건설법전 제9조 제1항 제24호에 의하면 연방임미씨온방지법상의 유해한 환경영향의 방지를 위한 특별한 시설과 조치에 대한 토지가 확정될 수 있음을 규정하고 있다. 이러한 계획확정의 내용으로서 소음원에 관한 건설기술적 요구, 예컨대 소음방지창, 소음을 막아주는 외벽, 창문을 소음원 반대쪽에 설치하는 방법, 도로를 소음감소하도록 건설하는 방법 등이 결정될 수 있다.

둘째, 이른바 '소극적 소음방지'(Passive Lärmschutzvorkehrungen), 즉 소음원 그 자체에서 관리하는 것이 아니라 소음의 영향을 받는 장소에서 방지책을 세우는 방법으로서, 예컨대 소음을 받는 입장에서 소음방지용 창을 설치하는 경우를 들 수 있다. 이는 이미 행해진 계획단계에서 소음원을 제대로 관리하지 못한 상황에서 적용될 수 있을 것이다. 주로 교통소음과 관련해서 활용되지만, 계획상황에 따라 다른 소음원(항공기소음, 스포츠소음 등)이 있는 경우에도 문제될 수 있다. 그리고 이 방법은 건설법전 제9조 제1항 제24호의 내용 중 '유해한 환경영향에 대한 보호를 위해 혹은 이러한 영향의 제거나 감소를 위해 행하는 건설적 · 기타 기술적 예방책'을 위한 지역을 계획확정할 수 있다는 규정에 근거하게 된다.

---

45) 소음 외에도 진동, 열기, 빛, 광선 등이 임미씨온에 포함될 수 있다.

그 밖에 소음방지벽(Lärmschutzwälle)을 설치하거나,[46] 소음방지용 식물을 심는 방법이 있다. 이는 주로 주요교통시설이나 산업지역의 소음에 대하여 유효하게 이용될 수 있다. 이러한 계획가능성 역시 건설법전 제9조 제1항 제24호의 내용 중 '유해한 환경영향에 대한 보호를 위한 특별한 시설을 위한 지역' 혹은 '그 예방을 위한 지역'을 계획확정할 수 있다는 규정에 근거하는 것이다. 그리고 이러한 2가지 가능성을 병용하는 방법, 즉 방음벽에 방음용 식물을 심는 경우도 물론 가능하다.[47]

3. 토양환경보호

넓은 의미의 토양의 보호에는 ① 토양의 양적 보호 ② 토양의 질적 보호 ③ 토양정화라는 3가지 영역이 포함된다.[48] 이 중 건설계획법과 관련하여 주로 문제되는 영역은 '토양의 양적 보호'일 것이다.[49] 주로 택지조성이나 교통시설확충을 위해 빈 공간을 많이 필요로 하고, 이는 건설법전(Baugesetzbuch, 약칭 : BauGB)에서 규정된 건설기본계획(Bauleitplanung)을 통해 주로 이루어 진다는 점에서 토양의 양적 보호를 위해 핵심적인 역할을 하는 법제는 바로 건설계획법이라고 할 수 있다.

토양보호, 특히 토양의 양적 보호와 관련해서는 형량유도규범 중 이른바 토양보호조항(Bodenschutzklausel)이라고 부르는 건설법전 제1a조 제1항을 들 수 있다.[50] 여기에 따르면 "토양은 절약적이고 소중하게 다루어져야 하며, 토양봉인은 필요최소한도로 제한되어야 한다"고 규정하고 있다. 이 규정은 법이론상 '계획법상 최적화명령(planungsrechtliche Optimierungsgebote)'이라고 파악되며, 이는 가급적이면 형량과정에서 고려되어야 하는 원칙을 뜻한다. 즉 다른 이익과의 상충에서 이 이익이 배제될 가능성도 있지만, 가능한 한 고려해야 하며, 일반적인 이익고려명령에 비해 상대적 우선권이 인정되는 것이다.[51] 이러한 토양보호조항을 통한 '토양의 양적보호에 관한 이익'

---

46) 이러한 소음방지벽의 설치는 상대적으로 넓은 지역을 필요로 하기 때문에, 차고 등의 설치와 연결해서 그 설치를 계획할 수 있을 것이다(Bunzel/Hinzen/Ohligschläger, Umweltschutz in der Bebauungsplanung, 1997, S. 97).

47) Löhr, 앞의 책, § 9 Rn. 88.

48) 이러한 분류는 단순히 토양보호의 문제를 토양오염의 차원에서는 보는 시각에서 벗어나, 토양보호법의 영역으로서 토양의 양적 보호에 관한 법, 토양의 질적 보호에 관한 법, 그리고 위험오염지(Altlasten)정화를 중심으로 한 토양정화법의 3가지 영역으로 체계화될 수 있음을 뜻한다. 여기에 관한 상세는 김현준, "토양의 법적 보호", 한국공법학회 제87회 학술발표회 논문집(2000. 5. 20), 87쪽 이하, 특히 92쪽 참조.

49) 이 말은 도시계획법이 '토양의 질적 보호' 및 '위험오염지정화'의 문제와는 전혀 관계없다는 뜻은 아니고, 주로 문제되는 영역이 '토양의 양적 보호'의 경우라는 뜻이다.

50) 그 밖에도 건설법전 제1조 제5항 제1문과 제2문의 7호를 들 수 있겠지만, 가장 중요한 것은 역시 동법 제1a조 제1항이라고 할 수 있다.

이 형량의 모든 단계에서 강조될 수 있으며, 이는 '단순한' 고려명령이 아닌 '특별한' 고려명령이라는 점에서 건설계획단계에서 특히 토양을 양적으로 보호하는 방향으로 계획주체의 계획상 형성의 자유를 제한하게 된다. 따라서 토양환경보호와 관련하여 큰 의미를 갖는 규정이라고 할 수 있다.

그리고 이러한 토양환경보호를 위한 형량유도규범들을 실현하는, 즉 토양의 양적 보호에 기여할 수 있는 구체적 계획가능성으로 다음을 들 수 있다.

첫째, 녹지지역의 설정가능성이다(건설법전 제9조 제1항 제15호). 즉 주차장, 정원, 스포츠 · 놀이 · 야영 · 수영을 위한 장소, 묘지와 공공 · 사적 녹지를 지구상세계획에서 둘 수 있으며, 이는 휴양, 자연보호법상 침해의 보상 등에도 기여할 수 있으며, 바로 직접적으로 토양의 양적 보호에 중요한 작용을 할 수 있다.

둘째, 농업 · 임업지역의 설정가능성을 들 수 있다(건설법전 제9조 제1항 제18호). 이는 건설법상 형량에서 농업 · 임업적 이익을 고려해야 한다는 건설법전 제1조 제5항 제2문 제8호 규정을 구체화할 수 있는 규정이다. 이러한 농업 · 임업지역설정은 이를 통해 교통시설확충이나 택지건설을 방지할 수 있다는 점에서 토양의 양적 보호에 기여한다고 할 수 있다. 하지만 이는 일단 직접적으로 농림목적이라는 것이 전제가 되어야 하기 때문에, 토양의 생산기능촉진을 위한 경우 이외에 전적으로 다른 자연적 토양기능의 보호를 위해서는 허용되지 아니한다는 점에서 앞의 녹지대의 경우에 비하여 토양의 양적보호의 측면이 제한되기도 한다.[52]

셋째, 토양, 자연, 경관의 보호 · 관리 · 발전을 위한 지역의 설정가능성이 있다(건설법전 제9조 제1항 제20호). 지방자치단체는 토양, 자연, 경관의 상태에 대한 실사(Ermittlung) 및 평가(Bewertung)를 통해 토양보호를 위한 지역을 설정할 수 있다. 따라서 토양의 양적 보호의 측면에서 택지개발을 위한 새로운 지역이 반드시 필요한 것인지, 그리고 이것이 부득이한 경우 가능한 한 토양절약적인 택지지역설정이 가능한지에 관해서 심사해야 한다.[53] 여기에서 직접적으로 '토양보호'라는 문구가 언급된 점에서 볼 수 있는 것처럼, 이 규정은 토양의 양적보호에 기여할 수 있다.

51) Hoppe/Beckmann, Umweltrecht, 1989, S. 97 ; Pfeifer, Der Grundsatz der Konfliktbewältigung in der Bauleitplanung, 1989, S. 38.

52) Kauch, Bodenschutz aus bundesrechtlicher Sicht, 1993, S. 70 ; Schink, "Bodenschutz in der Bauleitplanung", ZfBR 1995, S. 187.

53) Löhr, 앞의 책, § 5 Rn. 33.

4. 자연환경보호

자연환경보호와 건설계획법은 매우 밀접한 관계가 있으며, 이는 여기에 관한 기본법들인 연방자연보호법(Bundes-Naturschutzgesetz)과 건설법전의 관계에서 잘 나타난다. 이 양법의 관계는 변천과정을 겪어오면서, 1998년 개정건설법전(BauGB)에서 다음과 같이 더욱 긴밀한 것으로 규정되었다.

첫째, 건설법전 제1a조 제2항 2호에서 자연보호법적 침해[54]규정의 기본개념을 규정하고 있다. 그리고 건설법전의 개정을 통해서 개정된 연방자연보호법은 단지 관련 건설법전규정만을 언급하고 있다. 요컨대 자연보호법적 침해와 관련된 사항은 그것이 주로 건설법상 발생한다는 점에 비추어, 주된 내용을 연방자연보호법이 아닌 건설법전 그 자체에서 담고 있다. 이 규정에서 건설과정에서 발생하는 자연보호법적 침해에 관한 이익을 형량과정에서 고려할 것을 명시하고 있음은 앞서 본 바와 같다.

둘째, 건설법전 제1a조 제3항은 자연과 경관에 대해 예상할 수 있는 침해의 보상을 실현할 다양한 가능성을 규정하고 있다. 이 역시 1998년 개정된 건설법전의 주된 내용에 해당하는 것으로서, 이전에 연방자연보호법에서 규정한 것을 건설법전에서 규정하면서, 보상의 가능성을 확대한 점에 그 특색이 있다. 이 규정에 따라 자연이나 경관에 대한 침해 및 자연계와 경관의 모습에 대한 지속적 악영향을 ① 피할 수 있는 것인 경우에는 이를 저지하고, ② 불가피한 경우에는 이를 최소화하며, ③ 이미 발생한 경우에는 보상하거나 기능적으로 보충해야 한다. 특히 ③의 경우인 그것이 피할 수 없는 경우로서 보상(Ausgleich)함에 있어서 이 보상용도를 위한 구역을 건설계획상 설정할 수 있도록 하는 등의 조치를 새로운 건설법전이 규정하고 있다.

구체적인 지구상세계획가능성으로서 건설법전 제9조 제1a항에서 자연보호법적 침해에 대한 보상과 이에 관한 지역의 설정가능성을 규정하고 있다. 이와 관련하여 특기할 만한 것으로 침해와 보상 간 공간적 · 시간적 연결성을 필요 없게 함으로써, 침해지역과 다른 곳에서의 보상을 가능하게 하여 이른바 생태구좌(Öko-Konto)[55]의 형태로

54) 여기서 자연보호법상 "침해"(Eingriff)라 함은 연방자연보호법(Bundes-Naturschutzgesetz) 제8조 1항에서 규정하는 바에 따라 자연의 능력(Leistungsfähigkeit)이나 경관의 모습에 현저히 혹은 지속적으로 악영향을 줄 수 있는 모든 토지외관의 변경이나 토지이용의 변경을 뜻한다. 여기서 "토지외관의 변경"이란 나무를 베거나 건설이나 개발시업시 흙을 파내거나(Bodenabbau), 흙을 쌓아올리거나(Aufschuttungen), 토양의 퇴적(Ablagerungen) 등의 경우에 있어서 발생할 수 있으며, 이는 항상 토양의 생태적 기능의 위험을 초래할 수 있다. 그리고 "토지이용의 변경"이란 나대지위에서 새롭게 건설을 하는 경우와 같이, 지금까지의 용도와 다르게 대지를 이용하는 것을 말한다(Kauch, Bodenschutz aus bundesrechtlicher Sicht, 1993, S. 46).

55) 이 말은 자연환경침해를 보상하는 지역설정을 시간적 · 공간적 구속을 받지 않고 할 수 있어, 경우에 따라서

계획주체가 활용할 수 있게 했다는 점이다.

5. 물환경보호

물보호에 대해서는 건설계획법은 상대적으로 적은 계획지역설정가능성을 규정하고 있다. 이는 독일에서 계획고권이 지방자치단체에 있는 점과, 水관리는 원칙적으로 중앙정부소관이지 지방자치단체의 소관사항이 아니라는 점과 관련이 있다. 그리고 강이나 호수와 같은 河水는 自然에 속하는 것으로서 계획주체인 지방자치단체는 이미 자연보호에 관한 도시건설계획을 수립하게 되고, 수질보호와 관련된 많은 부분은 이러한 자연보호시항 속에 흡수되기 때문이라는 이유도 있다.[56] 그러나 비록 제한적이긴 하지만, 건설계획법을 통한 물환경보호 역시 간과될 수는 없다.

지구상세계획을 통한 물환경보호는 다음과 같은 주로 지하수보호에 관한 내용들이다.[57]

첫째, 토양봉인(Bodenversiegelung)의 제한을 통한 물보호방법이다. 이러한 토양봉인의 제한은 토양의 양적 보호와 우선 관련되는 것이지만, 降水(Niederschlagswasser)가 충분히 지하로 빠지지 못하여 새로운 지하수 형성 등에 악영향을 미칠 수 있으며, 홍수의 원인으로 작용할 수도 있다. 따라서 토양봉인의 문제는 물환경보호의 문제와 바로 직결되는 문제라고 할 수 있고, 토양봉인을 제한할 수 있는 도시계획방법은 물환경보호에 기여하는 것이 될 것이다. 여기에 관해서 건설법전 제9조 제1항 제1호, 제2호, 제3호 및 이와 관련된 건설이용령(BauNVO)을 통한 계획설정가능성이 있다. 다만 주의를 요하는 점은, 경우에 따라 오히려 토양봉인을 통해서, 즉 강수가 지하로 잘 스며들 수 없게 함으로써 지하수의 수질보호에 기여할 수도 있다는 사실이다. 즉 오염물질을 많이 다루는 산업부지나 교통량이 많은 곳과 같은 수질오염을 유발할 수 있는 곳에서는 오히려 토양봉인이 수질보호에 유용할 수 있다.[58]

계획주체가 미리 자연보호를 위한 지역을 많이 확보하고 있을 경우, 침해보상의무로서 이러한 자연보호지역을 필요에 따라 사용할 수 있다는 뜻이다.

56) Bunge, Bauleitplanung, in : Lübbe－Wolff(Hrsg.), Umweltschutz in der Bebauungsplanung, 1997, S. 93 ff.

57) Bunzel/Hinzen/Ohligschläger, Umweltschutz in der Bebauungsplanung, 1997, S. 67 ff.

58) 그리고 이와 관련하여 준비적 계획이라고 할 수 있는 토지이용계획단계에서 지하수에 대한 영향을 생각해야만이 지구상세계획에서 보다 효율적으로 지하수를 보호할 수 있을 것이다. 예컨대 큰 도로, 산업지역, 농업지역과 같이 수질오염위험성이 높은 지역을 계획할 때는 지하수 및 지표수에 어떻게 민감하게 영향을 미칠 것인가를 사전에 미리 고려할 필요성이 있다(vgl. Hinzen, Umweltschutz in der Flächennutzungsplanung, 1995, S. 41 ff.).

둘째, 降水의 저장을 통한 물관리방법이다. 강수의 저장을 위한 계획설정가능성을 건설법전 제9조 제1항 제14호가 규정하고 있으며, 구체적 상황과 관련된 강우처리방법에 따라 강우저장시설을 도시계획과정에서 만들 수 있으며, 이는 곧 물환경보호에 기여하는 효과가 있다.

V. 맺음말

각 분야별 환경보호는 개별 기본법이 원칙적으로 규율해야 함은 물론이다. 독일의 경우 대기오염이나 소음 · 진동으로부터의 보호는 연방임미씨온방지법(Bundes-Immissionsschutzgesetz)이, 수질보호는 수자원관리법(Wasserhaushaltsgesetz)이, 토양보호에 관해서는 연방토양보호법(Bundes-Bodenschutzgesetz)이, 그리고 자연보호를 위해서는 연방자연보호법(Bundes-Naturschutzgesetz)이 각 환경분야의 기본법으로서 그 주된 역할을 하고 있다. 그러나 이와는 별도로 토지이용에 관한 계획에 관한 법률, 특히 건설법전이 환경보호에서 차지하는 역할은 결코 간과할 수 없다. 이는 한편, 계획이라는 행정수단이 가지는 복잡한 이해관계상충의 해결능력과 관련된 것이며, 다른 한편 토지이용 내지는 개발과정에서 환경침해의 가능성이 지대하기 때문이라고 할 수 있다. 이러한 의미에서 주로 건설기본계획에 관한 법이라고 할 수 있는 독일의 건설계획법(실정법상으론 건설법전)이 현대 환경문제를 극복하는 중심수단으로 평가되는 것도 그리 놀랄만 일이 아니다.

다만 여기서 이른바 개별 환경전문계획이 있는 경우에는, 가령 연방자연환경보호법 제6조의 경관계획(Landschaftsplanung), 연방수자원관리법 제36조의 水法的 計劃, 연방임미씨온방지법 제47조의 대기정화계획, 동법 제47a조의 소음감소계획의 경우, 환경보호와 관련되는 건설기본계획과 이러한 환경전문계획간의 관계가 논의되기도 하는데,[59] 이 경우에도 보조적인 역할 담당자로서 건설기본계획의 환경보호도구로서의 중요성은 마찬가지로 간과될 수 없다고 본다.[60] 왜냐하면 어차피 전체적인 계획수립과정 속에서 모든 이익에 대한 형량이 행해져야 하고, 이 과정에서 도시계획단계에서 불

59) 가령 환경전문계획을 강조하는 견해 : Bückmann/Lee/Zieschank, "Bodenschutz-Steuerungsfunktion von Recht, Politik, Planung und Information im Bereich des Umweltschutzes", UPR 1999, S. 85.

60) 이는 도시계획법과 전문환경계획(Umweltplanungsrecht)과의 관계에 관한 문제로서 독일에서 오래동안 다투어 온 문제이긴 하지만, 아직 여기에 관한 명확한 결론이 없는 상태이다 (Erbguth/Wagner, 앞의 책, Rn. 82).

가피하게 발생할 수 있는 환경침해가능성은 이미 이 단계에서 사전 배려할 필요가 있기 때문이다.

2000년 이후 우리나라에서는 이른바 난개발에 관한 대책으로서 도시와 농촌으로 나눠 용도지역을 정하고 있는 당시 국토건설종합계획법과 국토이용관리법, 도시계획법 등을 통합하는 새로운 입법을 추진한 바가 있다.[61] 그리고 새로운 법률하에서는 '환경과 개발'이 조화되며, 전 국토에 대하여 '선계획－후개발'체계를 갖추고자 했다.[62] 여기서 "계획 없이는 개발 없다"는 개발에 있어서 '계획'의 강조는 환경보호수단으로서 계획이 중요하다는 차원에서 매우 주목이 가는 대목이다. 따라서 이와 관련하여 다음과 같은 몇 가지를 덧붙이고자 한다.

첫째, 환경과 개발의 조화를 꾀하면서, 그 방법으로 선계획－후개발체계를 갖춘다는 의미는 환경보호수단으로서 계획이라는 행정의 행위형식을 사용한다는, 즉 새로운 법률에 계획법규범을 포함시키겠다는 뜻으로 이해된다. 이는 우리의 환경법제가 주로 전통적인 경찰법적 수단을 취하고 있다는 점과 비교할 때, 매우 바람직한 것이라고 일단 평가할 수 있다. 다만 계획법이 무엇인가에 대한 정확한 이해가 필요하다고 보며, 때론 도시계획법이나 국토이용관리법과 같은 전체적으로 계획법이라고 부를 수 있는 법률 중 실질적으로 계획법규범이 아닌 규정이 있을 수 있다는 점을 생각할 필요가 있다. 새로운 법률에서 계획적 수단을 채용한다고 할 때는 실질적 의미의 계획법규범을 통해 환경보호를 꾀하자는 뜻이다. 말하자면 계획법규범의 본질적 요소인 계획상 형성의 자유를 허용하는 규범구조상 특질을 띠는 법규정형식이 되어야 하며, 이러한 규범에 대한 법치행정상 요청에서 계획형량이 필요로 하게 해야 한다는 의미이다. 물론 전체적으로 계획법이라고 할 수 있는 법률에서도 이와 같은 규범구조적 특질상 실질적 의미의 계획법규가 아닌 규정[63]도 포함될 수 있을 것이며, 그 법규정의 해석에는 계획법에 특유한 형량(Abwägung)이 아닌 전통적인 包攝(Subsumtion)의 방법이 타당할 수도 있을 것이다.

61) 한겨레신문(2000. 5. 31.), 1쪽. 그 이후 진행된 입법추진논의에 관해서는 박헌주, "환경친화적 국토이용방안", 친환경적 국토관리방안 모색을 위한 발표자료, 환경부 · 조선일보 공동주관(2000. 8. 31.); 진영환, "21세기 국토이용체계 개편방안", 21세기 국토이용체계 개편방안 발표자료, 건설교통부 · 국토연구원 공동주관(2000. 8. 18.) 참조. 이러한 논의가 이루어졌던 2000년 당시의 상황은 지금도 참고할 만하다. 그리고 이러한 통합입법시도를 통해 "국토기본법" 및 "국토의 계획 및 이용에 관한 법률"이 2002. 2. 4 제정되어 2003. 1. 1부터 시행되고 있다.

62) 건설교통부 보도자료(2000. 5. 30.), '국토의 난개발 방지를 위한 종합대책' (http://www.moct.go.kr/).

63) 일반적으로 학자들이 이야기하는 이른바 조건프로그램적 규정을 말한다.

둘째, 이와 같은 전제하에서 새로운 법률에는 계획형량을 환경보호방향으로 유도하는 규범이 먼저 있어야 한다. '환경과 개발의 조화'와 같은 일반적 성격의 계획목표도 이러한 환경보호방향으로 형량을 유도하는 규범이 될 수 있을 것이며, 그 밖에 개별적 · 구체적인 계획지침을 마련하는 과정에서 중요한 환경보호관련이익들을 포함시킬 수 있다. 이와 같은 환경보호적 형량유도규정은 보통은 통상적 유도강도를 가지겠지만, 입법자의 의도에 따라 상대적 우월성을 가지는 이익으로 규정할 수도 있다. 이는 앞에서 이야기한 '상대적 우월규정' 내지는 '계획법상 최적화명령'으로 법이론상 분류시킬 수 있는 내용이 될 것이다.

셋째, 이러한 환경보호방향으로 유도된[64] 계획형량의 결과를 구체적으로 실현시킬 수 있는 계획설정가능성을 포함해야 한다. 독일 건설법전에서 건설기본계획의 여러 가능성들이 환경보호를 위해 활용될 수 있도록 규정되어 있는 점은 참고할 만하다.

이상의 제언은 앞으로 예상되는 특정한 법률만을 겨냥한다기 보다는, 계획수단을 그 내용으로 하면서, 환경보호를 고려해야 하는 계획법 전반에 적용될 수 있는 내용일 것이다. 그리고 이는 최근 우리 대법원판례에서도 계획법에 있어서 그 하자통제논리로서 형량명령을 인정하는 방향으로 발전하는 단계에 있다는 점에서, 어느 정도 논의가 성숙되고 있다고 인정할 수 있다. 요컨대 현대 환경문제의 효율적 해결수단으로서 계획을 보다 체계적으로 법에서 규정할 필요가 있다는 점과, 법치주의 요청상 효율적으로 통제할 필요성도 있다는 입장에서 볼 때, 이상의 논의는 우리나라 관련 법률을 해석하거나 입법을 추진함에 있어서 참조할 만하다고 보는 것이다.

64) 이 이야기는 절대적으로 환경보호이익이 형량에서 선험적 우월성을 가진다는 이야기는 아니며, 다른 공익 및 사익과의 형량결과 환경보호이익이 채택되었을 경우를 뜻한다.

제 5 장

獨逸의 戰略環境評價制度

- 이른바 計劃에 대한 환경심사제도 -

Ⅰ. 머리말

새로운 환경법상의 수단으로 불리는 전략환경평가는[1] 환경법 및 계획법에서 주목해야 하는 제도이다. 오늘날 각종 개발은 계획을 통하여 이루어져야 한다는 이른바 '선계획-후개발'의 관념이 강조되고 있는데, 전략환경평가란 다단계에 걸쳐 이루어지는 대규모 개발사업의 계획이나 프로그램 단계에서 이미 환경영향을 고려해야 한다는 것이다.

전략환경평가는 종래의 전통적인 환경영향평가의 경우 대상사업을 시행하고자 하는 때에 이루어지는 것과[2] 비교되는 제도이다. 즉, 사업시행시점보다 앞서 상위 계획단계에서 이미 환경평가가 이루어져야 한다는 것이다. 독일법상 용어로 이야기하자면 사업안(Vorhaben, 프로젝트[3])의 단계가 아니라, 그 이전 단계인 계획이나 프로그램의 단계에서 환경적합성을 심사하자는 것이다.

1) 이는 2003. 3. 17-18에 독일트리어대학 환경법 및 기술법연구소가 주최한 학술대회의 주제이기도 하다. 그 상세한 내용은 Hendler/Marburger/Reinhardt/Schröder(Hrsg.), Die strategische Umweltprüfung (sog. Plan-UVP) als neues Instrument des Umweltrechts (UTR 76), Erich Schmidt Verlag, 2004 참조.

2) 우리나라 환경영향평가법 제5조, 17조 등 참조.

3) Vorhaben을 프로젝트, 단위사업, 사업(안) 등을 뜻하는 것으로, 이 글에서는 문맥에 따라 이러한 용어들을 병용하고자 한다. Vorhaben의 의미에 대해서는 독일 환경적합성심사법(UVPG) 제2조2항 참조.

독일의 전략환경평가제도는 다른 선진외국과 비교하면[4] 비교적 늦은 시기라고 할 수 있는 2005년에야 도입되었다. 최근 다른 환경법영역에서도 그러하듯이, 전략환경평가제도 도입에도 유럽법이 크게 영향을 미쳤다.

계획법과 환경법이 조화를 이루며, 각각 정치한 체계를 가지고 있는 독일법에서의 전략환경평가제도는 우리에게 시사하는 바가 많다.

이하에서는 전략환경평가제도의 의의 및 독일에서의 도입배경(Ⅱ), 전략환경평가의 대상(Ⅲ), 전략환경평가의 절차(Ⅳ) 등을 중심으로 살펴본 뒤, 종합적으로 약간의 평가를 함으로써 논의를 맺고자 한다(Ⅴ). 전략환경평가제도의 근거법률인 독일 환경적합성심사법(UVPG) 중 전략환경심사(SUP)부분에 대하여, 2006년, 2007년 일부 개정된 사항까지 반영하여 우리말 번역을 부록으로 첨부한다.

Ⅱ. 전략환경평가제도의 의의 및 독일에서의 도입배경

1. 전략환경평가제도의 意義

전략환경평가(Strategic Environmental Assessment, SEA)란 의사결정의 상위단계인 정책(Policy), 계획(Plan), 프로그램(Program)이라는 이른바 3P 단계에서부터 환경영향을 고려하는 전략적 접근을 뜻한다. 전략환경평가에서 '戰略的'(strategic)이란 목적과의 관계개념으로서 합리적인 의사결정과정을 기초로 목적에 대한 대안을 비교 · 검토하여 최적의 대안을 선택해 나간다는 것, 그리고 필요할 경우에는 목적 자체도 재검토하여 수정할 수 있다는 의미를 포함한다.[5] 독일법에서도 유사한 용어를 사용하는 바, 전략환경심사(Strategische Umweltprüfung)가 그것이다.[6]

이러한 국제적인 용례라고 할 수 있는 '전략적' 환경심사라는 용어 외에도 독일에서는 '계획-환경심사'(Plan-UVP)라는 말이 병용되기도 하는데, 오히려 이러한 용어가 그 의미를 보다 잘 나타내고 있지 않나 하는 생각도 든다. 그 이유는 '전략적'이라는 말

4) 유헌석, "전략환경평가제도의 이해", 도시정보, 2006/12, 11쪽 표3) 참조. 다만, 동 자료에서 독일을 '전략환경평가제도 미시행국가'로 분류하고 있는 점에 대해서는 2005년 이후의 상황을 반영 못하고 있다는 점을 지적할 수밖에 없다.

5) 함태성, "우리나라에서의 전략환경평가 논의에 대한 법적 검토", 중앙법학 8-1, 2006, 214쪽.

6) 독일에서는 통상적인 환경영향평가, 즉 단위사업(Vorhaben, project)에 대한 환경영향평가를 환경적합성심사(Umweltverträglichkeitsprüfung)라고 하며, 전략환경평가를 전략환경심사라고 한다. 즉, 우리식 표현과 비교할 때 환경영향평가는 환경적합성심사, 전략환경평가는 전략환경심사라는 말로 나타내고 있다.

이 전략환경평가제도가 가지는 원취지를 제대로 표현하고 있는가 하는 점에 의문이 없지 않고, 자칫 환경규제를 피하는 요행으로 오해될 우려도 있기 때문이다. 또한 전략환경평가의 주된 내용은 결국 계획법에서의 환경평가라고 할 수 있기 때문이다. 여기서도 상당히 정착된 용어인 전략환경평가(SEA) 내지는 전략환경심사(SUP)라는 용어를 기본적으로 사용하면서도, '계획-환경평가'(Plan-UVP)라는 표현을 함께 쓰게 된다.[7]

독일에서 전략환경평가에 관한 법은 종래 단위사업(Vorhaben)단계에서 환경평가를 하는 통상적인 환경영향평가, 즉 환경적합성심사(Umweltverträlichkeitsprüfung)에 관한 법률인 환경적합성심사법(UVPG) 내에 전략환경심사(Strategische Umweltprüfung, SUP)에 관한 규정들을 삽입한 형태로 되어있다.

이하에서는 필요한 경우에는 환경적합성심사를 UVP, 환경적합성심사법을 UVPG, 전략환경심사를 SUP로 약칭하여 사용하기도 한다. 그리고 특별한 명칭이 없이 '법'이라고 할 때에는 환경적합성심사법(UVPG, 우리식으로 「환경영향평가법」)를 가리킨다.

2. 독일에서의 도입배경

(1) 입법경위

SUP도입법안은 연방정부에 의해 2004. 6. 29.에 제출되었다. 이에 대해서는 2004. 10. 15.에 연방참의원에 의한 수정제안이 제시되었지만, 연방정부는 2004. 11. 17.부로 이 수정제안을 받아들이지 않았다. 그 이후 SUP 실시대상이 되는 계획 · 프로그램을 정하는 문제에 대하여 많은 논의를 거듭한 뒤,[8] 동법안은 최종적으로 2005. 5. 27.의 연방참의원에 의해 양원협의회 수정제안에의 동의를 거쳐, 2005. 6. 28. 개정법이 공포되고, 다음날인 29일부터 시행되었다.

(2) 유럽법의 영향

최근 독일의 많은 법제도에 있어서 그러하듯이, 독일의 전략적 환경평가에 대한 법제도 역시 유럽법의 영향을 많이 받고 있다.

유럽법에서 전략환경평가제도는 이미 1990년에 논의를 시작했지만, 유럽법차원에

---

7) 같은 취지 : Sydow, "Horizontale und vertikale Verzahnung der Strategischen Umweltprüfung mit anderen umweltbezogenen Prüfverfahren", DVBl. 2006, 65 각주 1.

8) 이러한 전략환경평가 대상에 대한 논쟁내용에 대해서는 Hendler, "Das Gesetz zur Einführung einer Strategischen Umweltprüfung", NVwZ 2005, 977 (980) 참조.

서 지침으로 결정되기까지는 많은 논쟁이 있었고, 특히 독일의 경우 비판적인 태도를 가졌다고 한다.[9] 결국 2001. 6. 27. '특정한 계획 및 프로그램의 환경영향에 관한 유럽지침'(이하 '유럽SUP지침'이라 함.)이 체결되면서, 독일에서도 SUP가 도입되는 결정적인 계기를 맞는다.[10] 동 유럽지침은 2004. 7. 21.을 기한으로 하여 전략적 환경평가의 EU 소속국가에게 국내법적 도입을 요청한 것이지만, 결국 독일은 이 기한을 1년 가까이 넘겨 제도를 도입하게 된다.[11]

독일의 전략환경평가제도에 큰 영향을 미친 동 유럽지침의 주된 내용은 다음과 같다.

- 평가가 포함된 환경보고서의 작성 (제5조1항)
- 국내 · 외의 행정청 및 공중의 참여 (제6조, 제7조)
- 결정에 있어서 환경보고서 및 행정청 · 공중 참여결과의 고려 (제8조)
- 결정의 공표 (제9조1항)
- 환경영향의 모니터링 (제10조)

이러한 유럽지침의 내용은 2005년 도입된 독일의 전략환경평가제도에 대부분 반영된다.[12]

(3) 전략환경평가에 대한 유럽법의 2원적 수용

계획에서의 환경평가를 주된 내용으로 하는 독일의 전략환경평가제도는 독일 계획법과 관련하여 이해할 필요가 있다.

독일의 (국토관련)계획은 국토정비법 및 건설법전을 주된 내용으로 하는 전체공간계획(räumliche Gesamtplanung)과 개별전문계획(räumliche Fachplanung)으로 나눌 수 있다.[13] 독일의 입법자는 2001년의 유럽SUP지침을 국내법으로 수용함에 있어서도 이러한 서로 다른 계획법영역을 분리하여 전략환경평가제도를 도입하는 방식을 취했다.[14]

---

9) Schrödter, in: Erbguth (Hrsg.), Strategische Umweltprüfung (SUP), EAGBau – Die SUP in der Bauleitplanung, S. 49.

10) Die Richtlinie 2001/42/EG des Europäischen Parlaments und des Rates vom 27. Juni. 2001 über die Prüfung der Umweltauswirkungen bestimmter Pläne und Programme (ABl. EG Nr. L 197/30).

11) 다만, 후술하는 바와 같이 건설법영역에서는 EAGBau의 제정으로 시한을 지켰다.

12) 그 밖에 독일의 전략환경평가제도 도입에 영향을 미친 국제법 및 유럽법으로는 UNECE에 의한 에스포협약(Espoo–Konvention), 오르후스협약(Aarhus–Konvention) 등을 들 수 있다. 여기에 대한 상세는 Feldmann, "Die strategische Umweltprüfung im Völkerrecht", in: Hendler u.a.(Hrsg.), Die strategische Umweltprüfung (sog. Plan–UVP) als neues Instrument des Umweltrechts, 2005, S. 27 ff.

13) 양자의 관계에 대한 상세는 Dörries, Das Verhältnis der Bauleitplanung zur raumbeanspruchenden Fachplanung, 1999, S. 58 ff. 참조. 개관으로는 Peine, Öffentliches Baurecht, 4 Aufl., Rn. 24 ff.

그리고 前者의 경우에는 유럽SUP지침이 2005년 본격적인 SUP가 독일에 도입되기 전에 이미 국내법적으로 수용되었다. 즉, '2004. 6. 24. 건설법전을 유럽지침에 맞추기 위한 법률'(EAGBau)[15]을 통하여 독일의 국토정비법(Raumordnungsrecht) 및 건설계획법(Bauplanungsrecht)에 전략환경평가제도를 도입한 것이 그것이다. 이는 이 영역에서 유럽SUP지침이 설정한 유럽연합소속국가에 대한 국내법수용조치시한(2004. 7. 20.)을 지켰다는 의미이기도 하다. 즉, 독일 계획법의 중요한 내용이면서 우리의 국토 및 도시계획과 비교할 만한 국토정비법 및 건설계획법 영역에서는 이미 전략환경평가가 도입되었고, 2005년 UVPG에 SUP가 일반적으로 채용됨으로써 바야흐로 본격적인 전략환경평가제도의 시대를 맞게 되었다고 할 수 있다.

2004년 EAGBau의 제정 및 이에 따른 건설법전(BauGB)의 일부개정을 통해 도입된 SUP제도로는, '환경영향의 조사 · 평가'(건설법전 제2조4항), '계획안, 이유서 등의 공람'(동법 제3조2항), '모니터링'(동법 제4c조) 등의 규정을 들 수 있다.[16]

Ⅲ. 독일 전략환경평가의 대상

1. 의무적 전략환경심사(Obligatorische Strategische Umweltprüfung)의 대상

의무적 SUP는 법 제14b조1항1호 및 제14c조에서 규정하고 있다. 법 제14d조는 예외를 규정하고 있다.[17] 여기서 '의무적'이란 다른 조건이 없이도 SUP 대상이 된다는 것을 뜻하며, 후술하는 '조건부' 전략환경심사의 대상과 구분된다.

(1) 법 제14b조1항1호에 의한 의무적 전략환경심사

유럽SUP지침 제3조2항a호를 국내법적으로 수용한 법 제14b조1항1호는 별표3 제1

14) Sydow, "Horizontale und vertikale Verzahnung der Strategischen Umweltprüfung mit anderen umweltbezogenen Prüfverfahren", DVBl. 2006, 65 (66).

15) Gesetz zur Anpassung des Baugesetzbuchs an EU-Richtlinien (Europarechtsanpassungsgesetz Bau/EAGBau, v. 24.06.2004 BGBl. I S. 1359).

16) EAGBau와 관련한 건설법전(BauGB)에서의 전략환경평가에 대해서는 Schrödter, EAGBau-Die SUP in der Bauleitplanung, in: Erbguth (Hrsg.), Strategische Umweltprüfung (SUP), S. 49 ff.; 국토정비법에서의 전략환경평가에 대해서는 Runkel, EAGBau-Die Umsetzung der Plan-UP-Richtlinie im Raumordnungsrecht, S. 65 ff.

17) Hendler, NVwZ 2005, 977 (979).

호에서 규정된 계획 및 프로그램에 대해서는 전략환경심사가 실시되어야 한다고 규정하고 있다. 따라서 별표3 제1호에서 열거되어 있는 다음과 같은 계획 및 프로그램은 의무적인 SUP대상이다.

- 연방의 교통로정비법(Verkehrswegeausbaugesetz)에 의한 수요계획(Bedarfpläne)을 포함한 연방차원의 교통로계획(Verkehrswegeplanungsen)
- 항공법 제8조1항 및 2항에 의한 결정의 범위를 넘은 수립 또는 변경이 행해진 경우에 있어서 항공법 제12조1항에 의한 정비계획(Ausbaupläne)
- 물관리법 제31d조에 의한 홍수방지계획(Hochwasserschutzpläne)
- 물관리법 제36조에 의한 조치프로그램
- 국토정비법 제8조 및 제9조에 의한 국토정비계획(Raumordnungsplanungen)
- 국토정비법 제18a조에 의한 독일의 배타적 경제구역(die deutschen ausschließlichen Wirtschaftszone)에 있어서 연방의 국토정비
- 호수시설령(Seeanlagenverordnung) 제3a조에 의한 특별한 적정영역의 설정
- 건설법전 제6조 및 제10조에 의한 건설관리계획
- 연방자연보호법 제15조 및 제16조에 의한 경관계획

(2) 법 제14c조에 의한 의무적인 전략환경심사

또 다른 의무적 전략환경심사의 대상은 연방자연보호법 제35조1문2호에 의해 적합성심사(Verträglichkeitsprüfung)를 받는 계획 및 프로그램이다. 이는 '야생동식물 · 서식지 보호구역'(FFH-Gebiet) 및 유럽조류보호구역의 보전목표의 차원에서 이루어진 것이다. 이러한 내용을 규정하고 있는 법 제14c조는 유럽SUP지침 제3조2항b호의 내용을 국내법화한 것이다.

2. 조건부 전략환경심사(Konditionale Strategische Umweltprüfung)의 대상

'조건부 전략환경심사'란 일정한 조건하에서 전략환경심사의 대상이 된다는 의미이며, 그 대상이 되는 계획이나 프로그램은 다음과 같다.

(1) 법 제14b조1항2호에 의한 계획 및 프로그램

별표3 제2호에서 규정된 다음의 사업은 일정한 조건하에서 전략환경심사의 대상이

된다(법 제14조1항2호).

• 소음조치계획(Lärmaktionspläne)(연방임미씨온방지법 제47d조)

• 대기청정계획(Luftreinhaltepläne)(연방임미씨온방지법 제47조1항)

• 폐기물관리방안(Abfallwirtschaftskonzepte)(순환관리 · 폐기물법 제19조5항)

• 폐기물관리방안의 보완(순환관리 · 폐기물법 제16조3항4문2단)

• 유해폐기물, 폐전지 및 축전지 또는 포장물 및 포장폐기물의 처리에 대한 특별한 항목 또는 개별의 부문계획을 포함한 순환관리 · 폐기물법 제29조에 의한 폐기물관리계획(Abfallwirtschaftspläne)

일정한 조건이란, 이러한 사업에 해당하면서 그것이 특정한 사업의 허가결정에 대한 대강을 정하는 것이어야 하는 점이다. 또한 그 사업은 연방법이나 주법에 의한 UVP[18] 또는 스크리닝[19]이 필요한 것이어야 한다.

관련된 계획 및 프로그램이 후속하는 행정청의 허가결정에 있어서 '의미가 있게'(mit Bedeutung) 나타나는 경우, 여기서 말하는[20] 대강설정의 징표(Rahmensetzungsmerkmal)가 있다고 본다. 이는 특히 사업안의 수요, 규모, 입지, 성질, 조업조건 또는 자원의 요구(Inanspruchnahme von Ressourcen)에 관한 것일 때 사업허가결정에서의 대강을 설정하는 것이 된다(법 제14b조3항).[21]

대강설정으로 인정되기 위해서는, 행정청의 사업승인(Projektgenehmigung)시 계획 또는 프로그램의 내용을 엄격하게 고려해야 하는 것은 아니며, 행정청이 그것을 계획형량, 일반행정재량, 불확정법개념 해석을 할 때 이를 통상적으로 고려하는 것으로 족하다.[22]

(2) 법 제14b조2항에 의한 계획 및 프로그램

앞서 본 법 제14b조1항1호의 의무적 전략환경심사의 대상이나 법 제14b조1항2호의 조건부 환경심사의 대상이 아니더라도, 즉, 별표 3의 리스트에 해당되지 않더라도 (조건부) 전략환경심사를 실시해야 하는 경우가 있다. 그 계획 및 프로그램이 별표1[23]

18) 여기서의 연방법이나 주법에 따른 UVP는 법 제3d조에서 규정하고 있다.

19) 여기서의 스크리닝은 법 제3c조에서 규정하고 있다. 이러한 스크리닝은 동법 제14b조4항의 스크리닝과는 구분되는 개념이다(Hendler, 앞의 논문, 979쪽).

20) 구체적으로는 제14b조1항2문.

21) 이는 유럽SUP지침 제3조2항a호 Teils. 2와 대응하는 것이다.

22) Hendler, NVwZ 2005, 977 (979).

23) 法 별표1은 '환경적합성심사의 의무대상사업'의 리스트(Liste "UVP-pflichtige Vorhaben")를 규정하고 있다.

에서 규정된 사업 등의 허가 결정에 대한 대강을 정하고, 또한 제4항의 의미의 스크리닝[24]에 의해 현저한 환경영향이 예상되는 경우가 그러하다.[25]

앞서 본 별표3 제2호와 관련된 법 제14b조1항2호의 계획 및 프로그램이 전략환경심사의 대상이 되려면 이른바 '대강설정의 징표'가 나타나야 한다. 즉 그 경우에는 당해 계획 및 프로그램의 구체적 내용에 따라 전략환경심사의 대상여부를 판단한다는 특별한 확인이 요청된다. 그러나 여기서는 '대강설정의 징표'는 그리 의미가 없다. 즉 대강설정을 곧바로 인정할 수 있다.

그런데 별표 3의 사업이 아니더라도 이와 같이 법 제14b조2항에 의해 전략환경심사 대상이 될 수 있는 경우를 규정하는 이유는 이 법률에 대한 입법이유서에서 찾아 볼 수 있다. 법 제14b조2항은 앞서 본 법 제14b조1항의 규정만으로 행여 놓칠 수 있는 경우를 대비하기 위한 것이다. 말하자면, 별표 3의 리스트가 불완전할 수도 있다는 우려에서 이 경우를 규정한 것이다. 현재 독일에서 이러한 법 제14b조2항의 적용대상이 되는 연방법상 계획 및 프로그램은 없다고 한다. [26]

그리고 법 제14b조2항에서 건설법전 제34조4항 및 제35조6항은 본 항의 적용을 받지 아니한다고 규정함으로써, 건설법상 자치법규(Satzung)의 형태로 이루어지는 개발사업의 경우에는 이러한 전략환경심사를 규정하지 않겠다는 점을 명시하고 있다.

3. 법 제14d조의 예외규정

이상에서 본 전략환경심사의 대상에 대한 예외규정을 법 제14d조에서 규정하고 있다.[27]

법 제14b조1항 및 법 제14c조의 계획 및 프로그램이 경미하게 변경되거나, 지역의 작은 구역에서의 이용을 정하는 것인 경우에는, 당해 계획 및 프로그램에 현저한 환경영향이 예상되는 것으로 제14b조4항의 스크리닝에 의해 밝혀지게 되는 때에 한해 전략환경심사가 실시될 수 있다. 건설법전 제13조 및 제13a조는 본 항의 적용을 받지 아니한다(법 제14d조1항).

물관리 및 국토정비 영역의 계획 및 프로그램의 경우에는 州는 제1항의 사안에 있

24) 즉, 법 제14b조1항2호 및 법 제3c조에서의 개별 사전심사(스크리닝)와는 구분되는 개념이다.
25) 이는 유럽SUP지침 제3조4항을 국내법화한 것이다.
26) BT-Drucks. 15/3441, S. 29, 32.
27) 이 규정은 SUR유럽지침 제3조3항이 독일법으로 수용된 것이다.

어서, 계획 또는 프로그램 유형의 확정, 스크리닝 또는 이러한 절차의 조합을 통하여, 어떠한 조건 하에서 전략환경심사를 실시해야 하는가를 정한다. 이때 현저한 환경영향이 예상되는 계획 및 프로그램에 대해서는 전략환경심사가 실시되도록 해야 한다(법 제14d조2항). 그리고 이 제2항의 규정은 별표3의 1.6호에 의한 계획 및 프로그램인 '국토정비법 제18a조에 의한 독일의 배타적 경제구역(die deutschen ausschließlichen Wirtschaftszone)에 있어서 연방의 국토정비'에 대해서는 적용되지 아니한다(법 제14d조 3항).

Ⅳ. 독일 전략환경평가의 절차

독일의 전략환경심사의 절차는 ① 구체화단계 → ② 정보제공단계 → ③ 의사소통단계 → ④ 결정단계 → ⑤ 공표단계 → ⑥ 사후통제단계로 구분하여 살펴볼 수 있다. 이러한 6단계의 절차구분은 특정 학자의 분류방법[28]이긴 하지만, 전략환경평가절차를 이해하는 데 유용한 것으로 보아 이 글에서는 이러한 기준에 따라 절차흐름을 살펴본다.

1. 구체화단계(Konkretisierungsphase)

(1) SUP 義務의 早期確定(제14a조)

관할행정청은 전략환경심사의 실시의무가 있는지 여부를 조기에 확정해야 한다.

전략환경심사의 첫 번째 절차인 조기확정은 주로 스크리닝을 통하여 개별 계획 또는 프로그램이 전략환경심사의 대상이 되는지를 심사하는 것이다. 즉 스크리닝(Screening/Vorprügung im Einzelfall)을 통하여 그 상세한 내용을 살펴봄으로써 전략환경심사의 의무가 있는지를 조기 확정하는 것이다. 그러나 이 SUP의무의 조기확정절차가 항상 스크리닝의 틀에서 이루어지는 것은 아니다. 스크리닝의 대상이 아닌 경우인 의무적 SUP의 대상이 되는 계획이나 프로그램에 있어서도[29] 관할행정청은 SUP 의무

28) Callies, "Verfahrensrechtliche Anforderungen der Richtlinie zur strategischen Umweltprüfung (SUP-RL)", in: Hendler u.a.(Hrsg.), Die strategische Umweltprüfung (sog. Plan-UVP) als neues Instrument des Umweltrechts, 2005, 153 (164 ff.); ders., "Europarechtlicher Hintergund der SUP", in: Erbguth (Hrsg.), strategischen Umweltprüfung (SUP-RL), 2006, 21 (34 ff.).

29) 즉, 별표3 제1호의 대상 및 법 자연환경보전법 제35조1문2호의 적합성심사대상.

가 있는지 여부를 마찬가지로 확정해야 한다.[30)]

제14b조2항 또는 제14d조에 의해 스크리닝(Vorprüfung des Einzelfalles)이 행해지고 있는 경우에는, 연방과 州의 규정에 의해 公衆이 환경정보에 접근할 수 있도록 해야 하며, 전략환경심사가 행해지지 않는 경우에는, 이를 그 주된 이유를 포함하여 공지해야 한다. 이 확정은 단독으로 취소될 수 없다.

(2) 스크리닝

법 제14b조2항 및 법 제14d조1항에서 열거된 계획 및 프로그램에서는 스크리닝을 통하여 SUP가 반드시 필요한 것인지를 결정하게 된다. 즉, 조건부(konditional) 내지는 임의적(fakultativ)으로 SUP의무를 지는 경우에는 스크리닝이 필요하게 된다.[31)]

법 제14b조4항1문의 SUP-스크리닝은 개략성을 특징으로 한다. 즉 概略審査(überschlägige Prüfung)의 차원에서만 행해져야 한다.[32)] 따라서 현저한 환경영향이 존재하는지 여부를 확인하기 위하여 상세한 조사까지 할 필요는 없다. 스크리닝에서는 사안에 대한 상세한 지식이 없이도 다소 빈약한 정보를 가지고 개괄적인 조사가 행해지고, 불확실성 가운데에서 결정을 내리는 것이 보통이다.[33)]

법 제14b조4항1문은 SUP 의무의 확정을 위한 스크리닝의 차원에서 별표4의 기준을 고려하여, 계획이나 프로그램이 '현저한 환경영향'(erhebliche Umweltauswirkung)이 예상되는지 여부를 평가해야 함을 규정하고 있다. 여기서 '현저한 환경영향'의 의미가 SUP-스크리닝에 있어서 매우 중요한 문제가 된다. 현저한 환경영향이 인정되면 계획이나 프로그램이 SUP 의무가 있는 것으로 되기 때문이다. 이 점에 관하여 관할행정청의 재량은 인정되지 아니한다.[34)]

법 제3c조1문, 2문의 경우와는 달리, 법 제14b조4항1문은 SUP-스크리닝의 대상을 환경악영향(nachteilige Umweltauswirkungen)에만 한정하지 아니한다. 따라서 긍정적 환경영향이건, 부정적 환경영향이건 SUP-스크리닝의 차원에서는 중요하게 다루어진다.

---

30) Peters/Balla, in: Hk-UVPG, § 14a, Rn. 1 참조.

31) 법 제14b조2항 및 법 제14d조1항에 대한 설명이라고도 할 수 있는 스크리닝대상이 되는 계획 및 프로그램에 대해서는 Balla/Peters, "Die Vorprüfung des Einzelfalls zur Feststellung der SUP-Pflicht", ZUR 2006, 179 (180) 참조

32) 이는 법 제3c조1문 및 2문의 경우와 마찬가지이다.

33) Balla/Peters, ZUR 2006, 179 (180).

34) 위와 같음.

그리고 환경영향은 '현저한'(erheblich) 것이어야 하는데, 여기서 현저성이 무엇인가에 대한 통일된 법규정은 없다. 다만, 문언에서 볼 때 환경영향의 파급효과가 크고, 중대한 것이어야 할 것이다. 법 제14b조4항1문에서 그 개념은 최소한 2가지 관점에서 규정되어 있는데, 먼저, 그 환경영향은 법 제14k조2항의 후속적인 수립절차에서 고려될 수 있는 것에 한하며, 다음으로 현저한 환경영향을 판단할 때 별표4의 기준이 고려되어야 한다는 점이다.[35]

현저성개념의 판단에서 별표4의 기준이 어떠한 방식으로 고려되어야 하는가에 대해서는 법률에 나와 있지 않지만, 별표 2의 기준과 마찬가지로 별표 4의 기준은 현저성개념에 있어서 법률상의 해석규칙 또는 개념요소가 된다. 이는 사안을 조사함에 있어서도 유용할 뿐만 아니라, 현저성의 평가에 있어서도 매우 유용한 기준이 된다.[36]

또한 SUP 스크리닝에 있어서는, UVP 스크리닝에서와 마찬가지로, 계획이나 프로그램과 결부된 환경영향의 회피 · 저감조치(Vermeidungs- und Verminderungsmaßnahmen)가 특정한 환경영향을 배제하는데 적합한 경우에는 고려해야 한다. 이러한 스크리닝에는 관계행정청[37]을 참여시켜야 한다.

스크리닝의 실시 및 결과는 문서로 작성되어야 한다.

(3) 스코핑(제14f조)

SUP의 실시가 확정된 경우에는 그 조사범위를 확정하는 이른바 스코핑(scoping/Festlegung des Untersuchungsrahmens)이 행해진다. 이러한 확정은 후속하는 심사와 관련하여 불필요한 비용을 줄이는 역할을 한다.[38]

스코핑의 주체는 전략환경심사의 관할행정청이다.

스크리닝을 통해 무엇보다 후술하는 환경보고서의 기재사항의 범위 및 상세정도가 확정된다(제14f조1항). 환경보고서의 기재사항의 범위 · 상세정도를 포함하는 조사범위는 법 제2조1항 및 법 제2조4항에 따라, 계획 및 프로그램의 작성, 채택 또는 변경에 대한 결정의 기준이 되는 법규정에 의해 정해진다. 환경보고서에서는 기대가능한 비용으로 조사될 수 있는 사항을 포함시키고, 현재의 지식수준, 행정청에 전달된 공중의 의

35) Balla/Peters, ZUR 2006, 179 (181).
36) Balla/Peters, ZUR 2006, 179 (182).
37) 여기서 관계행정청은 법 제14h조의 행정청, 즉 후술하는 의사소통단계에서의 관계행정청의 의미이다(법 14b조4항3문).
38) Hendler, NVwZ 2005, 977 (981).

견표명, 일반적으로 승인된 심사방법, 계획 또는 프로그램의 내용 · 상세정도, 결정과정에 있어서 그 위상(Stellung)을 고려한다(제14f조2항).

다단계계획에서와 같이 일련의 심사절차가 이어질 경우, 심사의 중복을 회피하고, 절차부담을 경감시키기 위해(Beschleunigung und Entlastung der Verfahren), 어느 단계에서 어떠한 환경영향을 중점적으로 심사해야 하는지 정할 필요가 있다. 이때 환경영향의 유형과 범위, 부문별 필요조건, 계획 또는 프로그램의 내용 및 결정대상을 고려해야 한다. 또한 심사의 계층화(Abschichtung) 차원[39]에서 후속하는 계획 · 프로그램이나, 후속하는 사업허가의 대강을 정하는 경우의 환경심사는 추가적인 환경영향 및 꼭 필요한 현실화 · 심화만을 다루어야 한다(제14f조3항).

스코핑절차에서 관계행정청의 참여는 보장되어야 한다. 계획 또는 프로그램을 통하여 그 환경 · 건강 관련업무영역이 영향받는 행정청은 전략환경심사의 조사범위 및 환경보고서의 기재사항의 범위 · 상세정도를 정할 때 참여한다. 관할행정청은 적절한 정보를 바탕으로 참여행정청에게, 이러한 확정에 대하여 협의하거나 입장표명할 기회를 부여한다. 전문가 및 제3자의 조언을 들을 수도 있다. 참여행정청이 환경보고서를 위해 유용한 정보를 보유하는 경우에는 이를 관할행정청에 송부한다(제14f조4항).

2. 정보제공단계(Informationsphase)

(1) 환경보고서

정보제공은 환경보고서 작성이라는 형태로 나타나는데, 이 환경보고서에는 전략환경심사의 가장 중심이 되는 내용을 담게 된다. 즉, 앞서 본 스코핑에서 설정한 조사사항에 관해서 관할행정청은 환경보고서(Umweltbericht)를 작성한다.[40]

환경보고서를 작성함으로써 전략환경심사대상의 중요한 내용들을 早期에 하나의 문서에 모아서 정리하여, 현저한 환경영향 및 합리적인 대안을 조사하고, 서술하고, 평가하는 것이다(법 제14g조1항 참조). 이로써 환경보고서는 통상적인 환경영향평가, 즉 단위사업에 대한 환경적합성심사(UVP)에서의 '(단위)사업주체의 기초자료'(Unterlagen des Vorhabensträgers)와 유사한 기능을 하게 된다. 그리고 'UVP기초자료'에 있어서도 마찬가지이지만, SUP의 환경보고서는 절차가 시작될 때 작성되어 행정청 및 공중의

39) 심사의 계층화(Abschichtung)에 대해서는 법 제3조1문 참조.
40) 환경보고서작성에 관한 법 제14g조의 규정은 SUP-RL 제5조 및 별표1이 국내법화된 것이다.

참여에 있어서 내용적 기초가 되어야 한다.[41]

관할행정청은 조기에 환경보고서를 작성하고, 계획이나 프로그램 실시로 예상되는 현저한 환경영향 및 합리적인 대안을 조사하고, 서술하고, 평가해야 한다. 동 규정에 의한 환경영향은 나쁜 영향과 좋은 영향 모두를 포함하는 개념이다. 내용상으로 환경보고서는 서술부분(법 제14g조2항)과 평가부분(법 제14g조3항)으로 구성된다.[42]

(2) 환경보고서의 서술내용

환경보고서에서는 앞서 본 스코핑(제14f조)의 기준에 따라 다음의 사항이 포함되어야 한다.

① 계획 또는 프로그램의 내용, 가장 중요한 목표, 다른 관련된 계획 · 프로그램과의 관계에 대한 약술(법 제14g조2항1문1호)[43]

② 계획 또는 프로그램에 적용되는 환경보호목표, 그 목표 및 기타 환경검토가 계획 또는 프로그램의 작성시 고려되었던 방법에 대한 서술(법 제14g조2항1문2호)

③ 환경의 특징, 현재의 환경상태, 이러한 특징 및 상태가 계획 또는 프로그램이 실시되지 않을 경우 예상가능한 전개상황에 대한 서술(법 제14g조2항1문3호)

④ 현재 계획 또는 프로그램에 있어서 중요한 환경문제, 특히 별표4 제2.6호[44]의 생태적으로 민감한 구역과 관련된 문제점에 관한 사항(법 제14g조2항1문4호)

⑤ 법이 정한 기준에 따른[45] 예상되는 현저한 환경영향에 대한 설명(법 제14g조2항1문5호)

⑥ 계획 또는 프로그램의 실시에 기한 현저한 환경에의 악영향을 방지하고, 저감하며, 가능한 한 塡補하기 위해 계획된 조치에 대한 서술(법 제14g조2항1문6호)

⑦ 보고서 기재사항을 정리할 때 나타나는 어려움의 지적. 예컨대 기술결함, 지식부족(법 제14g조2항1문7호)

⑧ 심사대상이 되는 代案을 선택한 이유의 약술 및 당해 심사의 실시방법에 대한 설명(법 제14g조2항1문8호)

---

41) Balla, "Der Umweltbericht in der Strategischen Umweltprufung nach dem neuen UVPG", NuR 2006, 485. 즉 법 제14g조의 'SUP의 환경보고서'는 법 제9조의 'UVP의 기초자료'와 비교되는 것이라고 할 수 있다.

42) Hendler, NVwZ 2005, 977 (981).

43) 계획 또는 프로그램의 내용, 가장 중요한 목표를 통하여 제3자가 심사되는 계획이나 프로그램에 대하여 개관할 수 있어야 한다. 또한 여기서의 관련된 계획 · 프로그램과의 관계는 다단계 계획 · 허가절차 등에서 계획이나 프로그램이 구분되는 경우에 문제가 되는 것이다.

44) 별표 4에 대해서는 이 글 부록 참조.

45) 법 제2조1항2문 및 제2조4항2문의 기준.

⑨ 계획된 모니터링조치[46)]에 대한 서술(법 제14g조2항1문9호)

이러한 환경보고서에 포함되어야 하는 내용 가운데 특히 의미가 있는 것은 ⑤ 및 ⑧일 것 같다.

⑤의 '예상되는 현저한 환경영향에 대한 설명'은 환경보고서의 서술부분(deskriptiver Teil)에 속한다. 이는 다음의 요소에 대한 계획이나 프로그램의 직접적 · 간접적 영향이 서술되어야 한다는 의미이다.

- 인간(인간의 건강 포함), 동물, 식물, 생물의 다양성
- 토양, 물, 공기, 기후, 경관
- 문화이익(Kulturgüter) 기타 물적 이익(Sachgüter)
- 이러한 보호이익의 상호작용

이로써 UVPG는 하나의 넓은 환경개념(ein weiter Umweltbegriff)만이 아니라, 통합된 환경보호의 사고(das Konzept des integrierten Umweltschutzes)에 바탕을 두고 있다는 점을 알 수 있다. 계획실무에 있어서, 환경보고서 기재사항의 수집(법 제14F조2항)은 기대가능한 비용의 일반적 유보하에 있다는 점이 강조된다.[47)]

⑧의 '대안'에 대해서도 좀 더 상세히 살펴보자.[48)]

환경보고서는 예상되는 현저한 환경영향을, 예정된 계획이나 프로그램의 대안의 실시를 위해서만이 아니라, 합리적인 대안을 위해서도 조사되고, 서술되고, 평가되어야 한다. 이와 같이 계획이나 프로그램의 목표 및 지리학적 적용영역을 고려하여 합리적인, 즉 현실가능한 대안이 행해질 수 있는 한, 대안심사가 행해져야 한다. 이 점에서 SUP규정은 법 제6조3항5호에서 단지 심사되는 다른 해결가능성에 대한 개관만을 요구하는 UVP규정보다 더 앞서 있다고 할 수 있다.[49)] 따라서 기대가능한 (추가)비용으로써 행해질 수 있는 대안만이 선택가능한 것이 된다.

또한 SUP에 있어서 대안심사의 목표는 가능한 한 환경보호적인 대안을 선택하는 것이다. 행정청이 반드시 환경영향을 가장 적게 받는 계획대안을 선택하라는 의무를 지는 것은 아니다. 법 제14k조2항에 따라 후속하는 계획결정에 있어서 SUP결과를 고려만 하면 된다.[50)]

---

46) 법 제14m조의 의미임.
47) Hendler, NVwZ 2005, 977 (981); vgl. Balla, NuR 2006, 485 (488 f.).
48) Balla, NuR 2006, 485 (490 f.).
49) Balla, NuR 2006, 485 (490); vgl. BVerwGE 100, 238.
50) Begr. SUPGE, BT-Drucks. 15/3441, S. 34.

마찬가지로 사업중지의 대안(Null-Alternative)의 편입을 대안심사에 포함시키는 것도 반드시 요구되는 것은 아니다. 왜냐하면 이러한 사업중지를 통한 해결책은 통상적으로 계획이나 프로그램을 통하여 추구하는 목표에 해당될 수 없기 때문이다.[51]

심사되는 대안을 선택한 이유에 대해서는 약술(Kurzdarstellung)이 필요하다. 여기서 '이유에 대한 약술'이라고 규정하고 있으므로, 결정적인 선택이유만 제시하면 되고, 대안선택의 상세한 이유에 대한 충분한 설명은 필요하지 아니하다. 그리고 당해 심사의 실시방법에 대해서는 '서술'(Darstellung)이 필요하다. 이러한 심사의 실시방법에 대해서는 제3자도 대안결정에 대하여 쉽게 이해할 수 있도록 중요한 결정기준에 대한 상세한 내용을 포함시켜야 한다.

(3) 환경보고서에서의 환경영향에 대한 임시적인 평가

SUP의 환경보고서에 있어서 환경영향에 대한 임시적인 평가(vorläufige Bewertung der Umweltauswirkungen)가 이루어진다는 점은(법 제14g조3항) 특기할 만하다. SUP의 환경보고서는 'UVP기초자료'(Unterlagen)경우와 비교될 수 있음을 보았는데, 'UVP기초자료'의 경우에는 사업주체가 기초자료를 작성하고, 관할행정청이 기초자료를 평가하는 二元的 체계로 되어 있는 것과는 달리, SUP의 환경보고서의 경우에는 그 작성 및 환경영향에 대한 평가가 一元的으로 이루어진다. 이러한 평가에 있어서도 구체적인 법률규정에서 환경관련 한계치(Grenzwerte) 또는 금지요건(Verbotstatbestände)이 존재하는 경우 특정한 환경영향이 허용될 수 있는지 여부가 문제되기도 하지만, 주로 특정한 환경영향이 衡量(Abwägung)의 차원에서 문제되는 경우가 대부분이다. 즉, 환경영향이 현저한 정도인지, 아니면 무시할 만한 것인지, 현저한 경우에도 어느 정도인지 등을 평가한다. SUP의 평가에 있어서 계획이나 프로그램에 대한 결정에 현저한 역할을 하는 경우, 다시 말해서 계획형량의 차원에서 고려되어야 하는 정도이면 '현저한'(erheblich) 것으로 볼 수 있다.[52]

3. 의사소통단계(Kommunikationsphase)

환경보고서를 작성한 후, 그것을 계획안과 함께 공표하고, 관계행정청 및 공중의

51) Schink, "Umweltprüfung für Pläne und Programme-Verfahrensanforderungen", NuR 2005, 143 (146); Balla, NuR 2006, 485 (490).

52) Peters/Balla, in: Hk-UVPG, § 14g, Rn. 28. 환경보고서의 평가에 대한 상세는 같은 책 Rn. 29 ff. 참조.

참여가 이루어진다. 효과적이고 포괄적인 공중참여(14i조)는 SUP의 핵심요소 중 하나라고 할 수 있다. 이 단계에서는 법 제9조1항이 준용되어(1항), 공중에 청문의 기회, 이해관계 있는 공중에게는 의견표명의 기회를 보장한다. 1개월 이상의 기간을 설정하여 자료열람이나 설명회 등을 거쳐, 구두 혹은 서면에 의해 의견표명이 행해진다.

(1) 관계행정청의 참여(법 제14h조)

관할행정청은 환경 · 건강에 관한 업무영역이 계획 또는 프로그램에 의해 영향을 받게 되는 다른 행정청이 있는 경우에는 그 행정청에게 계획 또는 프로그램의 초안 및 환경보고서를 송부하고, 그 행정청의 의견을 구한다. 관할행정청은 그 의견제출을 위해 1개월 이상의 상당한 기한을 정한다.

UVP에 있어서와 마찬가지로 SUP절차에서의 관계행정청의 참여를 통하여 관할행정청은 보다 많은 정보를 기초로 삼을 수 있다는 점에서 의의가 있다.[53)]

(2) 公衆의 참여(법 제14i조)

SUP에 있어서 공중의 참여는 법 제14i조에서 2원적 公衆개념을 규정하고 있다. 즉 통상의 공중(Öffentlichkeit)과 '이해관계가 있는 공중'(betroffene Öffentlichkeit)이 그것이다.[54)]

공중참여에 관하여 달리 정함이 없으면 UVP의 공중참여에 관한 규정인 법 제9조1항 내지 1b항을 준용한다(제14i조1항). 계획 또는 프로그램의 초안, 환경보고서, 관할행정청이 그 포함을 합목적적으로 간주하는 기타 자료는 조기에 1개월 이상의 상당한 기간 동안 공람되어야 한다. 공람장소는 계획 또는 프로그램의 유형이나 내용을 고려하고, 공중의 실효성 있는 참여가 보장되도록 관할행정청이 정한다(제14i조2항).

그러나 이러한 계획 또는 프로그램의 초안, 환경보고서에 대하여 의견표명(Äußerung)을 할 수 있는 자는 모든 공중이 아니라(kein Jedermann-Beteiligungsrecht), '이해관계가 있는' 공중이다. 누가 이해관계가 있는지를 판단할 수 있기 위해서라도 모든 자가 관계 자료를 열람할 수는 있지만, 그에 대한 의견표명은 이해관계가 있는 자만이 할 수 있도록 규정하고 있다. 이를 이른바 '깔때기형의 공중참여'(trichterförmige Öffentlichkeitsbeteiligung)라고 부르기도 한다.[55)]

---

53) Peters/Balla, in: Hk-UVPG, § 14h, Rn. 1.
54) 각각 그 개념에 관해서는 법 제2조 6항에서 이를 규정하고 있다.
55) Peters/Balla, in: Hk-UVPG, § 14j, Rn. 9.

여기서 이해관계가 있는 공중이란, 당해 결정이 그들의 이익(Belange)과 연관되는 모든 자연인 · 법인, 법인 기타 단체를 말하며, 환경단체도 이에 포함된다. 여기서 이익이란 공 · 사법상 권리뿐만 아니라, 기타 모든 경제적 · 생태적 · 사회적 · 문화적 · 이념적 이익을 포함하는 넓은 개념이다. 다만, 전적으로 일반 또는 공익만을 보호하려는 이익은 원칙적으로 여기서의 이익이 아니라고 보고 있다.[56]

이해관계가 있는 공중은 계획 또는 프로그램의 초안 및 환경보고서에 관하여 의견을 표명할 수 있으며, 관할행정청은 그 의견표명을 위해 1개월 이상의 상당한 기간을 정한다. 연방법에서 관련규정이 있는 경우에는 설명회가 개최되어야 한다(제14h조3항).

(3) 국경을 넘은 행정청 · 공중의 참여(14j조)

여러 나라들이 국경을 서로 접하여 있는 유럽국가의 특성상 국경을 넘어선 인근국가의 행정청이나 공중의 참여를 고려해야 하는 경우가 있다. 이 점에 대해서는 SUP의 특별한 규정을 두고 있는 것이 아니라, UVP에서의 국경을 넘은 행정청 · 공중의 참여의 경우를 준용하도록 하고 있다.

4. 결정단계(Entscheidungsphase) – 최종평가 및 고려

(1) 환경보고서 내용의 심사 : 최종평가

SUV의 환경보고서에서는 UVP의 기초자료에서와는 달리, 서술적 부분과 평가적 부분이 모두 관할행정청에 의해 작성된다는 점을 보았다. 즉, 임시적인 성격을 가진, 1차적인 평가가 환경보고서 작성단계에서 이미 이루어졌다. 그 다음 단계에서 행정청 및 공중의 참여가 행해지고, 그 과정에서 얻은 정보나 의견을 바탕으로 최종적인 평가를 하게 된다.

관할행정청은 관계행정청의 의견, 이해관계 있는 공중의 의견, 국경을 넘은 행정청 · 공중의 의견 등을 고려하여, 환경보고서의 서술내용과 평가를 심사하며, 이때 환경보고서 평가시의 기준[57]과 같은 기준을 적용한다(법 제14k조1항).

(2) 계획 · 프로그램에 대한 결정에 있어서의 고려

심사의 결과는 후속하는 계획 또는 프로그램의 수립절차나 변경절차에서 고려되어

56) 위와 같음.
57) 즉, 법 제1조, 제2조4항2문, 제2조1항2문의 기준(법 제14g조3항 참조).

야 한다(법 제14k조2항). 이를 통하여 대안의 검토를 포함하여 다른 행정청 및 공중의 의견을 후속 계획절차에 실질적으로 반영할 수 있게 된다. 동조1항의 환경보고서의 평가에서와는 달리, 여기서의 '고려'(Berücksichtigung)는 계획이나 프로그램에 대한 결정에 있어서 관련되는 모든 이익의 고려를 뜻한다. 법문에서는 어떠한 방식으로 고려가 행해져야 하는지에 대하여 특별한 규정이 없지만, 계획이나 프로그램에 대한 계획적 결정이 이 결정에서 적용되는 개별전문법의 규정에 구속되어야 한다. 그리고 결정에 있어서 효율적인 환경사전배려는 당해 계획이나 프로그램의 기준이 되는 개별전문법에서 사전배려명령이나 지속가능개발명령 등을 포함하고 있지 않더라도, 이미 정당한 형량명령에서 요청되는 것이라고도 할 수 있다.[58)]

5. 공표단계(Publizitätsphase)

(1) 公　告

계획 또는 프로그램에 대하여 긍정적으로 최종 결정하여 이를 채택할 경우, 그 결정을 공고해야 한다. 즉, 계획 또는 프로그램의 채택은 '공고되어야' 한다. 그리고 계획 또는 프로그램의 불채택은 '공고될 수' 있다(법 제14l조1항).

(2) 供　覽

계획 또는 프로그램이 채택된 경우에는 다음 사항은 열람에 제공해야 한다(법 제14l조2항).

① 채택된 계획 또는 프로그램

② 계획 또는 프로그램에서 환경검토가 어떻게 행해졌는지, 환경보고서 및 이해관계 있는 공중 · 관계행정청의 의견이 어떻게 고려되었는지, 채택된 계획이나 프로그램이 代案과의 형량을 거쳐 어떠한 이유에서 선택되었는지에 대한 요약설명

③ 모니터링조치의 수립계획

6. 事後統制段階(Kotrollphase/Monitoringphase)

계획이나 프로그램이 결정된 후 그것을 실시하는 단계에서는 그 실시상황을 확인하기 위해, 모니터링(Monotoring/Überwachung)이 행해진다. 모니터링에 대해서는 이

58) Peters/Balla, in: Hk-UVPG, § 14k, Rn. 5.

미 환경보고서의 기재사항으로서 포함되고, 공람절차에서도 모니터링조치의 수립계획이 공람대상임은 앞서 본 바와 같다.

모니터링(Überwachung)이라는 제목을 가진 법 제14m조에서는 "계획 또는 프로그램의 실시로 인해 발생하는 현저한 환경영향은, 특히 조기에 예견할 수 없는 악영향을 조사하고, 적절한 시정조치를 취할 수 있도록 하기 위하여 모니터링을 해야 한다."고 규정하고 있다(동조 1항). 이와 같이 모니터링의 대상은 계획이나 프로그램의 실시로 인한 현저한 환경영향이지만, '특히'(insbesondere) 예견할 수 없는 악영향(unvorhergesehene nachteilige Auswirkung)의 경우임을 강조하고 있다.

모니터링은 원칙적으로 전략환경심사 관할행정청의 소관이며, 다른 행정청은 관할행정청의 요구가 있는 경우, 필요한 모든 환경정보를 제공해야 한다(동조 2항,3항).

모니터링의 결과는 공중 및 관계행정청이 쉽게 이용할 수 있어야 하고, 또한 계획 또는 프로그램을 새로이 수립하거나 변경하는 때에 고려되도록 하는(동조 4항) 이른바 還流(feed-back)조치를 의무적으로 규정하고 있다.

모니터링을 위해 기존의 모든 정보원 및 모니터링조치가 이용될 수 있다(동조 5항).

모니터링에 대한 상세한 내용은 규정하지 않고, 다소 열려있는 형식의 입법을 취하고 있는데, 그 이유는 계획 및 프로그램과 관련된 모니터링의 실무상 경험이 많지 않는 점에 기인한다고 한다.[59] 따라서 모니터링의 종류 및 구체적 조치의 확정은 개별 사안에 따라 합목적적으로 이루어질 수 있는 여지가 있다.[60]

7. 전략환경평가절차에서의 중복심사의 방지

이상에서 독일의 SUP 절차를 6개 단계로 나누어 살펴보았는데, SUP는 환경영향의 조사와 평가에 대한 다른 심사와 통합할 수 있다(법 제14n조).

이는 중복심사를 방지함으로써, 환경심사의 부담을 경감하기 위한 규정이라고 할 수 있는데, 전략환경심사가 마찬가지로 환경영향에 대한 조사 및 평가를 하는 다른 심사와 결부될 수 있다는 점을 분명히 하고 있다. 여기서의 다른 심사란 내용적으로 유사하고, 대상이 되는 계획이나 프로그램의 공간적 범위가 겹치는 심사, 가령 야생동식물 · 서식지 적합성심사(FFH-Verträglichkeitsprüfung)를 들 수 있다.[61]

59) 法案(SUPGE)에 대한 입법이유서(Begründung), BT/Drucks. 15/3441, S. 35.
60) Peters/Balla, in: Hk-UVPG, § 14m, Rn. 1.
61) Peters/Balla, in: Hk-UVPG, § 14n, Rn. 6.

❖ 〈그림 1〉 독일 전략환경심사 절차도[62]

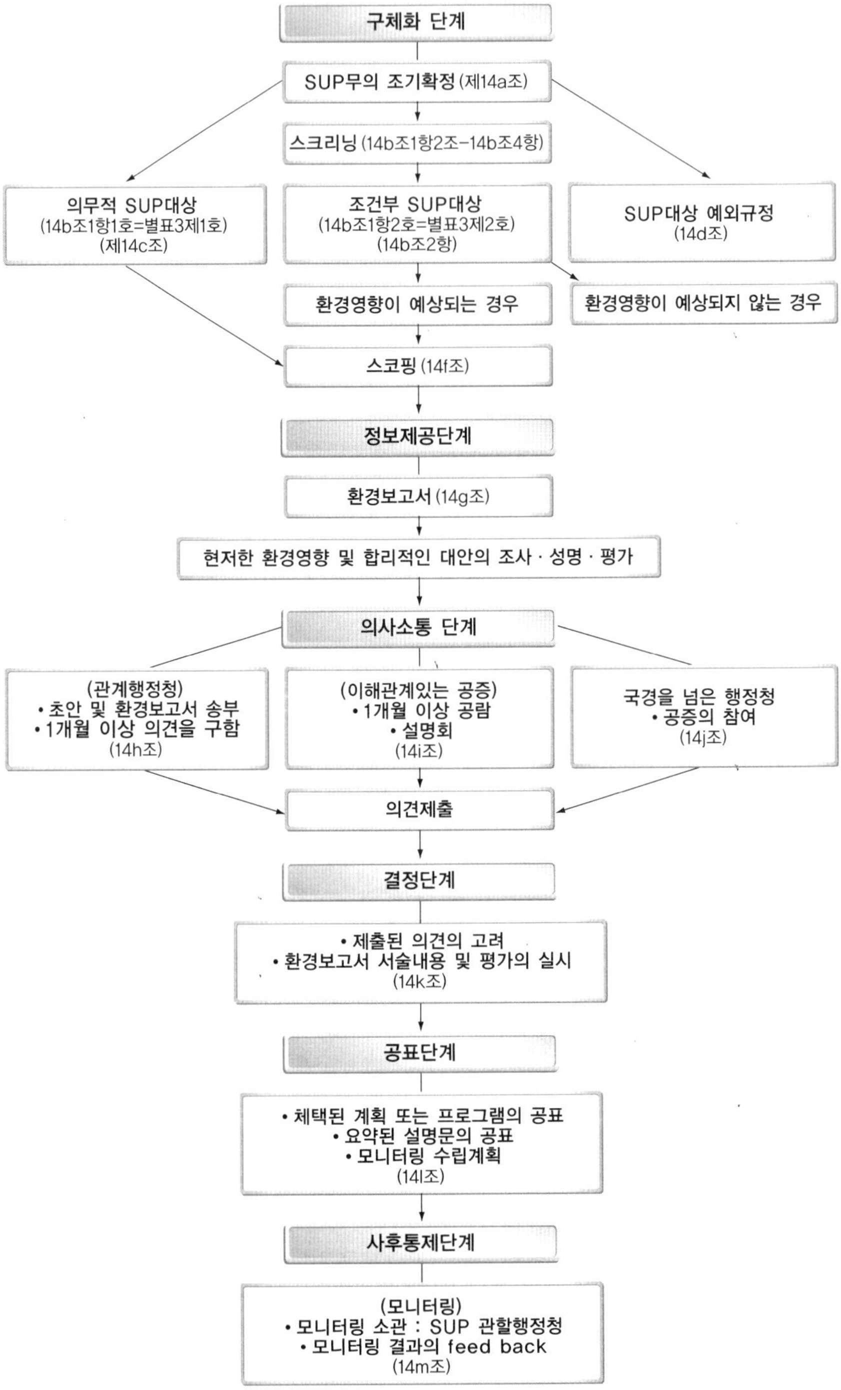

62) 이 그림은 유럽SUP지침에 대한 절차도(Callies, Verfahrensrechtliche Anforderungen der Richtlinie zur

Ⅴ. 맺음말

이상에서 2005년 독일에 도입된 전략환경평가제도에 대하여 살펴보았는데, 다음 몇 가지를 지적하면서 논의를 맺고자 한다.

첫째, 독일의 전략환경평가제도는 전체적인 환경영향평가제도의 틀 가운데 있다는 점이다. 독일의 입법자는 다양한 가능성 중에서, 기존의 환경적합성심사법(UVPG) 내에 전략환경심사(SUP)를 삽입하는 형태로 동 제도를 입법화했다. 이 점은 우리에게도 시사하는 바가 적지 아니한 바, 환경정책기본법상의 사전환경성검토제도[63]와 환경·교통·재해등영향평가법상의 환경영향평가제도의 조화가 논의되는 우리나라에서도 비교법적으로 검토할 만한 부분이라고 생각된다.

둘째, 독일의 전략환경평가제도는 '계획형량'이라는 중심개념을 토대로 매우 정치하게 발전된 독일 계획법과 연관하여 이해될 수 있다는 점이다. 단위사업 이전단계인 계획단계에서 환경영향을 평가하는 것이 동 제도의 핵심내용인데, 이는 계획법상 형량에 있어서 환경이익을 고려하는 전통적인 계획법체계내에서 이미 녹아있는 내용이라고도 볼 수 있기 때문이다. UVPG내의 전략환경평가제도의 내용 중 많은 부분에서 건설법전상의 규정이 있는 경우에는 적용되지 아니함을 명시하는 것도 이러한 맥락에서 이해할 수 있다. 이는 계획법과 환경법의 조화를 강조되어야 하는 이유이며, 향후 우리가 전략환경평가제도를 보는 기본적인 바탕에서 유념해야 하는 점이기도 하다.

셋째, 독일 전략환경평가제도에 있어서 公衆과 관계행정청의 '참여'가 강조되고 있는 점도 주목할 만하다. 정보형성을 위한 것이라고 할 수 있는 관계행정청의 참여도 여기서 중요하지만, 특히 公衆의 참여는 '오늘날 행정법관계에서 私人의 새로운 위상'이라는 큰 틀에서 이해될 수 있다고 생각된다. 이는 최근 유럽 차원에서 환경정보에의 접근 및 의사결정에 있어서 公衆의 참여 등이 강조되고 있는[64] 점과도 무관치 않을 것이다.

이상에서 방대한 환경법·계획법 가운데 종합적으로 검토해야 하는 독일 전략환경평가제도를 살펴보았다. 후속논의를 통하여 보완·발전시켜야 할 것 같다.

strategischen Umweltprüfung (SUP-RL), S. 166)의 기본틀을 참고하여, 이 글에서 소개하는 UVPG의 관련 규정을 중심으로 필자가 작성한 것임.

63) 사전환경성검토제도를 전략환경평가제도로 볼 수 있는지 여부는 일단 별론으로 한다. 전략환경평가와 사전환경성검토에 대한 비교에 대해서는 함태성, 앞의 논문, 223쪽 이하 참조.

64) 가령, 1998. 6. 25. UNECE 주도하에 체결돼 2001년 10월 발효된 오르후스(Aarhus)협약을 들 수 있다. 이 오르후스협약은 그 밖에도 환경문제에 있어서 司法制度이용과 관련하여서도 매우 중요한 내용을 담고 있는 바, 이 점은 다음 기회에 상세하게 논하고자 한다.

부 록

독일의 환경영향평가법(=환경적합성심사법, UVPG, BGBl. I, S. 1757) 제3장 전략환경심사(SUP)

제1절 전략환경심사의 요건

제14a조 (전략환경심사의무의 확정)

(1) 관할행정청은 제14b조 내지 제14d조에 의해 전략환경심사의 실시의무가 있는지 여부를 조기에 확정한다.

(2) 제1항의 확정에 있어서, 제14b조2항 또는 제14d조에 의해 스크리닝이 행해지고 있는 경우에는, 연방과 주의 규정에 의해 공중이 환경정보에 접근할 수 있도록 해야 하며, 전략환경심사가 행해지지 않는 경우에는, 이를 그 주된 이유를 포함하여 공지해야 한다. 이 확정은 단독으로 취소될 수 없다.

제14b조 (특정한 계획 · 프로그램 영역 혹은 개별 사안에 있어서 전략환경심사의무)

(1) 다음의 계획 및 프로그램에 대해서는 전략환경심사가 실시되어야 한다.

1. 별표3 제1호에서 규정된 계획 및 프로그램.

2. 별표3 제2호에서 규정되고, 별표1에서 규정된 사업 또는 주법에 의해 환경적합성심사나 스크리닝을 받아야 하는 사업의 허가 결정에 대한 대강을 정하는 계획 및 프로그램.

(2) 제1항의 계획 및 프로그램이 아닌 경우, 그 계획 및 프로그램이 별표1에서 규정된 사업 또는 기타 사업의 허가 결정에 대한 대강을 정하고, 또한 제4항의 의미의 스크리닝에 의해 현저한 환경영향이 예상되는 경우에는 전략환경심사를 실시해야 한다. 건설법전 제34조4항 및 제35조6항은 본 항의 적용을 받지 아니한다.

(3) 계획 및 프로그램이 후속 허가결정에 있어서 의미 있는 확정, 특히 사업의 필요성, 규모, 입지, 성격, 조업조건 또는 자원의 사용요구에 대한 결정을 포함하는 경우에는, 당해 계획 및 프로그램은 사업의 허가 결정에 대한 대강을 정한다.

(4) 전략환경심사의 실시가 스크리닝에 의존하는 경우에는 관할행정청은 별표 4에 규정된 기준을 고려하여 개략심사에 기하여 그 계획 혹은 프로그램이 제14k조2항에 의해 후속 수립절차에서 고려되어야 할 현저한 환경영향이 예상되는지 여부를 평가해야 한다. 제1문에 의한 스크리닝의 경우, 환경영향이 회피 · 저감조치에 의해 얼마나 명백하게 제거될 수 있는지를 고려해야 한다. 제1문의 스크리닝에는 제14h조의 행정청을 참여시켜야 한다. 스크리닝의 실시 및 결과는 문서로 작성되어야 한다.

제14c조 (적합성심사에 기한 전략적 환경적합성심사의 의무)

연방자연보호법 제35조1문2호의 적합성심사를 받는 계획 및 프로그램에 대해서는 전략환경심사가 실시되어야 한다.

제14d조 (SUP의무의 예외)

(1) 제14b조1항 및 제14c조의 계획 및 프로그램이 경미하게 변경되거나, 지역의 작은 구역에서의 이용을 정하는 것인 경우에는, 당해 계획 및 프로그램에 현저한 환경영향이 예상되는 것으로 제14b조4항의 스크리닝에 의해 밝혀지게 되는 때에 한해 전략환경심사가 실시될 수 있다. 건설법전 제13조 및 제13a조는 본 항의 적용을 받지 아니한다.

(2) 물관리 및 국토정비 영역의 계획 및 프로그램의 경우에는 주는 제1항의 사안에 있어서, 계획 또는 프로그램 유형의 확정, 스크리닝, 또는 이러한 절차의 조합을 통하여, 어떠한 요건 하에서 전략환경심사를 실시해야 하는가를 정한다. 이때 현저한 환경영향이 예상되는 계획 및 프로그램에 대해서는 전략환경심사가 실시되도록 해야 한다.

(3) 제2항은 별표3의 1.6호에 의한 계획 및 프로그램에 대해서는 적용되지 아니한다.

제2절 전략환경심사의 절차과정

제14e조 (전략환경심사에 있어서 다른 법규정의 우선적용)

제14o조 및 제19a조와는 관계없이, 본 절의 규정은 연방 및 주의 법규정이 전략환경심사를 상세하게 규정하고 있지 않거나, 그 규정의 요구가 본 법에 미치지 않는 경우에는 적용된다. 보다 광범위한 사항을 요구하는 규정이 있는 경우에는 본법은 적용되지 않는다.

제14f조(조사범위의 확정)

(1) 전략환경심사의 관할행정청은 전략환경심사의 조사범위를 제14g조의 환경보고서에서 기재되어야 하는 사항의 범위와 상세정도(Detaillierungsgrade)를 포함시켜 확정한다.

(2) 환경보고서에 기재되어야 하는 보고사항의 범위와 상세정도를 포함한 조사범위는 제2조1항을 준용한 제2조4항을 고려하여, 계획 및 프로그램의 작성, 채택 또는 변경에 대한 결정의 기준이 되는 법규정에 의해 정해진다. 환경보고서에는 기대가능성 있는 비용으로 조사될 수 있는 사항을 포함시키고, 현재의 지식수준, 행정청에 전달된 공중의 의견표명, 일반적으로 승인된 심사방법, 계획 또는 프로그램의 내용 · 상세정도, 결정과정에 있어서 그 위상을 고려한다.

(3) 계획 및 프로그램은 다단계 계획 · 허가과정의 구성요소인 경우에는, 조사범위의 확정에 있어서 중복심사를 피하기 위해, 이 과정의 어느 단계에서 특정한 환경영향을 중점적으로 심사해야 하는지를 정해야 한다. 이때 환경영향의 유형과 범위, 부문별 필요조건, 계획 또는 프로그램의 내용 및 결정대상을 고려해야 한다. 후속의 계획 및 프로그램이나 후속 사업허가의 대강을 정하는 경우 당해 후속사업허가에 있어서는, 환경심사는 추가적인 환경영향 및 반드시 필요한 현실화 · 심화에 한하여 행해져야 한다.

(4) 계획 또는 프로그램을 통하여 그 환경 · 건강 관련업무영역이 영향받는 행정청은 전략환경심사의 조사범위 및 환경보고서에 기재되어야 하는 사항의 범위 · 상세정도를 정할 때 참여한다. 관할행정청은 적절한 정보를 바탕으로 참여행정청에세, 제1항의 확정에 대하여 협의하거나 입장표명할 기회를 부여한다. 전문가 및 제3자의 조언을 들을 수도 있다. 참여행정청이 환경보고서를 위해 유용한 정보를 보유하는 경우에는 이를 관할행정청에 송부한다.

제14g조 (환경보고서)

(1) 관할행정청은 조기에 환경보고서를 작성한다. 이때 계획 또는 프로그램의 실시로 예상되는 현저한 환경영향 및 합리적인 대안을 조사 · 서술 · 평가한다.

(2) 제1항의 환경보고서는 제14f조의 기준에 따라 다음의 사항이 포함되어야 한다.

1. 계획 또는 프로그램의 내용, 가장 중요한 목표, 다른 관련된 계획 · 프로그램과의 관계에 대한 약술

2. 계획 또는 프로그램에 적용된 환경보호목표, 그 목표 및 기타 환경검토가 계획 또는 프로그램의 작성 시 고려되었던 방법에 대한 서술

3. 환경의 특징, 현재의 환경상태, 이러한 특징 및 상태가 계획 또는 프로그램이 실시되지 않을 경우 예상 가능한 전개상황에 대한 서술

4. 현재 계획 또는 프로그램에 있어서 중요한 환경문제, 특히 별표4 제2.6호의 생태적으로 민감한 구역과 관련된 문제점에 관한 사항

5. 제2조1항2문을 준용하는 제2조4항2문의 예상되는 현저한 환경영향에 대한 설명

6. 계획 또는 프로그램의 실시에 근거한 현저한 환경에의 악영향을 방지하고, 저감하며, 가능한 한 塡補하기 위해 계획되는 조치에 대한 서술

7. 보고서 기재사항을 정리할 때 나타나는 어려움의 지적. 예컨대 기술결함, 지식부족

8. 심사될 대안을 선택한 이유의 약술 및 그 심사의 실시방법에 대한 설명

9. 제14m조의 계획된 모니터링조치에 대한 서술

제1문의 기재사항은 계획 또는 프로그램의 유형에 따라서 제3자가 계획 또는 프로그램의 환경영향과 관련될 수 있는지 여부 및 그 범위에 관해 당해 제3자가 판단할 수 있도록 해야 한다. 본 항의 보고사항에 대한 상식적 · 비기술적 요약문은 환경보고서에 첨부되어야 한다.

(3) 관할행정청은 환경보고서에서 현행법 기준하에 제2조1항2문을 준용하는 제1조 및 제2조4항2문의 의미의 실효성 있는 환경사전배려의 측면에서 계획 또는 프로그램의 환경영향을 임시적으로 평가한다.

(4) 다른 절차나 활동으로 인하여 관할행정청에 부여되는 사항은 그것이 예견된 목적에 적합하고 충분히 현실성이 있는 경우에는 환경보고서에 포함될 수 있다.

제14h조 (다른 행정청의 참여)

관할행정청은 환경 · 건강에 관한 업무영역이 계획 또는 프로그램에 의해 영향을 받게 되는 다른 행정청이 있는 경우에는 그 행정청에게 계획 또는 프로그램의 초안 및 환경보고서를 송부하고, 그 행정청의 의견을 구한다. 관할행정청은 그 의견제출을 위해 1개월 이상의 상당한 기한을 정한다.

제14i조 (공중의 참여)

(1) 공중참여에 관하여 달리 정함이 없으면 제9조1항 내지 1b항을 준용한다.

(2) 계획 또는 프로그램의 초안, 환경보고서, 관할행정청이 그 포함을 합목적적으로 간주하는 기타 자료는 조기에 1개월 이상의 상당한 기간 동안 공람되어야 한다. 공람장소는 계획 또는 프로그램의 유형이나 내용을 고려하고, 이해관계가 있는 공중의 실효성 있는 참여가 보장되도

록 관할행정청이 정한다.

(3) 이해관계가 있는 공중은 계획 또는 프로그램의 초안 및 환경보고서에 관하여 의견을 표명할 수 있다. 관할행정청은 그 의견표명을 위해 1개월 이상의 상당한 기간을 정한다. 연방의 법규정이 특정한 계획 및 프로그램에 대한 관련규정을 두는 경우, 설명회가 개최되어야 한다.

제14j조 (국경을 넘은 행정청 · 공중의 참여)

(1) 국경을 넘은 행정청의 참여에는 제8조를 준용한다. 타국의 관할행정청에 통지하는 경우, 계획 또는 프로그램 초안 및 환경보고서 1부를 송부해야 한다. 관할행정청은 타국의 관할행정청이 의견표명의 기회를 가지는 기간의 범위 내에서 상당한 기간을 정한다. 관할행정청은 계획 또는 프로그램을 채택한 경우 참여한 타국에 제14l조2항에 규정된 정보를 제공한다.

(2) 국경을 넘어 행해진 공중참여에는 제9a조를 준용한다. 타국에 거주하는 공중은 제14j조1항 내지 3항에 의한 설차에 참여할 수 있나.

(3) 타국의 계획 및 프로그램에서의 독일의 행정청 및 공중의 참여에 관해서는 제9b조를 준용한다.

제14k조 (최종적인 평가 및 고려)

(1) 행정청 및 공중의 참여가 행해진 후에, 관할행정청은 제14h조 내지 제14j조에 의해 전달된 의견 및 의사표명을 고려하여, 환경보고서의 서술내용과 평가를 심사한다. 그 심사에 있어서 제14g조3항에서 정한 기준을 적용한다.

(2) 제1항의 심사의 결과는 계획 또는 프로그램의 수립절차나 변경절차에서 고려되어야 한다.

제14l조 (계획 또는 프로그램의 채택결정의 공고)

(1) 계획 또는 프로그램의 채택은 공고되어야 한다. 계획 또는 프로그램의 불채택은 공고될 수 있다.

(2) 계획 또는 프로그램이 채택된 경우 다음의 정보는 열람을 위해 제공해야 한다.

1. 채택된 계획 또는 프로그램

2. 계획 또는 프로그램에서 환경검토가 어떻게 행해졌는지, 제14g조의 환경보고서 및 제14h조 내지 제14j조의 의견 및 의사표명이 어떻게 고려되었는지, 채택된 계획이나 채택된 프로그램이 심사될 대안과의 형량을 거쳐 어떠한 이유에서 선택되었는지에 대한 요약설명

3. 제14m조의 모니터링조치의 수립

제14m조 모니터링(Überwachung)

(1) 계획 또는 프로그램의 실시로 인해 발생하는 현저한 환경영향은 특히 조기에 예견할 수 없는 악영향을 조사하고, 적절한 시정조치를 취할 수 있도록 하기 위하여 모니터링해야 한다. 필요한 모니터링조치는 계획 및 프로그램의 채택과 함께 환경보고서의 기재사항을 바탕으로 하여 정해져야 한다.

(2) 연방 또는 주의 법규정에서 관할위반을 정하고 있지 않는 한, 모니터링은 전략환경심사를 담당하는 행정청의 소관이다.

(3) 다른 행정청은 제2항의 관할행정청의 요구가 있는 경우, 제1항에 의한 업무 수행에 필요

한 모든 환경정보를 제공해야 한다.

(4) 모니터링의 결과는 환경정보에의 접근에 대한 연방과 주의 규정에 의한 공중 및 제14h조에 규정된 행정청이 쉽게 이용할 수 있게 해야 하고, 계획 또는 프로그램을 새로이 수립하거나 변경하는 때에 고려되어야 한다.

(5) 제1항의 요구를 충족하기 위해, 기존의 모니터링메카니즘(Überwachungmechanism), 통계데이타 기타 정보원이 이용될 수 있다. 제14g조4항은 이를 준용한다.

제14n조 (공통절차)

전략환경심사는 환경영향의 조사 및 평가에 대한 다른 심사와 결부될 수 있다.

제14o조 (州法에 의한 전략환경심사절차)

제14b조 내지 제14d조에 의해 전략환경심사를 실시해야 하는 물관리 및 국토정비영역의 계획 및 프로그램의 경우, 州는 전략환경심사의무의 확정절차 및 전략환경심사의 실시절차를 정한다. 본 조는 별표 3 제1.6호에 의한 계획 및 프로그램에는 적용되지 않는다. 제14j조는 본 조의 적용을 받지 아니한다.

〈별표3〉 '전략환경심사의무가 있는 계획 및 프로그램'의 리스트

다음의 계획 및 프로그램은 제3조1a항에 의해 본법의 적용대상이 된다.

1. 제14b조1항1호에 의한 의무적인 전략환경심사

1.1 연방의 交通路整備法(Verkehrswegeausbaugesetz)에 의한 수요계획(Bedarfpläne)를 포함한 연방의 交通路計劃(Verkehrswegeplanungsen)

1.2 항공교통법 제8조1항 및 2항에 의한 결정의 범위를 본질적으로 넘은 수립 또는 변경이 행해진 경우에 있어서 항공교통법 제12조1항에 의한 정비계획(Ausbaupläne)

1.3 물관리법 제31d조에 의한 홍수방지계획(Hochwasserschutzpläne)

1.4 물관리법 제36조에 의한 조치프로그램

1.5 국토정비법 제8조 및 9조에 의한 국토정비계획(Raumordnungsplanungen)

1.6 국토정비법 제18a조에 의한 독일의 배타적 경제구역(die deutschen ausschließlichen Wirtschaftszone)에 있어서 연방의 국토정비

1.7 湖水施設令(Seeanlagenverordnung) 제3a조에 의한 特別適正區域(besondere Eignungsgebiete)의 확정

1.8 건설법전 제6조 및 제10조에 의한 건설관리계획

1.9 연방자연보호법 제15조 및 16조에 의한 경관계획

2. 제14b조1항2호에 의한 大綱설정(Rahmensetzung)시의 전략환경심사

2.1 연방임미씨온방지법 제47d조에 의한 소음조치계획(Lärmaktionspläne)

2.2 연방임미씨온방지법 제47조1항에 의한 대기청정계획(Luftreinhaltepläne)

2.3 순환관리 · 폐기물법 제19조5항에 의한 폐기물관리방안(Abfallwirtschaftskonzepte)

2.4 순환관리 · 폐기물법 제16조3항4문2단에 의한 폐기물관리방안의 보완

2.5 유해폐기물, 폐전지 및 축전지 또는 포장물 및 포장폐기물의 처리에 대한 특별한 항목 또는 개별의 부문계획을 포함한 순환관리·폐기물법 제29조에 의한 폐기물관리계획(Abfallwirtschaftspläne)

〈별표4〉 전략적 환경심사의 틀에서 이루어지는 개별 사전심사(스크리닝)에서의 판단 기준

다음의 기준은 별표4가 관련되는 한 적용되어야 한다.

1. 계획 또는 프로그램의 특징, 특히 다음의 사항

1.1 계획 또는 프로그램이 대강을 정하는 경우 그 규모

1.2 계획 또는 프로그램이 다른 계획 및 프로그램에 영향을 주는 경우 그 규모

1.3 특히 지속가능한 개발을 장려하는 측면에서, 환경에 관한 검토(건강관련 검토 포함)에 있어서 계획 또는 프로그램의 의미

1.4 계획 또는 프로그램에 중요한 환경에 관련된 문제(건강문제 포함)

1.5 독일 및 유럽의 환경규정의 시행에 있어서 계획 또는 프로그램의 의미

2. 가능성이 있는 영향 및 예측되는 관련구역의 특징, 특히 다음의 사항

2.1 영향의 개연성, 지속기간, 빈도 및 可逆性(Umkehrbarkeit)

2.2 영향의 누적성 및 여러 국가에 걸치는 특성

2.3 환경(사람의 건강 포함)에 대한 리스크 (예컨대 사고의 경우)

2.4 영향의 범위 및 공간적 확대

2.5 환경의 質에 관한 규범 및 한계치를 넘는 경우를 각각 고려한 다음, 특별한 자연적 특징, 문화유산, 당해 구역의 토지이용강도을 근거로 할 때, 예상할 수 있는 관련구역의 의미 및 민감성

2.6 별표2 제2.3호의 구역

제 6 장

契約을 통한 都市計劃의 法理

- 獨逸 建設法典(BauGB)의 都市計劃契約을 중심으로 -

Ⅰ. 머리말

행정법학에서 전통적 의미의 公과 私의 개념이 허물어져 가고 있다. 이러한 현상은 특히 公私協力 내지는 官民協力(Public-Private-Partnership)이 이루어지는 분야에서 찾아 볼 수 있다. 이미 행정의 영역에서 거버넌스(governance)의 개념이 폭넓게 받아들여지고 있는 점을 생각한다면, 행정법교과서에서 볼 수 있는 행정주체와 행정객체(행정의 상대방)간의 전통적인 행정법관계에 대한 근본적인 수정이 필요하지 아니한가 하는 생각마저 생길 정도이다.

계획법영역에서는 어떠한가?

계획법에서도 사인과의 협력(Zusammenarbeit mit Privaten)을 바탕으로 한 행정계획이 중시되고 있으며, 그 주목할 만한 예가 바로 행정주체와 사인간의 계약을 통하여 도시계획이 이루어지는 '도시계획계약'이다. 여기서의 사인은 계획행정상 법률관계에 있어서 기껏해야 계획수립절차에 의견을 개진하는 정도의 행정객체가 아니다. '협력적 국가의 사고'(kooperatives Staatsverständnis)는 '협력적 행정작용'(kooperatives Verwaltungshandeln)의 일종인 '협력적 도시계획' 내지는 '협력적 도시건설'(kooperativer Städtebau)에서 나타나고 있는 것이다. 이른바 '명령에서 계약으로'(vom Gebot zum Vertrag)[1)]이라는 패러다임의 변화가 계획법에서 대두되고 있음을 볼 수 있다.

우리나라 법제에서는 다소 생소한 이러한 계획을 통한 도시계약에 대해서 독일의 경우 건설법전(BauGB)에서 관련규정을 두어 계약을 통한 도시계획의 법리를 발전시켜 오고 있다.[2)]

이 글에서는 도시계획계약의 대표적인 형태라고 할 수 있는 독일 건설법전 제11조의 도시계획계약에 초점을 맞추어 계약을 통한 도시계획의 법리에 대하여 살펴보고자 한다.

Ⅱ. 계약을 통한 도시계획의 의미와 법적 근거

1. 도시계획에서의 계약이라는 행위형식의 유용성

첫째, 도시계획에 대해서는 행정주체와 사인 양자의 이해관계가 함께 걸려있으며, 계약이라는 수단을 통하여 양자 모두가 원하는 방향으로 도시계획을 실현시킬 수 있다. 현대의 도시계획 내지 도시건설은 반드시 공적인 사업계획으로만 이루어지는 것이 아니라, 사적인 사업계획으로도 실현된다. 공적 영역은 그들에 의해 선행된 계획 및 기반시설급부의 이용을 위한 건설권(Baurechte)을 실현하고 지속가능한 도시개발을 추구한다. 사적 영역은 공공사업의 신속한 실현에 관심이 있으며, 이는 도시계획의 방향에 부합하는 가치의 유지 · 상승을 위한 거래에서도 촉진된다. 이처럼 행정주체(특히 지방자치단체) 및 사인의 공통적 이해가 맞물려 있는 계획의 실현을 위해서 계약이라는 수단이 유용한 것이다.[3)]

둘째, 도시계획에 있어서 '계약'이라는 행위형식은 효율성을 추구하는 행정의 상황에 매우 적합하다. 즉 전통적인 의미에서의 공식적인 절차가 주는 여러 가지 불합리성을 극복할 수 있는 장점을 가진다.

셋째, 사적 영역이 행정에 적극적으로 참여할 수 있는 기회를 줄 수 있다. 현대행정에 있어서 새로운 키워드가 되고 있는 '참여'를 실현함으로써 민주적 정당성을 보다 더

1) Krautzberger, "Zum Stellenwert von städtebaulichen Verträgen im heutigen Städtebau", UPR 2006, 1
2) 독일 도시계획계약법의 연혁에 대해서는 위의 논문, 1쪽 참조.
3) 독일에서 이러한 도시계획계약은 건설계획법에서 오래전부터 큰 의미가 있었다고 한다 (Spannowsky, Grenzen des Verwaltungshandelns durch Verträge and Absprachen, Berlin 1994).

확보할 수 있다. 즉 계획법영역에서의 公私協力(PPP)[4]의 일종으로서 행정영역 전반에 걸친 공사협력의 흐름가운데에서 도시계획계약의 의미를 찾을 수 있다. 협력보다는 이격(Distanz)으로 이해되었던 국가와 사회의 관계가 도시계획계약을 통해서 새롭게 이해될 수 있게 되었다.

넷째, 협력적인 방식을 통하여 공 · 사적 이익을 동시에 충족시킴으로써 법적 안정성을 제고시키는 장점도 인정된다.[5] 전통적인 의미에서의 공식적인 절차에 따른 계획이 법치국가원리 및 법적 안정성에 부합할 것 같지만, 공식적인 절차로 인한 계획의 실현보다 상호합의를 바탕으로 한 '계약을 통한 계획'이 오히려 법적 안정성을 높일 수 있다.

2. 도시계획계약의 실정법규정

(1) 건설법전 제11조의 '도시계획계약'

독일 건설법전 제11조는 '도시계획계약'(städtebauliche Verträge)이라는 제목 하에 다음과 같은 규정을 두고 있다.

제11조(도시계획계약) (1) 지방자치단체는 도시계획계약을 체결할 수 있다. 특히 도시계획계약의 대상이 될 수 있는 것은 다음 각 호와 같다.

1. 계약상대방이 자기 비용으로 행하는 도시계획사업의 준비 및 실시; 여기에는 토지구획의 재정리, 토양정화와 기타 도시건설적 계획의 작성 및 필요한 경우 환경백서의 작성도 포함된다; 법률이 규정하는 계획수립절차에 있어서의 지방자치단체의 책임은 영향을 받지 아니한다.

2. 건설기본계획의 목표, 특히 토지이용(기한부 혹은 조건부의 경우도 마찬가지임), 건설법전 제1a조 3항의 보상의 실시, 특별한 주택공급문제를 가진 주민들의 주택수요 및 지역주민의 주택수요의 촉진 및 확보.

3. 지방자치단체가 도시계획사업을 하면서 발생되거나 발생된 비용 및 계획된 프로젝트의 요건이나 결과가 되는 비용 혹은 기타 경비의 인수. 여기에는 토지의 준비(Bereitstellung von Grundstücken)도 포함한다.

---

4) 이는 경찰법의 영역에서도 이른바 Police-Private-Parnership의 형태로 나타나고 있다(김남진, "경찰임무의 탈국가화, 민간화와 법적 문제", 고시연구, 2006/9, 15쪽 이하). PPP의 다양한 문제점이나 거버넌스의 행정법학적 의미는 도시계획 차원에서 논의의 초점을 맞추고 있는 이 글의 주제를 벗어나는 것이어서 여기서는 깊이 다루지 아니한다.

5) Krautzberger, 앞의 논문, 3쪽 이하.

4. 도시계획 및 도시계획사업의 目標와 目的에 부응하여, 열병합발전용 시설(Anlagen für Kraft–Wärme–Kopplung)의 공급망(Netzen) 및 시설의 이용, 냉난방 및 전력의 공급 (Wärme–, Kälte– und Elektrizitätsversorgung)을 위한 태양열시설의 이용

(2) 합의된 급부는 전체상황에 따라 상당해야 한다. 계약상대방이 자기급부를 행하지 않아도 반대급부를 청구할 수 있는 경우에는, 그 계약상대방이 행해야 하는 급부에 대한 합의는 허용되지 아니한다.

(3) 도시계획계약은 법령에서 다른 형식을 규정하지 아니하는 한, 문서의 형식으로 해야 한다.

(4) 다른 도시계획계약의 허용성은 본 규정에 의해 영향을 받지 아니한다.

'도시계획계약'이라는 동 규정의 제목에서도 알 수 있는 바와 같이 독일 건설법전 제11조는 가장 대표적인 도시계획계약의 규정이다. 여기에서 도시계획계약의 대상(제1항), 부당결부금지원칙 및 상당성의 원칙(제2항), 원칙적으로 문서형식으로 이루어져야 한다는 형식적 적법요건(제3항), 동 규정 외에 다른 도시계획계약의 허용(제4항)에 관한 사항이 여기에서 규정되어 있다. 이 글에서도 주로 이 제11조의 도시계획계약을 중심으로 살펴보게 된다.

3. 건설법전 제12조의 프로젝트형 지구상세계획

다음으로, 동법 제12조의 프로젝트형 지구상세계획(vorhabenbezogener Bebauungsplan)[6]은 도시계획계약의 특별한 형태라고 할 수 있다.[7] 앞서 건설법전 제11

6) 'vorhabenbezogener Bebauungsplan'의 우리 용어로의 번역에 대해서는, '프로젝트형 지구상세계획'이라는 용어를 잠정적으로 쓰고자 한다. Bebauungsplan에 대해서는 B–Plan, 지구상세계획, 건축상세계획, 구속적 토지이용계획 등으로 다양하게 번역되고 있으나, 이는 잘 알려진 개념이어서 그리 혼동의 우려는 없을 것으로 보인다. 문제는 독일 건설법전의 여러 규정에서 등장하는 'Vorhaben'이다. 그 법적 정의는 동법 제29조에서 규정되어 있다. Vorhaben이 Bauvorhaben이라는 점에서 '건축안', '건축계획' 등으로의 번역도 생각해 볼 수 있을 것이다. 그러나 건설법전상의 Vorhaben은 동법에서의 Bau가 우리식의 건축개념을 넘어서는 보다 넓은 개념임을 생각한다면 그것도 적확한 표현은 아닐 것 같았다. '건설안'도 생각해보았지만, 전체 문맥 가운데서 그리 좋아 보이지도 않았다. 혹은 이 개념이 우리나라 국토의계획및이용에관한법률 제56조에서의 '개발행위'와 유사한 면이 있어 '개발행위'로의 번역도 가능하겠지만, 단순히 개발행위라고 하면 'Entwickung'과의 구분이 곤란하며, 아직 잠재적인 Vorhaben의 측면이 나타나지 않은 면이 있다. 결국 적절한 용어가 마땅치 않고, Plan 및 Vorhaben(project)가 우리말로는 구분하여 쓰기 곤란한 점도 고려하여, '프로젝트'라는 용어를 일단 쓰면서, 앞으로 보다 적절한 용어를 생각해보고자 한다. 참고로 건설법전 제12조의 'vorhabenbezogener Bebauungsplan'을 英語로는 'project–based binding land–use plan'라고 나타내고 있고, 건설법전 제29조의 제목에 나오는 'Begriff des Vorhaben'에 대해서는 'The Definition of a Development Project'라고 나타내고 있다.

7) Krautzberger, 앞의 논문, 4쪽.

조 제4항에서 규정하는 바와 같이 도시계획계약의 허용성은 건설법전 제11조의 규정에 의해 영향을 받지 아니한다. 즉 그 밖에도 다른 개별규정에 의한 도시계획계약이 있을 수 있으며, 다음에서 보는 동법 제12조의 프로젝트형 지구상세계획은 이에 해당한다.

건설법전 제12조 (프로젝트 및 기반시설계획)

(1) 프로젝트주체가 지방자치단체와 합의한 계획을 바탕으로 '프로젝트 및 기반시설사업'(프로젝트 및 기반시설의 계획)의 실시를 준비하고 있는 상황이고, 일정한 기간내에 실시할 의무와, 제10조제1항에서 규정하는 결정(Beschluß)전에 계획비용 및 기반시설비용의 전부 혹은 일부를 부담할 의무를 지는 경우에는(실시계약), 지방자치단체는 프로젝트형 지구상세계획을 통하여 프로젝트의 허가를 결정할 수 있다. 계획초안의 이유서에는 제2a조가 요구하는 사항이 포함되어야 한다. 국경을 넘어서는 참여(grenzüberschreitende Beteiligung)에 있어서 환경영향평가법상 필요하다면 당해 항목의 번역이 첨부되어야 한다. 제1문에 의한 프로젝트형 지구상세계획에 있어서는 제2항 내지 제6항이 보충적으로 적용된다.

(2) 지방자치단체는 의무에 합당한 재량에 의해 프로젝트주체의 제안에 따라 지구상세계획의 수립절차의 개시를 결정해야 한다.

(3) 프로젝트 및 기반시설계획은 프로젝트형 지구상세계획의 구성요소가 된다. 프로젝트 및 기반시설계획의 지구 내에서는 프로젝트의 허용성의 결정함에 있어서 지방자치단체는 제9조에 의한 지정 및 제2조5항에 의해 공포된 법규명령에 구속되지 아니하는 것으로 하고, 제14조 내지 제28조, 제39조 내지 제79조, 제127조 내지 제135c조는 적용되지 아니한다. 프로젝트형 지구상세계획이 프로젝트 및 기반시설계획의 구역 내에 있어서 제9조에 의한 공적 목적을 위한 확정을 행하고 있는 한, 제85조 제1항 1호에 의해 수용이 행해질 수 있다.

(4) 프로젝트 및 기반시설계획구역 외에 존재하는 개별 토지는 프로젝트형 지구상세계획에 포함될 수 있다.

(5) 프로젝트 주체의 변경에는 지방자치단체의 동의를 필요로 한다. 동의는 제1항에 의한 기간 내에 프로젝트 및 기반시설계획을 실시하는 것이 위태롭다고 할 만한 정당한 사실이 있는 때에 한하여 거부할 수 있다.

(6) 프로젝트 및 기반시설계획이 제1항에 의한 기한 내에 실시되지 아니하는 경우에는 지방자치단체는 지구상세계획을 폐지해야 한다. 이 폐지에 의해 프로젝트주체가

지방자치단체에 대하여 요구를 행할 수 없다. 폐지함에 있어서는 제13조에 의한 간이 절차를 적용할 수 있다.

이러한 프로젝트형 지구상세계획은 법률에 의해 만들어진 계약과 지구상세계획의 특별한 결합체이다.[8] 독일의 학설 및 판례는 동 계획의 법적 성격에 대해서 공법상 계약으로 보고 있다.[9] 이러한 법 제12조의 프로젝트형 지구상세계획은 도시계획계약의 일종으로 볼 수 있다는 점을 제외하면, 별도로 상세히 논할 필요가 있는 여러 쟁점을 가지고 있어, 이 글에서는 일단 동규정의 내용을 소개하는 데 그치고자 한다.

4. 기타 도시계획계약

그 밖에도 건설법전에서 명시적으로 규정하고 있는 도시계획계약에는 다음과 같은 것들이 있다.[10]

• 법 제2a조 내지 제4a조에 의한 건설기본계획의 절차단계의 준비 및 수행을 위하여 법 제4b조에 의해 제3자에게 위임하는 경우

• 법 제124조의 기반시설계약(Erschließungsvertrag)

• 법 제157조의 정비주체계약(Sanierungsträgervertrag)

• 법 제167조의 개발주체계약(Entwicklungsträgervertrag)

• 법 제171c조의 도시재개발계약(Stadtumbauvertrag)

또한 도시건설에 있어서 다음과 같은 많은 특별한 계약의 형태가 도입되었는데, 이들은 도시건설절차에 있어서 부분적으로 전제가 되면서도, 고권적 작용방식을 대체하거나 회피하는 것들이다.

• 법률상 선매권의 회피 혹은 방지

• 收用의 회피

• 임의적인 토지구획정리

• 私的인 도시재건(Stadterneuerung) 및 도시개발(Stadtentwicklung)

• 도시건설적 명령의 방지

• 정비 · 개발조치

---

8) Krautzberger, 앞의 논문, 2쪽.

9) Krautzberger, in: Battis/Krautzberger/Löhr, BauGB, 9. Aufl., 2005, § 11 Rn. 13; Krautzberger, 앞의 논문, 2쪽; Peine, Öffentliches Baurecht, 4. Aufl., 2003, Rn. 534.

10) 이하의 내용은 Krautzberger, 앞의 논문, 2쪽을 참조하였음.

Ⅲ. 도시계획계약의 성질 및 효력

1. 법적 성질

독일 건설법전 제11조에 규정된 도시계획계약은 도시건설법 내지는 도시계획법[11)]에 관한 계약이다. 도시계획계약은 원칙적으로 연방행정절차법 제54조 이하에서 규정하고 있는 공법상 계약의 일종으로 보고 있다. 따라서 그 한도에서는 건설법전 제11조가 연방행정절차법 제54조 이하에 대한 특별법적 지위에 있다고 볼 수 있고, 건설법전 제11조에 규정되어 있지 아니하는 부분에 대해서는 연방행정절차법 제54조 이하가 적용될 수 있다.

도시계획계약이 항상 공법적 성격만 가지는 것이 아니라, 예외적으로 사법적 성격을 가질 수도 있다. 이는 후술하는 건설법전 11조 제1항 제2문 2호의 내용의 일종인 지역주민모델(Einheimischenmodelle)에서 특히 강조된다. 가령 지방자치단체가 이러한 계약에 있어서 사경제의 주체로 활동하여 토지를 매도하는 경우에는 당해 법률행위는 민법상 원칙에 따라 실행된다. 양자의 차이는 특히 분쟁이 발생한 경우 그 소송형식에서 나타난다. 사법상 계약의 경우에는 분쟁에 대한 소송은 공법상 계약의 경우와는 달리 민사소송으로서 일반민사법원의 관할이 된다.

그렇다면 당해 도시계획계약이 공법상 계약인지, 사법상 계약인지 제대로 구분해야 하는데, 이는 계약내용에 따라 결정된다. 이때 중요한 것은 계약의 합의가 대상 및 목적에 비추어 볼 때 공법에 의해 규율되는 사안인지 여부에 있으며, 이는 법해석을 통하여 이루어질 것이다. 지방자치단체의 표명이 건설기본계획절차(Bauleitplanverfahren)의 차원에서 이루어지고, 사법상 주체가 그에 상응하는 급부를 하는 경우에는 공법상 계약이 된다. 이에 반해 토지매매계약은 그것이 공법문제와 연관이 있는 경우에도 사법상 계약으로 보고 있다. 그러나 사법적 요소와 공법적 요소를 함께 가지는 경우에는 그 성격규정이 어렵게 된다. 판례에 의하면 이러한 경우에도 반드시 "의심스러운 경우에는 공법으로 파악한다."는 공식을 적용하여 공법상 계약으로 판단할 수는 없다. 급부

11) Städtebaurecht는 직역하면 '도시건설법' 정도로 되겠지만, 우리식 용어로는 '도시계획법'이 가장 와 닿는 표현일 듯하다. 도시의 개발이 계획을 통하여 이루어지는 독일에서는 도시계획이 곧 도시건설이다. 이런 의미에서 건설계획법(Bauplanungsrecht), 도시계획법(Stadtplanungsrecht), 도시건설법(Städtebaurecht)은 같은 의미로 사용되고 있다. 이 글에서는 이러한 이유로 'städtebaulicher Vertrag'를 주로 '도시계획계약'으로 번역하지만, '도시계획' 대신에 문맥에 따라 '도시건설', 혹은 '건설계획'의 용어도 부분적으로 병용한다.

와 반대급부와의 관계에 있어서 공법요소 및 사법요소의 혼합은 배제되어야 하며, 그렇지 않을 경우 개별사안의 상황에 따라 판단해야 한다.

이와 같이 도시계획계약은 공법적 · 사법적 성격을 모두 다 가지므로, 오히려 행정계약이라는 표현으로 그 법적 성격을 더 잘 나타낼 수도 있을 것이다. 즉 공법, 사법인지를 불문하고 행정'계약'이라는 점에 착안할 필요가 있다. 이는 행정작용이 전통적으로 고권적, 즉 일방적 작용형식인 데 비하여, '계약'이라는 새로운 행위형식을 사용한다는 점이 오히려 더 특징적이기 때문이다.

또한 독일에서는 대표적인 도시계획, 즉 구속적 효력을 가지는 건설법전 제10조의 지구상세계획(B-Plan)이 자치법규로서의 성격을 가진다는 점도 생각해야 한다. 즉 그것은 입법형식이라는 점에서 동법 제11조의 계약으로서의 도시계획계약과의 관계에 대한 문제가 도그마틱하게 전개될 수 있다.[12]

2. 도시계획계약의 효력

(1) 상대효

도시계획계약의 효력은 당사자 간(지방자치단체와 사인 간)에만 적용되는 相對效(inter partes)이다. 이 점은 건설법전 제9조의 확정을 통한 도시계획이 대세효가 있는 일반적 구속력을 가지는 점과 비교되는 부분이다.

그러나 개별사안에서 지방자치단체가 그전에 계약적 해결을 추구하지 아니하였기 때문에, 계획상 확정이 비례원칙에 반하는지 여부의 문제는 이와는 구분되어야 한다. 왜냐하면 법률상 허용되는 범위 내에서 어떠한 사항을 계약을 통하여 규율해야 할 것인가는 원칙적으로 지방자치단체에게 맡겨져 있기 때문이다. 다만 기반시설계약 및 도시계획 개발조치의 영역에서는 예외를 생각할 수 있다.

연방행정절차법 제58조[13]는 명시적으로 제3자의 권리를 침해하는 공법상 계약은 그 제3자의 동의가 있는 경우에만 효력을 가진다고 규정하고 있다. 따라서 도시계획계약이 제3자의 의사나 이익에 반하는 경우에는 고권적 행위에 대한 대안이 될 수 없다고 하겠다.

---

12) Vgl. Krautzberger, 앞의 논문, 3쪽.

13) 독일 행정절차법 제58조 (제3자와 행정청의 동의) : (1) 제3자의 권리를 침해하는 공법상 계약은 제3자가 문서로 동의를 한 후에야 효력을 발생한다. (2) 법규정에 의하여 인가(Genehmigung), 동의(Zustimmung), 협조(Einvernehmen)를 요하는 행정행위 대신에 계약이 이루어진 경우, 계약은 당해 행정청이 규정된 형식으로 협력을 한 후에야 효력을 발생한다.

또한 도시계획계약은 지방자치단체와 사인과의 계약이라는 점에 주의할 필요가 있다. 건설법전 제11조 4항에 의해 다른 지방자치단체나 기타 공법상 법인과의 계약도 허용될 수 있지만, 법 제11조 1항은 동법 제4절의 제목이 나타내고 있는 바와 같이 私人과의 협력(Zusammenarbeit mit Privaten)의 차원에서 규정된 것이다.

(2) 의무불이행의 효과

도시계획계약의 당사자 일방이 의무를 불이행한 경우 발생하는 문제에 대해서는 어떠한 명문규정도 없다. 따라서 계약내용에 대한 의무불이행이 있는 경우에도 건설기본계획의 수립이나 기타 도시계획에 대한 수립에 대한 청구권은 인정되지 아니한다.

그러나 건설법전 제11조 제1항 제2문 제3호 및 제2항 제1문에서는 인과관계 및 상당성의 원칙에 대한 규정을 두고 있으므로, 간접적으로 의무불이행의 효과로서 적용될 수 있다.

(3) 자력집행력의 문제

공법적 도시계획계약의 중요한 특징 중 하나는 계약체결을 통하여 집행명의(vollstreckbarer Titel)가 자동적으로 발생하는 것은 아니라는 점이다. 이 점은 행정행위의 경우에는 그 효력의 일종으로 자력집행력이 인정되어, 행정주체가 일정한 경우 행정강제를 행할 수 있는 것과는 다르다. 공법적 도시계획계약의 당사자는 소송을 통하여 집행명의를 가질 수 있다.

다만, 예외가 되는 것은 행정절차법 제61조에서 규정하는 계약상 즉시집행에 대하여 합의된 경우이다. 이는 물론 종속적 계약에서만 허용된다. 왜냐하면 행정절차법 제61조 1항 1문은 오로지 동법 제54조[14] 2문의 규정에서 나오기 때문이다.

Ⅳ. 도시계획계약의 대상

지방자치단체가 도시계획계약을 체결할 수 있는 도시계획계약의 대상은 '특히' 다음과 같다. 즉 동 규정에서 열거된 도시계획계약의 대상은 한정적이 아니라 열거적임

14) 독일 행정절차법 제54조(공법상 계약의 허용) : 공법상 법률관계는 법규정에 반하지 않는 한 계약에 의해 발생, 변경, 소멸할 수 있다. 특히 행정청은 행정행위의 수범자가 될 자에게 행정행위를 발령하는 대신에 그와 공법상 계약을 체결할 수 있다.

은 이러한 '특히'라는 법문의 표현에서 명백하다.

1. 계약상대방이 자기비용으로 행하는 도시계획사업의 준비 및 실시

먼저, 도시계획계약의 대상으로 '계약상대방이 자기 비용으로 행하는 도시계획사업의 준비 및 실시'를 들 수 있다. 여기에는 토지구획의 재정리, 토양정화, 기타 준비조치, 도시계획작성 및 필요한 경우 환경백서의 작성이 포함되며, 이때 법률이 예정하는 계획수립절차에 관한 지방자치단체의 책임은 영향을 받지 아니한다(독일 건설법전 제11조 제1항 제2문 제1호). 이하에서 나누어 살펴본다.

(1) 토지구획의 재정리

도시계획계약의 대상으로 규정된 '계약상대방이 자기비용으로 행하는 도시계획사업의 준비 및 실시'에는 우선적으로 '토지구획의 재정리'가 포함됨을 규정하고 있다.

토지구획정리(Bodenordnung)의 가장 전형적인 방법은 당해 도시계획예정지역내의 토지를 지방자치단체가, 혹은 지방자치단체의 지시에 따라 제3자가 구입하는 것이다. 그 구입의 방법은 다양한데, 지방자치단체나 기타 절차수행자가 모든 토지를 매수하여 이를 통합한 후 토지구획을 정리할 수도 있고, 혹은 새롭게 구획정리된 상태의 토지 가운데 기반시설용 토지만 남겨두고 나머지를 개발사업자에게 매각할 수도 있다. 구입 시에는 경작용지 혹은 건축가능용지 정도의 가액으로 매입하여, 매각 시에는 건축용지의 가액으로 매각할 수도 있다. 매매계약에서는 법적으로 강제된 건축의무에 대해서 합의되는 경우가 일반적이다.[15]

일괄 구입하여 토지구획을 정리하는 경우 외에, 임의적 환지(freiwillige Umlegung)를 통해서도 토지구획이 재정리될 수 있다. 이때에는 상태, 형태, 크기 등에 비추어 예상되는 이용을 위해 합목적으로 정해져야 할 것이다. 여기서의 임의적 환지는 일정한 지역 내의 토지가 개발되기 위해 필요한 토지구획정리를 법률상 강제하는 절차가 아니라, 모든 토지소유자가 참여하는 임의적인 절차로 행해지는 것이다.[16] 이러한 임의환지의 기본적인 사고는 지구상세계획 등에서 정해진 개발(건설 내지 건축)과 관련된 토지구획정리를 포괄계약(Gesamtvertrag)으로 실현하겠다는 것이다. 이때 지방자치단체는 한편으로는 당해 지역 내에 그가 가진 모든 토지의 소유자로서, 즉 사경제의 주체로서

15) Gronemeyer, in: Gronemeyer (Hrsg.), BauGB-Praxiskommentar, 1999, § 11 Rn. 21.
16) Birk, Städtebauliche Verträge, 2002, Rn. 409.

환지에 참여하며, 다른 한편으로는 임의환지를 통하여 조성되는 공공용지의 귀속주체가 된다.[17] 임의적 환지계약의 법적 성질은 공법적 성격과 私法的인 성격이 혼합된 계약으로 보는 것이 일반적이다.[18]

(2) 토양정화, 택지조성 등의 준비사업

건설사업(Baumaßnahme)을 실시하기 전에 토양정화(Bodensanierung) 및 택지조성(Freilegung von Grundstücken)이 필요한 경우가 있다. 토양정화에는 토양오염, 특히 위험오염지(Altlasten)[19]에 대한 조사 및 제거조치가 포함되며, 택지조성에는 시설의 철거, 토양봉인의 해제(Entsiegelung) 등이 포함된다. 여기서 토양봉인(Versiegelung)이란 건축물이나 기타 시설물의 설치, 도로포장 등으로 인하여 자연상태의 토지를 不透水의 상태로 만든 경우를 말하며, 이러한 '토양봉인을 해제(Entsiegelung)'한다는 것은 토지상에 덮인 건물이나 도로포장을 뜯어내어 자연상태의 토지로 회복시키는 것을 말한다. 독일에서는 이를 '양적 토양보호(quantitativer Bodenschutz)'라는 환경보호의 차원에서 다루고 있다.[20]

(3) 도시계획안의 작성

계획법상 요건을 충족한 계획 및 자문에 대한 위임도 계약의 대상이 될 수 있다.

예를 들자면 다음과 같은 것들이다.

- 토지이용계획 · 지구상세계획, 이들 계획의 변경 및 보완
- 경관계획 및 녹지조성계획
- 소음방지자문, 임미씨온방지자문, 토양오염확인, 교통자문과 같은 보완자문

이와 관련하여 중요한 것은 개인투자가들이[21] 기술적 계획수립 및 개별 절차단계의 해결을 위탁받을 수 있다는 점이다. 지방자치단체는 특히 필요한 결정, 형량, 특히 공

17) 위의 책, Rn. 425.

18) 위의 책, Rn. 425 ff.

19) 위험오염지(Altlasten)의 정의규정인 독일 연방토양보호법 제2조 5항에 의하면, 이는 '정지 상태에 있는 폐기물제거시설 및 기타 부지로서 그 위에서 폐기물이 취급되었거나 놓여졌거나, 집적되었던 곳(폐기물집적부지: Altablagerungen) 및 정지 상태에 있는 시설의 부지 및 기타 환경위험물질이 다루어졌던 부지(구 산업부지: Altstandorte)로서(단, 원자력법에 의하 허가정지를 요하는 시설은 제외), 이를 통하여 개인이나 공중에게 유해한 토양변경 등의 위험이 초래되는 곳'을 말한다. Altlasten을 위험오염지로 번역한 이유에 대해서는 김현준, 토양정화책임, 공법연구 34-2, 2005. 12. 188쪽 이하 참조.

20) '토양봉인' 및 '토양의 양적보호'에 관해서는 Peine, "Quantitativer Bodenschutz – innerhalb und außerhalb des Bundes-Bodenschutzgesetzes", in: Dolde (Hrsg.), Umweltrecht im Wandel, FS 25 Jahre Gesellschaft für Umweltrecht, 2001, S. 537–558.

21) 혹은 투자가로부터 위탁받은 계획사무소도 마찬가지이다.

공이익의 주체의 입장에 대한 결정, 인가신청용 계획안에 대한 결정 등에 대하여 처리한다. 이 최종책임의 차원에서 수행해야 하는 급부는 종류 및 범위에 따라 가능한 한 정확하게 기재되어야 하며, 거기에는 계약의 기본구상이 이미 포함되어야 한다. 지방자치단체가 위탁자가 아닌 경우에는 지방자치단체는 도시계획의 질기준의 확보를 위해 위임발주 및 사업자 선정에 있어서 동의권을 가져야 한다.[22)]

2. 계획실현에 관한 합의(Planverwirklichungsvereinbarungen)

다음으로 도시계획계약의 대상이 될 수 있는 것은 '건설기본계획의 목표의 촉진 및 확보'이다. 그 예로서 법문에서 특별히 들고 있는 '토지이용'(기한부 혹은 조건부의 경우도 마찬가지임), '건설법전 제1a조 3항의 보상[23)]', '특별한 주택공급문제를 가진 주민들의 주택수요', '지역주민의 주택수요'이다(건설법전 제11조 제1항 제2문 제2호). 건설기본계획이 추구하는 목표의 촉진 및 확보는 결국 '계획실현에 관한 합의'라고 할 수 있다.

이러한 계획실현에 관한 계약은 지구상세계획의 수립이 아니라, 지방자치단체가 통상적으로 지구상세계획 수립전의 계획영역에서, 지방자치단체의 계획상 의도가 실현되도록 하기 위해 토지소유자와 체결하는 계약이다. 이때 건설법전 제1조 3항의 계획의 도시건설적 필요성을 잘못 평가해서는 아니 되고, 동법 제1조 5항 내지 7항의 형량이 하자있는 것이 되어도 아니 된다.[24)]

(1) 토지이용(건설 · 이용의 의무)

계획실현에 관한 계약에 있어서 계획구역에서 신속한 건설이 이루어져 건설공백을 피해야 한다는 건설의무의 합의는 무엇보다 중요한 내용일 것이나. 이는 사후에 기반시설확충의 필요성을 가능한 한 줄이고자 하는 비용절감 및 환경보호차원에서 논의되고 있다.

또한 토지이용의 목표차원에서 지구상세계획으로 추구되는 다른 목표 역시 이러한

22) Gronemeyer, 앞의 책, § 11 Rn. 24.

23) 독일 건설법전 제1a조는 계획에서의 환경보호이익의 고려에 관한 규정이다. 이 중 제3항은 이른바 '자연보호법적 침해규정'이라고 불리는 조문으로, 도시계획과정에서 자연이나 경관에 대한 침해를 최대한 방지해야 하나 불가피한 경우에는 이를 최소화하고, 이미 발생한 침해에 대하여는 침해받은 부분만큼 보완을 해야 한다는 내용을 담고 있다. 이른바 생태구좌(Öko-Konto)라는 개념이 여기서 나오는데, 자연환경이 침해당한 만큼 자연환경보호적인 보상(보충, 보완, 조정)을 해야 한다는 것이다. 이때 보상, 보충, 보완, 조정 등으로 표현된 용어는 모두 Ausgleich를 나타낸 것이다. 다만, 여기서의 보상(Ausgleich)은 헌법 제23조 제3항(독일 기본법 제14조 제3항)에서 규정하는 의미의 보상(Entschädigung)이 아님은 주의할 필요가 있다.

24) Löhr, in: Battis/Krautzberger/Löhr, BauGB, 9. Aufl., 2005, § 11 Rn. 10.

도시계획계약의 대상이 될 수 있다. 가령, 토양봉인해제나 再建(Rückbau), 사회적 이유에 의한 건축물 현대화의 제한, 영화관의 운영, 동네축구장(Bolzplatz) 이용시간의 확정, 개발프로젝트(Bauvorhaben)에서의 도시경관의 특별한 고려, 특정한 종류의 植樹 · 植栽 등이 이러한 도시계획의 대상이 될 수 있다.[25)]

(2) 건설법전 제1a조 3항의 보상의 실시

건설기본계획 차원에서 예상되는 자연 및 경관에 대한 침해에 대한 보상 · 대체조치의 종류 및 범위에 대해서는 지방자치단체는 이미 건설기본계획의 형량에서 결정해야 한다. 이때 같은 종류로, 같은 기능을 가진, 본질적 요소의 희생이 없이 침해 전에 존재하는 상태와 가장 근접하는 상태를 만들어야 하는 것이 중요한 과제가 될 것이다.

법 제11조 제1항 2문은 법 제1a조 3항과 마찬가지로 보상조치를 위한 계획적 합의에 관한 내용을 담고 있다. 이때 프로젝트주체나 토지소유자는 이 보상조치를 하기 위해 건설구역 밖에 있는 지역을 보상조치로 할 의무가 있다.[26)]

이 합의에서 보상 · 대체조치를 정확하게 표시해야 한다. 또한 실제 개발사업, 즉 여기서는 '자연환경에 대한 침해'가 있는 시점이 아닌, 건설기본계획의 시점에서 보상 · 대체조치가 명백히 제시되어야 한다.[27)]

프로젝트주체나 소유자가 대체의무와 함께 새로 심은 나무나 식물이 제대로 잘 자라도록 보살피는 약 3년 내지 5년의 착근단계(Anwuchsphase)의 비용을 부담한다는 내용의 계약도 허용되는 것으로 보고 있다.[28)] 이때 비용부담이 착근조치를 위한 정도를 현저하게 넘을 경우에는 비례의 원칙 가운데 상당성의 원칙에 반할 수 있다.

그리고 보상 · 대체조치의 실행의무 대신에 후술하는 법 제11조 1항 3호의 비용인수가 합의될 수도 있다.[29)] 다만, 이 경우 일반적인 인과관계원칙 및 상당성원칙에 의한 시간적 제약을 받아야 한다.[30)]

---

25) 위의 책, § 11 Rn. 11.
26) Gronemeyer, 앞의 책, § 11 Rn. 29.
27) Birk, 앞의 책, Rn. 487 f. 이와 관련하여, Birk는 "계약상대방은 동 계약…條에서 규정된 보상조치를 이 개발사업의 착공시점에 시작하여 준공시점까지 마무리하여야 한다."와 같은 내용의 계약조항을 예로 들고 있다.
28) Gronemeyer, 앞의 책, § 11 Rn. 30; Birk, 앞의 책, Rn. 489.
29) Gronemeyer, 앞의 책, § 11 Rn. 31.
30) Birk, 앞의 책, Rn. 449.

(3) 특별한 주택공급문제를 가진 주민들의 주택수요의 촉진 및 확보

저소득층을 위한 주택공급의무와 같은 특별한 주택공급문제를 가진 주민들의 주택수요는 건설법전 제9조 1항 7호 및 8호의 지구상세계획의 확정가능성에 포함될 수도 있다. 동시에 이러한 문제는 도시계획계약의 내용이 되기도 한다. 개인투자가는 일반주택이나 사회보장용 주택을 건설하여, 지방자치단체나 지역사회에 주거권을 부여하고, 임대료가 일정금액을 상회하지 아니하도록 하는 계약을 체결할 수 있다. 이때 재산용 주택이나 주거용 주택의 건설에서 일정한 기간 동안 매도가 제한되는 의무를 지게 된다.

여기서 주의할 것은 이러한 계약은 오직 도시계획목적으로만 체결될 수 있다는 점이다. 따라서 건설법전 제172조 제1항 제1문 2호, 제4항의 주위환경보호조례(Milieuschutzsatzung)에서와 유사한 긴장관계가 나타나, 특별한 도시계획적 근거 및 일반적 사회적 · 주거정책적 목표 간의 기본적인 구분이 문제될 수 있다. 그러나 주거정책 및 도시계획적 이유의 중복은 도시계획계약의 현실성을 위해 나쁠 것은 없기 때문에,[31] 큰 문제가 되는 것은 아닐 것이다.

(4) 지역주민의 주택수요의 촉진 및 확보

당해 지역주민을 위한 주택수요의 촉진과 확보를 위한 도시계획계약이 체결될 수도 있는데, 이러한 이른바 토착민모델 내지는 지역주민모델 (Einheimischenmodelle)은 독일의 많은 지방자치단체에서 다양한 형태로 전개되고 있는 점이 주목된다.

독일에서 주택수요가 많은 곳은 일반적으로 대도시의 주변지역이나 경관이 아름다운 휴양지이다. 이러한 지역에 대한 주택수요를 자유로운 시장원칙에만 맡긴다면, 부유한 외지인의 주택수요로 인하여 현지 주민들의 주택건축이 곤란해질 수 있다. 이러한 이유에서 지역주민의 주택수요를 충족시켜줄 필요가 있다. 이러한 지역주민의 주택수요의 촉진 및 확보에 대한 도시계획계약을 체결할 수 있다는 것이다.

이것이 어떠한 내용을 가진 계약인가에 대하여 법률에서는 침묵하고 있지만, 실무에서 행해지는 지역주민모델로서는 다음과 같은 것들이 있다.[32]

첫째, 提案모델(일명 Weilheimer모델)이다. 여기서는 지방자치단체는 지구상세계획의 수립을 대부분 시간적으로 한정된, 공증된 구매제안(Kaufangebot)이 행해지는 데 의

31) Löhr, 앞의 책, § 11 Rn. 13.
32) Gronemeyer, 앞의 책, § 11 Rn. 37 ff.

존한다. 지방자치단체는 토지가 단지 일정한 인적범위 및 일정한 가격으로 거래되는 경우에만 그 구매제안을 받아들일 수 있다. 연방행정법원은 이러한 모델의 적법성을 확인한 바가 있다.[33] 비교적 최근에는 이제 독일에서는 일반인에게 익숙해진 'Weilheimer모델'이라는 표현을 명시적으로 언급하는 판례도 발견된다.[34]

둘째, 同意모델(일명 Traunteiner모델)로서, 이 모델은 토지거래가 지방자치단체의 동의를 통해서만 이루어질 수 있는 것이다. 이때 동의는 토지가 지역주민에게 제한된 가격으로 거래되는 경우에 원칙적으로 주어지게 된다.

셋째, 購入모델(일명 Echinger모델)이다. 여기서 지방자치단체는 소유자가 그의 토지를 사전에 전부 혹은 일부를 지방자치단체에게 매도한 경우에만 건축용지를 지정해준다. 이 모델에서는 지방자치단체는 기반시설 및 주택건축을 위한 요지의 50% 이상을 일정한 가액으로 구입할 수 있다.

계약의 대상에 있어서는 '지역주민'이 정확하게 정해짐을 유념해야 한다. 최고가격규정(Höchstpreisklauseln)은 지방자치단체에 의해 설정된 매매가격이 지역주민간의 토지거래행위에서의 특별한 시장수준에 따르는 경우에 한하여 허용된다.[35]

3. 후속조치비용에 관한 합의(Folgekostenvereinbarung)

'지방자치단체가 도시계획사업을 함에 있어 발생했거나 발생하는 비용, 계획된 사업안의 요건이나 결과가 되는 비용 등의 인수'에 관한 내용도 도시계획계약의 대상이 될 수 있다. 여기에는 토지의 제공(Bereitstellung von Grundstücken)도 포함된다(건설법전 제11조 제1항 제2문 제3호).[36]

(1) 적용영역

1) 도시계획의 비용

지방자치단체가 도시계획사업을 할 때 발생하는 비용이란 지구상세계획의 수립으로 인하여 발생하는 비용, 가령 민간 도시계획전문가에게 도시계획안 작성용역을 맡긴

33) BVerwG, Urteil vom 11. 2. 1993-4 C 18.91.

34) BGH-Urteil vom 29. 11. 2002-V ZR 105/02.

35) Gronemeyer, 앞의 책, § 11 Rn. 41.

36) 이러한 후속조치비용합의(Folgekostenvereinbarung) 혹은 후속조치부담계약(Folgelastenverträge)은 건설법전에서 명문화되기 이전부터 도시계획실무에서는 중요하게 다루어졌고, 판례에서도 언급되었던 것이라고 한다. 그 원칙에 대한 판결로는 BVerwG, NJW 1973, 1895 참조. (Gronemeyer, 위의 책, § 11 Rn. 47에서 재인용).

경우 그 비용, 교통관련 자문비용, 위험오염지(Altlasten)의 조사비용, 경관보호를 위해 지출되는 비용 등을 말한다.

이러한 비용부담의 합의는 지방자치단체가 비용이 발생하는 의무와 관계되기 전에 이루어져야 하며, 그 급부의무는 충분히 구체적이어야 한다. 또한 도시계획계약의 체결 전에 계약내용과 관련될 수 있는 필요한 계획 및 자문에 대한 구체적 제안이 있어야 한다.

2) 기타 도시건설적 조치

이는 도시계획목표의 실현에 기여하는 모든 조치를 뜻한다. 공식적인 토지구획정리나 도시계획상의 정비 · 개발이 아닌 임의적 규율이 행해지는 한 모두 결과부담계약의 내용이 될 수 있다. 예를 들자면 학교, 양로원, 청소년시설, 장년층을 위한 시설, 스포츠시설, 놀이시설 등의 비용은 결과부담계약의 내용이 될 수 있다.

3) 일반공중을 위한 시설

지방자치단체의 필요에 의한 시설로서 건설법전 제5조 2항 2문에서는 학교, 교회 기타 기독교적 · 사회적 · 보건적 · 문화적 목적을 위한 건축물이 규정되어 있다. 공동묘지, 소방시설, 지역의 중심지역, 시청사, 건축자재 저장소(Bauhof) 등이 여기에 포함될 것이다.

4) 토지의 제공

토지의 제공 역시 결과시설에 대한 계약의 대상이 될 수 있음은 법문상 명백하다. 사인이 비용을 부담하는 대신에 지방자치단체에 토지를 양도하는 경우에, 이것이 결과시설에 필수적인 것이 아니라고 하더라도 의문의 여지가 없이 여기에 해당할 것이다. 토지양도에 대한 주도권이 누구로부터 나오건 상관없다.

(2) 인과관계의 필요성

지방자치단체가 요청할 수 있는 비용은 건설법전 제11조 제1항 제2문 3호에 의해 계획된 프로젝트의 요건이나 결과이어야 한다. 즉 프로젝트와 재정조달되는 조치 간에는 직접적인 인과관계가 있어야 한다.[37]

인과관계의 필요성[38]은 반대급부는 특정한 목적을 위해 합의되어야 하고, 행정청

37) Gronemeyer, 위의 책, § 11 Rn. 55.
38) BVerwG, NVwZ 1992, 1810 ff.

의 계약상의 급부와 물적 관련성이 있어야 한다는 행정절차법 제56조[39] 제1항의 규정과도 관련된다. 구체적인 기능적 관련성이 존재하는지 여부는 모든 개별사안의 특수성을 고려해서만 판단할 수 있다. 특히 기반시설조치, 도로확장조치와 같은 것은 그것이 같은 범위로 다른 프로젝트를 위해서도 이용되는 것이 아닌 한 여기에 속할 것이다.

인과관계가 인정되기 위해서는 일반적으로 프로젝트실시와 후속조치투자 간에 시간적 관련성이 있어야 한다. 즉 프로젝트를 실시하기 위한 동기로부터 무엇이 행해져야 함이 필요하다. 어느 정도 시간이 지난 후에서야 후속조치에 대한 필요성이 발생한다면 인과관계가 인정될 수 없다. 가령 주택이 건설된 후 몇 년 뒤에 놀이터가 완성된 경우 놀이터비용은 여기서의 경비가 되지 아니한다.

지방자치단체의 비용은 당해 건설구역 밖에서 행해지더라도 후속조치부담합의의 대상이 될 수 있다. 공간적 이격여부는 여기서의 인과관계 인정을 위한 기준이 되지 아니하며, 오히려 비용이 계획된 프로젝트의 후속조치로 볼 수 있는지 여부가 중요하다. 가령 2개의 건설구역에 기여하면서, 하나의 건설구역에 있는 유치원을 예로 들 수 있다.

건설법전 제1항 3호[40]의 규정상 지방자치단체가 이미 계약체결 전에 존재하는 비용부담도 가능할 것이다. 법적 상태의 변동은 이와 연관되지 아니하는 것으로 보고 있다.[41]

4. 도시계획 및 도시계획사업을 통해 추구되는 目標 · 目的에 부응하는, 열병합발전용 태양광시설(Solaranlagen für Kraft-Wärme-Kopplung) 및 냉난방 및 전력의 공급(Wärme-, Kälte- und Elektrizitätsversorgung)의 공급망(Netzen) 및 시설의 이용

법 제11조 1항 4문은 2004년 건설법전 개정시 삽입된 내용으로 비교적 최근부터

---

39) 독일 행정절차법 제56조(교환계약) : (1) 계약상대방이 행정청에 대하여 반대급부의무가 있는 제54조 제2문의 공법상 계약은 특정목적을 위한 반대급부가 계약상 합의되고 행정청의 공공업무의 수행에 기여하는 경우 체결될 수 있다. 반대급부는 전체상황에 비추어 상당해야 하며 행정청의 계약상 급부와 객관적인 관련성이 있어야 한다. (2) 행정청의 급부에 대한 청구권이 존재하는 경우에는 제36조의 행정행위부관의 내용이 될 수 있는 반대급부만이 합의될 수 있다.

40) 독일건설법전 제1조 제3항 : 지방자치단체는 도시계획적인 개발 및 질서에 필요하다면, 그리고 그 필요한 범위에서 건설기본계획을 수립해야 한다. 건설기본계획수립 및 도시계획조례제정에 대한 청구권은 없다. 청구권은 계약을 통해서도 발생할 수가 없다.

41) Battis/Krautzberger/Löhr, NVwZ 1997, 1145 (1157).

논의되는 내용이다. 건설법전에 이 내용이 포함됨으로써, 지방자치단체는 도시계획계약 차원에서 건설법전 제1조 제5항 제2문의 氣候보호(Klimaschutz) 및 건설법전 제1조 제6항 제7문 (f)에서의 '재생가능한 에너지사용을 포함한 절약적이며 효율적인 에너지사용'에 대한 그의 책임을 제대로 수행할 수 있는 새로운 수단으로서 도시계획계약을 활용할 수 있게 되었다.

이는 오늘날 불확실한 석유공급이나 핵에너지의 안전에 대한 리스크 및 처리시설 문제가 논의되는 상황에서 중요한 의미를 가지며, 지방자치단체는 이 문제를 건설용지 및 산업정책차원에서뿐만 아니라, 입지충돌문제에서 진지하게 생각해야 한다고 평가되고 있다.[42]

지방자치법에 따라 가능한 열병합발전시설(Anlagen für Kraft–Wärme–Kopplung)의 연결 · 이용강제는 이러한 계약을 측면지원할 수 있다.[43]

V. 도시계획계약의 적법요건

일반적인 계약의 적법요건을 갖추어야 하며, 특히 도시계획계약이 적법한 것이 되기 위해서는 다음과 같은 요건이 충족되어야 한다.

1. 형식적 적법요건

(1) 문서의 형식

법 제11조 3항에 의한 도시계획계약은 법률에 다른 규정이 없는 한 문서의 형식을 요한다.[44]

행정절차법 제57조[45]에 의해 공법상 계약은 원칙적으로 문서로 체결되어야 한다.

계약이 문서로 이루어져야 함은 독일민법 제126조[46]로부터 나온다. 특히 계약서

42) Löhr, 앞의 책, § 11 Rn. 20.

43) 위의 책, § 11 Rn. 20. 지방자치단체가 환경보호 및 기후보호목적상 토지매각을 할 수 있는지 여부에 관한 상세는 BGH, U. v. 9.7.2002, BWGZ 2002, 960 ff.

44) 기반시설계약에서도 같은 내용을 건설법전 제124조 4항이 담고 있다.

45) 독일 행정절차법 제57조(문서형식) : 공법상 계약은 법규정에서 다른 형식을 규정하고 있는 한 문서로 체결되어야 한다.

46) 독일민법 제126조 (서면방식) : (1) 법률에 서면방식을 정하고 있는 때에는 서면의 발행자가 서면에 자필로 성명의 기재에 의하여 또는 공증인에 의하여 인증된 서명기호로써 서명하여야 한다. (2) 계약에서 각 당사자의 서명은 동일한 서면에 하여야 한다. 계약에 관하여 동일한 내용의 서면이 다수 작성되는 때에는 각 당사자는

이외의 구두약속(mündliche Nebenabreden)이 행해져서는 아니 된다. 부록을 포함한 전체 계약문서는 수용되어야 하고, 계약당사자 혹은 그 대리인의 서명이 있어야 한다.

(2) 公證必要性(Beurkundungserfordernis)

도시계획계약은 공증을 필요로 한다. 이러한 공증필요성은 독일민법 제311b조 1항 1문[47]에서 근거한다. 즉 토지가 양도되거나 제한되려면 이러한 공증을 필요로 한다.

이러한 형식을 결하는 경우 그 계약은 동법 제125조[48]에 의해 무효이다. 예외적으로 그 하자는 동법 제311b조 1항 2문에 의해 부동산소유권양도합의(Auflassung)와 등기부에의 등기(Eintragung)됨으로써 치유될 수 있다. 이 경우 일반적인 민법원칙이 적용된다.

(3) 제3자의 동의

제3자의 권리를 침해하는 공법상 계약은 그 제3자의 동의가 있는 경우에만 효력을 가짐은 행정절차법 제58조에서 명백히 하고 있다. 따라서 도시계획계약은 행정작용이 제3자의 의사에 반하여 행해져야 하고, 그의 이익에도 반하는 경우에는 고권적 행위에 대한 대안이 될 수 없다.

2. 실질적 적법요건

(1) 상당성의 원칙

도시계획계약에서 합의된 급부는 전체상황에 비추어 상당해야 한다(건설법전 제11조 2항 1문). 이 상당성요청은 건설법전 제124조 3항 1문에 의해 기반시설계약에서도 지켜져야 한다. 이와 비슷한 규정은 행정절차법 제56조 제1항 2문에서의 공법상 계약에서도 찾을 수 있다. 상당성요청은 급부와 반대급부의 경제적 가치와 관련이 있다. 계약당사자의 법적 관계를 종합적으로 고찰하여 양자간 현저한 차이가 존재한다면, 그

상대방을 위한 서면에 서명함으로써 족하다. (3) 서면방식은 법률에 다른 정함이 없으면 전자적 방식으로써 갈음할 수 있다. (4) 서면방식은 공정증서의 작성으로 갈음할 수 있다. (양창수, 독일민법전, 박영사, 2005, 51쪽)

47) 독일민법 제311b조 1항 : 일방당사자가 토지소유권을 양도하거나 취득할 의무를 지는 계약은 공정증서의 작성을 요한다. 이 방식을 준수하지 아니하고 체결된 계약은 부동산소유권양도합의와 등기부에의 등기가 행하여지는 때에는 그 내용 전부가 유효하게 된다. (위의 책, 155쪽)

48) 독일민법 제125조 (전자적 방식) : (1) 법률상 정하여진 서면방식이 전자적 방식으로써 갈음되는 경우에는, 의사표시를 하는 사람은 그 표시에 자신의 이름을 부기하고 또한 전자문서에 서명법에 따른 적격의 전자서명을 하여야 한다. (2) 계약의 경우에는 각 당사자가 동일한 내용의 문서에 제1항에서 정하는 방법으로 전자적으로 서명하여야 한다. (위의 책, 51쪽)

계약이 법률에 적합한 것인지 여부에 의문이 생길 수 있다. 이 상당성이라는 불확정법개념은 불확정법개념의 일반론에 따라 재판에서 전면적으로 심사가능한 것이지만, 내용상 넓게 해석할 필요는 있다.

(2) 부당결부금지원칙

행정절차법 제56조 제1항 1문에 따라, 공법상 계약에서는 특정한 목적을 위한 반대급부가 합의되어야 하고, 그것이 행정청의 공공업무수행에 기여해야 한다. 또한 동법 제56조 제1항 2문에 따라, 반대급부는 전체상황에 비추어 상당해야 하며 행정청의 계약상 급부와 객관적인 관련성이 있어야 한다. 이와 같이 공법상 계약에 있어서 부당결부금지(Koppelungsverbot)는 명문으로 요청되고 있으며, 모든 종류의 도시계획계약에 제한 없이 적용되고 있다.[49] 이때 부당결부금지란 공법상 계약을 통하여 내부적 관련성이 없는 것과는 연결될 수 없다는 것을 말한다. 일반적으로 고권적 판단이 법률상 근거가 없이는 경제적인 반대급부에 좌우될 수 없다는 것을 뜻한다.[50] 예컨대 행정청이 계약상대방에게 법적 청구권이 있는 급부를 계약에서 약속한다면 이는 부당결부금지에 반하는 것이 된다.

(3) 기타 법률위반

건설법전에서는 도시계획계약의 실질적 적법요건 및 효력발생요건에 대하여 법 제11조 제2항 외에는 특별한 규정을 두고 있지 아니하다. 따라서 도시계획계약이 공법상 계약인 경우, 행정절차법의 공법상 계약에 관한 규정을 참고할 수밖에 없다. 행정절차법 제54조 1문에서는 공법상 계약은 '법규정에 반하지 아니하는 한' 체결될 수 있다고 규정하고 있다.

도시계획계약은 특히 건설법전 제1조 제3항[51] 후단에 반하는 내용이 될 수 있다. 동 규정에 따르면 건설기본계획이나 도시계획조례에 대한 청구권은 계약을 통하여 정당화될 수 없다고 한다. 따라서 지방자치단체는 투자가에 대하여 위법하게 특정한 지구상세계획의 수립에 대한 의무를 질 수 없다.

또한 법규정에 반하는 도시계획계약이 항상 무효가 되는 것은 아니다. 즉 위법한

49) Bönker, in: Hoppe/Bönker/Grotefels, Öffentliches Baurecht, § 13 Rn. 112.

50) Bönker, 위의 책, § 13 Rn. 111. 다만, 반대급부를 통해서야 비로소 판단에 반하는 법적 장애가 제거되는 경우에는 부당결부금지의 예외가 인정될 수 있다고 한다(BVerwG v. 16. 12. 1993-4C27.92).

51) 건설법전 제1조 제3항 : 각주 40 참조. Bönker, 위의 책, § 13 Rn. 119에서는 이와 관련하여 건설법전 제2조 제3항을 언급하고 있으나, 동 제1조 제3항의 誤記로 보인다.

공법상 계약이 유효한 경우도 있다는 것이다. 계약이 무효가 되기 위해서는 행정절차법 제59조에서 규정된 특별히 중대한 위법의 경우이어야 한다. 나누어 살펴보면, 먼저 민법규정을 적용할 때 무효인 계약은 마찬가지로 무효이다(행정절차법 제59조 제1항).[52] 그 밖에도 ① 행정행위가 같은 내용을 가진다면 무효인 경우 ② 행정행위가 같은 내용을 가진다면 행정절차법 제46조상의 절차하자 · 형식하자로 위법할 뿐만 아니라, 계약당사자가 이를 알고 있었던 경우 ③ 화해계약의 체결을 위한 요건이 충족되지 아니하였고, 행정행위가 같은 내용을 가진다면 행정절차법 제46조상의 절차하자 · 형식하자로 위법하지는 아니하는 경우 ④ 행정청이 행정절차법 제56조의 허용되지 않는 반대급부를 약속한 경우에는 공법상 계약이 무효가 된다(행정절차법 제59조 제2항). 계약의 일부만이 무효인 경우에는, 무효인 부분이 없었더라도 계약을 체결하였을 것이라고 볼 수 있는 경우가 아니라면 계약 전체가 무효이다(행정절차법 제59조 제3항).

Ⅵ. 도시계획계약과 發注法(Vergaberecht)

도시계획계약의 체결 및 집행은 발주법상(vergaberechtlich)으로도 중요한 의미를 가진다. 일반적으로 독일 경쟁제한방지법(Gesetz gegen Wettbewerbsbeschränkungen), GWB 제101조에 의한 공모의무가 도시계획계약에서는 주어지지 아니한다.[53] 왜냐하면 동법(GWB) 제99조 제2항 내지 제5항의 의미에서 조달(Beschaffung)이 문제가 되는 것은 아니기 때문이다. 그러나 지방자치단체가 기반시설사업자(Erschließungsunternehmer)나 정비주체(Sanierungsträger)에게 그 활동에 대해 대금을 지불해야 하는 경우에는 이러한 발주법이 적용될 수 있다. 지방자치단체와 기반시설계약을 체결한 기반시설사업자 혹은 정비 · 개발주체가 건설 · 계획 · 서비스업무를 위탁하는 경우에는 실체법상으로 동법(GWB) 제98조의 공공위탁자(öffentlicher Auftraggeber)로 볼 수 있어 발주법규정의 적용이 있게 된다. 그들의 제공의 질서적합적 고려를 행하고, 다른 경쟁자들을 방해하려는 응모자들은 이러한 발주법위반에 대하여 동법(GWB)이 적용된다. 위법한 낙찰(Zuschlagserteilung)에 있어서는 손해배상청구가 주장될 수 있다.

---

52) 여기에는 법률상 금지에 해당하는 경우(독일민법 제134조), 형식규정에 반하는 경우(동법 제125조), 선량한 풍속에 반하는 경우(동법 제138조)가 해당된다(Bönker, 위의 책, § 13 Rn. 121).

53) 독일 경쟁제한방지법(GWB) 제5편(제97조 내지 제129조)은 공공위탁발주(Vergabe öffentlicher Aufträge)에에 관해서 규정하고 있다.

이와 같이 계약을 통한 도시계획의 법리는 곧 공공발주법(Vergaberecht)와 밀접한 관련이 있을 것이라는 점만 여기서는 지적하고자 한다.[54)]

Ⅶ. 맺음말

이상에서 독일 건설법전 제11조의 도시계획계약의 내용을 중심으로 '계약을 통한 도시계획의 법리'에 대하여 살펴보았다. 아직 공법상 계약 혹은 행정계약의 이론이 충분히 발달하지는 않은 상태이고, 특히 행정절차법에 관련규정이 없는 우리나라의 현실을 생각하면, 이 글에서 살펴 본 도시계획계약을 전적으로 수용하기에는 아직 극복할 과제가 적지 않아 보인다.

그러나 오늘날 국가와 사회의 관계를 이격이 아닌 협력의 차원에서 보아야 한다는 점에서는, 이와 같은 새로운 형식의 도시계획은 피할 수 없는 경향일지도 모르겠다. '거버넌스', 'Public-Private-Partnership', '참여와 협력', '날씬한 국가'(schlankender Staat) 등과 같은 새로운 행정의 과제들을 접하면서, '계약을 통한 도시계획의 법리'는 이러한 거대한 흐름 가운데에 위치하는, 보다 큰 틀에서 이해해야 할 문제라는 생각도 든다. 전체적으로 방대한 내용을 담고 있는 도시계획계약에 대하여 상세한 검토를 다 못한 부분도 있지만, 향후 이 부분에 대한 후속 연구를 통하여 논의가 심화되고 구체화될 수 있기를 기대한다.

54) 사실, 독일에서도 도시계획계약과 발주법 간의 관계에 대해서는 판례나 이론 양측면에서 거의 밝혀지지 아니한 상태로서 학문적 과제로 되어 있다. 최근 발주법이 유럽법차원에서도 문제가 됨에 따라 발주법과 도시계획법간의 교차점은 향후 더 많아질 것으로 전망되며, 이에 따라 양법제도간의 학문적 관계규명이 더욱 필요할 것으로 생각된다.

제7장

행정심판의 대상 및 심판기관 · 당사자

Ⅰ. 머리말

1951년 제정된 「訴願법」(시행: 1965년)에 따른 訴願제도로 시작하여 1984년 「행정심판법」 제정(시행: 1985년)으로 행정심판제도로 변경된 이후에도 여러 차례 변화[1])를 거듭해 온 행정심판이 또 다시 중요한 변화의 계기를 맞고 있다. 「행정쟁송」이라는 이름으로 행정심판과 짝을 이뤄왔던 행정소송의 근거법률인 행정소송법이 전면 개정될 가능성이 높기 때문이다.[2]) 행정소송법이 개정될 경우 행정심판법이 그 개정내용에 맞추어 정합성을 이루어야 함은 물론이지만, 이 시점에서 행정심판제도의 존재의의를 (재)확인하고, 그 존재의의에 충실한 제도로서 면모를 다듬어야 할 것이다.

이와 관련하여, 때 마침 주목하게 되는 것은 최근 주요 외국의 행정심판제도 개편작업이다. 그 가운데, 2007년 영국의 「심판소, 법원 및 집행에 관한 법률」(The Tribunals, Courts and Enforcement Act 2007)[3])에서는 제3의 기관에 의한 공정한 행정심

1) 우리나라 행정심판제도의 연혁에 대해서는 박윤흔, "행정심판제도와 중앙행정심판위원회의 발전방향 –행정심판기관의 준제3자기관화 정착과정을 중심으로", 한국 행정심판제도의 발전방향 세미나(2011. 11. 4), 한국행정법학회 · 국민권익위원회, 4–12쪽; 박정훈, "행정심판제도의 발전방향–'사법절차의 준용'의 강화", 행정법학 2, 2012, 8–12쪽.

2) 2011. 11. 15. 법무부가 학계위원과 실무위원으로 구성된 행정소송법 개정위원회(위원장: 최송화)가 발족됨으로써, 1951년 제정되어 33년만인 1984년에 한 차례 전면 개정된 이후 시실상 개정이 없었던 행정소송법의 개정이 재추진되었다. 2012. 5. 11 동 위원회는 행정소송법 개정안을 마련하였고, 제19대 국회에서의 통과를 기다리고 있다. 이번 개정안은 종래 여러 차례 시도되었던 개정안들을 재점검한 측면이 있어 그 입법결실의 기대가 높다. 이하 행정소송법 개정안은 이를 뜻한다.

3) 그 원문은 http://www.legislation.gov.uk/ukpga/2007/15/contents(방문: 2012. 7. 1)에서 찾아 볼 수 있

판 모델을 제시하고 있다는 점이 특기할 만하다. 또한, 2004년 행정사건소송법 개정을 마무리했던 일본에서는 행정불복심사제도검토회(2006. 10.~2007. 7.)에서 2008년 행정불복심사법 개정안을 제시했다. 이 개정안은 비록 입법결실을 맺진 못했지만, 그 과정에서 우리에게도 시사하는 바가 적지 않은 다양한 쟁점들이 검토되었다.[4] 최근 독일에서는 행정심판 폐지론을 주된 내용으로 하는 일부 주(Land)들의 입법동향[5]이 나타나고 있으며, 그에 관한 학자들의 평가들도[6] 우리 제도 마련에 참고할 만한 내용이 적지 않다.

이러한 외국제도들을 우리의 상황을 바탕으로 구체적으로 그 장단점을 분석하여 신중하게 평가해야 함은 물론이다. 행정심판의 대상 · 심판기관 · 당사자를 행정소송법 개정안과 관련하여 논하게 되는 여기서는 본 주제와 관련해서만 그 내용을 살펴본다.

방법론으로서, 행정소송법 개정안에 대해서는 해석론(de lege lata), 그리고 이와 정합성을 갖추어야 하는 행정심판법에 대해서는 입법론(de lege ferenda)을 중심으로 전개하게 된다. 먼저, 행정심판의 존재의의와 행정소송과의 관계를 살펴본 뒤(Ⅱ), 이를 바탕으로 행정심판의 대상(Ⅲ), 그리고 행정심판기관 · 청구인 · 피청구인(Ⅳ)에 대하여 살펴본다.

Ⅱ. 행정심판의 존재의의와 행정소송과의 관계

1. 행정심판의 존재의의

행정심판의 기능 내지 존재의의로는 다음 세 가지를 들 수 있다.[7]

다. 그 내용에 대한 검토로는 안동인, "영국의 행정심판제도 개혁에 관한 소고", 공법연구 38-1(2), 2009, 237쪽 이하.

4) 일본에서 2008년 통상국회에 제출되었던 행정불복심사법안은 행정불복심사법을 발본적으로 개정하려는 것이었지만, 2009년에 廢案으로 되어 결실을 보지 못했다. 그러나 그 준비작업이었던 중간보고서 및 최종보고서(行政不服審査制度検討会最終報告−行政不服審査法及び行政手続法改正要綱案の骨子, 2007. 7.), 그리고 이 보고서와 관련하여 特集 行政不服審査法改正 · 行政手続法改正の検討−行政法研究フォーラムでの検討結果, ジュリスト No. 1371, 2009/2, 6-44頁 등 많은 학술문헌들이 나와 있다.

5) 독일의 주 가운데, Bayern, Hessen, Mecklenburg-Vorpommern, Niedersachsen, Nordrhein-Westfalen, Sachsen-Anhalt 등이 州法인 「행정법원법의 시행법률」(Ausführungsgesetz zur Verwaltungsgerichtsordnung, AGVwGO)들을 통하여 행정심판제도 개혁에 나서고 있다.

6) 다수의 문헌 가운데, 특히 이러한 상황을 잘 개관할 수 있는 Holzner, "Die Abschaffung des Widerspruchsverfahrens", DÖV 2008, 217 ff.; Beaucamp/Ringermuth, "Empfiehlt sich die Beseitigung des Widerspruchsverfahrens?", DVBl. 2008, 426 ff. 참조.

7) Hufen, Verwaltungsprozessrecht, 2005, S. 70 f.; Rüsel, "Zukunft des Widerspruchsverfahrens", NVwZ

첫째, 행정의 자기통제(Selbstkontrolle der Verwaltung)이다. 행정기관이 판단주체가 되는 행정심판절차를 통하여 국민들은 불복대상인 행정결정에 대하여 사실적 · 법적 심사를 하게 함으로써 행정 스스로 자기 통제를 할 수 있다. 행정의 자기통제 기능의 핵심 역할은 행정심판법 외에도 행정절차법이 주로 수행하고 있다. 따라서 행정심판법의 자기통제의 역할은 행정절차법과 연계하여 이루어질 필요도 있다. 역설적으로 행정절차법이 잘 정비된다면 행정심판법의 자기통제 기능은 그 만큼 희석될 수도 있다는 말이기도 하다.

둘째, 개인의 권리구제(Rechtsschutz des Bürgers)이다. 권리개념이 좁게 해석될 수 있는 가능성까지 생각하면 「권리구제」 대신에 「권리이익구제」, 「권익구제」라는 표현이 더 정확할 수 있겠다. 이러한 기능은 기본적으로는 행정소송의 기능과 겹치는 것이어서 행정심판의 기능이라기보다는 행정쟁송의 기능이라고도 볼 수 있다.[8] 그런데 행정심판의 이러한 기능을 행정심판보다 더 잘 수행하는 것은 역시 행정소송이라는 점도 간과할 수 없다. 아무리 사법절차를 준용하더라도 준사법절차와 사법절차는 같을 수 없기 때문이다. 따라서 행정심판의 권익구제기능은 「간이」와 「신속」의 특성과 결부될 때 그 존재의의가 더욱 살아난다. 행정심판을 행정소송에 비하여 「일반국민들에게 와닿는」(bürgernah)[9] 제도로 평가하는 것도 그 때문이다. 간이 · 신속한 점만이 아니라, 행정심판에서는 「부당」에 대한 심사가 가능하다는 점도 간과할 수 없다(행정심판법 제1조, 제5조 참조). 요컨대, 「권리이익구제」를 이야기하더라도 그 존재의의를 제대로 찾기 위해서는 「간이 · 신속성」과 「부당한 행정작용에 대한 구제」가 행정심판의 중요한 존재의의로 강조되어야 한다.

셋째, 법원의 부담경감(Entlastung der Gerichte)이다. (광의의) 행정절차 내에서, 행정 스스로 상대적으로 간단하면서도 융통성 있는 절차를 통하여 행정분쟁을 해결함으로써 행정법원의 부담을 경감시킬 수 있다. 이는 행정심판에서 해결되어 행정소송으로

2006, 523 (524); Schönenbroicher, " Leitziele und Kernpunkte der Reformen des Widerspruchsverfahrens" , NVwZ 2009, 1144 (1145); Steinbeiß-Winkelmann, " Das Widerspruchsverfahren als Voraussetzung des Gerichtszugangs in VwGO, FGO und SGG", NVwZ 2011, 914 (916). 이처럼 독일문헌에서는 거의 예외 없이 이 뚜렷한 3개의 키워드를 중심으로 행정심판의 존재의의를 설명하고 있다. 국내 문헌에서는 다양한 표현으로 이를 설명하고 있지만, 이와 크게 다르지 않는 취지로 보인다. 가령, ①간이 · 신속한 구제, ②구제대상의 확대, ③행정기관의 전문지식의 활용, ③법원의 부담경감을 들고 있는 견해(김철용, 행정법, 2012, 469쪽), 행정청의 입장, 국민의 입장, 법원의 입장으로 나누어 이러한 내용을 설명하는 한견우, 현대행정법, 2008, 1079-1080쪽 참조.

8) 행정소송의 기능에 대해서, 「권익구제」보다 「행정의 적법성 보장」을 앞세우는 입장에서는 「행정의 적법성 보장의 기능」을 내세울 수 있을 것이다.

9) Rüsel, 앞의 논문, 525쪽.

까지 갈 필요가 없는 경우를 말하며,[10] 청구인이 행정심판의 재결에 승복하지 않고 소송으로까지 가는 상황에서는 이러한 기능은 큰 의미가 없다는 한계를 안고 있기도 하다.

이렇게 볼 때 전통적인 행정심판법의 존재의의는 행정절차법 및 행정소송법과의 긴장관계 속에서 찾을 수 있음을 알 수 있다. 행정소송법 개정논의와 맞물려 행정심판법 개정을 논하는 것도 바로 여기에 기인한다고 생각된다. 다른 한편 행정절차법의 재정비 역시 필요한 시점이라는 점도 간과할 수 없다.[11]

2. 행정심판의 또 하나의 존재의의 : 행정법상 갈등의 해결

이상의 내용들은 행정심판의 기능으로서 일반적으로 인정되는 것이라 할 수 있다. 그런데 이에 더하여 행정심판이 지향해야 하는 또 하나의 기능으로 「행정법상 갈등의 해결(Konfliktlösung)」을 추가하여 들 수 있다. 우리나라에선 다소 낯선 감이 없지 않지만, 국민들의 수용도(Akzeptanz)를 높이고 국민들이 잘 알 수 있게 함(Informiertheit)으로써, 진정한 법적 평화(Rechtsfrieden)를 추구하는 것을 행정심판의 목적으로 추가하는 견해가 있다.[12] 또한, 최근 독일에서 「행정심판 무용론」이나 「행정심판 폐지론」이 강하게 주장되고 있는 가운데, 효율적 갈등해결모델(effektives Konfliktlösungsmodell)이 존폐위기에 있는 행정심판에게는 구원의 닻(Rettungsanker)이 될 수 있다는 주장도 있다.[13]

행정상 법률관계에 관한 법인 행정법학이 수행해야 할 핵심과제일 수밖에 없는 갈등해결의 과제는 행정법 전반에 걸친 것이지만, 행정의 자기통제와 국민의 권익구제를 추구해야 하는 행정심판에 있어서는 이 과제가 특별히 중요한 의미가 있다고 할 것이다. 이번 행정소송법 개정안에서 법원의 권고결정에 의한 소송상 화해를 신설하였다(개정안 제35조). 화해권고결정제도가 행정법상의 갈등해결에 기여하리라 예상할 수 있

10) 행정심판에서 사실관계가 정리된 상태에서 행정소송으로 오는 것도 행정소송의 입장에서 부담이 경감되는 면도 있겠지만, 주로 역할대행의 의미일 것이다.

11) 이와는 달리, ①행정의 자기통제, ②국민의 권익구제, ③행정법원의 부담경감 가운데 ③을 제외한 ①, ②만을 부각시키면서 이를 헌법 107조3항과 연관하여 해석하는 입장(박정훈, 행정법학 제2호, 7쪽)도 있다. 그러나 ③ 역시 ①, ②에 못지않게 행정심판제도가 가지는 기능 내지 존재이유임을 부인할 순 없다. 또한, 행정심판법 개정 등의 새로운 제도설계에 있어서도 일반적으로 인정되고 있는 이 세 가지 기능은 우선적으로 고려해야 할 필요가 있다.

12) Rüsel, 앞의 논문, 525쪽.

13) Härtel, "Rettungsanker für das Widerspruchsverfahren?", VerwArch 2007, 54 ff.

지만, 갈등조정의 역할은 행정작용의 합목적성까지 통제할 수 있고, 특히 재량결정과 같은 협상여지(Verhandlungsspielräume)가 있는 단계를 통제할 수 있는 행정심판에서 훨씬 잘 이루어질 수 있다.[14)]

이를 위해 입법론상 행정심판의 조정(Mediation)의 역할을 강조하는 등의 후속조치가 필요하지만, 행정심판이 고충민원에 대한 옴부즈맨제도와 연계되어 있는 우리나라의 제도적 여건을 잘 활용할 수 있다. 이처럼 행정법이 수행해야 할 중요과제인 갈등해결을 위한 역할을 행정심판이 해야 한다는 점을 생각할 때, 「행정법상의 갈등의 해결」은 행정심판의 또 다른 존재의의가 된다고 보아야 할 것이다.

3. 행정심판법과 행정소송법의 관계

(1) 「항고소송 모방형」과 「행정소송의 보완 · 확대형」

행정소송법 개정안이 나온 것을 계기로 행정심판법 개정을 검토하는 이 시점에서 양 법의 관계를 생각해 볼 필요가 있다. 이는 행정소송법 개정을 고려한 행정심판법 개정의 큰 방향을 우선 설정해야 하는 문제라고 할 수 있다. 앞서 본 바와 같이 행정소송법만이 아니라 행정절차법까지 포함한 행정 3법의 관계의 총체적 재정립을 검토할 필요도 있지만, 주어진 주제인 행정소송법과의 관련에서 주로 살펴보고자 한다.

우선 생각할 수 있는 유형은 「항고소송 모방형」이다. 현행 행정심판법은 철저히 이러한 틀에서 규정되어 있고, 심지어 재결례 역시 행정소송의 판례를 모방하고 있다고 생각된다. 행정심판은 행정소송과 함께 행정쟁송제도로서 국민의 권익을 보호하고, 행정의 적법성을 통제한다는 큰 방향에서는 공통점을 가지는 것은 사실이지만, 앞서 살펴본 바와 같이 행정심판은 행정소송과는 또 다른 존재의의를 가지고 있다. 따라서 행정소송법의 개정(안)에 발 맞추어 고쳐나가기도 하며, 경우에 따라서는 행정심판의 독자성을 감안하여 행정소송의 보완재로서의 역할을 더욱 공고히 해야 할 부분도 있다.

이렇게 볼 때 행정소송법 개정안이 나온 이 시점에서는 행정소송과의 정합성을 유지해야 하는 과제와 함께, 행정심판의 고유한 의미를 찾아가야 하는 과제가 함께 주어져 있다고 할 수 있다. 즉, 종래 취해 왔던 행정소송, 특히 항고소송을 추종하는 입장에서 과감하게 탈피하여 행정소송의 보완 · 확대를 도모하는 것이 더욱 필요하리라 생각된다. 즉 「항고소송 모방형」이 아니라 「행정소송의 보완 · 확대형」을 제도개선의 기본

---

14) Beaucamp, "Mediation im Widerspruchsverfahren?", DÖV 2011, 886 (889).

틀로 삼아야 할 것이다.

따라서 이하의 논의방향도 행정심판의 고유한 존재의의를 바탕으로 한 행정소송의 보완 · 확대 차원에서 전개해 나가게 된다.

(2) 司法절차의 준용

이와 관련하여 문제가 되는 것은 우리나라 헌법 제107조 3항의 "재판의 전심절차로서 행정심판을 할 수 있다. 행정심판의 절차는 법률로 정하되, 사법절차가 준용되어야 한다."라는 규정을 어떻게 해석할 것인가이다.

헌법재판소 2000. 6. 1. 98헌바8에서는 "헌법 제107조 제3항은 재판의 전심절차로서 행정심판을 할 수 있다. 행정심판의 절차는 법률로 정하되, 사법절차가 준용되어야 한다고 규정하고 있으므로, 입법자가 행정심판을 전심절차가 아니라 종심절차로 규정함으로써 정식재판의 기회를 배제하거나, 어떤 행정심판을 필요적 전심절차로 규정하면서도 그 절차에 사법절차가 준용되지 않는다면 이는 헌법 제107조 제3항, 나아가 재판청구권을 보장하고 있는 헌법 제27조에도 위반된다. 여기서 말하는 사법절차를 특징짓는 요소로는 판단기관의 독립성 · 공정성, 대심적(對審的) 심리구조, 당사자의 절차적 권리보장 등을 들 수 있으나, 위 헌법조항은 행정심판에 사법절차가 '준용'될 것만을 요구하고 있으므로 위와 같은 사법절차적 요소를 엄격히 갖춰야 할 필요는 없다고 할지라도, 적어도 사법절차의 본질적 요소를 전혀 구비하지 아니하고 있다면 '준용'의 요구에마저 위반된다."라고 판시하고 있다.

또한, 대법원 2010. 1. 28. 선고 2008두19987 판결[15]은 준사법절차가 적용되지 않는 이의신청은 행정심판이 아니고, 이러한 이의신청에 따른 취소는 직권취소로 보아야 하며, 제소기간도 이의신청이 아니라 행정심판의 재결을 기준으로 해야 한다고 보았다.

이처럼 우리 헌법에서 명시적으로 규정하고 있는 행정심판의 준사법절차성은 행정심판을 특징짓는 중요한 요소라고 할 것이다.

15) "부동산 가격공시 및 감정평가에 관한 법률 제12조, 행정소송법 제20조 제1항, 행정심판법 제3조 제1항의 규정 내용 및 취지와 아울러 부동산 가격공시 및 감정평가에 관한 법률에 행정심판의 제기를 배제하는 명시적인 규정이 없고 부동산 가격공시 및 감정평가에 관한 법률에 따른 이의신청과 행정심판은 그 절차 및 담당기관에 차이가 있는 점을 종합하면, 부동산 가격공시 및 감정평가에 관한 법률이 이의신청에 관하여 규정하고 있다고 하여 이를 행정심판법 제3조 제1항에서 행정심판의 제기를 배제하는 '다른 법률에 특별한 규정이 있는 경우'에 해당한다고 볼 수 없으므로, 개별공시지가에 대하여 이의가 있는 자는 곧바로 행정소송을 제기하거나 부동산 가격공시 및 감정평가에 관한 법률에 따른 이의신청과 행정심판법에 따른 행정심판청구 중 어느 하나만을 거쳐 행정소송을 제기할 수 있을 뿐 아니라, 이의신청을 하여 그 결과 통지를 받은 후 다시 행정심판을 거쳐 행정소송을 제기할 수도 있다고 보아야 하고, 이 경우 행정소송의 제소기간은 그 행정심판 재결서 정본을 송달받은 날부터 기산한다."

이와 관련하여, 유력한 견해는 행정심판의 기능을 「감독적 통제」와 「중립적 쟁송절차」라는 점을 전제한 뒤, 우리나라 행정심판제도는 「사법절차의 준용」이라는 헌법적 요청에 따라 감독적 통제 내지 자기통제를 위한 행정절차적 성격을 거의 대부분 탈색하고, 준사법적 성격을 갖는 쟁송절차로 나아가는 이미 돌아갈 수 없는 다리를 건넜다고 주장한다.[16] 그 이유로는 2008년, 2010년 있었던 독립행정위원회인 중앙행정심판위원회의 탄생, 재결청의 폐지와 행정심판위원회의 재결 등을 주요 내용으로 하는 행정심판법 개정과 사법절차의 준용에 관한 헌법 제107조 제3항의 규정을 들고 있다. 이러한 관점은 후술하는 행정심판기관에 관한 논의에서 뚜렷하게 구체화된다.

그러나 헌법규정 및 행정심판법 개정에서 나타난 (준)사법절차의 강화는 행정심판의 「수단」이지 「목적」이라고 볼 수는 없다. 특정 수단의 강화를 통하여 행정심판이 본질적으로 가지고 있(어야 하)는 존재의의에 있어서 중점의 차이를 가져올 순 있지만, 돌아올 수 없는 다리를 건너는 정도의 목적 그 자체를 바꾸는 것은 아니라고 생각된다. 판단주체가 행정부에 소속되는 한 그 본질은 (광의의) 행정절차일 수밖에 없고, 오히려 판단주체가 법원인 사법절차와 사이에야말로 넘을 수 없는 벽이 존재한다고 보아야 할 것이다. 아울러, 3심제를 갖춘 행정소송제도가 있는 상황에서 사법절차성의 지나친 강조야말로 준사법절차 무용론을 초래할 가능성도 배제할 수 없다. 사법절차를 지나치게 강조한 행정절차는 어차피 사법절차에는 못 미치면서도 행정절차가 가지는 고유한 의미마저 잃을 수 있기 때문이다.

Ⅲ. 행정심판의 대상

1. 행정행위의 공정력문제

행정법학에서 일찍이 「秘境」[17] 또는 「학설의 迷路」(Labyrinth der Meinungen)[18]의 영역으로 표현되었던 公定力은 여전히 그 표현이 어울리는 것 같다. 행정법학의 핵심개념으로서 행정쟁송제도의 본질과 결부되고 있음에도 불구하고, 아직 불명확한 점을 많

16) 박정훈, 행정법학 2, 8쪽.

17) 兼子仁, 行政行為の公定力の理論, 東京大学出版会, 1960, 3頁.

18) Erichsen/Knoke, "Bestandskraft von Verwaltungsakten", NVwZ 1983, 185 (187). 이는 독일의 「실질적 존속력」(materielle Bestandswirkung)에 대한 표현이어서, 우리의 공정력과 같은 의미인지의 논란이 있을 수 있지만, 여기서는 일단 유사한 것으로 전제하였다.

이 안고 있기 때문이다.

공정력을 깨는 제도로 인식되는 취소쟁송의 대상론은 공정력과 밀접한 관련을 가질 수밖에 없다. 이로 인해, 행정쟁송의 대상확대, 즉 공정력을 가지지 않는 행정행위 이외의 행정작용도 행정쟁송의 대상으로 할 수 있는지를 논의함에 있어서 이 공정력은 걸림돌로 작동한다. 즉, 행정쟁송의 대상확대론은 논리필연적으로 이 공정력에 대한 재검토를 수반해야 한다. 그런데도, 이번 행정소송 개정론에 즈음하여 행정소송 대상을 정하면서 그 전제가 되는 공정력에 관한 깊이 있는 논의가 충분하지 못했음은 아쉬운 부분이다. 가령, 순수한 법적 문제라기보다 다분히 정치적 · 정책적 문제의 측면도 있었던 행정입법이 헌법재판의 대상인가, 행정소송의 대상인가에 논의가 모아졌던 반면에, 이러한 본질적 문제에는 나아가지 못한 면도 있었던 것이다. 행정소송법 개정안에 포함된 당사자소송의 활성화 가능성은 우회적으로나마 행정소송 대상확대의 결과를 가져올 수 있다고 기대하지만, 행정법학의 중요한 과제를 행정소송법 개정이라는 현실적인 제도개선과 결부시켜 검토할 기회를 충분히 가지지 못한 점은 분명하다.

행정소송법 개정론 차원에서(도) 검토되지 않은 문제를 그 후속 법개정 문제로서의 행정심판 대상을 논하는 것은 어색한 면이 있을 뿐만 아니라, 행정심판법 개정과 관련된 여러 쟁점을 포괄적으로 검토하는 여기서 이 문제를 깊이 다루는 것도 적절하지 않다고 생각된다. 따라서 본고에서는 문제제기를 하는데 그치면서,[19] 이하에서는 행정소송법 개정안의 내용을 바탕으로 하여 이와 관련된 행정심판의 대상문제를 살펴본다.

2. 「행정소송 대상」과의 정합성

(1) 행성심판 = 항고심판?

우선, 행정심판은 행정소송의 종류 중 항고소송에 대응하는 것인지가 문제이다. 말하자면, 공권력에 불복하는 행정쟁송만을 행정심판법상 행정심판으로 볼 것인가를 생

19) 행정쟁송의 대상론의 단초가 되는 공정력에 관한 쟁점은 다양하겠지만, 특히 ① 구속력 · 규율력과 공정력은 어떻게 구분되는가, ② 실체법적 공정력을 계속해서 유지할 것인가, 그리고 실체법적 공정력을 인정한다면 그 근거는 무엇인가, ③ 일본의 통설이기도 한 절차법적 공정력을 인정하는 경우에도 이때 절차법적 공정력의 의미는 무엇인가, 그리고 절차법적 공정력을 인정한 경우 그 논의실익은 무엇인가, ④ 독일 행정법학에서의 존속력(Bestandswirkung)과 우리나라 행정법학에서의 공정력은 어떠한 관계에 있는가, ⑤ 독일 행정법학에서의 존속력과 우리나라 행정법학에서의 존속력은 어떠한 관계에 있는가, ⑥ 공정력을 일반적으로 「권한 있는 기관에 의해 취소될 때까지 통용되는 힘」으로 설명되고 있는데, 이러한 효력은 「권한 있는 기관에서 다툴 수 있는 기간을 도과한 경우에 부여되는 힘」과 어떠한 관계에 있는가 등의 논점이 정리될 필요가 있다. 反面에, 대부분 교과서에서 비중 있게 다루고 있는 「공정력과 구성요건적 효력의 차이」와 같은 문제는 논의 실익이 의문스럽다. 이에 관해서는 다른 기회에 상세하게 검토하고자 한다.

각해 보아야 한다.

현행 행정심판법은 이러한 입장에서 취소심판, 무효등확인심판, 의무이행심판을 규정하고 있다. 행정심판을 이와 같이 이해하면서, 전통적인 공정력개념을 유지할 경우 행정심판의 대상이 되는 것은 처분 또는 처분의 불행사에 국한하게 된다. 행정소송의 경우에는 처분 이외의 행정작용에 대해서 당사자소송을 통한 구제가능성이 없지 않지만, 행정심판의 경우에는 매우 좁은 범위의 행정작용만이 그 대상이 되어 오히려 행정소송에 비하여 구제대상이 좁아지게 된다. 결국 행정심판법상 행정심판은 원칙적으로 「항고소송의 (임의적) 전심절차」에만 머물게 된다.

그러나 이번 행정소송법 개정안에서 공법상 법률관계에 관한 소송인 「당사자소송의 활용범위」가 매우 넓어졌다는 점에 주목할 필요가 있다. 즉 행정소송법 개정안에 따라 당사자소송의 활용범위에 (명시적 법률규정에 따라 분명하게) 들어오게 되는 행정작용의 경우에도 그와 관련된 간이 · 신속한 구제수단으로서 행정심판의 필요성은 생기게 되었다. 사실 행정심판이 항고심판에 국한될 필요는 처음부터 없었지만, 과거 당사자소송이 제대로 이용되지 않았던 상황과 행정소송법 개정안의 취지에 따라 당사자소송이 활성화될 상황은 큰 차이가 있다. 앞서 행정소송법 개정(안)과의 관계에서 행정심판법의 개정방향으로 「항고소송 모방형」이 아닌 「행정소송 보완 · 확대형」을 지향한 것도 같은 취지이다. 이러한 기본방향에 맞추어 행정심판의 대상을 (행정행위 이외의) 행정작용별로 구체적으로 검토해 보자.[20)]

(2) 행정작용별 구체적 검토

1) 행정입법

현대의 행정작용은 처분 외에 행정입법을 통하여 이루어지는 경우가 많은 점을 생각하면, 행정입법을 다투는 행정쟁송적 수단의 필요성은 크다고 할 수 있다. 이는 본질적으로 행정입법이 행정쟁송의 대상적격을 갖느냐의 문제이겠지만, 종래 행정쟁송의 대상이 되지 못했던 행정입법 가운데 공권력성이 인정되는 경우 헌법소원의 대상이 되어 헌법재판소의 관할사건으로 다루어지고 있다. 행정소송법 개정안의 작업과정에서

20) 일본의 행정불복심사제도검토회(行政不服審査法及び行政手続法改正要綱案の骨子, 2007. 7)에서도 이 문제가 논의되었지만, 처분 이외의 행정작용들은 그 개념의 범위 · 유형을 정리하는 것이 선결문제이며, 이들에 대한 통일된 규범 정립이 가능한지 여부 또는 개별 분야별로 개별법으로 대응하는 것이 적절하지 않은가 등에 대한 검토필요성 등을 들어 이들에 대해서는 행정심판 대상으로 제외하고, 장래의 검토과제로 미루었다. 다만, 행정지도에 대해서는 행정절차법 개정을 통해 그 사전절차적 통제를 더욱 보완하는 것으로 하였다. 이에 관한 상세는 동 검토회 보고서, 53쪽 이하 참조.

도 행정입법을 법원에서 행정소송(항고소송)으로 다루어야 하느냐, 헌법재판(헌법소원)에서 다루어야 하느냐로 다투어진 바 있으며, 행정소송법 개정위원회에서도 종래와 마찬가지로 항고소송의 대상에는 원칙적으로 포함시키지 않는 것으로 결정했다. 헌법소원의 보충성과 관련된 문제는 「행정심판의 대상」에서도 마찬가지로 전개될 수 있어, 행정심판의 대상적격으로서 행정입법을 논하는 것은 그다지 실익이 없어 보인다. 다만, 이른바 처분적 조례, 처분적 고시 등의 경우와 같이 집행행위의 매개를 거치지 않고 직접 국민의 권리의무에 관계되는 행정작용에 대해서는 판례와 통설은 취소소송 · 무효등확인소송의 대상이 되는 것으로 보고 있다. 이러한 작용이 행정심판의 대상이 되는지 여부에 대해서는 학설의 다툼이 없지 않지만, 마찬가지로 취소심판 · 무효등확인심판의 대상이 된다고 보아야 할 것이다. 그러나 처분적 행정입법을 제외한 행정입법에 대해서는 행정소송법 개정안에 따르더라도 여전히 항고소송으로는 다투기 어렵다고 생각되지만, 항고소송에 집착하지 않고 당사자소송을 활용한다면 이러한 행정입법 역시 구제의 범위에 포함될 여지가 많다.[21] 따라서 당사자심판이 인정될 수 있다면 마찬가지일 것이다.

2) 행정지도

권고라고 하더라도 권고에 따르지 않는 것이 불이익처분의 사유가 된다면, 그 권고는 일정한 의무를 과하는 행정처분으로 해석하고 있다.[22] 가령, 법령에서 '권고'나 '지시' 등으로 나타날 수 있는 행정지도는 경우에 따라 처분성을 가질 수도 있고, 그렇지 않을 수도 있지만, 법령에서 권고 · 지시의 의미가 그 정도로 명확하지 않은 경우가 많다. 이러한 경우 처분성을 인정할 수 없고, 실제로 그러한 권고 · 지시로 국민의 권익이 침해받는다고 느끼더라도 항고쟁송을 통하여 다툴 수 없게 된다.[23] 그러나 행정심판이 반드시 항고소송의 전심절차, 즉 항고심판의 경우에만 한정되는 것이 아니라면 공법상 법률관계에 대하여 간이 · 신속하게 행정심판에서 다룰 수 있는 제도는 검토할 만하다. 특히 이번 행정소송법 개정안에서는 처분을 제외한 사실행위 등의 작위 · 부작위를 구하는 소송을 당사자소송으로 제기할 수 있는 길을 열어 놓았다.[24] 이에 대응하는 간

21) 김현준, "처분성 없는 행정작용에 대한 행정소송으로서의 확인소송-2004년 일본 행소법 개정상황에서의 확인소송 활용론을 단초로 하여 -", 공법연구 37-3, 2009 참조.
22) 대법원 2005. 7. 8. 선고 2005두487 판결 등.
23) 이러한 취지의 中川長久, "行政訴訟としての「確認訴訟」の可能性", 民商法雑誌 130-6, 2004, 988頁.
24) 개정안 제3조 제2호. 이에 관한 해설로 정하중, "행정소송법 개정 논의경과", 행정소송법 개정 공청회(2012. 5. 24) 자료집 8쪽 참조.

이 · 신속한 행정쟁송으로서의 행정심판은 어떠한가?

3) 행정지도 이외의 행정상 사실행위

법적 효과(권리의무변동)는 없지만, 사실상 결과를 실현하고 있는 작용인 권력적 사실행위(가령, 수용, 무허가건축물 강제철거, 영업소폐쇄, 단수조치, 전염병환자의 강제격리 등)는 공권력행사이므로 처분이 되는 경우가 있다. 이러한 권력적 사실행위에 대해서는 「그 밖에 이에 준하는 행정작용」으로 파악하기도 견해[25]도 있고, 이를 수인의무를 부여하는 행정행위와 사실행위가 결합된 이른바 합성행위로 파악하여 사실행위는 여전히 항고소송의 대상이 되지 않는다고 보는 견해[26]도 있다. 어떠한 견해에 따르건, 권력적 사실행위의 경우 계속적 성질을 가지는 것만 행정소송의 대상이 될 수 있을 것으로 보인다.

이번 행정소송법 개정안과 관련한 행정심판 대상으로서 행정상 사실행위에 대해서는 다음과 같은 점이 문제가 된다.

첫째, 예방적 금지소송제도가 행정소송법 개정안에서는 새로이 신설된 만큼, 권력적 사실행위의 행정쟁송 대상문제는 반드시 「계속적 성질을 가지는 것」에 한하는 것으로 볼 수 없게 되었다. 다만, 예방적 금지소송은 그 성격상 행정절차제도의 정비를 통한 사전구제가 이를 대신할 수 있는 측면이 많기 때문에, 행정절차의 보완을 통한 해결도 생각할 만하다.

둘째, 전술한 바와 같이 행정쟁송의 대상 전반에 걸친 기초쟁점에 해당하는 것이지만, 강학상 행정행위만이 실체적 공정력을 가지며 행정쟁송은 이러한 공정력을 깨트리는 소송이라는 전통적 행정행위관념을 계속해서 유지할 것인지에 대한 진지한 검토가 필요한 시점이 아닌가 생각된다. 이러한 공정력문제로부터 다소나마 자유로워짐을 전제로 권력적 사실행위는 「그 밖에 이에 준하는 행정작용」의 해석을 통해서, 아니면 정면으로 처분성을 인정함으로써 행정쟁송의 대상에 포함될 수 있다고 생각된다.

4) 행정계약

이번 행정소송법 개정안에서 행정계약과 관련한 중요한 개정이 이루어졌다. 동 개정안 「제3조 제2호 라목」에서는 「기타 행정상 급부이행청구소송」을 당사자소송의 유형으로 명시하고 있다. 이에 따라 공법상 계약 등 공법상 채권관계에서 발생되는 급부

25) 김남진 · 김연태, 행정법I, 2011, 762-763쪽.
26) 정하중, 행정법개론, 2011, 358쪽.

청구를 당사자소송으로 제기할 수 있는 길을 열어 놓았다. 현대행정에서 행정계약이 차지하는 비중이나 행정계약과 관련된 문제가 비단 「이행」의 문제만이 아니라 「확인」의 문제도 있다는 점을 생각하면, (항고소송의 대상이 되는 경우[27]를 제외한) 행정계약에 관한 소송을 당사자소송의 독자적인 한 유형으로 제시하는 편이 낫지 않았나 생각된다. 그러나 동 개정안 제3조 제2호 가목의 공법상 신분 · 지위 등 그 법률관계의 존부에 관한 확인소송 역시 행정계약에 관한 소송으로 활용될 수도 있다고 생각된다. 이렇게 볼 때, 행정소송법 개정안에 따르면, 행정소송(당사자소송)을 통한 권익침해를 구제받을 수 있는 길이 넓어졌음은 분명하다. 나아가, 종래 사법상 계약으로 파악하여 온 공공계약에 관한 소송, 가령 낙찰자지위확인의 소, 제2순위 적격심사대상자 지위확인의 소 등이 행정소송법 개정안에 따르면 민사소송이 아니라 당사자소송으로 행해질 수 있을 것으로 보인다. 또한, 일반경쟁입찰참가자격을 인정받지 못한 자나 지명경쟁입찰에서 지명을 받지 못한 자는 스스로 정부계약의 상대로서 참가할 자격을 가지는 것에 대한 확인을 구하고자 할 경우, 장래에도 계속해서 입찰안건에서 공공기관으로부터 부당한 취급을 받지 않기 위해서는 당해 입찰이 종료되더라도 확인소송을 계속할 필요가 인정되는 경우 등도 당사자소송이 이용될 수 있는 여지가 더욱 많아졌다.[28] 이렇게 넓어진 당사자소송의 활용가능성에 대응하는 간인 · 신속한 절차로서의 행정심판절차의 가능성을 생각해 볼 필요가 있다.

Ⅳ. 행정심판의 심판기관 및 당사자

1. 행정심판기관 – 준사법절차와 「제3의 기관化」

행정심판기관의 문제는 법리적인 차원에서만이 아니라 대규모 제도개편을 수반하는 정치적 · 정책적 문제를 포함하는 것인데, 이러한 검토를 논외로 하는 본고에서는 관련된 법적 문제만을 간략하게 언급한다.

27) 가령, 종래 판례에서 정부조달계약에서 부정당업자제재와 관련하여 그 처분성을 인정한 경우(대법원 1996. 2. 27. 선고 95누4360 판결), 또는 정부조달계약에서 취소소송의 대상으로 삼을 필요성이 인정되는 것으로 보여지는 낙찰결정 등(박정훈, "행정조달계약의 법적 성격", 행정법의 체계와 방법론, 2005, 230-231쪽; 김대인, 행정계약법의 이해, 266쪽 참조).

28) 김남진, "행정상 확인소송의 가능성과 활용범위", 고시연구 2005/5, 20쪽 참조.

(1) 행정심판법 개정을 통한 제3의 기관화

최근 행정심판법 개정에서 행정심판기관에 관한 주요한 변화가 이루어졌다.

2008. 2. 29. 행정심판법 일부개정(법률 제8871호)을 통해, 국무총리 행정심판위원회, 국민고충처리위원회, 국가청렴위원회를 통합하여 행정심판사건과 고충민원 등의 창구를 일원화하기 위한 국민권익위원회를 설치함에 따라 국무총리행정심판위원회의 설치 · 구성을 변경하였다. 그리고 행정심판위원회가 행정심판사건에 대하여 직접 재결을 하도록 하는 등 절차를 간소화하였다. 재결청의 개념을 없애고 처분청에서 답변서를 행정심판위원회에 바로 송부하도록 하고, 행정심판위원회에서 행정심판사건의 심리를 마치면 직접 재결을 하도록 함으로써, 창구 일원화의 효과를 극대화하고 행정심판제도의 본래 취지인 신속한 권리구제에 기여하고자 했다.

그리고 2010. 1. 25. 행정심판법 전부개정(법률 제9968호)을 통하여, 행정심판의 준사법절차화에 따른 당사자의 행정심판절차에의 참여 요구에 부응하기 위해, 임시처분 · 이의신청 · 전자정보처리조직을 통한 행정심판제도 등 당사자의 절차적 권리를 강화하기 위한 제도를 도입하였다. 특히 「국무총리행정심판위원회」의 명칭을 「중앙행정심판위원회」로 변경하였고, 특별행정심판 신설 등을 위한 협의를 의무화함으로써 특별행정심판절차의 남설을 억제하고자 했다.

이러한 개정으로 행정심판기관인 행정심판위원회의 제3의 기관으로서의 위상이 보다 공고히 되었고, 이로 인해 헌법 제107조 제3항의 행정심판의 준사법절차화가 가속화되었다고 볼 수 있다. 그리고 행정심판의 준사법절차화와 관련하여, 일반행정심판과 특별행정심판, 중앙행정심판위원회와 시 · 도행정심판위원회, 행정심판과 고충민원의 통합이 문제되고 있다.[29)]

(2) 영국의 「행정심판소 모델」에 대하여

이러한 행정심판 절차의 제3의 기관화는 비교법적으로 2007년 제정된 「심판소, 법원 및 집행에 관한 법률」(The Tribunals, Courts and Enforcement Act)에 따라 종래의 다양한 행정심판소를 통일한 영국의 행정심판소(tribunal)제도에서 찾아볼 수 있다. 이러한 영국의 통일 행정심판소 설립의 주된 취지는 종래 각 정부부처의 관할이었던 각 심

29) 다양한 정책적 고려가 포함되어야 하는 이러한 기관통합문제에 대해서는 여기서는 상세하게 검토하지 않으며, 행정심판의 준사법절차화가 반드시 기관통합화로 연결될 필요는 없다는 점만 지적한다. 기구통합에 관해서는 신봉기, "행정심판 조직 및 기구 통합", 행정법학 2, 2012, 29쪽 이하 참조.

판소를 대법관부의 관할 하에 통합함으로써, 독립성을 제고하고 절차에 공통성을 갖게 하여 공정성을 확보하려는 것으로 이해된다. 그리고 통일된 하나의 행정심판소 아래 심판부(chamber)를 두어 종래의 심판소의 전문성을 유지하면서, 행정심판소를 제1심 행정심판소(First-tier Tribunal)와 상급행정심판소(Upper Tribunal)로 나누어 심급화를 하고 있는 점이 특기할 만하다.[30)]

「행정심판기관의 통합」, 「심급화」, 「심판부의 도입」 등을 골자로 하는 행정심판제도 개선방안을 주장하는 견해[31)]가 행정심판의 제3의 기관화를 철저하게 관철시킨 영국의 행정심판소를 모델로 하고 있는 점은 자연스러워 보인다. 그리고 이러한 고도의 준사법절차화 · 제3의 기관화를 통하여 행정심판의 객관성 · 공정성을 도모하고, 제도의 통폐합을 통한 전문화 · 효율화를 이룰 수 있고, 한 단계 더 끌어올릴 수 있으리라는 긍정적인 면이 없지 않다. 또한, 우리 헌법 제107조 제3항에서 나타난 준사법절차화의 취지, 그리고 최근 행정심판법 개정을 통해 이루어진 행정심판의 준사법절차화의 경향은 이러한 개선방안과 같은 철저한 제3의 기관화의 경향과 조화되는 면이 있다.

이에 관한 상세한 평가는 앞으로의 구체적인 논의 전개를 기다려 하기로 하며, 여기서는 극히 단편적인 두 가지만을 언급한다.

첫째, 앞서 언급한 바와 같이 그간 우리가 정립해 온 행정심판의 존재이유는 「준사법절차」와 무관하다. 준사법절차는 행정심판의 「수단」이지 「목적」이 아님을 분명히 할 필요가 있다. 입법정책적으로 통일된 행정심판기관의 설치는 고려할 여지가 없진 않지만, 우리 헌법에서 나타난 취지가 반드시 이러한 방향이라고 단정하긴 어렵다.

둘째, 외국제도는 우리나라와의 법체계의 차이 등 여러 상황을 종합적으로 고려하여 받이들여야 한다. 가령, 영국의 행정심판소는 행정부 소속의 행정심판기관이라기보다 실질적으로 司法府로 볼 수 있지 않나 생각된다. 그렇다면 이는 「행정심판의 준사법절차화」가 아니라 「행정심판기관의 法院化」가 될 우려도 없지 않다. 이와 관련하여, 영국식 모델을 두고 같은 취지에서 소극적 평가를 내리고 있는 일본에서의 논의도[32)]

30) 상세는 박정훈, 위의 책, 15-16쪽; 안동인, 앞의 논문, 249-252쪽 참조.

31) 박정훈, 위의 책, 17쪽 이하.

32) "영국에서는 통일된 행정심판소를 설치하고 있다. ...... 심급화하여 항고심판부는 상급기록재판소로 되어 있으므로 審判所의 司法化라기보다, 「裁判所化」라고 부르는 편이 직질힐 깃이다. 그렇다면, 일본에서도 행정심판청이라는 형태로 통일화할 수 없는가라고 한다면, 가능하지 않다고 말할 순 없더라도 그렇게 하려는 목적을 잘 생각할 필요가 있진 않은가....." (高橋滋=常岡孝好=本多滝夫=山本隆司, [座談会] 準司法手続 · 特例的行政手続の現状と課題-制度の充実と活性化に向けて, ジュリスト No. 1352, 2008. 3. 15., 28頁에서의 常岡孝好의 발언). 또한 이 의견에 이은 山本隆司, 高橋滋의 부정적 또는 소극적 의견 참조.

(양 국의 헌법 · 법률의 구조가 다름을 전제하더라도) 우리 입장에서도 한번쯤 생각할 만하다고 생각된다.

2. 행정심판의 청구인

(1) 행정심판의 청구인에 관한 입법 및 학설의 현황

1) 우리나라에서의 「입법과오론」과 「입법비과오론」

행정심판의 청구인적격에 대하여 현행 행정심판법은 행정소송의 원고적격에 관한 행정소송법 규정과 마찬가지로 「법률상 이익」을 가지는 자로 규정하고 있다. 이에 대해서는 부당한 처분까지도 그 대상으로 하는 행정심판의 청구인적격을 오직 위법한 처분을 다투는 행정소송의 그것과 같이 규정하는 것은 「입법과오」라는 견해가 있다.[33] 이러한 입법과오론에 대하여 현행법의 태도는 입법과오가 아니라는 반론도 주장되고 있다.[34] 이 문제를 반드시 입법의 과오 · 비과오로 보지 않고 입법의 미비[35] · 입법정책적인 문제[36]라는 견해도 있는데, 이는 입법비과오설에 가까운 것으로 보인다.

입법과오론은 주로 행정심판법은 부당까지 다루고 있다는 점에 착안하고 있다. 이에 반하여, 입법비과오론은 ① 부당한 처분에 의해서도 권리가 침해될 수 있다는 점, ② 청구인적격은 행정의 적법 · 타당성의 실효적 보장과 남소방지의 요청 사이의 비교형량에 따라 결정되는 입구의 문제이나 위법 · 부당은 본안심리에서의 승소사유인 출구의 문제로서 양자는 구분된다는 점을 주된 논거로 삼는다.

2) 독일에서의 청구인적격

독일의 행정법원법(VwGO)상 행정심판(Widerspruch)에 관한 규정에서는 우리나라 행정심판법에서와 같은 청구인적격(Widerspruchsbefugnis)에 관한 명문규정은 없다. 그러나 지배적인 학설은 행정법원법 제42조2항의 규정을 유추적용하여 행정소송의 원고적격에서와 마찬가지로 권리침해(Rechtsverletzung)를 주장할 수 있어야 한다고 해석하고 있다.[37] 그 이유는 민중행정심판(Popularwiderspruch)은 허용될 수 없기 때문이라고

---

33) 김남진 · 김연태, 행정법I, 2011, 664쪽. 이러한 취지로 보이는 홍준형, 행정법, 2011, 761쪽.

34) 김철용, 행정법, 2012, 480쪽; 김철용, "행정심판법 제9조의 입법상 과오론", 고시연구 1999/7, 51쪽 이하; 박정훈, "행정심판의 기능-권리구제적 기능과 자기통제적 기능의 조화", 행정법연구 15, 8쪽.

35) 홍정선, 행정법특강, 2012, 576쪽.

36) 박균성, 행정법강의, 2012, 662쪽.

37) Dolde/Porsch, in: Schoch/Schmidt-Aßmann/Pietzner, Verwaltungsgerichtsordnung, 22. Ergänzungslieferung 2011, § 70 Rn 41; Geis, Verwaltungsgerichtsordnung, 2006, § 69 Rn. 51; Hufen,

한다.[38] 즉, 행정심판의 청구인적격(Widerspruchsbefugnis) 역시 행정소송법의 원고적격과 마찬가지로 주관법=권리(Recht)의 침해가능성에서 구하고 있으며, 단순한 「권리의 반사」(Rechtsreflex=반사적 이익), 「경제적 이익」(wirtschaftliche Interesse), 「소득의 기회」(Erwerbschance) 등을 가지는 자는 청구인적격이 인정되지 않는다는 보호규범론이 마찬가지로 적용되고 있다.[39]

이때, 행정심판의 심사기준은 위법성만이 아니라 합목적성을 포함하는 넓은 것이라는 점에 착안하여 행정심판 청구인적격에 영향을 줄 수 있는 여지를 남겨두고 있는 견해도 있다.[40] 그러나 여전히 청구인적격은 권리침해의 가능성을 주장하는 자로 보게 되며, 그 이유로서 합목적성을 상실하는 행정작용은 결국 비례원칙에 반하는 재량하자가 되어 부당을 넘어 위법이 된다는 점을 들고 있다. 따라서 부당이 청구인적격에 영향을 미치는 영역은 「생각하기 어려운」(denkbar gering) 경우로 보고 있다.[41]

3) 일본에서의 청구인적격

우리의 행정심판법에 해당하는 日本의 행정불복심사법에서도 청구인적격(不服申立適格)에 대한 명시적인 규정은 없다. 그러나 일본의 판례는 원고적격에서와 같은 요건이 필요하다고 해석하고 있는바, 리딩케이스 격인[42] 최고재판소 판례(主婦連ジュース事件)[43]에서 청구인적격(不服申立適格)을 원고적격과 동일하게 해석한 이래, 이후 판례들은 동 판례를 선례로 인용하며 같은 취지를 밝히고 있다.[44]

학설은 ① 일본 행정사건소송법 9조의 취소소송 원고적격과 동일하게 보아야 한다는 一元說과 ② 원고적격보다 넓게 보아야 한다는 二元說이 오래전부터 다투어지지만,[45] 일원설이 다수의 입장으로 보인다.[46] 양 학설의 논거는 대체로 우리나라에서의

Verwaltungsprozessrecht, 2005, S. 80 f.; Hüttenbrink, in: Kuhla/Hüttenbrink, Verwaltungsprozess, 2002, Rn. 89.

38) Dolde/Porsch, 앞의 책, Rn. 41.

39) Hufen, 앞의 책, 80쪽.

40) 위의 책, 81쪽.

41) 위의 책, 81쪽; 같은 취지의 Geis, 앞의 책, § 69 Rn, 51; § 68 Rn. 202.

42) 이 사건은 「행정불복심사법」이 아니라 「부당경품류 및 부당표시방지법」에 기한 불복사건이긴 하지만, 행정불복심사의 일반론으로서 판시하고 있고, 청구인적격에 관한 일본문헌도 거의 예외 없이 이 판례를 리딩케이스로 인용하고 있는 것으로 보인다(岡村周一, "不服申立適格", 別冊ジュリスト 行政判例百選Ⅱ, 2006, 286-287頁 참조).

43) 最判昭和53 · 3 · 14民集32券 2 号211頁.

44) 宇賀克也, 行政法概説Ⅱ, 2011, 44頁 참조.

45) 이러한 학설대립에 대해서는 主婦連ジュース事件의 평석이기도 한 岡村周一, 앞의 논문, 286-287쪽. 이와 함께 宇賀克也, 앞의 책, 44쪽 참조.

46) 일원설을 통설로 소개하는 本多滝夫, "行政不服申立適格の再考", 福家俊郎 · 本多滝夫 (編), 行政不服審査制

입법비과오설과 입법과오설의 그것과 유사해 보인다. 그 밖에 이원설의 입장에서 행정불복심사법이 「행정의 적정한 운영의 확보」도 목적으로 하고 있다는 점에서 취소소송절차에 비해 심사절차는 간이한 것으로 족하다는 주장도 있다.[47]

(2) 「청구인적격」과 「원고적격」의 비교검토

행정심판법 개정론의 차원에서 「입법과오론」과 「입법비과오론」의 당부를 다룰 필요는 없다고 생각된다. 과거의 논의에 집착하기보다 미래지향적인 행정심판법을 추구한다는 차원에서, 즉 굳이 양 학설의 어느 입장을 취하기보다는 입법론의 차원에서 좀 더 바람직한 방향을 생각해보고자 한다.

1) 「적법 · 부당」의 통제필요성

위법 · 부당이 아니라 적법 · 부당(적법하지만 부당)의 경우는 실제로 잘 찾아볼 수 없다. 우리나라 부당판단의 권한을 법적으로 부여받고 있는 행정심판위원회의 재결례에서도 「위법」과 무관한 「순수한 부당」의 경우를 찾아보긴 힘들다. 이러한 현상은 우리나라에서만이 아니라 독일[48]이나 일본[49]의 실무에서도 마찬가지로 나타나고 있다.

그 이유는 무엇보다 재량영역에서 이루어졌던 광범위한 *法化*(Verrechtlichung)에 기인한다고 생각된다. 원래는 합목적성 심사기준이었던 비례원칙이나 신뢰보호원칙 등이 행정법의 일반원칙이라는 이름으로 위법성 심사기준인 불문법원으로 법화되었고, 오늘날에는 성문법원의 한 부분으로 발전하기도 했다. 이제 비례원칙, 신뢰보호원칙 등은 의문의 여지가 없이 행정법상 위법 판단의 중요한 기준으로 정착되었다. 합목적성에 반하는 전형적인 경우들이 「재량하자론」의 발달로 「위법」으로 승격(?)해버려 「부당」이 차지했던 자리의 많은 부분들을 잠식하게 된 것이다.

그러나 재량권의 일탈 · 남용까지 이르지 않은 재량을 그르친 경우인 부당은 여전히 그 고유한 의미가 있다. 행정심판법 역시 명문으로 이를 인정하고 있어, 합목적성판단을 위한 제도로서의 행정심판에서는 적법하지만 부당한 경우도 통제할 수 있다. 따라서 부당문제를 다툴 실익 자체를 부정하지 않는 한,[50] 부당통제를 할 수 있는 여건을

度の改革, 2008, 86頁 참조.

47) 특히 本多滝夫, 앞의 논문, 87쪽.

48) Klüsener, "Die Bedeutung der Zweckmäßigkeit neben der Rechtmäßigkeit in § 68 I 1 VwGO", NVwZ 2002, 816 ff.

49) 鈴木秀洋, "「不当」要件と行政の自己統制ー住民監査請求制度と行政不服審査制度", 自治研究 83-10, 2007/10, 104頁 참조.

50) 이 점에 대해 신중한 접근을 하지 않으면 부당개념의 무용론으로 전개될 가능성이 있다. 이러한 무용론으로

조성할 필요가 있다. 그러나 청구인적격을 원고적격과 마찬가지로 「법」에 연관시킬 경우 「적법하지만 부당한 경우」를 통제할 수 있는 길은 봉쇄될 여지가 많다. 이 문제는 다음에서 보는 위법과 법적 이익의 관련성에서 더욱 뚜렷해진다.

2) 입구와 출구의 관련성 : 「법적 이익」[51]과 「위법」의 연계

濫請求방지 등의 입구문제 역시 출구문제와 연관시켜 이루어져야 하며 양자가 별개 문제는 아니라는 점에서 입 · 출구의 문제를 구분하는 것은 타당하지 않다고 생각된다. 남소 내지는 濫請求의 제한을 위한 「입구의 제한」은 본안판단과 관련된 출구문제를 바탕으로 할 때 그 정당성이 확보될 수 있다고 할 것이다.

「주관법 위반」(Rechtsverletzung)과 「객관법 위반」(Rechtswidrigkeit)의 견련성을 인정하는 입장에서 볼 때,[52] 본안판단에서의 「객관법 위반」(=위법)은 원고적격 판단에서의 「주관법 위반」, (=권리침해 내지 법적 이익 침해)과 밀접한 관련이 있다. 그런데 본안청구의 인용을 위해서 「객관법 위반」에는 못 미치더라도 「합목적성 위반」(=부당)만 있어도 되는 행정심판에서는 굳이 원고적격 판단을 위해 「권리침해」 내지 「법적 이익 침해」까지 요구할 필요는 없다. 소송요건에서 법과는 무관한 이익의 주장이 본안에서는 당해 행정작용이 부당하다는 주장으로 자연스럽게 연결될 수 있다. 「부당」을 판단하기 위해서는 실정법규정이나 法源의 지위를 획득한 행정법원리(비례원칙, 신뢰보호원칙 등)를 기준으로 할 필요가 없다. 만일 실정법, 즉 근거법령이나 관계법령으로부터 사익보호성을 도출해야 하는 「권리」 내지 「법률상 이익」과는 달리 「부당」은 이러한 실정법과 무관하게 인정될 수 있다. 그런데 실정법을 바탕으로 한 입구설정은 이미 부당이 도출될 수 있는 가능성을 봉쇄할 수 있다. 이로 인해 위법만이 아니라 부당한 처분을 통제하는 행정심판의 본질적 의미가 왜곡될 수 있다. 따라서 부당심사까지 담당하는 행정심판의 본연의 모습을 회복하기 위해서는 그 입구문제인 청구인적격이 「법」으로부터 해방되어야 한다. 객관법 위반이 없이도 청구인용이 될 수 있도록 해야 하기 때문에, 행정심판의 청구인적격을 주관법 위반으로 설정하는 것은 적절하지 않다고 생각된다. 요컨대, 침해행위의 위법사유를 구성하는 처분의 근거법령에서 보호되는 이익이 원고적격

Klüsener, 앞의 논문, 819쪽 참조.

51) 행정소송법 개정안 제12조의 「법적 이익」은 이러한 「법률상 이익」, 「권리」와 동일한 것인지 여부는 향후 학설 · 판례에 맡겨야 하겠지만, 여기서는 일단 이와 유사한 것으로 본다.

52) 객관법 위반과 주관법 위반의 견련성, 즉 위법성과 권리침해의 견련성(Zusammenhang zwischen Rechtswidrigkeit und Rechtsverletzung)에 대해서는 Schmidt-Aßmann, in: Schoch/Schmidt-Aßmann/Pietzner, Verwaltungsgerichtsordnung, 2011, Einleitung Rn. 168. 이러한 견련성을 인정하지 않는 입장으로는 박정훈, 앞의 책, 8쪽.

을 기초지운다면, 공익위반이 행정심판에서 부당사유가 되는 것은 공익에 흡수되는 이익이 청구인적격을 기초지우는 이익이 될 수 있다고 보아야 한다.[53)]

3) 행정의 적정한 운영과 간이 · 신속한 구제필요성

법치행정의 원리에 따라 授權法의 의미를 다분히 갖는 행정법은 그 성격상 司法的 구제로는 구제가 곤란한 권리 · 이익의 구제(법)체계로서 발전해 온 점을 생각할 필요가 있다. 이러한 의미에서는 행정심판제도는 司法的으로 파악되는 이익만을 구제대상으로 해서는 안 되며, 행정심판법의 취지에 따라 청구인적격의 범위를 원고적격보다 넓게 해석하는 것이 자연스럽다고 생각된다.[54)]

특히 이번 행소법 개정안에서 취소소송의 원고적격 요건이 「법률상 이익」이 있는 자에서 「법적 이익」이 있는 자로 바꾸기로 했는데(개정안 제12조), 향후 이러한 「법적 이익」의 해석을 두고 치열한 학설대립이 예상된다. 행정소송제도에 맞추어 만들어진 원고적격규정에 사법적 구제제도가 아닌 행정심판이 굳이 따를 이유는 없고, 행정심판은 「행정의 적정한 운영」, 「간이 · 신속한 구제」 와 같은 행정심판의 고유한 존재의의를 바탕으로 청구인적격을 정하는 것이 타당하리라 생각된다. 이러한 고유한 행정심판의 목적을 추구하기 위해서는 행정소송의 원고적격에 비하여 입구를 더 넓게 잡아갈 필요가 있다.

4) 소　　결

이상과 같은 이유로, 「주관법=권리」, 「법률상 이익」, 「법적 이익」 등과 같은 요건은 「法」 통제기관인 司法기관에서 행하는 행정소송의 원고적격에서 타당한 것이라고 생각된다. 따라서 「법」통제 이외에 「합목적성」심사(Prüfung der Zweckmäßigkeit)까지도 담당(해야)하는 행정심판의 청구인적격은 「법」의 요소가 빠진 개념인 「정당한 이익」이 있는 경우까지도 포함하여 그 판단기준을 삼아야 할 것이다. 이로써 부당통제를 통한 갈등해결기능[55)]을 포함한 행정심판의 존재이유는 더욱 뚜렷해지리라 생각된다.

---

53) 같은 취지의 本多滝夫, 앞의 논문, 87쪽.
54) 위의 논문, 87쪽.
55) Beaucamp, 앞의 논문, 889쪽 참조.

3. 행정심판의 피청구인 - 피청구인적격과 행정소송의 피고적격의 비교검토

행정소송의 피고는 행정소송법 개정위원회에서도 논의대상이 되었지만, 현행 행정소송법의 입장과 같이 「처분청」으로 결정되어 행정소송법 개정안에 반영되어있다. 그리고 그 이유에 대해서는 종래의 행정소송법의 피고적격에 대한 설명과 같이 「행정소송의 수행 편의」를 그 이유로 들고 있다.[56] 이와 함께, 항고소송의 본질에 대한 이해와 관련하여 피고문제는 그 핵심내용이 되는 것이며, 이에 관한 학설이 타협한 형태라고 볼 수 있는 이번 개정안을 토대로 양 학설이 전개될 수 있기 위해서는 「행정청」을 피고로 하는 규정이 존치되어야 한다는 이유도 있다.[57]

그러나 현실적인 소송수행의 편의를 생각하면, 오히려 항고소송의 피고는 당사자소송에서와 마찬가지로 행정주체로 통일하는 것이 바람직하리라 생각된다. 이번 행정소송법 개정안에서 다양한 행정소송 유형이 신설된 점, 당사자소송의 활용가능성이 커진 점, 소의 변경의 범위가 확대된 점(개정안 제22조 참조) 등을 감안한다면, 국민의 입장에서는 항고소송이건, 당사자소송이건, 나아가 민사소송이건 그 소송유형이 어찌되었건 권리구제의 사각지대가 생기지 않도록 배려할 필요가 있다. 특히 항고소송의 대상이 아니라면, (다른 소송요건을 충족하는 한) 당사자소송으로는 다투어질 수 있도록 해야 하며, 가령 항고소송의 요건이 충족되지 않으면 폭넓게 당사자소송으로의 소변경이 이루어질 수 있도록 해야 할 것이다. 따라서 소송수행의 편의를 생각한다면 오히려 항고소송과 당사자소송의 피고가 「행정주체」로 통일될 필요성이 있다고 할 것이다.

만일 앞서 검토된 바와 같이 행정심판법에서 이른바 「당사자심판」을 신설할 경우 행정심판의 유형에 따라 피청구인을 달리 해야 하는지 여부에 대한 검토도 필요할 것이다. 피청구인으로서 처분행정청과 행정주체 가운데 어느 것이 바람직한지를 떠나, 행정심판(항고심판)의 피청구인은 일단 행정소송(항고소송)의 피고, 즉 「행정청」에 맞추는 것이 행정소송법과 행정심판법간의 조화를 이루는 것이라 생각된다. 다만, 앞서 행정심판의 대상론에서 살펴본 바와 같이 행정심판을 항고소송에 대응하는 형태가 아닌 「공법상 법률관계에 관한 행정심판」까지를 생각한다면 이 경우 피청구인은 당사자소송의 피고에 대응하는 「행정주체」로 해야 할 것이다. 이때 심판간의 변경 · 선택가능성

56) 행정소송법 개정 공청회(2012. 5. 24)에서의 질의에 대한 위원(정하중)의 답변. 이는 위원개인의 사견이라기보다 개정위원회의 결론을 대변한 것으로 보인다.

57) 행정소송법 개정 공청회(2012. 5. 24)에서의 질의에 대한 위원(박정훈)의 답변.

은 통일된 피고의 경우에 비해 제약될 수밖에 없을 것이다.

Ⅴ. 맺음말

이상에서 행정소송법의 개정안과 조화를 이룰 수 있는 행정심판법 개정안을 행정심판의 대상, 심판기관 · 당사자를 중심으로 살펴보았다.

이에 맞추어 행정의 자기통제 · 권익구제 · 법원의 부담경감이라는 전통적인 3대 존재이유에 더하여, 「행정법상 갈등의 해결」이라는 행정심판의 목적을 바탕으로 행정심판법 개정이 이루어져야 할 것이다. 이때 헌법 제107조 제3항의 준사법절차의 요청은 이러한 목적을 이루기 위한 중요한 수단이 되어야 하리라 생각된다. 아울러, 이 시점에서 행정심판법에서 문제되어 온 묵은 쟁점들이 새로운 입법에서 정리될 필요가 있다. 이를 통해 우리의 법치주의와 민주주의가 한층 더 성숙되길 기대한다.

제8장

주민소환제의 의미와 과제

Ⅰ. 머리말

공공의 이익을 대변해야 하는 공직자가 그에게 주어진 힘을 오·남용하는 것을 어떻게 통제할 것인가 하는 문제는 오늘날 민주주의를 표방하는 어느 사회에서나 중요한 과제로 되어 있다. 이러한 요청은 국가적 차원에서는 물론, 지방자치의 영역에서도 마찬가지이다. 지방자치제도가 제대로 된 모습으로 부활된 지 10년 이상이 지난 시점에서, 그간 우리의 지방자치를 돌아보면, 지방자치제도가 가지는 많은 긍정적 면들이 지방자치단체장이나 지방의원의 부패의 사례로 얼룩져 있는 것을 쉽게 발견하게 된다. 이는 곧 지방자치단체장이나 지방의원들에 대한 강력한 법적 통제가 필요하다는 주장으로 이어졌고, 주로 이러한 상황을 배경으로 최근 지방자치법 제13조의8의 신설 및 주민소환에 관한 법률(이하 '주민소환법'이라 함)의 제정이 이루어져 바야흐로 주민소환제의 시대를 맞게 되었다.[1)]

법제정 이전부터 동 제도에 대한 많은 논의가 있었지만, 실정법으로 제도화된 이 시점에서는 현행법의 내용을 중심으로 검토할 필요가 있을 것 같다. 따라서 이 글에서는 현행법에 대한 평가와 함께, 향후 주민소환제가 우리의 지방자치제도 속에서 효율적이고 제대로 된 제도로 뿌리내리기 위해 필요한 과제를 중심으로 살펴보고자 한다.

1) 주민소환제가 외국에서 성립된 배경이나 현행 주민소환법의 내용을 보더라도 주민소환제도를 부패한 지방권력에 대한 강력한 경고로만 보기는 곤란한 면이 없지 아니하지만, 우리나라에서 이 제도가 도입된 배경에는 다분히 반부패와 밀접한 관련이 있다.

Ⅱ. 지방공직자들의 반부패의무와 주민소환법의 제정경위

1. 지방공무원법 및 지방자치법상의 반부패의무

지방공무원으로서의 지방자치단체장이나 지방의원들은[2] 성실의 의무(지방공무원법 제48조), 친절 · 공정의 의무(동법 제51조), 청렴의 의무(동법 제53조)를 진다.[3] 또한 지방의회의원은 공공의 이익을 우선하여 양심에 따라 그 직무를 성실히 수행하여야 한다(지방자치법 제34조제1항). 또한 지방의회는 지방의회의원이 준수해야 할 지방의회의원의 윤리강령 및 윤리실천규범을 조례로 정하여야 하는 의무가 있다(동법 제34조의3제1항).[4] 이러한 지방자치법상의 공무원의 의무는 민 · 형사책임과는 별개의 것으로 이를 위반할 경우 징계책임을 진다는 데서 의미를 찾을 수 있지만, 당해 지방자치단체의 장에 대한 징계가 현실적으로 곤란하며, 지방자치법상의 지방의원 · 지방의회의 의무규정을 통한 지방의원에 대한 통제 역시 그리 강력한 장치라고 할 수는 없다. 따라서 행정조직 내부에서의 자율적인 통제에는 한계가 있을 수밖에 없다.

주민감사청구권 및 주민소송도 지방공직자들의 반부패를 위한 성격을 가지고 있다. 법이 정한 일정한 주민은 시 · 도에 있어서는 주무부장관에게, 시 · 군 및 자치구에 있어서는 시 · 도지사에게 당해 지방자치단체와 그 장의 권한에 속하는 사무의 처리가 법령에 위반되거나 공익을 현저히 해한다고 인정되는 경우에는 감사를 청구할 수 있게 하고 있다(지방자치법 제13조의4). 또한 공금의 지출에 관한 사항, 재산의 취득 · 관리 · 처분에 관한 사항, 당해 지방자치단체를 당사자로 하는 매매 · 임차 · 도급 그 밖의 계약의 체결 · 이행에 관한 사항 또는 지방세 · 사용료 · 수수료 · 과태료 등 공금의 부과 · 징수의 해태에 관한 사항을 감사청구한 주민은 일정한 경우 그 감사청구한 사항과 관련 있는 위법한 행위나 해태사실에 대하여 당해 지방자치단체의 장을 상대방으로 소

---

2) 지방공무원법 제2조제3항의 특수경력직공무원 중 제1호의 정무직공무원(가목의 "선거에 의하여 취임하거나 임명에 있어서 지방자치단체의 의회의 동의를 요하는 공무원")이라고 할 수 있다.

3) 이러한 공무원의 의무는 경력직공무원(일반직 · 특정직 · 기능직 공무원) 외에도, 지방자치단체장이나 지방의원과 같은 정무직공무원에게도 지방공무원법 제3조제1항의 규정상 적용되는 것이다. 독일의 경우에도 선출직 공무원 (Wahlbeamte)에 있어서도 특별한 규정이 없는 한 일반적인 공무원법이 적용된다고 보고 있으며, 지방자치법에서의 특별한 점이 있다면 바로 주민에 의한 소환가능성 (Abwahlmöglichkeit)가 있다는 점을 들고 있다. 그리고 그 헌법적 허용성에 대해서는 논의가 있지만, 결과적으로 인정되고 있다고 한다 (Schmidt-Aßmann / Röhl, Kommunalrecht, in: Schmidt-Aßmann, BesVerwR, 13. Aufl. 2005, Rn. 71).

4) 2006. 4. 28. 신설되어, 2006. 7. 1. 시행되는 규정이다.

송을 제기할 수 있는 주민소송을 두게 되었다(지방자치법 제13의5). 주민감사청구권 및 주민소송제도는 지방권력의 부패방지에 긍정적인 기여를 할 것으로 기대되지만, 이는 대상에 있어서 주로 지방자치단체의 장에만 한정되고, 그 효과도 손해배상이나 부당이득반환과 같은 금전적인 전보차원에 그친다는 한계가 있다.

이에 따라 지방자치단체장 및 지방의원이 범할 수 있는 부패가능성에 대한 근본적인 견제장치를 마련할 필요성이 있다는 목소리가 높아졌고, 그 수단으로서 제시된 것이 주민소환제이다. 특히 지방자치단체의 장의 자의적 권한행사와 지방의회의 비효율적 · 비합리적인 운영 등에 대한 견제수단방법으로서[5] 그 역할이 기대되고 있다. 주민이 직접 선출한 자치단체장이나 지방의원이 주민의 기대에 부응하지 못하고 부패한 행위 등이 있을 경우, 이들을 선출한 주민들에 의해 소환될 수도 있도록 하자는 것이다. 새로운 도입된 주민소환제가 반드시 지방공직자들의 부패방지목적만으로 위한 법은 아니지만, 선출직 지방공직자들의 부패에 대한 견제장치로서의 기능에 가장 주목을 하고 있는 점은 부인할 수 없다.

2. 주민소환제관련 입법의 제정경위

(1) 지방분권특별법에서 주민소환제도의 도입방안 강구를 위한 의무 규정

2004. 1. 16. 제정 · 시행된 지방분권특별법[6] 제14조제1항은 "국가 및 지방자치단체는 주민참여를 활성화하기 위하여 주민투표제도 · 주민소환제도 · 주민소송제도의 도입방안을 강구하는 등 주민직접참여제도를 강화하여야 한다."고 규정하고 있다. 따라서 국가와 지방자치단체의 입장에서는 주민투표제도 · 주민소송제도와 함께 주민소환제도의 도입을 강구할 의무가 주어졌다.[7]

(2) 의원입법안으로서의 주민소환관련 법률안 제출

지병문(2004. 7.) · 강창일(2005. 11.) · 이영순(2006. 3.) 의원 3명이 각각 대표발의하여 지방자치법 일부개정법률안 및 주민소환에 관한 제정법률안을 제출하여(단, 이영순

5) 국회 행정자치위원장의 지방자치법 제13조의8 신설안에 대한 이유.

6) 이 법은 동법 부칙 제5항에 의거 시행일부터 5년간 그 효력을 가지는 한시법이다.

7) 이 규정을 주민소환제 도입의 입법적 의무를 부여한 규정으로 보고, 구체적인 주민소환제 입법의무의 이행이 지체되는 경우에는 위헌적 입법의무의 방치에 해당되게 되었다고 매우 적극적으로 해석하는 견해도 있었다(신봉기, "지방자치에 있어서 직접민주제 방식의 도입", 공법연구 33-1, 2004, 204쪽). 대법원(2004. 10. 28. 2004추89)은 동 규정에서의 표현이 조례에서 주민소환제도를 정할 수 있는 위임근거를 마련했다고 볼 수 없다고 판시한 바 있다.

의원은 개별법만 제출) 주민소환에 관한 본격적인 입법절차가 진행되었다.

(3) 국회에서의 심의 · 의결

2006. 4. 27. 국회 행정자치위원회에서는 제1야당 의원 전원이 불참한 가운데 공청회 및 행자위 법안소위 · 전체회의를 개최하여 행자위 대안을 심의 · 의결하였다. 이어서 2006. 5. 2. 제1야당 의원 전원이 불참한 가운데 국회 본회의를 개최하여 지방자치법 일부개정법률안 및 주민소환에 관한 법률안을 직권상정하여 의결하였다.

(4) 주민소환관련 법률의 공포

2006. 5. 10. 지방자치법 일부개정법률안 및 주민소환에 관한 법률안 정부로 이송되었고, '주민소환에 관한 법률'은 2006. 5. 24. 법률 제7958호로 제정되었고, 동법 부칙에 의해 2007. 5. 25.부터 시행되게 되었다.

Ⅲ. 주민소환법의 내용 및 평가

1. 주민소환법의 목적

주민소환제도의 도입필요성 및 취지에 대해서는 종래 많은 논의가 있었지만, 그 근거법률이 만들어진 상태에서는 법률규정의 내용을 중심으로 제도의 목적을 살펴볼 필요가 있다. 주민소환법 제1조는 "이 법은 지방자치법 제13조의8의 규정에 의한 주민소환의 투표 청구권자 · 청구요건 · 절차 및 효력 등에 관하여 규정함으로써 지방자치에 관한 주민의 직접참여를 확대하고 지방행정의 민주성과 책임성을 제고함을 목적으로 한다."라는 규정을 두고 있다.[8)] 이러한 제1조의 목적규정은 단순히 선언적 의미로만 머무는 것이 아니라, 향후 동법 제24조에 의한 소청이나 소송에 있어서 재판규범으로서 혹은 다른 관련규정의 해석에 있어서 해석지침적 혹은 해석향도적 역할을 할 수 있을 것이다. 따라서 주민소환제의 목적을 동 규정에 근거하여 살펴보고자 한다.

(1) 지방자치에 관한 직접참여의 확대

오늘날의 공법학의 특징을 나타내는 키워드 중 하나는 '참여'이다. 매우 다의적으

8) 주민소환제도를 지방자치단체의 장의 자의적 권한행사와 지방의회의 비효율적 · 비합리적인 운영 등에 대한 견제수단방법이라고도 보기도 한다(지방자치법 제13조의8 신설안에 대한 국회 행정자치위원장의 이유 참조).

로 사용되는 참여의 개념은[9] 무엇보다 종래 행정의 객체로 불렸던 私人의 지위는 더 이상 국가나 지방자치단체 등의 행정주체에 의한 일방적인 작용에 순응하는 것에 머물지 않게 되었음을 뜻한다. 그리고 주민소환제도 자체가 이미 주민이 행정에 참여한다는 의미도 있지만, 현실적으로 주민소환제로 인하여 주민의 참여가 확대되는 면도 있다. 즉 선출직 공직자에 대한 직접통제를 통하여 지역주민들에게 그들의 역할이 얼마나 실제적으로 중요한 의미를 가지는가를 실감나게 함으로써, 참여의 확대로 연결될 수 있다.[10] 이는 예컨대 각종 지방선거 등에서의 투표율의 증대와 같은 결과로 이끌 수 있다.

그리고 이와 같은 직접참여는 주민자치를 강화하는 역할을 한다. 우리의 지방자치는 주민자치와 단체자치라는 두 가지 요소로 이루어졌다는 데에는 대체로 의견이 모아져 있지만, 양자를 수레의 양 바퀴 같은 개념으로 보기도 하고,[11] 주민자치에 핵심적 요소가 있다는 견해,[12] 단체자치를 기본으로 하면서 주민자치가 가미되어 있다는 견해[13]도 있다. 단체자치와 주민자치에 대한 상세한 논의는 본 주제의 범위를 벗어나는 것이어서, 주민소환제를 통하여 주민의 직접참여가 확대되면서, 지방자치 가운데 지방행정이 그 지역주민의 의사에 의거하여 자주적으로 처리하고자 하는 주민자치의 면이 더욱 강조되게 되었다는 점만 지적한다.[14]

(2) 지방행정의 민주성 제고

주민소환제도를 도입한 취지는 지방행정의 민주성의 제고에도 있음을 동법을 통하여 마찬가지로 알 수 있다. 현대 행정법을 지탱하는 2개의 큰 지주라고 할 수 있는 민주주의와 법치주의[15] 가운데 전자가 특히 강조되고 있다. 이 법률규정에서 말하는 '민

9) 다양한 참여의 유형에 대해서는 방승주, "참여와 민주적 정당성", 공법연구 32-2, 2003, 5쪽 참조. 행정법에서의 참여의 의미에 대해서는 박정훈, "행정법의 구조변화로서의 참여와 협력", 공법연구 30-5, 2002, 1쪽.

10) 20세기 동안 미국에서 전국적으로 참여가 매우 저하되는 현상이 있었는데, 국민들에게 공직자를 직접 통제할 수 있는 소환제도가 저하되었던 국민들의 참여를 높이는 역할을 하게 되었다고 한다. 그 대표적인 예로 2003년 미국의 캘리포니아 주지사의 소환투표를 들 수 있는데, 그 이전의 주지사선거에 비하여 현저히 높은 투표율이 나타났다고 한다(J. Osborne-Klein, Electoral Recall in Washington State and California, 28 Seattle U. L. Rev, 2004, p. 148)

11) 김철용, 행정법Ⅱ, 2006, 56쪽.

12) 김동희, 행정법Ⅱ, 2006, 50쪽.

13) 홍정선, 행정법특강, 2006, 782쪽

14) 이외에도 주민감사청구 및 주민소송, 주민투표 등은 주민소환제와 함께 주민자치의 요소로 이야기할 수 있다. 지방의원의 무보수명예직이라는 면을 주민자치의 요소로 보는 견해도 있지만(홍정선, 앞의 책, 782쪽), 이 부분은 지방자치법의 개정으로 의미가 없을 뿐만 아니라, 동규정이 존재한다고 하더라도 이를 주민자치의 요소로 이해할 수 없으며, 주민의 직접참여제도야말로 가장 대표적인 주민자치의 요소라고 해야 할 것이다.

15) 박정훈, 앞의 논문, 1쪽.

주성'이 구체적으로 무엇을 의미하느냐에 대해서는 검토의 여지가 없지 아니하다. 사실 행정법률에서 '민주' 혹은 '민주성'이라는 용어가 자주 포함되지만, 그 구체적인 내용에 대한 법적 정립은 분명하지 아니한 것으로 보일 때가 많다.

앞서 본 직접참여가 여기서의 민주성과도 밀접한 관련을 가진다. 특히 '직접'참여, 곧 직접민주주의가 여기서 구현된다고 할 수 있다. 현행 지방자치법상의 조례제정 · 개폐청구권, 주민감사청구권, 주민소송, 주민투표를 이러한 직접청구제도의 예로 들 수 있으며, 이번에 지방자치법 제13조의8의 신설 및 '주민소환에 관한 법률'의 제정으로 이러한 직접참여의 길이 더욱 열리게 된 것이다.

(3) 지방행정의 책임성 제고

주민소환제와 같은 직접민주주의적 제도는 그 본질상 책임성의 제고와 밀접한 관련이 있다.[16] 주민의 의사를 대변해야 하는 선출직 지방공직자가 그 의무를 저버릴 경우에는 임기내에도 해임을 통해서까지 책임을 져야 한다는 것이다. 이는 일반공무원의 경우와는 달리 통상의 징계책임을 묻기에 곤란한 선출직 지방공무원에 대한 강력한 견제장치로서, 부패방지에 기여한다는 데에서도 그 중요한 의미를 찾을 수 있다.

지방행정의 책임성은 지방자치단체의 기관의 대표적 구성자이면서 투표에 의해 선출되는 지방자치단체의 장 및 지방의원의 책임으로 나타나는데, 여기서의 책임은 헌법상 책임은 아닌 법률상의 책임이다. 즉 대통령 · 국무총리 · 국무위원 · 행정각부의 장 · 법관 등이 탄핵에 의한 책임(헌법 제65조), 국무총리, 국무위원에 대한 해임건의에 의한 추궁에 따른 책임(헌법 제63조), 파면의 청원을 통한 책임(헌법 제26조) 등이 헌법상 책임이라면 동법상의 책임은 법률상의 책임이라고 할 수 있다.[17]

---

16) 이러한 모습은 19세기 후반 및 20세기 초반 미국에서 포퓰리즘(populism) 및 진보주의 운동(progressive movements)의 영향으로 직접민주주의적인 제도(recall, initiative, referendum)가 태동한 배경에서 나타난다. 그 기본사고는 선출직 공무원들은 단지 국민(주민)들의 대행자(agent)에 불과하다는 데 있었다. 따라서 국민들은 이러한 대행자들의 행동을 항사 감시해야할 힘을 가져야 한다고 보았고, 이러한 정부에 대한 대중주의적 통제(popular controls)에 대한 강한 바람은 그 당시 만연한 부패와 부정선거와 밀접한 관련이 있었다. 선출직 공무원에 대한 늘어나는 불신의 측면에서 소환규정은 국민들에 그들의 정책결정자를 사슬로 묶을 수 있는 권한을 부여했고, 이로써 대의적 정부의 책임성이 제고되게 되었다(J. Osborne-Klein, 앞의 논문, 148쪽).

17) 대법원은 광주광역시공직자소환에관한조례안재의결무효확인소송(2004. 10. 28., 2004추89)에서, "이 사건 조례안에서 규정하고 있는 지방의회의원과 지자체 장의 소환이나 그 소환투표를 통한 자격박탈 등은 법률로써 정하여야 하되, 법률의 구체적인 위임이 있는 경우에 한해 조례로써 정할 수 있는 것"이라고 하면서, 주민소환제가 법률에서 제정되기 전인 그 당시에 조례로서 이를 규정함은 위법이라고 판시한 바가 있다.

2. 주민소환제의 주요내용 및 평가

(1) 주민소환투표청구권자 및 주민소환투표권자

주민소환투표청구권자는 전년도 12월 31일 현재 주민등록표 및 외국인등록표에 등록된 당해 지방자치단체의 장과 지방의회의원에 대한 선거권이 있는 자로 한다(법[18] 제7조제1항). 또한 주민소환투표권자는 주민소환투표인명부작성기준일 현재 당해 지방자치단체의 장과 지방의회의원에 대한 선거권이 있는 자로 한다(법 제3조제1항). 즉, 주민소환투표청구권자 및 주민소환투표권자 공히 지방선거권자를 원칙으로 하고 있다. 주민인 외국인에게 선거권이 인정된 만큼 주민소환투표청구권자 및 투표권자에게 이들을 포함시키고 있는 점이 특기할 만하다.

주민소환투표청구인대표자 및 그로부터 서명요청권을 위임받은 자가 될 수 있는 자격에는 제한을 두고 있다. 즉 주민소환투표권이 없는 자, 「고등교육법」제14조제1항 및 제2항의 규정에 따른 총장 · 학장 · 교수 · 부총장 · 학장 · 교수 · 부교수 · 조교 · 전임강사인 교원을 제외한 국가공무원법 제2조의 국가공무원 및 지방공무원법 제2조의 지방공무원, 다른 법령에 규정에 따라 공무원신분을 가진 자, 공직선거법 제60조제1항에 규정에 의하여 선거운동을 할 수 없는 자, 해당 선출직 지방공직자 선거의 입후보예정자 · 입후보예정자의 가족 및 이들이 설립 · 운영하고 있는 기관 · 단체 · 시설의 임 · 직원은 서명요청 활동을 하거나 서명요청 활동을 기획 · 주도하는 등 서명요청활동에 관여할 수 없다(법 제10조2항).

(2) '제주특별자치도 설치 및 국제자유도시 조성을 위한 특별법'과의 관계

법 제6조에서는 "주민소환에 관하여 '제주특별자치도 설치 및 국제자유도시 조성을 위한 특별법'(이하 '제주자치도특별법'이라 함) 등 다른 법률에 특별한 규정이 있는 경우를 제외하고는 이 법이 정하는 바에 따른다."라고 하여, 특히 제주특별자치도의 경우 제주자치도특별법이 우선 적용됨을 규정하고 있다. 주민소환법이 제정되기 전인 2006. 2. 21. 법률 제7849호로 제정되어, 2006. 7. 1.부터 시행되는 제주자치도특별법 제25조 이하에서는 이미 주민소환제도를 두고 있다. 따라서 2006. 7. 1.부터 설치되는 제주특별자치도에서는 주민소환법이 아닌, 제주자치도특별법상의 주민소환에 관한 규정이 적용된다.

---

18) 이하에서 특별한 명칭이 없이 '법'이라 함은 '주민소환에 관한 법률'을 뜻함.

제주자치도특별법상의 주민소환의 대상은 도지사, 제주특별자치도의회의원(비례대표의원을 제외) 외에 제주특별자치도교육감이 포함된다는 점이 특기할 만하다(동법 제25조제1항). 이와 관련하여, 일반적인 시 · 도의 교육감와는 달리 제주특별자치도의 교육감은 주민의 보통 · 평등 · 직접 · 비밀선거에 의하여 선출된다는 점을 함께 고려할 필요가 있다(동법 제91조).

(3) 주민소환투표의 사무관리

주민소환투표사무는 해당 지방자치단체의 장선거 및 지방의회의원선거의 선거구 선거사무를 행하는 관할 선거관리위원회가 관리한다(법 제2조).

관할 선거관리위원회는 주민소환투표의 효력에 불복하는 경우 피소청인 혹은 피고의 지위에 서게 된다.

(4) 주민소환투표의 대상

주민소환투표의 대상은 선출직 지방공직자인 해당 지방자치단체의 장 및 지방의회의원을 대상으로 하되 비례대표 시 · 도의원 및 비례대표 자치구 · 시 · 군의원은 제외한다(법 제7조제1항). 이는 곧 주민이 직접 뽑은 지방공직자에 대하여 주민이 직접 해임할 수 있다는 논리에 충실한 것으로 보인다.

그러나 현행법의 태도와 관련하여 직접선거의 대상과 주민소환투표의 대상이 일치해야 하는가에 대해서는 학설의 대립이 있다.

먼저, 법적 지위의 면탈로서 주민소환제는 유권자의 투표를 통한 결정을 그 실체적 · 절차적 요건을 기본적으로 전제하고 있음을 의미하는바 소환제의 인정(실시가능성) 여부는 대표의 법적 지위 형성이 유권자의 투표와 선거를 통해 이루어졌음을 보다 직접적으로는 대표의 직선제를 제도적 전제로 한다는 견해가 있다.[19] 이러한 견해는 지방자치단체장 직선제의 확대실시로 인한 제도적 · 정치적 오남용을 방지하기 위한 일종의 '직접민주제적 반대추'로서 기능하므로 이는 직선제와 더불어 하나의 공통된 제도적 범주에서 다루어야 한다고 한다.[20] 이에 대하여 주민소환제도는 직접참여의 간접참여에 대한 가치적 우월성, 신결정의 구결정에 대한 우월성에 기초한 것이라고 본다면 반드시 직선을 주민소환의 논리적 전제로 보는 데는 무리가 있다는 견해[21]도 있

19) 최봉석, "주민소환제에 관한 독일에서의 논의와 법제", 공법연구 30-1, 2001, 493쪽.

20) 이와 함께, '직선제와 소환제의 관련성'을 보편적 · 일반적인 것으로 인정하는 데에 있어 상당한 변수가 있음을 이야기하고 있다(위의 논문, 496쪽 이하 참조).

다. 주민소환제는 '직접 선출된 대의자'에 대한 견제의 차원에서 그 제도적 유용성이 인정되긴 하지만, 직선제와 소환제를 필연적으로 결부시킬 필요가 없음은 미국, 일본에서는 물론 독일에서조차 시행되는 제도를 통하여 확인할 수 있다. 주민소환제가 처음 도입되는 시점에서는 일단 직선으로 선출된 지방공직자에 한정하는 것이 바람직하다고 보지만, 향후 대상의 확대는 가능하리라고 생각된다.

한편, 최종법률안(이른바 '대안')에서는 제외되었지만, 지방의회해산도 주민소환으로 가능한가의 논의가 있었는데, 강창일 의원안에서는 주민소환에 의한 지방의회해산도 포함하고 있었다. 비교법적으로 일본 지방자치법에서는 지방의회해산도 주민소환으로 가능하도록 하고 있다.[22] 이와 관련하여, 법률제정과정에서 주민소환제는 인적소환이므로 단체소환의 성격을 가진 의회해산청구는 곤란하며, 지방의회해산은 자치단체장이 지방의회와의 관계에서 가질 수 있는 상호견제수단이라는 견해가 제기된 바 있다.[23] 현재로서는 인적소환을 통해서도 충분히 지방의회에 대한 견제를 할 수 있다고 생각된다. 향후 지방자치법에서의 지방자치단체장과 지방의회와의 관계, 그리고 주민의 직접참여를 통한 이들에 대한 효율적인 통제필요성 및 지방자치단체의 장과 지방의회와의 관계를 종합적으로 고려해서 검토할 수 있을 것이다.

(5) 주민소환투표 실시청구의 제한기간

선출직 지방공직자가 임기개시일부터 1년 이내 · 임기만료일부터 1년 미만인 때, 해당 선출직 지방공직자에 대한 주민소환투표를 실시한 날부터 1년 이내인 때에는 주

---

21) 이기우, "지방자치제도와 주민소환제도에 관한 공법적 접근", 공법학연구 7-2, 2006, 85쪽. 이 견해는 직선이 주민소환의 논리적 전제로 보는 것은 무리가 있다는 예로 제주자치도특별법에서 교육감이 주민소환의 대상으로 된 점을 들고 있으나, 이는 일반적인 시 · 도의 교육감과는 달리 제주특별자치도의 교육감은 주민의 보통 · 평등 · 직접 · 비밀선거에 의하여 선출된다고 규정하고 있는 동법 제91조를 간과한 것이다. 다만, 필자 역시 주민소환의 대상자가 반드시 직선으로 뽑은 공무원일 필요는 없다는 점에는 마찬가지 입장이다.

22) 일본에서 의회의 해산은, 의회가 자치단체장에 대하여 불신임의결을 한 경우에, 자치단체장이 그 당부를 民意에 묻기 위해 의회를 해산할 수 있도록 하고 있다(일본 지방자치법 제178조). 그런데 전체로서 의회의 행동이 주민의 의사에 극심하게 반하는 경우에 대응하기 위해, 주민에게 의회의원의 해직청구 외에 의회 그 자체의 해산을 청구하는 권리가 인정되어 있다(동법 제13조제1항). 그 필자는, 선거권을 가지는 자의 총수의 1/3(그 총수가 40만을 넘는 경우 그 초과하는 수에 1/6을 곱하여 얻은 수와 40만에 1/3을 곱하여 얻은 수를 합산하여 얻은 수) 이상의 자의 連署로써, 그 대표자로부터 보통지방공공단체의 선거관리위원회에 대하여 당해보통지방공공단체의 의회의 해산의 청구를 할 수 있다(동법 제76조제1항). 이러한 청구가 있는 때에는 선거관리위원회는 이것을 선거인의 투표에 부쳐야 한다(동법 제76조제3항). 이 의회해산청구에 기한 선거인의 투표에서과반수의 동의가 있는 때에는 그 투표일에 의회가 해산된다(동법 제78조). 이 청구는 의회의 일반선거가 있었던 날 혹은 해산청구에 기한 선거인의 투표가 있었던 날로부터 1년간은 행할 수 없다(동법 제79조).(松本英昭, 要說 地方自治法, 2004, 115頁).

23) 제259회 국회임시회 행정자치위원회회의록 제6호 (2006. 4. 27), 17쪽.

민소환투표의 실시를 청구할 수 없다(법 제8조).

제주자치도특별법에도 같은 내용의 규정이 있다. 임기초기에는 직무를 시작하는 단계이어서 다소 지켜보아야 하는 기간 등이 필요하여 1년 이내로 제한한 것은 이해가 되나, 임기만료일로부터 1년 미만인 때에도 실시청구를 제한하는 것은 너무 지나친 것 같다. 임기만료일로부터는 6개월 미만 정도가 적절했지 않았나 생각된다.

(6) 주민소환투표청구에 필요한 서명인 수

주민소환투표의 청구를 위해 필요한 서명인 수는 선출직 지방공직자별로 차별화하여 시 · 도지사는 당해 지방자치단체의 주민소환투표청구권자 총수의 100분의 10 이상, 시장 · 군수 · 자치구의 구청장은 당해 지방자치단체의 주민소환투표청구권자 총수의 100분의 15 이상, 지역구시 · 도의원 및 지역구자치구 · 시 · 군의원은 당해 지방의회의원의 선거구 안의 주민소환투표청구권자 총수의 100분의 20 이상으로 한다(법 제7조제1항). 아울러, 특정지역 중심의 주민소환투표 청구가 남용되지 않도록 하기 위하여 시 · 도지사에 대한 주민소환투표를 청구함에 있어서는 당해 지방자치단체 관할구역 안의 시 · 군 · 자치구 전체의 수가 3개 이상인 경우에는 3분의 1이상의 시 · 군 · 자치구에서 각각 주민소환투표청구권자 총수의 10000분의 5 이상 1000분의 10 이하의 범위 안에서 대통령령이 정하는 수 이상의 서명을 받아야 하고, 시장 · 군수 · 자치구의 구청장 및 지역구지방의회의원에 대해서는 당해 시장 · 군수 · 자치구의 구청장 및 당해 지역구지방의회의원 선거구 안의 읍 · 면 · 동에서 시 · 도지사의 경우와 동일한 기준으로 서명을 받아야 한다(법 제7조제2항 및 제3항).

우선, 개별지방자치단체의 인구수를 고려하지 아니한 점을 지적할 수 있다. 같은 광역자치단체라도 주민 수 1,000만 수준의 서울특별시나 경기도와 주민 수 150만 남짓의 강원도나 충청북도를 동일하게 보는 것이나, 기초자치단체 가운데에서도 인구 100만을 넘는 수원시와 10,000명이 채 아니 되는 울릉도와의 차이를 고려하지 아니하고 각각 광역단체장(10/100), 기초단체장(15/100)로 정한 것에 대해서는 의문이 있다. 지방의원의 경우 광역의회, 기초의회 구분 없이 20/200로 구분한 것도 마찬가지이다.

아울러, 청구에 필요한 서명인 수의 요건도 다소 완화되어 있지 않나 생각된다. 일본의 경우는 우리보다 훨씬 엄격한 선거권자의 1/3 (선거권자 총수가 40만을 초과하는 경우에는 그 초과하는 수에 1/6을 곱해서 얻은 수와 40만에 1/3을 곱해서 얻은 수를 합산하여 얻은 수)이상을 청구요건으로 하고 있다.[24] 이에 반하여 요건을 완화하지 아니하면 서명을 확보하기 힘들어 주민소환제의 실효성을 거두기 힘들다고 한다. 그러나 너무 용이한 소환청구는 오히려 훨씬 큰 부정적 파급효과를 가져오리라 생각된다. 미국 캘리포니아 주의 선거법(California Elections Code)에서는 주민소환청구에 필요한 서명수를 선거구에 등록된 유권자수를 기준으로, 1,000명 미만인 경우 30%, 1,000 이상 10,000 미만인 경우 25%, 10,000명 이상 50,000명 미만인 경우 20%, 50,000명 이상 100,000명 미만인 경우 15%, 100,000명 이상인 경우 10%로 하고 있는데, 미국 내에서 매우 낮은 수준으로 평가되고 있다.[25]

한편, 이러한 서명요청활동을 하는 기간을 무제한으로 허용할 수는 없으며, 단기간으로 제한할 필요가 있을 것이다. 주민소환법에서는 이 기간을 직접 규정하지 아니하고 대통령령에 위임하고 있다(법 제9조제1항). 일본의 지방자치법은 해직청구대표자증명서의 교부의 고시일의 익일부터 기산하여, 원칙적으로 광역지방자치단체(都道府県)에서는 2개월 이내, 기초지방자치단체(市町村)의 경우는 1개월 이내로 하고 있다.[26]

(7) 주민소환의 청구사유

앞에서 본 바와 같이 일정한 서명인 수만 충족하면 주민소환투표를 청구할 수 있고, 그 사유에 대해서는 법률상 아무런 제한이 없다. 동법이 제정되는 과정에서 직무유기나 직권남용 등과 같이 포괄적이나마 일정한 주민소환이 될 수 있는 사유를 규정해야 한다는 논의도 있었지만,[27] 아무런 제한규정을 두지 아니한 형태로 주민소환법이 만들어졌다.

소환사유제시여부의 문제는 주민소환의 성격이 정치적 절차인가, 사법적 절차인가의 문제와 결부시켜 논해지고 있다.[28] "그 직무집행에 있어서 헌법이나 법률을 위배"

---

24) 일본에서는 그 요건이 엄격하다는 지적도 있다고 한다(함인선, "주민소환제도에 관한 입법론적 고찰", 공법학연구 5-2, 18쪽). 그러나 최근 일본의 사례를 보면, 특히 기초자치단체에서 합병문제 등을 원인으로 한 해직청구의 사례를 상당히 볼 수 있다.

25) R. Weinstein, "You're Fired. the Voters' Version of 'the Apprentice': an Analysis of Local Recall Elections in California", 15 S. Cal. Interdisc. L.J, 2005, pp. 142-49.

26) 함인선, 앞의 논문, 9쪽.

27) 제259회 국회임시회 행정자치위원회회의록 제6호 (2006. 4. 27), 9쪽 참조.

28) 김영기 역, 미국의 주민소환제도, 46쪽 이하 참조. 그런데 미국이나 독일제도를 소개할 때 이들 국가들이 연방국가임을 간과해서는 아니된다. 가령 미국의 캘리포니아주, 독일의 바이에른주는 우리나라의 경기도와는 전혀 다른 법적 지위를 가지고 있다. 연방국가의 州의 제도는 우리 지방자치법상의 지방자치제도일 수가 없고, 주지사소환은 주민소환이 아니라, 국민소환의 차원으로 보아야 한다. 물론 州의 여러 가지 측면을 우리 지방자치제도와 비교하여 참고할 만한 내용이 있지만, 그러한 경우에도 기본개념에 대한 전제를 분명히 할 필요가 있다. 우리나라의 지방자치법상 지방자치단체는 국가와는 별도의 법인으로서 성격을 가지고 있고, 住民이란 지방자치단체를 구성하는 지방자치법상의 요소로서, 이른바 州民과는 다른 개념이다. 예컨대 유명한

할 것을 요구하는 사법적 성격을 가진 탄핵심판과는 달리 주민소환제도는 대표자의 직무집행에 대한 정치적 심판이라는 사고가[29] 소환사유의 제한이 없는 현행법의 근저에 깔려 있다. 이는 일본, 독일, 미국의 다수의 주에서의 주민소환법제가 취하고 있는 입장이기도 하고,[30] 다수 학자들의 견해이기도 하다.[31]

이와는 달리 강창일 의원안에는 직권남용, 직무유기, 위법 · 부당 및 지방의회의 경우[32]에는 비효율적 · 비정상적인 의회운영을 포함하고 있었다. 지병문 의원안에는 법령위반, 의무위반과 직무태만, 영리목적거래금지 등 위법, 주민투표결과조치 미이행 등이 포함되어 있었다. 또한 대법원판결을 통하여 무효가 되긴 했지만, 2004. 7. 1. 제정 · 공포된 '광주광역시공직자소환에관한조례'에서는 '선출직 공직자의 위법 · 부당한 행위, 직권남용행위 및 직무유기행위'를 소환대상행위로 규정한 바가 있다.

그러나 우리나라의 상황에서는 현행법의 입장보다는 청구사유를 명시하는 방향이 더 바람직하지 않는가 하는 생각이 든다. 그 이유는 다음과 같다.

첫째, 선거와 주민소환을 반드시 같은 축에 놓고 볼 필요가 없다. 선거에서 포괄적인 기준으로 유권자의 의사에 의해 이루어졌다고 해서, 소환에 있어서도 마찬가지로 그렇게 해야 할 필연적인 이유는 없다.

둘째, 소환사유를 법정하는 것이 주민소환을 어렵게 만드는 것도 아니며, 비리나 부패와 관련된 지방공직자를 오히려 더 철저히 심판할 수 있다.

셋째, 소환제도는 탄핵과는 달리, 사법적 심판이 아닌 정치적 심판이라고 보는 입장에서 사유를 열거하는 것은 불가하다는 견해가 제시되나, 일정 부분 정치적 성격을 띠고 있다고 하더라도 필요최소한의 여과를 거치는 것이 특히 지방자치법의 영역에서

영화배우출신의 주지사와 관련된 2003년 캘리포니아 주지사소환과 같은 州차원에서의 소환에 대하여, 국민소환(이성환, "국민소환제의 입법적 검토", 공법연구 33-1, 2004, 177쪽), 주민소환(김영기 역, 앞의 책), 혹은 주차원에서의 주민소환(장영수, "참여민주주의의 실현과 국민소환제 도입의 문제점", 공법학연구 7-2, 2006, 11쪽) 등으로 다양하게 파악하고 있는데, 이것을 바로 주민소환으로 보기는 곤란할 것 같다. 주민소환은 아니지만, 우리의 주민소환과 관련하여 참고가 되는 사항이기 때문에 이 글에서도 캘리포니아 주지사의 소환투표를 예로 들게 된다.

29) 장영수, 위의 논문, 16쪽.

30) 미국의 일부州에서는 배임, 직권남용, 의무불이행, 무능, 공약위반과 불이행, 임무수행의 오류와 태만, 불법행위, 법정된 공무수행의 실패, 취태, 도덕적 해이를 비롯한 중죄의 자행, 중죄의 확정, 파렴치행위, 수뢰용의 신체적 또는 정신적 적합성의 결여, 공직선서 위반, 비효율 등의 청구사유가 규정하기도 한다(김영기 역, 앞의 책, 49쪽 이하 참조).

31) 이기우, 앞의 논문, 88쪽; 함인선, 앞의 논문, 20쪽; 한귀현, "주민소환제도의 도입방안에 관한 연구", 토지공법연구 21, 528쪽; 최봉석, 주민소환에 관한 법률안에 관한 공청회자료, 2006. 4, 국회행정자치위원회, 19쪽. 반대견해: 최창수, 동 공청회자료, 27쪽.

32) 이는 지방의회해산까지 포함한 데서 규정된 사유이다.

잘못되었다고 할 수는 없다.

아울러 이상과 같은 이론적인 문제 외에도 특히 강조하고 싶은 것은 현재 우리가 가지고 있는 상황을 충분히 고려해야 한다는 점이다. 독일, 일본, 그리고 미국의 다수주의 경우에서도 이러한 소환사유를 들고 있지 아니하다고 하나,[33] 외국에서 시행되는 제도라도 우리 실정에 맞게 적용할 필요가 있다. 불확실한 소환사유에 얽매일 필요 없이 비리나 부패 등 법정된 사유만 없으면 소신 있게 업무추진을 할 수 있는 장을 마련해줄 필요가 있다. 특히 이른바 비선호시설 설치에 대한 주민의 거부 및 반발이 곧바로 소환으로 연결될 수 있는 폐단도 우려된다. 또한 기초지방의원도 정당추천을 받도록 하는 현 제도 하에서 정당의 인기도(변화)에 따라 소환에 영향을 미칠 가능성도 배제해야 할 것이 아닌가 생각된다.

(8) 권한행사 정지의 효력

주민소환투표대상자는 주민소환투표안을 공고한 때부터 주민소환투표결과를 공표할 때까지 그 권한행사가 정지된다(법 제21조 제1항). 지방자치단체의 장의 권한이 정지된 경우에는 부단체장이 그 권한을 대행한다(법 제21조 제2항). 권한행사가 정지된 지방의회의원은 그 정지기간 동안 인터넷에 의정활동보고서를 게재하는 경우 외에는 「공직선거법」 제111조의 규정에 의한 의정활동보고를 할 수 없다(법 제21조 3항).

소환투표가 청구가 된 지방자치단체장이나 지방의원, 그중에서도 특히 지방자치단체의 장은 그가 가진 권한으로 인하여 주민소환투표에 영향을 줄 수도 있을 것이다. 따라서 이러한 경우에 곧장 중립성(Neutralität)이나 객관성(Sachlichkeit)에 대한 요청이 발생할 수 있다. 그러나 우리 주민소환법에서는 이러한 문제가 발생할 여지가 없이 말끔하게(?) 해결되어 있다. 투표청구 그 자체의 효과로서 권한행사 정지의 효력을 인정하고 있기 때문이다.

소환투표 피청구인인 지방공직자가 투표에 미칠 영향이나, 정상적인 업무의 수행곤란성을 고려한 것으로 생각되지만, 소환투표청구요건이 용이한 상황에서는 신중하게 생각할 필요가 있을 것 같다. 소환투표청구요건을 용이하게 규정해 놓고, 곧 바로 대상자의 업무를 정지시키는 것은 너무 지나친 것이 아닌가 생각된다. 만일 소환투표청구요건이 법정되어 용이하지 아니한 경우에는 이러한 권한행사정지의 효력도 적절

33) 2003년 미국 캘리포니아 주지사 소환 이후에 캘리포니아 주선거법에 대한 반성의 차원에서 오히려 이러한 소환사유를 열거하는 쪽으로 법개정을 할 필요가 있다는 지적이 나오고 있는 점도 참고할 만하다.

하다고 할 수 있다. 사견으로는 후자의 입장, 즉 이와 같이 권한행사정지를 하되, 앞서 언급한 바와 같이 소환투표청구요건을 제한하는 방식이 적절하리라 보고 있다.

(9) 주민소환투표운동

주민소환투표 운동방법으로는 해당 주민소환투표대상자의 선거에 한하여 「공직선거법」에 따른 제61조(선거운동기구의 설치) · 제63조(선거운동기구 및 선거사무관계자의 신고, 선거운동기구에 관한 사항에 한함) · 제69조(신문광고) · 제79조(공개 장소에서의 연설 · 대담, 사회자에 관한 사항은 제외) · 제82조(언론기관 초청 대담 · 토론회, 제1항 단서 제외) · 제82조의4(정보통신망을 이용한 선거운동) 및 제82조의6(인터넷 언론사 게시판 · 대화방 등의 실명확인)의 규정을 준용한다(법 제19조).

또한, 주민소환투표운동에 대한 금지행위로는 「공직선거법」제80조 규정에 따른 연설금지장소에서의 연설행위, 같은 법 제82조의5의 규정을 위반하여 전자우편을 이용한 주민소환투표운동정보를 전송하는 행위, 같은 법 제91조에서 정하는 확성장치 및 자동차 사용제한에 관한 규정을 위반하는 행위, 같은 법 제102조의 규정을 위반하여 야간에 연설 · 대담을 하는 행위, 같은 법 제106조의 규정을 위반하여 호별방문을 하는 행위, 주민소환투표운동을 목적으로 서명 또는 날인을 받은 행위, 같은 법 제85조의 규정한 지위를 이용한 주민소환투표운동으로 한다(법 제20조제2항).

주민소환투표운동은 주민의 정당한 정치적 권리로서 일반선거에 준하여 보장되어야 하며, 불법운동에 대한 관리 역시 마찬가지로 이루어져야 할 것이다.

(10) 주민소환의 확정 및 보궐선거출마 가능여부

주민소환은 주민소환투표권자 총수의 3분의 1 이상의 투표와 유효투표 총수 과반수의 찬성으로 확정된다(법 제22조 제1항). 주민소환이 확정된 때에는 주민소환투표대상자는 그 결과가 공표된 시점부터 그 직을 상실하며, 그 직을 상실한 자는 그로 인하여 실시하는 해당 보궐선거에 후보자로 등록될 수 없다(법 제23조).

이러한 '1/3 투표-과반수 찬성'의 요건은 무난한 입법으로 보인다. 그러나 그 직을 상실한 자는 해당 보궐선거에 후보자로 등록될 수 없도록 하고 있는 점에 대해서는 신중하게 판단할 필요가 있다. 만일 현행법의 입장처럼 그 정치적 심판의 성격을 강조하여, 소환사유에 아무런 제한을 두지 아니하는 경우에는 주민소환투표로 해직된 자 역시 당해 보궐선거에 후보자로 나올 수 있게 하여 또 다시 주민의 심판을 받을 수 있게 하는 것이 논리적이라고 생각된다. 참고로 일본의 지방자치법은 해직된 공직자의 재선거 입후보를 허용하고 있으며, 최근의 소환사례를 보자면 드물긴 하나 재선출되는 예도 없지 아니하다.

앞서 주민소환사유에 대하여 아무런 제한이 없는 현행법의 규정에 대하여 비판적 견해를 제시한 바가 있는데, 만일 그러한 입장과 같이 법률에서 주민소환사유를 명시하게 되는 경우라면 실직된 지방자치단체의 장이나 지방의원들에게 법 제22조 제1항과 같이 보궐선거에 후보자등록을 봉쇄하는 것이 타당할 수 있을 것이다.[34] 법 제7조 제1항에서 완화된 서명인 수의 요건을 규정하고, 주민소환의 청구사유도 두지 아니한 채 보궐선거출마를 못하게 하는 것은 피선거권을 과도하게 제한하는 면이 있다고 생각된다.[35]

(11) 주민소환투표의 효력에 대한 불복

주민소환투표의 효력에 관하여 이의가 있는 해당 주민소환투표대상자 또는 주민소환투표권자는 주민소환투표결과가 공표된 날부터 14일 이내에 관할선거관리위원회 위원장을 피소청인으로 하여 소청을 제기할 수 있고, 소청에 대한 결정에 관하여 불복이 있는 소청인은 관할선거관리위원회 위원장을 피고로 하여 그 결정서를 받은 날부터 10일 이내에 소를 제기할 수 있다(법 제24조).

주민소환투표의 효력에 대한 불복, 특히 소송에 대해서는 동 규정의 해석에 대한 연구는 앞으로의 중요한 과제라고 할 것이다. 주민소환제도에 대한 앞서 언급한 이른바 '사법적 절차–정치적 절차'에 관한 논의를 오해하여, 주민소환제는 정치적 절차이므로 사법심사의 대상이 되지 아니한다는 식으로 파악하거나, 혹은 사법심사의 통제강도가 조정된다는 식의 해석은 경계해야 한다고 생각된다. 현행 주민소환법의 해석을 통해 향후 원고가 주민이 되건, 소환대상 지방공직자가 되건, 우리 행정소송법상 중요한 문제들이 법적으로 다투어질 수 있을 것이다. 이에 따라 미국이나 독일에서와 같은 주민소환과 관련된 행정소송이론이 발전하기를 기대한다.

34) 같은 취지: 함인선, 앞의 논문, 24쪽.
35) 장영수, 앞의 논문 19쪽도 같은 취지로 보인다.

Ⅳ. 주민소환제의 향후 과제

1. 주민소환법의 일부규정에 대한 재검토

앞서 개별적으로 지적했던 주민소환투표청구에 필요한 서명인 수나 주민소환청구의 사유, 권한행사정지 등에 대한 규정에 대해서는 재검토를 할 필요가 있다고 생각되며, 주민소환의 확정 및 보궐선거출마 가능여부에 관한 문제도 깊은 논의가 필요한 부분으로 주민소환제와 관련한 앞으로의 과제라고 할 것이다.

2. 주민소환제와 대의민주주의의 조화

대의민주주의는 오늘날 여러 가지 측면에서 '위기'라고 불릴 정도로 많은 공격을 받고 있으며, 주민소환제와 같은 직접민주주의를 통한 보완도 이러한 맥락에서 이해할 수 있을 것이다.[36] 그러나 정당제도와 선거제도를 통하여 이루어지는 대의민주주의와의 조화가 될 수 있도록 운영되어야 할 것이다. '부패한 지방공직자에 대한 경고'로 흔히 설명되는 주민소환제가 대의민주주의의 폐단을 일거에 해결하는 수단으로 보아, 우리 헌법 및 지방자치법에서 기본으로 하고 있는 대의민주주의의 기본구조를 위협하는 일이 있어서는 아니 된다. 소환제는 대의제적 헌정질서의 응급변이에 대해 긴급제동장치의 역할을 담당하는 수단으로서 非대의제적 권력통제방식이기보다는 오히려 대의제적 질서를 전제로 한 대의제의 보강책으로, 나아가 '대의제의 수문장'(Torschutzer)으로서의 기능을 담당하는 제도적 장치라고 하는 견해[37]도 이러한 차원에서 이해가 된다.

3. 주민소환제와 심의민주주의의 조화

최근 숙의민주주의, 토의민주주의라고도 불리는 심의민주주의(deliberative democracy, deliberative Demokratie)에 대한 관심이 높아지고 있다.[38] 어떤 결정과 정책

36) 대의민주주의와 직접민주주의의 관계에 대해서는 권영설, "대의민주주의와 직접민주주의", 공법연구 33-1, 125쪽 참조.

37) 최봉석, 앞의 논문, 30-1, 492쪽.

38) 우리나라 법학의 영역에서는 아직 많이 논해지고 있는 편은 아니지만, 최근 우리 사회에서 발생하는 공공갈등사례 등과 관련하여 관심을 가지고 연구해야 하는 분야라고 생각된다. 행정법학의 영역에서 이러한 심의민

들이 자유롭고 평등한 시민들 또는 그 대표들 사이의 토론과정에서 정당화될 수 있는 민주정치의 개념인 심의민주주의는 특히 지방자치의 영역에서 활용의 여지가 높고, 실제 활용사례도 나타나고 있다. 주민소환제가 소를 잃고 난 후에 외양간을 고치는 격이라면, 심의민주주의에 바탕을 둔 합의회의, 시민배심원제도, 시나리오워크숍과 같은 다양한 참여적 의사결정방법을 제대로 활용한다면 소를 잃기 전에 외양간을 고치는 역할을 할 수 있다.

소환 외에는 개선의 여지가 없는 선출직 지방공직자의 경우에는 소환을 통해 민주주의를 실현시켜야 하겠지만, 주민들의 적극적이고 진지한 참여를 통하여 당해 지방자치단체의 문제를 해결하는 노력이 필요할 것이다. 지방공직자의 입장에서는 이러한 합의를 통한 행정을 제대로 수행한다면 그로서는 매우 달갑지 않을 소환이라는 상황을 피할 수 있을 것이다.

4. 주민소환제와 다른 직접민주주의적 제도와의 조화

주민투표, 주민소송제도에 이어 주민소환제까지 도입되었다고 해서, 우리 지방자치법상 주민에 의한 직접참여제도가 마무리되었다고 보면 아니 된다. 주민들의 직접참여의 의미는 폭넓은 주민발안(Bürgerbegehren) 및 주민투표(Bürgerentscheid)에서 나타난다. 독일의 경우 1990년 이전만 하더라도 전체 주 가운데 바뎀-뷔르템베르크에서만 주민발안 및 주민투표제를 채용하고 있었지만, 1990년대 이후 베를린을 제외한 대부분의 주에서 이러한 주민발안 및 주민투표제가 도입되어, 지방자치영역에서 주민이 직접 참여하는 대표적인 제도로 정착되어 있다. 우리의 경우 주민발안의 지방자치법 제13조의3에 의한 조례의 제정 · 개폐청구권이 주민발안의 성격이 있고, 주민투표의 경우 최근 주민투표법의 제정으로 도입되어 있지만, 주민발안과 주민투표가 연계된 제도의 도입도 검토해볼 만하다. 일정한 수의 주민이 발안한 안건에 대해서, 주민투표에 의해 결정이 이루어지도록 하고, 이러한 주민투표결과에 대해서는 지방의회의 의결과 같은 구속적인 효력을 부여하는 것이다.[39]

주주의에 관한 논의에 대해서는 김현준, "사회적 갈등의 해결을 위한 행정법적 과제", 법과 정책연구 5-1, 2005, 42쪽 이하.

39) 여기에 관해서는 Danwitz, "Thomas von, Bürgerbegehren in der kommunalen Willensbildung", DVBl. 1996, 134; Ritgen, Klaus, "Zu den thematischen Grenzen von Bürgerbegehren und Bürgerentscheid", NVwZ 2000, 129; Schliesky, Utz, "Aktuelle Rechtsprobleme bei Bürgerbegehren und Bürgerentscheid", DVBl. 1998, S.169-176; Malte W. "Fügemann, Die Gemeindebürger als Entscheidungsträger", DVBl. 2004, 343.

현행법에 이미 도입된 지방자치법상의 다른 직접참여제도와도 서로 조화를 이루어야 함은 물론이다.

V. 맺음말

새로이 도입되는 주민소환에 대한 주민들의 기대는 크다.

특히 그간 우리의 지방자치를 얼룩지게 했던 자치단체장이나 지방의원들에 대한 철저한 감시와 통제 및 제재를 통하여, 부패 없는 사회가 되길 바라는 마음은 모든 주민이 마찬가지일 것이다.

그러나 세계적인 주목을 끌었던 2003년 미국 캘리포니아 주지사 소환에서의 부정적인 모습이 우리의 주민소환제의 시행과정에서도 나타나지 않을까 우려스럽다. 당시 캘리포니아 주지사였던 데이비스의 잘못을 증명할 필요도 없이 소환은 성공적으로 이루어졌고, 그 후임으로 엄청난 재력과 영화배우로서의 지명도를 가졌던 자가 새로운 주지사가 되었다. 이를 부정적으로 보는 전제에서, 이러한 현상이 나타난 가장 근본적인 원인으로 소환청구를 위한 서명인 수의 요건(signature-gathering requirement)이 너무 낮았고, 소환사유의 제시가 없었다는 지적이 주목된다. 그 개선방안으로 엄격한 서명수집요건과 소환사유를 명시하고, 소환사유에 대한 사법심사도 가능하도록 하고 있는 워싱턴의 법률과 같이 법개정을 해야 한다는 견해는[40]는 우리에게도 시사하는 바가 있다. 또한 소환투표가 진행되는 과정에서 우리 사회가 겪어야 할 분열적 상황 등의 폐단도 간과할 수 없을 것이다.

주민소환법의 시행과정에서 문제점이 있는 조항들은 종합적으로 검토하고 보완하는 가운데, 주민의 직접참여를 확대하고, 지방행정의 민주성과 책임성을 제고시키는 주민소환제가 다른 제도들과 조화를 이루는 가운데 훌륭하게 정착되길 바란다.

---

40) J. Osborne-Klein, "Electoral Recall in Washington State and California", 28 Seattle U. L. Rev, 2004, p. 171. 동 견해는 캘리포니아 주의 이런 문제점을 해결하기 위해서는 캘리포니아선거법을 개정해야 하며, 그 개정모델로는 엄격한 서명수집요건과 소환사유를 명시하고 사법심사도 가능하도록 하고 있는 워싱턴의 법률을 참고할 필요가 있다고 역설한다.

❖ 〈부록〉 한국 · 일본 · 미국 · 독일의 주민소환제[41)]

구분	한국	일본	미국	독일
근거	ㅇ지방자치법 제13조의8 ㅇ주민소환에 관한 법률	ㅇ지방자치법 §13	ㅇ주 헌법/법률, 지방헌장 ※ 주 정부 : 18개 주 지방정부 : 36개 주 (지방정부의 61% 도입)	ㅇ각주 지방자치법 ※ 바이에른, 바뎀-뷔르템베르크는 실시하지 않고 있음
소환 대상	ㅇ단체장, 선출직 지방의원	ㅇ단체장, 의회의원 ㅇ주요 임명직 - 부지사, 조역, 출납장, 수입역, 감사 · 선관 · 공안위원 ※ 지방의회 포함	ㅇ집행부, 입법부, 사법부 선출직공직자 망라 ※일부 주는 판사제외	ㅇ지방자치단체장 - 지방의원까지 확대추세
청구 요건	ㅇ광역단체장 : 투표청구권자 10% ㅇ기초단체장 : 15% ㅇ지방의원 : 20% ※청구사유는 명시하지 않으며, 특정지역중심의 청구방지 위한 규정 둠	ㅇ선거권자 1/3이상 (유권자 40만 초과시 1/6 특례적용) ※청구사유는 명시하지 않음	ㅇ일반적으로 최근 총선거 투표자의 25% ※ 대다수 주는 청구사유를 제한하거나 명시하지 않으나, 일부 주가 특정사유 규정	ㅇ지방의원 발의 - 재적의원 1/2~3/4 이상 청구, 재적의원 2/3~3/4 이상 찬성으로 의결 ㅇ 주민발의(일부 주) - 유권자 주민의 15~33%이상 범위 내에서 발의
주요 제한 요건	ㅇ임기시작 · 임기만료 1년 기간 동안 소환 제외 ㅇ1년 내에 재실시 청구 불가	ㅇ단체장 · 의원 · 보좌기관 - 취임일 · 해직청구투표일로부터 1년 기간 동안 제외 ※ 위원회 위원 - 취임일 · 해직의결일로부터 6월 기간 동안 제외	ㅇ대부분의 주가 임기시작 · 임기만료 6월 기간 동안 제외 ㅇ임기중 1번만 허용(2개주) 재소환 금지(5개주) 재소환 유예기간 설정(3개주)	ㅇ임기시작 · 임기만료 6개월 기간 동안 소환 제외 ㅇ소환투표 부결된 경우, 1년 동안 재발의 금지
해직 요건	ㅇ투표권자의 1/3 이상 참여, 과반수 찬성	ㅇ선출직은 투표자 과반수 동의로 해직 ※ 임명직은 지방의회에서 결정 - 재적 2/3출석, 3/4 동의	ㅇ직전선거 참여 유권자의 50% 이상 참여, 과반수 찬성	ㅇ유권자 주민의 20~50% 투표 참가, 과반수 찬성
운영 사례	ㅇ2007. 5. 25부터 시행	ㅇ 1947~1995년 기간중 - 의원은 242명이 해직청구되이 67명 해직 - 단체장은 565명이 해직청구되어 85명 해직	ㅇ주지사 소환 2회 (노스 다코타, 캘리포니아) ㅇ시장 · 의원 소환 (96-01년) - 시장 4.1%발의, 17.6%소환 - 시의원5.3% 발의, 29.2% 소환결정	ㅇBrandenburg주의 경우 '93~'02 10년 동안 전체 직선 단체장의 10%에 해당되는 숫자가 소환됨 ※'94~'97사이 청구요건이 10%로 낮아 소환이 남발되자 '98 이후, 청구요건 강화(15% 이상)

41) 이 표는 일본 · 미국 · 독일의 주민소환제에 관한 행정자치부 자체보고서의 내용을 다소 수정한 뒤, 한국법제를 보충하여 재편성한 것임. 여기서도 미국의 州차원에서의 소환을 주민소환으로 볼 수 있는가 하는 의문이 있지만, 일단 이 점을 전제하면서 함께 포함시켜 나타낸다.

제 4 편

행정법관계에서의 갈등과 司法接近性

제 1 장

環境權, 環境行政訴訟 그리고 司法接近性

Ⅰ. 머리말

국민들의 사법(司法)에 대한 접근성 보장은 법치주의원리나 헌법상 재판받을 권리를 근거로 인정될 수 있는 사법 전반에 걸친 것이지만, 행정소송의 경우 그 엄격한 소송요건의 장벽으로 인하여 더욱 중요한 의미를 가진다. 오늘날 산업화 · 도시화와 함께 환경문제가 심각해지면서 특히 처분행정청, 처분상대방인 사업자, 인근주민간의 3면관계에 있어서 인근주민의 사법에 대한 접근성을 어떻게 보장할 것인가가 현대 행정소송에서 자주 문제되고 있다.[1)]

환경소송을 공해소송과 구분하여, 공해소송은 인간의 건강 또는 생활환경과 관련되는 피해나 그에 대한 우려를 구체적으로 주장하는 소송으로 보면서, 환경소송은 그와 같은 피해에 이르지 않는 환경에 대한 부하를 문제로 하는 소송으로 파악하는 견해도 있다.[2)] 이러한 입장에 따르면, 확립된 개인적 권리 특히 인격권이나 물권의 침해가 있는지 여부를 구분 기준으로 하여, 개인적 피해의 구제와 방지를 주된 쟁점으로 하는 것을 공해소송, 개인적인 피해라기보다는 환경피해의 회복과 그 보전을 주된 쟁점으로 하는 것을 환경소송으로 보게 된다.[3)] 공해소송에서 환경소송으로의 발전과정도 이러

1) 주로 제3자의 원고적격문제가 비중 있게 논의되고 있지만 사법접근성은 이러한 원고적격에만 한정된 문제는 아니다.
2) 高木光, 行政訴訟論, 有斐閣, 2005, 13頁.
3) 환경소송과 밀접한 관련이 있는 '환경오염', '환경훼손', '환경보전', '환경피해' 등의 개념은 각각 환경정책기

한 맥락에서 이해할 수 있다. 그러나 오늘날 공해소송과 환경소송의 구분은 반드시 엄격하게 이루어지는 것은 아니며, 환경소송이 이 양자를 포괄하는 경우가 많다. 즉 환경문제와 관련된 소송을 총칭하여 환경소송으로 부르는 것이 오히려 일반적으로 보인다.

행정소송의 형태로 이루어지는 환경소송인 환경행정소송도 광의로는 순수한 환경피해의 회복과 그 보전을 구하는 소송과 환경피해가 결국 개인의 권리와 결부되어 있는 소송을 모두 포함하는 것으로 보아야 할 것이다. 그런데 현행 행정소송법에 따르면, 원고의 개인적 이익과 무관한 경우에는 司法에 대한 접근 자체가 봉쇄될 수 있어(행정소송법 제12조 참조) 부수적으로나마 사익도 보호하는 내용의 행정소송이 주로 이용되고 있지만, 오직 공익만을 위한 환경행정소송도 입법론상 생각할 수 없는 것은 아니다.

헌법이 명문으로 규정하고 있는 환경권은 환경행정소송을 이해함에 있어서 단초로 삼아야 할 기본주제이다. 환경행정소송을 제기하기 위해 기본권으로서 환경권을 원용할 수 있는지, 환경권의 내용 중 사법접근성을 근거지우는 요소는 없는지, 나아가 환경권이 실체법적 청구권으로 구체화된 경우 이들 청구권을 실현할 수 있는 행정소송의 유형들은 어떠한 것들인지를 살펴볼 필요가 있다. 이로써 국민들이 제대로 이용할 수 있는 환경권 및 환경행정소송의 윤곽이 보다 뚜렷해질 수 있으리라 생각된다.

이러한 '환경권', '환경행정소송', '사법접근성'이라는 개별 주제들을 필자의 소견을 중심으로 각각 검토한 뒤, 이러한 주제들을 서로 연관시켜 분석함으로써 헌법 제35조1항이 규정하는 국민들의 환경권이 실질적으로 보장될 수 있는 법리를 모색하고자 함이 이 글의 목적이다.

Ⅱ. 환경권의 내용 및 환경행정소송과의 관계

1. 헌법상 환경권의 내용

종래 헌법상 환경권은 실체적 환경권에만 착안해 왔다.[4] 그러나 환경권에는 실체적 환경권만이 아니라, 실체적 환경권을 실현하는 절차에 관한 절차적 환경권도 포함

본법 제3조 제4호, 동법 제3조 제4의2호, 동법 제3조 제5호, 환경분쟁조정법 제2조 제1호의 정의규정을 참고할 수 있다.

4) 환경권의 내용으로 실체적 · 절차적 권리의 구분 자체를 하지 않고 있다. 김철수, "한국에서의 환경권과 환경입법", 한일법학, 1995, 27쪽; 권영성, 헌법학원론, 법문사, 2008, 699쪽; 성낙인, 헌법학, 법문사, 2007, 626쪽; 허영, 한국헌법론, 박영사, 2010, 459쪽; 김형성, "헌법상 환경규정의 규범적 성격", 환경법연구 26-4, 2004, 121쪽.

되어야 한다. 실체적 환경권도 보다 구체적으로 그 내용을 정립할 필요가 있다.

(1) 실체적 환경권

환경권은 우선 오염되거나 불결한 환경으로 말미암아 건강을 훼손당하거나 훼손당할 위험에 놓인 자가 오염되거나 불결한 환경에 대하여 책임이 있는 공권력이나 제3자에 대하여 그 원인을 예방 또는 배제하여 주도록 요구할 수 있는 권리를 말하며, 넓은 의미에서는 청정한 환경에서 건강하고 쾌적한 생활을 누릴 수 있는 권리까지 포함한다.[5)]

(실체적) 환경권의 구체적 내용을 나누어 보면 다음과 같다.

첫째, 환경침해에 대한 배제청구권이다. 이는 주로 공권력[6)]에 의한 환경침해에 대하여 그 배제를 요구할 수 있는 권리를 말한다. 이때 '공권력에 의한 환경침해'는 공권력이 직접 환경을 침해하는 경우도 있을 수 있지만, 공행정작용인 공권력의 경우 사업자의 활동에 대한 행정작용을 통하여 환경침해의 결과가 초래되는 것이 많다. 다시 말해서, 행정청이 그의 환경행정법규에 대한 집행 권한을 제대로 행사하지 않아 환경침해의 결과가 초래된 경우 이를 배제할 수 있는 권리가 인정되어야 한다. 이러한 권리가 환경침해에 대한 배제청구권이며, 환경침해에 대한 원상회복청구권 또는 결과제거청구권이라고도 부를 수 있다.

둘째, 환경침해에 대한 예방청구권이다. 이는 발생개연성이 다소 낮은 '리스크(Risiko)의 사전배려(Vorsorge)'가 아니라, '위험의 방지(Abwehr der Gefahren)'를 청구할 수 있는 권리이다.[7)] 이때 위험의 방지는 이미 이루어진 침해의 배제만이 아니라 가까운 장래에 어느 정도 개연성을 가지고 일어날 수 있는 침해의 방지를 포함하는 개념이다. 이렇게 본다면 환경침해에 대한 예방청구권은 환경침해에 대한 배제청구권과 연속선상에 있다고 할 것이다.

셋째, 건강하고 쾌적한 환경에 대한 급부청구권(환경개선청구권)이다. 말하자면 '생활의 질'을 높이기 위해서 국가에 양질의 환경의 조성 등 환경급부적인 생존배려를 요구하는 것이다.[8)] 환경권이 다른 기본권의 전제조건 보장적 성격을 갖는다는 점, 국가

---

5) 권영성, 앞의 책, 695쪽. 전자를 협의의 환경권, 후자를 포함한 개념을 광의의 환경권이라 한다.

6) 기본권의 제3자적 효력에 따라 제3자에 의한 침해도 포함될 수 있다.

7) 일상적 표현으로 같은 의미로 쓰이기도 하는 '위험'(Gefahr)과 '리스크'(Risiko)는 엄격히 구분해야 하는 개념으로, 양자는 무엇보다 발생개연성의 정도에서 차이가 있다.

8) 이를 '생활환경조성청구권'이라는 이름으로 설명하는 허영, 앞의 책, 461쪽.

의 환경보전의무 등을 들어 이러한 권리가 환경권에 포함된다고 보고 있다.[9] 환경권의 이러한 측면은[10] 사회권적 성격을 강하게 가지고 있는 부분이어서 그 행사를 위해서는 이를 구체화하는 법률의 제정이 특히 요청된다고 할 것이다.

넷째, 제3자에 대한 환경규제권의 발동청구권이다. 이는 국가 등 행정주체(A), 피규제자인 사인(B), 피침해자인 사인(C)이라는 3면관계에서 문제가 된다. 가령, 관할행정청인 A가 공해배출업체인 B에게 대기환경보전법상의 적절한 규제조치를 취할 것을 요구하는 C의 청구권이 법률을 통하여 인정될 수 있다. 이는 행정법학에서 말하는 행정개입청구권에 해당하는 것으로서, 행정법관계에서 제3자라고 할 수 있는 C가 적극적으로 행정청이 B에 대해 규제권을 발동할 것을 요구하는 형태이다. 이는 국가의 기본권보호의무를 바탕으로 인정될 수 있는 권리로서 기본권인 환경권으로부터 국가의 기본권(환경권)보호의무가 나타나는 것으로 설명할 수 있다.

(2) 절차적 환경권

필자가 헌법상 환경권의 내용에 실체적 환경권 외에 절차적 환경권도 포함된다고 본 계기는 1998년 유엔 유럽경제위원회 제4차 환경각료회에서 채택되어, 2001. 10. 30.부터 발효된 오르후스협약[11]이 다음과 같은 내용의 절차적 환경인권을 규정함으로써 국제적 관심을 모으고 있는 데에 있다. 이는 우리 헌법의 환경권의 내용을 풍부하게 할 수 있는 것이라고 생각된다.

1) 환경정보액세스권

環境情報액세스권이란 환경정보에 대한 자유로운 접근 · 이용권을 뜻한다(오르후스협약 제4조, 제5조 참조). 이때의 환경정보는 2가지로 나누어 볼 수 있다. 그 하나는, 공

---

9) 환경권을 법적 성격에 대해서는, 사회적 기본권 또는 생존권적 기본권으로 이해하는 견해가 일반적이나, 환경침해배제청구권은 자유권적 성격, 환경보호 · 보장청구권은 생존권적 기본권의 성격을 가짐으로써 양면성이 있다는 견해(김철수, 앞의 책, 26쪽), 기존의 자유권이나 사회권과는 다른 독자적 권리로 파악하려는 견해(김형성, 앞의 책, 120쪽) 등도 주장되고 있다.

10) 허영, 앞의 책, 461쪽 참조. 동 견해는 이와 함께, 자연환경을 자연환경 그대로 보전하는 것뿐만 아니라, 인공환경(도로, 교량, 등산로 등)과 쾌적한 주거환경을 조성하고 보전하는 것까지도 포함함을 전제로, 우리 헌법이 모든 국민이 쾌적한 주거생활을 할 수 있도록 국가에게 주택개발정책 등 일정한 의무를 부과하고 있는 점(헌법 제35조3항)을 들고 있다. 그러나 헌법 제35조1항의 환경권에 주거환경을 포함한 인공환경을 포함할 것인지 여부는 신중한 검토를 요한다. 환경권의 개념을 넓게 파악하는 것에 대한 우려를 표시하는 견해로는, 최윤철, "우리 헌법에서의 환경권조항의 의미", 환경법연구 27-2, 2005, 379쪽.

11) 협약의 원래 명칭은 '환경문제에 있어서 정보로의 액세스, 의사결정에서의 공중참여, 司法으로의 액세스에 관한 협약'(the Convention on Access to Information, Public Participation in Decision-making and Access to Justice in Environmental Matters)이다.

중이 공공기관으로부터 환경정보의 공개를 청구할 권리를 가지고 공공기관은 그 청구에 응하여 환경정보를 제공할 의무를 가지는 경우이다. 이를 '受動的 情報'(passive information)라고 부를 수 있다. 다음으로, 공공기관이 공중의 특별한 청구가 없는데도 공익적인 환경정보를 수집 · 보급할 의무를 가지고, 공중은 이러한 환경정보를 받을 권리를 가지는 경우이다. 이를 '能動的 情報'(active information)라고 한다.[12] 환경정보에 대한 액세스는 수동적 · 능동적 정보를 모두 포함하는 것으로 보아야 할 것이다. 또한 환경정보액세스권은 후술하는 환경행정절차참여권의 전제가 되는 것이 많지만 공중이 의사결정에 참여할 의도가 아닌 목적으로도 환경정보에 접근해야 할 경우도 있다.

2) 환경행정절차참여권

공중의 환경행정절차참여권 또는 환경의사결정참여권이란 국가나 지방자치단체가 환경문제에 관한 의사결정을 할 때 그 의사결정에 영향을 미칠 수 있도록 공중이 참여할 수 있는 권리를 말한다. 이러한 환경의사결정에 대한 참여의 유형은 다음과 같다.[13] 첫째, 환경침해를 예상할 수 있는 특정한 활동에 대하여 공중이 참여하거나, 또는 환경문제와 관련된 의사결정의 이해관계인으로서 공중이 참여하는 경우이다. 가령, 환경에 현저한 영향을 미칠 수 있는 특정한 활동[14]에 대한 인허가 등을 할 때 공중의 참여가 이루어져야 할 필요가 있다. 그리고 환경에 관한 의사결정과 관련되거나, 또는 그에 이해관계를 가지는 공중 역시 의사결정에 참여할 수 있어야 할 것이다. 이때 이해관계인으로서 환경단체가 포함될 수도 있다. 둘째, 환경관련 계획 · 프로그램 · 정책의 개발에 있어서 공중참여이다(오르후스협약 제7조 참조). 특히 이와 관련하여 논의되는 것이 전략환경평가(Strategic Environmental Assessment, SEA)[15]인데, 이는 의사결정의 상위단계인 정책(Policy), 계획(Plan), 프로그램(Program)이라는 이른바 3P 단계에서부터 환경영

12) Stec/Casey-Lefkowitz/Jendroska, The Aarhus Convention : an implementation guide, United Nations(2000), 49 ff.; v. Danwitz, "Aarhus-Konvention: Umweltinformation, Öffentlichkeitsbeteiligung, Zugang zu den Gerichten", NVwZ 2004, 272 (273).

13) Stec/Casey-Lefkowitz/Jendroska, 앞의 책, 85쪽 이하.

14) 에너지부문, 금속 제조 및 가공, 시멘트산업, 화학산업, 폐기물처리 등.

15) 2005. 5. 31. 환경정책기본법 개정(시행: 2006. 6. 1.) 및 2006. 5. 30. 동법시행령 개정(시행: 2006. 6. 1.)으로 동법상의 사전환경성검토제도는 전략환경평가로서의 성격을 가지게 되었다고 보기도 했다. 그런데 2001. 7. 21.(시행: 2012. 7. 22.) 다른 법률로 운영되던 사전환경성검토제도(환경정책기본법)와 환경영향평가제도(환경영향평가법)가 환경영향평가법 하나로 근거법령이 통일되었고, 이 통합법률에 명문으로 전략환경평가에 관한 규정을 두고 있다. 즉, 2012. 7. 22.부터 시행되는 이 환경영향평가법에 따르면, '전략환경평가'란 환경에 영향을 미치는 상위계획을 수립할 때에 환경보전계획과의 부합 여부 확인 및 대안의 설정 · 분석 등을 통하여 환경적 측면에서 해당 계획의 적정성 및 입지의 타당성 등을 검토하여 국토의 지속가능한 발전을 도모하는 것을 말한다(제2조1호).

향을 고려하는 전략적 접근을 뜻한다. 셋째, 환경법령의 준비과정에서의 공중참여이다(오르후스협약 제8조 참조). 환경에 현저한 영향을 주는 법규성이 있는 법령의 제정단계에서부터 의견제출 등의 참여가 보장되어야 한다.

3) 환경사법(司法)액세스권

환경사법액세스권 또는 환경문제에 있어서 사법(司法)에 대한 접근권이란 법치주의 원리 및 헌법 제27조의 재판받을 권리로부터 인정될 수 있는 통상적인 사법액세스에서 한 걸음 더 나아가 환경문제에 관한 한, 환경권의 차원에서도 보장되는 사법접근성(사법액세스)에 관한 권리이다(오르후스협약 제9조 참조). 환경사법액세스의 보장은 일반 국민들에게 환경법을 실효성 있게 하는 메커니즘을 제공한다는 의미를 가진다.[16] 환경사법액세스는 환경행정정보액세스권이나 환경행정절차참여권이 침해된 경우 인정될 수 있어 이들 절차적 환경권은 상호 밀접한 관련을 가지게 된다. 그러나 그 밖에도 환경행정정보액세스권 및 환경행정절차참여권과 무관한 환경사법액세스권도 인정될 수 있다.

2. 실체법적 환경권과 환경행정소송의 관계

헌법 제35조 제1항의 환경권이 개별 법률의 규정을 통하여 그 권리의 주체 · 대상 · 내용 · 행사방법 등이 구체화된다.[17] 즉 실체법적 환경권이 구체적 권리임에 의문의 여지가 없다. 그런데 이러한 구체적 권리인 실체적 청구권이 침해된 경우 이용할 수 있는 행정소송(항고소송)은 어떠한 것들이 있을까?

먼저 정리해야 하는 논점은 사인은 행정소송법 제4조에서 명문으로 규정한 法定의 소송만을 이용할 수 있다고 볼 것인가, 아니면 현행 행정소송법이 개괄주의를 취하고 있는 점에[18] 착안하여 행정소송법 제4조의 항고소송의 종류를 예시적으로 볼 것인가이다. 전자의 입장을 '법정항고소송 한정설', 후자의 입장을 '법정외 항고소송 인정설'로 부를 수 있다. 판례는 전자의 입장이다.[19] 그러나 실체법적 청구권이 있는데도 이를

16) Stec/Casey-Lefkowitz/Jendroska, 앞의 책, 123쪽; 김현준, "환경司法액세스권과 환경단체소송", 환경법연구 32-2, 2010, 138쪽.

17) 판례는 헌법상 실체적 환경권만으로는 그 권리의 주체 · 대상 · 내용 · 행사방법 등이 구체적으로 있다고 볼 수 없다고 본다(대법원 2006. 3. 16. 선고 2006두330 전원합의체 판결). 이러한 판례에 대한 반론으로는 김홍균, 환경법, 홍문사, 2010, 32-35쪽. 환경권의 구체적 권리성 여부에 대한 검토는 이 글에서는 별론으로 한 채, 개별법률의 규정을 통하여 환경권이 실체적 청구권이 된 경우를 전제로 한다.

18) 석종현 · 송동수, 일반행정법(상), 삼영사, 2011, 855쪽.

19) 대법원 1987. 3. 24. 선고 86누182 판결; 대법원 2006. 5. 25. 선고 2003두1198 판결 등.

실현할 소송수단이 없다면 이는 개괄주의의 탈을 쓰고 실제로는 열기주의가 기능하는 것이 되어 버린다, 이른바 감추어진 열기주의(verstecktes Enumerationsprinzip)가 작용하는 것이라 할 수 있다.[20] 이러한 이유에서 항고소송을 법정한 행정소송법 제4조의 취지는 소송요건과 본안승소요건을 명기하는 것이 재판실무상 편의성이 있다는 정책적 차원 정도에서 이해해야 할 것이다.[21] 그렇게 해석하는 것이 개괄주의를 취하고 있는 행정소송법의 취지에 부합할 뿐만이 아니라, 법치주의의 원리와 재판받을 권리의 규정에도 합치하게 된다. 나아가, 환경행정소송에서의 또 하나의 헌법적 근거인 환경권(환경사법액세스권)에도 부합하게 된다.

Ⅲ. 환경행정소송에 있어서 사법접근성 제고를 위한 해석론

1. 환경행정소송의 처분성

행정소송의 소송요건으로서 우선 대상적격의 관문이 존재한다.

대표적 행정소송인 취소소송 · 무효등확인소송의 대상적격 문제는 당해 행정작용이 처분성이 있는지 여부의 문제로 나타난다. 행정소송법은 이러한 '처분'의 개념을 행정청이 행하는 구체적 사실에 관한 법집행으로서의 공권력의 행사 또는 그 거부와 그 밖에 이에 준하는 행정작용으로 정의하고 있다(제2조1항1호).[22]

판례에 따르면,[23] 항고소송의 대상이 되는 행정처분은 행정청의 공법상 행위로서 특정사항에 대하여 법규에 의한 권리의 설정 또는 의무의 부담을 명하거나, 기타 법률상 효과를 발생하게 하는 등 국민의 권리의무에 직접 관계가 있는 행위이다.[24] 그리고 '처분'의 일종인 '거부처분'이 되기 위해서는 그 신청한 행위가 공권력의 행사 또는 이

---

20) 이러한 입장은 과거 actio사상에 젖은 것이라고 비판하는 견해도 있다(高木光, "義務づけ訴訟 · 差止訴訟", 礒部力 · 小早川光郎 · 芝池義一 (編), 行政法の新構想Ⅲ, 有斐閣, 2008, 47頁).

21) 위의 책, 49, 55쪽.

22) 동 조항에서는 '행정심판의 재결'을 포함하여 '처분등'이라는 용어를 사용한다.

23) 대법원 2007. 11. 15. 선고 2007두10198 판결; 대법원 2008. 4. 24. 선고 2008두3500 판결; 대법원 2008. 9. 11. 선고 2006두18362 판결; 대법원 2002. 5. 17. 선고 2001두10578 판결. 이러한 처분성 판단에 대하여 "법원이 행정소송법상의 처분개념에 대하여 一顧조차 하지 않음은 이해할 수 없는 일이다."라는 비판적 지적이 있다(김남진, "혁신도시입지선정의 처분성", 법률신문 제3629호, 2008. 2. 28.).

24) 이와 같이 국민들의 구체적 권리 · 의무와 직접적으로 관계있는 행위를 처분의 핵심요소로 보는 판례의 입장은 '공정력'을 처분개념의 중심요소로 파악하는 것이라고 할 수 있다. 행정행위의 실체적 공정력을 부인하고, 취소소송이 형성소송이 아니라 확인소송이라는 입장에서는 이러한 법원의 처분개념에 반대한다(박정훈, 행정소송의 구조와 기능, 박영사, 2006, 174쪽).

에 준하는 행정작용이어야 하고, 그 거부행위가 신청인의 법률관계에 어떤 변동을 일으키는 것이어야 하며, 그 사인에게는 신청에 따른 행정행위를 해 줄 것을 요구할 수 있는 법규상 또는 조리상의 신청권이 있어야 한다.[25] 행정청의 내부적인 의사결정 등과 같이 상대방 또는 관계자들의 법률상 지위에 직접적인 법률적 변동을 일으키지 아니하는 행위는 취소소송이나 무효등확인소송의 대상이 될 수 없다.[26] 가령, 국토해양부, 환경부, 문화체육관광부, 농림수산식품부가 합동으로 2009. 6. 8. 발표한 '4대강 살리기 마스터플랜' 등은 행정기관 내부에서 사업의 기본방향을 제시하는 것일 뿐, 국민의 권리 · 의무에 직접 영향을 미치는 것이 아니어서 처분성이 인정될 수 없었다.[27]

그런데 오늘날 대규모개발이나 공공사업의 경우 다양한 계획수립, 보조금교부, 인허가, 용지취득, 건설계약, 공사(사실행위) 등이 복합적으로 진행되는 경우가 많다. 환경행정소송이 예방적 기능을 수행하기 위해서는 기본계획의 수립이나 내부조정 등 그 조기 단계에서 다투어야 할 필요성이 제기된다. 그러나 처분성은 이러한 과정이 어느 정도 진행된 후에야 인정될 수 있기 때문에, 환경침해가 실제로 이루어지는 행정작용이라도 국민들의 구체적 권리 · 의무와 직접적으로 관계있는 행위로서 인정되지 않으면 취소소송 등으로 이를 다툴 수가 없다. 다양한 인 · 허가 중 내부적 행위인 경우에도 마찬가지이다. 따라서 환경보전을 위해서는 사업자가 개개의 구체적인 활동에 착수하는 단계가 아니라, 그 이전단계에서 광역적이고 종합적인 이익형량을 해야 할 필요성을 생각하게 된다.

현행 행정소송법 하에서 이러한 문제에 접근하는 방법은 2가지로 전개된다.

먼저, '처분'의 개념을 넓게 잡는 해석론이다. 행정소송법 제2조2호 소정의 '그 밖에 이에 준하는 행정작용'을 적극적으로 해석하여 처분성이 인정될 수 있는 행정작용의 범위를 넓혀가고자 하는 견해[28], 행정행위의 실체적 공정력을 부인하고, 취소소송의 본질을 위법성의 확인에서 구하는 견해,[29] 실체법상의 행정행위 개념보다는 넓은 행정쟁송법상의 독자적인 개념을 인정하는 견해[30] 등은 모두 처분성개념 확대론으로

---

25) 대법원 2003. 9. 23. 선고 2001두10936 판결; 대법원 1991. 2. 26. 선고 90누5597 판결; 대법원 1990. 9. 28. 선고 89누8101 판결; 대법원 1990. 5. 25. 선고 89누5768 판결.

26) 대법원 1999. 8. 20. 선고 97누6889 판결; 대법원 2002. 5. 17. 선고 2001두10578 판결 등.

27) 대법원 2011. 4. 21. 자 2010무111 전원합의체 결정.

28) 특히 환경행정소송의 처분성과 동 분야의 적극적인 해석을 강조하는 김홍균, "새만금소송의 의의와 과제", 저스티스 81, 2004, 100쪽.

29) 여기에 행정소송법 제2조1항1호 소정의 '구체적 사실'과 '법집행'을 유연하게 해석하고, '이에 준하는 작용'까지 결부시킴으로써, 처분개념의 확대의 논거로 삼고 있다(박정훈, 앞의 책, 174쪽 이하).

30) 김철용, 행정법, 박영사, 2011, 646쪽; 박균성, 행정법강의, 박영사, 2011, 723쪽.

볼 수 있다.[31] 처분성 확대론은 처분의 권리제한 · 의무부과라는 요소를 벗어나 명령 · 강제를 수반하는 권력적 행위 외에도 행정입법행위, *私法行爲*, 내부행위, 사실행위 등의 비권력적 행정활동에 대해서도 공법상 규제를 가하여 구제범위를 확대하고자 한다. 그러나 처분성 확대론에 대해서는, 공정력이 없는 비행정행위의 경우에도 단기제소기간이나 불가쟁력을 적용하게 됨으로써 원고에게 오히려 불리하게 될 수 있을 뿐만 아니라 실정법상 행정작용의 구분 및 행위형식의 분류에 관한 학문적 노력을 무위로 만들 염려가 있다는 비판이 제기된다.[32]

다음으로, 확인소송으로서 당사자소송의 활용론이 또 다른 접근방법이 될 수 있다. 이는 처분개념을 그대로 둔 채 취소소송 · 무효등확인소송이 아닌 당사자소송을 통한 구제를 도모하는 것이다.[33] 특히 행정소송법의 당사자소송을 이른바 '잔여개념으로서의 당사자소송', 즉 당사자소송을 대등한 관계를 규율하는 소송이라기보다 항고소송개념을 공제한 잔여개념으로 이해한다면 확인소송으로서 당사자소송의 활용의 여지는 더욱 넓어지게 된다. 당사자소송 활용론은 처분성이 없는 행정작용, 즉 취소소송이나 무효등확인소송의 대상이 될 수 없는 행정작용들은 취소소송 · 무효등확인소송의 대상이 될 순 없지만, 그 대신 당사자소송으로 다투어질 수 있다고 본다. 그 대상이 될 수 있는 것으로는 행정입법, 행정지도, 행정계약, 행정계획 등을 들 수 있다.[34] 가령 대법원 2011. 4. 21. 자 2010무111 전원합의체 결정이 그 대상적격을 부인한 정부의 '4대강 살리기 마스터플랜'의 경우, 그 마스터플랜에 기한 각종 권리의무의 (부)존재확인의 소를 당사자소송의 형태로 제기할 수 있는 여지가 있다고 볼 수 있다. 이때 이해관계인의 권리구제의 필요성이나 분쟁의 성숙성과 같은 '확인의 이익'이 인정되어야 함은 물론이다. 환경문제와 관련된 행정입법 등 다른 행정작용의 경우에도 확인소송으로서 당사자소송이 활용될 수 있다고 생각된다.

2. 환경행정소송의 원고적격

환경행정소송에 있어서 사법접근성은 원고적격에서 특히 문제가 된다. 취소소송의

31) 이와 관련한 대법원의 전향적인 판례로서 대법원 1989. 9. 12. 선고 88누8883 판결, 대법원 1992. 1. 17. 선고 91누1714 판결, 대법원 1993. 12. 10. 선고 93누12619 판결, 대법원 2009. 10. 15. 선고 2009두6513 판결 등을 들고 있다(김철용, 앞의 책, 647쪽).

32) 정하중, 행정법개론, 법문사, 2011, 749쪽.

33) 김남진, "處分性擴大論과 當事者訴訟活用論", 고시연구, 2005. 2, 19쪽; 김현준, "처분성 없는 행정작용에 대한 행정소송으로서의 확인소송", 공법연구 37-3, 2009, 338쪽.

34) 그 상세는 김현준, 위의 논문, 348쪽.

원고적격의 근거규정인 행정소송법 제12조의 해석방향을 살펴본 뒤, 헌법상 환경권과 환경영향평가법과 관련된 원고적격 문제를 살펴본다.

(1) '법률상 이익' 해석 = '법률'의 해석 + '이익'의 해석

행정소송법 제12조 소정의 '법률상 이익'에 대한 해석은 제3자의 원고적격에 있어서 주로 문제되며, 부담적 처분의 상대방의 경우 그 원고적격성을 인정하는 것은 문제가 없다. 이른바 자유권의 방어권적 기능 등에 기초한 이른바 상대방이론(Adressatentheorie)에 따라 부담적 처분의 상대방은 명백하게 자기관련성(Selbstbetroffenheit des Klägers)을 가지는 것으로 보기 때문이다.[35] 우리나라 행정소송 실무에서도 원고적격의 판단기준으로서 법률상 이익의 해석이 문제되는 것은 주로 제3자의 원고적격에 관한 사안이다.[36]

'법률상 이익'의 해석론은 '법률'과 '이익'의 해석으로 나누어 볼 수 있다. 양자는 서로 맞물려 있음은 물론이다. 먼저, '법률'의 해석은 처분의 근거 법규만이 아니라 관련 법규까지 포함된다는 입장이 판례에서도 채택되고 있다.[37] 한걸음 더 나아가, 여기서 '법률'을 기본권, 헌법원리, 법의 일반원리 등 법질서 전체로 확대해석함으로써 결국 보호가치이익설로 볼 수 있는 견해도 유력하게 주장되고 있다.[38] 다음으로, '法律'만이 아니라, '利益'의 해석이 문제된다. 즉, 법률로부터 사익보호성을 도출하고자 하는 해석문제에 그치는 것이 아니라, '법률'의 해석을 전제로 그 법률로부터 '개별적 · 구체적 · 직접적 이익의 도출'이라는 작업이 필요하다. 즉, 행정소송법 제12조의 법률상 이익은 그 근거 법규 및 관련 법규가 개별적 · 구체적 · 직접적인 이익으로서 보호하고 있는 것이어야 한다.[39] 이처럼 개별적 · 구체적 · 직접적인 이익인지 여부를 판단할 때, 처분에 있어서 고려되어야 하는 이익의 내용 및 성질, 그리고 처분이 위법하게 된 경우에 침해될 우려가 있는 이익의 내용 · 성질 및 이것이 침해되는 태양 · 정도를 고려할 필요가 있다.[40] 환경행정소송의 (제3자의) 원고적격의 '범위획정'의 문제는 주로 '이익'

---

35) 많은 문헌을 대신하여, Sodan, in: Sodan/Ziekow(Hrsg.), Großkommentar zum Verwaltungsgerichtsordnung, 2. Aufl., 2006, § 42 Rn. 383.

36) 대법원 2010. 4. 15. 선고 2007두16127 판결 등 참조.

37) 대법원 2010. 4. 15. 선고 2007두16127 판결("처분의 근거 법규 및 관련 법규에 의하여 법률상 보호되는 이익이 침해되거나 침해될 우려가 있는 주민으로서 원고적격이 인정......).

38) 박정훈, 앞의 책, 282-283쪽.

39) 대법원 2010. 4. 15. 선고 2007두16127 판결 등 일관된 판례의 입장.

40) 이와 관련하여 참고가 되는 입법은 2004년 개정된 일본 행정사건소송법 제9조2항이다. 이른바 '고려사항'이라고 불리는 동 조항은 다음과 같다. "법원은 처분 또는 재결의 상대방 이외의 자에 대하여 전항에 규정하는

의 해석문제라고 생각된다. '직접적이고 중대한 피해를 입을지 여부'의 판단도 결국 법률에서 보호되는 피침해이익을 어떻게 파악할 것인가의 문제이다. 이때 '직접적이고 중대한 피해를 입을지 여부'는 사회통념에 비추어 합리적으로 판단해야 하나, 법원의 적극적 해석을 통한 판례의 축적이 요청된다. 판례는 환경영향평가 대상지역 등 대상지역이 정해진 경우 그 대상지역을 범위획정 기준으로 삼고 있는데, 이 문제는 항을 바꾸어 살펴본다.

(2) 환경영향평가법과 원고적격

환경행정소송의 원고적격을 판단하는데 환경영향평가법이 관심의 대상이 된 것은 대법원 1998. 4. 24. 선고 97누3286 판결이 내려진 이후로 보인다.[41]

"조성면적 10만㎡ 이상이어서 환경영향평가대상사업에 해당하는 당해 국립공원 집단시설지구개발사업에 관하여 당해 변경승인 및 허가처분을 함에 있어서는 반드시 자연공원법령 및 환경영향평가법령 소정의 환경영향평가를 거쳐서 그 환경영향평가의 협의내용을 사업계획에 반영시키도록 하여야 하는 것이니 만큼 자연공원법령뿐 아니라 환경영향평가법령도 당해 변경승인 및 허가처분에 직접적인 영향을 미치는 근거 법률이 된다. 환경영향평가에 관한 자연공원법령 및 환경영향평가법령의 규정들의 취지는 집단시설지구개발사업이 환경을 해치지 아니하는 방법으로 시행되도록 함으로써 집단시설지구개발사업과 관련된 환경공익을 보호하려는 데에 그치는 것이 아니라 그 사업으로 인하여 직접적이고 중대한 환경피해를 입으리라고 예상되는 환경영향평가대상지역 안의 주민들이 개발 전과 비교하여 수인한도를 넘는 환경침해를 받지 아니하고 쾌적한 환경에서 생활할 수 있는 개별적 이익까지도 이를 보호하려는 데에 있다할 것이므로, 위 주민들이 당해 변경승인 및 허가처분과 관련하여 갖고 있는 위와 같은 환경

법률상 이익의 유무를 판단함에 있어서는, 당해 처분 또는 재결의 근거가 되는 법령 규정의 문언만에 의하는 것이 아니라, 당해 법령의 취지 및 목적 그리고 당해 처분에 있어서 고려되어야 하는 이익의 내용 및 성질을 考慮하도록 한다. 이 경우에 당해 법령의 취지 및 목적을 고려함에 있어서, 당해 법령과 목적을 같이 하는 관계법령이 있는 때에는 그 취지 및 목적 또한 參照하도록 하고, 당해 이익의 내용 및 성질을 고려함에 있어서는, 당해 처분 또는 재결이 그 근거가 되는 법령에 위반되게 행해진 경우에 침해되는 이익의 내용 및 성질 그리고 이것이 침해되는 태양 및 정도도 勘案하도록 한다." 즉, 고려요소로서, ① 처분의 근거가 되는 법령의 취지 및 목적, ② 처분에 있어서 고려되어야 하는 이익의 내용 및 성질, ③ 처분의 근거가 되는 법령과 목적을 공통으로 하는 관계법령의 취지 및 목적, ④ 처분이 위법하게 된 경우에 침해될 우려가 있는 이익의 내용·성질 및 이것이 침해되는 태양·정도이다. 이 가운데 '이익'의 요소에 해당되는 것은 ②와 ④이다.

41) 밑줄 강조는 필자에 의한 것임. 환경영향평가법과 원고적격에 관한 문헌으로 홍준형, "환경영향평가에 대한 행정소송의 법적 쟁점", 행정법연구 28, 2010, 209-230쪽; 김향기, "행정소송의 원고적격에 관한 연구-환경행정소송에서 제3자의 원고적격을 중심으로-", 환경법연구 31-2, 2009, 211-261쪽; 김연태, "환경행정소송상 소송요건의 문제점과 한계-원고적격을 중심으로", 안암법학 35, 2011, 1-44쪽.

상의 이익은 단순히 환경공익 보호의 결과로 국민일반이 공통적으로 가지게 되는 추상적 · 평균적 · 일반적인 이익에 그치지 아니하고 주민 개개인에 대하여 개별적으로 보호되는 직접적 · 구체적인 이익이라고 보아야 한다. 당해 국립공원 용화집단시설지구 개발사업으로 인하여 직접적이고 중대한 환경피해를 입으리라고 예상되는 환경영향평가대상지역 안의 주민에게 환경영향평가 대상사업에 관한 변경승인 및 허가처분의 취소를 구할 원고적격이 있다."

동 판결에서 처분의 실체적 요건에 관한 법규만이 아니라 그 절차적 요건인 환경영향평가에 관한 법규도 처분의 근거법률에 해당하는 것으로 본 점이 특기할 만하다.[42)]

그 이후, 대법원판결인 2006. 3. 16. 선고 2006두330 전원합의체 판결은 마찬가지로 원고적격의 범위획정을 대상지역에 의존하고 있지만, 대상지역 밖의 주민에 대해서도 언급함으로써 관심을 모으고 있다.[43)]

"공유수면매립과 농지개량사업시행으로 인하여 직접적이고 중대한 환경피해를 입으리라고 예상되는 환경영향평가 대상지역 안의 주민들이 전과 비교하여 수인한도를 넘는 환경침해를 받지 아니하고 쾌적한 환경에서 생활할 수 있는 개별적 이익까지도 이를 보호하려는 데에 있다고 할 것이므로, 위 주민들이 공유수면매립면허처분 등과 관련하여 갖고 있는 위와 같은 환경상의 이익은 주민 개개인에 대하여 개별적으로 보호되는 직접적 · 구체적 이익으로서 그들에 대하여는 특단의 사정이 없는 한 환경상의 이익에 대한 침해 또는 침해우려가 있는 것으로 사실상 추정되어 공유수면매립면허처분 등의 무효확인을 구할 원고적격이 인정된다. 한편, 환경영향평가 대상지역 밖의 주민이라 할지라도 공유수면매립면허처분 등으로 인하여 그 처분 전과 비교하여 수인한도를 넘는 환경피해를 받거나 받을 우려가 있는 경우에는, 공유수면매립면허처분 등으로 인하여 환경상 이익에 대한 침해 또는 침해우려가 있다는 것을 입증함으로써 그 처분 등의 무효확인을 구할 원고적격을 인정받을 수 있다."[44)]

이때 '대상지역'을 판단하는 주체는 누구인가가 다투어진다. 이에 대해 법원이 제3자의 원고적격 유무를 판단함에 있어서는 환경영향평가서의 내용에 구속됨이 없이 소송자료와 증거자료 등을 종합하여 원고가 대상사업의 시행으로 인하여 영향을 받게 되

42) 이를 두고 위법성의 준거법규와 원고적격의 근거법규가 일치하지 아니함으로써 위법성 견련성이 명시적으로 부정되었고 그리하여 판례상 취소소송의 객관소송성이 분명해졌다고 평가하는 견해도 있다(박정훈, 앞의 책, 252쪽). 그러나 당해 사안의 경우 환경영향평가법상의 요건이 충족되지 못한 위법이 없었던 경우로서, 동 판례는 환경영향평가법을 위법성의 준거법률로 본 것으로 볼 수 있지 않나 생각된다.

43) 이를 종래 판례에 비해 진일보한 것으로 평가하는 홍준형, 앞의 논문, 217쪽.

44) 판례의 밑줄 강조는 필자에 의한 것임.

는 지역 안의 주민인지 여부를 판단한다는 이른바 '법원주체설'이 다수의 입장으로 보인다.[45] 반면에, 환경영향평가법 제9조 및 동법 제13조의 규정의 문언을 중시하여 환경영향평가대상지역의 구분은 사업자가 판정하는 것이라고 보는 견해를 이른바 '사업자주체설'로 부를 수 있다.[46]

다수의 지지를 받는 법원주체설은 대상지역을 사업자가 정한다고 볼 경우 사법심사의 범위가 사업자에 의해 좌우된다고 하는 것은 적절하다고 볼 수 없다는 점을 주된 이유로 든다. 이는 환경영향평가대상지역 내의 주민에게 원고적격을 인정하는 대법원 1998. 4. 24. 선고 97누3286 판결 이래 확립된 판례의 법리의 타당성을 보완하는 역할을 하기도 한다. 자칫 사업자 또는 대행업자가 긋는 경계선으로 원고적격의 유무가 결정된다는 비난에 대한 해명이 될 수 있기 때문이다. 그러나 대상지역 판정주체에 관한 법원주체설은 판례가 제시한 '환경영향평가 대상지역'이라는 원고적격 판단기준을 공허하게 만들 수 있는 여지도 있다. 어떠한 환경영향이 미칠 대상지역' 여부를 언제나 법원이 결정해야 하고, 또한 할 수 있다면 굳이 환경영향평가 대상지역 내외라는 도구를 원용할 필요도 없기 때문이다. 법원이 환경영향이 미칠 대상지역이라고 판단한 '이유', 바로 그것을 원고적격의 판단기준으로 하면 훨씬 더 명확하게 되기 때문이다. 따라서 사업자 등이 획정하는 대상지역의 경계선에 사법심사가 휘둘려서는 안 된다는 점에는 공감하지만, '대상지역 내'의 주민에 대한 원고적격의 사실상 추정에만 만족하지 말고 적극적으로 직권조사사항인 원고적격의 획정기준을 찾아가는 판례의 축적이 필요하다고 할 것이다. 처분에 있어서 고려되어야 하는 이익의 내용 및 성질, 그리고 처분이 위법하게 된 경우에 침해될 우려가 있는 이익의 내용 · 성질 및 이것이 침해되는 태양 · 정도를 고려하는 것을 강조한 이유도 바로 여기에 있다.

(3) 환경권과 원고적격

헌법 제35조 제1항의 환경권이 행정소송법 제12조 소정의 '법률상 이익'이 될 수 있는가?

판례는 부정적이다. 학자들에게도 관심의 대상이 되었던[47] 이른바 새만금사건에서

45) 서울고법 2005. 12. 21. 선고 2005누4412 판결.

46) '환경영향평가대상지역의 판정주체'란 세하에서 이와 같이 견해를 분류하는 김향기, 앞의 논문, 251쪽 이하.

47) 홍준형, 앞의 논문, 209쪽; 김홍균, 앞의 논문, 100쪽; 강현호, "새만금 사업과 환경법적 제문제", 환경법연구 28-1, 2006, 169쪽; 김희곤, "새만금사업 관련 서울行政法院 判決에 대한 法的 검토", 공법연구 33-4, 2005, 355쪽; 김중권, "행정개입청구권의 인정과 관련한 법적 문제점에 관한 소고", 저스티스 86, 앞의 논문, 2005, 216쪽.

대법원 2006. 3. 16. 선고 2006두330 전원합의체 판결은 헌법 제35조 제1항에서 정하고 있는 환경권에 관한 규정만으로는 그 권리의 주체·대상·내용·행사방법 등이 구체적으로 있다고 볼 수 없고, 환경정책기본법 제6조도 그 규정 내용 등에 비추어 국민에게 구체적인 권리를 부여한 것으로 볼 수 없으므로, 헌법상의 환경권 또는 환경정책기본법 제6조에 기하여 처분을 다툴 원고적격이 있다고 할 수 없다고 판시했다.[48]

우리의 '법률상 보호되는 이익설'에 상응하는 것이라 할 수 있는 독일의 보호규범론(Schutznormlehre)에서도 행정소송의 원고적격을 판단함에 있어서 헌법상 기본권을 어떻게 해석해야 할 것인가(Klagebefugnis aus Grundrechten)를 두고 많은 논란이 있다.[49] 기본권 역시 공권의 일종으로서 제3자 보호성이 인정되지만(drittschützend), 법률규정에서 구체적으로 형태를 갖출 때에야 비로소 원고적격이 인정될 수 있는 보호규범성을 가지는 것이 원칙이다.[50] 그리고 기본권규정이 공권으로서 원고적격을 인정하기 위한 제3자 보호규범으로 인정될 수 있는지 여부와 관련하여, 기본권의 規範內的 효력(norminterne Wirkung der Grundrechte)과 기본권의 規範外的 효력(normexterne Wirkung der Grundrechte)으로 나누어 구체적으로 검토하고 있다.[51]

첫째, 기본권의 규범내적 효과는 기본권이 '법률상 이익'에서의 '법률', 즉 (독일식 표현으로는) '보호규범'의 틀 내에서 기능하는 경우이다. 보호규범의 틀 내에서 기본권은 법률규정에서 구체화되고, 법률해석에 영향을 미쳐서, 기본권에서 보호하는 가치를 명확하게 하고(wertverdeutlichend), 개별사례에서 (보호)규범의 내용을 확장하는 역할을 한다. 즉, 기본권이 법률해석에 영향을 미쳐 법률상의 보호규범 내용이 특정될 수 있다. 그리고 보호규범과 기본권이 서로 충돌하는 경우에는 헌법합치적 해석(verfassungkonforme Auslegung), 즉 법률상의 보호규범 내용이 기본권규정과 조화되도록 하는 해석으로 해결할 수 있(어야 한)다. 이로써 개별사례에서 법규범은 (법률의) 입법자의 의사에 반하는 권리(=주관법)의 내용을 가져올 수 있게 된다.[52] 이와 관련하여,

48) 대법원 2006. 3. 16. 선고 2006두330 전원합의체 판결.

49) 독일 기본법 제19조 제4항의 해석과 관련된 문헌으로 Schmidt-Aßmann, Art. 19 Abs. 4 GG, in: Maunz/Dürig (Hrsg.), Kommentar zum Grundgesetz, 57. Auflage 2010, Rn. 121 ff. 독일 행정법원법 제42조의 해석과 관련된 문헌으로 Wahl, in: Schoch/Schmidt-Aßmann/Pietzner (Hrsg.), § 42 VwGO, Kommentar zum VwGO, 18. Auflage(2009), Rn. 85 ff.; Kötters, in: Posser/Wolff (Hrsg.), § 42 VwGO, Beck'scher Online-Kommentar zum VwGO(2010), Rn. 190 ff.

50) Kötters, 앞의 책, Rn. 190.

51) Kötters, 위의 책, Rn. 190 ff.

52) Kötters, 위의 책, Rn. 191; Kopp/Schenke, Kommentar zum VwGO, § 42 Rn. 119. Schmidt-Assmann은 기본권의 규범내적 효력을 '권리를 명확하게 하는 수단'(Mittel der Rechtsverdeutlichung)과 '권리를 제한하는 수단'(Mittel der Rechtsbegrenzung)으로 나누어 이를 설명하고 있는데, 그 내용은 이와 큰 차이가 없어

우리나라에서의 논의 중 '법률상 이익'을 해석함에 있어서 '당해 처분의 근거되는 법률의 규정과 취지 외에 관련 법률의 규정과 취지, 그리고 기본권규정도 고려하여야 한다는 견해가 있다.[53] 동 견해는 이러한 규범내적 효과의 의미로 추측되지만, 이에 관한 설명이 없어 법률규정이 없는 경우 곧 바로 기본권규정으로부터 법률상 이익을 도출할 수 있다는 의미인지는 명확하지 않다. 만일 후술하는 규범외적 효과까지 뜻하는 것이라면 어떠한 성격의 기본권이 어떠한 방식으로 법률의 규정이 없이도 법률(보호규범)상의 이익이 될 수 있는지에 대한 설명이 있어야 할 것이다.

둘째, 기본권의 규범外的 효력은 보호규범인 근거법률이나 관련 법률에서 원고의 사익보호성을 도출할 수 없는 경우에 기본권의 규정에서 직접적으로 권리(법률상 이익)를 도출하는 경우이다.[54] 이는 기본권이 법률을 매개하지 않고 권리를 직접 창설하는 경우로서 기본권규정이 직접 보호규범으로서의 역할을 수행하는 것을 말한다.[55] 기본권의 규범외적 효력을 인정할지 여부, 그리고 인정하는 경우에도 어느 범위까지 인정할지에 대해서는 독일에서도 논란이 있다. 판례는 극히 예외적인 경우에 기본권의 규범외적 효력을 인정하고 있다. 연방행정법원 판례에서 문제가 된 기본권은 대부분 독일 기본법 제14조의 재산권이고, 관련판례는 건축인인소송에서 隣人(인근주민)의 지위에 대한 것이다.[56]

우리의 환경권의 규범외적 효력을 인정할 수 있을 것인가. 생각건대, 개별적 · 구체적 · 직접적인 환경상 이익을 근거 법규나 관련 법규에서 도출할 수 없는 가운데, 곧 바로 헌법의 환경권규정에서 이를 찾는 것은 매우 어려운 문제이다. 환경권의 규정으로부터 '법률상 이익'을 찾을 수 있다고 한다면, 환경행정소송에서는 더 이상 근거법규나 관련법규의 해석은 필요 없게 될 것이다. 따라서 기본권의 규범외적 효력은 원칙적으로 인정할 수 없다고 보아야 한다. 다만, 법률규정이 '최소한의 기본권보호'(verfassungsrechtlicher Mindestschutz von Grundrechte)도 하지 않고, 헌법합치적 해석조차 할 수 없는 예외적인 경우에는 허용할 수 있다는[57] 가능성을 조심스럽게 열어두고자 한다.[58]

보인다(Schmidt-Assmann, 앞의 책, Rn. 123 f.)

53) 홍정선, 행정법특강, 박영사, 2011, 658쪽.

54) Sodan, 앞의 책, Rn. 395

55) Kötters, 앞의 책, Rn. 192.

56) BVerG, BVerwGE 32, 173 등.

57) Kopp/Schenke, 앞의 책, Rn. 121; Hufen Verwaltungsprozessrecht, § 14 Rn. 109.

58) 기타 학설상으로는, 고권적 침해에 대한 방어의 경우와 달리 수평적 법관계에서 사인을 통한 침해에 대한 법

이에 반해, 환경권의 규범내적 효력, 즉 근거법률이나 관련법률을 해석함에 있어서 환경권을 원용하는 것은 환경보호가치를 명확하게 하고, 체계화하는 데 기여하는 것이므로, 그 적극적인 활용이 요청된다. 이는 근거법률이나 관련법률의 규정이 헌법의 환경권규정과 모순의 여지가 있는 경우 헌법합치적 해석을 통해 개별적 · 구체적 · 직접적인 환경상 이익을 보다 용이하게 도출할 수도 있다. 따라서 행정소송법 제12조의 문언과 자연스럽게 조화를 이루면서, 행정소송에 있어서 제3자의 원고적격을 보다 넓게 인정할 수 있는 해석론이 될 수 있으리라 생각된다.

헌법 제35조 제1항에서 정하고 있는 환경권에 관한 규정만으로는 그 권리의 주체 · 대상 · 내용 · 행사방법 등이 구체적으로 있다고 볼 수 없어 헌법상의 환경권에 기하여 처분을 다툴 원고적격이 있다고 할 수 없다고 한 대법원 2006. 3. 16. 선고 2006두330 전원합의체 판결을 다시 한번 보자. 환경권에 기한 원고적격의 인정여부를 판단하기 위해서는 헌법상 기본권의 규정을 통하여 법률상 이익을 도출할 수 있는지 여부가 먼저 검토되어야 한다. 그것은 법률상 이익의 해석에서 '법률'의 해석문제이다. 이러한 '법률'의 해석은 하지 않고, 구체적 권리인지 여부만을 검토한 2006두330 전원합의체 판결의 논리전개는 정치하지 못하다고 생각된다. 동 판결의 논리는 환경권에 기하여 직접 사법상의 방해배제청구권을 인정할 수 없음을 설명하는 판례에서 적용되었던 것이기도 하다.[59] 행정소송의 원고적격의 도출근거로서 (법률상 이익에서의) '법률'의 해석에서는 기본권규정을 직접 또는 간접적으로 원용할 수 있는지에 대한 판단이 먼저 나왔어야 했다. 그런데 환경권이 구체적 권리가 아니어서 이에 기한 원고적격을 인정할 수 없다는 것은, (자유권적 기본권과 같이) 구체적 권리성이 인정되는 기본권에 기해서는 곧 바로 원고적격이 인정될 수 있다는 말인지 반문하지 않을 수 없다. 헌법상 기본권을 행정소송법 제12조 소정의 '법률'(보호규범)로 볼 것인지, 나아가 보호규범의 틀을 넘어서 인정될 수는 없다면 보호규범의 틀 내에서 기본권이 '법률상 이익'의 해석에 어떠한 영향을 미치는지에 대한 판단이 필요했다고 생각된다.

률적 보호가 결여되어 있는 경우에는 기본권을 직접 원용할 수 없다는 견해도 있다(Wahl, 앞의 책, Rn. 63).

59) 대법원 1997. 7. 22. 선고 96다56153 판결(공사금지가처분).

3. 이용가능한 환경행정소송의 유형

(1) 실체적 환경권의 실현수단으로서 항고소송

앞서 실체적 환경권이 구체화된 형태인 실체법상 환경권이 침해된 경우 이용가능한 항고소송은 행정소송법 제4조 소정의 이른바 법정 항고소송에 국한해서는 안 된다는 점을 개괄주의원칙, 법치주의원리, 헌법상 재판받을 권리, 환경권(환경사법액세스권) 등을 이유로 살펴보았다(Ⅱ. 2). 이를 전제로 각 실체적 환경권에 상응하는 항고소송의 유형을 구체적으로 살펴본다.

첫째, 환경침해에 대한 배제청구권을 실현할 수 있는 행정소송은 취소소송 및 무효등확인소송이다. 우리나라 행정소송 실무에서 이루어지고 있는 대부분의 소송유형이라고 할 수 있다. 이러한 배제청구권은 환경행정작용의 하자의 정도에 따라 취소소송 또는 무효등확인소송으로 실현될 수 있다. 우리나라 행정소송실무에서 가장 많이 이용되고 있는 전형적인 행정소송의 형태이기도 하다.

둘째, 환경침해에 대한 예방청구권에 대한 행정소송은 예방적 금지소송이 되어야 할 것이다. 이러한 예방청구권은 방해배제청구권과 연속선상에서 이해되어야 하며, 환경보전을 위해 사전에 통제할 필요성이 있다는 점에서 중요한 의미를 가지는 실체적 청구권이다. 이를 실현할 수 있는 예방적 금지소송은 행정청이 장래에 일정한 처분을 할 것을 우려하여, 그 일정한 처분을 하지 못하도록 예방적으로 그 부작위(금지)를 구하는 소송을 말한다. 행정소송으로서 예방적 금지소송은 현행 행정소송법에서는 찾아볼 수 없고, 판례도 무명항고소송으로서 이를 인정하지 않고 있다.[60] 그러나 현행 행정소송법 하에서도 해석론상 실체적 환경권을 침해당한 사인은 예방적 금지소송을 이용할 수 있어야 한다. 그 주된 이유는 실체적 권리가 있는 경우라면 그 권리가 침해될 경우 소송상 구제를 구할 수 있음은 현행 행정소송법이 취하고 있는 개괄주의의 원칙상 인정되어야 하는 점에 있다. 실체적 청구권이 있는데도 이를 소송에서 인정하지 않는 입장은 '감추어진 열기주의'라는 비난을 면할 수 없다. 또한, 권리가 '이미 침해된 경우'와 '침해가 임박한 경우'는 '침해'라는 개념을 기준으로 본다면 양자는 본질적 차이가 있다기보다 오히려 연속선상에서 이해할 수 있다. 즉, 취소소송은 침해적 행정행위가 행해진 경우에 事後的으로 그 침해의 배제를 구하는 것이라면, 예방적 금지소송은 침해적 행정행위가 행해지려는 경우에 事前에 그 침해의 예방을 구하는 소송으로 보아

---

60) 대법원 1987. 3. 24. 선고 86누182 판결; 대법원 2006. 5. 25. 선고 2003두1198 판결 등.

야 한다.[61)]

셋째, 건강하고 쾌적한 환경에 대한 급부청구권을 실현하는 소송유형의 원칙적 형태는 의무이행소송이 되어야 할 것이다. 다만, 현행 행정소송법에는 의무이행소송에 관한 규정이 없고, 무명항고소송으로서도 법원은 이를 허용하지 않고 있다.[62)] 그러나 실체법상 환경권의 실현수단으로서 항고소송을 넓게 해석해야 할 것이다. 무명항고소송으로서 의무이행소송을 인정한다고 볼 경우 부작위위법확인소송 및 거부처분취소소송과의 관계가 문제된다. 이러한 소송유형들에 비하여 의무이행소송은 권리구제실현수단으로서 훨씬 더 효율적인 것이어서 의무이행소송이 인정된다면 이러한 소송들의 권리보호필요성(협의의 소의 이익)이 문제가 될 여지가 있다. 그러나 명문규정이 없는 현행 행정소송법 하에서 의무이행소송은 이러한 소송들에 비하여 보충적으로, 엄격한 요건 하에서 인정할 수밖에 없다.[63)] 그리고 이러한 급부청구권이 의무이행소송으로서 실현될 수 있기 위해서는 개별 환경법규의 해석을 통해 원고의 국가에 대한 신청권을 인정할 수 있는 경우라야 한다.

넷째, 제3자에 대한 환경규제권의 발동청구권은 셋째의 급부청구권과 그 법관계의 구조는 다소 다르지만 이를 실현하는 소송유형은 마찬가지로 의무이행소송이 될 것이다. 부작위위법확인소송, 거부처분취소소송과의 관계도 마찬가지이다. 오늘날 환경문제에서 자주 볼 수 있는 모습인 국가-사인A-사인B의 3면관계에서 사인A가 국가에 대하여 사인B에게 규제권을 발동할 것을 요구하는 실체법상 청구권이 인정되는 경우이다. 의무이행소송이 인정되지 않는 지금의 상황에서 행정법관계의 제3자라고 할 수 있는 사인A의 실체적 권리는 행정개입청구권의 구조를 가지게 된다. 그런데 취소소송이나 무효등확인소송만이 일반화되어 있는 우리의 현실에서 이러한 소송에만 착안하는 것이 일반적이다. 그러나 이러한 행정법관계의 구조에서 사인A가 거부처분이나 부작위에 대한 항고소송을 제기하기 위해 판례가 일관되게 요구하는 이른바 '신청권'이 인정되기가 극히 어렵다. 이는 조리상 신청권을 원용하더라도 마찬가지이다. 여기에 독일의 행정개입청구권의 법리를 적용하여 항고소송이 가능하도록 하려는 시도도 있지만,[64)] 이는 신청권을 인정하기에 원천적으로 어려운 구조로 인하여 무리한 주장이 될

61) 高木光, 앞의 책, 55쪽 참조. 이러한 의미에서 高木光 교수는 행정행위의 예방적 소송을 취소소송의 亞種으로 관념된다고 본다.
62) 대법원 1986. 8. 19. 선고 86누223 판결; 대법원 1992. 11. 10. 선고 92누1629 판결.
63) 김철용, 앞의 책, 609쪽.
64) 김중권, 앞의 논문, 226쪽.

수밖에 없다.[65] 그 근본적인 해법은 의무이행소송에서 찾아야 한다. 국가의 기본권(환경권)보호의무가 나타날 수 있는 이러한 구조에서 국가의 의무에 대응하는 사인의 실체적 청구권을 실현할 수 있는 행정소송은 의무이행소송이 되어야 한다.

이와 같이, 실체적 환경권을 실현할 수 있는 항고소송 유형은 예방적 금지소송, 의무이행소송을 포함하는 넓은 범위로 해석해야 할 것이다. 실체적 청구권으로서 환경권을 인정한다면, 이를 실현할 수 있는 소송유형을 인정하는 것은 당연한 것이며, 단지 행정소송법이 법정하고 있는 소송유형만을 이용할 수 있게 하는 것은 일종의 감추어진 열기주의가 되어버린다는 점을 다시 한번 강조한다. 또한, 절차적 권리로서 환경권의 핵심내용의 하나인 환경사법접근권, 즉 환경사법액세스권이 보장될 필요가 있다는 점을 생각한다면, 이러한 해석론은 환경권을 둔 헌법의 취지에 부합한다고 할 것이다. 예방적 금지소송과 의무이행소송은 환경행정소송에 있어서 특히 중요한 의미를 가진다. 국제적 환경인권으로서 환경사법액세스권의 실현수단으로서 굳이 명령적 구제(injunctive relief)를 강조하고 있는 점도[66] 예사로이 볼 수 없는 부분이다. 즉, 예방적 금지소송과 의무이행소송은 환경사법액세스권을 보장하는 핵심내용 중 하나라고 할 수 있다.[67]

이상과 같은 실체적 청구권별로 이용가능한 환경행정소송(항고소송)의 유형은 다음과 같이 정리할 수 있다.

❖ 〈표 1〉 실체적 청구권별 행정소송(항고소송)

실체적 청구권	이용가능한 환경행정소송(항고소송)의 유형
환경침해에 대한 방해배제청구권	취소소송, 무효등확인소송
환경침해에 대한 방해예방청구권	예방적 금지소송
건강하고 쾌적한 환경에 대한 급부청구권	의무이행소송, 거부처분취소소송, 부작위위법확인소송
제3자에 대한 환경규제권의 발동청구권	의무이행소송, 거부처분취소소송, 부작위위법확인소송

65) 그 상세는 김현준, “신청권과 무하자재량행사청구권 · 행정개입청구권”, 행정법연구 28, 2010, 82쪽.

66) Stec/Casey-Lefkowitz/Jendroska, 앞의 책, 133쪽.

67) 그 밖에도 이러한 무명항고소송을 인정하기 위해, 행정청의 1차적 판단권 및 기능적 권력분립론에 대한 논의가 필요한데, 그 상세는 김현준 · 박웅광, “예방적 금지를 구하는 행정소송”, 토지공법연구 50, 2010, 298쪽 이하 참조. 입법론으로는 물론 해석론으로도 의무이행소송이 인정되어야 할 필요성 및 근거에 대해서는 김현준, 앞의 논문, 87쪽.

(2) 실체적 환경권의 실현수단으로서 당사자소송 등

종래 처분성이 인정될 수 없어 행정소송의 대상이 될 수 없었던 행정작용 가운데, 국민의 환경권을 현실적으로 침해하는 경우가 적지 않다. 행정소송에 있어서 사법접근성은 원고적격이나 대상적격과 같은 소의 제기요건에서 주로 문제가 되지만, 그에 앞서 원고가 이용할 수 있는 행정소송의 유형이 특히 대상적격문제와 맞물려 '허용되는 소송유형인지 여부'의 문제 역시 사법접근성의 차원에서 간과할 수 없다.

처분성이 없는 행정작용으로 인하여 현실적으로 국민의 실체적 환경권이 침해당하는 경우에 당사자소송으로 이를 다툴 수 있다고 보았는데(Ⅲ. 1), 환경사법액세스권을 보장하는 차원에서 당사자소송 등 이용할 수 있는 행정소송 유형을 넓혀가는 것이 바람직하다고 생각된다.

그 밖의 환경행정소송으로서 행정소송법상 민중소송의 일종인 주민소송(지방자치법 제17조)을 빼놓을 수 없다. 환경행정소송으로서 주민소송은 후술하는 환경단체소송, 자연의 권리소송과 함께 환경공익소송으로 기능할 수 있다. 환경단체소송이나 자연의 권리소송은 해석론상으로는 인정하기 매우 어렵다는 점을 생각하면, 주민소송은 공익환경소송으로서 큰 의미가 있는 소송유형이라 할 수 있다.[68]

Ⅳ. 환경행정소송에 있어서 사법접근성 제고를 위한 입법론

1. 공익환경소송의 의의 및 필요성

'공익소송'의 구체적이고 명확한 개념은 아직 확립되어 있는 것은 아니지만,[69] 자신의 주관적 권리침해와는 무관하게 오직 공익을 위해 제기하는 소송이라는 정도의 개념정의는 가능할 것이다. 즉, 순수한 환경문제라는 공익을 추구하는 소송이라면 이를 '공익환경소송'이라고 부를 수 있으리라 생각된다. 환경소송에 있어서도 개인의 이익과 순수한 공익이 중복되는 경우도 많지만, 때론 생물다양성보호, 기후변화와 같이 사적 이익과는 관계없는 순수한 환경문제를 이유로 행정소송을 제기하는 경우도 생각할

68) 환경행정소송으로서 주민소송에 대해서는 함인선, "환경피해에 대한 공법적 구제–주민소송을 중심으로 하여–", 환경법연구 28–3, 2006, 59쪽; 최철호, "환경행정의 통제수단으로서의 주민소송의 역할–일본의 환경관련 주민소송 판례를 중심으로 –", 공법학연구 7–4, 2006, 361쪽. 일본에서 자연의 권리소송이 주민소송의 형태로 제기된 것으로는 曽和俊文, "オオヒシクイ事件ー自然の権利訴訟と住民訴訟(東京高裁平成8年 4 月23日判決)", 別冊ジュリスト No. 171(2004/4), 175–176頁.

69) 이상돈, 공익소송론, 세창출판사, 2006, 17쪽 참조.

수 있다. 이러한 소송은 현행 행정소송법의 체계에서 원고적격의 관문을 통과하지 못한다는 점에 의문이 없다. 진정한 환경행정소송은 순수한 (환경)공익을 위한 것이라고 본다면, 개인의 주관적 권리침해와는 무관한 공익환경소송으로서의 환경행정소송을 입법론상 생각해 볼 수 있다.

공익환경소송의 극단적인 형태는 이른바 자연의 권리소송이 될 것이다. 자연의 권리소송이란 자연에는 고유한 가치가 있고, 사람이 자연을 대변하여 자연의 가치를 보존하기 위해 제기하는 소송이다. 즉, 자연물이 직접적인 소송당사자가 되지만, 인간이 그에 대한 대변인이 되어 당사자인 자연이 침해당하고 있는 이익에 대해 판단하고 이에 근거한 판결을 요구하는 소송이다. 자연의 권리소송은 피고나 소송물에 따라 '행정소송'의 형태가 될 수도 있고, '민사소송'의 형태가 될 수도 있다. 가령 우리나라에서 도롱뇽소송은 민사소송[70]으로, 황금박쥐소송은 행정소송[71]으로 제기된 바 있다. 법원은 자연물이나 그를 포함한 자연 그 자체에 대하여는 현행법 해석상 당사자능력을 인정할 만한 근거를 찾을 수 없다고 하여 자연의 권리소송을 인정하지 않고 있다.[72] 민사소송법 제51조("당사자능력, 소송능력, 소송무능력자의 법정대리와 소송행위에 필요한 권한의 수여는 이 법에 특별한 규정이 없으면 민법, 그 밖의 법률에 따른다.")로 인하여, 획기적인 법개정이 없는 한 현행법상 자연물이 당사자능력을 가질 수는 없다고 할 것이다.

나아가, 현재 주장되고 있는 자연의 권리소송론에 대해서는 다음과 같은 의문이 있다.

우선, 자연의 권리소송과 같은 새로운 법이론이 定論으로 자리잡기 위해서는 종래 법이론에 대한 철저한 이해 · 분석을 바탕으로 이를 넘어서는 설득력 있는 논리전개가 요청된다고 할 것이다. 환경보호의 보호목적(Schutzzweck)은 철학 · 윤리학에서부터 크게 '인간중심적 환경보호'와 '생태중심적 환경보호'라는 양 관점이 있고, 환경법학 역시 여기에 기초하여 구성될 수 있다.[73] 그런데 우리의 자연의 권리소송론은 환경법의 이념은 생태주의 또는 자연주의(인간도 자연의 일부라는 사상)에 토대를 두고 있으며,

70) 대법원 2006. 6. 2. 자 2004마1148 2004마1149 결정(공사착공금지가처분).

71) 청주지방법원 2008. 11. 13. 선고 2007구합1212 판결. 그 밖에도 복합화력발전소 공사계획 인가처분에 대한 검은머리물떼새의 취소 또는 무효확인을 구한 소가 있다(서울행정법원 2010. 4. 23. 선고 2008구합29038 판결).

72) 대법원 2006. 6. 2. 자 2004마1148,1149 결정. 같은 취지의 제1심(울산지방법원 2004. 4. 8.자 2003카합959 결정) 및 원심(부산고등법원 2004. 11. 29.자 2004라41, 42 결정). 강재규, "자연의 권리", 환경법연구 30-3, 2008, 41-71쪽; 한삼인 · 강홍균, "자연의 권리 소송에 관한 고찰", 법학연구 24, 2006, 453-472쪽; 크리스토퍼 D. 스톤/ 허범 역, 법정에 선 나무들, 도서출판 아르케, 2003.

73) Kloepfer, Umweltrecht, 2004, § 1 Rn. 19.

보호법익 역시 민법이나 행정법과는 달리 인류익(미래세대 이익 포함), 생태익, 지구익의 보호에 있다는[74] 획기적인 내용을 주장하면서도 기존의 법이론에 대한 설득력 있는 반박논거는 제시하지 못하고 있다.

다음으로, 공익의 목적을 실현하기 위해 제정된 행정실체법에 대응하는 절차법인 행정심판법과 행정소송법은 주관쟁송이 중심이어서 실체법과 절차법이 지향하는 목적이 상호 괴리 현상을 보인다는 주장[75] 역시 자연의 권리소송을 위한 논거가 될 수 없다. 자연의 권리소송의 부인은 원고적격 이전에 당사자능력 · 소송능력의 문제이며, 행정소송의 주 · 객관소송성과는 다른 차원의 문제이다. 즉, 행정소송제도가 객관소송의 구조를 가지더라도 곧 바로 자연의 권리소송이 인정될 수 있는 것은 아니다.

이렇게 자연의 권리소송론이 입법론으로도 아직 자리 잡지 못하고 있다면, 보다 현실성 있는 공익환경소송을 제도화할 수 있는 방안을 찾아야 할 것이다. 필자는 환경단체소송을 그 대안으로 보고 있다.

2. 공익환경소송으로서 환경단체소송

환경단체소송은 여러 의미로 이해될 수 있지만, 여기서 환경단체소송은 공익적(=이타적) 환경단체소송만을 의미한다.[76] 환경단체소송은 통상의 행정소송과는 여러 면에서 특질을 가지므로 그 입법형태는 행정소송법의 특별법 형태로 제정되어야 할 것이다. 환경단체소송의 입법모델로 꼽히고 있는 독일의 연방자연보호법(BNatSchG) 및 환경구제법(Umweltrechtsbehelfsgesetz)상의 환경단체소송,[77] 그리고 우리나라에서의 도입방안[78] 등에 대해서는 어느 정도 논의가 축적되어 있다. 따라서 여기서는 환경사법액세스권을 보장할 수 있는 입법론의 핵심내용인 환경단체소송 도입과 관련된 몇 가지 주요 논점을 검토하는데 그치고자 한다.

첫째, 환경단체소송은 공익소송으로서 제도화되어야 한다. 흔히들 집단소송과 단

---

74) 강재규, "생태주의 사회를 위한 현행 행정소송제도의 개편방안", 인제법학 창간호, 2010, 3쪽.

75) 위의 논문, 2, 15쪽. 아울러, 동 견해가 예로 들고 있는 도롱뇽소송(대법원 2006. 6. 2. 자 2004마1148 · 1149 결정, 명지대교건설공사착공금지등 가처분사건(부산고등법원 2006. 6. 19 자 2006라64 결정)은 모두 엄밀하게 볼 때 행정소송의 주관소송성과 객관소송성의 문제와는 무관한 것이다. 도롱뇽소송과 명지대교건설공사착공금지등 가처분사건은 민사소송이었기 때문에 행정소송의 객관성과는 처음부터 무관한 것이있다.

76) 환경단체소송의 종류로서 '이기적 단체소송', '이타적 단체소송', 그리고 '참여소송' 등에 대해서는 김현준, "독일 환경법상 단체소송의 새로운 전개", 환경법연구 29-2, 2007, 34-36쪽.

77) 김현준, 위의 논문, 56쪽.

78) 김철용, "행정소송에 있어서의 단체소송", 고시연구, 1991/12, 98쪽; 김현준, 앞의 논문, 150쪽.

체소송을 같은 개념으로 혼용하기도 하지만, ‘집단적 이익’과 ‘공익’은 엄밀하게 볼 때 구분되어야 하는 개념이다. 집단적 이익은 개개인의 사익들을 집합적 개념으로 합친 형태라고 할 수 있지만, 공익은 개인의 이익과는 직접적으로 관계없는 순수한 공익을 뜻한다. 가령, 행정청이 사업자에게 대규모 공장시설의 인 · 허가함으로써 인근주민이 공장시설에서 나오는 환경피해로 인하여 건강상 · 재산상 피해를 입게 되는 경우 인근주민들의 집단적 이익을 위해 행정청의 처분을 다투는 소송은 공익(순수한 환경보호)을 위한 소송이라기보다 집단적 이익에 관한 소송이라 할 수 있다. 이때 인근주민이 문제로 삼는 것은 엄밀하게 말하면 환경문제라기보다 환경문제와 관련된 개인의 재산상 피해, 건강상 피해, 인격적 피해의 문제인 것이다. 이러한 이유에서 ‘환경집단소송’과 ‘환경단체소송’은 구분할 필요가 있다. 물론 양자가 맞물리는 경우가 많겠지만, 환경단체소송의 기본관념은 공익으로서의 환경보호를 도모한다는 점에 있다. 따라서 환경단체소송의 입법론에서는 이러한 ‘공익’과 ‘집단적 이익’, 나아가 ‘사익’을 어떻게 구분하고, 서로 조화시킬 것인가를 검토할 필요가 있다.

둘째, 공익소송인 환경단체소송은 철저한 객관소송의 형태가 되어야 한다. 행정소송법의 개정논의와 관련하여 주관소송과 객관소송의 입법방향은 행정소송의 본질과 관련하여 별도의 심도 있는 논의가 요청되는 문제이지만, 행정소송법의 특별법 형식의 환경단체소송에 관한 법률은 이와 무관하게 객관소송이어야 할 것이다. 가령, 현행 행정소송법과 같은 (이설이 없지 않지만) 주관소송 중심의 행정소송제도 하에서도 환경단체소송은 ‘법률상 이익’과 같은 주관적 요소와는 무관하게 제도화될 수 있다. 이를 바탕으로 환경단체소송을 제기할 수 있는 단체의 승인문제나 환경단체소송의 적용영역의 문제가 정리되어야 한다.

셋째, 환경사법액세스권의 제고를 위한 가장 주된 입법론이 환경단체소송의 도입이라고 보더라도, 이때 권리(환경권)라는 주관적 요소와 환경보호라는 객관적 · 공익적 요소를 어떻게 조화시킬 것인가의 문제가 있다. 생각건대, 환경단체소송의 제도적 취지는 개인의 이익을 넘어 순수한 환경보호라는 공익에 있지만, 이를 통하여 결국 국민들의 건강하고 쾌적한 환경에서 생활할 권리는 보장되는 것으로 본다면 양자는 양립할 수 없는 것은 아니다. 또한 환경문제에 있어서 사법접근성에 관한 권리는 개인의 이익이 아닌 순수한 환경보호라는 공익을 위해서도 행사될 수 있음을 뜻한다고 보아야 한다.

V. 맺음말

이상에서 환경권, 환경행정소송 그리고 사법접근성을 핵심주제어로 하여 이들에 대한 각각의 쟁점 및 상호연관성을 검토함으로써 행정소송에 있어서 사법접근성의 제고방안을 해석론 및 입법론을 통하여 검토하였다. 사법접근성의 문제는 비단 환경행정소송에 국한되는 것이라기보다 행정소송 나아가 사법 전반에 걸친 것이지만, 환경행정소송에 있어서는 특히 중요한 의미가 있음을 확인할 수 있었다.

헌법 제35조1항의 환경권에는 실체적 환경권만이 아니라, 절차적 환경권도 포함되어야 한다. 실체법적 청구권으로서 환경권이 침해된 경우 이용할 수 있는 항고소송의 유형은 예방적 금지소송 · 의무이행소송을 포함하는 개괄적인 것으로 해석해야 한다.

환경행정소송에 있어서 사법접근성을 제고하는 해석론으로서는 처분성이 없는 행정작용에 대하여 환경보호라는 예방적 기능을 수행하기 위해 당사자소송을 활용할 수 있으며, 환경권의 규정을 규범내적 효력의 차원에서 주로 원용하여야 할 것이다. 사법접근성 문제에서 가장 큰 비중을 차지하는 원고적격 판단에 있어서는 법원의 적극적인 역할이 필요하다고 생각된다.

순수한 환경문제라는 공익을 추구하는 공익환경소송으로서 자연의 권리소송과 환경단체소송을 입법론상 생각할 수 있지만, 환경단체소송이 입법론상 검토할 만한 현실성 있는 방안이라 할 수 있다. 이때 공익소송과 집단소송의 구분, 철저한 객관소송의 구현, 환경권의 주관적 요소와 환경공익의 객관적 요소의 조화문제를 환경단체소송의 입법론과 함께 검토해야 할 것이다.

제 2 장

日本의 行政事件訴訟法 改正과 環境行政訴訟의 原告適格

Ⅰ. 머리말

환경행정소송이 행정소송법 발전의 첨병 역할을 할 것인가.

우리 행정판례의 발전과정에서 하나의 계기가 되고 있는 판례들 중에서 환경행정판례가 상대적으로 많다. 최근 행정소송법 개정작업에 대한 논쟁에서도, 환경행정소송과 밀접하게 관련된 내용이 적지 아니하다. 행정소송법 개정논의에서 원고적격의 문제는 큰 비중을 차지하는데, 환경행정소송에서의 원고적격은 이러한 논의를 주도하고 있다고 해도 과언이 아니다.

이웃 일본의 법제도에서도 비슷한 상황을 찾아볼 수 있다.

우리와 유사한 법제도와 문제의식을 가지고, 행정소송제도의 '改正'을 넘어 '改革'끼지 계획했던 일본에서도, 그 논의의 배경에는 환경행정소송이 중요하게 자리잡고 있었다. 결국 '改革'에까지는 이르지 못하고, '改正'의 모습으로 2004년 마무리된 일본 행정사건소송법, 그 중 원고적격에 대한 새로운 조항이 추가규정된 데에는 환경행정소송에서의 원고적격문제가 중요한 계기가 되었다.

우리의 행정소송법 개정작업이 여전히 진행 중인 만큼, 유사한 목적을 가진 작업의 최근 결과물인 일본 행정소송제도는 비교법적 검토가치가 크다. 이미 학문적 · 법제적 역량을 상당히 구축한 오늘날 우리나라의 입장에서도, 과거 일본법제가 우리 법제에서 차지했던 식의 독특한 역할을 기대하는 차원이라기보다, 선진법제들을 종합적으로 살펴본다는 점에서 이는 여전히 귀중한 학문적 연구대상이 된다. 특히 개정과정에서 축적된 여러 자료들 및 쟁점에 대한 고민의 흔적은 우리에게 시사하는 바가 적지 아니하다. 국내의 여러 학자들이 일본의 개정법에 관심을 두는 것도[1] 같은 맥락에서 이해된다.

이 글에서는 신설된 원고적격규정에 결정적으로 영향을 미친 3개의 일본 최고재판소판례[2]에 주목한다. 본 연구는 종국적으로 우리 행정소송법의 입법론과도 무관하지 않지만, 현행 행정소송법 제12조의 해석에서 매우 편협한 태도를 취하는 우리 (환경)행정판례를 돌아보는 데 참고하려는 취지도 있다.

환경행정소송의 문제영역은 매우 넓은데, 여기서 환경행정소송은 개발로 인한 환경침해에 대한 행정소송을 주로 염두에 두고 있음도 미리 전제한다.

Ⅱ. 일본 행정사건소송법 개정과 환경행정소송의 구조

1. 2004년 일본 행정소송법 개정

우리의 행정소송법에 해당하는 일본 행정사건소송법(이하 '행소법'이라 함[3])이 오랜 논의와 검토를 거쳐 2004. 6. 9. '행정사건소송법의 일부를 개정하는 법률'(법률 제84호)을 통하여 개정되었고, 2005. 4. 1.부터 시행되었다. 이 글은 그 개정사항 중에서도 환경행정소송의 원고적격에 대한 검토를 목적으로 하지만, 전체 행정소송체계 가운데에서 원고적격부분을 이해하기 위하여, 개정의 기본 내용을 간략하게나마 살펴보도록 한다.[4]

---

1) 김남진, "日本의 行政事件訴訟法改正과 韓國의 行政訴訟法改正案", 고시연구 2005/2, 14쪽 이하; 同人, "取消訴訟과 法律上 利益", 고시연구 2005/7, 14쪽 이하; 김광수, "일본 개정 행정소송법", 행정법연구, 2006, 67쪽 이하; 함인선, "행정소송법 개정에 있어서의 원고적격의 확대문제", 공법연구 33-5, 509쪽 이하. 그 밖에 개정법에 반영되지 않았지만, 매우 혁신적인 案으로 참고할 만한 일본변호사연합회의 개정안에 대한 연구로서는 서원우, "일본변호사연합회의 행정소송법개정안", 법제, 2003, 78頁 이하. 이러한 혁신적인 안에 대한 상세는 日本弁護士連合会(編), 使える行政訴訟へ-是正訴訟の提案, 日本評論社 2003 참조.

2) 후술하는 판례 1 · 2 · 3.

3) 이 글에서 특별한 명칭 없이 '법'이라고 할 때에도, 이는 일본 행정사건소송법을 가리키는 말이다.

4) 2004년 일본 행정사건소송법의 내용은 김광수, 앞의 논문, 80쪽 이하에서 전문 번역되어 있다.

(1) 개정내용

행정소송검토회는 이번 개정을 다음 4가지로 요약하고 있다.[5)]

① 구제범위의 확대

• 취소소송의 원고적격의 확대 : 원고적격의 판단에 있어서 법률의 취지 · 목적이나 처분에서의 고려되어야 하는 이익의 내용 · 성질 등을 고려해야 한다는 취지를 규정

• 의무이행소송 신설 : 일정한 요건 하에 행정청이 처분을 해야 하는 의무를 부여하는 소송유형으로서 의무이행소송을 법정

• 예방적금지소송[6)] 신설 : 일정한 요건 하에 행정청이 처분을 하는 것을 사전에 금지하는 소송유형으로서 예방적금지소송을 법정.

• 확인소송을 당사자소송의 한 유형으로 명시 : 확인소송을 당사자소송 중 공법상 법률관계에 관한 소송의 한 유형으로 명시.

② 심리의 충실 · 촉진

• 법원이 석명처분으로서 행정청에 대하여 재결기록이나 처분이유를 명확하게 하는 자료의 제출을 요구할 수 있는 제도 신설.

③ 보다 이용하기 쉽고, 이해하기 쉬운 행정소송체계의 구축.

• 항고소송 피고적격의 간명화 : 소송절차를 간명하게 하기 위해, 피고를 '행정청'에서 '처분을 행한 행정청이 소속하는 국가 또는 공공단체'로 변경.

• 항고소송의 관할법원 확대 : 국가를 피고로 하는 항고소송은 원고의 주소지를 관할하는 고등법원소재지의 지방법원에서도 소를 제기할 수 있게 함.

• 제소기간 연장 : 처분이 있었음을 안 날로부터 '3개월'을 '6개월'로 취소소송의 제기기간을 연장.

• 제소기간 등에 대한 정보제공제도의 신설 : 처분시 그 상대방에 대하여 취소소송의 피고, 제소기간, 불복신청전치 등에 관한 정보제공을 하게 하는 教示制度를 신설.

5) 이는 행정소송법의 개선방안(行政訴訟制度の見直しのための考え方)이라는 이름으로 2004年1月6日 발표된 司法制度改革推進本部 행정소송검토회의 결과이다. 이 내용을 포함한 행정소송검토회의 각종 회의자료는 일본 수상 관저(kantei) 홈페이지에서 자세한 내용을 아직도 찾아볼 수 있다(http://www.kantei.go.jp/jp/singi/sihou/kentoukai/gyouseisosyou/041029matome.html 2007. 4. 26. 검색). 우리나라에서도 대법원산하에서 만들어진 행정소송법개정위원회의 오랜 작업결과가 공청회를 거쳐 국회에 법안으로 제출된 바 있다. 현재 법무부주도로 새로운 행정소송법개정위원회가 이루어져 개정작업을 하고 있지만, 그 구체적인 회의진행내용은 관계사 외에는 알 수 없는 것이 우리의 현실이다.

6) 여기서 예방적금지소송이란 差止訴訟을 번역한 것이다. 이를 禁止訴訟(김광수, 앞의 논문, 70쪽), 예방적부작위(청구)소송, 中止訴訟(최환용 역, 공법연구 32-2, 2003, 200쪽) 등으로 번역되기도 한다. 여기서는 2006. 9월 국회에 제출된 대법원의 행정소송법 개정법률안(제4조4호, 제55조)을 존중하여 豫防的禁止訴訟이라고 한다.

④ 가구제도의 정비

• 집행정지 요건의 완화 : 집행정지요건으로 손해의 성질 외에, 손해의 정도나 처분의 내용 · 성질이 적절하게 고려되도록 '회복이 곤란한 손해'의 요건을 '중대한 손해'로 변경.

• 가의무이행, 假禁止의 신설 : 일정한 요건 하에 법원이 행정청에 대하여 임시로 처분을 하도록 하게 하는 가의무이행과 처분을 할 것을 임시로 금지하는 가금지에 대한 제도를 신설.

이번 행소법 개정에 참여했던 小早川 교수는 개정내용을 다음과 같이 요약하고 있다.[7)]

① 행정소송의 주관성 · 객관성의 문제 –〉 ?[8)]

② 항고소송의 원고적격 · 소송형태 · 소송대상의 문제

• 원고적격의 관한 규정의 개정 : 9조

• 의무이행소송 · 예방적금지소송에 관한 규정의 신설 : 3조, 37조의2 내지 37조의4

• 당사자소송에 관한 규정의 개정 : 4조

③ 항고소송의 피고에 관한 문제 : 규정 개정(11조[+23조, 33조])

④ 항고소송의 재판관할의 문제 : 규정 개정(12조)

⑤ 취소소송등의 제소기간에 관한 문제 : 규정 개정(14조, 40조)

⑥ 취소소송등의 제기에 관한 정보제공(교시)의 문제 : 규정 신설(46조)

⑦ 취소소송등의 심리에 관한 문제 : 석명처분의 특칙에 관한 규정의 신설(23조의 2[+38조], 41조, 45조)

⑧ 가구제 및 내각총리대신의 이의에 관한 문제

• 집행정지에 관한 규정의 개정 : 25조(=26조)

• 가의무이행 및 假禁止에 관한 규정의 신설 : 37조의5

마찬가지로 개정에 참여했던 芝池義一교수는 개정작업의 성과와 결과로서, ① 의무이행소송 및 예방적금지소송의 법정, ② 항고소송개념의 유지, ③ 취소소송 기본틀의 유지, ④ 확인의 소의 명시, ⑤ 취소소송 원고적격의 판단에서 '고려사항'의 규정,

7) 小早川光郎, "環境訴訟と行政訴訟改革", 日本環境法政策会誌 第8号(環境訴訟の新展開), 2005, 1頁.

8) 小早川 교수가 이 부분에 대하여 '?'로 표시한 것은 이 부분에 대하여 충분한 논의가 진행되지 못했고, 여전히 논의의 여지가 있다는 뜻으로 보인다. 어쨌든 일본 개정법에서 나타난 결과는 종래의 주관소송의 입장을 견지하게 되었다고 생각된다. 이와 관련하여 개혁이 필요하다는 주장으로는 阿部泰隆, "法治國家의 充實을 위한 法改革", 行政訴訟改革 –일본에서의 阿部泰隆의 제안–, 공법연구 32–2, 2003, 165쪽 이하. 일본에서의 객관소송에 대한 연구로서는 山岸敬子, 客觀訴訟の法理, 2004 참조.

⑥ 항고소송 피고의 변경, ⑦ 법원의 지역관할 변경, ⑧ 제소기간 연장, ⑨ 자료제출제도 신설, ⑩ 집행정지요건 완화, ⑪ 의무이행소송 및 예방적금지소송의 법정에 따른 가구제제도의 정비, ⑫ 제소기간 등에 대한 정보제공(교시제도) 등을 들고 있다.[9)]

(2) 원고적격에 관한 개정 – 고려사항의 규정

원고적격에 대해서는 일본의 입법자가 취한 입장은 종래의 행소법 제9조1항의 '법률상 이익'이라는 문언을 그대로 유지한 채, 동법 제9조2항의 '고려사항'의 규정을 신설한 것이다. 논의과정에서 '법률상 이익'이라는 문언 대신에, '현실의 이익이 침해되거나, 침해될 우려가 있는 자', '법적 이익을 가지는 자', '이해관계를 가지는 자' 등의 의견이 제시되기도 했지만,[10)] 결국 '법률상 이익을 가지는 자'라는 문언을 대체하지는 못했다. '법률상 이익'이라는 용어를 존치한 이유에 대해서는, 논의과정에서 '법률상 이익'보다 더 좋은 표현으로 대치할 만한 안이 나오지 않았고, 법률상 이익이라는 용어는 그 자체 '법률상 보호받을 가치 있는 이익'으로도 읽을 수 있는 만큼 용어 그 자체는 무내용인데, 틀린 것을 말하고 있지는 않다는 점을 이야기하고 있다.[11)]

즉, 새로운 원고적격규정은 종래의 원고적격규정에다가, 처분이나 재결의 상대방 이외의 자의 원고적격에 대해서 동조 2항을 두어 해석의 지침을 제시하는 형태가 된 것이다.[12)]

신설된 규정의 행소법 제9조2항에서는 "법원은 처분 또는 재결의 상대방 이외의 자에 대하여 전항에 규정하는 법률상 이익의 유무를 판단함에 있어서는, 당해 처분 또는 재결의 근거가 되는 법령 규정의 문언만에 의하는 것이 아니라, 당해 법령의 취지 및 목적 그리고 당해 처분에 있어서 고려되어야 하는 이익의 내용 및 성질을 考慮하도록 한다. 이 경우에 당해 법령의 취지 및 목적을 고려함에 있어서, 당해 법령과 목적을 같이 하는 관계법령이 있는 때에는 그 취지 및 목적 또한 參照하도록 하고, 당해 이익의 내용 및 성질을 고려함에 있어서는, 당해 처분 또는 재결이 그 근거가 되는 법령에 위반되게 행해진 경우에 침해되는 이익의 내용 및 성질 그리고 이것이 침해되는 태양 및

9) 그 상세한 내용은 芝池義一, 園部/芝池(編), 改正行政事件訴訟法の理論と実務, 2006, 10-21頁.

10) 小早川光郎(編), ジュリスト増刊 改正行政事件訴訟法研究, 2005, 62頁에서 村田斉志 판사(前 일본사법제도개혁추진본부 사무국기획관)의 제9조의 개정에 대한 趣旨說明 참조.

11) 小早川光郎, 교수가 '행정소송개혁'이라는 제목으로 행한 강연회장에서 청중의 질문에 대한 답변으로 행한 발언(김남진, "取消訴訟과 法律上 利益", 고시연구 2005/7, 20쪽에서 재인용).

12) 제2항의 해석지침은 기본적으로 사법제도개혁추진본부의 행정소송검토회에서 만든 '행정소송제도의 개선을 위한 방안'에 그 근거를 두고 있다.

정도도 勘案하도록 한다."라는 내용을 두고 있다.

법률상 이익이 있는 자가 원고적격이 있다는 종래의 입장을 그대로 유지하면서, 이 법률상 이익에 대하여 해석함에 있어서 몇 가지 요소를 반드시 고려해야 한다는 것인데, 그 고려요소들을 항목별로 정리하면 다음과 같다.

① 제1고려요소 : 처분의 근거가 되는 법령의 취지 및 목적

② 제2고려요소 : 처분에 있어서 고려되어야 하는 이익의 내용 및 성질

③ 제3고려요소 : 처분의 근거가 되는 법령과 목적을 공통으로 하는 관계법령의 취지 및 목적

④ 제4고려요소 : 처분이 위법하게 된 경우에 침해될 우려가 있는 이익의 내용 · 성질 및 이것이 침해되는 태양 · 정도

이 글에서는 이와 같은 법 제9조2항의 내용들을 제1 · 2 · 3 · 4고려사항(고려요소)으로 명명한다.

2. 환경행정소송의 구조

환경행정소송, 특히 개발로 인한 환경행정소송의 구조는 다음 2가지로 나눌 수 있다.

먼저, 2면관계의 구조이다. 이는 개발사업자가 행정주체인 경우로서, 행정청-사인이라는 양면관계의 구조를 가지고 있다. 즉 행정청이 스스로 개발사업자가 되는 경우이다. 주로 공공개발에 있어서 이러한 모습을 볼 수 있다. 즉 행정주체가 개발사업을 하는 경우이며, 여기서는 행정청과 사인이라는 양 당사자 외에 제3자의 이해관계는 크게 문제가 되지 아니한다. 또한 원고적격과 같은 소송요건문제보다는 본안문제만이 쟁점이 된다.

다음으로, 사업자[13]가 행정청으로부터 개발사업에 대한 인 · 허가 등의 행정처분을 받게 되고, 이러한 양당사자와 무관한 제3자, 가령 인근주민이 환경침해를 주장하게 되는 3면관계의 구조이다. 따라서 이때에는 사업자-행정청-환경피해를 받는 인근주민이라는 3면관계의 구조가 나타난다. 이러한 개발로 인한 환경분쟁의 예로는 개발행위허가, 공유수면매립면허, 폐기물처리시설면허, 주택사업승인 등을 들 수 있다. 오늘

13) 越智敏裕, "行政事件訴訟法の改正と環境訴訟の展望", 上智法学論集, 第48巻 3 · 4号, 2005, 16頁에서는 이러한 3면관계가 나타나는 것은 민간사업자에 의한 민간개발의 경우라고 하나, 우리나라의 경우를 생각하면 민간사업자가 아닌 공공단체가 3면관계에서의 사업자가 되는 경우도 생각할 수 있다.

날 많은 환경분쟁이 이러한 3면관계의 구조를 가지고 있다. 환경행정소송에서 원고적격이 문제되는 것도 주로 이 경우이다.

Ⅲ. 원고적격규정 개정에 영향을 미친 주요 환경행정판례

1. 환경행정소송에서 원고적격의 문제상황

종래 개발허가 등의 행정처분에 대한 취소소송의 원고적격에 대해서는 일본 행정사건소송법 제9조의 '법률상 이익'에 대한 해석으로서, '법률상 보호된 이익설'과 '보호가치있는 이익설'의 대립이 있었다. 이는 독일의 '보호규범설'의 일본식 이론이라고 할 수 있으며, 우리나라 행정소송법이론에도 많은 영향을 미친 것이기도 하다.

그러나 종래 일본 법원은 법률상 보호된 이익설, 즉 이른바 제정법준거주의에 기하여 공익에 흡수될 수 없는 생명 · 신체에 대한 구체적인 위험이나 일조권 등의 사법상 확립된 구체적 권리의 침해가 없는 한 원고적격을 인정하지 않는 경향이 있었다.[14] 가령, 개발허가나 임지개발허가 등에 대해서는 환경권이나 자연향유권 등의 침해가 문제되지만, 법원은 권리의 구체적 내용이나 향수할 수 있는 인적 범위가 명확하지 않다는 등의 이유로 인정하지 않았다. 즉, 환경보전을 주된 목적으로 소송을 제기한 경우에도 원고가 災害의 우려 등 생명 · 신체에 대한 구체적 위험을 주장하지 않으면 원고적격이 인정되기 어려웠다. 특히 문제가 된 것은 인근주민의 경우인데, 법률상 보호이익설에 의해 처분의 근거법규가 공익만이 아니라, 사익도 보호하는 것으로 해석되어야 한다는 요건으로 인하여 인근주민의 원고적격이 인정되는 것이 쉽지 않았다.

이러한 문제 상황에서 일본 행정소송검토회에서는 원고적격의 범위를 실질적으로 확대해야 한다는 점에 대해서는 일찍이 합의가 이루어졌다. 문제는 확대의 정도와 방법이었다.[15] 확대의 정도에 대해서는 명확하게 규정하지 않고, 향후 운영에 맡겨두는 형식이 되었고, 확대방법은 앞서 본 '고려사항'이라는 입법형식이 취해진 것이다.[16]

14) 越智敏裕, 앞의 논문, 17쪽. 물론 일본에서도 원고적격의 인정범위를 인정함에 있어서 개별적 · 구체적인 경우에서 유형적인 차이는 있었다. 예컨대 일조피해를 일으키는 건축물의 건축확인이나 수질오염 등을 발생시키는 산업폐기물최종처분장의 설치허가에 대해서는 일조권이나 인격권(깨끗한 물을 향수할 권리)의 침해를 이유로 비교적 용이하게 원고적격이 인성되었다. 사실 이러한 사안에서 행정법령위반이 없더라도 私法上 수인한도를 넘는 피해가 발생하는 경우 민사상 불법행위소송으로 다툴 수 있는 여지도 있었다. (위의 논문, 17쪽 이하)

15) 大久保規子, "行政訴訟の原告適格の範囲", ジュリスト 1263, 47頁 이하.

16) 越智敏裕, 앞의 논문, 19쪽.

고려사항의 입법이라는 행소법 개정에 있어서 일본 최고재판소의 일부 선진적인 판결이 큰 역할을 하였다. 즉, 새로운 원고적격규정 중 제2고려요소는 伊達(Date)火力發電所사건, 新潟(Niigata)空港事件, 몬쥬사건에 대한 최고재판소의 판례, 제3고려요소는 新潟(Niigata)空港事件 최고재판소판례, 제4고려요소는 몬쥬사건 최고재판소판례의 영향을 받은 것이다.[17] 따라서 이러한 3개의 최고재판소판례는 자세히 살펴볼 필요가 있어, 이하에서는 각각 판례 1, 판례2, 판례3으로 이름붙여 검토한다.

2. 判例1: 伊達(Date)火力發電所事件[18]

(1) 사실개요 및 판지

〈사실개요〉

北海道電力株式會社 Z(참가인)는 伊達火力發電所 신설공사의 일환으로 행하는 取水口外郭施設建設工事를 위해 공유수면을 매립할 필요가 생겨, 이 사건 공유수면을 포함하는 수면에 어업권을 가지는 A漁業協同組合(이하 'A'라 함)에게, 이 사건 공유수면을 A의 어업권 대상인 어장구획에서 제외할 것을 요청하였다. 요청을 받은 A는 총회에서 수산업협동조합법 제48조1항 및 제50조의 규정에 의한 특별결의로써, 이 사건 공유수면을 상기 어업권 대상인 어장 구획에서 제외하는 취지의 어업권변경을 의결하고, 지사 Y(피고, 피항소인, 피상고인)에게 어업권 변경면허를 신청함과 동시에, Z에 대하여 이 사건 공유수면매립에 관하여 동의하였다. Z는 Y에게 공유수면매립면허를 신청하고, Y는 昭和 48년6월25일 구 공유수면매립법 2조의 규정에 기하여 공유수면매립면허처분을 하였다. 또한 Y는 같은 날 A에 대하여 어업권변경면허처분을 하였다.

이에 대하여 A와 이 사건 공유수면에 근접하는 수면에 어업권을 가지는 B 어업협동조합(이하 'B'라 함)의 각각의 정조합원으로서 각 어협이 정하는 어업권행사규칙에 따라 어업할 권리를 가지는 X1, X2(원고 · 항소인 · 상고인. 이하 'X등'이라고 함)가 상기 매립면허처분의 취소를 구하는 소를 제기하였다. Y는 昭和 50년 12월 18일 Z에 대하여 공유수면매립공사준공인가처분을 하였으므로, X등은 이 처분의 취소를 구하였다. 매립면허처분의 위법사유로서 ① A어협총회의 어업권변경의 특별결의는 무효이므로 동어협의 매립에 대한 동의도 무효인 점, ② 이해관계인인 어협에 고지청문의 기회를 주

17) 행정소송검토회 25회(2003. 11. 7) 검토참고자료 '취소소송의 원고적격의 확대' 참조.

18) 이 판결에 대한 상세는 岡村周一, 伊達火力事件, 別冊ジュリスト環境法判例百選, 2004, 184頁 이하 참조.

지 않았던 점, ③ 충분한 사전조사가 행해지지 않은 점, ④ 환경권의 침해, ⑤ 공익성의 원칙에 반하는 점 등이 주장되었다. 또한 준공인가처분의 위법사유로서, ① 전제처분인 매립면허처분이 위법인 점, ② 준공인가처분이 행해졌던 당시 매립공사는 아직 준공되지 않았던 점이 주장되었다.

제1심에서, X등은 매립면허처분의 취소를 구할 원고적격을 가진다고 했지만, 매립면허처분에 위법은 없다고 하여 취소청구를 기각하였다. 다른 한편, 준공인가처분의 취소를 구하는 소에 대해서는 X등은 매립면허처분을 취소하는 것만으로 그 목적을 충분히 달성할 수 있고, 이에 함께 준공인가처분의 취소를 구할 필요는 없으며, 후자의 취소를 얻은 것만으로는 그 목적을 달성할 수 없다. 이러한 이유로 X등은 소의 이익을 가지지 않는다고 하여 소를 각하하였다.

제2심에서는 X등은 매립면허처분 및 준공인가처분의 어떠한 처분에 대한 취소를 구하는 소에 대하여도 원고적격이 없다고 하여, 매립면허처분취소를 구하는 소에 대한 원고적격을 긍정한 제1심판결의 당해 부분을 취소하고, 소를 却下하였다. 준공인가처분의 취소를 구하는 소에 대해서는 이것을 각하한 제1심판결의 판단은 정당하다고 하여, 이에 대한 항소를 기각하였다.

X등은 上告했다.

〈判 旨〉

上告棄却

(i) 처분의 법적 효과로서 자기의 권리이익이 침해되거나, 필연적으로 침해될 우려가 있는 자만이 행정처분취소소송의 원고적격을 가진다고 해야 하지만, 처분이 법률상 영향을 주는 권리이익은 처분이 그 본래적 효과로서 제한을 가하는 권리이익에 한하지 않고, 행정법규가 개인의 권리이익을 보호하려는 것을 목적으로 행정권행사를 제약하고 있어 보장되고 있는 권리이익도 여기에 해당하며, 上記의 제약에 위반하여 처분이 행하여져 행정법규에 의해 권리이익의 보호를 무시당한 자도 당해 처분의 취소를 구할 수 있다고 해석해야 한다. 또한 앞서 언급한 행정법규에 의한 행정권행사의 제약이란 명문규정에 의한 제약에 한하는 것이 아니라, 직접 명문규정이 없더라도 법률의 합리적인 해석으로 당연히 도출되는 제약을 포함한다.

(ii) X등은 이 사건 공유수면에 관한 권리이익을 가지는 자라고 할 수 없다.

(iii) X등은 이 사건 공유수면 인근의 水面에서는 어업할 권리를 가지는 데 불과한

자인데, 이 사건 매립면허 및 준공인가가 그 권리에 대하여 직접 법률상의 영향을 주는 것이 아님은 명백하다. 그리고 구 매립법에는 당해 공유수면의 주변의 수면에 있어서 어업을 하는 자의 권리를 보호하는 것을 목적으로 매립면허권 또는 준공인가권의 행사에 제약을 과하고 있는 명문의 규정은 없고, 또한 동법의 해석으로부터 관련된 제약을 도출하는 것도 곤란하다.

(iv) 이상으로부터 X등은 이 사건 매립면허 또는 준공인가의 법적 효과로서 자기의 권리이익을 침해받거나 필연적으로 침해될 우려가 있는 자라고 할 수 없고, 그 취소를 구할 원고적격을 가지지 아니한다고 해야 한다.

(2) 검 토

이 사건의 제1심판결이 '보호할 가치 있는 이익설'을 취하여 X등의 원고적격을 인정하였지만, 최고재판소판결인 본 판결은 오히려 종래의 쥬스表示事件判決 등이 취하고 있는 최고재판소의 '법률이 보호하는 이익설'을 답습하여, 제3자의 원고적격을 부인한 판례이다.

이 판결이 가지는 의미는 위의 判旨 (i), 즉 어떤 권리이익을 보호하는 것을 행정법규가 목적으로 하고 있는지 여부를 판정하는 방법을 제시하고 있다는 점이다.[19] 다시 말하면 신설된 원고적격규정(법 제9조2항)에서의 제2의 고려요소인 '처분에 있어서 고려되어야 하는 이익의 내용 및 성질'이 여기서 등장한다.

이 판결은 이와 같이 新法의 제2고려요소가 입법되기 전에, 이미 이를 천명하고 있지만, 이는 일반론에 불과하며, 이 일반론을 적용시키는 구체적 판단에서는 한계를 가지는 판결이라고 할 수 있다. 즉, 이 사건 공유수면에 대해서는 引水, 排水의 권리가 없어, 주변 水面에 대해서는 어업을 할 권리 가지는데 불과한 자라는 점을 들어, 이 사건 매립면허 및 이 사건 준공인가가 원고의 권리에 대하여 직접 법률상 영향을 주는 것은 아니라고 판단했다. 결국 원고적격을 부인하였으므로, 일반론으로 제시한 이론이 실질적으로는 무의미하게 된 것이다. 이후 하급심에서 이 판결에서 제시한 일반론을 따르지 않는 이유도 이러한 한계에 기인한다고 보고 있다.[20]

어쨌든 일반론으로나마 원고적격에 대한 선진적인 입장을 살펴볼 수 있다는 점에서 의의를 찾을 수 있으며, 이는 다음에서 보는 新潟空港事件에서 보다 두드러지게 나

19) 岡村周一, 앞의 논문, 185쪽.
20) 小早川光郎(編), ジュリスト増刊 改正行政事件訴訟法研究, 2005, 65頁의 斎藤浩 변호사의 발언내용 참조.

타난다.

2. 判例2: 新潟(Niigata)空港事件[21)]

(1) 사실개요 및 판지

〈사실개요〉

Y(運輸大臣, 피고 · 피항소인 · 피상고인)는 1979년 12월 日本航空株式會社에 대하여 新潟-小松-서울간의 정기항공운송사업면허를, 또한 全日本空輸株式會社에 대하여 新潟-仙台간의 정기항공운송사업면허를 부여하였다. 이에 대하여 新潟空港주변에 거주하는 주민 X(원고, 항소인, 상고인)는 항공법 제101조1항에 위반하는 당시 면허에 따라 發着하는 항공기 소음으로 건강 및 생활이익이 침해되고 있음을 이유로 면허에 대한 취소를 구하였다.

하급심판결들은 모두 원고적격이 없다고 하여 訴를 却下하였다. 제1심판결은 항공법 제101조1항의 면허기준에서 볼 때, 본 조문은 '항공기의 航行安全을 도모하고, 항공기를 운항하여 운영하는 사업의 질서를 확립하기 위한' 것으로, 항공운송사업에 제공되는 공항의 주변에 사는 주민의 개인적 이익을 보호하는 취지는 아니라고 하였다. 항소심판결도 1심판결의 판단을 유지했다.

〈判 旨〉

上告棄却.

(i) 행소법 제9조의 당해 처분의 취소를 구함에 있어 '법률상 이익을 가지는 자'라 함은 당해 처분에 의해 자기의 권리 혹은 법률상 보호된 이익을 침해당하거나 필연적으로 침해될 우려가 있는 자를 말하지만, 당해 처분을 규정한 행정법규가 불특정다수인의 구체적 이익을 전적으로 일반적 공익 중에 흡수 · 해소시키는데 그치지 않고, 그것이 귀속하는 개개인의 개별이익으로서도 이것을 보호해야 한다는 취지를 포함한다고 해석되는 경우, 관련이익도 이 법률상 보호된 이익에 해당한다.

(ii) 그 판단은 '당해 행정법규 및 그것과 목적을 공통으로 하는 관련법규의 관계규정에 의해 형성된 법체계 중에 당해 처분의 근거규정이 당해 처분을 통하여 그와 같은 개개인의 개별적 이익도 보호해야 하는 것으로 볼 수 있는지 여부에 의한다.

---

21) 이 판결의 상세한 내용 및 평석에 대해서는 北村喜宣, "新潟空港航空運送事業免許取消判決", 別册ジュリスト環境法判例百選, 102頁 이하.

(iii) '항공소음장해 방지의 관점에서 정기항공운송사업 규제에 관한 법체계를 보면, 항공법은 ......(생략)......목적을 달성하는 하나의 방법으로서 미리 정기항공운송사업 면허의 심사단계에서 당해 노선의 사용비행장, 운용항공기의 형식, 운행회수 및 발착일시 등 신청에 관련되는 사업계획의 내용이 항공기소음에 의한 장해의 방지의 관점에서도 적절한 것인지 여부를 심사해야 하는 것으로 되어있다.'

(iv) '비행장주변에 거주하는 자는 어느 정도의 항공기소음에 대해서는 불가피한 것으로 이를 감수해야 한다고 하지 않을 수 없으며, 그 소음에 의한 장해가 현저한 정도에 달한 때에 처음으로, 그 방지 · 경감을 구하기 위한 법적 수단으로 提訴할 수 있는 이익침해가 생겼다'고 말할 수 있다.

(v) 면허심사에 있어서 '소음장해의 유무 및 정도를 고려에 넣은 후에 판단하게 하는 것은 단순히 비행장주변의 환경상 이익을 일반적 공익으로 보호하려는 데 그치지 않고, 비행장주변에 거주하는 자가 항공기소음으로 현저한 장해를 받지 않는다는 이익을 이들 개개인의 개별적 이익으로도 보호해야 한다는 취지를 포함한다.'

(vi) '새롭게 부여된 정기항공운송사업면허에 관련된 노선의 사용비행장 주변에 거주하고 있어, 당해 면허에 관련된 사업이 행해지는 결과, 당해 비행장을 사용하는 각종 항공기 소음의 정도, 당해 비행장의 1일 이착륙 횟수, 이착륙 시간대 등에서 당해 면허에 관련된 노선을 항행하는 항공기의 소음으로 사회통념상 현저한 장해를 받게 되는 자는 당해 면허의 취소를 구할 원고적격을 가진다.

(2) 검 토

이 判決에서도 일본 최고재판소는 원고적격의 판단을 위한 '법률상 이익'의 해석으로서 '법률이 보호하는 이익설'을 취하고 있음은 위의 판지 (i)을 볼 때 명백하다. 처분의 근거법규를 명시적으로 언급하고 있는 점 외에도, 종전의 '법률이 보호하는 이익설'을 취하고 있는 전형적인 판례인 쥬스표시소송최고재판결 및 長沼나이키基地소송최고재판결[22]을 동 판결이 인용하고 있는 점을 볼 때도 명백하다.[23] 근거법규에 의한다고 하더라도 구체적으로 어느 범위에서 생각할 것인가에 대해서는 ① 개별 조문, ② 당해 조문을 기본으로 하면서도 그것을 포함하는 개별법 전체, ③ 당해 조문을 기본으로 하면서도 그 이외의 관련법규에까지 확대 등의 방법이 있다. 아울러, 각각 취지 · 목적의

22) 最高裁 1982. 9. 9, 判例時報 1054, 16頁; 함인선, 앞의 논문, 527쪽 이하 참조.
23) 北村喜宣, 앞의 논문, 102쪽.

해석에 따라, 원고적격의 범위도 바뀌게 된다. 이 사건 하급심은 ①의 입장에서 항공법 제101조1항만을 판단대상으로 하고, 그것이 묵시적으로도 개인적 이익의 보호를 포함하지 않는다고 해석하여 원고적격을 부정하였다. 말하자면 원고적격을 가장 좁게 보는 조합이었다. 이에 비하여, 이 사건 판결의 意義는 判旨 (ii)의 일반론에서 보는 바와 같이, '근거법규'를 기본으로 하면서도 종래 하급심이 취한 좁은 해석을 배척한 점에 있다. 그리고 동시에 ③의 입장을 취하는 방향으로 최고재판소의 입장을 완화 · 수정하고 있다. 본 판결은 처분의 근거조문만이 아니라, 항공법의 취지 · 목적이나, 항공기소음장해방지법에까지 언급하면서, 그것도 '법체계'에 포함하여 생각하고 있다. '법률이 보호하는'에서의 '법률'이 근거조문을 뜻함이 분명하지만, 그 보호법익의 내실을 확정함에 있어서, 그 외의 법률을 포함한 법체계까지도 생각해야 한다는 것이다.[24]

이 판결에서는 새로운 원고적격판단기준(신설된 법규정의 이른바 제2 · 3고려요소)을 제시한 점에서 큰 의미가 인정된다고 할 것이다.[25] 新潟空港최고재판소판결의 이러한 입장은 다음에서 보는 '몬쥬'소송 최고재판소판결에서도 좀 더 발전된 형태로 살펴볼 수 있다.

3. 判例3: 몬쥬事件[26]

(1) 사실개요 및 判旨

〈사실개요〉

動力爐 · 핵연료개발사업단은 福井県郭賀市에 高速增殖爐 '몬쥬'(もんじゅ)[27]를 건설, 운전할 것을 계획하고, Y(내각총리대신-피고, 피항고인, 피상고인, 상고인)로부터, '핵원료물질, 핵연료물질 및 원자로의 규제에 관한 법률'(이하 '규제법'이라 함) 제23조1항4호에 기하여 설치허가처분을 받았다. 이에 대하여 原告인 인근주민 X등 40명은 Y를

---

24) 위의 논문, 103쪽.

25) 그러나 후술하는 법 제10조1항의 벽으로 인하여 원고적격의 확대가 실질적으로 의미가 없게 되었다는 지적을 하기도 한다. 이와 관련해서는 小早川光郎(編), ジュリスト増刊 改正行政事件訴訟法研究, 2005, 65-66頁, 74-75頁 참조 (斎藤浩, 中川丈久, 亘理格 등의 발언내용).

26) 이 판결의 내용 및 평석에 대해서는 藤原静雄, "もんじゅ事件上告審判決", 別冊ジュリスト環境法判例百選, 200頁 이하; 大西有二, "原子炉設置許可と第3者の原告適格", 別冊ジュリスト行政判例百選Ⅱ, 356頁 이하; 특히 이 사건에 대한 구체적 진행과정 등 상세한 내용에 대해서는 海渡雄一, "もんじゅ事件", 日本弁護士連合会行政訴訟センター(編), 重要行政関係事件実務研究, 2006, 263-347頁.

27) 몬쥬(もんじゅ)라는 명칭은 불교의 文殊菩薩(문수보살)의 '文殊'에서 유래하는 것인데, 이와 같이 원자로의 명칭을 붙인 점에 대해서는 불교계의 비판이 많다고 한다. 이러한 몬쥬의 명칭관련사항 및 기타 몬쥬사건에 관한 일반적인 정보는 日本版 wikipedia백과사전(http://ja.wikipedia.org/)에서도 찾아볼 수 있다.

피고로 하여 허가처분의 행정소송으로서의 무효확인소송을(제소기간을 도과하였으므로), 사업단을 피고로 원자로의 건설 · 운전의 민사소송으로서의 예방적금지소송(差止訴訟)을 병합제기하였다.

제1심은 항고소송을 분리한 뒤, 민사소송이 X의 권리구제에 보다 유효하고 적절한 수단이라는 이유로, 원고 전원에 대하여 소를 부적법하다고 하였다. 原審은 민사소송과 항고소송의 관계에 대하여 이 사건 무효확인소송은 보충성요건을 충족한다고 판시하고, 인근주민이 민사소송과는 별도로 무효확인소송을 제기할 수 있다고 인정한 다음, X등 가운데 원자로에서 반경 20km 범위 내에 거주하는 자에 한하여 원고적격을 긍정하였다.

이에 대하여, 원심 판단에 불복하는 X등(이 사건 원자로에서 반경 20km 범위밖에 거주하는 자－원고, 항소인, 상고인 · 피상고인)과 Y 쌍방이 上告한 바, 최고재판소는 X등의 上告에 대해서는 원판결을 파기, 제1심판결을 취소하고, 이 사건을 제1심으로 돌려보내고, Y의 上告에 대해서는 기각하였다. 또한 파기환송후의 본안판결의 청구는 棄却되었지만(같은 날 내려진 민사예방적금지소송도 기각), 항소심은 이 사건 원자로설치허가처분을 無效라고 하였다.

〈判 旨〉

(i) 규제법 제24조1항 '3호(기술적 능력에 관련된 부분에 한한다) 및 4호가 만들어진 취지, 각 호의 규정이 고려하고 있는 피해의 성질 등에 비추어보면, 각 호의 규정이 단순히 공중의 생명, 신체의 안전, 환경상의 이익을 일반적 공익으로서 보호하려는데 그치지 않고, 원자로시설 주변에 거주하고, 이러한 사고 등이 초래하는 재해에 의해 직접적이고 중대한 피해를 받을 것이 상정되는 범위의 주민의 생명, 신체의 안전 등을 개개인의 개별적 이익으로서도 보호해야 한다는 취지'이다.

(ii) 원자로사고등에 의한 재해로 인하여 직접적이고 중대한 피해를 받는 것으로 상정되는 지역인지 여부는 당해 원자로의 종류, 구조, 규모 등 당해 원자로에 관한 구체적인 조건들을 고려에 넣은 후, 당해 주민이 거주하는 지역과 원자로 위치와의 거리관계를 중심으로 하여, 사회통념에 비추어 합리적으로 판단해야 한다.

(iii) 이 사건 원자로는 연구개발단계인 원자로인 고속증식로'인 점 등의 사실에 비추어 보면, 원자로에서 약 58km 거리에 거주하는 X등도, '이 사건 원자로 설치허가시에 행해지는 규제법 제24조1항3호 소정의 기술적 능력의 유무 및 4호 소정의 안정성

에 관한 각 심사의 과오, 흠락이 있는 경우에 일어날 수 있는 사고 등에 의한 재해로 직접적이고 중대한 피해를 받을 것으로 상정되는 지역 내에 거주하는 자에 해당한다.[28]

(2) 검　토

이 사건에서도 '법률상 이익'의 해석이 문제가 되었는데, 본 판결도 '당해 처분을 규정한 행정법규가 불특정다수인의 구체적 이익을 오직 일반적 공익 중에 흡수 · 해소시키는 데 그치지 않고, 그것이 귀속하는 개개인의 개별적 이익으로서도 이를 보호해야 하는 취지를 포함한다고 해석될' 필요가 있다고 하여, 기본적으로는 법률상 보호된 이익설의 입장에 서 있는 것으로 보인다.

그러나 무엇이 '개개인의 개별적 이익'으로 평가될 수 있는 이익이고, 무엇이 '공익에 흡수 · 해소'되는 국민일반으로서의 이익(반사적 이익)인가에 대한 판단기준을 보다 구체적으로 살펴볼 필요가 있다. 여기에는 최고재판소가 '법률상 보호된 이익설'의 판단틀로서 유연한 해석을 행하여 원고적격의 확대를 도모하고 있다는 점을 전제로 할 필요가 있다. 즉, 앞서 니가타공항사건(판례2)에서 본 바와 같이 '법률상 이익'을 해석함에 있어서, 목적을 공통으로 하는 관련법규의 관련규정도 고려하여, 형성되는 법체계 · 법적 틀에서 당해 근거규정을 본다는 이미 엄격한 제정법준거주의로부터는 탈피하고 있다고 할 수 있다.

나아가 본 판결에 대해서는 다음과 같은 점들을 지적할 수 있다.[29]

먼저, 원고의 피침해이익의 내용 · 성질을 법문의 해석에 반영시키는 방법이 (일본의) 재판실무에서 이미 존재하고 있었다는 점이다. 즉 피침해이익에 착안하여, '처분요건을 정하는 규정에 대해서 그것을 개인적 이익의 보호도 목적으로 한다고 하는 법해석상의 논리조작을 가한 다음, 이것을 법률상 보호된 이익으로 해석'하는 방법이 이미 행해지고 있었다는 점이다. 原發訴訟에 관한 본 판결까지의 하급심판결이 모두 인근주민의 원고적격을 긍정하고 있는 것도 이를 뒷받침하는 것이라고 할 수 있다.

다음으로, 본 판결의 기준은 결과적으로는 보호되는 이익의 중요성에 대한 가치판단이 선행하고 있다고도 볼 수 있다. 따라서 '보호할 가치 있는 이익설'과의 실질적으로 거의 차이가 없게 되는 셈이다. 보호법익이 생명 · 신체 · 건강인 경우, 결국 '보호가치 있는 이익설'에 실질적으로 접근하게 된다고 할 수 있다.

28) 기타 원고적격문제와 무관한 判旨의 내용은 생략한다. 또한 판례에 대한 검토도 원고적격과 관련한 문제점에 한하여 살펴본다.

29) 이하는 藤原静雄, 앞의 논문, 200쪽 이하의 판례평석내용을 바탕으로 재정리한 것임.

마지막으로, 원고적격 범위획정을 어떤 기준으로 할 것인가 하는 문제가 있다. 지금까지 일본 원자력소송에서 원자로 인근주민의 원고적격은 모두 긍정되었는데, 가장 멀리는 60여km까지 그 범위에 포함되었다고 한다. 범위획정을 어떻게 할 것인가는 쉽지 아니한 문제인데, 이 사건 항소심판결은 시간적인 피난가능성을 이유로 원자로에서 반경 20km 이상 거주자에게 원고적격을 인정하지 않았던 것이다. 그러나 최고재판소는 본 판결을 통하여, 주민에게 보호되어야 하는 이익을 '생명 · 신체의 안전 등'으로 파악한 다음, '원자로사고등에 의한 재해에 의해 직접적이고 중대한 피해를 입을 것으로 상정되는 지역'이라는 범위획정을 하고 있다. '직접적이고 중대한 피해를 입을지 여부'는 결국 '사회통념에 비추어, 합리적으로 판단해야 하는 것'이지만, 항소심판결에서 말하는 시간적인 피난가능성은 '사회통념에 비추어 합리적'이라고 말하기 곤란하다는 것이다.[30)]

Ⅳ. 새로운 원고적격 규정의 해석 방향

1. 해석 방향

(1) 새로운 규정은 종래 선진적 판례를 명확히 한 것에 불과한 것인가

새로운 원고적격에 관한 규정이 伊達火力發電所事件, 新潟空港事件, 몬쥬事件 등의 영향을 받은 것임을 살펴보았다. 그렇다면, 새로운 원고적격규정은 이러한 선진적인 최고재판소 판례를 명확히 한 것에 불과한 것인가 하는 의문이 생긴다. 즉, 향후 판례에서, 특히 하급심을 중심으로 최저수준을 올려야 한다는 취지로 파악해야 하는가 하는 점이다.

그러나 새로운 법 제9조2항의 규정을 보다 적극적으로 해석해야 할 것이다. 왜냐하면 하급심이 최고재판결을 따르는 것은 당연한 것이므로 그 이유만으로 굳이 법개정을 했다고 할 수는 없고, 행정소송검토회에서도 신설된 고려사항규정이 단순히 판례의 현상을 추인하는 것은 아님을 여러 번 확인하고 있기 때문이다.[31)] 따라서 법 제9조2항의 규정을 종래 판례에 얽매이지 않은 채 해석해야 하고, 원고적격에 대한 종래 판례를 참고로 하더라도, 철저히 백지상태에서 새로운 해석론을 확립할 필요가 있다고 할 것이

30) 藤原静雄, 위의 논문, 201쪽.
31) 행정소송검토회 제25회 의사록; 제26회 의사록; 제27회 의사록 (越智敏裕, 앞의 논문, 20쪽에서 재인용).

다.[32]

(2) 개별 보호요건을 요구하는 등 다시 엄격하게 해석하는 것도 가능할 것인가

법 제9조2항은 고려사항을 규정하는데 그치고, 원고적격 확대의 정도에 대해서는 언급이 없는 상태이어서, 개별 보호요건을 요구하는 등 다시 엄격하게 해석하는 것도 가능할 것인가 하는 의문이 생길 수 있다.

그러나 지금까지와 같이 이른바 제정법준거주의에 기한 법률상 보호된 이익설의 틀을 견지할 경우 원고적격이 실질적으로 확대되는 것은 없다.[33] 즉, 종래의 판례는 법률문언에 비추어 '그와 같은 개별적 이익까지는 보호되지 않는다'고 하여 원고적격을 부정하여 왔지만(개별보호요건), 행정소송검토회에서는 원래 조문에 포함되지 않았던 '근거가 되는 법령규정의 문언만에 의하지 않고'라는 문언이 특별히 삽입된 것도 개별보호요건을 원고적격판단의 불가결의 전제로 하지 않겠다는 점을 명확히 한 것으로 보아야 한다. 따라서 지금까지와 같이 개별적 이익이 있으면 원고적격이 인정되는 것은 물론이고, 개별적 이익이 없더라도 원고적격이 인정될 여지가 있다. 규정문언상으로 명확하지 아니한 경우에도 규정문언 외에, 그 이익의 실질을 보면서 원고적격을 판단해야 하므로 결국 개별적 이익이라는 징표는 그다지 중요하지 않게 되었다고 할 수 있다.[34]

(3) 4개의 고려요소는 서로 관련성이 있는가

법 제9조2항의 규정의 내용은 제1고려요소와 제3고려요소, 그리고 제2고려요소와 제4고려요소로 묶어서 살펴볼 수 있다.

먼저, 당해 법령의 취지 및 목적에 비추어 원고가 법령의 보호범위 내에 있는지 여부를 판단한다(제1고려요소).[35] 이때 목적을 공통으로 하는 관계법령에 의해 보호되고

32) 阿部泰隆=小早川光郎=芝池義一, "行政訴訟検討会の考え方をめぐって", ジュリスト 1263, 16頁 참조.

33) 행정소송검토회 제27회 의사록 참조. 여기서 小林久起 참사관은 "개별구체적 이익보호라는 것은 개인의 권리이익의 구제라는 취소소송제도의 본래의 취지로서는 전제할 필요가 있음은, 그렇다고 하더라도, 이 관념이 행해진 방법에 대해서는 경우에 따라 원고적격을 그 중에 넓게 인정하기 위한 도구로서도 사용되는 경우가 있고, 이러한 사고방식 자체를 일률적으로 부정할 수는 없는 것은 아닌가 생각되는 바이다. 그러나 一方에서 이러한 개념을 사용하여 그것으로 행정법의 취지를 좁게 해석하여, 원고적격의 범위를 좁히는 도구로서 개별구체적인 이익의 보호라는 관념을 사용하는 것이 이 고려사항을 규정하는 방안의 전제가 되어 있는 것은 아니다."라고 한다. 이것은 제9조2항의 규정은 해석론으로서 개별보호요건을 요구하는 사고방식을 부정하는 것은 아니지만, 원고적격의 범위를 좁게 개별보호요건의 관념을 사용하는 것을 전제로 하지 아니한다는 설명이다. 따라서 개별보호요건을 이유로 원고적격의 범위를 좁히는 것은 입법취지에 반한다. (越智敏裕, 앞의 논문, 23쪽).

34) 위의 논문, 23쪽.

있는 경우가 있기 때문에 관계법령의 취지 및 목적도 참작해야 한다(제3고려요소).

다음으로 처분에서 고려되어야 하는 이익의 내용 · 성질을 고려하고(제2고려요소), 이때 침해되는 이익의 내용 · 성질 및 침해받은 태양 · 정도를 감안한다(제4고려요소). 침해받은 태양 · 정도는 '당해 처분에 있어서 고려되어야 하는 이익의 내용 및 성질'을 다른 관점에서 검증하기 위한 것이라고 할 수 있다.[36)]

(4) 법 제10조1항과의 관계는 어떠한가

이번 개정작업에서 그 폐지여부가 거론되기도 했던 법 제10조1항("취소소송에서는 자신의 법률상 이익과 관계없는 위법을 이유로 하여 취소를 구할 수 없다.")의 규정이 그대로 남아있게 되었는데, 새로운 고려사항규정의 신설로 인하여 원고적격의 확대가 기대되는 경우에도 이 규정과의 관계에서 문제가 될 수 있다. 원고적격을 확대해도 제10조1항에서 棄却된다면 원고적격을 확대한 의미는 거의 없기 때문이다. 동 규정의 해석과 관련하여, '嚴格限定說'과 '行政의 司法統制重視說'로 행소법개정작업 이전부터 대립되어 있었지만,[37)] 행소법개정과 함께 동 규정에 지나치게 얽매이지 않으려는 입장들이 발견된다.

위법주장의 제한과 원고적격을 연결시키려는 입장을 전제로, 제9조의 '법률상의 이익'이 넓게 해석되는 것에 대응하여, '자기의 법률상 이익과 관계없는 주장'의 범위가 좁게 되는 것, 즉 제10조1항의 운용에 의해 원고적격의 실질적 확대가 무의미하게 되는 것은 아니며, 제10조1항은 주관소송으로서 당연한 것을 규정한 것에 불과하다고 한다.[38)] 또한 제10조1항은 주관소송으로서 당연한 사항을 규정한 것에 불과하고, 자기의 법률상 이익에 관계없는 주장이란 제3자에게 고유한 위법으로 해석해야 하지만, 어떠한 입장에 서든지 원고적격의 확대를 무의미한 것으로 하지 않는 유연한 운용이 필요하다고 한다.[39)]

35) 예컨대 어떤 영업관련법률이 경업자를 보호하는 취지가 아니라고 해석하면 경업자는 그 영업의 보호범위에 들어가지 않기 때문에, 원고적격이 없다. 반면에, 지방철도법은 국민일반을 보호하는 것은 아니지만, 철도이용자를 보호하고 있으므로, 이용자는 원고적격이 있다고 보게 된다.

36) 最高裁判所事務総局行政局(監修), 改正行政事件訴訟法執務資料, 法曹會, 2005, 17頁 참조.

37) 이러한 학설에 대한 상세는 阿部泰隆, 行政訴訟要件論, 弘文堂, 2004, 118頁 이하 참조,

38) 參議院法務委員会(2004. 4. 27.)에서의 정부측 입장 (越智敏裕, 앞의 논문, 27쪽에서 재인용).

39) 위의 논문, 27쪽.

2. 필요적 고려사항(고려요소)의 의미[40]

(1) 제1고려요소

제1고려요소는 행정처분의 근거가 되는 법령의 '취지 및 목적'을 고려요소로 하는 것이다. 대체로 법해석을 할 때 당해 법령의 취지 · 목적을 고려하는 것은 당연한 것이지만, 여기서 필요적 고려사항으로서 명시한 것은 법령의 표층적 해석만으로 결론을 도출해서는 아니 된다는 의미를 가지고 있다.

(2) 제2고려요소

제2고려요소는 '당해처분에 있어서 고려되어야 하는 이익의 내용 및 성질'을 고려요소로 하는 것이다. 이는 몬쥬소송판결 등 최근의 환경행정판례의 해석수법을 받아들여 입법화한 것이다. 이는 피침해이익의 내용 · 성질에 관하여 재판관이 의무적으로 고려하게 함으로써 분쟁의 실질로부터 유리된 表層的 법령해석으로 訴의 入口를 막는 것을 방지하고, 구체적 사안에서 국민의 권리이익의 실효적 구제를 확실하게 하고, 앞으로는 종전의 판례법을 넘어서 분쟁으로 성숙되고, '법률상 쟁송'이라고 인정되는 사건에 있어서는 원고적격의 범위가 보다 유연하게 운용되도록 하자는 취지이다.

또한, 제2고려사항은 제4고려사항을 도출하는 의미도 가지고 있다. 즉, 제2고려요소와 제4고려요소는 고려요소와 그 판단수법이라는 결합관계를 가지고 있다. 제2고려사항은 이론적으로 볼 때, 행정처분의 근거법령상 처분요건(고려요소)으로 해석될 수 있는 사유를 단서로 하여 원고적격을 판정하는 것이고, 법률상 보호된 이익설(처분요건설)을 취한 해석기법을 부연하는 것이라고 할 수 있다. 그리고 제2고려요소와 결합관계인 제4고려요소를 통하여 제3자의 피침해이익의 내용 · 성질, 침해의 태양 · 정도를 고려한다는 것은 분쟁의 실질로부터 원고적격의 범위를 획정하는 수법이라는 의미를 가지며, 이는 법률상 보호가치 있는 이익설과 관련된다고 보기도 한다.[41]

(3) 제3고려요소

제3고려요소는 '당해법령과 목적을 공통으로 하는 관계법령'의 취지 · 목적을 참작

40) 이하의 내용은 橋本博之, 解說 改正行政事件訴訟法, 弘文堂, 2004, 42頁 이하의 내용을 주로 참고한 것임.

41) 위의 책, 44쪽. 이와는 달리 이익의 내용 및 성질을 고려한다고 하더라도 어떠한 기준에 비추어 고려할 것인지에 대해서는 '열려진 場'(open space)으로 보는 견해도 있다(小早川光郎 編, ジュリスト增刊 改正行政事件訴訟法研究, 2005, 77頁에서의 中川丈久 교수의 입장). 즉 이는 종래 의미에서의 법률상 보호된 이익설의 입장이 될 수도 있고, 법적으로 보호할 가치있는 이익설의 입장이 될 수도 있으며, 이러한 의미에서 '오픈'(open)이라는 것이다.

하는 것이다. 이는 앞서 본 판례 2(新潟空港事件)에 유래하는 것이다.

이 고려요소에 대해서 전체적 해석지침과 같이, 각각의 실정법해석에 있어서, 헌법상 요청을 포함하는 법체계전체를 고찰하는 것은 당연한 것이어서, 당연한 내용을 확인적으로 조문화한 것으로 볼 수도 있을 것이다. 그러나 국민의 권리이익의 실효적 구제를 위해 취소소송의 원고적격을 실질적으로 확대한다는 입법자의사에서 이 고려사항에 대해서 보다 적극적인 의미를 부여할 필요가 있다.

'당해법령과 목적을 공통으로 하는 관계법령'의 대표적인 예로 드는 것은 환경영향평가법이다. 가령 공유수면매립법, 도시계획법 등에 기한 공공사업에 관련된 행정처분에 대하여 인근주민이 취소소송을 제기하는 경우, 일정한 범위의 사업에 대해서 당해 사업의 인허가처분의 환경에의 악영향을 고려요소로 하는 橫斷的 입법인 환경영향평가법을 관계법령으로 참작함으로써 환경악화에 의한 피해를 입는 인근주민의 '법률상 이익'을 인정하는 것이 가능하게 되는 것이다. 이때 구체적인 분쟁상황에 기한 헌법을 포함한 법체계전체의 해석이 되어야 하며, 개개의 행정법령의 문언에만 얽매이지 아니하는 적절한 해석론이 되어야 한다.

(4) 제4고려요소

제4고려요소는 위법처분이 행해진 경우에 '침해되는 이익의 내용 · 성질 및 이것이 침해되는 태양 · 정도'를 감안하는 것이다.

제4고려사항은 행정처분이 근거법령에 위반하여 행해지는 경우, 어떠한 이익이 침해되는 것인가를 일단 視界에 넣은 다음, 그 침해되는 이익의 내용 · 성질이나, 그 이익이 침해되는 태양 · 정도라는 각도에서, 다시 당해처분에 있어서 고려되어야 하는 '법률상 이익'의 유무를 판단하는 해석과정을 반드시 요구한다는 것이다. 즉 위법한 행정처분의 결과로서 불리한 영향을 받을 법적 이익에 대한 확폭을 고려한 다음, 다시 당해 법적 이익의 내용 · 성질, 침해의 태양 · 정도를 고려하여, 원고적격의 범위에 대한 한계선을 긋는 해석수법이다.

제4고려사항은 제2고려사항과 결부되어 있는 이상, 근거법령의 보호범위로서 해석되지 않는 이익에까지는 확대되지 않는다고 해석된다. 또한 제4고려요소에 있어서 이익침해의 태양 · 정도의 문세가 당해행정처분의 근거법령과는 일단 분리된 것은 물론이다. 그래서 침해되는 이익의 내용 · 성질이 기본권침해에 해당하는 경우, 침해의 태양 · 정도와 조화되는 형태에서, 헌법론을 바탕으로 한 근거법령의 해석으로서 원고적격을 확대해 가는 것이 가능할 것으로 보고 있다.

제4고려요소를 감안함으로써, 어떠한 이익의 내용 및 성질에 대해서는 원고적격이 인정되고, 제4고려요소를 생각하지 않더라도, 법령의 취지에서 종래의 최고재판소가 말하는 방식에서 개별적으로 보호하고 있는 것이라고 보이면 마찬가지로 원고적격이 있고, 보호하고 있지 않다고 보아야 하는 경우에는 원고적격이 없다는 식의 추상적인 구분이 가능한가가 문제가 된다.[42] 그러나 그것은 바로 열려진 장(open space)으로서, 첫째 여기서 이러한 사항을 규정한 취지는 행정과정에서의 이익조정의 본연의 모습은 각 실체법이 규정하고 있고, 그 이익조정 중에서 국민의 어떠한 이익을 어떠한 형태로 실현하여 갈 것인가는 각 입법이 나타내고 있으며, 그것이 법률의 목적 또는 취지라는 형태로 나타난다. 그러한 행정과정에서의 이익조정을 원고적격의 판단에 투영되어 있는 사고방식이 기본으로 되어 있는 것이다. 다만, 투영한 결과, 이러한 이익은 고려되어야 한다고 하는 점에서 원고적격을 인정하는 결론과 어떻게 연결할 것인가에 대해서는 다양한 사고방식이 있을 수 있다.[43]

Ⅴ. 원고적격규정 개정에 따른 환경행정소송의 유형별 검토

1. 환경영향평가법과 원고적격

일본 환경영향평가법 제33조[44]는 대상사업과 관련된 면허 등을 행하는 자에게 환경보전에 대한 적정한 배려가 행해지는지 여부를 심사할 의무를 부여하고, 횡단적으로 그 결과를 면허 등에 반영시키는 취지를 규정하고 있다.

이러한 환경영향평가법은 법 제9조2항의 제3고려요소의 '처분의 근거가 되는 법령과 목적을 공통으로 하는 관계법령'이라고 할 수 있음은 앞서 본 바와 같다. 이에 비하여, 환경영향평가법은 대상사업 근거법령의 처분요건을 보완하는 것으로서, 그러한 대상사업에 관한 한, 동법은 관계법령이라기보다는 오히려 근거법령이라는 견해도 있고, 동법이 근거법령인가, 관련법령인가를 다투기보다 단적으로 동법을 고려한 결과로서

42) 小早川光郎(編), ジュリスト増刊 改正行政事件訴訟法研究, 2005, 77頁에서의 小早川光郎 교수의 문제제기.
43) 위의 책, 77쪽에서의 村田斉志 判事의 발언내용 참조.
44) 일본 환경영향평가법 제33조1항 : 대상사업과 관련된 면허등을 행하는 자는 당해 면허등의 심사에 있어서 평가서의 기재사항 및 제24조(면허등을 행하는 자의 의견)의 서면에 기하여 당해 대상사업에 관한 환경보전에 대한 적정한 배려가 행해지는 것인지 여부를 심사해야 한다.

원고적격이 인정되는지 여부를 다투는 것이 유익하다는 견해도 있다.[45)]

환경영향평가법의 대상사업인 경우 동법에 의해 대상사업의 인근주민에게 원고적격이 인정되는지 여부에 대해서는 다음과 같이 견해가 나뉜다.[46)]

첫째, 소극설로서, 이러한 입장은 법률상 보호된 이익이 있다고 하기 위해서는 처분의 근거가 되는 행정법규가 개개인의 개별 · 구체적 이익을 보호하는 것을 목적으로 행정권 행사를 제약하고 있다고 할 수 있어야 하고, 이 점은 법 제9조2항의 신설을 통해서도 변하지 않았다고 한다. 그리고 환경영향평가법은 환경에 미치는 영향에 대하여 사업자가 어떠한 조치를 취했는가를 나타내고, 행정청은 그것을 고려하여 도시계획사업의 인가 여부를 판단할 뿐이며, 同法이 인근주민의 개별적 이익을 보호하고 있다고 보기는 곤란하다고 한다.

둘째, 적극설로서, 환경영향평가법 하에서는 사업마다 환경영향평가를 하는 대상지역이 정해져있는데, 이번 개정법에서의 입법취지는 당해 대상지역 거주자에게는 원고적격을 인정하는 것이라는 입장이다.

셋째, 피침해이익의 성질 등에 의한다는 견해로서, 환경이익이라고 하더라도 소음이나 대기오염에 의해 직접적으로 영향을 받는 인근주민의 건강에서부터, 그 정도는 아닌 것에 이르기까지 여러 유형이 있지만, 생명, 신체(건강)에 직접적인 피해를 미칠 수 있는 환경상 사정을 고려한 다음, 처분을 하고 있는 관계가 인정된다면 그 범위의 주민은 건강피해를 이유로 원고적격을 긍정할 수 있다고 한다. 즉, 각종 구체적 사업에서 어떠한 환경영향평가가 행해졌는가, 그리고 여기서 고려된 피침해이익은 어떠한 것인가 하는 점에서 개별적으로 원고적격을 판단해야 한다는 것이다.

환경영향평가법이 최근 환경행정소송의 원고적격에서 중요하게 논의되고 있는데, 이번 개정취지에서 볼 때, 일본 환경영향평가법 제33조에서 행정결정에서 환경영향을 배려하는 취지의 규정, 이른바 横斷條項으로서의 활용이 강조되고 있음은 분명한 것 같다.

그리고 목적을 공통으로 하는 관계법령의 고려는 개정법의 최저한도의 요청에 불과하므로, 재판소가 필요한 경우 공통으로 하지 않는 관계법령을 고려하는 것도 허용된다고 보아야 하며, 제3자의 원고적격의 실질적 확대의 관점에서 고려사항 자체를 확대해 가는 노력도 필요할 것이다.[47)]

---

45) 最高裁判所事務総局行政局(監修), 앞의 책, 19쪽.

46) 이하는 위의 책, 19쪽 이하의 내용을 정리한 것임.

2. 도시계획사업인가와 인근주민의 원고적격

도시계획사업인가에 대하여 그 지역의 인근주민이 원고적격을 가질 수 있느냐가 환경행정소송으로 자주 문제된다. 이에 대해서는 2004년 일본 행소법이 개정된 이후인 2005년 12월에 내려진 이른바 小田急事件에 대한 최고재판소판결은 개정된 법 제9조2항을 적용하여, 그 이전의 都道環状6호선판결[48]을 변경하면서, 새로운 규정에 의한 원고적격 확대를 밝히고 있다.

小田急事件 최고재판소판결에서는 피해의 내용, 성질, 정도 등을 고려하여 법률상 이익을 해석하고 있다. 따라서 도시계획사업의 사업지 인근에 거주하는 주민 중 당해 사업이 실시됨으로써 소음, 진동 등에 의한 건강 또는 생활환경과 관련된 현저한 피해를 직접적으로 입을 우려가 있는 자는 당해 사업의 인가의 취소를 구할 법률상 이익을 가지는 자로서 원고적격을 가진다는 것이다. 또한, 처분 근거법규의 취지 · 목적으로서 도시계획법의 각 조문을 인용하고, 원고는 인가처분의 상대방(都) 이외의 제3자로서, 행소법 제9조2항에 의해 도시계획법의 관련법규인 공해대책기본법, 환경기본법, 東京都환경영향평가조례의 각 규정의 취지로부터 본 사업으로부터 발생하는 소음, 진동에 의한 피해가 보호되는 구체적이고 개별적인 이익을 인정하고 있다.

이와 같은 다수의견 외에도 藤田재판관 등의 의한 소수보충의견은 결론에 있어서는 마찬가지이지만, 다른 논리를 제시하고 있다. 즉, 다수의견의 논리로는 불충분하고, 도시계획법의 여러 규정 및 헌법의 인격권을 함께 고려하여 本認可에 관련된 시설의 이용으로 생명 · 건강 등에 중대한 리스크를 받을 자는 원고적격을 가진다는 것이다. 말하자면, 이 '법률상'에 '처분의 근거법규에 의해'라는 제약이 없는 데도, 그렇게 한정하여 해석할 이론적 필연성은 없으며, 헌법상 인격권을 함께 생각하면, 행정청이 중대한 리스크로부터 인근주민을 보호할 의무를 지고, 주민은 보호되는 개인적 이익으로서의 법률상 이익을 가진다고 한다.[49]

47) 越智敏裕, 앞의 논문, 26쪽.

48) 最高裁 1999. 11. 25, 判例時報 1698, 66頁. 이 판결은 도시계획법 제59조에 기한 농경도가 행한 '환상6호선'의 확폭도시계획사업등의 인가의 취소소송이라는 점에서 이 사건 사업과 유사성이 있다. 사업지 인근지역의 거주자 등은 소음이나 공용개시후의 배출가스의 피해를 이유로 하여, 도시계획법 및 구 공해대책기본법의 규정에 따라 보호되는 이익이 있다고 주장했다. 동 판결은 사업지내의 부동산에 관한 권리자에게는 인정되지만, 인근주민은 도시계획법의 실체요긴이나 공청회 등의 절차의 각 규정은 공익보호의 규정으로 원고의 개별적 이익을 보호하는 규정이 아니고, 동법 13조1항의 공해방지계획적합성은 동 계획의 시책과 무관계하게 공해를 증대시키지 않을 것을 도시계획기준으로 정하고 있다고 해석되지 않고, 동 도시계획이 방해받게 되는 것도 아니므로 적합하다고 하여 원고적격을 부정하였다. 그 상세한 내용은 佐伯彰洋, 別册ジュリスト環境法判例百選, 210-211頁 참조.

이러한 행정법학자출신인 藤田재판관 등의 법률상 이익에 대한 해석논리(행정청이 리스크로부터 인근주민을 보호할 의무)는 새로운 논의를 불러일으킬 만하고, 다수의견의 기본적 입장도 보다 상세한 검토가치가 있지만, 여기서는 관계지역 외의 주민에 있어서도 건강이나 생활환경의 현저한 피해의 우려가 있는 경우에는 법률상 이익이 인정되는 방향으로 나아가게 되었다는 점만 지적한다.

3. 폐기물처리시설 인근주민의 원고적격

폐기물처리시설 설치허가의 취소를 구하는 소송에서는 인근주민의 원고적격을 인정하는 판결도 있고, 부정하는 판결도 있지만, 폐기물처리법이 특히 환경배려를 요구하고 있고, 건강피해를 입을 우려가 있는 인근주민에게 원고적격을 인정하는 방향으로 가고 있다. 폐기물처리법에 있어서 '축적성'이라는 영향을 어떻게 파악할 것인가, 지역적인 범위를 어디에서 그을 것인가의 문제가 있지만, 법 제9조2항의 신설로 건강피해를 입을 우려가 있는 인근주민에 대해서는 원고적격이 인정될 여지가 더욱 커졌다고 할 것이다.[50)]

4. 자연환경보호와 인근주민의 원고적격

인근주민의 자연에 대한 권리에 대해서도, 인간의 생명 · 건강과는 다르지만, 환경법의 관점에서 보면, 자연적 · 사회적 환경보호를 위해서는 원고적격이 인정될 필요가 있다고 주장되기도 한다.

제4고려요소, 즉 '처분이 위법하게 된 경우에 침해될 우려가 있는 이익의 내용 · 성질 및 이것이 침해되는 태양 · 정도'라는 요건이 있지만, 사람의 생명 · 신체만이 아니라, 일단 파괴되면 회복이 곤란하고 인간의 생존기반을 해칠 우려가 있는 환경보호이익의 특질을 고려할 수 있다. 이와 함께 취소대상이 되는 처분의 근거조문을 포함한 법률전체 및 관계법령에서 '법률상 이익'이 있는 자인지 여부를 판단할 경우 인근주민의 자연에 대한 권리와 관련하여 원고적격이 인정될 여지가 훨씬 커질 것이다.[51)]

자연환경보호에 있어서 단체에 訴權을 인정할 것인지의 문제, 즉 단체소송의 문제

---

49) 동 판결에 대한 상세한 내용에 대해서는 森英明, "小田急訴訟大法廷判決の解說と全文", ジュリスト特輯 行政訴訟判例の展開, 2006, 41頁 이하 참조.

50) 磯野弥生, "取消訴訟", 日本環境法政策会誌 8, 環境訴訟の新展開, 2005, 10-11頁.

51) 위의 논문, 13쪽.

가 논의되는데, 이번 개정내용으로 단체에 원고적격을 인정하는 것은 곤란할 것이며, 여전히 남아있는 해결과제가 되고 있다.

5. 임지개발허가와 원고적격

임지개발허가제도는 森林을 중심으로 하는 자연환경을 보전하기 위한 제도이고, 森林法은 적어도 인근주민의 환경이익을 보호하는 취지를 포함하고 있다. 이것은 삼림법의 취지 · 목적, 제도의 틀, 관련법체계에서 볼 때 명백하다. 또한 동법 제10조의2제2항3호가 임지개발허가의 요건으로 '삼림이 현재 가지는 환경보전의 기능으로 보아, 당해 개발행위에 의해 당해 삼림의 주변지역에서 환경을 현저히 악화시킬 우려'가 없을 것이 요구되는 점으로도 뒷받침된다고 보고 있다.[52]

감안해야 하는 이익의 내용 · 성질, 침해되는 태양 · 정도는 당해 자연환경 자체가 어떠한 가치를 가지고 있는가, 당해 원고가 당해 자연환경과 어떠한 관계를 가지고 있는가, 당해 개발행위에 의해 자연환경이 어떻게 변하게 되는가 등의 개별 · 구체적 사정을 종합적으로 고려하여 파악된다. 따라서 예컨대 당해 자연환경에 희소한 종이 살아 귀중한 자연적 가치를 가지고 있는 경우, 원고가 주변에 거주하는 당해 지역을 지금까지 여러 번 방문하여 여가활동이나 연구의 대상으로 한 경우, 거기에 개발허가에 의해 종래의 생태계 등을 유지할 수 없을 정도로 환경이 변화될 우려가 있는 경우라면 이익의 실질을 보고 원고적격을 인정할 수 있다.[53]

Ⅵ. 맺음말

이상에서 일본 최고재판소의 3개의 환경행정판례 및 개정 일본행소법에서 신설된 원고적격규정(제9조2항)을 살펴보았다. 일본법 제9조에 상응하는 우리 행정소송법 제12조와 관련하여 다음 몇 가지를 지적하면서 논의를 맺고자 한다.

첫째, 행정소송법 제12조의 법률상 이익을 해석할 때, '法律'만이 아니라, '利益'에도 착안할 필요가 있다. 앞서 언급한 제2고려사항 및 제4고려사항은 우리에게도 마찬가지로 적용될 수 있다. 이익의 성질 및 내용, 그리고 그 태양 및 정도를 고려한다면, '법률상

52) 越智敏裕, 앞의 논문, 24쪽.
53) 위의 논문, 24-25쪽.

이익'이라는 문언을 가지고도 원고적격을 확대시킬 여지가 있지 않을까 생각된다.

둘째, 많은 학자들이 주장하는 바와 같이 '법률상 이익'에 있어서 '法律'의 의미를 보다 넓게 파악할 필요가 있다. 근거법률에만 한정할 필요가 없고, 관련법규까지 포함되어야 한다. 다만, 헌법까지 포함시켜 고려해야 한다고 보는 경우에, 헌법규정이 어떠한 형식으로 관련법규로서 기능할 수 있는가를 보다 구체적으로 제시할 필요가 있을 것이다.

셋째, 관련법규가 환경영향평가법이 되는 경우, 즉 환경영향평가법과 원고적격의 관계는 좀 더 정리되어야 한다. 우리 대법원은 행정소송법 제12조의 해석에 있어서 환경영향평가법이 적용되는 사업의 경우 환경영향평가대상지역 내의 주민에게 원고적격을 인정하는 일련의 판례[54]를 내고 있음은 주지의 사실이다. 이에 대해, '위법성의 준거법규'와 '원고적격의 근거법규'가 일치하지 아니함으로써 위법성 견련성이 명시적으로 부정되어, 판례상 우리의 취소소송이 객관소송적 구조를 갖는 것으로 해석하는 견해도 있다.[55] 그러나 오히려 우리 대법원이 여기서 환경영향평가법이 위반되지 않았음에도 '법률상 이익'의 침해의 결론을 도출하게 된 논거를 제시할 필요가 있다고 생각된다.[56]

이제, 이 글을 시작하면서 던졌던, "환경행정소송은 행정소송법 발전의 첨병역할을 할 것인가"라는 물음에 답해야 할 것 같다. 일단 이 글의 검토대상인 원고적격과 관련해서만이다.

환경행정소송이 행정소송법 발전을 주도하고 있는 점은 일본의 경우를 통해서 어느 정도 확인할 수 있었다. 우리나라에서도 환경영향평가관련 판례 등은 어떤 형식이 되건 행정소송법 발전에 크게 기여할 것임이 분명하다.[57] 그렇게 본다면, 환경행정소송에 붙인 '행정소송법 발전의 첨병'이라는 수식어는 그리 과장된 표현은 아닐 것 같다. 환경문제를 해결하는 과정에서 우리의 행정소송법에 대한 해석론과 입법론도 정치하게 발전하길 기대한다.

이를 위해 여기서 검토한 환경행정판례의 논리, 그리고 동 판례들이 일본 행소법 개정에 영향을 미치게 된 과정 및 내용은 눈여겨 볼 가치가 있다고 본 것이다.

---

54) 대법원 1998. 4. 24., 97누3286(속리산국립공원사건); 대법원 1998. 9. 22., 97누19571(상부댐 · 하부댐양수발전소사건) 등.

55) 박정훈, "취소소송의 원고적격(2)", 행정소송의 구조와 기능(행정법연구2), 251쪽 이하.

56) 이러한 견해가 원고적격을 좁게 해석하는 방향으로 가고자 하는 것은 아니다. 상세한 논의는 다음으로 미룬다.

57) 이 글에서 다루지는 않았지만, 유럽에서도 유사한 상황을 볼 수 있다. 가령 1998. 6. 25. UNECE 주도하에 체결되어 2001년 10월 30일 발효된 오르후스(Aarhus)협약에서도, 그 주요 내용의 하나로서 '환경문제에 있어서 司法制度에의 접근'(Zugang zu Gerichten bei Umweltbelangen)을 규정하고 있다(동 협약 제9조).

제 3 장

원고적격 확대의 해석론

- 日本 最高裁判所 小田急判決에 대한 검토를 중심으로 -

Ⅰ. 머리말

오늘날 행정소송에서 제3자의 원고적격이 자주 문제가 되고 있다.

그 가운데에서도 도시계획사업을 통하여 환경침해를 받는다고 생각하는 도시계획사업 인근주민이 행정소송을 제기할 수 있는 자격이 있는가의 문제는 행정소송법, 토지공법, 환경법의 쟁점이 종합적으로 걸쳐진 가운데 현대 행정소송에서 중요한 의미를 가지고 있다.

2005. 12. 7.에 내려진 이른바 小田急(Odakyu)事件에 대한 일본 최고재판소판결은 제3자의 원고적격에 관하여 2004년 일본 행정사건소송법(이하 '행소법'이란 함)이 개정된 후 내려진 최초의 판결로서, 종래 판례를 변경하면서 원고적격을 확대하고 있다는 점에서 주목할 만하다.

小田急事件 최고재판소판결에서는 피해의 내용, 성질, 정도 등을 고려하여 법률상 이익을 해석하고 있다. 따라서 도시계획사업지 인근에 거주하는 주민 중 당해 사업이 실시됨으로써 소음, 진동 등에 의한 건강 또는 생활환경과 관련된 현저한 피해를 직접적으로 입을 우려가 있는 자는 당해 사업인가의 취소를 구할 법률상 이익을 가지는 자로서 원고적격을 가진다는 것이다. 또한, 일본 행소법 제9조2항에 의해 도시계획법의 관련법규인 공해대책기본법, 환경기본법, 東京都環境影響評價條例[1]의 각 규정의 취지

로부터 본 사업으로부터 발생하는 소음, 진동에 의한 피해가 보호되는 구체적이고 개별적인 이익을 인정하고 있다.

특히 이 판결에서 藤田재판관 등이 소수보충의견으로 제시한 논리는 특기할 만하다. 그것은 결론에서는 다수의견과 마찬가지이지만, 다수의견의 논리로는 불충분하고, 도시계획법의 여러 규정 및 헌법상 인격권을 함께 고려하여 本認可에 관련된 시설의 이용으로 생명 · 건강 등에 중대한 리스크를 받을 자는 원고적격을 가진다는 것이다. 말하자면, 이 '법률상'에 '처분의 근거법규에 의해'라는 제약이 없는데도, 그렇게 한정하여 해석할 이론적 필연성은 없으며, 헌법상 인격권을 함께 생각하면 행정청이 중대한 리스크로부터 인근주민을 보호할 의무를 지고, 주민은 보호되는 개인적 이익으로서의 법률상 이익을 가진다고 한다. 이러한 다수의견 및 소수보충의견은 우리나라에서도 많은 논의가 이루어지고 있는 제3자의 원고적격과 관련하여 검토의 가치가 있는 많은 쟁점을 가지고 있다.

아울러, 동 판결의 쟁점으로 제3자의 원고적격 외에도 '두 개의 사업인가와 그 원고적격의 관계'를 들 수 있지만, 이 글에서는 제3자의 원고적격만을 주된 논의대상으로 하여 살펴본다. 이러한 일본의 최신 판례동향을 검토하는 목적은 우리 법제의 운용 및 해석에 시사점을 찾고자 함에 있음은 물론이다.

Ⅱ. 日本 最高裁判所 小田急判決[2]

1. 事案의 개요

본 사건은, 小田急小田原線의 일부 구간의 철도를 연속입체교차화한 東京都의 도시계획사업과 그 부속가로사업에 대한 건설대신의 인가에 대한 취소를 구한 소송이다. 원심에서는, 사업지의 주변주거자의 원고적격이 부정되었기 때문에 상고하였다. 最高裁는 원고적격에 대해서 대법정에서 쟁점회부하였는데, 이에 대한 판단이 본 판결이다.

---

1) 이하에서는 환경영향평가를 Environmental Impact Assessment의 약자인 EIA로, 東京都環境影響評價條例를 都EIA조례 등으로 약칭하기도 함.

2) 最高裁(大) 平成 17년 12월 7일 判決 小田急線連續立體交差事業認可處分取消, 事業認可處分取消請求事件 平成 16년(行ヒ) 제 114호. 一部認容 · 一部棄却. 제1심 東京地裁 平成 13년 10월 3일 判決 · 平成 6년(行コ) 제 208호 · 제 288호(判例自治 219, 13頁), 제2심 東京高裁 平成 15년 12월 18일 判決 · 平成 13년(行コ) 제 234호(判例自治 248, 46頁). 最高裁判所 小田急判決에 대한 상세는 森英明, "小田急訴訟大法廷判決の解說と全文", ジュリスト特輯 行政訴訟判例の展開, 2006, 41頁 이하 참조.

상고인 $X_1 \sim X_{33}$, $X_{38} \sim X_{40}$은, 모두 사업지내의 부동산에 대해 권리를 가지고 있지 않았다. 동 $X_{34} \sim X_{37}$은 부속가로의 사업지내에 토지 혹은 가옥의 권리를 가지고 있다. $X_1 \sim X_{37}$은, 東京都環境影響評價條例에서 정한 대상의 실시가 환경에 현저한 영향을 미칠 우려가 있다고 하여 지정된 관계지역 내에 거주하고 있었다. 원심은 사업지 주변지역에 거주하고 있음에 그치는 $X_1 \sim X_{37}$, 지역 외 거주하는 $X_{38} \sim X_{40}$의 철도사업인가의 취소의 원고적격을 부정하여 소를 각하하였다. 부속가로사업 내의 지권자인 $X_{34} \sim X_{37}$에 대해서는 그 토지에 소속한 가로사업에 대해서만 원고적격을 인정하였지만, 동인들의 청구를 인용한 一審判決을 취소하였다. 거기에 X들이 상고하였다.

2. 판결의 요지

(1) 판결주문

최고재판소가 내린 판결주문은 다음과 같다.[3)]

① 都市計劃事業인 鐵道連續立體交借事業 認可處分의 取消訴訟에 대해, 東京都 環境影響評價條例 2조5항이 규정하는 關係地域內에 거주하는 자는 行政事件訴訟法 9조 1항, 2항에 의해 '法律上의 利益'을 가지고 原告適格이 있다.

② 同 事業의 鐵道에 따른 付屬街路事業認可處分에 대한 取消訴訟의 原告適格에 대해, 어느 付屬街路의 事業地에 不動產上의 權利를 가진 자에게는 인정되지만, 그 以外의 附近住民에게는 인정되지 아니 한다(反對意見이 있다).

(①, ② 주문에 대해서 3인의 裁判官의 補充意見이 있다).

판결주문 내용을 보다 구체적으로 설명하자면, $X_1 \sim X_{37}$은 철도사업인가취소에 대한 원고적격이 있고, $X_1 \sim X_{33}$은 부속가로 인가취소에 대한 원고적격이 없다. $X_{34} \sim X_{37}$은 地權者가 아닌 부속가로에 대해서는 원고적격이 없다. $X_{38} \sim X_{40}$은 모두 원고적격이 없다. 또한 부속가로사업은, 3호 내지 6호, 9 · 10호선이 본소의 대상으로 되고 있어 $X_{34} \sim X_{35}$은 6호선의, X_{36}, X_{37}은 10호선의 地權者이다.

(2) 판결이유

최고재판소의 다수의견에 따르면, 동경도의 환경영향평가(EIA)조례의 관계지역내의 거주자에 대하여 원고적격을 인정한 이유는 다음과 같다. 藤田, 町田 裁判官의 補充

3) 2개의 주문 가운데 본 논문에서는 ①에 대해서만 다룬다.

意見도 덧붙인다.

1) 행정사건소송법 제9조의 '법률상 이익'

行訴法 9조의 '법률상 이익을 가지는 자'는 당해 처분에 의해 자기의 권리 혹은 법률상 보호되는 이익을 침해받거나 필연적으로 침해될 우려가 있는 자를 말한다. 따라서 당해 처분을 정한 행정법규가 불특정 다수자의 구체적 이익을 오로지 일반적 공익의 하나로 흡수 · 해소시키는 것에 그치지 않고, 그것이 귀속하는 개개인의 개별적 이익으로서도 이것을 보호해야 할 것이라는 취지를 포함한다고 해석되는 경우에는 이러한 이익도 법률상 보호되는 이익에 해당한다. 당해 처분에 의해 이것을 침해받거나 필연적으로 침해될 우려가 있는 자는 당해 처분의 취소소송에 있어서 원고적격을 가지는 것이라고 해야 한다. 그리고 처분의 상대방 이외의 자에 대해 上記의 법률상 보호되는 이익의 유무를 판단함에 있어서는 당해 처분의 근거인 법령 취지의 문언만이 아니고, 당해 법령의 취지 및 목적과 함께 당해 처분에 있어서 고려해야 할 이익의 내용 및 성질을 고려하고, 이 경우 당해 법령의 취지 및 목적을 고려함에 있어서는 당해 처분의 근거인 법령에 위반된 경우에 침해되는 이익의 내용 · 성질과 함께 그 태양 · 정도를 감안해야 한다.

2) 원고적격의 근거법과 관련법령

도시계획의 결정 · 변경은 상기의 취지 · 목적을 따를 것, 都EIA조례(3조)는 도시계획절차와 합체하여 행할 것(45조)으로 되어 있고, 도시결정 · 계획을 할 때 EIA를 통한 적정배려를 할 것을 목적으로 하고 있다. 도시계획사업인가의 목적은 도시계획에 적합한 것이어야 하고, 사업에서 나오는 소음, 진동 등의 생활환경 피해의 발생방지를 목적으로 하고 있다. 동법은 직접 피해를 받는 일정범위의 주변 주민의 구체적 이익의 보호를 목적으로 하며, 일반적 공익의 하나로 흡수 · 해소 할 수 없다. 동법은 개개 주민에 대해서 개별적 이익을 보호하는 취지를 포함하므로, 동 주민은 인가의 취소소송의 원고적격을 가진다. 최고재 평성 11년 11월 25일 第一小法廷判決[4]은 이와 저촉하는 한도에서 변경한다. 본건 원고의 원고적격은 EIA 조례의 2조 5호의 관계지역내의 주민에게는 있고, 동 구역 외의 주민에게는 없다.

4) 이른바 環狀6호선판결. 最高裁 1999. 11. 25, 判例時報 1698, 66頁.

3) 부속가로의 원고적격에 대해서

가로사업지내에 부동산의 권리를 가진 상고인에게는 있다. 그 이외의 상고인은 피해이익의 구체적 주장이 없으므로 원고적격이 없다.

(3) 藤田, 町田 裁判官의 補充意見

종래 판례의 전통적 공식(根據法規保護說)으로는 설명이 충분하지 않다. 그것은 제3자 보호의 법적의무(주민의 리스크로부터 보호되는 이익)의 유무로 인정된다. 처분의 근거규정에 의해서 과해지는 것에 한하지 않는다. 다른 고려규정으로서 절차규정, 목적규정, 법령 일반에 의한 제약규정이 있다. 다수의견은 전통적 공식을 고집하고 있다.

본 사건에서의 법률상 이익을 고려하면, 도시계획법이 '리스크로부터의 보호의무'를 과하고 있는가에 대해서, 1조의 목적규정, 2조의 이념규정에서 볼 때, 마이너스(−)의 임팩트를 포함하는 이익조정의무이고, 또한 헌법상 인격권에서 나오는 중대한 리스크보호의무이며, 이 이익은 집단적 이익에 개인적 이익을 내포하고 있다. 따라서 본 시설의 이용으로 생명 · 건강 등에 중대한 리스크에 노출된 주민에게는 원고적격이 인정되어야만 한다.[5]

3. 小田急判決의 意義

(1) 종래 판례입장의 변경

小田急判決의 의의로서 제3자의 원고적격에 관한 종래 판례인 環狀6호선판결[6]을 변경하고 있다는 점을 들 수 있다. 環狀6호선판결은 도시계획법 제59조에 기한 동경도가 행한 環狀6호선의 확폭도시계획사업등인가에 대한 취소소송으로서 小田急사건과 매우 유사한 내용을 가진 사건이다.

環狀6호선 사건에서 사업지 인근지역의 거주자 등은 소음이나 공용개시후의 배출가스의 피해를 이유로 하여, 도시계획법 및 구 공해대책기본법의 규정에 따라 보호되는 이익이 있다고 주장했다. 동 판결은 사업지내의 부동산에 관한 권리자에게는 인정

5) 그 밖에, 부속가로사업인가와 원고적격과 관련하여, 반대의견의 일체성에 대해서, 양 인가는, 법적으로 별개이다. 일심의 일체성론은, 원고 X_{34} ~ X_{37}를 위한 便法論이다. 부속가로의 위법은 철도사업소송으로 충분히 주장가능하다는 보충의견을 제시하고 있다.

6) 最高裁 1999. 11. 25, 判例時報 1698, 66頁.

되지만, 도시계획법의 실체요건이나 공청회 등 절차에 대한 각 규정은 공익보호규정으로 원고(인근주민)의 개별적 이익을 보호하는 규정이 아니라고 보았다. 또한, 동법 13조 1항의 공해방지계획적합성은 동 계획의 시책과 무관하게 공해를 증대시키지 않을 것을 도시계획기준으로 정하고 있다고 해석되지 않고, 동 도시계획이 방해받게 되는 것도 아니므로 원고적격을 부정하였다.[7)]

이와 같이 環状6호선판결은 小田急판결로 변경되었으며, 이는 향후 실무에도 중요한 영향을 미칠 것으로 보인다.

(2) 2004년 개정 행소법에 의한 원고적격 판단

일본 행정사건소송법이 2004. 6. 9. 개정되어, 2005. 4. 1.부터 시행되고 있다. 그 중에서도, 이용하기 쉬운 행정소송제도라는 과제를 두고 많은 논의가 있었던 원고적격에 관해서는 종래의 법률상 이익에 관한 규정을 존치한 채, 이른바 4개의 고려사항을 신설하는 형태로 마무리되었다. 小田急判決은 새로운 원고적격규정이 신설된 이후 이를 적용한 최초의 판례라는 점에서 의미가 크다.[8)] 小田急判決에서 원고적격의 고찰방법으로 이러한 고려사항을 적용하고 있다.

이하에서 판결내용을 구체적으로 분석하기로 한다.

Ⅲ. 원고적격 판단과 '고려사항'

1. 새로운 고려사항 규정의 적용

신설된 일본 행소법 제9조2항의 내용은 법률상 이익이 있는 자가 원고적격이 있다는 종래 제9조의 내용을 그대로 유지하면서(제9조1항으로 존치), 이 법률상 이익을 해석함에 있어서 다음과 같은 요소를 고려해야 한다는 것이다.[9)]

---

7) 그 상세한 내용은 佐伯彰洋, 別冊ジュリスト環境法判例百選, 210-211頁 참조.

8) 이러한 일본의 원고적격규정 개정에는 일본 최고재판소의 선진적인 판례, 특히 伊達火力發電所事件, 新潟空港事件, 몬쥬事件에 대한 판례가 큰 영향을 미친 점도 특기할 만하다. 그 상세는 김현준, "日本의 行政事件訴訟法 改正과 環境行政訴訟의 原告適格", 공법학연구 8-2, 473쪽 이하 참조.

9) 고려사항에 대한 상세한 검토로는 김현준, 위의 논문, 481쪽 이하. 다만, 이러한 일종의 해석지침이 입법화한 점에 대해서는 비판의 견해가 없지 아니하다. 가령 藤田교수는 헌법 76조3항을 인용하여, '재판관이 적용해야 하는 법의 '내용'을 정하는 것은 입법부의 권한이고 책무라고 하여도, 일정의 조문에 대해서의 해석의 방법을 지시하는 것 까지 입법부에게 허락된 것인지 여부'에 대해서 의문을 제시하고, 9조 2항의 규정이 "재판관을 법적으로 구속하는 효과를 가진 것이라고 한 이상, 위헌의 소지가 생기는 것이 되고, 그것을 피하려고 하게 되면, 이 규정은, 일종의 훈시규정으로서의 의미를 가지는 이상의 것이 아니다."라고 한다(藤田宙靖, 行

• 제1고려요소 : 처분의 근거가 되는 법령의 취지 및 목적

• 제2고려요소 : 처분에 있어서 고려되어야 하는 이익의 내용 및 성질

• 제3고려요소 : 처분의 근거가 되는 법령과 목적을 공통으로 하는 관계법령의 취지 및 목적

• 제4고려요소 : 처분이 위법하게 된 경우에 침해될 우려가 있는 이익의 내용 · 성질 및 이것이 침해되는 태양 · 정도

이 고려요소의 대부분은 제3자의 원고적격에 관한 법해석방법에 관한 종래 최고재판소판결[10]에 기하여 당연히 유의해야 하는 것이지만, 이익침해의 態様을 감안해야 하는 점(특히 제4요소)은 개별보호요건의 예외, 즉 경우에 따라서는 입법자체에 개별보호의 취지가 포함되어야 함을 반드시 전제로 하는 것은 아니어서 제3자의 원고적격을 긍정할 여지를 인정하는 것이다.[11]

제3자의 원고적격 유무를 판단함에 있어서 이러한 사항들이 고려되어야 함을 판결문에서 명시하고 있다.

"처분의 상대방 이외의 자에 대한 법률상 보호된 이익의 유무를 판단함에 있어서는 당해 처분의 근거가 되는 법령규정의 문언에만 의하는 것이 아니라, 당해 법령의 취지 · 목적 및 당해 처분에 있어서 고려되어야 하는 이익의 내용 · 성질을 고려하고, 이 경우 당해 법령의 취지 및 목적을 고려함에 있어 당해 법령과 목적을 공통으로 하는 관계법령이 있을 때에는 그 취지 및 목적도 참작하고, 당해 이익의 내용 및 성질을 고려함에 있어서는 당해 처분이 그 근거가 되는 법령에 위반된 경우 침해될 이익의 내용 · 성질 및 이것이 침해되는 태양 · 정도도 감안해야 한다(제9조2항 참조)."[12]

즉, 2004년 신설된 제9조2항의 취지를 충분히 살려야 함을 강조하고 있는데, 이러한 고려사항이 어떻게 구체적으로 적용되는지를 살펴보도록 하자.

2. 근거법령 및 관계법령의 취지 · 목적의 고려

원고적격을 판단함에 있어서 제1고려요소(처분의 근거가 되는 법령의 취지 및 목적), 제3고려요소(처분의 근거가 되는 법령과 목적을 공통으로 하는 관계법령의 취지 및 목적)가

政法 I (總論), 2005, 421頁).

10) 伊達(Date)火力發電所사건, 新潟(Niigata)空港事件, 몬쥬사건에 대한 일본 최고재판소판례가 여기에 해당한다. 일본 행정소송검토회 25회(2003. 11. 7.) 검토참고자료 '취소소송의 원고적격의 확대' 참조.

11) 小早川光郎, 行政法講義 下 Ⅲ, 2007, 261頁.

12) 判旨 4. (1).

먼저 고려되어야 한다.

(1) 근거법령

이 사건에서 처분의 근거법규는 도시계획사업인가처분에 관한 도시계획법 59조 및 동 61조이다.[13] 이 사건에서 문제가 된 철도사업인가는 도시계획법 59조에 의한 인가를 받아서 행하는 도시계획사업(동법 4조 15항)이고, 그 사업의 내용이 도시계획에 적합해야 함이 인가요건이다(동법 61조 1호). 그러나 도시계획사업인가 요건을 정한 도시계획법 61조 1호의 규정 자체는 '그 사업의 내용이 도시계획에 적합할 것'으로 규정할 뿐인 백지요건적인 성격을 가진 규정으로 그 문언만으로는 원고적격 판단이 가능하지 않다. 따라서 이 처분의 근거법규와 목적을 공통으로 하는 관계법령이 제시되고 있다.

(2) 목적을 공통으로 하는 관계법령

小田急判決은 '목적을 공통으로 하는 관계법령'을 다양하게 들고 있지만 판결내용에서 구체적으로 '목적을 공통으로 하는가'에 대한 검토가 행해지고 있는 것은 아니며,[14] 근거법규를 전제로 존재하는 '도시계획'을 '기점'으로 관련규정을 찾아가는 다음과 같은 논리전개형식을 취하고 있다.

첫째, 도시계획에 관한 도시계획법의 규정 중, 도시계획의 목적, 기본이념(동법 1조, 2조)을 받아서, 당해 도시에 대해서 공해방지계획이 정해져 있을 때에는 도시계획이 이것에 적합해야 한다는 도시계획법 13조 1항 柱書가 원용되고, 그것을 매개로 하여 공해방지계획의 근거가 되는 공해대책기본법의 목적규정 등(1조, 2조, 4조, 5조, 19조)이 원용되고 있다.

둘째, 그 외에 도시계획법 중에는 도시계획이 공해방지계획에 적합할 것을 요구하는 위 13조 1항 柱書 외에, 도시시설은 양호한 도시환경을 보호하고 유지할 것을 규정하는 13조 1항 5호, 공청회의 개최 등 주민의 의견을 반영시키기 위해 필요한 조치를 강구하는 것으로 하는 16조 1항, 관계 시정촌의 주민 및 이해관계인에게 도시계획案에 대해서 의견서의 제출을 인정하는 17조 1항, 2항의 규정이 원용되고 있다.

셋째, 판례가 東京都 環境影響評價條例를 다음과 같이 원용하고 있는 점도 주목할

13) 그러나 판결에 있어서 논의의 대상이 된 것은 전 단계의 '도시계획의 결정 또는 변경'이다. 이와 관련하여 일본의 판례는 우리나라 판례와는 달리 도시계획결정의 처분성이 부정되는 경우가 많다는 점에 유의해야 한다. 따라서 선행행위인 도시계획결정의 위법성은, 본건과 같은 도시계획사업인가의 단계에서 다툴 방법이 없게 된다.

14) 桑原勇進, "原告適格に関する最高裁判例", ジュリスト (No.1310) 2006, 15頁.

만하다.

"…… 東京都에 있어서는, 환경에 현저한 영향을 미칠 우려가 있는 사업의 실시가 환경에 미치는 영향에 대해서 사전에 조사, 예측, 평가를 하고, 이러한 결과에 대해서 공표하는 것 등의 절차에 관하여 필요한 사항을 정함으로써, 사업의 실시에 있어서 공해방지 등에 적정한 배려가 되는 것을 기대하고, 도민의 건강에 쾌적한 생활의 확보에 이바지 하는 것을 목적으로 본건 조례가 제정되고 있다. 본건 조례는 被上告參加人(東京都知事)이 양호한 환경을 보전하고 도민의 건강에 쾌적한 생활을 확보하기 위하여 본건 조례에 정한 절차가 적정하고 원활하게 행해지도록 노력하지 않으면 아니 되는 기본적 책무를 부담하는 것으로 하고(3조), 사업자가 제출한 환경영향평가서 및 그 개요의 사본을 대상사업에 관계된 認許可權者(도시계획의 결정 또는 변경요청의 권한을 가진 자를 포함한다. 2조 8호)에게 송부하고(24조 2항), 인허가 등을 행할 때에 평가서의 내용을 충분히 배려하도록 요청하지 않으면 아니 된다고 하고(25조), 대상사업이 도시계획법의 규정에 의해 도시계획으로 정해진 경우에는 본건 조례에 의한 절차를 도시계획결정절차에 합치되게 행해지도록 노력하는 것으로 하고 있다(45조)…… "

(3) 근거법령 및 관계법령의 취지 · 목적의 고려

이러한 다양한 관련법령에 대해서 그 문언에만 의존하는 것이 아니라 그 취지 · 목적을 고려해야 한다. 즉, 당해 법령의 취지 및 목적을 고려하고, 당해 법령과 목적을 공통으로 하는 관련법령이 있을 때는 그 취지 및 목적도 참작할 것을 요구하고 있다.

다음 판결내용에서 주변주민의 원고적격에 대한 판단에서의 이러한 해석방법을 볼 수 있다.

"……도시계획사업인가는 사업의 내용이 도시계획에 적합한 것을 기준으로 하는 것인바, 도시계획에 관한 도시계획법의 규정에 더하여 공해대책기본법 등의 규정의 취지 및 목적도 참작하고, 아울러 도시계획법 제66조가 인가의 고시가 있을 때는 시행자가 사업개요에 대해서 사업지 및 그 부근지의 주민에게 설명하고, 의견을 청취하는 등의 조치를 강구함으로써 사업 시행에서 이러한 자들의 협력이 이루어지도록 노력하지 않으면 아니 된다고 규정하는 점도 고려할 경우, 도시계획사업인가에 관한 동법의 규정은 사업에 수반한 소음, 신동 등으로 사업지 주변지역에 거주하는 주민에게 건강 또는 생활환경의 피해가 발생하는 것을 방지함으로써 건강하고 문화적인 도시생활을 확보하여 양호한 생활환경을 보전하는 것도 그 취지 및 목적으로 하는 것으로 이해된다."[15]

아울러, 앞서 본 동경도 환경영향평가조례의 취지 및 목적도 고려하고 있다.

"……이러한 규정은 도시계획의 결정 또는 변경할 때에 환경영향평가 등의 절차를 통하여 공해의 방지 등에 적정한 배려를 도모하도록 하는 것도 그 취지 및 목적이라고 할 수 있다."

이와 같은 근거법령 및 관련법령을 종합적으로 살펴볼 때, 이 사건 사업이 수반하는 소음, 진동 등으로 주변주민에게 건강 또는 생활환경의 피해가 발생하는 것을 방지하려는 취지 및 목적을 동 법령들이 가지고 있다는 것이다.[16] 그리고 이러한 제1요소 및 제3요소는 다음에서 보는 제2요소, 제4요소와 맞물려서 함께 고려되어야 한다.

3. 피해의 내용, 성질, 정도 등의 고려

'법률상의 이익'을 판단함에 있어서 '법률상'에만 착안하는 것이 아니라, '이익'에도 착안할 필요가 있다고 생각된다.

개정 일본행소법 제9조2항에서의 제2고려요소(처분에 있어서 고려되어야 하는 이익의 내용 및 성질), 제4고려요소(처분이 위법하게 된 경우에 침해될 우려가 있는 이익의 내용 · 성질 및 이것이 침해되는 태양 · 정도)가 이와 관련된다.

다음의 판결내용에서 이들 제3자의 '이익'이 등장하고 있다. 즉, 피해의 내용, 성질, 태양, 정도 등에 비추어 볼 때 공익으로 흡수되기는 곤란하다는, 다시 말해서 私益으로 보고 법률상 이익으로 인정해야 한다는 취지를 읽을 수 있다.

"……또한, 이러한 사업과 관계된 사업지 주변지역에 거주하는 주민이 당해지역에 계속 거주하여 이러한 피해를 반복 · 계속하여 받았다면, 그 피해는 그 주민의 건강이나 생활환경에 대해 현저한 피해가 될 수도 있다. 그리고 도시계획사업인가에 관한 동법의 규정은 그 취지 및 목적에 비추어 볼 때, 사업지 주변지역에 거주하는 주민에 대해서 위법한 사업으로 인한 소음, 진동 등으로 이러한 건강 또는 생활환경에 대해 현저한 피해를 받지 않을 구체적 이익을 보호하려는 것으로 이해되는 바, 전술한 피해의 내용, 성질, 정도 등에 비추어 보면, 이 구체적 이익은 일반적 공익 가운데 흡수 · 해소되기에는 곤란한 것이라 말하지 않을 수 없다."[17]

15) 判旨 4. (2) ウ.

16) 아울러, 건강하고 문화적인 도시생활을 확보하여 양호한 생활환경을 보전하는 것도 그 취지 및 목적으로 하고 있다.

17) 判旨 4. (2) エ.

도시계획법이 보호하려는 이익의 내용 및 성질을 고려하면 이 사안의 경우 개별적 이익으로서 보호되어야 한다는 취지를 분명히 하고 있다.

"도시계획사업의 인가에 관한 도시계획법 규정의 취지 및 목적, 이러한 규정이 도시계획사업인가제도를 통해 보호하려는 이익의 내용 및 성질 등을 고려하면, 동법은 이러한 규정을 통해 도시의 건전한 발전과 질서 있는 정비를 도모하는 등의 공익적 견지에서 도시계획시설의 정비에 관한 사업을 규제함과 동시에, 소음, 진동 등으로 건강 또는 생활환경의 현저한 피해를 직접적으로 받을 우려가 있는 개개인의 주민에 대해서 그러한 피해를 받지 않을 이익을 개개인의 개별적 이익으로서도 보호해야 한다는 취지를 포함한다고 이해함이 상당하다. 따라서 도시계획사업의 사업지 주변에 거주하는 주민 가운데 당해 사업 실시로 소음, 진동 등으로 건강 또는 생활환경에 대한 현저한 피해를 직접적으로 받을 우려가 있는 자는 당해 사업 인가의 취소를 구할 법률상 이익을 가지는 자로서 그 취소소송의 원고적격을 가진다고 말하지 않을 수 없다."[18]

그러나 제2고려요소, 제4고려요소를 적용함에 있어서, 이러한 것들을 고려 · 감안한 결과 어떠한 경우에 개별보호성이 인정되는가에 대한 판단기준에 대해서는 小田急判決에서 특별한 언급이 없다. 따라서 제2요소, 제4요소 자체의 원고적격 확대기능이 어느 정도인가를 동 판결에서는 제대로 이해할 수 없는 점은 아쉬운 부분이다.[19]

4. 보호범위의 劃定

원고적격의 기준이 되는 법률상 이익의 유무를 판단하는 문제와 함께 어느 범위까지 법률상 이익을 가지는 자인가를 판단하는 문제 역시 중요하다. 전자가 보호이익의 판정문제라면, 후자는 보호범위의 획정문제이다. 즉, 당해 도시계획사업으로 피해를 직접적으로 받는 것은 사업지 주변의 무한정한 범위의 주민이 아니라 '일정한 범위에 거주하는 주민'이다.

이 사건에서도 이 문제가 쟁점으로 제기되고 있다.

"도시계획법 또는 그 관계법령에 위반한 위법한 도시계획의 결정 또는 변경을 기초로 하여 도시계획사업인가가 내려진 경우에, 그러한 사업으로 인한 소음, 진동 등으로 피해를 직접적으로 받는 것은 사업지 주변의 일정범위의 지역에 거주하는 주민에 한정되고, 그 피해의 정도는 거주지가 사업지에 근접함에 따라서 증대할 것으로 생각된

18) 判旨 4. (2) オ.

19) 桑原勇進, 앞의 논문, 15쪽 이하.

다…….”[20]

그렇다면 이 일정범위를 어떻게 획정할 것인가가 문제인데, 여기서 관련법령으로 이미 언급되었던 동경도 환경영향평가조례가 규정하는 ‘관계지역’을 기준으로 원고적격의 범위를 정하고 있다. 즉, 관계지역 내에 있는 거주하는 자들은 원고적격이 있다고 한다.

“이들의 주소지와 본건 철도사업의 사업지와의 거리관계 등에 더하여, 동경도 조례 제2조 5호가 규정하는 관계지역이 대상사업을 실시하려고 하는 지역 및 주변지역에 당해 대상사업의 실시가 환경에 현저한 영향을 미칠 우려가 있는 지역으로서 피상고참가인(東京都知事)이 정한 것임을 고려하면, 위의 상고인들에 대해서는 본건 철도사업 실시로 인한 소음, 진동 등으로 건강 또는 생활환경에 현저한 피해를 직접적으로 받을 우려가 있는 자에 해당한다고 인정되기 때문에 본건 철도사업인가의 취소를 구하는 원고적격을 가진다고 이해함이 상당하다.”

이러한 판결의 취지는 다음과 같이 정리할 수 있다.[21]

❖ 〈표 2〉 ‘법률상의 이익’ 고찰방법 분석 (다수의견)

<table>
<tr><th>원고적격</th><th colspan="2">법령명</th><th colspan="2">조문</th><th>조문내용</th></tr>
<tr><td rowspan="5">행정사건소송법 9조 1항</td><td rowspan="5">도시계획법(근거법규)</td><td>취지</td><td colspan="2">2조</td><td>건강한 문화적 도시생활의 확보</td></tr>
<tr><td>목적</td><td colspan="2">1조</td><td>국토의 균형있는 개발과 공공복지에 기여</td></tr>
<tr><td rowspan="2">처분에 있어서 고려해야 할 규정</td><td colspan="2">13조 1항 柱書</td><td>공해방지계획에 적합할 것</td></tr>
<tr><td colspan="2">동조 5항, 16조1항, 17조 1,2항, 66조</td><td>計劃·案에 대한 공청회 개최등 주민의견의 반영
사업에 대한 周知措置</td></tr>
<tr><td>그 취지·목적</td><td colspan="3">이상의 규정은 사업에 수반하는 소음·진동에 의한 사업지의 주변거주지 주민의 건강, 생활환경에 대한 피해의 발생을 방지, 특히 건강한 문화적 도시생활의 확보, 양호한 생활환경보전, 개개인의 주민에 개별적 이익으로서 보호하는 취지를 포함</td></tr>
<tr><td rowspan="10">동법 동조 2항</td><td rowspan="10">도시계획법과 목적을 같이하는 관계법령</td><td rowspan="5">(구) 공해대책 기본법</td><td>1조</td><td>목적</td><td>국민의 건강보호와 생활환경보전</td></tr>
<tr><td>2조</td><td>공해</td><td>사람의 활동으로 생기는 상당범위의 전형적인 7공해</td></tr>
<tr><td>4조</td><td>시책</td><td>국가, 지방공공단체의 공해방지</td></tr>
<tr><td>5조</td><td>책무</td><td>시책책정실시</td></tr>
<tr><td>19조</td><td>대책</td><td>공해방지계획의 책정</td></tr>
<tr><td>환경기본법</td><td>17조</td><td colspan="2">위와 같음</td></tr>
<tr><td rowspan="4">동경도 환경영향평가조례</td><td>3조</td><td>책무</td><td>양호한 환경보전, 건강쾌적한 생활의 확보</td></tr>
<tr><td>24조2항</td><td>절차</td><td>사업자의 EIS를 허가권자에게 송부</td></tr>
<tr><td>25조</td><td>배려</td><td>인허가에 있어서 EIS의 내용배려 요청</td></tr>
<tr><td>45조</td><td>조정</td><td>EIA절차를 도시계획절차에 합쳐서 시행</td></tr>
</table>

Ⅳ. 이른바 '리스크로부터의 보호의무'와 원고적격-藤田 재판관의 보충의견에 대한 검토

1. 이른바 '리스크로부터의 보호의무'論

'小田急'소송상고심판결에서 학문적 관심을 끄는 것은 다수의견 외에도 藤田 재판관의 보충의견이다. 그의 이른바 '리스크로부터의 보호의무'론은 제3자의 원고적격에 관한 새로운 쟁점을 던지고 있다.

그의 의견을 나누어 살펴보자.

먼저, 행정청은 주변주민을 일정한 손해를 받을 리스크로부터 보호할 '법적' 의무가 있다고 보는 점은 특기할 만하다.

"……적어도 본건과 같은 도시계획시설에 대한 사업인가의 경우 주변주민에게 원고적격이 인정된다고 하게 되면, 이론적으로 그것은 당해 시설이 장래에 있어서 이용되는 것에 기인하는 일정한 손해를 받을 리스크로부터 제3자(주변주민)를 보호할 법적인 의무가 행정청에게 부여되고 있다는, 다시 말하자면, 주민에게는 그러한 보호를 받을 법적 이익이 부여되고 있음이 인정되기 때문이라고 생각한다. 즉, 위법한 사업인가가 내려짐으로써 행정청은 이러한 '리스크로부터의 보호의무'에 위반하게 되고, 법률상 주변주민에게 부여되고 있는 '리스크로부터 보호받을 이익'의 침해가 인정되기 때문에 주민에게 원고적격이 인정되는 것이다."

또한 藤田 재판관은 전통적인 법률상 이익을 판단함에 있어 '근거법규'를 출발점으로 하는 다수의견인 이른바 '종래의 공식'에 대하여-판단을 유보하기 했지만-의문을 표하고 있다.

"주변주민이 가지는 '법률상의 이익'이 이러한 내용을 가지는 것이라면, 그 전제가 되는 행정청의 법적 의무(리스크로부터의 보호의무)가 사업인가처분의 근거규정에 의해 부과된 것에 한정된다는 이론적 필연성은 없게 되고, 처분을 행하는 행성청에 대해서는 근거규정 이외에도 절차규정 · 목적규정 등 다양한 규정, 즉 행정청의 권한행사에 제약을 과하는 현행법령 일반이 이러한 법적 의무를 부과할 가능성이 있다. 다수의견이 그 일반론으로서 행정사건소송법 9조2항을 인용하면서 이유 4(2)에 언급한 것은,

20) 判旨 4. (2) エ.

21) 山村恒年, "小田急線連続立体交差事業認可取消大法廷判決", 判例地方自治 274, 2006/3, 83頁.

위의 '종래의 공식'을 따른 것이라고 할 수 있고, 나 자신도 본건에 있어서 그러한 수법을 채택한 것 자체에 감히 반대하는 것은 아니지만, 일반론으로서 동법 9조의 해석상 여기서 말하는 법률상 이익은 근거규정에 의해서 보호되는 이익임을 출발점으로 고집하는 것이 과연 적절 혹은 필요한 것인가에 대해서는 또한 의문이 있고, 이 문제에 관한 한 여기에서는 유보하고자 한다."

행정청에게 이러한 '리스크로부터의 보호의무'가 부여되어 있다는 데 대한 법적 근거가 있어야 하는데, 藤田 재판관은 도시계획법 제1조(목적), 제2조(이념) 및 헌법상 보장되는 인격권에서 이러한 의무를 찾고 있다. 우리나라의 경우에도 법률상 이익의 고찰방법으로, '법률'에 헌법을 포함시켜 헌법상 기본권으로부터 원고적격을 찾으려는 해석방법도 있어[22] 헌법조항을 원용하는 것 자체는 그리 놀라운 일이 아니다. 그러나 이를 통해 '리스크로부터 보호할 의무'를 도출하는 것은 관심을 끌 만하다.

"어쨌든 본건의 경우에는 우선, 본건 각 사업인가처분 및 그 기초가 된 도시계획의 책정에 대해, 도시계획법상 근거규정을 비롯한 여러 규정이 과연 행정청에 대해서 이러한 '리스크로부터의 보호의무'를 과하는 것으로 인정할 수 있는지 여부가 문제된다. 그리고 이러한 견지에서 고찰할 때, 인구밀집지에서 행해지는 도시계획시설 건설 및 그 기초가 되는 도시계획 책정시 행정청이 시설이용의 주변에 미치는 마이너스(-) 영향을 생각하지 않고 판단하는 것은, 원래 '도시의 건전한 발전과 질서 있는 정비를 도모'한다는 법의 목적(도시계획법 1조), 그리고 '기능적인 도시 활동'과 더불어 '문화적인 도시 생활'의 확보를 목적으로 하는 도시계획의 이념(동법 2조)에 적합할 수 없고, 도시계획 책정 및 사업인가 시 이러한 마이너스영향도 포함한 여러 이익을 충분하게 조정해야 하는 의무를 부담하는 것은 당연한 것일 수밖에 없다. 여기에 생명·건강 등의 향수에 대하여 국민에게 주어진 헌법상 보장(인격권)을 함께 생각하면, 행정청은 적어도 이러한 이익에 대한 중대한 침해의 리스크로부터 주변주민을 보호해야 한다는 의무를 부담하고 있다고 보는 것은 결코 무리한 추론이라고 말할 수 없다고 생각된다."

끝으로, 보호되어야 할 주변주민의 이익이 '개개 이익의 집합체 내지 총합체'로서의 '집단적 이익'이라는 점에서 '公益'이 아닌 '私益'(개인적 이익)이라는 논리를 전개하고 있다.

"또한 보호되어야 할 주변주민의 이익이 '공익일반'에 불과한 것인가, 아니면 '개인의 이익'인가의 문제에 대해서 말하면, 여기에서의 '공익일반'의 예를 들면 토지수용의

22) 홍정선, 행정법특강, 박영사, 2008, 676쪽.

경우에서와 같은 '사익'과 대립하는 '공익'이 아니라, '개개 이익의 집합체 내지 총합체'로서의 '집단적 이익'이기 때문에 거기에 '개인적 이익'이 포함되어 있는 것은 오히려 당연한 것이고, 이렇게 보지 않을 경우 오히려 그 법률상 명확한 근거가 제시될 필요가 있다. 바꾸어 말하면, 행정청은 개인에 대하여 이와 같은 의미의 보호의무를 부담하지 않는 데 대하여 법률상 명확한 근거로 분명하게 하지 않는 한, 적어도 사업인가에 관계되는 도시계획시설 이용의 결과, 생명 · 건강 등에 중대한 손해를 입을 리스크에 노출되고 있는 주변주민의 訴에 대해서는 원고적격이 인정되어야 한다고 생각된다. 그리고 현행법상 이 의미에서의 명확한 근거는 인정되지 않을 뿐 아니라, 오히려 다수의견이 제시했듯이 도시계획법과 공해대책기본법 등과의 밀접한 결부 등에 의해 추정은 역방향으로 움직이기 때문에 본건 철도사업인가에 대해 취소소송의 원고적격을 인정하는 것은 당연한 것이라고 해야 한다."

요컨대, 藤田 재판관은 그의 보충의견을 통하여 행정주체의 '리스크로부터의 보호의무', 그리고 이에 대응하는 국민들의 '리스크로부터 보호받을 이익'을 강조하고 있다. '리스크로부터의 보호의무'를 도출하는 근거로서 도시계획법 1조의 목적규정, 동법 2조의 이념규정, 헌법상의 인격권을 들면서, 이러한 중대한 리스크 보호의무로부터 나오는 주변주민의 이익은 단순히 공익에 불과한 집단적 이익이 아니라, 개인적 이익이 내포된 집단적 이익이어서 '법률상 이익'의 요건을 충족한다고 보고 있다.

❖ 〈표 3〉 '법률상의 이익' 고찰방법에서의 전통적 공식과 이른바 '리스크보호의무'론

	법률상 이익
전통적 공식	처분의 근거법규와 관련법규의 취지 · 목적으로부터 고려하여 보호되는 이익
'리스크로부터의 보호의무'론	법률상 주변주민에게 미치고 있는 리스크로부터의 보호이익

2. 이른바 리스크보호의무論에 대한 일본 內에서의 평가

(1) 町田 재판관의 보충의견

藤田 재판관의 보충의견(이른바 리스크보호의무론)에 대하여 町田 재판관이 동조하면서 그의 보충의견을 덧붙이고 있다. 이를 '藤田 · 町田 보충의견'과 같이 묶어서 나타낼 수도 있겠지만, 町田 재판관의 보충의견은 '藤田 재판관의 리스크로부터 보호할 의무론에 대한 평가'라고 하는 것이 더 정확할 것 같다.

町田 재판관은 우선 '리스크로부터의 보호의무론'에 동조하게 된 이유로 근거법규를 중심으로 법률상 이익을 파악하는 이른바 종래의 공식이 가지는 문제점을 지적하고 있다.

"종전 행정처분의 취소소송에서 원고적격의 요건으로서 법률상 이익이란 당해 처분의 근거규정에서 보호된 이익으로 해석되고, 당해 처분의 결과 필연적으로 권리, 이익이 침해되더라도 그것이 근거법규에 의해 보호되는 것이 아닌 경우에는 원고적격이 없게 된다. 그러나 근거법규가 어떠한 권리, 이익을 보호하는 것인가는 일의적으로 명백하지 않는 경우가 적지 않고, 그 해명에 시간과 노력이 들기 때문에 소송지연의 원인이 되며, 또한 권리, 이익의 침해가 있더라도 구제되지 않는 경우가 있어 취소소송의 역할을 축소시킨다는 비판이 제기될 가능성도 있다. ……종래의 공식에 대한 재검토를 본건에서 행하는 것은 유보하고 이를 장래에 맡기려는 藤田 재판관의 보충의견에 찬성한다."

보호범위의 획정과 관련해서도 언급하고 있다. 원고적격의 범위를 가능한 한 개개의 소송당사자의 개별적 사정(예컨대, 피해의 정도)을 고려하는 것이 아니라, 가능한 한 객관적 기준에 기해서 획정하려는 취지인 것 같다. 다만, 이 경우 일본 행소법 제9조2항의 제2고려요소, 제4고려요소와의 관계가 문제될 수 있다고 생각되는데, 이 점에 대한 구체적인 이유는 찾아 볼 수 없다는 점은 다소 아쉬운 면이 있다.

"본건과 같은 도시계획시설에 대한 사업인가의 취소소송에 있어서 주변주민의 원고적격을 생각하는 경우에 피해의 정도에 강약이 있는 다수의 주민 중 어느 범위에서 인정되는가의 기준에 대해 근거법규 및 관련법규가 정하는 절차 등에서 어느 범위의 주민을 대상으로 하고 있는가, 다시 말해서 어느 범위의 주민에 대해서 '리스크로부터의 보호의무'를 지는 것으로 해석되는가가 그 지침이 될 것이다. 본 판결이 개개의 피해정도를 묻지 않고 본건 철도사업인가와 관련된 관계지역 안에 있는가, 관계지역 밖에 있는가를 기준으로 원고적격 유무를 판단하는 것은 以上의 이치(理)에 기한 것으로 보는 것이 상당하다고 생각된다. 내가 藤田 재판관의 '리스크로부터의 보호의무'라는 견해에 동조하는 이유이다."

(2) 學者들의 평가

'법률상 이익'을 '절차법적 이익'으로 보면서, 원고적격 확대를 주장해 온 山村恒年 변호사는 藤田 재판관의 보충의견이 '처분의 근거법규에 의해 보호되는 이익설'이라는 전통적 공식을 비판하고 있지만, 결론에 대해서는 마찬가지 결과가 되어 있다고 한다. 행소법 제9조1항의 문언은 '법률상 이익'으로 명시하고 있고, 여기서의 '법률상'에는 '처분의 근거법규에 의한'이라는 제약이 없는데도 제약이 있는 것으로 해석하는 것은 '제한해석'이 된다고 한다. 그러한 제한해석을 할 이론적 필연성은 없다고 보는 보충의견에 의하면 동조 2항을 제시하지 않아도 본건에서는 이익이 인정된다고 보며, 이 점은 山村恒年 변호사 자신이 평소부터 주장하였던 것이라고 한다. 아울러, 보충의견에서는 이렇게 제한해석을 하지 않고 도시계획법상 근거규정 및 헌법상 인격권보장을 같이 고려하여 행정청이 중대 리스크로부터 주변주민을 보호할 의무를 지고, 주민은 보호되는 개인적 이익으로서 법률상 이익을 가진다고 한 점에 주시하고 있다.[23] 또한 藤田 재판관의 의견에서 '중대한 침해리스크로부터 보호되는 이익'은 '집단적 이익'이고 이는 '개인적 이익'을 내포하는 것이라는 견해에 동조하면서, 이 점은 향후 크게 논의될 것이라고 전망하고 있다.[24]

神橋一彦 교수는 藤田 재판관의 '리스크로부터의 보호의무론'에 대해서도 보호규범논증에 어느 정도는 의거하고 있다고 보고 있다. '리스크로부터의 보호의무론'은 원고적격 판단에 있어서 하나의 방향을 확고하게 하여 나타낸다는 의미는 있지만, 재판실무에서 원고적격의 범위를 가능한 한 객관적으로 획정한다고 하는 요청이 있는 한, 적어도 당분간은 '종래의 공식' 아래 보호규범의 해석과 그에 기한 이론구성 작업에 어느 정도는 의거해야 할 것이라고 한다. 또한, 藤田 재판관의 보충의견에 대해서는, 제3자의 '법률상 이익'에 대한 해석 · 판단방법으로 실체법상 법관계에만 의존하지 아니하고, 소송법적 요청 · 고려도 가미함으로써 일종의 실체법에 대한 의존도를 완화한 논리구성이라고 파악하고 있다. 특히 생명, 신체, 건강, 재산 등과 같은 중요한 이익이 문제되는 경우에는 유연하게 본안심리의 문을 넓혀야 한다고 보고 있다. 다만, 이러한 '리스크로부터의 보호의무론'도 '생명, 신체, 건강, 나아가 재산'이라는 이익에 대해 이것을 보호이익으로 인정한다는 '보호이익의 판정'에 관한 논의이며, 어느 범위에 있는 자가 어떤 보호의무에 의해 보호받는 것인가에 관한 '보호범위 劃定'의 문제는 남아있다는 점을 지적하고 있다.[25]

亘理格 교수는 리스크로부터의 보호의무론에 따를 경우 주변주민의 법률상 이익

23) 山村恒年, 앞의 논문, 84쪽.
24) 山村恒年, 行政法と合理的行政過程論, 2006, 501頁.
25) 神橋一彦, "取消訴訟における原告適格判断の枠組みについて", 立教法学 71, 2006. 10, 27頁.

유무는 절차규정 · 목적규정 등 다양한 규정을 포함한 행정청의 권한행사에 제약을 과하는 현행법령일반으로부터도 도출될 수 있게 되고, 근거규정에 고집할 필요성 자체가 의문스럽게 된다고 하면서, 소수보충의견은 이 의문 자체에 대하여 확고한 해답을 유보한 것이지만, 장래의 판례, 학설에 대하여 과제를 제기한 것으로서 중요하다고 평가하고 있다. 동 교수는 나아가 주변주민의 생명 · 건강에 관한 이익에 대해서는 근거규정 여하와 무관하게 법률상 보호된 이익에 해당된다고 하더라도, 같은 결론을 생명 · 건강 이외의 어떠한 권리 · 이익에 확대시킬 수 있는지 여부가 문제로 남는다고 한다. 즉, 위법하게 침해된 이익의 내용 · 성질 및 침해의 태양 · 정도를 감안함으로써 개별사안에 따른 유연한 판단을 행할 것을 요구하는 법 제9조2항의 취지에서 볼 때 '리스크로부터의 보호의무'의 대상을 생명 · 건강에 한정하여 주로 생명 · 건강을 상정하려는 데 대해서는 합리성이 없다고 한다. 말하자면, 판례의 태도보다 더 적극적인 입장을 취하고 있다고 이해된다.[26)]

3. 이른바 '리스크로부터의 보호의무論'에 대한 私見

앞서 일본 학자들의 평가에서도 본 바와 같이 이 '리스크로부터의 보호의무論'이 법률상 이익에 대한 새로운 담론을 제공하고 있는데, 이는 우리나라에서의 상황과도 무관하지 않는 것으로 보면서 다음과 같은 생각을 해보게 된다.

첫째, 현대국가의 새로운 법적 문제가 되고 있는 '리스크'(risk, Risiko)개념을 최고재판소 차원에서 원용하고 있는 것은 특기할 만하지만, 아직 법적 개념으로 그 윤곽이 뚜렷하지 아니한 이 개념에 대하여 개념정의도 하지 않은 채 이를 논리전개의 중심에 두고 있는 점은 아쉬운 부분이다.

둘째, 리스크개념에 대한 일반적인 견해를 따르는 경우에도, 위험방지(Gefahrenabwehr)의무가 아닌 리스크사전배려(Risikovorsorge)의무에는 원고적격을 부여하지 않는 전통적인 견해에서는 다소 의아한 결론이라는 점이다.[27)] 리스크로부터도 원고적격을 인정할 수 있다는 견해가 나올 수 없는 것은 아니나, 이러한 예외가 인정되기 위한 조건이 충족되는지에 대한 검토가 필요했지 않았을까 하는 생각도 해보게 된

---

26) 亘理格, "行訴法改正と裁判実務", ジュリスト No. 1310, 2006/4, 3-4頁.

27) 리스크의 법적 개념에 대해서는 Laubinger, "Gefahr, Nachteil, Belästigung und Risiko im Immissionsschutzrecht", 토지공법연구 32, 2006, 70쪽 이하(번역 : 김현준, "임미씨온방지법에서의 위험, 불이익, 부담, 리스크", 토지공법연구 32, 103쪽 이하).

다. 이러한 조건을 정리하지 않고 리스크보호의무로부터 곧 바로 원고적격을 인정한다는 방식은 행정주체에 대하여 과도한 의무를 과하는 것이 되지 않을까 걱정스럽다.

리스크사전배려의무가 아니라 리스크보호의무라고 하는 점에 비추어 볼 때, 이는 일종의 리스크방지(Risikoabwehr)의무로 볼 수 있으리라 생각되지만, 이에 관한 설명이 없어 그 취지를 정확하게 알기는 쉽지 않다. 따라서 이 점에 대한 이유제시가 필요하지 않았나 생각된다.

셋째, 인격권이라는 헌법상 기본권을 원고적격 판단방법으로 들고 있는 점은 최근 많은 학자들이 헌법규정도 '법률상 이익'의 판단방법으로 들고 있는 점과 맥을 같이 하고 있다. 일본헌법에는 우리 헌법과는 달리 환경권의 규정이 없는 점을 감안한다면, 아마 우리나라와 같은 헌법하에서는 인격권보다 환경권이 먼저 원용되었지 않았을까 하는 생각도 하게 된다.

Ⅴ. 우리 법제의 운용 · 해석에서의 시사점

1. '법률상 이익의 해석론'과 관련하여

법률상 이익의 성질, 내용, 태양, 정도를 고려해야 한다는 일본의 개정 행소법 제9조2항을 적용한 小田急判決에서 읽을 수 있는 중요한 시사점은 '법률상 이익'을 판단함에 있어서 '법률상'에만 너무 집착하지 말고, 이어서 나오는 '이익'에도 주목해야 한다는 점이 아닐까?

우리나라 법원의 판례와 小田急判決의 해석론을 비교하여 살펴보자.

입법론은 別論으로 하면, 우리 행정소송법 제12조 전단의 '법률상 이익'은 원고적격 판단의 준거점이라고 하지 않을 수 없다. '법률상 이익'을 해석함에 있어서 '법률상 보호되는 이익설'을 취하더라도, 종래의 엄격한 제정법준거주의에 입각한 '법률상 보호되는 이익설'이 초래하는 원고적격 협애화를 개선할 수 있는 방법을 모색할 필요가 있다. 필자는 이와 관련하여 '이익'에 관심을 가지고 있는데, 小田急判決에서 이러한 해석방향을 찾아 볼 수 있다. 이때 이익은 '법률상' 이익으로 '법률'로부터 벗어나는 것은 아님은 물론이다.

사실 그동안 우리는 원고적격 확대를 위해 '법률상 이익'을 해석할 때 '법률'에만 치우친 면이 없지 않았을까? 이 '법률'에는 근거법규는 물론 관련법규, 절차법규, 나아가 헌법까지 포함될 수 있다는 주장들이 있지만, 이러한 법률에 대한 해석에서 더 나아가, 이익에 대해서도 이익의 성질, 내용, 태양, 정도 등을 고려하는 해석방법이 필요하다는 것이다. 이렇게 함으로써 '법률상 이익'이라는 문언으로부터 벗어나지 않고 해석론을 전개하면서도, 실제로는 '법적 보호가치 있는 이익구제설'에 근접하는 해석론으로까지 확대할 수 있게 된다. 이는 우리나라 행소법 제1조 등의 문언해석을 바탕으로 주관소송의 입장에 서면서도, 실질적으로 국민의 권익보장을 위해 원고적격을 넓힐 수 있는 방안이 될 수 있으리라 생각한다. 小田急判決의 해석론이 가지는 의미는 바로 여기에 있다.

2. '보호범위의 劃定'과 관련하여

환경행정소송에서의 제3자의 원고적격에 대해서는 우리나라 대법원 판례는 환경영향평가 대상지역경계선 및 원고의 입증을 중시하고 있다.[28] 그러나 지나치게 원고의 입증을 바탕으로 원고적격을 판단하는 것은 공익적 성격을 띠고 있는 원고적격문제가 직권조사사항이라는 점[29]에 반할 수 있으며, 사견으로는 대상지역 경계선에 지나치게 의존하는 대법원의 경향도 적절하지 않다고 보고 있다.

원고적격의 기준이 되는 법률상 이익의 유무를 판단하는 문제와 함께 어느 범위까지 법률상 이익을 가지는 자인가를 판단하는 문제인 이 보호범위획정에 대하여는 小田急判決에서는 동경도 환경영향평가조례가 중요한 역할을 하고 있다. 동 조례가 규정하는 관계지역이 대상사업을 실시하려고 하는 지역 및 주변지역에서 당해 대상사업의 실시가 환경에 현저한 영향을 미칠 우려가 있는 지역으로서 피상고참가인이 정한 것임을 고려하여, 이 관계지역에 거주하는 주민들은 철도사업 실시로 인한 소음, 진동 등으로 건강 또는 생활환경에 대해 현저한 피해를 직접적으로 받을 우려가 있는 자에 해당한

28) "환경영향평가 대상지역 안의 주민들이 전과 비교하여 수인한도를 넘는 환경침해를 받지 아니하고 쾌적한 환경에서 생활할 수 있는 개별적 이익까지도 이를 보호하려는 데에 있다고 할 것이므로, 위 주민들이 공유수면매립면허처분 등과 관련하여 갖고 있는 위와 같은 환경상의 이익은 주민 개개인에 대하여 개별적으로 보호되는 직접적 · 구체적 이익으로서 그들에 대하여는 특단의 사정이 없는 한 환경상의 이익에 대한 침해 또는 침해우려가 있는 것으로 사실상 추정되어 공유수면매립면허처분 등의 무효확인을 구할 원고적격이 인정된다. 한편, 환경영향평가 대상지역 밖의 주민이라 할지라도 공유수면매립면허처분 등으로 인하여 그 처분 전과 비교하여 수인한도를 넘는 환경피해를 받거나 받을 우려가 있는 경우에는, 공유수면매립면허처분 등으로 인하여 환경상 이익에 대한 침해 또는 침해우려가 있다는 것을 입증함으로써 그 처분 등의 무효확인을 구할 원고적격을 인정받을 수 있다."(대법원 2006. 3. 16. 선고 2006두330).

29) 南博方 · 高橋滋(編), 條解行政事件訴訟法, 第3版, 267頁. 이 점은 우리나라에서도 일반적으로 인정되고 있다. 김남진 · 김연태, 행정법 I, 2008, 719쪽; 김동희, 행정법 I, 2008, 739쪽; 김철용, 행정법 I, 2008, 670쪽; 박균성, 행정법강의, 2008, 796쪽; 한견우, 현대행정법강의, 2006, 860쪽; 홍정선, 행정법특강, 2008, 646쪽.

다고 인정하여 원고적격을 인정하고 있다. 이 점은 우리 대법원판례[30)]가 최근 환경행정소송에서 대상사업 내외를 기준으로 원고적격을 결정하는 태도와 다소 유사한 면이 있다.

그러나 필자는 이러한 대상지역범위 역시 하나의 참고요소에 불과하다고 보며, 오다큐판례에서 원고적격획정범위로서 동경도 환경영향평가조례의 관계지역을 기준으로 삼았다고 해서, 대상지역범위 경계선이 원고적격유무의 결정적인 기준이 되었다고까지 볼 수는 없을 것 같다. 아울러 동경도 환경영향평가조례에 따른 관계지역설정이 제대로 이루어지고 있는가에 대한 평가도 필요할 것이다. 가령 神橋一彦 교수는, 만약 그와 같은 구성이 정당화되려면 그것은 都조례가 보호규범설의 관련법규 등의 틀내에 포함되는지 여부의 관점에서가 아니라, 오히려 원고적격의 범위를 확정함에 있어 그와 같은 都조례의 규정에 일종의 '전문가감정'적인 판단으로서의 합리성이 인정되고 있기 때문이라는 것은 타당하지 않다고 한다.[31)]

그리고 대상지역 밖의 주민에 대해서는 그들이 입는 환경침해가 수인한도가 넘는다는 점을 입증하여야 원고적격이 인정된다는 점을 강조하는 우리 판례의 경향은 小田急判決의 그것과는 다른 점이 있는데, 이러한 차이를 생각하면 이에 대한 비교법적 연구가 매우 신중해야 하리라 본다.

3. 원고적격판단에서 환경영향평가법규 적용과 관련하여

환경행정소송에서의 제3자의 원고적격문제에 있어서, 우리나라 대법원판례는 환경영향평가법규에 매우 큰 의미를 부여하고 있다. 앞서 살펴 본 보호범위획정과 관련하여 대상사업의 경우 그 대상지역범위를 원고적격판단의 중요한 기준으로 삼고 있기 때문이다.

우리의 경우 이를 두고 위법성준거법규와 원고적격판단법규의 불일치, 즉 '원고적격의 위법성견련성'이 없음을 이유로 항고소송이 객관소송임을 주장하는 견해도 있다.[32)] 일본 행소법 제10조1항("취소소송에서는 자신의 법률상 이익과 관계없는 위법을 이유

30) 대법원 1998. 9. 22. 선고 97누19571 판결; 대법원 2006. 3. 16. 선고 2006두330 전원합의체 판결. 대법원 2006. 12. 22. 선고 2006두14001 판결은 환경영향평가가 아니라 사전환경성검토에 관한 것이지만 같은 취지에서 이해할 수 있다.

31) 神橋一彦, "都市計画事業認可と周辺住民の原告適格", ジュリスト臨時増刊 No. 1313, 2006/6, 60頁.

32) 박정훈, "환경위해시설의 설치 · 가동 허가처분을 다투는 취소소송에서 인근주민의 원고적격", 판례실무연구(Ⅳ), 493쪽; 이원우, "시민과 NGO에 의한 행정통제 강화와 행정소송", 법과 사회 23, 2002, 169쪽.

로 하여 취소를 구할 수 없다.")에서는 그 주관소송성을 분명히 하고 있어 이러한 논의가 최소한 해석론에서는 발생할 여지가 거의 없다. 그러나 小田急判決을 통해 환경행정소송에서 환경영향평가법규의 위반이 문제된 경우가 아니라, 단지 그 범위획정을 위해 환경영향평가법규가 원용된 경우에는 이를 순수히 절차법규에서 원고적격을 인정하였다고 볼 것이 아니라, 처분의 근거법규와 절차법규 등 관련법규를 종합적으로 해석하여 원고적격을 인정하고 있는 것으로 보아야 한다. 따라서 환경영향평가법규에 규정된 대상지역경계에 지나친 의미를 부여할 필요는 없고, 이를 단지 근거법규 및 관계법규를 종합적으로 고려하는 가운데 원고적격범위 획정을 위해 참고하는 방식을 취하는 것이 타당하리라 생각된다.

4. '리스크로부터의 보호의무論'과 관련하여

리스크로부터의 보호의무와 관련해선 우리 법제에 대한 시사점과 관련하여 몇 가지를 덧붙이고자 한다.

관계법규 및 헌법규정 등으로부터 리스크보호의 법적 의무가 행정청에 있다는 점을 도출한 다음, 그 리스크로부터 보호받을 이익이 인근주민에게 있다는 이유로 그 이익을 '법률상 이익'으로 연결하고 있는데, 이는 이익에 대한 해석이 가져올 수 있는 잠재력을 보여주는 것이다. 즉, 법률상 '이익'에 대한 해석을 통하여 원고적격을 넓힐 수 있는 가능성을 이 리스크로부터의 보호의무론에서 찾아 볼 수 있다.

또한, 법률상 이익을 논함에 있어서 굳이 처분의 근거규정에 의해서 부과된 것에 한정해야 할 이론적 필연성이 없다는 논지는 근거규정 이외에도 절차규정 · 목적규정 등 행정청의 권한행사를 제약하는 현행법령 일반이 이러한 법적 의무를 부과할 수 있다는 것이다. 이 점은 보충의견에서도 조심스럽게 제시하는 견해이며, 우리의 해석론과 관련해서도 신중하고 종합적인 검토가 필요할 것이다. 만일 이러한 방향으로 법률상 이익을 해석하게 된다면 행정소송의 원고적격의 확대가능성은 매우 넓어지게 될 것이다. 결국, '법률상 이익'에 대한 유연한 해석이라고 할 수 있는 '리스크로부터의 보호의무론'은 '법률상 이익'을 도출함에 있어 근거규정에 고집하지 않는 새로운 해석가능성을 시사하는 것으로 볼 수 있고,[33] 이를 통하여 '법률상 보호되는 이익설'과 '법적 보호가치 있는 이익설'은 실질적으로 서로 근접하게 될 것이다.

33) 위에서 인용한 학자들 외에도 近藤卓史, "原告適格", 実務公法学会(編), 実務行政訴訟法講義 2007, 30頁.

필자는 藤田 재판관이 제시하는 '리스크'개념에 대한 판단에 대해서는 좀 더 생각을 해보기로 하면서도, 법률상 '이익'이 가지는 원고적격 확대의 파괴력(?)을 보면서, 우리나라에서의 '법률상 이익'의 해석에서도 참고할 수 있으리라 보고 있다. 원고적격 확대를 위한 개혁적인 입법조치가 없더라도, 현행법의 해석을 통해 어느 정도 그것이 가능함을 小田急判決은 우리에게 시사하고 있다.

제 4 장

處分性 없는 行政作用에 대한 行政訴訟으로서의 確認訴訟

- 2004년 일본 행소법 개정상황에서의 확인소송 활용론을 단초로 하여 -

Ⅰ. 머리말

현대행정이 전문 · 복잡화되면서 행정작용은 다양한 행위형식을 통해 이루어지고 있다. 가장 대표적 행위형식인 행정행위 외에도 행정입법, 행정지도, 행정계약 등과 같은 행정작용을 통하여 행정목적이 실현되는 경우도 적지 않다.

문제는 이로 인하여 국민들이 권익을 침해당하는 경우에도 항고소송 중심의 행정소송법 체계에서 그 소송대상이 될 수 있는 행정작용은 이른바 '처분'에 한정되고 있다는 점이다. 즉, 처분성이 없는 행정작용의 경우 행정소송을 통한 구제의 길이 막혀있다. 유사한 대상적격개념을 채용하는 행정심판에서도 마찬가지이다. 처분성 있는 행정작용에 대해서만 행정소송으로 다툴 수 있고, 그 밖의 행정작용에 대해서는 소송적 구제의 사각지대가 형성된다면 이는 법치주의와 국민의 재판받을 권리에 대한 위협이 될 것이다.

이러한 이유로 이 문제는 행정소송법 개정논의에서도 원고적격문제와 함께 초미의 관심을 모았던 사안이었고, 행정법학의 묵은 연구대상이 되어 왔다. 이때 제대로 된 구제가 이루어져야 한다는 점에서는 어느 정도 공감대가 형성되어 있지만, 문제는 어떠한 방법으로 이를 실현할 것인가이다. 처분성을 확대할 것인가, 당사자소송을 활용할 것인가, 아니면 별도의 소송제도를 마련할 것인가 등의 주장이 다양하게 전개될 수 있다. 先進的인 판례를 통하여 해결하는 방법도 있을 텐데, 우리 대법원은 매우 제한적인 처분개념을 유지하며, 당사자소송에 대해서도 소극적인 편이어서 법원의 역할을 통한 해결도 '획기적인 이론적 향도'가 없는 한 기대하기 어려워 보인다.

우리와 유사한 문제상황에서 행정사건소송법 개정작업을 추진했던 일본은 2004년 이를 마무리했다. 처분성이 인정되기 곤란한 행정작용을 두고 일본 개정법이 내린 결론은 '확인소송'을 당사자소송의 규정에 명시하는 것이었다. 이 결론에 이르기까지 무수한 논의가 있었지만, 처분개념을 획기적으로 확대하는 방안은 채택하지 않았다. 이 문제에 관한 한 외견상으로는 큰 변화가 없는 改正처럼 보일 수도 있지만, 확인소송 명시의 立法意圖, 意義, 活用可能性을 두고 다양한 해석과 전망이 나오고 있어 그 파급효과에 대해서는 쉽게 단정할 수는 없을 것 같다.

과연 이러한 확인소송 활용이 행정소송적 구제의 사각지대를 없애고 국민의 권익보호와 행정의 적법성을 보장하는 방법이 될 수 있을까?

해석 · 운용문제와 결부되기도 하지만, 확인소송 활용은 당장 우리나라에서 현행 행정소송법을 그대로 가지고도 가능한 것이어서 주목하여 볼 만하다. 또한, 해석론을 넘어 여전히 과제로 남아 있는 우리나라 행정소송법 입법론에도 유용하게 참고할 수 있을 것이다.[1)]

이를 위해 2004년 일본 행정사건소송법 개정전후의 입법자료와 문헌들을 살펴보고, 우리 법제와의 비교검토 및 재평가를 통해 행정법학의 난제 중 하나인 처분성 없는 행정작용에 대한 구제방안을 모색하고자 한다.

Ⅱ. 확인소송 활용론의 등장배경과 의미

1. 처분성 확대론과 당사자소송 활용론

구제범위를 확대하는 방안으로 日本에서 제기되어 온 '처분성 확대론'과 '당사자소

1) 행정소송법상 확인소송이라고 하면 무효등확인소송, 부작위위법확인소송을 떠 올릴 수 있겠지만, 이러한 법정항고소송은 처분성 없는 행정작용에 대한 구제방안을 찾고자 하는 이 글의 논의대상이 아니다. 행정소송으로서의 확인소송 일반에 대해서는 선정원, "확인소송개설", 김철용 · 최광율(編), 주석 행정소송법, 박영사, 2004, 1023쪽 이하 참조.

송 활용론'을 먼저 살펴보자.

(1) 처분성 확대론

처분성 확대론은 기본적으로 취소소송중심주의 내지 항고소송중심주의의 사고에 바탕을 두고 있다. 이러한 행정소송의 대상이 될 수 있는 것은 처분이므로, 구제범위 확충을 위해서 이 처분개념의 범위를 넓힐 수밖에 없다는 것이다. 일본 행소법 제3조의 '공권력의 행사' 내지 '처분성'에 관한 이론을 중심으로 학자들, 하급심판례 등에서 오래 전부터 처분성 확대론이 주장되었지만, 본격적인 처분성 확대론은 1967년 동시에 발표되었던 原田尙彦 교수와 山村恒年 변호사의 논문이었다고 한다. 그 이후 이러한 방향성에 동조하며, 우리나라에서도 많이 알려진[2] 兼子仁 교수의 '形式的 行政處分論'이 1973년에 나타난다.[3]

이러한 처분성 확대론의 주된 내용은 요약한다면, 명령 · 강제를 수반하는 권력적 행위 외에 私法行爲, 내부행위, 사실행위 등의 비권력적 행정활동에 대해서도 공법상 규제를 가하여 구제범위를 확대하려는 것이다. 여기서 항고소송의 대상이 되는 행정처분은 소송법상 개념이고, 시민에 대한 구제를 인정하는 것이 타당한지 여부에 대한 기술적 견지에서 정해져야 하며, 실체법상 · 강학상 행정행위와 동일하게 해석할 합리적 근거는 없다고 한다.[4]

대법원 행정소송법 개정위원회가 마련한 개정안(2004)도 일종의 처분성 확대론이라고 생각된다.[5] 동 개정안은 항고소송의 대상이 되는 처분 개념을 '행정행위' 개념으로 대체하고, 권력적 사실행위와 법규명령이 항고소송의 대상이 되는 것으로 하였는데, 취소소송의 본질과 관련해서는 확인소송설의 입장이었다.[6]

---

2) 김동희, 행정법I, 박영사, 2008, 240쪽 이하.

3) 高木光, 行政訴訟論, 2005, 107-108頁.

4) 위의 책, 109쪽.

5) 우리나라 대법원 행정소송법 개정안 및 법무부 행정소송법 개정안(2007) 개요에 대해서는 김동희, 앞의 책, 666쪽 이하.

6) 이러한 입장의 근저에는 공정력에 대한 통설 · 판례입장을 비판하며, 취소소송본질을 확인소송으로 보는 시각이 깔려있다. 즉, 우리나라에서는 실체적 공정력에 관한 규정이 없어 단순위법인 행정행위가 쟁송취소되기까지는 효력을 발생한다는 입장이 반드시 타당한 것이 아니라고 한다. 따라서 처분에 어떠한 위법성이 있더라도 이는 처음부터 객관적으로 무효이며, 그 위법성 여부가 불명확하여 국가기관에 의해 유권적으로 위법성의 존재가 확인될 때까지는 유효한 것으로 '추정'되고 제소기간 내에 취소소송을 제기하여 취소판결을 받으면 그 위법성이 확정되고 유효성 추정이 깨어져 처음부터 무효이었던 것으로 확정된다는 프랑스식의 '적법성의 추정'으로 이해해야 한다는 것이다(박정훈, "행정입법 부작위에 대한 행정소송", 판례실무연구 Ⅵ, 2003, 184쪽). 취소소송의 본질에 관한 확인소송설은 처분성 확대론과 그 내용상 매우 親和性을 가진다는 지적이 있다(高木光, 앞의 책, 115-120쪽 참조). 이러한 확인소송설과 이 글에서 전개하는 확인소송은 논의의 출발과 방향이 다른 것임을 지적해 둔다.

(2) 당사자소송 활용론[7)]

일본에서 당사자소송에 대해서는 1980년대까지는 소극적 입장이 유력하였다. 우선 당사자소송에 상당하는 소송유형은 戰前의 구 행정재판법에서는 인정되지 않았고, 戰後 1948년에 시행된 구 행정사건소송법특례법에 이르러서야 비로소 규정된 것이다. 그러한 입법배경에는 종래 실체법상 公·私法의 구별을 전제로, 그에 따른 소송유형을 인정해야 한다는 강학상 입장이 있었다. 이처럼 당사자소송은 독일이론의 영향으로 '공법상 대등관계'에 대하여 재판상 권리구제를 '담는 그릇'(受け皿)으로서 구상되었지만, 戰後의 사법개혁에 따라 재판제도가 일원화되어 공·사법이원론 자체를 의문시하는 학설(今村成和, 高柳信一 등)이 유력해지면서 상황은 달라진다. 또한 행소법 규정이 항고소송 중심이어서 당사자소송에 적용되는 특칙은 그다지 없다는 점도 당사자소송을 소극적 평가하는데 기여하였다.[8)]

그러나 1980년 이후 民事留止訴訟[9)]을 부적법한 것으로 판시한 大阪空港上告審判決[10)]을 계기로 여러 학자들이 구체적인 당사자소송 활성화론을 주장하게 되면서[11)] 당사자소송에 대한 다양한 활용방안 및 이론구성이 나타나게 된다.

당사자소송을 보는 뚜렷한 2개의 관점에 대해서 주목할 필요가 있는데, 그 하나는 당사자소송을 '대등관계에 관한 소송'으로 보는 입장이고, 다른 하나는 '잔여개념으로서 당사자소송'에 착안하는 입장이다.[12)]

먼저, 당사자소송을 대등관계에 관한 소송으로 보는 입장이다. 이 전통적인 관념은 公法關係를 '권력관계'와 '비권력관계'로 나누어 前者는 항고소송, 後者는 당사자소송의 수비범위로 보자는 것이다. 그러나 前法律的 생활기반의 성질을 가진 포괄적 법률관계를 상정하고, 거기에 대응하는 형태로 행위형식과 소송유형이 정해진다는 발상에 대해서는 비판이 따른다. 가령, 급부행정영역에서도 행정행위가 있고, 그것을 다투는 소송은 항고소송이 될 수 있다는 것이다.[13)] 과거 항고소송과 당사자소송으로 2분화했던 독일에서도 그것이 개괄주의 법체제에서는 입법기술적으로 맞지 않다는 인식하에

---

7) 이하는 주로 일본에서의 논의상황이다. 우리나라에서의 당사자소송 활성화론에 대해서는 한견우, "당사자소송의 활성화를 위한 행정소송법 개정방향", 행정소송법 개정자료집 I, 법원행정처, 2007, 743쪽 이하 참조.

8) 高木光, 앞의 책, 136-137쪽.

9) 留止訴訟은 日本에서는 差止訴訟라고 하는데, 우리나라 행정소송법 개정안에 포함된 豫防的 禁止訴訟이 같은 의미이다. 예방적 부작위소송, 금지소송, 중지소송으로 부르기도 한다.

10) 最判昭和56·12·16民集35卷10號136頁.

11) 학자들의 이름을 딴 園部說, 阿部說, 鈴木說 등이 있다(高木光, 앞의 책, 137-138쪽).

12) 전통적 당사자소송관념 및 잔여개념으로서의 당사자소송관념에 대해서는 위의 책, 139-141쪽.

13) 위의 책, 139쪽.

1960년 행정재판법 이후 그 구분을 더 이상 채택하지 않은 점도 비판론 차원에서 상기된다. 뿐만 아니라, 일본 행소법 제4조는 당사자소송을 '행정청의 위법한 처분의 취소 또는 변경에 관한 소송' 및 '기타 공법상의 권리관계에 관한 소송'[14]으로 규정하고 있는데, 문언상으로만 보면 後者에 행정처분의 무효확인소송도 포함될 수 있어 권력관계-비권력관계를 기준으로 항고소송-당사자소송을 구분하는 것도 적절하지 않다고 한다.

또 다른 하나의 입장은, 이른바 '殘餘槪念으로서의 당사자소송'관념이다. 일단 행소법의 법문상으로도 당사자소송은 항고소송개념을 공제한 잔여개념으로 볼 수 있다는 점에 착안하고 있다. 즉, 항고소송은 적극적인 개념요소로 정의내리고 있는데 반하여, 당사자소송은 잔여개념으로 정의내리고 있다는 것이다. 따라서 '당사자소송=대등관계'라는 전통적 관념에 얽매일 필요 없다고 한다.

당사자소송을 처분성이 없는 행정작용에 대한 구제수단으로 모색하고 있는 이 글의 입장에서는 '잔여개념으로서의 당사자소송'의 논리에 주목한다. 그동안 학자들이 구축해 온 행정행위론의 근간을 해치지 않으면서도 국민의 재판받을 권리를 보장하기 위해 처분성 있는 행정작용은 항고소송의 대상으로, 그렇지 않는 행정작용은 당사자소송의 대상으로 하자는 것이다. 이와 같은 당사자소송개념을 취할 경우 매우 다양한 영역이 당사자소송의 대상이 될 수 있지만,[15] 여기서는 손해배상 · 손실보상소송과 같은 급부소송 유형은 별론으로 하고 확인소송 유형만을 검토대상으로 한다.

2. 2004년 일본 개정법에서 확인소송 명시와 그 意味

2004년 개정된 일본 行訴法 제4조(당사자소송)는 "이 법률에서 당사자소송이란 당사자 간의 법률관계를 확인 · 형성하는 처분 · 재결에 관한 소송으로서 법령의 규정에 의해 그 법률관계의 당사자의 일방을 피고로 하는 소송 및 공법상 법률관계에 관한 확인의 소 기타 공법상 법률관계에 관한 소송을 말한다."라고 규정하고 있다.

---

14) 이러한 공법상 법률관계의 규정에 2004년 행소법 개정시 '공법상의 법률관계에 관한 확인의 소'가 삽입되었음은 후술한다.

15) 高木光 교수는 그 예로서, 손실보상, 국적관계, 공무원관계 등을 비롯하여, 예방적 소송의 유형, 행정지도, 행정서비스의 급부를 구하는 유형, 情報開示를 구하는 유형, 영조물이용자 내지 이른바 특별권력관계의 내부자에 대한 조치를 다투는 유형, 공공기관에 의한 명예 · 신용의 훼손 회복을 구하는 유형, 공공사업의 예방적 금지(差止)를 구하는 유형, 공공기관의 실력행사를 다투는 유형, 법령 · 계획을 다투는 유형, 행정상 의무의 법원에 의한 이행확보의 유형 등을 들고 있다. 이와 함께 다른 소송유형과의 분담의 문제, 소의 적법요건문제를 향후 과제로 보고 있다. 同人, 앞의 책, 141쪽 참조.

개정 전에 비하여 달라진 점은 밑줄 친 부분이다. 즉, 공법상 확인소송을 실질적 당사자소송의 한 유형으로 명시한 것이다. 이러한 명시적 문언이 있기 전에도 확인소송은 일반적으로 인정되어 왔다. 공무원인 지위의 확인의 소, 국적확인의 소가 그 예이다.[16] 따라서 개정의 취지는 해석상으로도 가능했던 내용을 조문상 명시함으로써, 그 적극적인 활용을 도모하고, 국민의 권리이익의 실효적 구제를 확보하려는 입법자의 강한 의도로 파악해야 할 것이다.[17]

일본 행정사건소송법 개정작업을 진행해 온 行政訴訟檢討會의 결과물인 '행정소송제도의 개선방안'(2004. 1. 16.)[18]에서는 이 확인소송에 대하여 다음과 같이 설명하고 있다.

"취소소송을 중심으로 하는 항고소송만으로는 국민의 권리이익을 실효적으로 구제하기 곤란한 국면에 대응할 필요성이 지적되고 있다. ……확인소송을 활용함으로써 권리의무 등 법률관계의 확인을 통하여, 취소소송의 대상이 되는 행정의 행위에 한하지 아니하고, 국민과 행정의 사이의 다양한 관계에 응하여 실효적인 권리구제가 가능하게 된다."

같은 입법취지를 일본 정부관계자의 다음 발언을 통해서도 살펴볼 수 있다.[19]

"공법상 법률관계에 관한 확인의 소의 명시는 행정입법, 행정계획, 행정지도 등 그 자체로는 항고소송의 대상이 되지 않는 행정작용을 계기로 하여 분쟁이 생긴 공법상 법률관계에 관하여 확인의 이익이 인정되는 경우는 현행 행정사건소송법에서도 당사자소송으로서 확인의 소가 가능하지만, 그 활용을 도모하기 위해 '공법상 법률관계에 관한 확인의 소'를 당사자소송의 한 유형으로 명기하는 개정을 행하는 법안을 제출하는 바이다."

3. 法定外抗告訴訟으로서의 확인소송 가능성

확인소송이 공법상 당사자소송규정 가운데 삽입되었다는 점에서 이 확인소송은 당사자소송으로서의 확인소송을 가리킨다고 볼 수도 있을 법하다.[20]

---

16) 아울러, 공무원의 봉급지불청구의 소, 손실보상의 지불청구의 소와 같은 給付의 訴도 인정되었다.

17) 橋本博之, 改正行政事件訴訟法, 2004, 84頁 以下 참조.

18) 이 사료(行政訴訟制度の見直しのための考え方) 및 기타 행정사건소송법 개정 관련자료들은 여전히 홈페이지에서도 볼 수 있다. http://www.kantei.go.jp/jp/singi/sihou/kentoukai/gyouseisosyou/041029matome.html (2009. 2. 7. 방문).

19) 內閣總理大臣答辯書, 內閣衆質159第89號.

20) 가령, 平田和一, "新たな法定抗告訴訟と「確認訴訟」の明示", 行財政研究 59, 2005, 32-33頁 참조. 개정 행소

그러나 이 조문에도 불구하고 확인소송을 당사자소송형으로만 결정한 것인지는 반드시 분명한 것은 아니라는 주장이 있다.[21] 이러한 입장가운데에는 항고소송형태로서 처분위법확인소송의 경우까지 생각하는 견해도 있지만,[22] 대체로 법정외항고소송으로서의 확인소송도 가능하다는 정도를 주장하고 있다. 가령, 행정입법은 처분성은 없지만 공권력행사로 해석될 수 있어, 행정입법무효확인소송이나 행정규칙[23]위법확인소송 등은 확인소송만이 아니라 항고소송의 대상으로 해석될 여지가 있다고 한다.[24] 이것을 공권력 행사로 보지 않더라도 이 소송은 실질적으로 처분의 예방적 금지청구를 내포하는 것이어서 항고소송으로 해석하는 것을 배제할 수 없고, 이와 같이 해석한다면 원고의 지위나 권리의 확인청구 등을 포함하는 확인소송의 상당부분이 법정외항고소송의 형태가 된다고 보는 것이다.[25]

생각건대, 법정외항고소송형 확인소송의 가능성을 굳이 배제할 필요는 없을 것이다. 법안준비에 관여했던 담당자의 다음과 같은 입장만 보더라도 일본 개정법의 의도가 반드시 당사자소송에 한정하려는 것은 아닌 것으로 보인다.

"청구가 어느 소송유형에 해당하는가를 조기의 단계에서 명확하게 하는 것은 심리의 충실촉진을 위해 확실히 중요한 것이지만, 실무상으로는 오히려 구체적 사정에 따라 적절한 구제방법은 무엇이고, 그를 위해 적절한 소송유형은 무엇인가 하는 관점에서 고찰하고, 혹은 필요하다면 적절한 청구에 대한 변경을 권하는 등 임기응변의 대응도 요구된다."[26]

따라서 이를 '열린 장'으로 두면서 향후 학설 · 판례의 발전을 기대해야 할 것이다. 아울러 상호 병행제기가능성을 열어두고 구제방법을 다원화시켜나갈 필요도 있다.[27]

법 제4조의 해석상 당사자소송으로 이해해야 한다는 견해로서 小早川光郎(編), ジュリスト增刊 改正行政事件訴訟法研究, 2005, 151頁에서의 村田斉志 判事, 斎藤浩 辯護士의 발언.

21) 위의 책, 152쪽에서 小早川光郎 교수는 굳이 당사자소송에 국한할 필요가 없다는 열린 입장을 개진하고 있다.

22) 위의 책, 151쪽에서의 中川長久 교수의 발언 참조. 中川 교수는 다분히 영미법적 사고를 바탕으로 확인소송의 확대해석을 통하여 공정력을 전제로 하지 않는 새로운 소송인 일종의 是正訴訟으로의 가능성까지 논하고 있다(같은 책, 96쪽 이하). 아울러 中川 교수는 이른바 항고소송중심주의로부터 통합적 행정소송을 지향하고 있는바, 그의 주장은 법정외항고소송으로서의 확인소송 그 이상을 생각하고 있는 것으로 보이지만, 이 점에 대한 검토는 이 글에서 다루고자 하는 범위를 넘는 것이어서 여기서는 別論으로 한다(中川長久, "行政訴訟としての「確認訴訟」の可能性", 民商法雜誌 130-6, 2004/9, 997頁 이하 참조).

23) 通達이 여기에 해당한다. 通達이란 그 내용이나 구속력의 유무와 무관하게 私人에 대한 것도 포함하여, 示達, 傳達, 連絡 또는 이를 위한 문서를 포괄적으로 의미한다. 하급행정기관에 대하여 그 행동을 지휘하기 위해 발하는 것을 의미하는 경우가 많다. 平岡久, "通達の法的性質", Jurist增刊 行政法の爭點, 2004, 44-45頁.

24) 橋本博之, 改正行政事件訴訟法, 91頁; 芝池義一, "抗告訴訟の可能性", 自治硏究 80-6, 2004, 3頁.

25) 山田洋, 앞의 논문, 48쪽.

26) 小林久起, "行政事件訴訟法の改正について", 判例タイムズ 1149, 2004, 6頁.

다만, 우리나라의 법상황을 두고 이 문제를 생각할 경우에는, 법정외항고소송으로서의 확인소송은 다음과 같은 이유에서 회의적이다.

첫째, 우리 판례가 법정외항고소송에 대하여 매우 소극적이다.[28)]

둘째, 항고소송을 '행정청의 공권력행사에 관한 不服의 소송'으로 정의하는 일본 행정사건소송법 제3조와는 달리, 우리 행정소송법 제3조1호는 항고소송을 '행정청의 처분등이나 부작위에 대하여 제기하는 소송'이라고 하고 있으므로 처분이 아닌 공권력행사를 항고소송의 대상으로 한다는 것은 어려워 보인다.

셋째, 공법상 당사자소송을 '대등관계의 행정소송'으로 파악하는 것이 아니라, 이른바 '잔여개념으로서의 당사자소송'관념을 관철시킨다면 '법정외항고소송으로서의 확인소송'의 대상들도 '당사자소송으로서 확인소송'에서 포섭할 수 있지 않을까 생각된다.

따라서 일본 행정사건소송법을 바탕으로 한 논리전개에서는 법정외항고소송으로서의 확인소송을 굳이 부인하진 않는 입장에 서면서도, 우리 법제에 대한 시사점을 찾는 경우에는 당사자소송으로서의 확인소송만을 염두에 두고자 한다.

Ⅲ. 행정소송으로서의 확인소송과 다른 소송의 관계

1. 항고소송과의 관계

원고는 취소소송 등 항고소송의 제기요건을 갖추고 있는 한 항고소송을 제기하면 될 것이다. 그러나 항고소송으로 제기할지, 당사자소송으로 제기할지 애매한 경우에는 병행제기의 가능성 및 양 소송의 선택 · 변경의 편의성이 요청된다. 실무상으로도 원고의 입장에서 당해 행정작용의 처분성 여부가 불명확한 경우가 많다. 가령 일본 식품위생법에 의해 식품 등을 輸入申告한 업자에 대하여 동법에 위반한다는 검역소장의 通知(위반통지서의 교부)에 대하여 일본 최고재판소[29)]는 처분성이 있다고 보았지만, 原審에서는 동 통지를 법령에 기하지 않은 행정지도로 보았다.[30)] 즉, 여기서의 통지를 처분으

27) 橋本博之, 앞의 책, 91쪽.

28) 대법원 1992. 2. 11. 선고 91누4126 판결; 대법원 1992. 12. 22. 선고 92누13929 판결; 대법원 1987. 3. 24. 선고 86누182; 대법원 2006. 5. 25. 선고 2003두11988 판결.

29) 最判平成16 · 4 · 26.

30) 橋本博之, 앞의 책, 87쪽 참조.

로 본다면 항고소송 제기가 가능하다. 그러나 이를 행정지도로 본다면 항고소송을 제기할 수 없으므로, 그 통지가 무효이며, 수입신청절차를 진행시킬 법적 권리가 존재한다는 점에 관한 확인소송을 제기할 수 있다는 것이다. 이와 같이 처분성에 관하여 해석론이 나누어지는 경우 항고소송과 공법상 확인소송 가운데 어떠한 소를 이용해야 하는가가 문제된다. 이때 소의 선택에 관한 리스크를 원고인 국민에게 부담시키는 운용방식은 바람직하지 않다.[31] 법원이 소송수행 중에 원고의 주장을 적절하게 파악하여 구체적 사안에서 분쟁의 성숙성을 결정한 다음, 개별사안에 따라 최적의 것을 선택하여 실효적 구제방법을 열어가야 한다. 즉, 이때 병행제기가 가능하다고 해석해야 하며, 항고소송과 당사자소송의 상호배타적 운용이 행해져서는 안 된다.[32]

이와 관련하여, 2004년 일본 행소법 개정에서 항고소송의 피고가 행정청으로부터 행정주체로 변경되었다는 점은 큰 의미가 있다. 즉, 항고소송 · 당사자소송의 피고가 같게 되어 양 소송의 선택 · 변경이 매우 편리해졌다.[33] 우리나라 행정소송법 개정논의에서는 피고적격 문제가 그다지 비중 있게 다루어지지 않았는데, 이러한 점을 고려한다면 피고규정의 변경문제도 검토할 만하다.[34] 종래의 항고소송중심주의적인 발상을 버린다는 전제에 선다면, 피고를 행정주체로 할 경우 소송유형, 청구취지는 원고가 다양한 형태에서 유연하게 생각할 수 있다는 장점을 가질 수 있다.[35]

요컨대 어떠한 행정작용이 항고소송의 대상인가, 당사자소송으로서 확인소송의 대상인가를 상호배타적으로 다룰 필요는 없다. 오히려 헌법상 보장된 국민의 재판받을 권리와 법치주의의 司法的 保障이 침해되지 않도록 양측에서부터의 구제가능성을 확대해야 할 것이다.[36]

2. 예방적 금지소송과의 관계

확인소송은 많은 경우 예방소송으로서의 기능을 가지고 있기 때문에, 이를 예방적 금지소송(差止訴訟)과 어떻게 구분할 것인가는 일본 행정소송검토회(제17회)에서 우려

31) 위의 책, 88쪽.
32) 위의 책, 88쪽; 平田和一, 앞의 논문, 32쪽.
33) 水野武夫, "平成16年改正行政事件訴訟法", 實務公法學會(編), 實務行政訴訟法講義, 2007, 288頁. 이 문제와 관련하여, 항고소송과 실질적 당사자소송의 피고를 행정주체로 통일함으로써 확인소송이 당사자소송만이 아닌 법정외항고소송으로 제기할 수 있는가와 관련한 논의의 실익을 잃게 되었음을 지적하기도 한다(山田洋, "確認訴訟の行方", 法律時報 77-3, 2005, 48頁).
34) 水野武夫, 앞의 책, 288쪽 참조.
35) 위의 책, 293쪽.
36) 같은 취지의 橋本博之, 앞의 책, 91쪽 및 94쪽.

와 함께 논의되었던 부분이다.[37] 가령 橫川川事件[38]에서와 같이 하천구역 외에 있음을 확인하는 소송을 제기할 수 있고, 예상되는 감독처분의 예방적 금지소송도 고려할 수 있을 것이다.

행정소송검토회 좌장이었던 塩野宏 교수는 장래 행해질 처분 자체를 직접 금지하려면 항고소송으로서의 예방적 금지소송을 이용하고, 처분발동 전의 법률상태를 확인하여 지위를 보전하고자 할 경우 확인소송을 이용할 수 있다고 한다.[39] 행정소송검토회 위원이었던 小早川光郎 교수는 확실히 도래할 처분인 경우에는 그 처분의 예방적 금지를 구하고, 예상되긴 하나 확실성이 없는 경우에는 그 처분의 전제인 법률관계에 대한 견해차이를 정리해두는 형식의 확인소송을 이용할 수 있다고 본다.[40] 山田洋 교수도 비슷한 취지에서, 일반적으로 일정한 불이익처분이 당연히 예측되는 경우에는 예방적 금지소송이 적절하고, 그러한 불이익처분이 예상되기 어려운 경우 또는 불이익처분 이외에 또 다른 불이익이 예측되는 경우에는 확인소송이 어울린다고 한다.[41]

확인소송의 보충성[42]과 관련하여, 급부소송인 예방적 금지소송이 가능한 경우 확인소송은 허용되지 않는다고 보아야 할 것인가도 문제이다. 그러나 일방이 타방에 우선한다고 생각할 필요는 없고, 양자의 요건을 충족할 경우 둘 다 제기할 수 있다고 보아야 할 것이다.[43]

우리나라에서도 최근 마련되었던 행정소송법 개정안(대법원안, 법무부안)에서 공히 예방적 금지소송이 포함되어 있는 등 그 법정소송화의 가능성이 높아, 확인소송 활성

37) 最高裁判所事務総局行政局(監修), 改正行政事件訴訟法執務資料, 法曹會, 2005, 119-120頁.

38) 하천관리자인 縣지사를 피고로 하여 자기 소유지가 하천법 제6조1항1호의 하천구역이 아니라는 확인을 구한 橫川川訴訟항소심판결(高松高判昭和63 · 3 · 23行集39卷3=4號181頁)은 "하천구역인 경우에 부담해야 하는 동법상 의무를 지지 않는 공법상 법률관계의 확인을 구하는 (실질적) 당사자소송을 제기할 수 있고, 당사자간 다툼의 근본적 원인이 행정청의 공권력행사에 있지 않고, 그 전제가 되는 공법상 법률관계존부에 대한 인식의 대립에 있는 본건과 같은 경우에는 오히려 이러한 방법이 보다 분쟁의 실태에 맞는 발본적인 해결이 도모된다고 해야 한다."라는 내용이다. 橫川川訴訟상고심판결(最判平成元 · 7 · 4判時1336號86頁)은 법정외 항고소송, 당사자소송 어디에 속하는지 그 소송형태에 대해서는 명확하게 말하지 않고, 확인을 구할 '법률상 이익'을 가질 수 없다고 하여 각하하였다. 橫川川訴訟에 대해서는 黑川哲志, "確認の訴えの明示", 小早川光郎 · 高橋滋(編), 行政事件訴訟法, 2004, 97-100頁 참조. 또한, 확인소송과 관련하여 이 판결을 논하고 있는 小早川光郎(編), ジュリスト増刊 改正行政事件訴訟法研究, 2005, 156-157頁 참조.

39) 塩野宏, 行政法Ⅱ, 2004, 238頁, 확인소송은 당사자소송으로서의 확인소송이므로 개념상 항고소송과는 관계가 없지만, 예방적 금지소송과의 관계에서는 밀접한 관련성을 가지고 있다고 한다.

40) 小早川光郎(編), ジュリスト増刊 改正行政事件訴訟法研究, 2005, 158頁 小早川光郎 교수의 발언. 즉, 小早川 교수는 兩者를 연속선상에서 이해하고 있다.

41) 山田洋, 앞의 논문, 47쪽.

42) 확인소송의 보충성에 대해서는 후술하는 이 글 Ⅳ. 참조.

43) 山田洋, 앞의 논문, 48쪽.

화와 관련한 양자의 관계는 중요하다. 이 문제는 개별 분쟁의 합리적 해결, 권리이익의 실효적 구제의 이념을 바탕으로 해결되어야 하며, 이에 기한 양자의 역할분담에 관한 판례를 통하여 구체화될 수 있을 것이다.[44] 어쨌든 양자간 선택곤란의 어려움을 원고가 부담하지 않도록 하는 해석론 전개가 무엇보다 필요하리라 생각된다.

Ⅳ. 행정소송으로서의 확인소송의 確認의 利益

1. 이론적 기초로서 민사소송상 확인의 이익

처분성이 없는 행정작용이 확인소송으로서 행정소송 대상이 될 수 있더라도, 확인소송을 제기하기 위해서는 이른바 '확인의 이익'이 필요하다. 그 이론정립을 위해서는 확인소송이론이 발달해 있는 민사소송상 확인의 이익을 참고할 필요가 있다. 일본 행정소송검토회에서 민사소송상 확인의 이익을 검토했던 이유도 여기에 있을 것이다.

민사소송상 확인의 이익을 살펴보면 다음과 같다.[45]

첫째, 확인의 대상이다. 민사소송에서는 원칙적으로 과거 법률관계의 확인은 허용되지 않고, 현재 법률관계의 확인을 구해야 한다. 그러나 예외적으로 과거 법률관계가 현재 법률관계의 기초가 되고, 그것을 확정하는 것이 현재 존재하는 분쟁의 직접 · 근본적 해결을 위해 적절하고 필요하다고 인정되는 경우에는 확인의 이익을 인정하는 것이 민사소송법의 학설 · 판례이다.

둘째, 협의의 확인의 이익(즉시확정의 이익, 분쟁의 성숙성)이다. 이는 확인의 이익의 핵심부분으로, 원고의 지위에 대한 ① '위험 · 불안의 존재'와 ② '위험 · 불안의 현실성'으로 나누어 논할 수 있다.

이 가운데, ① '위험 · 불안의 존재'는 확인청구를 함으로써 원고가 얻을 실익이 있는지 여부의 문제이다. 이러한 실익은 사실상 이익 내지 기대만으로도 족하다는 것이 최근 학설의 일반적인 경향인데, 문제는 그러한 이익의 개연성이 어느 정도이어야 하는가이다. 결국 이는 사실인정문제라고 할 수 있다.

그리고 ② '위험 · 불안의 현재성'은 장래의 법적 지위에 대해서는 확인의 이익이

44) 塩野宏, 앞의 책, 238쪽 참조.
45) 이하는 주로 제19회 검토회(2003. 7. 4.)에서 민사소송법 학자인 山本和彦 교수가 報告한 내용이다(日本弁護士連合会行政訴訟センター(編), 実務解説 行政事件訴訟法, 2005, 65-67頁에서 재인용).

부정된다는 것이다. 그 이유는 장래의 법적 지위는 분쟁이 현실화한 때에 제소하면 원고의 권리보호에 충분하고, 장래문제에 대해 지금 단계에서 소를 제기하게 할 필요는 없고, 또한 사건이 예상된 것과는 달리 전개되어 확인소송을 했는데도 그 판결이 의미없이 될 우려가 있으면 안 되기 때문이다. 그러나 이 현재성을 절대적인 것으로 인정할 수는 없다. 오늘날 확인소송의 예방적 기능을 중시하는 방향이 학설의 일반적 경향이고, 분쟁예방에 의한 행동자유 확보가 특히 자유경쟁을 중시하는 사회에서는 의의를 가지고 있기 때문이다.

셋째, 급부 · 형성의 소에 대한 보충성이다. 이는 확인의 소가 비정형적인 최후의 구제수단이라는 성격에서 인정되는 것인데, 오늘날 급부 · 확인 · 형성의 訴간의 순서에 대해서는 제각기 인정되는 일정한 요건, 한계가 있기 때문에 개별 · 구체적으로 검토할 필요가 있다.

2. 행정소송으로서의 확인소송의 確認의 利益

행정소송상 확인소송이 널리 활용될지 여부는 결국 이 확인의 이익을 어떻게 해석할 것인가에 달려있다고 해도 과언이 아니다.[46] 이하에서 행정소송상 확인의 이익에 대하여 살펴보고자 한다. 향후 판례 등에서 행정소송법이론으로 발전되어야 할 것이다.

첫째, 확인대상에 대해서는 민사소송에서와 마찬가지로 원칙적으로 과거 법률관계의 확인은 허용되지 않지만, 현재 법률관계의 근본적인 해결 등을 위해 필요한 경우에는 예외적으로 허용된다고 할 것이다. 예컨대, 행정입법에 대해 그 무효확인을 구하는 것이 그로부터 유래하는 현재의 다수 법률관계의 개별 확인을 구하는 것보다 근본적인 분쟁해결을 되는 경우라면 확인의 이익을 인정할 수 있을 것이다. 확인대상이 권리의무관계 · 법적 지위인가, 아니면 행위도 포함하는가에 대해서도 다투어진다. 私人간의 분쟁과는 달리 행정에 대한 사인의 지위는 권리의무로 환원하기 어려운 경우가 많으므로 원고의 권리의무만이 확인 대상이 되는 것이 아니라, 행정활동의 위법도 확인 대상이 될 수도 있을 것이다.[47] 특히 당해 행정작용에 의한 불이익이 확산되는 경우에서와 같이 행정작용의 효력자체를 대상으로 하는 것이 근본적 해결이 될 수 있을 때에는 당해 행위 자체의 무효확인을 구할 수 있으리라 생각된다. 또한, 행정지도가 원고에게 사실상 불이익을 줄 개연성이 있는 경우 확인의 이익이 인정될 여지가 있는데, 이때 그

46) 南博方 · 高橋滋(編), 條解行政事件訴訟法, 2006, 123頁[山田洋] 참조.
47) 山田洋, 앞의 논문, 47쪽.

법률관계의 확인을 구하는 것이 원칙이지만, 행정지도의 효력 자체를 대상으로 하는 것이 근본적인 분쟁해결을 할 수 있는 경우, 가령 행정지도에 의한 불이익이 특히 확산되는 등과 같은 경우에는 행정지도 그 자체의 무효확인을 직접 청구할 여지가 있다.[48]

둘째, 즉시확정의 이익(분쟁의 성숙성)은 원 · 피고의 분쟁이 재판적 구제(확인판결)에 익숙한 정도로 성숙했는가의 문제이다. 일정한 프로세스를 밟아 실현되어 가는 행정활동의 당부가 다투어지는 행정상 법률관계의 분쟁은 私人간의 분쟁에 비해 조기에 분쟁의 성숙성을 인정할 여지가 많다.[49]

법원이나 원 · 피고의 관점을 종합하여 판단해야 함을 전제로 다음과 같은 구체적 기준을 제시하기도 한다. ① 행정기관이 원고의 법적 지위를 부인하는 견해를 잠정적이 아닌 최종적인 것으로 나타내고 있을 것(예컨대 通達의 형식으로), ② 원 · 피고간 분쟁에 대한 재판심리에서 쟁점이 명확하게 되어 있을 것, ③ 그 분쟁에 대하여 지금 재판심리를 하지 않고 행정과정을 더 진행시키면 분쟁해결 가능성이 더 커지는 경우가 아닐 것, ④ 지금 시점에서 재판이 인정되지 아니하면 원고가 실효성 있는 재판구제를 받지 못하게 될 것 등이 그것이다.[50]

셋째, 확인소송의 급부 · 형성소송에 대한 보충성은 일반적으로 인정되고 있다. 따라서 취소소송으로 제기할 수 있다면 당사자소송으로서의 확인소송을 원칙적으로 제기할 수 없다. 그러나 처분성 여부 등 그 성격이 애매한 사안의 경우에는 양소송간의 선택 · 변경, 병합제기의 가능성이 있어 이러한 보충성이 반드시 절대적인 것이라고 하긴 곤란할 것이다.

Ⅴ. 확인소송의 구체적 활용

이상의 확인소송에 대한 검토를 바탕으로, 우리나라에서 처분성 없는 행정작용에 대한 확인소송에 대한 구체적 적용가능성을 살펴보고자 한다. 물론 분쟁의 성숙성 등 확인의 이익이 인정되는 경우이어야 한다.

48) 日本弁護士連合会行政訴訟センター(編), 앞의 책, 66쪽 참조.
49) 山田洋, 앞의 논문, 47쪽.
50) 中川長久, 앞의 논문, 978쪽 참조.

1. 행정입법

현대 행정에서 국민들에게 많은 영향을 미치고 있는 행정입법에 대한 통제방안은 매우 중요한 과제가 되어 있다.[51] 일종의 처분성 확대론의 입장에서 행정입법에 대한 항고소송적 구제가 주장될 수도 있지만, 여기서는 행정행위의 공정력을 중심으로 한 행정법의 근간을 무너뜨릴 수 있는 광의의 행정행위개념은 일단 배제한다. 즉, 확인소송의 형태로 행정입법을 다투자는 것이다.[52]

실제로 일반국민들이 행정입법을 통하여 권익이 침해당하고 있다고 생각하는 경우는 많다. 그러나 우리의 현실은 '처분성'에 가로 막혀, 그 행정입법에 기한 행정행위가 있기 전에는 제소의 길이 열리지 않는 것이 현실이다.[53] 이러한 이유로 일반국민들은 불합리하다고 느끼는 행정입법을 두고 일선 공무원들에게 하소연을 하더라도, 규정상 어쩔 수 없다는 답변만 들을 때가 많다.

가령, 팔당 · 대청호 인근 상수원보호구역 내에 거주하는 주민들은 '금강수계 물관리 및 주민지원 등에 관한 법률' 제21조 및 동법시행령 제21조, 동법시행령 별표3, 별표4에 의해 주민지원사업대상자로 되어 있는데, 그들 가운데 상수원보호구역 지정 전부터 동 구역에 거주했지만, 동 구역 내에 토지 및 건축물이 없어 다양한 지원 중 '직접지원'의 대상자가 되지 못하고 있다.[54] 문제가 된 것은 '동법시행령 별표4의 비고1'의 규정("상수원관리지역에서 ......에 해당하는 자는 일반지원사업에 한하여 지원한다.")이다. 이들은 상수원보호구역내에 수십 년 거주하면서도 직접지원대상이 되지 못하고, 상수원보호구역내에 실질적으로 거주하지 않아도 해당 자치단체에 거주하고 상수원보호구역내 토지 및 건축물이 있는 자는 직접지원대상자가 되는 것은 매우 불합리하다고 느끼

51) 이와 관련하여, 헌법재판소가 없는 일본의 경우와는 달리, 행정소송의 대상으로 인정되지 못하는 행정입법을 헌법재판소가 헌법소원의 대상으로 적극적으로 수용함으로써 헌법 제107조2항의 해석을 두고 헌법소송과 행정소송의 관계까지 검토해야 하는 복잡한 양상을 보이기도 한다. 필자는 헌법 제107조2항의 문리적 해석 외에도 일반법률의 적용우위(Anwendungsvorrang des Gesetzes)의 취지 및 현실적으로 3심제를 활용할 수 있는 점에서 행정소송의 방법이 적절하다고 생각하고 있다.

52) 당사자소송 활용론과 맥을 같이 할 수 있는 이 방향성에 대해서는 비판적 견해가 없지 않다. 항고소송을 객관소송으로 본다는 전제에서 주관소송인 당사자소송으로 이를 편입하는 것은 바람직한 방법이 아니며, 행정입법은 원고 개인에 국한된 문제가 아니라 국가 법질서 전체에 영향을 미치는 객관적 성격이 강하다는 비판이 그것이다(박정훈, 앞의 논문, 189쪽). 그러나 항고소송을 반드시 객관소송으로 보아야 한다는 전제에 얽매일 필요가 없을 뿐만 아니라, 행정입법을 통하여 침해당하는 개인의 권리구제와 함께 행정입법에 대한 적법성도 보장될 수 있다고 보아야 할 것이다.

53) 이른바 처분적 명령의 경우는 예외임은 주지의 사실이다.

54) 여기서 드는 예는 이광윤 외, 호소의 수질보호를 위한 규제로 인한 갈등해소방안에 관한 연구(충청북도 용역보고서), 2008, 136쪽 이하에서 구체적으로 적시된 사안을 토대로 구성한 것이다.

고 있다. 이때 이러한 주민들이 직접적으로 당해 법규명령의 위법을 확인하거나, 정당한 법규명령을 바탕으로 할 때 그들이 가질 수 있는 法的 地位를 확인하는 訴를 제기할 수 있다면 이는 유용한 구제수단이 될 수 있으리라 생각된다.

2. 행정지도

행정지도란 행정기관이 그 소관사무의 범위 안에서 일정한 행정목적을 실현하기 위하여 특정인에게 일정한 행위를 하거나 하지 아니하도록 지도 · 권고 · 조언 등을 하는 행정작용을 말한다(행정절차법 제2조). 행정지도는 처분이 아니므로 행정소송의 대상이 되지 않는 것이 일반적이나, 규제적 · 구속적 성격을 강하게 갖는 경우에는 처분이 될 수 있다. 또한 행정지도에 대한 불복종을 이유로 어떤 다른 처분이 행하여진 경우나 행정지도를 전제로 하여 다음의 처분이 행하여진 경우에는 행정지도의 흠을 이유로 후행처분의 효력을 다툴 수 있다.[55] 헌법소원의 대상이 되지 않는 것이 원칙이나 사실상 강제력을 가지는 경우에는 예외적으로 될 수도 있다.[56]

그러나 이러한 규제적 · 구속적 성질 또는 사실상 강제성을 가지는 처분으로서 행정소송의 대상이 되는 경우[57]가 아닌 경우에는 행정지도로 인하여 권익이 침해당하더라도 이를 취소할 방법이 없다는 점이 문제가 된다.

예컨대, 대법원[58]은 무단 용도변경을 이유로 단전조치된 건물의 소유자로부터 새로이 전기공급신청을 받은 한국전력공사가 관할 구청장에게 전기공급의 적법 여부를 조회한 데 대하여, 관할 구청장이 한국전력공사에 대하여 건축법 제69조 제2항, 제3항의 규정에 의하여 위 건물에 대한 전기공급이 불가하다는 내용의 회신을 하였다면, 그 회신은 권고적 성격의 행위에 불과한 것으로서 한국전력공사나 특정인의 법률상 지위에 직접적인 변동을 가져오는 것은 아니므로 항고소송의 대상이 되는 행정처분이라고 볼 수 없다고 판시한 바 있다. 이 사안에서 원고는 처분성이 제소를 위한 절대적인 요건이라고 생각한 나머지, 달리 적절한 구제방법이 없어 구청장의 한국전력공사에 대한 回信을 취소소송의 대상으로 삼고 소송을 제기할 수밖에 없지 않았나 생각된다. 이처

55) 김철용, 행정법 I, 2008, 331-332쪽.

56) 헌재 2003. 6. 26., 2002헌마7 · 8.

57) 구 남녀차별금지및구제에관한법률상 국가인권위원회의 성희롱결정 및 시정조치권고가 행정소송의 대상이 되는 행정처분이라고 본 대법원 2005. 7. 8. 선고 2005두487 판결; 여성부 남녀차별개선위원회의 구 남녀차별금지및구제에관한법률상 시정조치권고가 행정소송의 대상이 되는 행정처분에 해당한다고 본 서울행법 2003. 8. 12. 선고 2002구합36737 판결.

58) 대법원 1995. 11. 21. 선고 95누9099 판결.

럼 처분성을 인정할 만한 행정작용이 아니라면, 취소소송중심주의로부터 벗어나서 이 경우 전기공급이 가능한 법률관계인지 여부에 대한 확인을 구하는 방법을 생각할 수 있지 않을까 생각된다.

또한, 법령에서 '권고'나 '지시' 등으로 나타날 수 있는 행정지도는 경우에 따라 처분성을 가질 수도 있고, 그렇지 않을 수도 있다. 권고에 따르지 않는 것이 업무정지, 허가취소, 지급결정의 불이익변경 등과 같은 불이익처분의 사유가 된다면, 그 권고는 일정한 의무를 과하는 행정처분으로 해석할 수 있지만, 법령에서의 권고 · 지시의 의미가 그 정도로 명확하지 않다면 처분성을 인정할 수 없다. 따라서 실제로 그러한 권고 · 지시로 국민의 권익이 침해받는다고 느끼는 경우에도 다툴 방법이 없다.[59]

예컨대, 서울행정법원은 인권교육수강등권고결정취소사건[60]에서, 국가인권위원회가 진정을 조사한 결과 인권침해나 차별행위가 일어났다고 판단하는 때에는 피진정인에게 제42조 제4항 각 호에 정한 구제조치의 이행, 법령 · 제도 · 정책 · 관행의 시정 · 개선을 권고한 경우(제44조 제1항), 피진정인이 위와 같은 권고를 이행하지 아니하였을 때 어떠한 불이익한 제재를 가할 수도 없고, 위와 같은 권고가 피진정인의 권리를 제약하거나 의무를 부과하는 것이 아니며, 피진정인의 법률상 이익을 개별적 · 구체적으로 규제하는 효과가 있는 것도 아니므로, 국가인권위원회가 피진정인에 대하여 한 인권교육수강권고는 행정소송의 대상이 되는 행정처분에 해당하지 아니한다고 하였다. 그러나 동법 제25조 제2항, 제3항, 제4항에 의한 국가인권위원회의 시정권고는 사용자에게 일정한 법률상의 의무를 부담시키므로, 국가인권위원회가 회사 대표이사에 대하여 한 시정조치권고는 행정소송의 대상이 되는 행정처분에 해당한다고 보고 있다. 즉, 前者의 경우는 後者의 경우와는 달리 불이익한 제재가 아니며, 구속적 · 규제적 성격을 갖지 않으므로 행정소송의 대상이 되는 행정처분이 아니라는 것이다. 그러나 피진정인이 이러한 인권교육수강권고에 불복하고자 하는 경우에는 (그가 실질적으로 권익침해를 느끼고 있다면) 구제방법이 필요하다고 보아야 하며, 이는 일종의 부존재확인소송의 형태로 다툴 수 있을 것이다.

3. 행정계약－정부조달계약을 중심으로

행정계약[61] 가운데 정부조달계약과 관련하여 확인소송을 활용할 여지가 많다. 실제

59) 中川長久, 앞의 논문, 988쪽 참조.
60) 서울행정법원 2007. 9. 20. 선고 2006구합46152 판결.

우리 대법원에서도 (행정소송이 아닌) 민사소송으로서의 확인소송으로 이를 다루기도 한다. 실무에서 당사자소송으로 해야 할 사안들이 민사소송으로 행해지고 있는 점은 어제 오늘의 현상이 아니다. 당사자소송 활성화를 위해 당사자소송의 例를 명시하는 행정소송법 개정안까지 나올 정도이다.

대법원은 "지방재정법에 의하여 준용되는 국가계약법에 따라 지방자치단체가 당사자가 되는 이른바 공공계약은 사경제의 주체로서 상대방과 대등한 위치에서 체결하는 사법상의 계약으로서 그 본질적인 내용은 사인 간의 계약과 다를 바가 없으므로, 그에 관한 법령에 특별한 정함이 있는 경우를 제외하고는 사적자치와 계약자유의 원칙 등 사법의 원리가 그대로 적용된다 할 것이다."[62]라고 하여 공공계약을 사법계약으로 보면서 민사소송의 대상으로 하고 있다. 그 밖에도 대법원은 정부조달계약과 관련하여 국제입찰에 의한 계약이나 국내입찰에 의한 계약 모두 사법상 계약으로 보아 민사소송으로 다루고 있는데, 낙찰자지위확인의 소, 제2순위 적격심사대상자 지위확인의 소에서 보는 바와 같이 *公法*상 확인소송이 아닌 *私法*상 확인소송으로 해결하고자 한다.

실무에서 이러한 사안들을 민사소송으로 하는 이유는 정부조달계약이 대등한 당사자간의 계약이라는 점에 착안한 것으로 보인다.[63] 그러나 이 경우 민사소송이 아닌 공법상 당사자소송으로 다투어야 하는바 그 이유로서 다음을 들 수 있다.

첫째, 공법상 당사자소송과 민사소송의 구별실익을 인정하는 입장[64]에서 정부조달계약에 대해서 민사소송이 아닌 공법상 당사자소송으로서의 확인소송으로 다툴 필요가 있다.

둘째, 공법상 당사자소송은 민사소송과 비교할 때, 직권탐지주의 여부 등 심리방식에서 차이가 있고, 특히 '계약의 유효성여부'와 같은 본안요건을 판단함에 있어서 공법적 특수성을 충분히 고려하게 된다는 점에서 차이가 있다는 점[65]에서도 이유를 찾을 수 있다. 가령 정부조달계약의 공법적 성격을 인정할 때에는 관련법령을 기본적으로

61) 행정계약에 대한 상세한 연구로는 김대인, 행정계약법의 이해, 경인문화사, 2007 참조.

62) 대법원 2001. 12. 11. 선고 2001다33604 판결.

63) 국가를 당사자로 하는 계약에 관한 법률 제5조1항.

64) 백윤기, "당사자소송의 대상", 행정판례연구 Ⅳ, 1999, 359쪽. 동 견해에 따르면, ① 당사자소송과 항고소송 간에는 소변경을 할 수 있지만, 민사소송과 항고소송 간에는 소변경을 할 수 없고, ② 당사자소송에는 관련 민사소송청구를 병합할 수 있지만, 민사소송에는 관련 당사자소송청구를 병합할 수 없고, ③ 당사자소송에는 행정청이 참가를 할 수 있지만, 민사소송에서는 불가능하며, ④ 당사자소송에서는 직권탐지주의가 적용되는 반면, 민사소송에서는 변론주의가 적용되며, ⑤ 당사자소송의 판결의 기속력은 당해 행정주체 산하의 행정청에도 미치지만, 민사소송에는 소송당사자에게만 판결의 효력이 미치는 등 당사자소송은 민사소송과 차이가 있다.

65) 김대인, 앞의 책, 267쪽.

공법으로 보게 되고 이의 위반은 원칙적으로 무효로 볼 수 있게 된다.[66]

셋째, 사인간의 계약과는 달리, 이러한 정부계약은 체결과정에서 법률(국가를 당사자로 하는 계약에 관한 법률, 정부투자기관관리기본법, 지방재정법 등)에 의한 다양한 규제를 받으면서 모든 계약상대방을 동등하게 다루어야 할 법적 의무가 공공기관에 부과되어 있다. 이와 같이 정부계약체결과정에서는 모든 참가자가 공정한 취급을 받을 지위가 법적 이익으로 보장되어 있다고 보아야 하는 정부조달계약을 사인간의 계약과 마찬가지로 취급할 수는 없다고 할 것이다.[67]

정부조달계약 가운데에서도 내용에 따라 다양한 성질의 계약유형이 있다. 가령 대법원은 정부조달계약에서 부정당업자제재와 관련하여 그 처분성을 인정하기도 한다.[68] 그러나 한국전력공사가 정부투자기관회계규정에 의하여 행한 입찰참가자격을 제한하는 내용의 부정당업자제재처분의 법적 성질은 처분이 아니라, 사법상 통지행위에 불과하다[69]고 하여, 정부투자기관 또는 공기업의 입찰참가자격 제한의 경우에는 부정당업자제재의 처분성을 부인하고 있다. 그 밖에, 정부조달계약을 일률적으로 공법상 당사자소송의 대상으로 보지 않더라도 최소한 낙찰결정은 취소소송의 대상으로 인정하는 것이 바람직하다는 주장도 제기되고 있다.[70]

이와 같이 정부조달계약과 관련한 부정당업자제재 또는 낙찰결정에 대하여 처분성이 인정되지 않는 경우에는[71] 공법상 확인소송으로 다툴 수 있으리라 생각된다. 민사소송에 대한 공법상 당사자소송의 존재실익은 이미 살펴보았거니와, 확인의 이익이 인정되는 경우라면 공법상 확인소송은 이러한 분쟁을 담는 그릇이 될 수 있을 것이다. 특히 일반경쟁입찰참가자격을 인정받지 못한 자나 지명경쟁입찰에서 지명을 받지 못한 자는 스스로 정부계약의 상대로서 참가할 자격을 가지는 것에 대한 확인을 구할 이익이 인정될 수 있고, 특히 장래에도 계속해서 입찰안건에서 공공기관으로부터 부당한 취급을 받지 않기 위해서는 당해 입찰이 종료되더라도 확인소송을 계속할 필요가 인정된다.[72]

66) 이러한 관점은 현재 판례가 취하고 있는 예산법적 해결(대법원 2001. 12. 11. 선고 2001다33604 판결 참조)과는 상당한 차이가 있다고 한다(김대인, 위의 책, 267쪽).
67) 김남진, “행정상 확인소송의 가능성과 활용범위”, 고시연구 2005/5, 19쪽 참조.
68) 대법원 1996. 2. 27. 선고 95누4360 판결.
69) 대법원 1999. 11. 26. 선고 99부3 판결.
70) 박정훈, “행정조달계약의 법적 성격”, 행정법의 체계와 방법론, 2005, 230-231쪽; 김대인, 앞의 책, 266쪽.
71) 정부조달계약 내용 가운데 처분성이 인정되는 경우에 대한 문제는 별론으로 한다.
72) 이러한 취지의 김남진, 고시연구 2005/5, 20쪽 참조.

요컨대, 정부조달계약 등 행정계약에 대한 확인소송은 '민사소송과의 구분' 및 '취소소송의 대안'이라는 양 측면에서 그 존재가치를 정립해야 한다. 민사소송과의 구분 실익을 긍정하는 전제라면, 원고의 입장에서는 취소소송이나 공법상 확인소송 가운데 어느 것이라도 이용할 수 있도록 해야 할 것이다. 처분성이 있는 경우라면 취소소송을 우선적으로 이용하고, 그렇지 않으면 주로 당사자소송인 공법상 확인소송을 이용한다는 것이다. 원고가 잘못 제기한 경우에는 소의 변경, 관할법원으로의 이송 등이 이루어지게 하고, 입법론적으로는 피고적격을 행정주체로 통일함으로써 항고소송과 당사자소송간의 선택가능성이 원고입장에서 보다 용이하도록 하는 것이 바람직하리라 생각된다.

4. 행정계획

일본에서는 (우리나라에 비하여) 행정계획의 처분성을 인정하는 범위가 좁다는 점에 일단 주의해야 한다. 가령 일본 최고재판소는 도시계획법상의 용도지역지정의 고시[73], 토지구획정리사업계획의 공고[74], 도시계획결정[75], 도시계획변경결정[76], 고도지구의 지정[77]에 대하여 처분성을 부정하고 있으며, 많은 하급심판례도 같은 취지라고 한다.[78] 따라서 행정계획과 관련된 확인소송 활용론은 종래 처분성이 없어 항고소송의 대상이 될 수 없었던 행정계획에 대하여 어떤 이해관계를 가지는 국민이 개별적 · 구체적 사안에 따라 이해관계인의 권리구제의 필요성이나 분쟁의 성숙성을 판단하여 공법상 확인소송을 이용할 수 있다는 것이다.[79] 일본판례[80]에서도 가령 일반폐기물처리계획이 무효라고 하여 동 계획에 기한 폐기물수집의무의 존재확인청구를 적법한 것으로 판시한 경우가 있었다.

이와 함께 도시계획소송의 경우 토지정책특성과 조화시킬 필요가 있음을 강조하며 확인소송을 통한 무분별한(?) 제소가능성을 매우 신중하게 보려는 흥미로운 주장이 있다.[81] 자기 토지를 최대한 이용하고자 하는 것은 소유권내용으로 헌법이 보장하고 있

73) 最判昭和57 · 4 · 22民集36卷4號705頁.
74) 最判昭和41 · 2 · 23民集20卷2號271頁.
75) 最判昭和50 · 11 · 28訟務月報20卷2號317頁.
76) 最判昭和62 · 9 · 22判時1285號25頁.
77) 最判昭和60 · 12 · 17民集39卷8號1821頁.
78) 日本弁護士連合会行政訴訟センター(編), 앞의 책, 63쪽.
79) 橋本博之, 앞의 책, 90쪽.
80) 東京地判平成6 · 9 · 9行集45卷8=9號1760頁.

고, 토지소유자 입장에서는 언제까지나 다툴 수 있다고 보겠지만, 다른 한편 개개의 토지소유권 내용을 무한정 다투게 될 경우 법적 안정성을 해칠 수 있다는 것이다. 이와 같은 토지특성에 비추어 보면 소송기회를 폭넓게 인정하는 것이 효율적인 토지정책과 반드시 조화되지는 않는다고 한다. 따라서 도시계획결정에 대해 개별법에서 일정한 이해관계자에게 조기의 쟁송기회를 인정하고, 제소기간과 배타성을 통해 그 이상의 재판의 여지는 막으면서 소유권의 내용을 확정하는 방안을 제시한다. 그리고 확인소송은 이러한 입법조치가 행해지기까지의 잠정적인 소송 정도로 이용되는 것이 적절하다고 주장한다.

우리나라 대법원은 구속적 행정계획에 대한 처분성을 대체로 인정하고 있어 일본의 경우와는 다른 상황이라고 할 수 있는데, 사실 우리 판례의 처분개념에 관한 입장은 이해할 수 없는 면도 없지 않다.[82] 판례는 항고소송의 대상이 되는 행정처분을 행정청의 공법상의 행위로서 특정사항에 대하여 법규에 의한 권리의 설정 또는 의무의 부담을 명하거나 기타 법률상 효과를 발생하게 하는 등 국민의 구체적인 권리의무에 직접적 변동을 초래하는 행위라고 정의한다.[83] 그러나 도시계획결정은 상당한 정도로 일반성을 갖는데도 이를 처분으로 보고 있다.[84]

이러한 대법원판례의 경향에 대해서는 평가하기가 쉽진 않다. 도시계획결정을 취소소송의 대상으로 한 것은 어색하지만, 그렇다고 이를 부인할 경우 구속적 도시계획결정으로 인한 구제의 길이 막히게 된다. 또한 법원에서 인정하고 있는 처분성을 굳이 부정하는 것도 다른 대안이 없는 상태에서 적절하다고 보긴 곤란할 것이다. 당사자소송으로서의 확인소송을 활성화하여 이를 통해 행정계획도 다투게 하는 방안도 자칫 효율적인 토지법정책 및 법적 안정성을 해할 우려가 있다. 이러한 의미에서는 지금과 같은 취소소송의 방법에 긍정적인 면도 없지 않다.

이러한 여러 측면을 고려한다면, 행정계획에 대한 확인소송은 조심스럽게 접근할

81) 中川長久, 앞의 논문, 995쪽 이하.

82) 다양한 성질을 가진 도시계획을 전부 동일한 성질을 가지고 있는 것으로 전제하는 법원(대법원 1982. 3. 9. 선고 80누1056 판결; 서울고등법원 1980. 1. 29. 선고, 79누41 판결)의 논리를 비판하는 김남진, 고시연구 2005/5, 23쪽 참조.

83) 대법원 2007. 11. 15. 선고 2007두10198 판결; 대법원 2008. 4. 24. 선고 2008두3500 판결; 대법원 2008. 9. 11. 선고 2006두18362 판결.

84) 박정훈, "행정입법 부작위에 대한 행정소송", 판례실무연구 Ⅵ, 2003, 178쪽 참조. 한편, 우리 법원의 처분에 대한 판례는 행정소송법 제2조1호에서 명시하고 있는 처분개념을 원용하지 않고 있다는 점, 또한 그러면서 법원이 취하고 있는 일관된 처분개념은 어떠한 근거에서 나오는가에 대해서도 의문스럽다. 이러한 취지의 김남진, "혁신도시입지선정의 법적 성질", 법률신문 제3269호, 2008/2 참조.

필요가 있다. 행정계획 특유의 통제방법이 입법화되기 전까지는 행정상 확인소송을 통한 해결방안을 주장하는 견해도 있는데,[85] 이 경우 행정계획에 대한 확인소송이 가져올 폐단도 함께 고려하여 이해관계인의 권리구제 필요성, 분쟁의 성숙성 등에 대하여 엄격하게 판단할 필요가 있을 것이다. '국토의 계획 및 이용에 관한 법률'과 같은 개별법이나, 행정소송법에 행정계획에 특유한 별도의 소송수단을 규정하는 방안도 생각해 볼만 하다.

Ⅵ. 맺음말

처분성 없는 행정작용과 관련하여, 소송으로 구제받을 길이 없다면 이는 국민의 재판받을 권리와 법치주의원리를 침해할 수 있다. 따라서 취소소송중심주의 내지 항고소송중심주의로부터 벗어나 확인소송의 적극 활용이 필요함은 헌법적 요청의 차원에서도 설명할 수 있다.

대법원 행정소송 개정안(2004)에서 제기되었던 (일종의) 처분성 확대론도 하나의 방안으로 주장되고 있지만, 그것을 우리 법에서 수용할지 여부는 행정행위의 공정력에 대한 충분한 논의와 폭넓은 공감대 형성을 바탕으로 결정해야 할 것이다.

확인소송 활용론을 주장하는 경우에도 개별 행정작용에 따른 특성을 고려해야 하는 바, 처분성 없는 '모든' 행정작용에 획일적으로 적용하려는 試圖는 경계한다. 가령, 행정계획(도시계획)의 경우 조기확정이 필요하다는 점 등을 감안한다면 제소기간을 무한정 인정할 것인가는 신중하게 판단해야 한다.

행정소송으로서의 확인소송에 대한 쟁점과 구체적 활용방안까지 제시하려 했던 이 글은 당초 의도와는 달리 서설적 검토에 머문 것 같다. 이는 주로 필자의 淺學菲才에 기인하겠지만, 방대한 쟁점들을 한번에 다 다룰 순 없는 한계도 있었다. 남은 쟁점들에 대해서는 후속연구를 통하여 보완하고자 한다.

---

85) 김남진, 고시연구 2005/5, 23쪽.

제 5 장

의무이행소송과 거부처분취소소송의 관계

– 우리나라 개정안, 독일 행정법원법, 일본의 행소법의 비교 –

Ⅰ. 머리말

최근 법무부가 구성한 행정소송법 개정위원회(위원장:최송화)의 행정소송법 개정안(이하 '개정안')이 마무리되어 제19대 국회에서의 통과를 기다리게 되었다. 이번 개정작업은 과거 몇 차례 불발되었던 개정시도를 밑거름으로 삼은 만큼 입법에 대한 기대가 크다. 그만큼 이번 개정안에서 포함된 의무이행소송의 도입도 상당히 현실감 있게 다가오는 것 같다.

그간 행정소송법의 개정내용을 두고 많은 논란이 있었지만, 의무이행소송이 예방적 금지소송과 함께 항고소송의 한 유형으로 포함되어야 한다는 점에 대해서는 어느 정도 공감대가 형성되어 왔다. 2006. 9. 8. 대법원이 국회에 제출한 행정소송법 개정의견(이하 '2006년 대법원안'), 2007. 11. 19. 정부(법무부)가 국회에 제출한 행정소송법 개정법률안(이하 '2007년 법무부안') 등에서부터 예방적 금지소송과 함께 의무이행소송은 포함되었기 때문이다.

현행 행정소송법 하에서는 거부처분의 경우 거부처분취소소송을 통하여 다투어졌고, 청구가 인용된 경우 인용판결의 기속력의 내용으로서의 재처분의무를 통하여 의무이행소송의 역할을 대신하고자 했다(행정소송법 제30조2항). 그러나 앞으로 의무이행소송이 법정될 경우 이러한 신청에 대한 거부처분에 대한 구제는 의무이행소송을 통해 이루어져야 할 것으로 일견 보인다. 그런데 우리나라 개정안은 현행 행정소송법에 규정된 거부처분취소소송과 관련된 규정을 그대로 존치하고 있다. 따라서 거부처분취소소송과 의무이행소송은 어떠한 관계에 있는지가 의무이행소송제도의 도입과 관련하여 새로운 중요한 쟁점으로 부각된다. 이는 국회에서 심의하는 과정에서 고려해야 할 입법론의 문제일 뿐만 아니라, 행정소송법 개정안이 국회에서 통과될 경우에는 동법에 대한 해석론의 문제이기도 하다.

이러한 연구를 위해 본고에서는 의무이행소송제도의 모델이라 할 수 있는 독일 행정법원법상의 의무이행소송(Verpflichtungsklage)을 비교법 차원에서 우선 살펴본다. 그리고 거부처분과 관련하여 우리와 유사한 소송제도를 이용해왔던 일본이 2004년 행정사건소송법의 개정에서 의무이행소송(義務づけ訴訟)을 도입했는데, 동 제도도 비교검토의 대상으로 삼는다. 의무이행소송에 관한 독일 행정법원법(이하 '독일법' 또는 '독일 행정법원법') 및 일본 행정사건소송법(이하 '일본법' 또는 '일본 행소법')과 비교하게 되는 우리의 것은 주로 우리나라 「개정안」이지만, 필요한 경우 2006년 대법원안, 2007년 법무부안도 논의에 포함시킨다.

이하에서는 의무이행소송과 거부처분취소소송간의 선택가능성(Ⅱ), 신청권 유무에 따른 소송유형 구분(Ⅲ), 「사건의 판결성숙성」과 판결유형(Ⅳ)을 주된 논점으로 하여 양 소송의 관계를 살펴보고 논의를 맺고자(Ⅴ) 한다.

Ⅱ. 의무이행소송과 취소소송간의 선택가능성

1. 독일 행정법원법상 의무이행소송과 거부처분취소소송

(1) 의무이행소송

독일 행정법원법(VwGO)상 의무이행소송은 행정행위의 신청이 거부되거나 방치된 경우에, 신청에 대한 행정행위의 발급을 구하는 소송을 말하며(동법 제42조1항), 그 법적 성질은 급부소송으로 보고 있다.[1] 의무이행소송이 인용되기 위해서는 행정행위의 거부 또는 방치가 위법이어야 하고, 이로써 원고의 권리가 침해되고 있어야 한다(동법 제113조5항). 이러한 요건이 충족될 경우, 법원은 행징청에 대하여 행정행위를 발급할 것을 명하든지, 또는 법원의 법해석을 고려하여 원고에 대한 재결정을 해야 하는 의무

1) Pietzcker, in: Schoch/Schmidt-Aßmann/Pietzner, VwGO, § 42 Abs 1, Rn. 90.

를 부과하는 판결을 내리게 된다. 의무이행판결은 집행력을 가지고 있어, 행정청이 부과된 의무를 임의로 이행하지 않는 경우에는 강제금의 경고 및 확정에 의해, 이것을 집행하는 것이 가능하다(동법 제172조).

거부처분에 대하여 이러한 의무이행소송을 「구함과 동시에」[2] 거부처분취소를 구할 필요가 있는가? 이에 대해서는 이미 행정법원법(VwGO)의 제정 이전부터, 연방행정법원은 별도로 거부처분의 취소를 구할 필요는 없다고 보았다.[3] 이러한 판례의 입장은 행정법원법 제정 이후에도 이어져, 법원은 거부처분에 대한 의무이행을 명함에 있어서 명시적으로 거부처분의 취소를 선언할 필요는 없다고 한다.[4] 그러나 소송실무에서는 의무이행을 명하는 판결을 내리면서 거부처분취소까지 선언하는 경우가 많은데, 이는 선언적 의미(deklatorische Bedeutung)를 가질 뿐이다. 거부처분의 이행을 구하는 소에서 이와 함께 거부처분 취소의 청구가 독자적 의미를 가지는 것은 이에 관한 「특별한 권리보호필요성이 인정되는 예외적인 경우」이다.[5]

(2) 독립적 취소소송

다음으로, 문제가 되는 것은 거부처분에 대하여 의무이행을 구하지 않고(의무이행과는 별도로) 거부처분의 취소만을 구하는 소송이 인정될 수 있는지 여부이다. 의무이행과 무관하다는 점에서 「독립된」(=분리된, isoliert) 취소소송이라고 부른다. 일반적으로 신청에 대한 거부처분에 불복한다는 것은 그 신청대상인 처분을 구하고자 함이므로 의무이행소송이 효율적인 소송수단일 것이다. 그럼에도 불구하고 원고가 의무이행소송을 구하지 않고 취소소송을 제기할 수 있는지가 학설과 판례에서 다투어지고 있다. 긍정설과 부정설의 차이는 의무이행소송이 취소소송에 비하여 특별법적 성격을 가지는 특별한 소송유형(speziellere Klageart)인지 여부[6], 이와 관련하여 행정법원법 제42조의 법체계에서 볼 때 (확인소송이 형성 · 급부소송에 대하여 보충성이 있는 것처럼) 독립적 취소소송이 의무이행소송에 대하여 보충성이 있는지 여부, 그리고 독립적 취소소송을 제기하기 위해서는 특별한 「권리보호필요성」(Rechtsschutzbedürfnis)이 있어야 하는지

---

2) 이 점에서 이는 후술하는 의무이행소송으로부터 「독립된」 취소소송의 문제가 아니다.
3) BVerwGE 1, 291, 296.
4) 이러한 논의에 대한 상세는 Sodan, in: Sodan/Ziekow, VwGO, 2006, § 42, Rn. 32.
5) 위의 책, Rn. 32.
6) 이에 대한 부정설로는 Schmidt-Kötters, in: Posser/Wolff, BeckOK VwGO, § 42 Rn. 45; Sodan, 앞의 책, § 42 Rn. 339. 긍정설로는 Pietzcker, 앞의 책, § 42 Abs 1 Rn. 110; Kopp/Schenke, VwGO, 2009, § 42 Rn. 30.

여부에 대한 견해차에서 기인하는 것으로 보인다. 보다 근본적으로는 양 소송의 목적(Klageziel)을 어떻게 볼 것인가에 대한 견해차이기도 하다. 주된 근거조항인 행정법원법 제42조 및 제113조5항의 문언해석이 기초가 됨은 물론이다.

이러한 독립적 취소소송(isolierte Anfechtungsklage)의 허용여부에 대하여 독일의 학설만이 아니라 판례도 일관되진 않다. 따라서 이 부분에 대해서만 상세하게 살펴볼 순 없는 본 논문에서 독일 교과서 수준의 논의정도로 검토한다면, 「원칙적 불허용-예외적 허용」으로 정리할 수 있다.[7] 허용되지 않는다고 보는 이유는 원칙적으로 권리보호필요성이 결여되는 경우로 보아야 하며, 행정법원법의 관련조항(제42조 및 제113조5항)이 의무이행소송이 특별법의 성격을 가지는 것으로 종국적으로 규정되어 있어(spezialgesetzlich und damit abschließend normiert) 거부처분에 대하여는 취소소송이 아닌 의무이행소송으로 다투어야 함을 들고 있다.[8] 예외적으로 허용되는 경우는 원고가 소제기 당시 (수익적) 행정행위의 발급에 대한 이익이 더 이상 존재하지 않고 의무이행소송에 대한 권리보호필요성이 인정되지 않을 여지가 있는 때이다. 즉 이때에는 의무이행소송을 (소이익 결여로) 제기할 수 없거나 제기할 필요가 없지만, 거부처분의 존속력(Bestandskraft)은 남아 있어 취소소송을 통하여 거부처분 존속력은 없앨 필요가 있다.[9] 그 밖에도 신청거부처분이 원고의 청구권을 부정함을 넘어서, 원고에게 실체법적 불이익을 가져올 수 있는 의미(nachteilige materiellrechtliche Bedeutung)가 있는 경우에도 마찬가지이다.[10] 외국인이 체류허가신청에 대한 거부처분과 같이 거부처분으로 인하여 다른 실체법상의 이익의 침해, 가령 외국인이 입국 후 외국인체류신청을 하는 경우 외국인법(AuslG) 제69조에 따라 외국인관청의 결정이 내려지기까지는 체류할 수 있는데, 거부처분으로 인하여 이러한 수익적 효과를 침해할 수 있다면 독립적 취소소송을 통하여 그 거부처분의 존속력을 없앨 필요가 생긴다.[11]

---

7) 이하 Schenke, Verwaltungsprozessrecht, 2000, Rn. 281-286. 이에 대해서는 반대견해가 존재하고 있다. 이러한 다양한 견해대립에 대해서는 Kopp/Schenke, 앞의 책, § 42, Rn. 30 참조.

8) Schenke, 앞의 책, Rn. 282.

9) 위의 책, Rn. 283 ff.

10) 위의 책, Rn. 286.

11) BVerwG, DVBl. 1988, 290 참조.

2. 일본 행소법에서의 선택가능성과 병합강제

(1) 일본 행소법의 관련규정

【일본 행소법】

제37조의3 ① 제3조제6항 제2호의 의무이행소송[12]은 다음 각 호의 요건 중 하나에 해당하는 때에만 제기할 수 있다.

1. 당해 법령에 근거한 신청 또는 심사청구에 대하여 상당한 기간 내에 어떠한 처분 또는 재결이 행해지지 않을 것
2. 당해 법령에 근거한 신청 또는 심사청구를 각하 또는 기각한다는 취지의 처분 또는 재결이 행해진 경우에, 당해 처분 또는 재결이 취소되어야 하거나, 무효 · 부존재일 것

② 전 항의 의무이행소송은 同項 각 호에 규정하는 법령에 근거하여 신청 또는 심사청구를 한 자에 한하여 제기할 수 있다.

③ 제1항의 의무이행소송을 제기하는 때에는 다음 각 호의 구분에 따라 각각 당해 각 호에 정하는 소를 그 의무이행소송에 병합하여 제기하지 않으면 아니 된다. 이 경우에 당해 각 호에 정하는 소에 계속되는 소송의 관할에 대하여 다른 법률에 특별한 규정이 있는 때에는 당해 의무이행의 소에 관한 소송관할은 제38조 제1항에서 준용하는 제12조의 규정에도 불구하고 그에 따른다.

1. 제1항 제1호의 요건에 해당하는 경우 同號에 규정하는 처분 또는 재결에 관한 부작위의 위법확인의 소
2. 제1항 제1호의 요건에 해당하는 경우 동호에 규정하는 처분 또는 재결에 관한 취소소송 또는 무효등확인의 소

일본의 경우 2004년 행소법 개정을 통하여 의무이행소송을 도입했지만, 부작위위법확인소송도 여전히 존치되어 있다(제3조 5호). 신청형 의무이행소송은 거부처분취소소송, 무효등확인소송, 또는 부작위위법확인소송과 병합하여서만 제기할 수 있다.

(2) 선택적 이용가능성

거부처분취소소송은 취소소송 규정의 해석으로부터 여전히 인정될 수 있다. 이는 거부처분 취소판결의 구속력[13]의 내용으로서 「재처분의무」에 관한 규정을 2004년 행소법에서도 두고 있는 점에서 명백하다. 그리고 부작위위법확인소송을 제기할 수 있는

12) 이른바 「신청형 의무이행소송」이다.
13) 우리나라 행정소송법상의 「기속력」과 같은 개념이다.

자는「법령에 기한 신청」에 대한 경우임을 명문으로 규정하고 있다. 즉 법령상 신청권이 있는 자만이 부작위위법확인소송을 제기할 수 있다. 이로써 거부처분취소소송에서도 법령상 신청권이 있는 자가 제기할 수 있다고 해석하고 있다.[14] 이와 같이, 일본행소법은, 원고가 의무이행소송이나, 거부처분취소소송만을 선택하여 제기할 수 있도록 규정하고 있다.[15]

(3) 병합제기

일본 행소법의 특징으로서 신청에 대한 거부처분에 대하여 의무이행소송을 제기하는 경우 반드시 거부처분취소소송과 병합하여서만 제기할 수 있다는 점을 들 수 있다.[16] 병합된 소송이 부적법하면 의무이행소송도 부적법하게 되어 허용되지 않는다.[17] 이때 재판소[18]는 병합하여 제기된 소송을 분리하지 않고 일괄하여 심리하며, 심리 결과 행정청이 일정한 처분을 해야 함이 법령규정에 비추어 명확하거나, 당해 처분을 하지 않음이 명확하게 재량권의 유월 · 남용에 해당된다고 인정되는 때에는 부작위위법확인소송 내지 거부처분취소소송의 청구를 인용함과 동시에 의무이행청구를 인용하여 처분을 행할 것을 명하는 판결을 내려야 한다. 이에 대하여 일정한 처분을 해야 함이 명확하지 않은 경우에는 의무이행소송절차를 중단하고, 부작위위법확인소송 내지 거부처분취소소송에 대해서만 (청구인용 또는 청구기각의) 종국판결을 할 수 있다(제5항, 6항). 의무이행청구의 결착을 기다리지 않고도, 행정청 자신의 적절한 대응에 의한 분쟁의 신속한 해결을 하고자 하는 취지로 보고 있다.[19]

3. 우리나라 개정안의 비교법적 검토

(1) 선택적 이용가능성과 권리보호필요성

개정안에서는 거부처분에 대한 취소판결의 기속력으로서의 재처분의무(제34조2항), 거부처분취소판결의 간접강제(제39조)에 관한 규정을 존치함으로써 거부처분취소소송

14) 南博方/高橋滋(編), 条解行政事件訴訟法, 弘文堂, 2008, 49頁[高橋滋].
15) 山本隆司, "義務付け訴訟と仮の義務付け差止め活用のために(上)", 自治研究 81-4, 2005, 91頁.
16) 거부처분의 하자가 무효 수준인 경우에는 무효등확인소송과의 병합제기, 신청에 대한 무응답인 경우에는 부작위위법확인소송과의 병합제기가 문제됨은 물론이다.
17) 原田尚彦, 行政法要論, 学陽書房, 2010, 368頁.
18) 법원을「재판소」(裁判所)라고 부르는 일본법의 용례를 일본법 논의에서는 그대로 쓴다.
19) 原田尚彦, 앞의 책, 369쪽.

에 대해서는 현행법의 입장과 그다지 변화가 없어 보인다.[20] 즉, 개정안에서도 거부처분취소소송을 이용하는데 아무런 제약이 없는 것으로 해석할 여지가 많다.

이에 대하여, 거부처분취소판결의 기속력 규정을 존치한 점을 근거로 행정소송법 개정안의 취지는 의무이행소송과 거부처분취소소송 중에 자신에게 유리한 것을 선택할 수 있도록 한 것으로 보는 견해가 주장된다.[21]

그러나 향후 해석론으로서의 논란은 충분히 있을 수 있다고 보는데, 그 이유는 현행 행정심판법에서의 상황에서도 이러한 논의가 있기 때문이다. 권력분립의 문제가 없는 행정심판법에서는 이미 의무이행심판이 명문으로 인정되어 있어, 거부처분의 경우 의무이행심판과 거부처분취소심판이 모두 제기 가능한 형태로 되어 있다.[22] 그런데 거부처분에 대하여 의무이행소송을 제기하지 않고, 거부처분취소심판을 제기하는 것이 오히려 행정심판실무의 관행이며, 법원판례 역시 이러한 선택적 이용가능성을 부인하는 것은 아닌 것으로 보인다.[23] 이러한 실무관행이나 판례에도 불구하고 거부처분을 의무이행심판으로 제기하지 않고 취소심판을 제기하는 데 대하여 매우 부정적으로 보는 견해가 주장되고 있다.[24] 행정심판법에서는 거부처분취소재결의 기속력의 내용으로서 재처분의무에 관한 명시적 규정이 없음에 반해, 행정소송법 개정안에서는 거부처분취소판결의 기속력의 내용으로서 재처분의무의 규정이 있다는 차이점은 있지만, 행정심판법에서의 이러한 부정적 견해는 향후 의무이행소송과 거부처분취소소송을 함께 인정하는 개정안이 통과될 경우 양 소송의 선택적 이용가능성에 대한 부정설로 전개될 여지가 많을 것이다.

(2) 의무이행소송과 거부처분의 공정력

거부처분도 행정행위의 일종이므로 공정력이 발생함은 물론이다. 2007년 법무부안은 거부처분의 경우에는 의무이행소송과 거부처분취소소송을 병합제기하도록 규정하고 있었다. 그러나 거부처분에 대한 의무이행소송의 소송물을 「처분의 발급을 구하는

---

20) 부작위위법확인소송은 현행법과는 달리 그 규정을 두고 있지 않다.

21) 박정훈, "원고적격 · 의무이행소송 · 화해권고결정", 행정소송법 개정 공청회(2012. 5. 24), 22쪽.

22) 당사자의 신청을 거부하는 처분을 취소하는 재결이 있으면 행정청은 그 재결의 취지에 따라 다시 이전의 신청에 대한 처분을 하여야 한다고 보면서, 행정심판법 제37조1항, 2항(*현행법 제49조1항, 2항)을 참조조문으로 들고 있는 대법원 1998. 12. 13. 선고 88누7880 판결 참조.

23) 대법원 1998. 12. 13. 선고 88누7880 판결 참조.

24) 행정심판법상 거부처분은 의무이행심판의 대상이지 취소심판의 대상은 아니며(동법 제5조3호), 거부처분에 대한 취소심판의 청구가 있고 이에 대하여 인용재결이 이루어진다면 그러한 인용재결은 위법하다고 보아 기속력이 발생할 수 없다는 홍정선, 행정법특강, 2012, 598-599쪽.

소송상 청구」로 이해하면서, 동시에 발급청구권의 종속적인 요소로서 취소청구권과 거부처분에 대한 의무이행소송으로 주장하는 소송상 청구의 한 부분으로 하고자 한 것은 문제가 있다고 생각된다. 행정청의 명시적 거부가 있었는지 여부에 따라 별도로 또 하나의 소송을 제기해야 한다는 것도 지나치게 형식적 논리에 치우친 것이라고 할 수 있다. 따라서 의무이행소송의 청구취지에는 거부처분의 취소가 당연히 포함된다고 보아야 하고,[25] 의무이행판결도 거부처분의 취소를 포함하는 것으로 보아야 할 것이다. 이와 같이 해석론을 통하여 의무이행소송만을 제기하는 경우의 거부처분의 공정력문제는 해결될 수 있지만, 이 점을 입법을 통하여 분명히 한다는 의미는 있다고 할 것이다. 개정안이 의무이행판결시 거부처분 등의 경우에는 이를 함께 취소한다는 규정을 둔 것은(제51조) 이러한 취지라고 생각된다.

Ⅲ. 신청권 유무에 따른 소송유형 구분

1. 독일 행정법상의 의무이행소송 유형

독일의 의무이행소송에는 거부대응형 의무이행소송과 부작위대응형 소송이라는 2 종류의 유형으로 구분할 수 있다.[26]

(1) 거부대응형 의무이행소송

거부대응형 의무이행소송(Versagungsgegenklage od. Weigerungsgegenklage)은 행정청이 신청에 대한 행정행위를 거부한 경우에 제기되는 소송이다. 행정청이 신청에 대한 행정행위의 발급을 거부한 경우에는 원고는 신청거부에 대한 행정심판청구절차를 거친 다음에(행정법원법 68조1항, 2항), 제소기간 내에 신청에 관한 행정행위의 발급의 의무이행를 구하는 이행소송을 제기해야 한다(동법 74조1항, 2항).

신청거부처분도 행정행위이므로, 원고가 청구기간 내에 행정심판을 청구하거나, 제소기간 내에 그 취소를 구하지 않으면 존속력을 가지게 된다. 그러나 신청거부처분은 이행소송의 제기로 그 확정을 막을 수 있으며, 의무이행판결에서는 이와 모순되는 신청거부처분의 취소가 포함되는 것으로 해석하고 있다. 따라서 원고로서는 이행소송

25) 이러한 취지의 김연태, “의무이행소송과 예방적 금지소송의 쟁점 검토 – 법무부 행정소송법 개정시안을 중심으로 –”, 고려법학, 2007, 301쪽 각주 21 참조.

26) Sodan, 앞의 책, § 42 Rn. 401.

과 함께 신청거부처분의 취소를 구할 필요는 없고, 법원도 판결주문에서 신청거부처분의 취소를 선고할 필요는 없다. 다만, 법률관계를 명확하게 하기 위해, 실무에서는 판결주문에서 행정행위의 의무이행과 함께 신청거부처분의 취소를 명시적으로 선언되는 것이 일반적이다.[27)]

(2) 부작위대응형 의무이행소송

부작위대응형 의무이행소송(Untätigkeitsklage)은 행정청이 원고의 신청에 대하여 판단을 하지 않은 경우에 제기되는 소송이다. 행정법원법 제75조에 따르면, 행정청이 충분한 이유가 없이, 상당한 기간 내에 행정행위의 발급을 구하는 신청에 대하여 판단을 행하지 않는 때에는 예외적으로 행정청의 제1차적 판단권 및 행정심판청구절차를 거치지 않고, 부작위대응 의무이행소송을 제기하는 것이 허용된다.

이러한 소송은 신청에 대한 행정청의 판단을 기다리지 않고 제기된다는 점에서 특징을 가지지만, 행정청에 대하여 신청에 관한 행정행위의 발급을 명할 것을 구하는 것이라는 점에서는 거부대응형과 마찬가지이다.

(3) 대상적격, 원고적격, 이른바 신청권

이상과 같이 독일법에서는 후술하는 일본법에서와 같은 신청권을 전제로 하는 의무이행소송 구분은 하지 않는다. 즉, 신청당사자나 제3자나 행정청의 의무이행을 구하는 한 기본적인 소송유형 면에서는 차이가 없다.

의무이행소송의 대상적격은 행정행위일 것을 요구하며, 「거부처분」 역시 행정절차법(VwVfG) 제35조에 따른 행정행위성을 충족해야 한다고 보고 있다.[28)]

원고적격도 마찬가지로 보호규범론(Schutznormlehre)이 그 중심을 이룬다. 원고적격을 인정하기 위한 「권리」의 의미는 취소소송에서와 달리 원고가 신청을 통하여 얻고자 하는 실체적 청구권과 동일하다.[29)] 이러한 실체적 청구권은 주로 근거규범에 따른 신청권이 될 것이다. 즉 일반법률인 근거규범의 해석을 통해 신청권이 인정되면 이러한 청구권이 곧 바로 인정될 것이다.[30)] 다면적 법률관계에서는 제3자의 행정개입청구권이 이러한 실체적 청구권이 될 수 있다.[31)] 결국 제3자에 의한 취소소송의 경우와 마

27) BVerwG, DÖV 1976, 782, 784; Sodan, 앞의 책, § 113 Rn. 436.
28) Hufen, 앞의 책, § 15, Rn. 3.
29) Wahl/Schütz, in: Schoch · Schmidt-Aßmann/Pietzner, VwGO, 2011, § 42 Abs 2, Rn. 53.
30) 위의 책, Rn. 54.
31) 위의 책, Rn. 55.

찬가지로 제3자인 원고의 이익이 행정행위의 근거규범에 의해 보호되고 있다면 행정개입청구권이 인정될 수 있고, 이는 곧 의무이행소송의 원고적격 인정으로 귀결될 수 있다.[32]

2. 일본 행소법상의 의무이행소송

(1) 신청형 · 직접형의 구분

일본법은 의무이행소송을 「신청형 의무이행소송」(제2호 소송)과 「비신청형(직접형) 의무이행소송」(제1호 소송)으로 구분하고 있다는 점에서 독일법이나 우리 개정안에 비하여 커다란 특징을 가진다. 일본 행소법 제3조6항 제1호의 유형을 「비신청형(직접형) 의무이행소송」, 동항 제2호의 유형을 「신청형 의무이행소송」이라 부른다.[33]

【일본 행소법】

제3조6항 이 법률에서 '의무이행소송'이란 다음의 경우에서 행정청이 그 처분 또는 재결을 해야 한다는 취지를 명하는 것을 구하는 소송을 말한다.

1. 행정청이 일정한 처분을 해야 하는데도 이를 하지 않을 때(제2호의 경우는 제외)
2. 행정청에 대하여 일정한 처분 또는 재결을 구하는 취지의 법령에 기한 신청 또는 심사청구가 행해진 경우에, 당해 행정청이 그 처분 또는 재결을 해야 하는데도 이를 하지 않을 때

먼저, 일본 행소법 제3조6항 제1호의 직접형(비신청형) 의무이행소송은 당해 처분에 관해 신청권을 갖지 않는 인근주민과 같은 사인이 행정청에게 다른 사인에 대하여 (일정한 처분을 하라는) 행정규제권한을 발동할 것을 구하는 소송유형이다. 예컨대, 원자력발전소의 인근주민이 행정청이 전력회사에 대하여 최신의 과학적 식견에 기한 시설의 개선명령을 발할 것을 요구하는 의무이행소송, 위법한 고층맨션에 의해 일조 등을 저해 받고 있는 인근주민이 행정청이 건축주에 대하여 맨션의 위법부분의 시정명령을 발할 것을 요구하는 의무이행소송 등이 여기에 해당한다.[34]

---

32) 위의 책, Rn. 88 ff. 행정개입청구권의 전제논의로서 무하자재량행사청구권에 관해서는 Rn. 82 ff.

33) 小早川光郎, 行政法講義, 下Ⅲ, 2007, 302頁; 南博方 · 高橋滋(編), 앞의 책, 91쪽[小林久起]. 신청만족형 의무이행소송, 직접형 의무이행소송 등으로도 불린다(塩野宏, 행정법Ⅱ, 2005, 214頁).

34) 橋本博之, 改正行政事件訴訟法, 弘文堂, 2004, 62頁.

둘째, 일본 행소법 제3조6항 제2호의 신청형 의무이행소송은 가령 사회보장이나 연금에 관한 급부를 구하는 신청을 하여 신청이 거부된 경우 또는 신청에 대한 응답이 없는 경우 신청자가 일정한 처분의 의무이행을 구하는 것이다.[35]

신청형은 손해의 중대성, 보충성을 문제로 삼지 않지만, 비신청형은 이를 요하는 점에서(37조의2제1 · 2항) 양자는 큰 차이가 있다. 이는 종래 의무이행소송 대신에 거부처분취소소송 등으로 이러한 분쟁을 해결하던 2004년 개정전 행소법 하에서는 신청권이 없는 경우에는 소의 적법성이 인정될 수 없었던 점과 관련된다. 의무이행소송의 법정으로 인하여 강학상 행정개입청구권과 같은 사인의 권리도 소송을 통하여 구제받을 수 있는 길이 열렸지만, 신청을 전제로 하는 경우와 그렇지 않은 경우는 구분할 필요가 있다고 일본의 입법자는 생각한 것 같다.

(2) 양 유형 구분의 경계? : 在留特別許可の義務付け訴訟(2010. 12. 9.)[36]

그러나 신청형과 비신청형의 구분은 이를 소송실무에서 실제 적용함에 있어서는 양자의 구분이 애매한 경우도 있음이 일본의 행소법 개정 이후의 판례에서 나타나고 있다.

1) 사실관계

페루공화국의 국적을 가진 부모(원고) 및 3형제는 1998. 1. 19. 재류기간갱신불허가처분을 받았지만, 그 후 2000년 鈴鹿市에서 부모간에 장녀(원고)가 출생했다(3형제에게는 2009. 1. 6.에 在留특별허가가 부여되고 있음). 부모 및 장녀(이하 'X등')는 나고야입관입국경비관에 의해 위반조사, 동 입국심사관에 의해 위반심사를 받아 부모는 출입국관리 및 난민인정법(이하 '입관법') 24조1항1호, 장녀는 동항7호에 각각 해당한다는 취지의 통지를 받았고, 구두심리를 청구했지만 동 특별심사관은 심사관의 인정에 잘못이 없다고 판정하였다. 이에 대하여, X등은 입관법 49조1항에 기하여 이의신청을 했지만, 2008. 12. 4. 법무대신으로부터 권한위임을 받은 재결행정청은 신청에 이유가 없다는 재결(이하 '본건재결')을 내렸고, 2009. 1. 6. 처분행정청은 퇴거강제명령 발부처분(이하 '본건처분')을 했다. 이에 X등은 본건재결 및 본건처분의 취소를 구함과 동시에, 재결행정청에 대하여, 동법 50조1항에 기한 재류특별허가의 의무이행을 구하며 제소했다.

35) 위의 책, 70쪽.
36) 名古屋地方裁判所平成22年12月9日判決(LEX/DB25443145).

2) 판결의 요지 : 일부인용, 일부각하

재류특별허가는 …… 입관법 24조에 의해 퇴거강제되어야 하는 자에 대하여 법무대신 등의 예외적인 은혜적 조치로서 부여되는 것이며, 입관법 49조1항의 이의신청은 당해 외국인이 퇴거강제대상자에 해당한다는 입관심사관의 인정에 잘못이 없다는 특별심리관의 판정에 이의가 있는 경우에 행해지는 불복신청 방법으로서 규정되어 있으며, 이것이 재류특별허가를 구하는 신청권의 성질을 병유하는 것으로 해석할 수는 없다. 따라서 재류특별허가의 의무이행을 구하는 소는 행정사건소송법 3조6항1호 소정의 이른바 비신청형의 의무이행의 소에 해당한다.

3) 검 토

이 판결에 대하여, 신청형이 인정되지 않더라도 재류특별허가가 이의신청의 재결과 일체적으로 다루어지는 입관법의 구조에 착안하여, 재결의 위법성을 심사하는 것이 보다 X등의 구제에 이바지한다는 사안처리방법을 택한 것으로 평가되고 있다. X등의 청구를 인용하며, 결국 본건재결 및 본건처분에 관련된 재량권의 통제밀도를 높이는 것으로 X등의 재류를 인정하는 사실상의 구제를 도모했다고 할 수 있다.[37] 이러한 이유로, 신청형과 비신청형의 차이가 실체적 판단에 영향을 주는 정도는 그다지 크지 않다고 보기도 한다.[38] 이렇게 볼 때, 신청형과 비신청형의 구분은 거부처분취소소송에서의 신청권법리를 전제로 할 경우 그 논리성이 인정될 수 있는 면은 있지만, 구체적인 경우에 구분의 합리적 필요성이 의문스럽고, 이 판례에서 볼 수 있는 바와 같이 그 구분이 애매한 경우가 있다는 점을 지적하지 않을 수 없다.

3. 우리나라 개정안의 비교법적 검토

(1) 우리나라 개정안의 규정

그렇다면 개정안에서와 같은 의무이행소송을 도입할 경우 그 소송요건을 어떻게 판정할 것인지 의문이 생긴다. 현행법 하에서의 거부처분취소소송에서 행해지고 있는 이른바 신청권법리가 의무이행소송에서는 더 이상 요구되지 않는다는 해석론이 필연적으로 도출되는 것은 아니다. 따라서 개정안에 따르면, (일본법의 신청형 · 직접형의 구분기순에 따라 분류할 경우) 신청형 의무이행소송은 별 문제가 없겠지만, 직접형 의무이

37) 友岡史仁, "在留特別許可の義務付け訴訟[名古屋地判 2010. 12. 9.]", 法学セミナー 56(6), 2011/6, 125頁.
38) 위와 같음.

행소송의 경우 현행법에서와 마찬가지로 신청권의 법리에 막혀 거의 이용되지 못할 것이라는 예상도 할 수 있다. 그리고 이것이 불합리함은 긴 말을 요하지 않는다.

(2) 「신청」 및 「신청권 법리」의 문제점

일본법과 비교할 때, 우리 개정안은 신청형만을 인정하고, 직접형은 인정하지 않고 있다는 의문도 가져볼 법하지만, 오히려 독일 의무이행소송제도와 같이 이러한 구분이 없이 널리 의무이행소송을 인정하고 있다고 보아야 할 것이다. 즉, 개정안은 양자에 대하여 일본법과 같은 제한들을 두지 아니함으로써, 의무이행소송을 전면적으로 인정하고 있는 것이다.[39)]

이 문제와 관련하여 우선 분명히 해야 하는 것은 「신청」(Antrag)의 의미이다. 우리나라에서는 일관된 판례를 통해 「신청권을 가진 자」의 신청에 대한 명시적 거부 또는 응답 없음(방치)을 각각 거부처분, 부작위로 보아 이를 대상적격으로 삼아 왔다. 일본의 경우도 유사하지만, 일본 행정법에서는 신청(申請)을 우리의 그것에 비하여 매우 정형적이고 좁은 의미로 사용하여 온 것으로 보인다.[40)] 즉 행정절차가 개시되는 2유형을 「신청에 따른 경우」와 「직권에 따른 경우」로 엄격하게 구분하고, 행정행위 역시 「신청에 따른 행정행위」와 「직권에 의한 행정행위」로 구분하는 틀을 일본 행정절차법은 명확하게 정립해 왔다.[41)] 따라서 「사실상 청구」와 같은 경우는 이러한 「신청」에 해당하지 않는다. 설령 「신청」이라는 용어를 사용하더라도 행정행위 발동의 사실상의 동기에 불

39) 박정훈, 앞의 공청회자료, 21쪽.

40) 이와 관련하여 참조할 수 있는 宇賀克也, 行政法概説I, 2011, 142-143頁; 碓氷一成, “申請権の保護”, 行政法の争点, 2004, 54-55頁.

41) 「①신청에 대한 행정행위」는 사인의 신청행위로 행정처분절차가 개시되는 경우이며, 「②직권에 의한 행정행위」는 행정청이 직권으로 행정처분절차가 개시되는 경우이다. 일본의 행정절차법과는 달리 우리나라 행정절차법의 처분절차(행정절차법 17조-26조)는 이러한 구분을 바탕으로 규정되어 있는 것은 아니다. 이와 관련하여, 거부처분에 대한 행정절차법 제21조 적용여부에 관한 학설소개 차원에서 서술한 것이긴 하나, “일본의 경우와는 달리 우리 행정절차법은 신청에 의한 처분과 일반적 불이익처분을 전혀 구분하지 아니하고 포괄적으로 규정하고 있으므로…….”(김철용, 행정법, 2012, 332쪽)라는 대목은 이 문제와 관련하여 주목된다. 그리고 우리나라 행정법 교과서에서는 이러한 ①, ②의 구분이 아닌, 이를 포함한 쌍방적 행정행위(신청에 의한 행정행위 + 동의를 요하는 행정행위)와 단독적 행정행위로 구분하고 있다(김동희, 행정법I, 2012, 252쪽). 직권(단독)적 행위와 신청(동의)에 의한 행정행위라는 구분을 하는 경우도 있다(김남진 · 김연태, 행정법I, 2011, 226쪽). 그러나 ①, ②의 구분 그 자체가 가지는 논의실익이 크다는 점에서, ①, ② 구분의 필요성을 강조하고자 한다.

42) 原田尚彦, 앞의 책, 165-166쪽.

43) 대법원 1984. 10. 23. 선고 84누227 판결; 대법원 2004. 4. 28. 선고 2003두1806 판결; 대법원 2006. 7. 6. 선고 2005다16041 판결; 대법원 1996. 6. 11. 선고 95누12460 판결; 대법원 1997. 10. 10. 선고 96누4046 판결; 대법원 2003. 9. 23. 선고 2001두10936 판결; 대법원 2007. 10. 11. 선고 2007두1316 판결; 대법원 2009. 9. 10. 선고 2007두20638 판결 등.

과한 의미로 쓰이는 경우에는 사인의 신청의 결여나 하자가 행정행위의 효력에 영향을 미치지 않는다.[42] 우리나라의 판례의 입장 역시 「신청권」을 거부처분의 성립요건으로 봄으로써,[43] 엄격한 의미의 신청의 개념을 채택한 셈이지만, 학설로는 행정절차법적 의미로 특정된 「신청」 및 「신청권」이 우리 행정법학에서 확립되어 있는 것은 아니라고 생각된다. 이로 인하여, 「제3자의 원고적격」과 「제3자의 신청권」은 다른 개념이 되었고, 강학상 행정개입청구권의 소송법적 실현은 우리나라나 일본의 거부처분취소소송으로는 (신청권법리를 전제로 하는 한) 처음부터 어려웠다고 볼 수밖에 없다.[44] 「신청」을 「사실상의 청구」를 포함하는 넓은 개념으로 보지 않고 「신청에 의한 행정행위」라는 행정처분의 절차를 개시하는 요건으로 이해한다면 가령 행정청이 무허가건축물에 대한 건축법상 이행강제를 할 것을 구하는 이웃주민의 「신청권」을 행정의무의 근거법률인 「건축법」에서 도출한다는 것은 현실적으로 어렵기 때문이다. 또한 거부처분의 범위를 넓히기 위해 무한정 신청권의 개념을 확장하는 것도 행정절차법의 근본취지에 반할 수 있다는 점까지 생각한다면, 결국 이웃주민과 같은 제3자의 신청권은 인정되기 어렵고, 이러한 제3자의 거부처분취소소송의 길은 거의 불가능에 가깝다고 할 수 있다. 일본의 판례는 일관되게 이러한 입장에 서 있고, 일본의 학설 역시 이견이 보이지 않는다.[45] 우리나라의 판례도 같은 입장임을 보았지만, 최소한 「신청권의 법리」를 전제로 하는 한 이러한 입장을 취할 수밖에 없다고 생각된다.[46] 결국 의무이행소송이 필요한 법률관계의 구조는 서로 성질이 다른 2유형이라는 점을 인식할 필요가 있다. 이는 사인의 실체적 청구권에서부터 구분된다.

(3) 사인의 실체적 공권과 신청형 · 비신청형 의무이행소송

개정안과 같이 의무이행소송, 예방적 금지소송이 도입될 경우, 우리나라 행정소송법은 취소소송 중심주의에서 상당히 벗어나게 될 것으로 보인다.[47] 이러한 이유에서 「사인과 행정주체간의 법률관계」를 종래 취소소송에서의 그것에만 국한하지 말고, 보다 폭넓은 행정상 법률관계를 생각할 필요가 있다. 필자는 최근 사인이 가지는 실체적 공권을 4유형으로 나누고 있는바,[48] 이에 따르면 사인의 실체적 공권을 ① 침해에 대

---

44) 상세는 김현준, "신청권과 무하자재량행사청구권 · 행정개입청구권", 행정법연구 28, 2011, 83쪽 이하.
45) 南博方/高橋滋 編, 앞의 책, 49쪽[高橋滋] 및 84쪽[杉浦德宏].
46) 김현준, 앞의 논문, 85쪽.
47) 이는 나아가 당사자소송과의 관계에서 더 폭넓은 논의범위로 논할 수 있다. 이와 함께, 의무이행소송 도입을 전제로 하더라도 여전히 취소소송중심주의에 입각한 것으로 보이는 박정훈, 앞의 공청회자료, 23쪽 이하 참조.
48) 김현준, "실체적 공권의 4유형과 행정소송법상 항고소송", 공법학연구 13-2, 2012, 63쪽 이하.

한 배제청구권, ② 침해에 대한 예방청구권, ③ 행정상대방의 법률이행청구권, ④ 제3자의 요구청구권(행정개입청구권)으로 구분할 수 있는데, 의무이행소송과 관련해서는 ③의 공권과 ④의 공권이 문제가 된다. 즉, 「신청권이 있는 행정상대방의 ③의 공권」과 「신청권이 없는 제3자의 ④의 공권」은 공히 의무이행소송을 통하여 실현될 수 있지만, 이들 권리의 성격이 다르듯 그 권리를 실현하는 소송의 구조도 달리 이해해야 하는 것이다. 특히 후자는 헌법상 기본권보호의무에 바탕을 둔 사인의 행정개입청구권을 실현할 수 있는 수단이라는 점에 착안해야 한다.

신청형 · 비신청형 의무이행소송의 구분이 없는 우리나라 개정안은 이러한 차이를 전혀 고려하고 있지 않다는 점에서 일본 행소법과는 다르며, 오히려 독일 행정법원법의 태도와 유사하다고 할 것이다. 입법론으로서 결론에 있어서는 개정안의 태도가 바람직하다고 보지만, 향후 해석론에서 이러한 문제를 고려할 필요가 있다고 생각된다. 종래 거부처분취소소송에 관한 우리나라의 일관된 판례는 일본판례와 유사하게 이른바 신청권법리를 견지하고 있는데, 신청권이 없는 제3자의 행정개입청구권을 의무이행소송으로 실현하려면 이러한 신청권법리를 어떻게 처리해야 할 것인가의 숙제가 남는다. 이러한 문제를 해결하기 위해 일본법은 신청권의 개념을 철저하게 유지하면서 그 소송요건이나 본안승소요건까지도 달리 규정하고 있다고 생각된다. 우리나라 개정안처럼 신청형 · 비신청형의 구분을 전제로 하지 않는 법규범에서는 의무이행소송의 소송요건이나 행정개입청구권 등에 관한 독일법에 일단 초점을 맞출 필요도 있지 않나 생각된다.

Ⅳ. 「사건의 판결성숙성」과 판결유형

1. 독일법상 「판결성숙성」과 「응답판결(재결정명령판결)」

(1) 의무이행소송에서 「판결성숙성」의 의의

【독일 행정법원법(VwGO)】

제113조5항 행정행위의 거부 또는 부작위가 위법하고 원고가 이로 인해 권리를 침해받은 경우에, 법원은 사안이 판결을 내리기에 성숙한 경우에는 신청된 직무행위를 이행할 의무를 행정청에 대하여 선고한다. 그렇지 않은 경우에는 법원은 법원의 법적 견해를 존중하여 원고에게 응답할 의무를 선고한다.

법원이 당해 사안에 대해서 결론적 판단을 내릴 수 있는 상태가 '사안이 판결에 성숙한'(spruchreif) 경우이다. 독일 행정법원법 제113조5항에 따르면, 법원은 사건이 판결을 하기에 성숙한 경우에는 신청에 대한 직무행위를 해야 할 의무가, 판결을 하기에 성숙하지 않은 경우에는 법원의 법해석을 고려하여 선고해야 할 의무가 행정청에게 있다는 선고를 한다. 여기서 「판결의 성숙성」이란 신청에 대한 행정행위를 발급해야 할 사실상 · 법률상 전제조건이 모두 충족되어 행정청에 대하여 특정한 행정행위 발급을 명하는 것이 가능하게 됨을 말한다.[49] 행정행위의 거부나 방치가 위법하고 원고의 권리를 침해하는 것으로 인정되는 경우로서, 사건이 판결을 하기에 성숙되지 않았는데도 원고가 특정한 행정행위 발급을 명하는 것을 구하고 있는 경우에는, 법원은 법원의 법해석을 고려하여 원고에 대한 결정을 해야 할 의무를 명하고 기타 청구는 기각한다.[50]

(2) 재량행위의 경우 판결성숙성

사인은 재량규범에서 사익보호성이 충족될 경우 주장할 수 있는 무하자재량행사청구권을 의무이행소송으로서 訴求할 수 있다. 이러한 사인의 권리를 법원이 인정할 경우 응답판결(재결정명령판결)(Bescheidungsurteil)을 내릴 수 있다(행정법원법 제113조5항2문). 그러나 법원은 사인이 제기한 의무이행소송에서, 행정청에게 재량규범을 근거로도 특정행위를 행할 것을 명할 수 있는데 이는 재량수축의 경우이다. 즉, 법익침해 · 위험성이 강한 상황에서 사인의 무하자재량행사청구권이 행정개입청구권으로 전환되는 것을 인정하게 되며, 이때 법원은 특정의무이행판결(Vornahmeurteil)을 내리게 된다(동법 제113조5항1문). 여기서 무하자재량행사청구권과 행정개입청구권이 소송법에서 구분되는 기준, 즉 재량수축을 인정하여 특정행위의 발급을 판결로서 명할 만한 정도인지는 소송법상 용어인 「사건의 판결성숙성이 있는가」(spruchreif) 여부로 나타난다. 즉, 통상적인 재량행위[51]의 경우에는 법원은 신청을 거부한 행정행위가 위법하고 원고의 권리가 침해되더라도, 법원은 법원의 법해석을 고려하여 결정해야 할 의무가 있음을 선언하고 판결이유 중에서 행정청이 새로운 재량판단을 할 때에 고려해야 할 법적 한계를 제시하는데 그치지만, 이른바 재량수축이 있는 경우에는 사건의 판결성숙성을 인정하게 되고 특정의무를 명하는 판결을 한다.

---

49) Gerhardt, in: Schoch/Schmidt-Aßmann/Pietzner, VwGO, Rn. 73.
50) BVerwGE 48, 237, 238.
51) 계획재량이나 판단여지도 여기서의 재량으로 볼 수 있다.

(3) 기속행위의 경우 판결성숙성

「사건의 판결성숙성」은 행정청의 의무인 직무행위가 기속행위인가, 재량행위인가에 따라 결정되는 경우가 많다. 재량행위의 경우와 달리, 기속행위의 경우에는 법원은 원칙적으로 사건의 판결성숙성을 인정하여 청구인용의 경우 특정의무이행판결을 내린다. 그러나 기속행위의 경우에도 법원이 쟁점에 대한 해명을 한정적으로 행하고 행정청에게 근거법규의 구체적인 적용을 맡기는 것을 허용할 것인지가 문제가 되기도 한다. 가령, 신청에 대한 행정행위의 발급에 있어서 복잡한 계산이 필요한 경우 그 계산관계에 대한 확정을 행정청에게 맡기는 것을 허용할 수도 있다.[52] 또는 행정청의 조사 · 판단이 부족하여 행정청에 환송을 하는 것과 같은 의미의 응답판결(재결정명령판결)이 가능할 것인지 문제된다. 가령, 행정청이 처분요건 A의 존재를 부정하고, 처분요건 B에 대하여는 판단하지 않고 처분을 거부했는데, 법원이 A의 존재를 인정하는 경우, 법원은 B의 존부를 스스로 판단하지 않고, 행정청에게 판단하는 절차를 취하도록 요구할 수 있는지, 원고는 B의 존부의 판단을 법원이 아니라 행정청이 행할 것을 구하는 소를 제기할 수 있는지가 문제인데, 이는 기속행위나 재량행위에서 공히 있을 수 있다.

이와 같이 일종의 행정청으로 환송하는 형식의 응답판결(재결정명령판결)은 원칙적으로 인정되지 않는다. 이는 무엇보다 독일 행정법원법 제86조1항(직권탐지주의)에 따라, 법원은 청구의 틀 내에서 판결을 내리기 위해 원고가 주장하는 청구권의 사실적 · 법적 요건을 스스로의 책임으로 확정하고, 행정법원법 제113조5항1문(특정처분의무이행판결)의 의미에서 계쟁대상을 완전한 범위에서 판결에 성숙한 상태로 할 의무가 있기 때문이다.[53]

그러나 기속행위의 경우에도 예외적으로 행정청으로의 환송적 효과를 판결을 내린다는 의미로 재결정명령판결(응답판결)이 허용될 수 있다. 그 근거는 우선 행정법원법 제113조5항 1문의 후단("사안이 판결성숙성이 있으면")의 해석에서 찾을 수 있다. 즉, "....이 있으면(wenn)"이라는 문언에서 볼 때, 법원은 판결성숙성이 있게 할 의무가 없다는 것은 아니지만, (재량에 따라) 판결성숙이 있도록 하지 않을 수도 있다고 해석한다.[54] 다음으로, 행정절차를 무력화하고, 행정청의 제1차적 판단권을 법원이 침해하여 「기능적합적 임무배분원칙」(Grundsatz funktionsrichtiger Aufgabenzuordnung)에 반한다

52) 가령, BVerwGE 41, 227.

53) 독일의 일관된 판례의 입장이다. BVerwGE 10, 202 (204); BVerwGE 11, 95 (98 ff.); BVerwGE 12, 186; BVerwGE 17, 208; BVerwGE 69, 198 (201).

54) Gerhardt, 앞의 책, Rn. 67.

는 점을 들 수 있다. 그리고 판결성숙성을 위해서 법원이 대신할 수 없는 다른 행정청의 판단이 필요하다면, 그 절차는 그 한도에서 멈추어져야 한다(동법 제94조). 전문적 심사가 특별한 자격을 가진 전문가위원회에 맡겨져 있는 경우에도 마찬가지이다. 즉 행정청의 특별한 인식가능성이 문제된다면, 행정청은 그것을 소송절차로 가져와야 한다. 매우 복잡하고 가치판단과 관련된 조사가 문제되는 경우에는 판단수권이 검토되어야 한다는 점도 생각할 수 있다.[55] 이와 같이 해석할 경우 예외적으로나마 법원은 행정청에 환송할 권한도 행사할 수 있다고 볼 여지가 있게 되어, 일종의 「소송절차에 의한 사건의 판결성숙」의 문제가 발생하게 된다. 이러한 「소송절차에 의한 사건의 판결성숙」은 행정기관과 법원이 취하는 절차의 조합, 즉 행정절차와 소송절차간의 역할분담의 문제라고 할 수 있다.[56]

2. 일본 행소법에서의 「병합강제」

(1) 신청형 의무이행소송과 「거부처분취소소송 등[57]」의 병합

일본 행소법상 의무이행판결에서는 독일 행정법원법에서와 같은 특정의무이행판결 · 응답판결의 구분에 관한 규정은 없다. 그리고 신청형 의무이행소송을 제기하는 경우에 반드시 거부처분취소소송 · 무효등확인소송이나 부작위위법확인소송을 병합하여 제기하여야 한다(제37조의3 제3항). 판결과 관련하여 특기할 만한 것은 병합제기되는 부작위위법확인소송, 취소소송 · 무효등확인소송에 대해서만 종국판결을 하는 것이 보다 신속한 쟁송 해결에 도움이 된다고 인정되는 때에는 재판소는 이러한 소에 대해서만 종국판결을 할 수 있다는 점이다(제37조의3제6항 전단).

【일본 행소법】

제37조의3 ④ 전항의 규정에 의해 병합하여 제기된 의무이행의 소 및 동항 각 호에서 규정하는 소에 관한 변론 및 재판은 분리하지 않아야 한다.

⑤ 의무이행의 소가 제1항 내지 제3항에서 규정하는 요건에 해당하는 경우에, 동항 각

55) 위의 책, Rn. 68.
56) 위의 책, Rn. 67.
57) 무효확인 또는 부존재확인소송의 병합에 대해서는 기본적으로 취소소송의 병합과 마찬가지로 생각하여야 한다.

호에서 규정하는 소에 관한 청구에 이유가 있다고 인정되고, 그 의무이행의 소에 관한 처분 또는 재결에 관하여, 행정청이 그 처분 혹은 재결을 해야 함이 그 처분 혹은 재결의 근거가 되는 법령의 규정으로부터 명백하다고 인정되거나 행정청이 그 처분 혹은 재결을 하지 않는 것이 그 재량권의 범위를 넘거나 남용이 된다고 인정되는 때에는 재판소는 그 의무이행의 소에 관한 처분 또는 재결을 해야 한다는 취지를 명하는 판결을 한다.
⑥ 제4항의 규정에도 불구하고, 재판소는 심리의 상황 기타 사정을 고려하여, 제3항 각호에서 규정하는 소에 대해서만 종국판결을 하는 것이 보다 신속한 쟁송의 해결에 기여한다고 인정되는 때에는 당해 소에 대해서만 종국판결을 할 수 있다. 이 경우에 재판소는 당해 소에 대해서만 종국판결을 한 때에는 당사자의 의견을 들어, 당해 소에 관한 소송절차가 완결되기까지 의무이행의 소에 관한 소송절차를 중지할 수 있다.
⑦ 제1항의 의무이행의 소 가운데, 행정청이 일정한 재결을 해야 한다는 취지를 명할 것을 구하는 경우에는 처분에 대한 심사청구가 행해진 경우에 있어서 당해 처분에 관한 처분의 취소의 소 또는 무효등확인의 소를 제기할 수 없는 때에만 제기할 수 있다.

이때「신속한 쟁송해결에 기여」의 의미에 대해서는 개별사안에 따라 법원이 심리의 상황 기타 사정을 고려하여 판단해야 한다. 예를 들면, 3급 장애후생연금을 지급하는 취지의 처분에 대해서 그 취소소송과 1급 장애후생연급을 지급하는 취지의 처분의 의무이행소송이 제기된 경우, 재판소는 처분의 기초가 된 장애의 정도가 1급인지 2급인지를 판단하는데 상당한 증거조사가 필요한 상황에서 처분취소의 판결을 내리면 그 이후에 바로 처분행정청이 정확한 자료에 따라 재진단을 하여 새로운 처분을 하리라 예견되는 경우이다.[58] 이와 같이, 요구되는 처분의 전문적 · 기술적인 성질로 인하여 의무이행소송의 요건심리는 상당한 기간이 필요하지만, 심리과정에서 처분의 위법이 명확하고 행정청이 이러한 판결의 취지에 따라 처분을 할 것이 예견된다면 이는「신속한 쟁송해결에 기여」하게 될 것이다.

이 규정에 따라 부작위위법확인소송이나 취소소송 · 무효등확인소송에 대해서만 종국판결을 내린 때에는, 당사자의 의사를 들어 당해 소와 관련된 소송절차가 완결되기까지 의무이행소송과 관련된 소송절차를 중지할 수 있다(제37조의3 제6항 참조). 이는 제37조의3제1항1호, 2호에서 규정하는 의무이행소송 요건의 판단이 부작위위법확인소송, 취소소송 · 무효등확인소송에 이유가 있는지의 판단과 일치해야 하므로(제37조의3 제4항 참조), 취소소송이나 무효등확인소송의 상소심판결과 그 판단에 저촉이 생기는

58) 南博方 · 高橋滋(編), 앞의 책, 654쪽[間史恵].

것을 피하기 위한 취지이다.59)

(2) 병합강제를 통한 「환송적 판결」

일본 행소법의 병합강제 규정은 독일 의무이행소송에서 제기될 수 있는 문제점을 나름대로 개선하여 독특한 일본형 의무이행소송을 만들고자 한 것으로 보인다.60) 이러한 일본법의 입장은 종래 취소소송 중심주의를 바탕으로 하고 있다는 점에서 프랑스형에 가깝다고 보는 견해도 있지만,61) 일본의 山本隆司 교수는 독일 의무이행소송과의 비교분석을 통하여 다음과 같이 평가한다.62) 첫째, 의무이행소송이 계속되어 있는 채로 병합되어 있는 소에 대하여 부작위위법확인판결이나 거부처분취소판결을 내릴 여지를 만듦으로써(행소법37조의3제4항, 6항), 원고의 의무이행청구에 응답하지 않는 채로 소송절차를 종료시키지 않고 법원이 행정청에 사안을 환송(差戻し)할 수 있다. 둘째, 이러한 환송의 의미를 가진 판결을 법률에서 규정함으로써 의무이행소송절차로 대체될 수 없는 행정절차의 보충이 필요한 경우를 명시하고, 환송의 의미를 가지는 판결을 내리기 위한 요건을 특히 신청거부처분취소판결을 내리기 위한 요건과 연계시킴으로써 이 점을 명확하게 하고 있다.

「환송적 판결」이 내려질 수 있는 요건은, 앞서 본 재판소가 「심리의 상황 기타 사정을 고려하여」 「보다 신속한 쟁송의 해결에 기여한다고 인정되는 때」라고 말할 수 있는데, 다음과 같은 경우가 여기에 해당할 것이다.63)

---

59) 위의 책, 655쪽[間史恵].

60) 이러한 논의는 병합제기와 무관한 직접형 의무이행소송에서는 해당되지 않는다(일본 행소법3조6항1호, 37조의2). 직접형의 경우 의무이행소송의 심리를 원활하게 진행시키기 위해서, 이른바 병합강제제도에 상당하는 해석론으로서 일본 행소법7조, 일본 민소법245조를 근거로 이른바 중간판결을 이용할 수 있다는 견해가 제시되는데, 이에 따르면 ①행정청이 의무이행소송의 적법성을 부정하여 사안의 구체적인 조사 · 판단을 진행시키지 않을 때 소송요건의 충족을 인정하는 재판소가 소가 적법하다는 취지의 중간판결을 내릴 수 있고, ②행정청이 사인이나 다른 행정기관이 참가하는 절차를 실시하게 하지 않고, 원고의 청구를 부인하고 있는 상태에서, 법원이 원고의 청구를 인용한다면 사인의 절차참가에 관한 권리나 행정기관의 권한이 침해되는 것이 되는 경우가 될 수 있는데, 이때 원고의 청구가 인용될 가능성이 있다고 생각되는 재판소는 원고의 처분의무이행청구가 당해 절차를 실시하도록 구하는 의무이행청구를 포함하는 것으로 해석하여 당해 절차의 실시를 의무화하는 중간판결을 생각할 수 있다고 한다(山本隆司, "義務付け訴訟と仮の義務付け差止め活用のために(上)", 自治研究 81-4, 2005, 96頁).

61) 小早川光郎(編), ジュリスト増刊 改正行政事件訴訟法研究, 有斐閣, 2005, 137頁에서 2004년 행소법 개정작업에 깊이 관여했던 小早川光郎 교수의 의견("이번 개정규정은 프랑스에 가깝다고도 말할 수 있다고 생각된다. 취소소송이지만, 취소판결을 할 때 부수적으로 무엇인가를 하도록 명하도록 하는 것이 프랑스이다. 그 부분을 독립된 소송으로서 의무이행소송이라고 생각할 경우 이렇게 볼 수 있을 것이다. 취소소송중심주의가 유지되고 있다고는 말할 수 없지만, 취소소송을 바탕으로 한 제도라는 것은 제법 뚜렷이 나타난다.").

62) 山本隆司, 앞의 논문, 90-91쪽.

63) 위의 논문, 91-92쪽.

첫째, 원고가 행정절차 하자를 이유로 절차를 새로이 할 것을 구하거나 신청에 대한 행정청 부작위의 위법을 이유로 어떤 응답처분을 구하고 있고 법원이 원고의 주장을 인정하는 경우이다. 이러한 경우 보다 신속한 쟁송의 해결에 기여를 이유로, 의무이행청구로부터 분리하여 조속히 절차의 하자를 이유로 하는 신청거부처분취소판결이나 부작위위법확인판결을 내릴 수 있다. 오랜 시간이 지나 행정절차를 새로이 할 경우 절차의 적시성을 잃어 절차의 질이 저하되고, 또한 사안의 최종적인 해결이 지연될 수 있기 때문이다.

둘째, 어느 요건사실이나 고려요소에 대해서 행정청이 행정절차나 행정기관간의 절차를 거쳐 판단하지 않았는데, 이러한 절차를 거치지 않고 법원이 의무이행소송절차에서 심리 · 판단을 행하면 행정절차에 관한 사인의 권리나 행정기관의 권한이 침해되는 경우이다. 이러한 경우 법원이 의무이행청구가 인용될 가능성이 있다고 판단하면 당해 행정절차나 행정기관간의 절차의 실시를 구하는 취지에서, 우선 신청거부처분취소판결이나 부작위위법확인판결만을 내릴 수 있다.

셋째, 법원이 개별사안의 사정에 따라 쟁송의 신속한 해결에 기여하는지를 판단하여 의무이행청구로부터 분리하여 신청거부처분취소판결을 내리는 경우이다. 가령, 행정청이 신청을 거부한 이유인 요건사실 A를 법원이 인정하지 않았지만, 행정청이 처분시에 조사 · 판단하지 않았던 A와는 다른 요건사실 B에 관한 심리 · 판단이 종료하기까지는 법원이 A에 관한 판단을 행하지 않고, 그보다 먼저 A의 부존재를 이유로 하는 신청거부처분취소판결을 내리고, 동 처분취소소송에 관한 판결을 확정시키는 것이 분쟁의 신속한 해결에 도움이 된다고 보는 경우이다. 이에 대해서는 항을 바꾸어 보다 상세하게 살펴본다.

(3) 행정청의 조사 · 판단의 부족을 이유로 한 「환송적 판결」

일본 행소법 37조의3 제6항에서 도출할 수 있는 이른바 행정청의 조사 · 판단의 부족을 이유로 한 「환송적 판결」을 독일의 제도와 비교할 때 그 요건 · 효과의 면에서 다음과 같은 차이가 있다고 한다.[64]

첫째, 독일에서도 논리적으로는 당초의 신청거부이유와 무관하게 재결정명령판결(응답판결)을 내리는 경우도 있다. 예컨대, 행성청이 거부처분시에 조사 · 판단하지 않았던 신청거부사유 B, C 중 법원이 요건 B의 부존재는 인정한 후, 행정청에 요건 C에

64) 위의 논문, 93-94쪽.

관한 조사 · 판단을 구하는 취지에서 재결정명령판결(응답판결)을 내리는 경우이다. 이에 대하여 일본 행소법 37조의3제6항은 신청거부처분을 행한 행정절차를 받아 의무이행소송절차가 진행하는 것이며, 재판소가 당초의 신청거부이유와 무관하게 요건 B와 요건 C를 구별하여 환송적 판결을 내리는 것은 예정하고 있지 않다.

둘째, 독일에서는 재결정명령판결(응답판결) 등의 환송적 판결이 법원이 주도하는 직권탐지주의에 의한 사안해명절차를 (심리절차에서) 행정절차로 전환시키는 의미를 가진다. 이에 대하여 일본에서는 원고와 피고에 의한 주장 · 입증에 따라 법원이 심리 · 판결하는 소송구조를 취하고 있으므로, 사안이 복잡하고 행정청이 조사 · 판단하는 것이 유익하다는 이유로 소송절차의 종료시까지 중지시킬 필요성은 독일의 경우와는 다른 측면이 있다. 실제로 일본 행소법 제37조의3제6항은 의무이행청구로부터 분리하여 신청거부처분취소판결을 내리는 법원이 "당사자의 의사를 듣고, 당해 소에 관련된 소송절차가 완결하기까지 의무이행의 소에 관련된 소송절차를 중지할 수 있다."고 규정하는데 그친다. 즉, 이러한 경우의 신청거부처분취소판결은 사안을 행정기관에 환송시키는 효과를 가지는 판결이라기보다 법원이 쟁점을 정리함으로써, 원고(사인)과 피고(행정주체)가 주장 · 입증 및 사안의 조사 · 판단을 효율적 · 중점적 · 합리적으로 행하도록 하는 취지의 판결이라고 할 수 있다.

3. 우리나라 개정안의 비교법적 검토

(1) 우리나라 개정안

우리 개정안은 거부처분에 대한 취소판결의 기속력으로서의 재처분의무(제34조2항), 거부처분취소판결의 간접강제(제39조)의 규정까지 두고 있어 독일법과는 다르고 일본법과 유사한 것으로 보이지만, 의무이행판결에 관한 한 독일법과 유사한 내용을 가지고 있다.

【우리나라 개정안】

제47조(의무이행판결) 법원은 행정청의 거부처분이나 부작위가 위법한 때에는 다음 각 호의 구분에 따라 판결한다. 거부처분의 경우에는 이를 함께 취소한다.

1. 당사자의 신청에 따른 처분을 할 의무가 있음이 명백하고 그 의무를 이행하도록 하는 것이 상당하다고 인정하는 경우에는 행정청이 그 처분을 하도록 선고한다.

2. 그 밖의 경우에는 행정청이 당사자의 신청에 대하여 판결의 취지에 따라 처분을 하도록 선고한다.

제48조(의무이행판결의 기속력) 행정청에게 당사자의 신청에 따른 처분을 하도록 선고하거나, 판결의 취지에 따라 처분을 하도록 선고한 확정판결은 그 사건에 관하여 당사자인 행정청과 그 밖의 관계행정청을 기속한다.

제49조(의무이행판결의 간접강제) ① 행정청이 제47조의 확정판결에 의한 처분을 하지 아니하는 때에는 제1심 수소법원은 당사자의 신청에 의하여 결정으로써 상당한 기간을 정하고 행정청이 그 기간 내에 처분을 하지 아니하는 때에는 지연기간에 따라 일정한 배상을 하도록 명하거나 즉시 배상할 것을 명할 수 있다. ② 법원은 사정의 변경이 있는 때에는 당사자의 신청에 따라 제1항의 규정에 의한 결정의 내용을 변경할 수 있다. ③ 제1항 또는 제2항에 따른 결정을 하는 경우에는 신청의 상대방을 심문하여야 한다. ④ 제1항 또는 제2항에 따른 결정에 대하여는 즉시항고를 할 수 있다. 이 경우 간접강제의 결정 또는 그 변경결정에 대한 즉시항고에는 결정의 집행을 정지하는 효력이 없다. ⑤ 제1항 또는 제2항에 따른 결정이 확정된 때에는 피고였던 행정청이 소속하는 국가 또는 공공단체에 그 효력을 미친다.

개정안에서는 본안승소요건으로서 우선「행정청의 거부처분이나 부작위가 위법」을 규정하고 있다. 이는 독일법에서 행정행위의 거부 또는 방치의 위법성과 원고의 권리침해를 본안승소요건으로서 우선 요구하는 것[65]과 다르다. 종래 취소소송의 본안승소요건으로 처분의 위법성만을 요구하느냐, 또는 명문의 규정은 없지만 이때 위법성은 원고의 권리침해를 전제로 하는 것이냐에 관한 논쟁이 마찬가지로 전개될 여지가 있다.

(2) 개정안과「사건의 판결성숙성」

우리나라 개정안은 공통된 본안승소요건으로서 위법성을 규정한 뒤,「당사자의 신청에 따른 처분을 할 의무가 있음이 명백하고 그 의무를 이행하도록 하는 것이 상당하다고 인정하는 경우」인지 여부를 기준으로 제47조 1호와 2호를 구분하고 있다. 규정의 구조면에서 보면, 이는 독일 행정법원법 제113조5항 전단과 후단의 구분에 따라「사건의 판결성숙성」이 있으면 특정행위의무이행판결, 없으면 응답판결(재결정명령판결)을 내리는 것과 유사해 보인다. 일본 행소법은 병합제기 이후 거부처분취소판결만의 선고

65) Hufen, 앞의 책, § 26 Rn 3 ff., 18 참조.

가 행정청으로의 환송적 효과를 가질 수 있어, 우회적으로 독일식의 응답판결(재결정명령판결)과 유사한 기능을 하고 있음에 비하여 우리 개정안은 독일식 응답판결(재결정명령판결)을 명시적으로 규정하는 형태를 취하고 있는 듯하다. 만일 이러한 취지라면, 우리 개정안 제47조 1호의「당사자의 신청에 따른 처분을 할 의무가 있음이 명백하고 그 의무를 이행하도록 하는 것이 상당하다고 인정하는 경우」는 바로 독일 행정법원법 제113조5항의「사건의 판결성숙(Spruchreife)이 인정되는 경우」와 유사한 것이 된다. 우리 개정안 제47조2호에 근거하여, 기속행위의 경우에도 환송적 효과를 가진 판결을 내릴 수 있느냐에 대해서는 동 규정의 해석을 두고 독일이나 일본에서와 같은 많은 논란이 전개될 것으로 예상된다.

그리고 거부처분취소판결의 재처분의무의 규정은 일종의 응답판결(재결정명령판결)의 역할을 할 수 있는데,[66] 이 규정이 개정안 제34조2항에서 그대로 남아 있다. 따라서 개정안 제34조2항과 제47조2호는 유사한 기능을 할 수 있어, 이들의 관계에 대해서도 논란이 있을 것으로 예상된다. 이와 관련하여, 개정안 제47조1항의「의무가 있음이 명백하고」를 탄력적으로 해석하여 심리범위를 적절히 제한할 필요가 있고, 행정청이 적극적으로 거부처분사유를 추가 · 변경하는 경우에는 행정의 일차적 판단권을 명시적으로 포기하는 것이므로 법원은 그 사유들을 모두 심리해야 하며, 기속행위라도 복잡한 증거조사나 감정이 필요한 경우에는 재결정명령판결을 통해 행정청이 다시 행정절차를 밟도록 하는 것이 타당하다는 견해가 있다.[67] 행정소송의 심리에서 독일과 같은 직권탐지주의가 강하게 기능하고 있지 않는, 즉 독일법에 비하여 훨씬 더 변론주의의 경향이 강한 우리 행정소송법상으로는 이러한「소송절차에 의한 사건의 판결성숙성 확보」는 훨씬 더 용이할 것으로 보인다. 다만, 그 요건 및 범위의 문제는 향후 과제임이 분명하다.

(3) 처분사유의 추가 · 변경 등과의 관계

이상에서 본 이른바「환송적 판결」의 문제는 행정절차법상 처분사유의 제시, 행정

66) 이러한 취지의 정하중, 행정법개론, 85쪽("행정청의 하자있는 재량행사로 인하여 거부처분이나 부작위가 있는 경우에 거부처분취소소송이나 부작위위법확인소송을 제기하여 행정소송법 제30조 제2항에서 규정한 바와 같이 지령판결과 동일한 방식에 의하여 구제를 받을 수가 있을 것이다."). 독립적 취소소송(isolicrtc Anfechtungsklage)을 신청된 행정행위의 발급을 구하는 소송목적(Klageziel)의 측면에서 응답판결(Bescheidungsklage)과 별반 차이가 없다는 견해(Schmidt-Kötters, 앞의 책, § 42 Rn. 46)도 마찬가지 취지로 볼 수 있다. 반대견해로는 Sodan, 앞의 책, § 42 Rn. 346.

67) 박정훈, 앞의 공청회자료, 26-27쪽.

소송의 심리에서의 처분사유의 추가 · 변경의 인정 여부, 취소판결의 기속력의 범위 등의 문제와 총체적으로 맞물려있다. 특히, 신청거부처분취소소송에 있어서 처분사유의 추가 · 변경과 관련하여, 이를 전적으로 자유로이 인정하는 입장을 취하면 피고행정청이 신청거부사유 B를 소송에 있어서 추가하여 주장하는 한, 법원이 B에 대한 판단을 하지 않고도 당초 신청거부이유 A의 부존재만을 이유로 신청거부처분을 취소할 수 없을 것이다. 반대로, 전혀 인정하지 않는 입장을 취하면, 법원은 당초의 거부이유에 엄격하게 한정하여 판단하여 신청거부처분취소판결을 내리게 되지만, 이러한 판결을 의무이행청구로부터 분리하여 내리더라도 쟁점이 거의 해소 내지 정리되지 않고 분쟁의 신속한 해결에 도움이 되지 않는 경우가 많을 것이다. 따라서 환송적 효과를 가지는 취소판결제도는 처분사유의 추가 · 변경을 일정범위에 한해 인정하고, 이 범위에 들어가는 신청거부사유는 취소소송에 있어서 주장하지 않으면 후에 주장하는 것이 차단되는 경우라고 할 수 있다.[68] 이는 응답판결(재결정명령판결)의 경우에도 마찬가지로 적용될 것이다.

따라서 의무이행소송상의 판결에 의하건, 거부처분취소판결에 의하건 「환송적 판결」을 통하여 원고가 주장할 수 있는 피고의 재처분의 범위(반복금지효의 범위)를 처분사유의 추가 · 변경의 인정범위와 연관하여 검토할 필요가 있다.[69]

V. 맺음말

이상에서 우리나라 개정안에 대하여 독일법 및 일본법과의 비교법적 검토를 중심으로 살펴보았다. 개정안은 거부처분에 대한 의무이행소송을 거부처분취소소송 등과 함께 병합제기해야 한다는 규정이 없는 점에서는 일본 행소법과는 다르며 독일 행정법원법과 가깝다고 할 수 있다. 그리고 거부처분취소판결의 기속력에 따른 재처분의무의 규정을 존치하는 등 양 소송간의 선택가능성의 여지가 상대적으로 크다는 점에서는 독

68) 山本隆司, 앞의 논문, 93쪽.

69) 이러한 문제들을 연관하여 논하는 견해가 많지 않은 가운데, 처분사유의 추가 · 변경을 엄격하게 해석하면서도 동시에 취소판결의 기속력으로서 재처분의무를 넓게 인정하는 견해가 있다(김철용, 앞의 책, 393쪽, 621쪽 참조). 이는 현행법상으로는 의무이행소송이 인정되지 않는다는 전제에서 국민의 권익보호를 배려한 취지가 담겨져 있는 견해라고 생각된다. 향후 의무이행소송이 도입되어 다양한 국민의 권익보호가능성이 있는 상황에서는 처분사유의 추가 · 변경과 재처분의무의 관계가 다양하게 전개될 가능성도 생각하며, 후속연구에서 상세한 검토를 하기로 한다. 이에 관한 심도 있는 연구가 담긴 문헌으로, 興津征雄, 違法是正と判決効, 2010, 14頁 이하 참조.

일 행정법원법보다는 일본 행소법에 유사한 면이 있다. 의무이행판결로서 재결정판결(응답판결)에 해당하는 유형을 명시적으로 두고 있다는 점에서는 일본 행소법과는 다르며, 독일 행정법원법과 공통점을 가진다.

이처럼 독일이나 일본의 제도와는 부분적으로 차별성이 있는 한국형 의무이행소송의 탄생이 기대되는 상황에서, 새로운 소송을 이용할 준비가 필요하다. 특히 거부처분에 대한 소송수단으로 그동안 이용되어 온 거부처분취소소송과 아직은 우리에게 낯선 의무이행소송과의 관계를 정립하는 일은 조기입법 여부를 불문하고 시급한 과제라고 할 것이다.

본고는 이에 미력하나마 기여하고자 한 것이다.

제 6 장

독일의 환경단체소송

Ⅰ. 머리말

독일 환경법상 단체소송은 상대적으로 짧은 환경법역사를 감안한다면 꽤 오래전부터 논의되어 온 주제이다. 환경법상 집행결함(Vollzugsdefizit) 등을 해소하기 위한 특단의 조치(probates Mittel)로 단체소송 도입이 주장된 것은 이미 1970년대 초반이었다.[1] 연방법률이 아닌 州法律이긴 하지만, 실정법으로 구체화된 시점도 1970년대 후반으로 거슬러 올라간다.[2] 우리나라 학자들도 비교적 일찍부터 이러한 독일 단체소송에 대해 관심을 가져왔고,[3] 이제는 행정법교과서에서 소개되고 있을 정도로[4] 독일 단체소송은 '알려진' 제도가 되었다.

1) 종래의 행정소송제도가 환경문제를 제대로 대처할 수 없다는 취지의 학제적 · 비교법적인 연구인 Rehbinder/Burgbacher/Knieper, Die Bürgerklage im Umweltrecht, 1972에서 단체소송 도입이 본격적으로 주장되었다고 한다(Koch, "Die Verbandsklage im Umweltrecht", NVwZ 2007, 369).

2) 1979. 9. 17. 브레멘의 자연보호 및 경관보전에 관한 법률(Gesetz über Naturschutz und Landschaftspflege), GBl. S. 345.

3) 김철용, "行政訴訟에 있어서의 團體訴訟", 고시연구 1991/2, 98쪽 이하; 김성수, "行政法上의 團體訴訟-獨逸의 環境法分野를 중심으로-", 고시연구 1991/10, 108쪽 이하; 김해룡, "독일과 유럽 환경법상의 단체소송제도에 관한 고찰-우리나라에서의 도입가능성과 관련하여", 환경법연구, 23-2, 2001, 261쪽 이하; 김해룡, "環境行政訴訟에 있어서의 原告適格의 擴大와 集團訴訟制度 도입문제", 공법연구 33-5, 2005, 211쪽 이하; 김해룡/김재호, "단체소송제도의 도입에 관한 고찰-유럽법상의 단체소송제도와의 비교법적 관점에서", 환경법연구, 27-4, 2005, 123쪽 이하; 조태제, "환경법상의 단체소송", 토지공법연구 15, 2002, 417쪽 이하.

4) 김남진 · 김연태, 행정법(Ⅰ), 법문사, 2006, 641쪽; 박균성, 행정법론(上), 박영사, 2007, 946쪽; 석종현, 일반행정법(上), 삼영사, 2005, 843쪽; 유지태, 행정법신론, 신영사, 2006, 542쪽; 정하중, 행정법총론, 법문사, 2005, 684쪽; 한견우, 현대행정법강의, 신영사, 2006, 855쪽; 홍정선, 행정법원론(上), 박영사, 2007, 825쪽.

그러나 우리가 알고 있는 독일 환경법상 단체소송은 최근까지도 '완전하지 못한' 형태의 단체소송이었다. 먼저, 독일 연방전역에 걸쳐 적용되는 단체소송이 아니라, 주 법률 차원에서 인정되었던 부족한 부분이 있었고,[5] 또한, '모든' 환경법상 단체소송이 아니라, '자연'환경법상 단체소송이라는 모자람도 있었다. 즉 '환경단체'라기보다는 '자연보호단체'가 제기하는 州법률에 의한 소송이라는 표현이 더 정확한 것이었다. 따라서 독일 환경법상 단체소송은 1970년대 초반부터 최근까지 완전한 형태의 단체소송의 도입을 두고 꾸준히 논쟁을 거듭해 온 주제였다고 할 수 있다.

그런데 이러한 부족한 부분이 외형상으로는 메워질 듯한 움직임들이 나타나고 있다. 그 첫 번째 계기는 2002년 연방자연보호법 개정이다. 동법 개정으로, 종래 주 법률에서만 (이타적) 단체소송이 인정되었던 것이, 연방 법률을 통하여 자연보호단체의 (이타적) 단체소송이 인정되게 되었다. 두 번째 계기는 2006. 12. 15.부터 시행에 들어간 일종의 환경행정소송에 관한 특별법이라 할 수 있는 환경구제법(Umwelt-Rechtsbehelfsgesetz)이 만들어진 것이다.[6] 이로써 종래 '자연'환경법영역에 국한 되었던 단체소송은 이제 '일반' 환경법상 단체소송으로서의 모습을 가지게 되었다.

이러한 새로운 변화로 독일 환경법상 단체소송은 바야흐로 완성되었다고 할 수 있을까?

어쨌든 이러한 변화의 배경에 관심이 간다.

먼저, 2002년의 연방자연보호법 개정은 당시 새로이 집권한 독일 사민당(SPD)의 연합정권 파트너였던 녹색당(Bündnis 90/DIE GRÜNEN)의 환경보호 제도개선요구 등 독일내의 정치적 상황이 크게 작용했다.[7] 실질적인 제도개선이 이루어지는 데에는 체계

---

5) 정확히 말하자면, '이타적 단체소송'의 경우이다.

6) 이에 관해 최근 독일학자들의 관심이 모아지고 있는데, 이 글에서 참조된 주된 관련문헌만 들자면, Schlacke, "Das Umwelt-Rechtsbehelfsgesetz", NuR, 2007, 8 ff.; Ziekow, "Das Umwelt-Rechtsbehelfsgesetz", NVwZ 2007, 259 ff.; Ewer, "Ausgewählte Rechtsanwendungsfragen des Entwurfs für ein Umwelt-Rechtsbehelfsgesetz", NVwZ 2007, 267 ff.; Kment, "Das neue Umwelt-Rechtsbehelfsgesetz und seine Bedeutung für das UVPG", NVwZ 2007, 274 ff.; Koch, NVwZ 2007, 369 ff.; Schmidt/Kremer, "Das Umwelt-Rechtsbehelfsgesetz und der weite Zugang zu Gerichten", ZUR 2007, 57 ff.

7) 사민당/녹색당 聯政契約(Koalitionsvertrag), (1998. 10. 20.) Ⅳ, S. 13. 당시 새로이 집권하게 된 사민당(SPD)/녹색당(Bündnis 90/DIE GRÜNEN)간의 聯政契約(Koalitionsvertrag)에서 이미 환경정책도구로서 단체소송 도입을 내용으로 하는 연방자연보호법 개정을 계획하고 있었고, 이는 곧 2002년 연방자연보호법 개정으로 이어졌다. 물론 이러한 배경에는 후술하는 오르후스협약이 2002년 연방자연보호법 개정에 영향을 미쳤던 면도 있다. 이에 관해서는 Schmidt/Zschiesche/Rosenbaum, Die naturschutzrechtliche Verbandsklage in Deutschland – Praxis und Perspektiven, 2004, S. 105 ff.; Sparwasser/Engel/Voßkuhle, Umweltrecht, 2003, § 5 Rn. 27 Fn. 59

적인 이론정립보다는 정치적 계기가 결정적으로 작용할 때가 많음을 보여주는 부분이지만, 여기서 규범학적으로 평가할 부분은 아니다.

둘째, 2006년 환경구제법 제정은 후술하는 오르후스협약 및 그 유럽법적 전환인 '환경문제에 있어서 공중참여에 관한 유럽지침'(2003/35/EG)이 크게 영향을 미쳤다. 이 오르후스협약 및 同 유럽지침에서 읽어야 하는 취지는 인류 공통의 가치인 환경보호 및 환경인권 고양의 차원에서 환경소송제도 개선이 필요하다는 것이다. 여기에 우리는 주목해야 한다. 즉, '환경보호를 위한 司法 액세스'(green access to justice)[8]가 그 변화의 견인차로서 자리잡고 있는 것이다.

이러한 문제의식을 바탕으로, 이하에서는 독일 자연보호법상 단체참여권 및 단체소송을 2002년 연방자연보호법 개정을 전후로 하여 살펴보고(Ⅱ), 단체소송의 이해를 위해 반드시 살펴보아야 하는 오르후스협약의 내용, 그 이후의 유럽지침, 그리고 2006년 환경구제법상 단체소송에 관하여 살펴본 뒤(Ⅲ), 논의를 맺고자(Ⅳ) 한다.

Ⅱ. 환경법상 단체소송의 의의

1. 환경법상 단체소송의 개념 및 종류

환경법상 단체소송이란 환경단체가 당해 단체가 목적으로 하는 일반적 이익 또는 집단적 이익의 보호를 위하여 제기하는 소송을 말한다.

독일에서 환경단체가 원고가 되어 제기하는 단체소송으로는 일반적으로 이기적 단체수송과 이타적 단체소송이 있다.

利己的 團體訴訟(egoistisches Verbandsklage)이란, 단체가 규범적으로 보호되는 단체 구성원의 개인이익을 고유한 이름과 권리로서 재판을 통해 추구하려는 단체의 권한으로 제기하는 소송이다.[9] 이를 *私益的 團體訴訟*이라고도 한다.[10] 독일 연방차원에서나 州 차원에서 이러한 이기적 단체소송에 대한 환경법상 규정은 없으며, 판례에서도

8) Schmidt-Preuß, "Gegenwart und Zukunft des Verfahrensrechts", NVwZ 2005, 489 (494).

9) Hoppe/Beckmann/Kauch, Umweltrecht, 2. Aufl., 2000, § 11 Rn. 86; Kloepfer, Umweltrecht, § 8 Rn. 34. 양 문헌 모두 Faber, Die Verbandsklage im Verwaltungsprozess, 1972에 바탕을 두고 있다.

10) 후술하는 참여소송을 이기적 단체소송에 분류하는 경우도 있지만(김해룡 · 김재호, "단체소송제도의 도입에 관한 고찰", 환경법연구 27-4, 2005, 138쪽 이하, 142쪽 이하), 오히려 참여소송은 독일 학자에 따라서는 이타적 단체소송으로 보는 경우도 있다는 점을 생각하면(후술하는 이 글 Ⅲ.2.(3) 참조), 참여소송을 이기적 단체소송으로 분류하는 것은 의문스럽다.

단체가 당사자적격을 획득하기 위해 그 구성원의 권리를 주장하려는 경우에는 이를 허용하지 않고 있다. 이러한 이유로 이기적 단체소송에 대해서는 환경정책상 거의 논할 실익이 없다고 한다.[11]

利他的 團體訴訟(altruistische Verbandsklage)이란 오직 공익만을 보호하려는 법규정의 침해를 다툴 수 있는 소송상 자격을 일정한 요건 하에 단체에게 부여하는 소송이다.[12] 독일의 행정소송은 주지하는 바와 같이 원고적격 요건으로 자기 권리침해를 행정법원법(VwGO)에서 규정하고 있으며,[13] 동 규정을 충족시키기 위해서는 이른바 보호규범이론에 따라 사익보호성을 엄격하게 요구하고 있다. 그런데 특별한 법률규정이 있는 경우에는 자기의 권리침해의 유무와 관계없이 단체의 원고적격을 인정한다는 점에서 개인의 권리보호를 기본으로 하는 행정소송제도의 예외를 인정하고 있는데, 이러한 소송형태를 이타적 단체소송이라고 한다. 사익을 보호하고 있는 법률규정에 근거하여 원고적격이 인정되는 통상적인 행정소송과는 달리, 공익을 보호하고 있는 법률규정에 근거하여 단체가 소송을 제기한다는 점에서 이를 公益的 團體訴訟이라고도 한다. 이 이타적 단체소송이 협의의 단체소송이라고 할 수 있다. 독일의 환경구제법 또는 연방자연보호법 제61조와 같은 규정은 통상적인 행정소송법에 대한 특별한 규정으로서 바로 이 이타적 단체소송의 근거가 되고 있다.

또한 단체소송 범주에 참여소송을 포함시킬 수 있다. 참여소송(Beteiligungsklage)이란 법률에 의해 특별히 인정된 단체의 참여(Verbandsbeteiligung)에 관한 권리가 침해된 경우에 단체가 제기하는 소송으로 절차법적 단체소송이라고도 부른다. 독일 연방자연보호법에서는 승인된 단체의 의견표명권 및 전문가감정 열람권과 같은 절차참여권을 규정하고 있다. 이러한 절차참여권이 침해당하는 경우에 제기할 수 있는 참여소송에는 2가지가 있다. 하나는 절차참여를 구하는 일반적 이행소송으로서의 참여강제소송(Partizipationserzwingungsklage)이며, 다른 하나는 당해 행정결정에 대한 단체의 절차참여권이 배제되었다는 절차하자를 이유로 당해 행정결정의 취소를 구하는 취소소송이다. 앞의 이타적 단체소송과 이기적 단체소송이 실체법적 단체소송인 데 비하여, 이 두개의 유형의 참여소송은 절차법적 단체소송이라 할 수 있다.[14]

11) Kloepfer, Umweltrecht, § 8 Rn. 34.

12) Hoppe/Beckmann/Kauch, 앞의 책, Rn. 86.

13) 독일 행정법원법 제42조2항 : 법률상 달리 규정이 없는 한, 원고는 행정행위 또는 행정행위의 거부나 부작위로 인하여 자기의 권리가 침해되었음을 주장하는 경우에 한하여 소를 기할 수 있다.

14) Harings, "Die Stellung der anerkannten Naturschutzverbände im verwaltungsgerichtlichen Verfahren", NVwZ 1997, 538 ff.

그 밖에, 이타적 단체소송의 제기가 곤란한 경우에 우회적으로 그 목적을 달성하는 수단인 이른바 '沮止를 위한 土地訴訟'(Sperrgrundstücksklage)이 있다. 이는 단체가 소유자 또는 인근주민의 지위에서 제기하는 소송이다. 즉, 단체가 토지소유권 등 자기의 실체적 권리를 지킬 목적으로 제기하는 소송이다. 단체가 토지소유권 등의 권리가 있는 경우 그 침해가 있을 때 소송을 제기할 수 있음은 당연한 것이어서 이는 원칙적으로 특별한 규정이 없이도 인정된다고 보았다. 연방행정법원도 권리남용이 아니라고 보고 이를 원칙적으로 허용하는 입장이었다.[15] 가령 대규모 개발사업허가처분을 다투기 위해 환경단체가 당해 개발사업예정지 인근의 토지를 구입하여 이해관계 있는 제3자인 소유자 또는 인근주민으로서 소송을 제기하는 것이 실무상 허용되어 왔다. 그러나 그 이후 연방행정법원은 이러한 토지구입이 단지 형식적 당사자적격(Prozessführungsbefugnis)을 위해서만이 아니라, 토지의 보유를 위한 경우에만 이를 허용한다는 입장을 분명히 하게 되었다.[16] 즉, 단지 제소를 위해 토지소유권 등을 주장하는 경우는 '실체적 내용이 없는 외형'(formale Hülle ohne substanziellen Inhalt)으로 보게 된다.[17] 이러한 소송유형을 우회적 단체소송[18] 또는 단체피해자소송[19]이라고 부르며 단체소송의 유형으로 보기도 하지만, 이는 이타적 단체소송의 요건을 갖추지 못한 환경단체가 원고가 되기 위해 우회적으로 사용하는 방법이다. 따라서 이는 전통적인 재산권보호의 법리에 바탕을 둔 제3자소송으로 다룰 문제이며,[20] 단체소송이라고 하기에는 곤란하다고 생각된다.

2. 환경법상 단체소송의 인정여부 – 찬반양론

환경법상 단체소송이 필요한 것인가에 대해서는 전통적으로 찬반양론이 대립되어 왔다.[21]

(1) 반대론

단체소송에 대한 반대론은 전통적으로 행정법원측[22]이나 경제계에서 주장하는 경

15) BVerwGE 72, 15 = NVwZ 1985, 736.
16) BVerwGE 112, 135 (137 f.) = NVwZ 2001, 427; Kloepfer, Umweltrecht, § 11 Rn. 252. 이에 대한 반대논리로는 김해룡, 공법연구 33-5, 218쪽 참조.
17) BVerwGE 112, 135 = NVwZ 2001, 427.
18) 김해룡, 앞의 논문, 218쪽
19) 조태제, "환경법상의 단체소송", 토지공법연구 15, 2002, 420쪽.
20) Seelig, "Die Verbandsklage im Umweltrecht", NVwZ 2002, 1033 (1034).
21) 이하의 내용은 Koch, NVwZ 2007, 369 (370 ff.)에서의 내용을 중심으로 정리한 것이다.
22) Weyreuther, Verwaltungskontrolle durch Verbände?, 1975. 그에 대한 반론으로는 Rehbinder,

우가 많았다. 대표적인 논거는 다음과 같다.[23)]

첫째, 行政이 담당하는 공공복리에 관한 활동을 단체소송을 통하여 단체가 한다는 것은 원래 공공복리업무를 담당하는 行政과 단체가 경쟁을 하게 된다는 셈이다. 이처럼 의회로부터 부여받은 행정의 공공복리를 위한 작용이 민간화(Privatisierung)되는 것은 법치국가원리에 반하는 것이다.

둘째, 일반이익의 수호자로서의 권한은 입법부가 행정부에게 부여한 것으로 이러한 권한을 단체가 수행할 수는 없다. 만일 단체소송을 인정하게 된다면 전통적으로 개인의 권리구제(Schutz individueller Rechte)를 지향하고 있는 독일 행정재판제도의 본질에 반하는 것이다. 또한 단체소송이 객관적 소송의 성격을 띠게 되면, 사법부가 행정부에 대한 감독기관으로서의 지위를 가지게 되어 권력분립에 반하는 문제조차 제기될 우려가 있다.

셋째, 이기적인 단체소송론자에 의해 단체소송이 오 · 남용될 가능성이 있다. 이로써 단체설립의 남발, 소송의 남발, 중요한 사회간접시설건설의 지체 등의 부작용이 발생할 수 있다.

넷째, 단체가 개인에 비해 특권을 가진다는 것을 인정할 수 없다.

(2) 찬성론

첫째, 환경법상 고질적 문제의 하나인 집행결함을 제거하기 위해서는 단체소송이 필요하다고 한다. 집행결함의 원인으로서 불충분한 행정조직의 문제, 법적 규율의 문제 등도 있지만, 불충분한 법적 구제의 수단은 마찬가지로 집행결함의 원인이라고 지적되고 있는데, 단체소송은 이에 대한 하나의 해결방안이 될 수 있다.

둘째, 반대론의 논거이기도 한 법치국가 및 권력분립을 들어 단체소송을 찬성하는 논리가 있다. 환경을 이용하는 자에게는 환경보호목적상 이를 반대하는 행정청의 각종 제약에 맞설 수 있는 폭넓은 법적 구제수단이 보장되어 있는 데 반하여, 공공복리를 지향하는 환경법침해에 대한 법적 구제는 매우 제한되어 있는 불균형은 수긍할 수가 없다는 논리가 그것이다. 환경법과 같은 중요한 법영역에 있어서 소송을 통한 구제방법이 보장되지 않는다는 것은 법치국가원리에 반하는 문제가 제기될 수 있다고 한다. 모든 권력의 균형이란 권력행사를 반드시 필요한 만큼 제한하는 것이어야 한다. 그렇다

"Argumente für die Verbandsklage im Umweltrecht", ZRP 1976, 157.

23) 以下의 주된 내용은 Koch, 앞의 논문, 371-372쪽에서 정리된 내용이다. Koch는 이러한 반대론의 소개와 함께, 그에 대한 재반론을 함께 제시하고 있다.

면 행정결정을 통하여 개인의 법적 지위만이 아니라, 전적으로 일반이익이 침해되는 경우에도 법적 구제의 길이 열리도록 하는 것이 오히려 권력분립의 취지에 부합하는 것이다.

셋째, 단체소송의 도입으로 행정결정을 보다 잘 수용(Akzeptanz)하게 할 수 있고, 이미 앞 단계에서 공정한 행정절차가 이루어질 수 있도록 한다. 또한 단체소송의 가능성이 있다는 점은 보다 공정한 행정을 행하게 함으로써 예방적 기능을 할 수 있다.[24]

(3) 검 토

오늘날 독일에서는 단체소송에 관한 찬성론에 대폭 무게가 실려 있다고 보아야 할 것이다.[25] 그것은 이미 단체소송에 관한 새로운 실정법규정을 통하여 확인되고 있다고 볼 수 있다.

반대론에 대해서는, 단체소송을 통하여 단체는 단지 사법심사에 대한 제기역할만 하는 것이며, 공공복리업무를 두고 행정과 경쟁하는 것으로 볼 수는 없고, 단체소송이란 현행 환경법을 보다 잘 시행하자는 데 있는 것이어서 이는 민주적 법치국가원리를 오히려 강화하고 있다는 점을 지적할 수 있다.[26] 또한 단체소송에 관한 법률은 단체소송을 제기할 수 있는 단체를 엄격한 요건 하에서 승인하도록 규정하고 있으므로 단체소송의 오 · 남용 등에 대한 통제장치로서 기능할 수 있다. 독일을 포함한 여러 국가에서 시행되었던 단체소송의 경험에서 이러한 부정적 결과를 확인할 수 없었다는 점도 참고할 필요가 있다.[27]

그 밖에도 후술하는 오르후스협약에서도 잘 나타나고 있는 바와 같이 오늘날 환경침해에 있어서 司法으로의 접근 확보는 국제적으로 환경인권 차원에서 보장되는 것임을 인식할 필요가 있다. 또한 오늘날 민주적 법치국가에서 거역할 수 없는 과세인 시민참여 역시 환경법영역에서 빼놓을 수 없는 가치이며, 이는 결국 司法 액세스의 보장을 통하여 실현될 수 있다. 이와 함께 현대국가에서 변화되고 있는 公 · 私關係까지 생각한다면 단체소송을 반대할 여지는 더욱 더 줄어들고 있다고 생각된다.

---

24) 위의 논문, 371쪽.
25) 한때 부정적이고 비판적인 경향도 없지 않았다. 허영, 헌법이론과 헌법, 2004, 574쪽 참조.
26) Koch, 앞의 논문, 371쪽.
27) 위의 논문, 372쪽.

Ⅲ. 자연보호법상 단체참여권 및 단체소송

1. 州 자연보호법상 단체소송

2002년 연방자연보호법의 개정으로 동법 제61조에서 단체소송이 입법화되기 以前에는 독일의 州 자연보호법에서 단체소송을 규정하고 있었다.

2002년 당시 독일 16개주 가운데 바이에른과 바덴-뷔르템베르크를 제외한 모든 주(14개주)의 자연환경법에서 단체소송에 관한 주법률을 두고 있었다. 그런데 단체소송에 관한 국내문헌에서는 학자들에 따라 州별 단체소송 도입현황에 대해 서로 다른 내용을 소개하고 있어 이 점을 정리할 필요가 있을 것 같다. 그 도입연도를 州별로 살펴보면 다음과 같다.

- 1979년 : 브레멘[28]
- 1980년 : 헤센[29] (*연방법률의 발효로 폐지)
- 1981년 : 함부르크[30]
- 1983년 : 베를린[31]
- 1987년 : 자알란트[32]
- 1992년 : 작센-안할트[33] (*연방법률의 발효로 폐지)
- 1993년 : 튀링엔[34], 쉴레스비히-홀스타인[35], 니더작센[36]
- 1994년 : 라인란트-팔쯔[37]
- 2000년 : 노르트라인-베스트팔렌[38]
- 2002년 : 메켈렌부르크-포르폼메른[39]

이와 같이 후술하는 2002년 연방자연보호법에서 이른바 이타적 단체소송을 명문으

28) Gesetz über Naturschutz und Landschaftspflege v. 17. 9. 1979, GBl. S. 345.
29) § 36 HessNatSchG.
30) § 41 HbgNatSchG.
31) § 39b BerlNatSchG
32) § 33 SaarlNG.
33) § 52 SachsAnhNatSchG.
34) § 46 ThürNatSchG.
35) § 51c SchlHNatSchG.
36) § 60c NdsNatSchG.
37) § 37b RhPfLPflegeG.
38) § 12b NWLG.
39) § 65 MVNatSchG.

로 규정하기 전에 이미 주법에 의한 단체소송이 존재하였다. 연방법률 발효와 함께 폐지된 주법의 단체소송 규정도 있지만, 폐지되지 않은 한 새로운 연방자연보호법이 발효된 후에도 동법 제61조7항에 의해 이러한 주법의 규정은 그대로 존속된다.[40)]

2. 연방자연보호법상 단체참여권 및 단체소송 - 2002년 법개정

(1) 단체의 승인

단체에게 절차참여권 및 제소권을 인정하는 경우에도 모든 단체에게 그 권리가 부여될 수는 없다. 따라서 이러한 권리를 향유할 수 있는 일정한 요건을 갖춘 단체(사단)[41)]를 특정할 필요가 있다. 이것이 바로 단체의 승인(Anerkennung)의 문제이다. 연방자연보호법에서는 연방환경부가 승인하는 경우와 州가 승인하는 경우를 나누어 규정하고 있다.

연방환경부에 의한 승인은 신청에 의해 주어진다(제59조1항1문). 다음과 같은 사단의 경우에는 승인되어야 한다(동항2문).

첫째, 정관을 통하여 판단할 때, 주로 자연보호 및 경관보호를 이념적 목표로 추구하며, 그것이 일시적인 경우가 아니어야 함(제1호)

둘째, 州 차원의 활동영역을 넘어 활동범위를 가지는 경우(제2호)

셋째, 승인의 시기에 최소한 3년 이상 존속하고, 이 시점에서 제1호의 의미에서 활동을 하고 있는 경우(제3호)

넷째, 정당한 임무수행을 보장하고 있을 것; 이를 판단함에 있어서는 그 동안의 활동의 종류와 범위, 회원층, 사단의 임무수행능력이 고려되어야 함(제4호)

다섯째, 공동이용 목적의 추구로 법인세법 제5조 1항 9문에 의한 법인세가 면제되는 경우(제5호)

여섯째, 단체(사단)의 목적을 후원하는 누구라도 회원총회에서 완전한 투표권을 가지는 회원으로서의 가입이 가능할 것(제6호)

이상과 같은 요건이 충족되는 경우에는 제59조1항2문의 규정에 따라 승인이 발해

40) 주 법률에 의한 이타적 단체소송에 대해서는 조태제, 토지공법연구 15, 433쪽; 김해룡 · 김재호, 환경법연구 27-4, 140쪽 참조.

41) 2002년 개정법에서는 종래 '團體'(Verband)를 '社團'(Verein)으로 나타내고 있다. 따라서 동 법률 규정에 충실할 경우 단체소송(Verbandsklage)이 아니라 사단소송(Vereinsklage)이라고 할 수 있으며, 실제로 사단소송이라는 표현도 사용되고 있다. 그러나 개정 이후의 대부분 독일 관련문헌에서는 여전히 '단체', '단체소송'이라는 많이 쓰고 있어 이 글에서도 단체소송이라는 표현을 그대로 쓰기로 한다.

져야 한다(…… ist zu erteilen, wenn ……). 이와 같은 法文의 규정을 볼 때, 요건을 충족하는 단체에게 발하는 승인처분은 기속행위로 보아야 할 것이다. 바꾸어 말하면, 승인에 있어서 행정재량은 인정되지 아니한다. 이와 같이 기속행위로 입법한 것은 독일 기본법상 단체를 결성할 자유가 기본권으로 보장되어 있는[42] 점에서 적절하다고 평가되고 있다. 또한, 만일 승인을 재량행위로 할 경우, 평소 승인관청과 사이가 좋지 않은 단체가 불이익을 입을 우려도 있어 적절하지 않을 것이다. 따라서 단체승인을 기속규정으로 입법한 것은 타당하다고 보아야 할 것이다.[43]

승인에 있어서는 정관에 적합한 임무영역이 표시되어야 하며(제59조1항3문), 승인은 연방환경부에 의하여 공표된다(제59조2항).

연방환경부에 의한 단체승인 외에도, 독일의 각 주들은 단체참여에 관한 보다 상세한 규정을 발할 수 있고, 그에 따라 단체에게 보다 더 광범위한 참여권을 부여할 수도 있다(제60조1항, 2항, 3항).[44]

(2) 단체의 (절차)참여권

연방 또는 주의 차원에서 승인된 자연보호단체는 (절차)참여권을 가진다. 참여권의 구체적인 내용은 의견표명권 및 당해 전문가감정에 대한 열람권이다.

1) 연방 차원에서 절차참여권이 인정되는 경우

승인된 단체가 이러한 의견표명권 및 당해 전문가감정에 대한 열람권을 가지는 경우는 다음과 같다(연방자연보호법 제58조1항).

첫째, 연방정부나 연방환경부가 자연·경관보호의 영역에서 명령 및 기타 법률보다 하위의 규범을 준비하는 경우(동항 제1호)

둘째, 연방 행정청에 의해 수행된 계획확정절차에 있어서, 그것이 자연 및 경관의 침해와 결부되는 사업안이고, 단체가 주의 영역을 포괄하는 활동범위를 가지며, 절차와 관련되는 경우(동항 제2호)

셋째, 연방 행정청에 의해 발해지고, 제2호의 의미에서의 계획확정 대신에 행해지며, 공중의 참여가 주어지는 계획허가의 경우(동항 제3호)

그리고 사업안을 통하여 그 정관에 적합한 임무영역이 관련되는 경우에 한한다.

---

42) 독일 기본법 제9조1항 : 모든 독일인은 結社의 自由를 가진다.
43) Kloepfer, Umweltrecht, § 11 Rn. 244 참조.
44) 개별 주에 의한 단체승인에 관한 구체적인 사항에 대해서는 위의 책, Rn. 241 f.

이와 관련하여 행정절차법 제28조 제2항 1문, 2문, 제3항 및 제29조 2항은 의미 있게 적용되며, 다른 법규정에서 규정된 내용의 동일성이나 조력의 다른 형태는 마찬가지로 유효하다(동법 제58조2항).

2) 주 차원에서 절차참여권이 인정되는 경우

주에 의해 승인된 사단은 다음의 경우에 의견표명 및 당해 전문가감정서열람의 기회를 가진다(연방자연보호법 제60조2항).[45]

첫째, 자연보호 및 경관보호의 관할행정청이 명령 및 기타 법률보다 하위의 규범을 준비하는 경우(동항 제1호)

둘째, 제15조, 제16조의 프로그램 및 계획을 준비하는 경우(동항 제2호)

셋째, 제35조1항2문의 계획을 준비하는 경우(동항 제3호)

넷째, 국가기관 및 기타 공공기관이 축출된 야생동식물의 再定住(Wiederansiedlung)를 위한 프로그램을 준비하는 경우(동항 제4호)

다섯째, 자연보호구역, 자연공원, 생활권보전구역(Biosphärenreservaten) 및 제33조2항의 틀에서의 기타 보호구역의 보호를 위한 금지 및 명령의 해제가 있기 전(동항 제5호)

여섯째, 주의 행정청이 실시하는 계획확정절차가 있는 경우. 단 자연 및 경관의 침해와 관련된 사업안인 경우에 한함(동항 제6호).

일곱째, 제6호의 계획확정절차 대신에 주의 행정청이 발한 계획허가의 경우. 단 연방원거리도로법 제17b조1항5호에 의한 공중참여가 예정된 경우에 한함(동항 제7호).

3) 절차참여권의 내용 및 성격

연방자연보호법 제58조, 제60조에 의한 단체참여는 연방행정법원의 일관된 판례에서도 확인된 바와 같이,[46] 公權(subjektives öffentliches Recht)으로서의 의견표명권 및 당해 전문가감정에 대한 열람권이며, 이러한 공권이 침해될 경우에는 제소가 가능하다.[47]

단체참여권은 행정절차에 있어서 助力(Mitwirkung)의 형태로 나타나므로 이를 조력권이라고 부를 수 있다. 즉 승인된 단체는 조력에 관한 공권(subjektives öffentliches Recht auf Mitwirkung)을 가진다.

45) 연방에 의해 승인된 단체에 적용되는 사항들은, 그 영역과 관련이 있는 한, 주에 의해 승인한 사단에게도 적용된다(동법 제58조3항).
46) BVerwGE 87, 62 (68 ff.); BVerwG, DVBl. 2002, 990 (991); VGH Mannheim, DVBl. 1993, 163 (164).
47) 그 소송형태는 절차참여소송이다.

조력의 내용이 되는 것은 일종의 聽聞節次(Anhörungsverfahren)에 참여할 권리이다. 보다 구체적으로 말하자면 법 제58조1항 및 제60조1항에 따라 승인된 단체는 의견표명권 및 당해 전문가감정에 대한 열람권을 가진다.

연방자연보호법 제58조, 제60조2항에 따라 일반적인 공고(öffentliche Bekanntmachung)수준을 넘어 '別途의 告知에 대한 청구권'(Anspruch auf gesonderte Unterrichtung)을 가진다.[48)]

또한 자연보호단체에게는 필요한 경우에는 계획개요(Übersichtsplan)를 동봉하여 사업안(Vorhaben)의 종류, 상태, 범위를 송부하고, 그에 대한 의견을 표명할 기회를 부여해야 한다.[49)] 당해 전문가감정서의 송부에 대한 청구권은 인정되지 않는다.[50)]

그 밖에 연방자연보호법 제58조1항1문 및 제60조2항1문에서 명시적으로 규정된 의견표명권 및 당해 전문가감정에 대한 열람권 외에 문서열람권(Akteneinsichtsrecht)까지 인정되는 것으로 볼 것인가에 대하여는 견해가 대립되고 있다.[51)]

그리고 승인된 단체는 환경정보법(UIG) 제3조1항의 정보접근권(Informationszugangsrecht)을 가진다고 보고 있다.[52)]

4) 절차참여권 침해의 법적 효력

이상과 같은 이상에서 본 절차참여가 하자가 있거나 절차참여가 결여된 경우에는 어떠한 법적 효력이 발생하는가에 대해서는 연방자연보호법 법문에서는 명시적인 규정이 없다. 이는 동법 제58조1항 제2문 내지 3호 또는 제60조2항1문 제5호 내지 7호에서의 행정절차상 청문결여의 법적 효력에 관한 문제라고 할 수 있다. 연방행정법원은 이 경우 (절차)참여소송을 제기할 수 있다고 판시한 바가 있다.[53)]

(3) (절차)참여소송

참여소송(Beteiligungsklage)이란 절차참여가 하자가 있거나 절차참여가 결여된 경우에 제기하는 소송을 말한다. 절차하자로 인하여 제기할 수 있는 참여소송의 유형은

48) Kloepfer, Umweltrecht, §11 Rn. 247; OVG Koblenz, NuR 1985, 30 ff.
49) BVerwG, NVwZ 1997, 905.
50) 이 점을 확인한 판례로는 BVerwG, ZUR 1994, 130.
51) 적극적인 입장으로는 VGH Kassel, NVwZ 1982, 689 (690); Bender/Sparwasser/Engel, Umweltrecht, 4. Aufl. 2000, Kap. 5 Rn. 268.
52) Vgl. Kloepfer, Umweltrecht, §11 Rn. 247. Kloepfer의 2004년판 환경법교재에서는 2004년 개정전의 독일 환경정보법 제4조1항의 정보접근권을 언급하고 있지만, 2004년 개정된 새로운 법률의 제3조1항에 규정된 정보접근권의 경우에도 마찬가지라고 생각된다.
53) BVerwGE 87, 62 (68 ff., 76); 101, 73.

독일 행정소송의 종류에 따라 나눈다면 일반적 이행소송(allgemeine Leistungsklage) 및 취소소송(Anfechtungsklage)이 있다.

前者의 형태로서는 단체가 연방자연보호법상 절차에 참여를 강제하게 하는 이른바 참여강제소송(Partizipationserzwingungsklage)이 있다.

後者는 단체가 행정절차에 참여하지 못했다는 점을 이유로, 즉 절차상 하자를 들어 당해 행정결정의 취소를 구하는 소송이다.

독일의 지배적인 견해에 의하면 연방자연보호법 제58조1항 및 제60조2항은 객관적인 절차규정만이 아니라, 승인된 자연보호단체의 절차에 조력할 권리(공권)에 관한 규정이다. 2002년 개정 전의 구 연방자연보호법 제29조에 의하여 진행되는 절차에 있어서 조력에 대한 청구권이 이른바 참여강제소송(Partizipationserzwingungsklage)의 방법으로 행해졌는데, 이러한 소송은 신법에서도 여전히 유효한 것으로 보고 있다.[54]

그리고 이러한 참여강제소송을 이타적 단체소송의 특별한 형태로 보는 일부 견해도 있지만,[55] 이타적 단체소송은 절차상 하자있는 결정에 대한 참여소송을 넘어 실체적 자연보호권을 재판상 청구할 수 있는 권리라고 해야 할 것이다.[56]

(4) 利他的 團體訴訟

2002년 개정된 연방자연보호법 제58조 내지 제61조가 이른바 이타적 단체소송을 규정하고 있는데, 이하에서 그 내용을 살펴본다.

1) '연방'자연보호법 차원의 이타적 단체소송 도입

격렬한 논쟁[57]을 거쳐 2002. 4. 4.부터 시행된 연방자연보호법에 제61조의 규정이 포함됨으로써 본격적인 단체소송이라고 할 수 있는 이른바 이타적 단체소송이 연방차원에서 처음으로 도입되었다.[58]

또한 종래의 州 차원에서의 단체소송규정은 신법 제61조5항에 의해 여전히 존속하게 된다. 연방법은 단지 단체의 제소권에 대한 최소한의 기준을 규정하고 있고, 이러한

54) Kloepfer, Umweltrecht, §11 Rn. 250; Gesetzesbegründung, BT-Drs. 14/6378, S. 61.

55) Rehbinder, in: Kimminich/v. Lersner/Storm, Handwörterbuch des Umweltrechts(HdUR), 1994, Sp. 2559 (Kloepfer, Umweltrecht, § 11 Rn. 252 Fn. 671에서 재인용).

56) Kloepfer, Umweltrecht, § 11 Rn. 253.

57) BR-Drs. 1004/01(2001. 12. 20); BT-Drs. 14/8095 참조.

58) 2002년 독일 연방자연보호법이 개정된 이후로도 국내에 독일 환경법상 단체소송에 관한 문헌들이 다수 있지만, 이러한 개정사항에 대한 소개가 되지 못한 채 여전히 독일에서는 주법의 차원에서 이타적 단체소송이 인정되고 있다는 내용이 전해지고 있는 것은 아쉬운 점이다.

권리가 주차원에서 확대되는 가능성을 열어놓고 있다.[59)]

2) 이타적 단체소송의 적용영역

① 자연보호법상 해제에 관한 소송

보호구역에서 적용되는 금지나 명령의 해제(Befreiung)는 다양한 사업의 활동에서 요청되고 있다. 따라서 자연보호구역이나 자연공원, 또는 연방자연보호법 제33조2항에 의해, 그 밖에도 야생동식물 및 서식지보호에 대한 유럽지침 및 유럽조류보호지침에 따른 보호구역에서 각종 행위제한인 금지나 명령이 해제되는 경우에 단체가 소송을 제기할 수 있다. 이러한 제소가능성은 우선 보호필요성이 강한 자연보호구역, 자연공원에서 이루어진다. 그 밖에 州들이 야생동식물 및 서식지 보호구역이나 조류보호구역을 경관보호구역이나 생활권보호구역으로서 지정해야 하는 경우에는 이러한 구역에서 행해진 해제에 대한 단체소송도 가능하다.

이러한 소송이 이루어지기 위해서는 예정된 해제처분이 보호구역의 보호목표에 반할 것을 요한다.[60)]

② 계획확정결정에 관한 소송

연방자연보호법 제61조1항2호에 의해 계획확정결정에 대한 소송이 허용될 수 있다. 동 규정을 통하여 계획확정절차가 적용되는 모든 사업계획(Vorhabenplanungen)은 단체소송의 대상으로 가능하게 되었다. 독일에서 자연환경파괴가 수반될 수 있는 대규모의 개발사업은 주로 계획확정절차를 통하여 이루어지는 점을 생각하면, 이 계획확정결정에 관한 소송형태의 단체소송이 매우 많이 발생할 것으로 보인다.

2002년 법 개정이전에도 주의 자연보호법에서 단체소송을 규정한 경우, 그 주법률에 기한 계획확정결정에 대한 단체소송이 가능했지만, 이러한 주법상의 규정은 연방과 주간의 권한분배상의 이유로 단지 주행정청이 시행하는 계획확정절차에만 적용되었다. 그러나 2002년 연방자연보호법 개정으로 연방행정청이 계획확정행정청이 되는 경우에도 단체소송을 제기할 수 있게 된 것이다.

문제될 수 있는 예를 들면 다음과 같다.[61)]

• 도로의 건설 및 중요한 변경 (연방원거리도로법 제17조, 연방행정절차법 제73조, 당해

---

59) BT-Drs. 14/6378, S. 61.

60) Schmidt/Zschiesche/Rosenbaum, Die naturschutzrechtliche Verbandsklage in Deutschland – Praxis und Perspektiven, Springer, 2004, S. 12 f.

61) 위의 책, 14쪽.

주법률)

- 독일철도주식회사의 프로젝트, 특히 철도건설(Schienenwegebau)(AEG 제18조, 연방행정절차법 제73조, 당해 주법률)
- 市街鐵道路線의 건설(여객운송법[PBefG] 제28조1항, 연방행정절차법 제73조, 당해 주법률)
- 비행장의 건설(LuftVG 제10조3항)
- 입지가 고정된 폐기물제거시설(순환관리 및 폐기물법 제31조, 연방행정절차법 제73조, 당해 주법률)
- 電信路 건설(電信路法[Telegrafenwegegesetz] 제7조3항2문, 연방행정절차법 제73조)
- 河水개축(Gewässerausbau)(물관리법 제31조1항1문, 연방행정절차법 제73조, 당해 주법률)
- 聯邦水路의 건설 (수로법 제17조, 연방행정절차법 제73조, 당해 주법률)
- 耕地整理節次 (경지정리법 제41조2항2문)
- 大綱運營計劃의 수립 (聯邦山法 제52조2a항)

③ 공중참여가 있는 계획허가절차에 관한 소송

연방자연보호법 제61조1항2호에서는 계획확정결정과 함께 계획허가절차(Plangenehmigungsverfahren)의 경우에도 공중참여가 행해지는 경우라면 단체소송이 가능한 것으로 규정하고 있다.

계획허가절차를 여기에 포함시킨 것은 최근 환경영향평가 개정지침(UVP-Ⅱ RL) 또는 통합환경관리지침(IVU-RL)과 같은 유럽법에서 공중참여를 확대하고 있는 점과 관련하여 이해할 수 있다. 간소한 계획절차라고 할 수 있는 계획허가절차에서 이러한 유럽법의 영향으로 공중참여가 이루어진 경우 이는 단체소송의 대상이 될 수 있다.

3) 이타적 단체소송의 제기 요건

① 자연보호단체로서 승인 받을 것

연방 또는 주에 의해 자연보호단체로서 승인되어야 한다. 단체승인 및 승인절차에 관한 사항은 앞서 살펴본 바와 같다.[62]

② 자연보호법 위반사유가 존재할 것

연방자연보호법 제61조2항1문에 따라 단체는 당해 행정처분이 자연보호법의 규정

62) Ⅲ. 2. (1) 참조.

이나 자연보호법에서 파생된 법규정, 또는 자연보호 및 경관보호 이익을 위한 기타 규정에 반한다는 점을 주장해야 한다(geltend machen). 이는 종래 일부 주의 법률에서 단지 '자연보호법적 규정'에 반하는 경우에만 한정하도록 한데 비하여 범위가 확대되었다. 세 번째 열거된 '자연보호 및 경관보호 이익을 위한 기타 규정'은 이론상 모든 환경법률이 여기에 해당할 것이다. 가령 임미씨온방지법이나 水法(Wasserrecht)의 규정에 대한 준수에 대한 심사도 이러한 규정들이 부수적으로나마 자연보호도 목표로 하는 경우라면 여기에 포함된다고 할 수 있다.[63]

③ 단체정관에 규정된 임무와 관련성이 있을 것

연방자연보호법 제61조2항2문에 따라 단체는 정관에 규정된 임무영역과 관련된다는 점을 주장할 수 있어야 한다. 즉, 다투고자 하는 행정결정 및 그 자연보호법 위반성이 단체의 임무영역과 관련되어야 한다. 그 요건은 종래 주 법률에 따른 제소요건으로 규정된 것이기도 하다. 일반적으로 제59조1항1문에 따라 단체가 승인을 받기 위해서는 이미 그 사단이 정관에 따라 주로 환경보호 및 자연보호를 옹호한다는 요건을 충족해야 하므로, 여기서의 요건은 충족하고 있는 경우가 많을 것이다.[64] 따라서 그리 문제가 되는 요건은 아니라고 할 수 있다.

④ 以前에 행해진 행정절차에서 助力權을 행사할 것

이타적 단체소송은 승인된 환경단체가 행정결정전에 있었던 행정절차에서 조력권을 행사했어야 한다. 즉 단체소송의 필수적 조건으로 이의제기를 규정하고 있다. 만일 단체가 助力의 기회가 있었는데도 이를 주장하지 않았다면 그 단체는 후속절차 및 소송에서 같은 주장을 할 수 없다. 이를 이른바 實質的 排除效(materielle Präklusion)라고 한다. 이러한 실질적 배제효에 따라 소송단계에서 단체가 주장할 수 있는 것은 이미 그 이전의 행정절차에서 주장했던 논증의 제출에 제한된다. 이 규정은 마찬가지로 기타 환경법 및 계획법에서 공중참여를 가진 절차에서 제기하지 않았던 이의제기가 배제되는 것에도 적용된다. 그리고 논증을 행정절차에서 적시에 할 수 없었다는 점에 대한 입증책임은 단체가 부담한다.[65]

---

63) Schmidt/Zschiesche/Rosenbaum, 앞의 책, 17쪽.
64) 위의 책, 17쪽.
65) 위의 책, 18쪽.

Ⅳ. 오르후스협약과 환경구제법상 단체소송

1. 오르후스협약

(1) 오르후스협약 제3기둥의 취지

1998년에 체결되어, 2001. 10. 30.부터 발효한 오르후스협약은 환경법과 관련하여, 세 개의 기둥을 주된 내용으로 가지고 있다.[66] 제1기둥은 환경정보로의 액세스, 제2기둥은 환경행정절차에서의 공중참여, 제3기둥은 사법절차로의 접근(액세스)이다. 이 중 제3기둥인 司法으로의 액세스에 관한 내용인 협약 제9조는 단체소송과 밀접한 관련이 있는데, 특히 환경구제법(Umwelt-Rechtsbehelfsgesetz)의 제정에 큰 영향을 미쳐, 환경구제법상 단체소송이 만들어지는데 중요한 역할을 했다. 환경구제법상 단체소송을 살펴보기에 앞서 오르후스협약 제3기둥을 살펴보고자 하는 이유도 여기에 있다.

오르후스협약 제3기둥인 사법으로의 액세스(access-to-justice)는 '정보로의 액세스권' 및 '공중참여권'을 국내법체계 내에서 강화하는 역할을 한다. 환경관련 사법 액세스에 관한 규정인 제9조에 대한 근본적인 취지(rationale)는 시민들이 '법의 힘'에 호소할 수 있게 함으로써 '환경정보 액세스', '환경의사결정', '실행력', '집행력' 등을 강화하는 데에 있다. 사법 액세스는 공중이 공공기관과의 관계에서 '공정한 경기장'(level playing field)을 제공하며, '정보 액세스' 및 '공중참여'에 관한 규정의 지속적이고 효율적인 실행력을 확보하는데 도움을 준다. 이로써 국내 환경법의 실효성이 제고될 수 있다. 즉 공중이 환경법을 직접적으로 실효성있게 하는 메카니즘을 사법 액세스에 관하여 규정하고 있는 협약 제9조가 제공하고 있는 것이다.[67]

(2) 오르후스협약에서의 단체소송

1) 공중참여권과 관련한 단체소송 등

환경관련 의사결정에서의 공중참여에 관한 권리가 침해당하는 등 동 협약의 관련규정에 의한 결정, 작용, 부작위를 다투기 위한 (준)사법절차가 확보되어야 한다.

이때 행정소송의 원고적격이 문제가 되는데, 오르후스협약에서는 각국의 입법례를

66) 동 협약은 유엔 유럽경제위원회(UN-ECE)의 회원국을 중심으로 40개 국가 및 유럽공동체가 서명한 협약이다.
67) Stec/Casey-Lefkowitz/Jendroska, The Aarhus Convention : an implementation guide, United Nations, 2000. p. 6.

종합적으로 고려하여 원고적격의 요건을 2가지 유형으로 나누어 규정하고 있다. 그 하나는, 英國 · 프랑스식 유형으로 '充分한 利益'(sufficient interest/ ausreichendes Interesse)을 원고적격의 요건으로 하고 있다. 이는 행정쟁송 자체를 객관적으로 파악하여 원고적격의 요건으로 원고의 주관적인 권리침해를 요하지 않고, '충분한 이익'을 가지는 이해관계 있는 자이면 원고적격이 인정되는 것으로 보는 유형이다(제9조2항(a)). 다른 하나는 독일식으로 원고적격요건으로서 '權利侵害'(impairment of a right/ Rechtsverletzung)를 엄격하게 요구하는 유형이다(제9조2항(b)). 오르후스협약에서는 이러한 두 유형을 함께 고려하여 각 체약국의 국내법 규정에 따라 둘 중 하나의 요건을 원고적격요건으로 하도록 하고 있다.[68)]

협약 제9조2항3문도 유심히 볼 필요가 있다. 동 규정에 따르면, 협약 제2조5항의 요건을 충족하는 비정부조직(NGO), 즉 단체의 이익은 여기서의 '충분한 이익'이 되며, 동시에 이러한 단체는 '권리침해를 받은 자'가 될 수 있다(제9조2항3문). 즉, 각국의 행정소송법제가 객관적 소송의 형태를 취하건, 주관적 소송의 형태를 취하건, 각국 국내법에 의해 승인된 (환경)단체는 원고적격을 가진다. 일정한 단체에게 곧 바로 '충분한 이익'이 인정될 수도 있고, '권리침해'가 인정될 수도 있다는 논리전개는 다소 어색한 면도 없진 않지만, 2가지 유형의 (원고적격관련) 행정소송체제를 포괄하면서 단체소송(Verbandsklage)을 인정하기 위해서는 불가피한 면도 있는 것 같다. 물론 여기서의 단체소송은 환경법영역에 한정되는 것이며, 여기서의 단체는 환경보호를 목적으로 하는 환경단체이다.

또한, 이러한 사법절차로서의 심사절차를 인정한다고 해서, 그 전단계로서 행해지는 공공기관에 의한 事前審査節次의 가능성을 배제하는 것은 아니며, 법원의 심사절차에 앞서 공공기관의 심사절차를 거치는 것이 국내법상 요건으로 되어 있는 경우 그 요건은 영향을 받지 아니한다(제9조2항4문).

2) 공중참여권과 무관한 환경문제에 있어서의 단체소송 등

앞서 본 공중참여권과 관련된 심사절차에 더하여, 또한 그 절차와는 별도로, 모든 체약국은 공중이 각 국내법이 정하고 있는 기준을 충족하는 한, 그들이 환경과 관련된

---

68) 우리나라의 경우 현행 행정소송법 제12조 및 현행 제도를 그대로 유지하고자 하는 법무부의 행정소송법 개정안 제12조의 규정은 後者에 가깝다고 할 수 있다. 이러한 입장에 대해서 현행 행정소송법 제12조의 '법률상 이익'에 대한 개정안으로 제기된 '법적으로 정당한 이익'(2006. 6월 대법원 행정소송법 개정안)은 '권리침해'보다는 '충분한 이익'의 의미에 보다 가까운 내용으로서 前者의 유형이라고 할 수 있다.

국내법규에 위반하는 私人 및 行政廳의 작용 및 부작위에 대해서 다투기 위해 행정·사법절차에 접근하는 것을 확보해야 한다(협약 제9조3항).

이러한 협약 제9조3항이 특히 의미를 가지는 것은 협약 제9조2항이 규정하고 있는 협약 제6조의 공중참여권과 무관한 단체소송이 가능하다는 점이다. 또한 협약 제9조3항의 규정이 앞서 본 협약 제9조2항의 경우와는 달리 원고를 '이해관계 있는 공중'에 한정하지 않고, 단순히 '공중'으로 규정하고 있다. 여기서도 단체소송이 인정될 수 있지만, '이해관계 있는 공중'일 필요가 없이, 모든 '공중'에게 환경소송의 길을 열어주고 있다는 점을 주시할 필요가 있다. 이른바 萬人에게 권리보호의 기회(Jedermann-Rechtsschutzmöglichkeit)가 주어진다.[69]

2. 환경구제법상 단체소송

(1) '오르후스협약' 및 '공중참여에 관한 유럽지침'의 독일법 전환

2006. 12. 15. 환경구제법이 시행됨으로써, 이제 오르후스협약의 세 개의 기둥이 되는 내용들은 모두 유럽 및 독일법제에서 전환이 이루어졌다. 제1기둥인 환경정보에 대한 접근·이용은 환경정보에 관한 유럽지침(2003/4/EG)으로 유럽법에 수용되었고, 독일에서는 연방환경정보법(UIG)의 개정으로 최소한 부분적으로나마 독일법으로 전환되었다. 제2기둥인 공중참여에 대해서는 환경문제에 있어서 공중참여에 관한 유럽지침(2003/35/EG) 및 동 지침에 따른 환경문제에서의 공중참여에 관한 법률(공중참여법/(öffentlichkeitsbeteilungsgesetz)이 각각 유럽법 및 독일법으로 전환되었다. 오르후스협약의 제3기둥인 '환경문제에 있어서 사법으로의 접근(액세스)'에 대해서는 유럽법의 차원에서는 지침 2003/35/EG[70]이, 독일법으로서는 환경구제법(Umwelt-Rechtsbehelfsgesetz)이 제정됨으로써 유럽법 및 독일법으로 전환되기에 이르렀다.

새로운 유형의 단체소송을 규정하고 있는 이러한 환경구제법은 다음과 같이 전체 6개 조문으로 이루어져 있다.

- 제1조 : 적용영역 (Anwendungsbereich)
- 제2조 : 단체의 법적 구제 (Rechtsbehelfe von Vereinigungen)

69) Walter, "Internationalisierung des deutschen und Euroäischen Verwaltungsverfahrens- und Verwaltungsprozessrechts-am Beispiel des Aarhus-Konvention", EuR 2005, 302 (332).

70) 동 유럽지침에 대한 상세는 특히 Schrader, "Neue Entwicklungen in der Verbandsmitwirkung und Verbandsklage", UPR 2006, 205 (206 ff.).

- 제3조 : 단체의 승인 (Anerkennung von Vereinigungen)
- 제4조 : 절차규정 적용에 있어서 瑕疵(Fehler bei der Anwendung von Verfahrensvorschriften)
- 제5조 : 경과규정 (Übergangsvorschrift)
- 제6조 : 시행일 (Inkrafttreten)

이하에서 이러한 환경구제법 규정을 중심으로 환경구제법상 단체소송에 대하여 살펴보도록 한다.

(2) 적용영역

이 법률에 의한 법적 구제가 적용되는 영역은 우선 환경영향평가 실시의무가 있는 행정결정이다(법 제1조1항1문1호). 따라서 가령 계획확정절차가 적용되는 도로나 철도, 산업시설 등과 같은 사회간접시설사업만이 아니라, 일정한 지구상세계획(B-Plan)의 경우에도 적용될 수 있다. 이러한 환경영향평가대상이 되는 사업의 리스트는 독일 환경영향평가법(UVPG) 별표 1에 규정되어 있지만, 환경영향평가 실시의무가 있는 사업에 대한 근거가 되는 법률로는 환경영향평가법 외에도 鑛業法上 사업안의 환경영향평가에 관한 명령 및 해당되는 州法의 규정도 포함된다(제1조1항1호(a)(b)(c)).

또한, 다음과 같은 행정결정도 마찬가지로 법적 구제의 적용영역이다(법 제1조1항1문2호).

- '허가가 필요한 시설에 관한 命令'[71] 별표 제1단에 의한 요허가시설의 허가
- 연방임미씨온방지법 제17조1a항에 의한 이러한 시설에 대한 事後命令
- 물관리법 제2조, 제7조1항1문 및 물관리법 제7조1항3문에 기하여 제정된 주법상의 규정에 의한 허가
- 순환관리 및 폐기물법 제31조2항에 의한 폐기물매립장을 위한 계획확정결정

또한, 실정법규정에 반하여 위와 같은 행정결정을 하지 않은 경우에도 적용된다(법 제1조1항2문).[72]

---

71) 제4 연방임미씨온보호령(4. BImSchV).

72) 그 밖에 동법 제1조1항에서 규정된 것으로는, "환경영향평가법 제15조5항, 제16조3항 및 행정법원법 제44a조는 영향을 받지 아니한다."(제1조1항3문) "제1문 및 제2문은 본 항의 의미에서의 결정이 행정법원의 분쟁절차에 기하여 발해진 경우에는 적용되지 아니한다."(제1조1항4문)

(3) 환경보호단체의 법적 구제

환경구제법의 핵심규정은 제2조이다.[73] 특히 환경단체가 법적 구제를 구할 수 있는 요건을 규정하고 있는 제2조1항은 독일 행정소송체계 내에서 새로운 유형을 창출하고 있는다.[74] 일단, 통상적인 행정소송의 원고적격이 인정되기 위해 요구되는 권리침해의 요건(독일행정법원법 제42조2항)은 주장할 필요가 없음을 명시적으로 규정하고 있다. 다만, 다음과 같은 요건을 이 제2조1항에서 요구하고 있다.

첫째, 단체가 제1조1항1문에 의한 결정 또는 그 부작위가 환경보호를 위한 것이며, 개인의 권리를 근거지우고, 결정에 있어서 중요성을 가질 수 있는 법규정에 반한다는 점을 주장하는 경우일 것(제2조1항1호)

둘째, 단체가 제1조1항1문에 의한 결정 또는 그 부작위가 그 단체의 정관에서 규정된 환경보호목표의 옹호라는 임무와 관련되는 경우일 것(제2조1항2호)

셋째, 단체가 제1조1항에 의한 절차에 참여할 자격이 있었고, 사안에 있어 현행 법규정에 맞게 의견표명을 했거나, 또는 현행 법규정에 반하여 의견표명을 할 기회가 없었던 경우일 것(제2조1항3호)

이 가운데 둘째 및 셋째의 요건은 자연보호법상 이타적 단체소송의 요건(연방자연보호법 제61조2항2호,3호)과 유사하다. 눈여겨보아야 할 부분은 첫째 요건이다. 첫째 요건 가운데에서도 모든 환경보호관련 법규정에 대한 위반 관련에 관한 규정은 연방자연보호법 제61조2항1호의 소송에서는 단지 자연보호관련 규정의 통제만이 가능하다는 점과 비교할 때, '자연'환경법이 아닌 '일반'환경법상 단체소송으로서의 발전된 모습을 나타내고 있는 부분이다. 문제는 첫째 요건 가운데 행정결정(또는 부작위)이 개인의 권리를 근거지우는 법규정에 반한다는 점을 주장해야 한다는 부분이다. 즉, 자기의 권리침해를 주장할 필요는 없지만, 개인의 권리를 근거지우는 법규정에 반한다는 점을 주장해야 한다는 것이다.

권리침해성이 요구되지 않는다는 점에서는 분명히 객관적 불복절차(objektives Beanstandungsverfahren)라고 볼 수 있지만, 개인의 권리를 근거지우는 법규정에 반한다는 점을 주장해야 한다는 점은 어떻게 볼 것인가가 문제이다.

이 규정으로 인하여 환경구제법상 단체소송은 실무상 개인이 제기하는 일반 행정소송에서보다 '다툴 수 있는 자격'이 확대되지도 않은 일종의 代理訴訟

73) Schmidt/Kremer, ZUR 2007, 57 (58).
74) Ziekow, NVwZ 2007, 259 (260).

(Stellvertreterklage)의 기능밖에 못할 것이라는 비판도 제기되고 있다.[75] 결국 그것은 이른바 보호규범이론에 따를 수밖에 없다는 것이다. 따라서 사전배려규정에서는 원칙적으로 권리를 도출할 수 없고, 단지 위험방지를 위한 법규정에서만 권리를 도출할 수 있다는 종래 판례의 입장이 여전히 유효하게 적용된다는 것이다.[76] 즉, 연방임미씨온방지법 제5조1항2호에 따라 산업시설에서 사전환경배려를 위해 준수되어야 하는 기술수준(Stand der Technik)은 동법상의 단체소송으로는 다툴 수가 없고, 자연보호관련 법규정에 대한 심사도 가능하지 않다. 왜냐하면 그 규정은 공익만을 위한 것으로 사익보호를 목적으로 하는 것이 아니기 때문이다.

또한, 이를 두고 주관적 권리구제(subjektiver Rechtsschutz)와 객관적 불복절차의 사이에 위치하는, 보다 정확하게 말하자면 객관적 불복절차 쪽으로 좀 더 가까운 새로운 행정소송유형이 독일 행정소송법체계에 등장했다는 평가를 하기도 한다.[77] 이 견해에 따르면 동 규정의 해석은 행정법원법 제42조1항의 해석을 두고 발전된 이론 중 이른바 일반적-추상적 보호규범(generell-abstrakte Schutznormen)과 부분적-구체적 보호규범(partiell-konkrete Schutznormen) 가운데 개별사안의 구체적인 고려를 통하여 보호규범성을 도출하는 後者의 경우와 같은 맥락에서 환경구제법상의 동 규정을 해석해야 한다는 논리를 전개하고 있다.[78]

독일의 환경단체들이 새로운 환경구제법에 반발하는 주된 이유 중 하나도 이 규정으로 인하여 단체소송의 제기가 쉽지 않는 데 있는 것으로 보인다. 아직 시행된 지 1년도 되지 않은 동 규정을 두고, 독일에서 계속해서 논쟁이 전개되리라 생각된다.

그리고 법 제2조5항에서는 단체의 권리구제의 인용을 위해서는 법 제2조1항1호, 2호의 요건과 결부되어야 한다. 따라서 단체소송이 승소를 거두기 위해서는 환경보호를 위하고, 개인의 권리를 근거지우는 법규정에 반한다는 점을 밝혀야 하며, 이러한 위반이 단체의 정관상 단체가 추구하는 환경보호이익과 관련되는 경우이어야 한다. 이는 지구상세계획(B-Plna)에 관한 경우에는 법위반이 환경영향평가의무가 있는 사업의 허가를 근거지우는 지구상세계획 확정과 관련되는 경우에만 적용된다.

75) Schmidt/Kremer, ZUR 2007, 57 (58).
76) Kloepfer, Umweltrecht, 2004, § 8 Rn. 20 ff.
77) Ziekow, NVwZ 2007, 259 (260 f.).
78) 위의 논문, 259 (261.).

(4) 환경보호단체의 승인

내 · 외국의 단체는 신청에 의해 이 법에 의한 법적 구제를 제기하기 위한 승인을 받아야 한다(제3조1항1문). 단체가 다음에 해당하는 경우에는 승인해야 한다(제3조1항2문).

① 정관을 통하여 판단할 때, 주로 환경보호를 이념적 목표로 추구하며, 그것이 일시적인 경우가 아니어야 함(제1호).

② 승인시점에 최소한 3년 이상이 되었고, 그 기간 동안 제1호의 활동이 있었을 것(제2호).

③ 정당한 임무수행을 보장하고 있을 것; 이를 판단함에 있어서는 그 동안의 활동의 종류와 범위, 회원층, 단체의 임무수행능력이 고려되어야 함(제3호).

④ 부담금령 제52조의 공동이용목적을 추구하는 경우(제4호)

⑤ 단체의 목표를 지지하는 누구라도 회원총회에서 완전한 투표권을 가지는 회원으로 가입이 가능할 경우, 단체에 있어서 그 회원이 모두 법인인 단체인 경우 법인의 다수가 이러한 요건을 충족한다면, 그 요건은 필요 없다(제5호).

정관에 부합하는 임무영역은 표시되어야 한다(제3조1항3문). 연방자연보호법 또는 주법률의 규정에 의해 자연보호단체로서 승인된 단체는 제1문의 승인과 동일하게 적용된다(제3조1항4문). 승인은 연방환경청에 의해 이루어지며, 승인은 공고될 수 있다(제3조2항).

(5) 절차하자의 특칙

환경구제법은 '절차규정 적용에 있어서 하자'라는 제목을 가진 법 제4조에서 절차하자에 관한 특칙을 두고 있다. 먼저, 환경구제법 제4조1항1문은 독일 행정절차법 제46조[79]의 예외가 되는 규정을 두고 있다. 즉 환경구제법 제4조1항1문에 의하면, 환경영향평가법 규정, 광업법상 사업안의 환경영향평가에 관한 명령 또는 당해 州법률규정에 의무적인 환경영향평가 또는 그 의무에 대한 스크리닝을 실시하지 않았거나, 追完되지 않은 경우에는(wenn……nicht nachgeholt worden ist) 환경구제법 제1조1항1문1호의 사업안의 허가결정 취소를 구할 수 있다. 그러나 행정절차법 제45조2항[80] 및 기타

79) 독일 연방행정절차법 제46조 (절차 · 형식 하자의 효과) : 행정행위가 제44조에 의해 무효가 아닌 한, 그 침해가 사안의 결정에 영향을 미치지 않았다는 점이 명백한 경우에는 절차나 형식 또는 토지관할에 관한 규정을 침해하고 있다는 점을 이유로 취소할 수는 없다.

80) 독일 연방 행정절차법 제45조2항에 의하면, 절차적 하자는 행정소송이 종료될 때까지, 즉 상고심의 구두변론 종결 시까지 절차적 행위를 추완함으로써 치유된다.

해당 법규정은 영향을 받지 아니하며, 절차하자의 치유를 위한 재판절차의 停止(Aussetzung)의 기회는 영향을 받지 아니한다(환경구제법 제4조1항2문). 이러한 절차법에 관한 규정의 입법취지는, 절차법은 자기 목적을 가지지 않고 실체법에 기여하는 것이라는 독일법의 일반적 방향과는 달리, 절차규정도 개인의 권리를 포함할 수 있다는 점을 강조하고 있다.[81] 즉, 연방행정법원[82]이 절차하자의 '취소가능함'[83]에 대하여, 특히 환경영향평가에 관한 권리침해에 있어서 발전시켜 온 기준, 즉, 절차흠결은 단지 계쟁행정결정이 절차하자가 없었다면 다르게 될 구체적인 가능성이 존재하는 경우에야 취소가능한 것이 된다는 기준[84]과는 달리 절차의 중요성을 강화한 것이라고 할 수 있다.

즉, 일반적인 절차하자의 효과이론[85]과는 달리, 환경법상의 절차규정, 특히 의무적 환경영향평가절차에 관한 하자가 있는 경우에는 그것은 취소사유가 되는 일종의 특칙을 규정하고 있다. 그러나 여전히 추완가능성, 행정절차법 제45조2항에 의한 치유가능성 등의 예외사유를 두고 있어 절차적 · 형식적 하자를 엄격하게 다루지 않는 독일법 특성을 읽을 수 있는 면도 있다고 생각된다.

그리고 환경영향평가법(UVPG) 제2조3항3호에서의 '결정'(지구상세계획)이 대상적격이 된 경우에는, 환경구제법 제4조1항의 예외규정으로서 건설법전 제214조[86], 제215조[87], 당해 주법상 규정이 적용된다. 이는 건설법전에 따라 규정된 하자이론이 적용된다는 것을 뜻한다. 환경구제법 제4조3항은 환경구제법 제4조 제1항 및 2항은 행정법원법 제61조1호, 2호[88]에 의한 소송참가자의 법적 구제에 있어서도 준용된다고 하여, 이해관계 있는 공중에 대한 특칙을 규정하고 있다.

---

81) Schlacke, NuR 2007, 8 (13).

82) 독일 연방행정법원의 일관된 판례이다. BVerwG, BVerwGE 61, 256 (275 f.).

83) 이는 독일 연방행정절차법 제45조 등에서는 '주의할 만함'(Beachtlichkeit)으로 되어 있으나, '취소가능함'의 의미로 새길 수 있다(같은 취지 : 박정훈, 행정소송의 구조와 기능, 박영사, 2006, 571쪽 참조).

84) 이른바 인과관계판결("Ein Verfahrensmangel ist nur dann beachtlich, wenn die konkrete Möglichkeit besteht, dass die angegriffenen Entscheidung ohne den Verfahrensmangel anders ausgefallen wäre."): vgl. BVerwG, BVerwGE 100, 238 (250); BVerwG, NVwZ 1999, 67. 이 판례는 절차법의 목표는 어떠한 자기목적을 가지지 않고, 실체법에 기여하는 기능을 수행한다는 견해에 따른 것이라고 할 수 있다. 이러한 판결입장에 대한 비판적 견해로는 Schlacke, NuR 2007, 8 (13).

85) 독일법상 절차적 하자에 관해서는 박정훈, 앞의 책, 570쪽 이하 참조.

86) 건설법전 제214조는 '토지이용계획수립에 관한 규정 및 자치법규의 침해의 상당함'(Beachtlichkeit)을 내용으로 하는 규정이다.

87) 건설법전 제215조는 '규정침해 주장의 기한'을 내용으로 하는 규정이다.

88) 독일 행정법원법 제61조 : 다음 각 호의 1에 해당하는 자는 소송에 참가할 능력이 있다.

1. 자연인 및 법인
2. 권리가 귀속될 수 있는 단체
3. 행정청, 단 주법이 이를 정하고 있는 경우에 한한다.

(6) 환경구제법상 단체소송과 자연보호법상 단체소송의 관계

2005. 2. 25. 환경구제법의 초안에서는 법안 제1조3항에서 자연보호법상 단체소송의 보충성을 규정한 바가 있다.[89] 그러나 2006. 9. 4. 독일 연방정부안에서는 이 보충성규정이 삭제되었다. 입법이유서에 의하면, 그 대신 연방자연보호법 제61조1항을 제2조1항에 대한 특별법으로 보고 있다. 즉 이 특별한 자연보호법상 단체소송이 제기되지 않는 한 자연보호법상 단체는 환경구제법에 따라 같은 절차에서 제소가능성을 주장할 수 있다.[90] 그러나 환경구제법 제1조나 제2조 또는 연방자연보호법 제61조의 문언에서 특별법적 규율에 대한 아무런 근거를 찾아볼 수 없다. 그렇다면 입법이유서의 입장과는 달리, 양자는 병행가능한 구제제도라고 볼 수 있다. 따라서 단체는 성공가능성을 감안하여 양자 중 선택할 수 있다.[91]

Ⅴ. 맺음말

이상에서 최근 새롭게 전개되고 있는 독일 환경법상 단체소송에 대하여 살펴보았다.

이러한 내용을 생각하며, 서론에서 제기한 질문으로 돌아가 보자.

독일의 단체소송은 그 논의가 시작된 지 약 40년이 지난 이 시점에서 볼 때, 2002년 연방자연보호법 개정과 2006.12 환경구제법 시행과 함께 마무리된 것으로 볼 수 있을 것인가.

자연보호법에 국한하여 제기될 단체소송에 대해서는 연방차원에서 폭넓게 이용될 것이며, 종래부터 이용되었던 단체참여권에 기한 참여소송과 2002년 개정으로 포함된 연방자연보호법 제61조에 기한 단체소송은 계획확정절차를 통한 개발 등에서 일어나는 자연훼손문제에 있어 큰 역할을 할 것으로 보인다.

그러나 두 번째 계기가 된 환경구제법의 일부 내용에 대하여는 아직 더 두고 보아야 할 것 같다. 약 40년만의 수치스런 마무리(unrühmliche Ende)와 같은 비판섞인 평가의 의미는 생각해볼 여지가 많다.[92] '일반'환경법상 단체소송의 근거법률로 의미를 부

89) 2005. 2. 25. 환경구제법초안 제1조3항 : 이 법률의 요건이 충족되는 한, 연방자연보호법 제61조1항1문2호는 적용되지 아니한다.

90) BT-Drs. 16/2495, S. 11

91) Schlacke, NuR 2007, 8 (13).

92) Koch, NVwZ 2007, 369에서의 NVwZ 편집자 注 참조.

여할 수 있는 환경구제법이지만, 독일 기본법 제19조4항에서 바탕을 두고 있는 주관적 권리보호라는 독일 행정소송체계의 기본틀과 관련하여 계속적인 논의가 진행되리라 생각된다. 다소 객관소송에 가깝지만, 기본적으로 객관소송과 주관소송의 절충형으로 볼 수 있는 환경구제법상 단체소송이 어떻게 기능할지에 관해서는 앞으로 그 시행상황을 지켜볼 필요가 있다.

마지막으로 독일 단체소송법제가 우리에게 주는 의미를 살펴보고자 한다. 이는 곧 향후 우리나라에서 단체소송제도를 설계한다고 할 때 어떤 점을 생각해야 할 것인가의 문제이기도 하다.

이 문제는 결국 행정소송의 원고적격에 관한 문제, 아울러 환경침해로 인한 재판받을 권리 내지는 司法으로의 접근(액세스)권이라는 새로운 환경인권의 차원에서 접근해야 한다.

필자는 환경행정소송은 행정소송법 발전의 첨병역할을 하고 있음을 강조한 바가 있다.[93] 우리나라나 일본에서 최근 나타나고 있는 행정소송법 개정 내지는 개혁의 차원에서 논의되는 일반국민들이 보다 쉽게 이용할 수 있는 행정소송제도의 목표는, 유럽에서도 마찬가지로 추구되고 있는 점은 그리 놀라운 일이 아니다. 환경행정소송으로의 액세스는 재판받을 권리 보장의 측면과 함께 환경권 내지 환경인권의 보장이라는 측면이 함께 맞물려 있는데, 이는 한 국가내의 법제도의 문제를 넘어서는 것이기 때문이다.

최근 행정소송개정논의과정에서 객관소송이 심도 있게 논의된 바가 있거니와, 그 논의배경 가운데 환경행정소송 문제가 매우 깊숙이 관련되어 있었다는 점은 간과해서는 아니된다. 행정소송 전체 차원에서의 개혁이 아직(?) 힘든 상황이라면, 환경행정소송에 관해서는 특별한 규정으로 따로 규정하는 것도 대안이 될 수 있다. 그 첫 걸음이 단체소송에 관한 입법이 되는 것도 생각해볼 수 있다.

우리 제도와 관련된 구체적인 논의는 후속연구로 넘기기로 한다. 독일 단체소송 중에서도 환경구제법상 단체소송에 대해서는 향후 그 시행상황을 보면서 좀 더 심도있는 분석이 필요할 것이다. 학자들의 관심이 여기에 좀 더 모아졌으면 하는 바람도 가져본다.

---

93) 김현준, "일본의 행정사건소송법 개정과 환경행정소송의 원고적격", 공법학연구 8-2, 2007, 465쪽 이하 참조.

제 7 장

환경司法액세스권과 환경단체소송

Ⅰ. 머리말

司法액세스(access to justice)권이란 헌법 제27조의 재판받을 권리, 법치주의 등으로부터 도출될 수 있는 국민들의 기본적인 권리이다. 여기서 한 걸음 더 나아가 '환경'사법액세스권이라 함은 환경문제로 인하여 司法에 호소할 수 있는 권리를 말한다. 따라서 환경사법액세스권은 통상적인 사법액세스 보장과 환경인권 보장이라는 2중적 근거를 가진다. 司法액세스와 '그린'빛깔의 환경인권이 결합된 환경사법액세스권(right of green access to justice)이 환경법의 실효성을 제고하는 권리로서 부각되고 있다.

환경사법액세스의 실현방안은 다양한 영역에 걸쳐 모색해야 하지만, 우리나라의 상황에서 필자가 특히 초점을 맞추고자 하는 것은 ①해석론(de lege lata)으로서 환경사법액세스 보장 차원에서 행정소송법 제12조의 '법률상 이익'에 대한 새로운 해석론을 전개해야 하며, ②입법론(de lege ferenda)으로서 환경단체소송을 우리 법제에서 수용하는 것이다. 본 논문은 이중 ②의 문제영역을 주된 검토대상으로 한다. 司法액세스는 비단 '행정소송'에만 한정되는 것은 아니나, 현실적으로 주로 문제가 되는 이 영역에 본 논문은 주된 초점을 맞춘다.

이하에서는 우선 절차적 환경인권으로서 환경사법액세스권에 대한 논의를 촉발시킨 오르후스협약(Aarhus Convention)[1)]의 관련내용을 살펴본다(Ⅱ). 이어서, 우리나라에

1) '環境과 관련된 情報액세스, 意思決定에서의 公衆參與, 司法액세스에 관한 협약'의 약칭인 오르후스협약은

서 환경사법액세스권의 인정근거, 그리고 그 구현방법으로서 환경단체소송(Ⅲ), 환경단체소송의 입법방향 및 쟁점(Ⅳ)을 살펴보고, 논의를 맺고자 한다(Ⅴ).

Ⅱ. 오르후스협약과 환경사법액세스권

1. 환경법과 인권법, 그리고 절차적 환경인권

종래 환경법과 인권법은 각각 추구하는 관심이 다른 것으로 이해하고, 이들을 달리 취급해 왔다. 유럽인권협약 등 전통적인 인권법의 내용에서 환경인권에 관한 규정을 찾아보기 힘든 것도 이와 무관하지 않다. 우선, 인권법은 말 그대로 인간의 권리에 관한 것이며, 환경법은 환경보호라는 공익을 위한 것이어서, 양자는 기본적으로 추구하는 가치와 목표(values and targets)가 원칙적으로 다르다. 또한, 인권법의 경우 다분히 인간중심적 접근이 이루어지지만(anthropocentric approach), 환경법에서는 인간중심적 접근과 생태중심적 접근(eco-centric approach)으로 구분되는 입장차이가 있다. 환경법을 후자의 입장에서 바라볼 경우 인권법과는 조화를 이루기 곤란한 면이 있다.[2)]

그러나 오늘날 환경문제가 심각한 상황으로 전개되면서 양자는 서로 겹치는 영역들이 많다는 점을 인식하게 된다. 식수가 오염되고, 야생동식물이 멸종되는 등 환경침해로 인하여 개인과 공동체가 피해를 입게 되면서 사람들은 결국 그들의 '권리'가 침해된다고 느끼게 되었다.[3)] 안전한 음식에 관한 권리, 물에 관한 권리, 쾌적하고 건강한 환경에서 생활할 권리 등에서 볼 수 있는 것처럼 오늘날 중요한 환경문제들은 곧 인권의 문제로 연결될 수 있는 것이다. 1970년대 이후 최근 수많은 국제적인 선언, 국제조약·협정, 국가의 헌법에서 환경에 관한 권리를 수용하게 되는 현상도 이러한 가운데 나타난다.[4)] 즉, 환경법과 인권법은 접점을 찾게 되었는데, 그것이 바로 '환경인권'이었

前文과 22개조의 본문, 그리고 '동 협약 제6조1항(a)의 사업활동의 리스트'에 관한 부속서I, '仲裁'(arbitration)에 관한 부속서Ⅱ로 구성되어 있다. 협약의 중심내용은 ①정보액세스에 관한 제4조 및 제5조(제1기둥), ②환경행정절차참여'에 관한 제6조 내지 제8조(제2기둥), ③'司法액세스'에 관한 제9조(제3기둥)이다. 이하 별 다른 명칭 없이 '협약'이라 함은 오르후스협약을 가리킨다.

2) 이러한 취지의 Hilal Elver, "New Mechanisms – Water as a fundamental human right", in: Falk/Elver/Hajjar(ed.), Human Rights, 2008, pp. 396-401; Kravchenko/Bonine, Human Rights and the Environment, Carolina Academic Press Law Casebook, 2008, p. 6.

3) Kravchenko/Bonine, 위의 책, 3쪽.

4) 최근 2개의 미국 항소법원은 건강한 환경에 관한 권리는 국가법의 영역(part of the "law of nations")이 될 수 없다고 했고, 일부 국가의 대법원 및 미국의 주 대법원은 환경권이 기본적이며, 집행가능한 인권(fundamental and enforceable human right)임을 판시했다고 한다(Kravchenko/Bonine, 위의 책, 23쪽 이하).

다. 인권이 人間安保(human security)로까지 논의되고 있는[5] 오늘날 인류의 생존과 직결되는 물, 공기, 토양, 유해화학물질, 기후변화 등과 같은 환경문제와 관련된 인권에 대한 요청이 날로 더해져가고 있다. 말하자면, 인간의 웰빙(well-being)과 기본적 인권이 갖추어지기 위해서는 충분한 환경보호는 없어서는 안 되는 조건이 되는 것이다.[6] 이와 함께, 환경문제는 국경을 넘어 전 지구적인 공통된 관심사라는 점도 인권의 보편적 속성과 부합된다.

인권차원에서 환경문제가 본격적으로 다루어진 계기가 된 것은 1998년 유엔 유럽경제위원회 제4차 환경각료회에서 채택되어, 2001. 10. 30부터 발효된 오르후스협약에서이다. 즉, 오르후스협약은 환경인권에 대한 논의를 촉발시킨 계기가 된 것이다.[7] 환경인권론의 단초를 오르후스협약에서 찾는 이유이기도 하다. 오르후스협약은 특히 당사국인 유럽공동체 및 유럽의 국가들의 환경법에 큰 변화를 주고 있다. 즉, 유럽연합에서는 환경사법액세스권의 실현을 위해 (통합)환경영향평가지침 개정을 위한 지침이기도 한 '공중참가 및 법원에의 접근에 관한 지침'(directive 2003/35/EEC)이 제정되었다. 독일에서는 일반 환경단체소송을 인정하는 환경구제법(Umweltbehelfsgesetz)이 2006년 12월 제정되는 계기를 제공했다.[8]

오르후스협약의 핵심내용은 3개의 기둥으로 불리는 환경정보액세스권(제1기둥), 환경행정절차참여권(제2기둥), 환경사법액세스권(제3기둥)이다. 본 논문은 이 가운데 제3기둥에 관한 것이다.

❖〈그림 1〉 오르후스협약의 세 개의 기둥

5) Ramcharan, Human Rights and Human Security, 2002, p. 7.

6) Hayward, Constitutional Environmental Rights, 2005, p.180. 이는 오르후스협약 前文에서 나타난 취지이기도 하다.

2. 환경司法액세스권의 의의

오르후스협약의 제3기둥인 환경사법액세스권을 좀 더 상세히 살펴보자.

환경사법액세스라 함은 환경문제로 인한 다툼이 있는 경우 司法으로의 액세스(접근성)를 보장받을 권리이다. 원칙적으로 법원으로의 접근성을 뜻하지만, 그 범위를 확장하여 準司法節次로의 액세스까지도 포함되는 것으로 보고 있다.[9)]

司法액세스(access to justice)는 법치주의원리 및 헌법 제27조의 재판받을 권리로부터 인정될 수 있다. 그러나 환경사법액세스권은 여기서 더 나아가 환경문제에 관한 한, 환경인권의 차원에서도 보장이 요청된다는 것이다. 입법론으로서 일반 소송법 외에 환경문제에 관한 별도의 소송절차를 추가로 마련하는 것도 이러한 점에서 설득력을 가질 수도 있다. 환경사법액세스의 보장은 일반 국민들에게 환경법을 실효성 있게 하는 메커니즘을 제공하게 된다는 의미를 가진다.[10)]

환경사법액세스의 주된 논점을 개관하면 다음과 같다.[11)]

첫째, 누가 제기할 수 있는가의 문제이다(Who can bring a challenge?). 환경문제를 소송 등에서 다툴 수 있는 자의 범위가 폭넓게 보장되어야 한다. 주로 원고적격의 확대가 논점이 된다.

둘째, 어떠한 환경문제를 다툴 것인가의 문제이다(What can be challenged?). 私人이나 행정청의 결정, 작위, 부작위를 폭 넓게 다툴 수 있어야 한다.

셋째, 판단주체의 문제이다(Who can hear a challenge?). 법원 등의 공정하고 독립된 기관에 의해 환경문제가 심사되고 판단될 수 있어야 한다.

넷째, 어떠한 내용의 구제제도를 보장할 것인가의 문제이다(What are the remedies

---

7) Redgwell, Access to Environmental Justice, in: F. Francioni(ed.), Access to Justice as a Human Right, 2007, pp. 153-175; Epiney/Sollberger, Zugang zu Gerichten und gerichtliche Kontrolle im Umweltrecht, 2002, S. 31 ff.; von Danwitz, "Aarhus-Konvention-Umweltinformation", in: Aarhus-Konvention-Umweltprobleme bei der Zulassung von Flughäfen, S. 21-57; de Sadeleer/Roller/Dross, Access to Justice in Environmental Matters and the Role of NGOs, 2005; Hayward, Constitutional Environmental Rights, 2005.

8) 이와 관한 많은 문헌 가운데, Ziekow, "Das Umwelt-Rechtsbehelfsgesetz im System des deutschen Rechtsschutzes", NVwZ 2007, 259 ff.

9) 우리나라에서도 행정소송 등 소송제도, 행정심판제도, 환경분쟁조정을 비롯한 調整제도, 옴부즈만제도 등이 오르후스협약 제3기둥의 취지에서 그 액세스권이 주장될 수 있지만, 調停나 옴부즈만의 경우에는 그 이용이 어느 정도 열려있는 편이라고 할 수 있다.

10) Stec/Casey-Lefkowitz/Jendroska, The Aarhus Convention : an implementation guide, United Nations, 2000, p.6.

11) 위의 책, 126-136쪽, 특히 136쪽.

once a challenge is brought?). 환경침해에 대한 구제청구에 대하여 명령(injunction)을 포함하여 다양한 실효성 있는 제도가 보장되어야 한다.

다섯째, 어떻게 사법액세스의 장애를 극복할 것인가의 문제이다(How can barriers to access to justice be overcome?). 환경사법액세스의 장애가 되는 재정적 문제를 비롯한 다양한 장애요인을 극복할 수 있는 방안을 모색해야 한다.

3. 환경사법액세스권의 내용

협약 제9조는 환경사법액세스권의 내용으로서, 정보 액세스권 · 행정절차참여권과 관련된 사법액세스와 이들과 무관한 사법액세스로 나누고 있으며,[12] 그 밖에 가구제절차, 장애요인 등에 대한 규정을 두고 있다. 이하에서는 각 내용별로 협약 제9조의 관련 규정을 제시하고, 이에 대한 설명을 추가하는 형식으로 전개하고자 한다.

(1) 환경정보액세스권 침해와 환경사법액세스권

■ 협약 제9조1항 : 모든 회원국은 각국의 국내법 틀에서 제4조[13]에 따른 정보청구가 무시되거나, 그 일부 또는 전부가 부당하게(wrongfully/ fälschlicherweise) 거부되거나, 불충분하게 응답되거나, 기타 동조의 규정에 맞지 않게 다루어지는 경우에는 누구나 법원의 심사절차(review procedure/ Überprüfungsverfahren) 또는 기타 법률적 근거하에 설치된 독립적이고 공정한 기관의 심사절차에 접근할 수 있도록 확보해야 한다. 회원국이 법원에 의한 심사제도를 둔 경우에, 법률에 따라 설립되고, 무료 또는 저비용이 드는 공공기관등의 독립성이 있고, 중립적인 非司法機關에 의한 신속한 심사절차에도 접근할 수 있도록 확보해야 한다. 본 항에 의한 최종결정은 정보를 보유하는 공공기관을 구속하는 것이어야 한다. 본 항에 따라, 정보 액세스가 거부되는 경우에는 그 이유가 서면으로 제시되어야 한다.

동 규정은 환경정보액세스권이 침해된 경우에 司法節次 및 공공기관 등에 의한 準

12) 후자의 경우 어느 범위까지 적용되는 것으로 볼 것인가에 대해서는 논의의 여지가 있다. 그 상세한 논의로는 Epiney/Sollberger, Zugang zu Gerichten und gerichtliche Kontrolle im Umweltrecht, 2002, S. 31 ff.

13) 협약 제4조(환경정보로의 액세스) 1항 : 모든 체약국은, 본 조항에 따라, 공중이 환경정보제공을 신청하는 경우 각 국내법의 틀에서 그 환경정보가 제공되도록 확보해야 한다. 환경정보의 제공신청이 있고, (b)의 기준에 맞는 경우에는 당해 정보를 포함하거나 구성하고 있는 원문서의 복사도 여기서의 정보제공에 해당한다. 이러한 정보제공에 있어서, (a) 이해관계를 증명할 필요는 없다. (b) 다음의 경우를 제외하고는, 정보는 청구인이 원하는 형태로 제공되어야 한다. (i) 공공기관이 판단할 때 정보를 다른 형태로 제공하는 것이 적절한 경우로서, 그 이유가 제시된 경우, (ii) 정보가 공중에게 이미 다른 형태로 제공된 경우. 2항 내지 8항 생략.

司法節次로의 액세스를 보장하는 규정이다. 즉, 환경정보액세스권에 관한 협약 제4조의 실효성을 담보하는 역할을 하고 있다. 그리고 이러한 환경정보를 청구한 자이면 누구라도(any person)라도 원고적격 등 청구인적격을 가지며, 자연인은 물론 법인 기타 단체를 포함하는 개념이라고 할 수 있다.

또한, 司法절차의 전심절차로서 공공기관등에 의한 非사법절차에 의한 구제도 확보해야 하며, 이는 경제적 비용으로 신속하게 처리되는 절차이어야 한다. 그러면서 독립성이 보장된 중립적인 기관에 의한 심사절차이어야 한다는 점을 함께 규정하고 있다.

다양한 심사절차 가운데 최소한 최종결정은 정보공개청구의 상대방인 공공기관을 구속하는 것이어야 한다. 그리고 결정에 대한 이유제시와 관련하여, 최소한 심사결과 청구인의 정보액세스를 거부하는 결정을 내리는 경우에는 반드시 그 이유를 서면으로 제시하도록 하고 있다.

(2) 환경행정절차참여권 침해 등에 있어서 환경사법액세스권

■ 협약 제9조2항 : 모든 회원국은 각국의 국내법 틀에서, (a) 충분한 이익을 가지는 이해관계 있는 공중의 구성원, 또는 (b) 회원국의 행정소송법이 권리침해를 요건으로 하는 경우에는 권리침해를 주장하는 이해관계 있는 공중의 구성원은, 각 국내법의 규정이 있고, 제3항에 반하지 않는 한, 제6조의 규정[14] 및 기타 본 협약의 관련규정에 따른 결정 · 작용 · 부작위의 실체적 · 절차적 합법성을 다투기 위하여, 법원의 심사절차 및/또는 기타 법률에 의해 설립된 독립성이 보장된 공정한 기관의 심사절차에의 접근을 확보해야 한다. '충분한 이익' 및 '권리침해'의 의미에 대해서는 국내법의 요구사항 및 이해관계 있는 공중에게 본 협약의 틀에서 법원에의 광범위한 접근을 부여하려는 목표에 부합되도록 판단해야 한다. 이를 위해 제2조제5항[15]의 요건을 충족하는 비정부

14) 협약 제6조(특정한 활동에 관한 의사결정에서의 공중참여) : (1) 생략. (2) '이해관계 있는 공중'에게는 환경관련 결정절차에 있어서, 상황에 따라 적절히 공고 또는 개별통지를 통하여, 適正性 · 適時性 · 效率性이 있는 방식으로, 특히 다음에 대하여 정보를 제공해야 한다. (a) 내지 (d) 생략. (3) 공중참여절차는 제2항에 따라 공중에게 고지하고, 공중이 환경과 관련된 의사결정과정에서 효율적으로 준비하고 참여하는데 충분한 시간이 주어질 수 있도록, 다양한 단계에 따라 합리적인 시간적 틀을 마련해야 한다. (4) 모든 회원국은 모든 선택가능성이 열려있고, 효율적인 공중참여가 가능한 시점에 조기에 공중참여가 이루어지도록 해야 한다. (5) 모든 회원국은 적절한 경우, 장차 신청을 하려는 자에 대하여, 허가신청 전에 '이해관계 있는 공중'을 특정하고, 토론하고, 신청대상인 정보를 제공할 것을 장려해야 한다. (6) 내지 (10) : 생략. (11) 모든 회원국은 그 국내법에 따라 유전자변형생물체의 환경으로의 의도적인 방출을 허가할지를 결정함에 있어서 본조의 규정을 실행가능한 적정한 범위에서 적용해야 한다.

15) 협약 제2조5항 : '이해관계 있는 공중'이란 환경에 관한 의사결정과 관련되거나, 관련될 개연성이 있는 공중 또는 여기에 이해관계를 가지는 공중을 말하며, 이러한 개념에는 환경보호를 목적으로 하며, 국내법상의 요건을 충족하는 비정부조직(NGO)은 이해관계를 가지는 것으로 본다.

조직(NGO)의 이익은 상기 (a)의 충분한 이익이 된다. 이 비정부조직은 상기 (b)의 권리침해를 받은 자가 될 수도 있다. 제2항은 공공기관에 의한 事前審査節次의 가능성을 배제하는 것은 아니며, 법원심사의 전치절차로서 공공기관의 심사절차가 국내법상 요건으로 되어 있는 경우에는 그 요건은 영향을 받지 아니한다.

제2기둥인 환경행정절차참여권이 침해된 경우의 환경사법액세스에 대해서는 협약 제9조2항에서 규정하고 있다. 이때 행정소송의 경우 원고적격이 인정되어야 하는데, 원고적격에 관한 협약 제9조2항의 규정은 독특한 형태로 되어 있다. 유럽국가내에서도 행정소송의 원고적격에 대한 입법태도가 다르다는 점을 고려하고 있는 것이다. 즉, ① 행정소송의 원고적격 요건으로 '충분한 이익'(sufficient interest/ ausreichendes Interesse)이 있는 자이면 되는 英國 · 프랑스식과, 행정소송의 원고적격 요건으로서 주관적인 '權利侵害'(impairment of a right/ Rechtsverletzung)를 요구하는 독일식을 둘 다 인정하여, 각 회원국의 국내법의 규정에 따라 이 중 하나만 충족되면 되는 것으로 하고 있다. '충분한 이익' 또는 '권리침해'의 요건을 충족하는 이해관계 있는 공중(public condernde)의 구성원이라면, 행정의 결정 · 작용 · 부작위(decisions, acts or omissions/ Entscheidungen, Handlungen oder Unterlassungen)의 실체적 · 절차적 합법성을 다투기 위해 (준)사법절차로의 접근이 보장되어야 한다.

흥미로운 것은 일정한 요건을 충족하는 단체(NGO)의 이익은 여기서의 '충분한 이익이 있는 자', 또는 '권리침해를 받은 자'로 간주되도록(shall be deemed) 하고 있는 점이다(제9조2항3문). 일정한 단체의 원고적격은 실질적으로 충분한 이익이 있는지, 또는 권리침해를 받았는지 여부를 묻지 않고 곧 바로 원고적격을 가지게 되는 것이다. 이는 국가별로 다른 2가지 유형의 행정소송체제를 포괄적으로 고려하면서 환경단체소송을 인정하기 위한 취지로 이해된다. 제9조2항에서의 단체소송은 제6조의 공중의 행정절차참여권이 침해되는 경우'에 관한 것이다. 행정절차참여권과 무관한 단체소송은 후술하는 협약 제9조3항에서 규정하고 있다.

또한, 司法節次를 인정한다고 해서, 그 전단계의 공공기관에 의한 事前審査節次(preliminary review procedure)를 배제하는 것은 아니며, 가령 행정심판전치가 국내법상 요건으로 되어 있는 경우에는 이러한 전치절차를 거치도록 하고 있다(협약 제9조2항 4문 참조).

(3) 환경행정정보액세스권 및 환경행정절차참여권과 무관한 환경사법액세스권

■ 협약 제9조3항 : 제1항 및 제2항에서 규정된 심사절차에 더하여, 또한 그 절차와는 별도로, 모든 회원국은 공중의 일원이 각 국내법이 정하고 있는 기준을 충족하는 한, 그들이 환경과 관련된 국내법규에 위반하는 사인 및 공공기관의 작용 및 부작위에 대해서 다투기 위해 행정 · 사법절차에 접근하는 것을 확보해야 한다.

협약 제9조1항은 환경정보액세스권이 침해된 경우에 한하여 인정되는 구제절차를 규정한 것이고, 제9조2항의 규정은 주로 환경행정절차참여권이 침해된 경우에 해당하는 것이지만, 그 밖에 환경행정절차참여권과 무관하더라도 일정한 경우에는 포함되는 것이었다. 그러나 협약 제9조3항은 이러한 절차와 병행해서, 또는 별도로 환경사법액세스권을 보장하고 있다.

협약 제9조3항은 제9조2항과는 달리 원고를 '이해관계 있는 공중'에 한정하지 않고, 단순히 '공중'으로 규정하고 있다. 즉, 이해관계가 없는 공중도 원고가 될 수 있는 이른바 '萬人에 대한 권리보호'(Jedermann-Rechtsschutzmöglichkeit)가 이루어지도록 하고 있다.[16] 또한, 협약 제9조3항은 환경정보액세스권 및 행정절차참여권과 무관한 단체소송이 가능하다는 점에서도 의미가 있는 규정이다.

협약 제9조3항을 유럽차원에서 수용하기 위한 유럽지침이 제안된 바 있는데,[17] 개인의 원고적격에 관해 동 제안서는 회원국에게 '충분한 이익'과 '권리침해' 중 선택하여 결정할 수 있도록 하고 있다. 일정한 환경단체의 경우에는 그가 충분한 이익이나 권리침해를 입증할 수 없는 경우에도 환경문제에서의 심사절차에 접근할 수 있다고 규정하고 있다. 다만, 여기서의 단체는 국가차원에서 인정되고, 분쟁대상이 그 단체의 정관의 목적에 부합하며, 그들의 특수한, 지리적 활동영역에 해당하는 경우이어야 한다(동 제안서 제5조).[18]

(4) 충분하고 효과적인 구제 등

■ 협약 제9조4항 : 제1항에 더하여, 또한 이와는 별도로, 제1항 내지 제3항에서 규정된 절차가 필요한 경우에는 명령적 구제를 포함하는 등 충분하고 효과적인 구제절차

16) Walter, "Internationalisierung des deutschen und Euroäischen Verwaltungsverfahrens- und Verwaltungsprozessrechts-am Beispiel des Aarhus-Konvertion", EuR 2005, 302 (332).

17) Vorschlag für eine Richtlinie des Europäischen Parlaments und des Rates über den Zugang zu Gerichten in Umweltangelegenheiten, KOM(2003), 624.

18) v. Danwitz, "Aarhus-Konvention: Umweltinformation, Öffentlichkeitsbeteiligung, Zugang zu den Gerichten", NVwZ 2004, 272 (276).

이어야 하며, 이들 절차는 공정성 · 형평성 · 신속성 · 저비용성이 있어야 한다. 본 조에 의한 결정은 서면의 형태로 행해지거나, 기록되어야 한다. 법원결정 및 가능한 한 다른 기관의 결정에 대한 공중의 접근이 가능하도록 해야 한다.

충분하고 실효성 있는 보장을 위한 대표적인 예로 '명령적 구제'(injunctive relief)를 들고 있는 점이 특기할 만하다. 명령적 구제에는 적극적으로 어떠한 행위를 명할 것을 구하는 '적극적 명령'(mandatory injunction)의 경우와 어떠한 행위의 금지를 구하는 '소극적 명령'(prohibitory injunction)의 경우가 있다. 전자의 경우 의무이행소송, 후자의 경우 예방적 금지소송으로 볼 수 있지만, 우리나라 환경행정소송 현실에서는 이러한 제도가 이용되지 못하고 있다. 현행 행정소송법상 항고소송은 행정소송법에서 규정된 이른바 法定항고소송만을 판례가 인정하고 있어,[19] 행정소송으로서 의무이행소송이나 예방적 금지소송은 행정소송법이 개정되지 않는 한 인정되기 어려운 상황이다. 그러나 학계에서 행정소송으로서의 의무이행소송 · 예방적 금지소송에 대한 긍정적인 경향이 나타나고 있으며,[20] 미완성으로 끝나긴 했지만 최근의 행정소송법 개정안(대법원안, 법무부안)에서는 이 양 소송유형이 신설되는 것으로 되어 있었다. 필자는 개괄주의를 취하고 있는 현행 행정소송법 하에서 해석론으로서도 이러한 소송유형들을 엄격한 요건 하에서 무명항고소송으로 인정할 수 있다고 생각된다. 그러나 입법론적 해결이 보다 근본적인 방안이 될 수 있을 것이다. 입법론으로서는 마찬가지로 행정소송법의 개정을 기다리는 경우와 환경사법액세스 구현을 위한 특별법에서 이 부분까지 포함하는 경우를 생각할 수 있다. 또한, 이러한 명령이 실효성을 확보하기 위해서는 가구제절차(interim relief)로서도 이루어질 필요가 있을 것이다.[21]

충분하고 효과적인 구제가 되어야 하는 점 이외에도 공정성 · 형평성 · 신속성 · 저비용성을 요청하고 있고, 결정에 대한 접근성도 보장하고 있다.

(5) 환경사법액세스의 장애요인 및 해결방안

■ 협약 제9조5항 : 본조 규정의 효율성을 제고하기 위하여, 모든 회원국은 공공기관의 심사절차 및 법원의 심사절차에 대한 정보가 공중에 제공될 수 있도록 확보함과 동시에, 사법에의 접근에 대한 재정적 장애 및 기타 장애를 제거 · 경감하기 위해 적절한 지원메카니즘의 확립을 검토해야 한다.

19) 대법원 1987. 3. 24., 86누182; 대법원 2006. 5. 25., 2003두11988 등.
20) 김남진 · 김연태, 행정법 I, 법문사, 2010, 710쪽; 김철용, 행정법 I, 박영사, 2010, 629-631쪽.
21) De Sadeleer/Roller/Dross, 앞의 책, 194쪽.

협약에서는 재정적 장애를 구체적으로 명시하면서, 나머지는 '기타 장애'라고만 규정하고 있다. 그러나 환경사법액세스 보장 방안을 찾기 위해서는 그 장애요인에 대해서도 좀 더 구체적으로 살펴볼 필요가 있다.

먼저, UN에서 발간한 오르후스협약 가이드북의 저자인 Stec/Casey-Lefkowitz/Jendroska(2000)[22]는 재정적 장애, 원고적격의 제한, 법률자문을 받기 어려움 점, 불명확한 심사절차, 부패, 심사기관의 전문성 부족, 결정의 약한 집행력(weak enforcement of judgements) 등을 들고 있다. 이와 함께, 명확한 환경기준 및 배출허용기준, 배출데이터의 정기적인 모니터링 및 보고 등의 경우도 이들이 이루어지지 않으면 환경법위반을 밝히기 어렵다는 점을 지적하고 있다.

De Sadeleer/Roller/Dross(2005)[23]는 행정법원, 민사법원, 형사법원, 기타 구제기관별로 나누어 장애요인을 살펴보면서, 특히 각 국가별로 법제도의 전통이 다른 점을 지적한 후, NGO의 원고적격을 비롯한 원고적격문제, 심사범위(scope of review), 가구제(interim relief), 비용, 절차의 기간(length of proceedings)의 문제를 장애요인으로 들고 있다.[24]

T. Hayward(2005)는 절차의 지연, 높은 비용, 원고적격의 제한이 환경사법액세스에 대한 장애가 된다고 한다.[25]

C. Redgwell(2007)은 가장 큰 장애요인으로 원고적격(standing)을 들면서,[26] 예방적 금지(injunction)제도의 중요성도 강조하고 있다.[27]

이상의 대표적인 논자들의 연구결과를 토대로, 우리나라의 司法현실 및 현행법 상황을 고려하여 환경사법액세스에 대한 장애요인에 관하여 다음과 같이 정리해 보았다.

첫째, 대부분의 논자에 의해 가장 큰 장애요인으로 꼽히고 있는 원고적격의 경우, 우리나라에서도 환경피해를 유발하는 각종 개발사업 등에 대한 행정처분을 다투는 행정소송에서 (특히 제3자의 원고적격에 관해) 자주 문제되고 있다. 환경민사소송의 경우 본안문제는 별론으로 하더라도 원고적격은 그다지 문제가 되지 않는 반면에, 환경행정소송은 '단지' 원고적격이 없어 소송의 문턱에서 좌절되는 경우가 많다. 철저한 주관소

22) Stec/Casey-Lefkowitz/Jendroska, 앞의 책, 135쪽.
23) De Sadeleer/Roller/Dross, 앞의 책, 183쪽. 특히 독일에서 행정법원이 발달한 점, 프랑스에서 민사법원의 높은 승소율 및 고비용의 측면, 영국의 통상법원 특별부의 환경사건에서의 중요한 역할 등을 지적하고 있다.
24) 위의 책, 178-200쪽.
25) Hayward, 앞의 책, 179-180쪽.
26) Redgwell, 앞의 논문, 160-161쪽.
27) 위의 논문, 162쪽.

송을 채택하고 있는 현행 항고소송제도 하에서 순수한 '환경보호 목적'의 공익적 행정소송은 생각하기 힘들 정도이다.[28] 환경사법액세스를 보장해야 한다는 요청은 현행 행정소송법 제12조의 '법률상 이익'의 해석론에서도 이루어져야 하지만, 보다 근본적인 제도적 개선이 요청되고 있다. 이는 결국 환경사법액세스 구현을 위한 입법론의 문제가 된다. 즉, ①행정소송법의 원고적격규정을 획기적으로 개선하여 환경행정소송의 원고적격만이 아니라, 전체 행정소송의 원고적격 개선을 통하여 환경사법액세스까지도 구현될 수 있도록 하는 방안을 생각할 수 있다. ②행정소송법에서 원고적격에 관한 격심한 학설대립이 있는 점과 환경사법액세스가 일반사법액세스에 비하여 가지는 특수성 등을 감안하여 환경행정소송의 원고적격만을 특별히 보장하는 특별법을 제정하는 방안도 있다. 후자의 경우 행정소송만이 아니라 다른 소송유형까지 종합한 특별법 제정방안도 있을 수 있는 등 다양한 선택가능성을 생각할 수 있다(본 논문 Ⅳ. 참조).

둘째, 사법액세스에 대한 잠재적 장애로서 재정적 장애, 법적 자문을 받기 어려운 상황, 불명확한 심사절차, 부패, 심사기관의 전문성 부족, 판결의 약한 집행력 등도 문제이다.[29] 또한, 사법액세스의 효율성 제고를 위해 공공기관의 심사절차 및 법원의 심사절차에 대한 정보가 공중에 제공될 수 있도록 확보하고, 사법에의 접근에 대한 재정적 문제를 비롯한 기타 장애를 제거 · 경감하기 위해 적절한 지원메커니즘을 확립할 필요가 있다(협약 제9조5항 참조).

Ⅲ. 환경사법액세스권의 인정근거 및 그 구현방법으로서 단체소송

1. 우리나라에서 환경사법액세스권의 인정여부

오르후스협약의 핵심내용의 하나인 환경사법액세스권이 우리나라에서도 인정될 수 있는가를 살펴보자.

우선, 오르후스협약의 체약국이 아닌 우리나라에서도 이 협약에 관심을 가지지 않

28) 다만, 근자에 우리나라 지방자치법에 도입된 주민소송은 다툴 수 있는 대상이 제한되어 있긴 하나, 민중소송으로서 이를 다툴 수 있다. 따라서 환경문제와 관련하여 주민소송의 요건을 충족할 경우 '공익'행정소송의 길은 열어 놓고 있어, 향후 그 활용을 기대해 본다. 함인선, "환경피해에 대한 공법적 구제-주민소송을 중심으로 하여", 환경법연구 28-3, 2006, 59-95쪽; 최철호, "환경행정의 통제수단으로서의 주민소송의 역할-일본의 환경관련 주민소송 판례를 중심으로", 공법학연구 7-4, 2006, 361-395쪽.

29) Stec/Casey-Lefkowitz/Jendroska, 앞의 책, 135쪽 참조.

을 수 없는 것은 오르후스협약은 무엇보다 보편성을 주된 특징으로 하는 인권에 관한 내용을 담고 있기 때문이다. 人權은 때와 장소에 무관하게, 인간이 인간이기 때문에 가지는 권리로서 모든 인간에게 적용될 수 있는 보편적(universal) · 일반적(general) 성격을 가진다.[30] 이러한 보편성 · 일반성으로 인하여 환경인권에 관한 사항들은 국제협약의 구속력 유무와는 무관하게 어느 국가에서나 존중해야 할 최소한 기준이 될 수 있는 여지가 있다. 다만, 인권이라는 개념은 권리론의 견지에서 애매하고 법적 권리로 수용되기는 어렵다는 관점에서 볼 경우[31] 체약국도 아닌 우리나라에서 '인권'이라는 이유만으로 받아들인다는 것은 무리가 따를 수도 있다.

그러나 우리나라에서 이러한 환경인권을 간과할 수 없는 또 다른 이유로서 헌법이 환경권을 기본권으로 명시하고 있는 점을 들 수 있다. 즉, 헌법 제35조1항은 "모든 國民은 건강하고 快適한 環境에서 生活할 權利를 가지며, 國家와 國民은 環境保全을 위하여 노력하여야 한다."라는 기본권으로서의 환경권을 규정하고 있다.[32] 따라서 국제사회에서 주목받고 있는 오르후스협약에서의 환경사법액세스권 등의 환경인권은 환경권을 명시적으로 규정하고 있는 우리 헌법 하에서는 환경권의 내용으로 볼 수 있다고 생각된다. 헌법 제35조2항에 따라 환경권의 내용과 행사에 관하여는 법률로 정하게 되므로, 환경권의 구체적인 내용과 권리행사의 방법은 입법을 통하여 구체화 될 사항이지만, 일반적으로 국가의 환경침해에 대한 방어권, 공해배제청구권, 생활환경조성청구권과 같은 실체적 내용을 드는 것이 통설의 입장이다.[33] 그러나 이러한 실체적 환경권 이외에도, 실체적 환경권의 보장을 위한 환경권으로서 절차적 환경권, 즉 환경정보액세스권[34], 환경행정절차참여권, 환경사법액세스권은 환경권의 내용이 될 수 있다. 건

30) 정종섭, 기본권의 개념, 도서출판 금붕어, 2007, 58쪽.

31) 기본권을 자연권으로 파악하여 인권은 인간의 본성에서 나오는 生來的 · 天賦的 자연권을 의미하는 것으로 파악할 경우 인권과 기본권은 같은 의미가 되기도 하지만, …… 기본권은 인권과 구별하여 보다 명확한 개념으로서 실정 헌법에서 구체적이고 실존적인 개체를 고려하여 보장하는 헌법상의 권리라고 이해하는 것이 필요하며, 양자를 구별하는 경우에도 단순히 개념 형성의 시기상의 차이만을 기준으로 구별되는 것이 아니라 그 개념에서 서로 다른 것이라는 점을 이해해야 한다고 한다.…… 또한 우리 헌법 및 일본헌법에서 '기본권'이라는 표현 대신에 '기본적 인권'이라는 표현을 사용하고 있지만, 이는 인권 또는 인권 가운데서 기본이 되는 인권을 말하는 것이 아니어서, 이를 근거로 기본권을 자연권이라거나 인권이라고 해석하는 것은 잘못이라고 한다(정종섭, 위의 책, 63, 66, 68쪽).

32) 환경보호를 규정한 헌법례로는 그리스헌법, 인도헌법, 이란헌법, 스위스헌법, 태국헌법 등이 있고, 직접 환경권을 규정한 헌법례로 포르투갈헌법, 스페인헌법 등이 있다고 한다(권영성, 헌법학원론, 법문사, 2008, 697쪽).

33) 허영, 한국헌법론, 박영사, 460-461쪽 참조.

34) '환경정보에 대한 접근 · 이용권'이라고 풀어 쓸 수도 있지만, 본고에서 환경사법'액세스'권이란 말을 쓰고 있는 만큼, 균형을 이루는 의미에서 '환경정보액세스권'이라고 쓰기로 한다.

강하고 쾌적한 환경에서 생활할 권리로서 때론 실체적 권리에 비하여 더 실효성 있는 이 절차적 권리를 배제할 이유가 없다. 이는 이미 수많은 국가에서 경험을 통하여 확인된 사항이며, 국제협약으로까지 이를 정도의 폭 넓은 지지를 받게 된 권리이다. 헌법상 환경권이라는 하드웨어를 갖추고 있는 우리나라에서는 환경사법액세스권을 비롯한 절차적 환경권은 헌법 제35조1항을 보다 유용하게 가동시킬 수 있는 소프트웨어가 된다고 할 수 있다.[35)]

2. 환경사법액세스권 보장을 위한 환경단체소송

앞서, 일정한 요건을 갖춘 환경단체에게 사법액세스를 보장하는 오르후스협약의 내용을 살펴본 바가 있다. 환경사법액세스는 자연인의 권리로서도 보장되어야 함은 물론이지만, 환경단체의 권리로서도 매우 큰 의미를 갖는다.

환경사법액세스의 대표적 장애요인인 환경행정소송의 원고적격이 문제되고 있는 사례를 구체적으로 보면, 환경단체소송이 인정된다면 실효성 있게 해결될 수 있는 경우가 많다. 사인이 환경문제로 인한 재산권이나 인격권의 침해를 이유로, 엄밀하게 말하면 간접적인 환경문제를 다투는 것이 아니라, 순수하게 환경문제만을 이유로 이를 다투는 것은 행정소송의 경우 행정소송법 제12조의 해석과 관련하여 '사익보호성'의 요건을 충족할 수가 없다. 이 문제는 현행 행정소송법 하에서는 근본적으로 풀릴 수 없는 문제라고 할 수 있다. 그렇다고 현행 행정소송제도의 틀을 깨어야 하는 것은 아니다. 환경행정소송이 제기된 경우 그것은 행정소송의 테두리에서 이해해야 하며, 환경법의 공익성을 소송에서 반영한 현행법의 규정은 존재하지 않기 때문이다. 따라서 환경소송에 특유한 제도마련에 눈을 돌릴 필요가 있으며, 그 실효적인 수단이 바로 환경단체소송이라는 것이다.

이렇게 볼 때, 환경단체소송은 일견 환경단체에까지 환경사법액세스를 확장한다는 의미만을 가지는 것처럼 보이지만, 실질적으로 자연인의 환경사법액세스까지도 확장하는 것이 된다. 원고적격 이외의 환경사법액세스 장애문제들도 환경단체소송을 규정하는 특별법 또는 특례규정 가운데 우선적으로 보장할 수 있다. 필자가 우리나라 상황

35) 최근 일본에서 헌법상 환경조항의 도입과 관련한 논의 가운데, 환경절차권을 강조하는 견해가 있어 주목된다(大塚直, "憲法環境規定のあり方-環境法研究者の立場から", ジュリスト, 2006/12, No.1325, 117頁). 현행 헌법에서 명시하고 있는 환경권의 내용에 절차권을 포함시키려는 필자의 견해나 헌법상 환경권의 도입의의로서 환경절차권 보장의 필요성을 드는 이 견해는 맥을 같이 한다고 생각된다. 아울러, 새로운 환경권의 내용으로 절차적 환경권이 국제적으로 부각되고 있음을 확인할 수 있다.

에서 환경사법액세스의 입법론적 구현으로 환경단체소송에 가장 주안점을 맞추는 이유이기도 하다.

3. 法人의 환경권 주체성문제

환경사법액세스권을 구현하는 환경단체소송을 도입한다고 할 때, 단체 내지 법인이 환경권의 주체가 될 수 있는지 여부의 문제가 생긴다. 우리 헌법상 환경권에 관한 통설적 입장은 환경권은 그 성질상 자연인에게만 인정되고, 법인은 그 주체가 될 수 없다고 보고 있기 때문이다.[36)]

단체에 대하여 환경권 주체성을 부인하는 학설의 경향은 판례에도 영향을 미치고 있다. 가령, 광주고등법원은 "환경상의 이익은 주민 개개인에 대하여 개별적 · 구체적으로 인정되는 것임은 위에서 본 바와 같으므로, 自然人이 아닌 原告 창포만 간척지 대책위원회와 原告 도대어촌계는 이 사건 소를 제기할 원고적격이 없다고 할 것이다."고 하여 환경상의 이익은 자연인만이 누릴 수 있다고 보고 있다.[37)]

그러나 위와 같은 환경권을 절차적 환경권까지 포함시켜 이해하고자 하는 필자의 입장에서는 사회적 실재인 법인 · 단체에도 환경권을 인정하지 않을 수 없다. 환경권의 성질상 법인에게는 해당되지 않는다는 사고는 실체적 환경권만을 염두에 둔 것이라고 생각된다. 환경권이 권리로서 제대로 기능할 수 있는 것은 오히려 환경사법액세스권을 비롯한 환경정보액세스권, 환경행정절차참여권과 같은 절차적 환경권이라는 점을 인식한다면, 환경권주체에 대한 인식 역시 자연스럽게 재정립될 수 있으리라 생각된다. 통설과 같은 입장에 있는 판례 역시 절차적 환경권을 환경권에 포함시켜 생각하는 필자로서는 부정적으로 볼 수밖에 없다. 이러한 문제를 포함하여 헌법상 환경권에 대해서는 주체, 성질, 내용 등에 대한 종합적인 재검토가 필요하지 않나 생각되지만, 여기서는 헌법상 환경권의 주체를 자연인에 한정하려는 통설적 입장은 재검토되어야 한다는 점만 지적한다.

---

36) 권영성, 앞의 책, 2008, 698쪽; 성낙인, 헌법학, 법문사, 2007, 625쪽; 정종섭, 헌법학원론, 박영사, 2010, 847쪽.
37) 광주고법 2007. 4. 26. 선고 2003누1270 판결.

Ⅳ. 환경단체소송의 입법방향 및 쟁점

1. 환경단체소송형 – 시민소송형 또는 통합소송형과의 비교

환경사법액세스권을 구현하는 제도로서 환경단체소송이 필요하다고 보는 경우에도, 일반적으로 단체소송이라고 할 때 다소 포괄적이고 다양한 내용의 소송유형들이 거론되고 있는 점에 주의할 필요가 있다. 특히 환경단체소송을 포함하는 넓은 개념으로 이른바 '집단소송'이라는 용어가 많이 사용되고 있다. 그리고 집단소송이라는 소송유형으로서 독일식 단체소송(Verbandsklage)[38]과 미국식 시민소송(citizen suit)[39]을 드는 것이 일반적이다.[40] 그러나 이와 같이 포괄적인 개념으로서 집단소송은 다양한 요소를 안고 있어 구체적인 입법방향을 생각할 경우에는 개념을 특정화할 필요가 있다. 필자는 다음과 같은 이유로 '시민소송' 또는 이른바 '집단소송'의 형태가 아닌 '환경단체소송'의 도입이 필요하다고 생각한다.

첫째, '私益의 집합'이 아니라, 환경보호라는 '公益'을 기본적으로 추구하는 환경공익소송이 필요하다. 환경단체소송은 '환경보호'라는 공익을 우선적으로 추구하는 소송이며, 이를 통해서 건강하고 쾌적한 환경에서 생활할 권리를 실체적 · 절차적으로 보장받을 수 있게 된다. 미국식 시민소송은 일정한 절차적 요건을 갖추는 한 '누구라도' 제기할 수 있지만, 환경단체소송은 엄격한 요건을 갖춘 환경단체만이 제기할 수 있다. 시

38) 다만, 독일식 단체소송은 최근 매우 많은 중요한 변화를 보이고 있는데도, 이러한 변화를 반영하지 않은 채 발표되는 문헌들이 있음에 주의를 요한다.

39) 미국의 市民訴訟(citizen suit)을 개관하면 다음과 같다(寺田麻佑, "米国連邦憲法 · 州憲法における環境保護規定", 環境研究 2010, No.156, 198-199頁). 시민소송은 1970년에 들어 많이 제정된 환경보호입법에 있어서 규제기준 등의 준수, 실현을 확보하는 제도로서, 청정대기법의 수정법 제304조에서 처음으로 도입된 제도이다. 이 청정대기법에서 시민소송을 도입한 이후, 연방의회는 주요한 환경법 제정 · 개정시 청정대기법 규정을 모범으로 한 시민소송규정을 도입해 왔다. 이렇게 많은 환경법규에 시민소송이 적극 도입된 배경에는 입법자의 행정기관에 대한 환경법규집행의 전면위임에 대한 불신임이 자리잡고 있었다. 현재 청정대기법 이외에도, 청정물관리법, 포괄적환경대응보상책임법, 긴급계획 · 지역의 알권리법, 멸종위기의 種보호법, 에너지정책보전법 등 16개의 환경관련법규에서 시민소송조항을 두고 있다. 시민소송의 종류로는 ①위반자에 대한 민사소송(시민에 의한 법실현소송), ②부정 또는 부적정한 행정활동에 대한 법적 의무의 이행을 구하는 소송(시민에 의한 의무이행소송)의 2종류가 있다. 시민소송은 '누구라도' 제기할 수 있는 것이 특징이지만, 일정한 절차적 요건은 갖추어야 한다. 그 요건으로 고지요건, 배제제도, 소송참가, 위반의 계속성, 원고적격, moot의 법리, 주권면제, 비용상환청구 등이 있으며, 그 중 원고적격의 경우 시민소송에서도 연방헌법이 규정하는 사건성, 쟁송성의 요건, 즉 연방헌법 제3편의 규정에 따라 요청되는 원고적격의 요건 등을 충족해야 한다.

40) 이러한 집단소송 논의는 환경법에서만이 아니라 소비자법에서 이미 활발한 논의가 이루어져, 최근 소비자기본법에서 집단소송을 도입한 바가 있다.

민소송형 모델은 자칫 집단이익주의로 흐를 가능성이 있지만, 단체소송은 오히려 지역 주민 등의 사익과는 상치될 수 있는 공익을 추구할 수 있다. 일종의 환경공익소송으로 자리 잡을 수 있다.

둘째, 새로운 법제도를 도입할 때는 여러 정책적 고려를 해야 한다. 민사소송유형과 행정소송유형을 아우르는 통합형 집단소송은 다양한 입법수요에 종합적으로 대응하는 것으로 보일 수도 있지만, 그러나 민사소송과 행정소송을 엄격하게 구분하는 우리 법제 하에서 양자의 통합은 여러 가지 소송기술면에서 혼선을 가져올 수 있다.

셋째, 주관소송의 틀에서 원고적격 제한이 문제되고 있는 환경행정소송에서 사법액세스의 보장은 현실적으로 절실한 상황이다. 행정소송법 제12조의 해석을 통하여 원고적격을 인정받기 위해서는 근거법규 또는 관련법규에서 침해를 주장하는 자의 '私益'도 보호한다는 취지를 도출할 수 있어야 한다. 일정한 환경단체에 이러한 엄격한 원고적격이라는 장애물을 통과하지 않고도 본안판단을 받을 수 있는 길을 열어주는 것은 환경단체의 사법액세스를 보장하는 것이기도 하지만, 결국 당해 행정처분을 다투고자 했던 개인들의 권리를 보장하는 중요한 의미를 가진다.

넷째, 미국식 시민소송을 도입할 경우 濫訴의 폐단이 우려된다. 누구라도 이러한 공익을 주장할 수 있게 될 경우 우리의 상황에 비추어 한번 생각해 보라. 단체소송에 대해서도 남소를 우려할 수 있겠지만, 오늘날 官 · 民이 단순히 협력하는 차원을 넘어 이른바 公 · 私동반자관계(Public-Private-Partnership)가 요청되며, 거버넌스를 표방하는 현대 행정에서 NGO(비정부조직)가 우리 사회에서 많은 역할을 하는 상황에서 일정한 요건을 갖춘 시민단체의 역할 증대는 막을 수 없는 대세라고 할 것이다. 이러한 점들을 종합적으로 생각할 때, 사인 가운데 누구라도 제기할 수 있는 경우와 엄격한 법정요건을 갖춘 단체가 제기할 수 있도록 하는 경우 중 어떠한 제도가 바람직할 것인지는 분명하다고 하겠다.

다섯째, 환경문제 가운데 개인의 재산권이나 인격권과는 무관한 순수한 환경손해의 경우는 환경단체소송은 특히 의미가 있다. 이는 후술하는 〈순수한 생태손해론과의 관계〉라는 항목에서 따로 살펴본다(본 논문, Ⅳ. 6).

2. 객관적 공익환경소송형

최근 우리 사회에서 공익소송에 대한 논의는 많지만, 공익소송은 여전히 우리 사회에서 형성 중인 개념이며 논의 중인 제도이다.[41] 그러나 개인의 사익이 아닌 공공의 환경문제라는 공익을 추구하는 환경단체소송이 공익환경소송이라는 점은 그다지 어렵지 않게 긍정할 수 있을 것이다. 즉, 환경권과 환경공익소송의 접점에 환경단체소송이 위치하게 된다.

이러한 공익소송으로서 환경단체소송은 보다 철저한 객관소송형태를 논리필연적으로 요구하게 된다. (반론이 없지 않지만) 주관소송 형태를 취하고 있는 현행 행정소송법상의 항고소송에 대한 특별법의 형태로 환경단체소송은 이루어져야 한다. 이를 위해 '법률상 이익'이 없이도, 다시 말해서, 한국형 '보호규범'(Schutznorm)론이 되고 있는 '법률상 보호이익 구제설'을 벗어날 수 있는 입법형태가 환경행정소송에 관한 특별법에서 이루어질 필요가 있다.

가령, 독일에서 일반적 환경단체소송의 근거법률로서 2006년 제정된 환경구제법(Umweltrechtsbehelfsgesetz)은 행정소송법(독일 행정법원법 VwGO)에서 요구하는 원고적격요건인 '권리침해'를 요구하고 있지 않는 점에서는 오루후스협약의 이행을 위해 자연환경보호법 차원을 넘어서 일반 환경법의 틀에서 단체소송을 도입한 것이다. 그러나 환경단체가 법적 구제를 받기 위한 요건 중 하나로서 동법 제2조1항에서 단체가 '개인의 권리를 근거지우고, 결정에 있어서 중요성을 가질 수 있는 법규정에 반한다는 점을 주장하는 경우일 것'을 요구하고 있어 논란이 되고 있다.[42] 주관적 권리보호의 틀을 완전히 벗어나지 못한 형태인 이와 같은 단체소송제도는 공익환경소송의 의미를 퇴색시키는 것이라고 할 수 있어, 이러한 불완전한 형태가 아닌 보다 분명한 공익소송으로서의 단체소송이 바람직하다고 생각된다.[43]

3. 환경단체소송의 승인단체 및 적용영역

누구에게나 이러한 권리가 보장되는 시민소송형과 달리, 일정한 '단체'만이 제소할 수 있다. 즉, 모든 단체에게 이러한 권리를 부여할 수 없고, 일정한 요건을 갖춘 단체만이 단체소송을 제기할 수 있도록 그 단체의 요건을 법률에서 규정해야 한다.

어떠한 요건을 법정할 것인가에 대해서는 입법정책적으로 우리의 시민단체의 현황

41) 이상돈, 공익소송론, 세창출판사, 2006, 17쪽.
42) 상세는 Ziekow, NVwZ 2007, 259 (260 f.); 김현준, "독일 환경법상 단체소송의 새로운 전개", 환경법연구 29-2, 56쪽 이하.
43) 이는 일반 행정소송제도에 대한 주관소송, 객관소송에 관한 논의와는 별론으로 제기되는 문제이다.

과 현실을 종합적으로 고려하여 결정해야 할 것이다. 독일의 연방자연환경보호법 및 환경구제법의 경우, ① 정관에서 환경보호를 목표로 추구하며, 그것이 일시적인 경우가 아닐 것, ② 전국차원의 활동영역을 넘어 활동범위를 가질 것, ③ 최소한 3년 이상에 걸쳐 환경보호 활동을 하였을 것, ④ 활동실적, 활동범위, 회원층, 사단의 임무수행능력을 고려할 때 정당한 임무수행을 인정할 만할 것, ⑤ 단체의 목적을 후원하는 누구라도 회원총회에서 완전한 투표권을 가지는 회원으로서의 가입이 가능할 것 등을 요건으로 하고 있는 점도 참고할 만하다.[44]

그리고 단체의 승인을 규정하는 법률규정에 대해 소관부처가 입법을 준비하는 경우를 생각하면, "……의 요건을 갖출 경우 승인할 수 있다."와 같이 관할행정청의 효과재량을 인정하는 규정형식을 선호할 수 있다. 재량행위가 가지는 구체적인 상황에서의 탄력적인 행정운영 등의 장점도 없지 않지만, 헌법상 결사의 자유를 보장하고, 행정청의 자의를 배제하기 위해서는 법이 정한 요건을 갖출 경우 관할행정청은 승인을 해야 하는 기속행위의 형태가 바람직하리라 생각된다. 효과재량을 배제하는 형태로 입법하더라도, 해당 법률규정에서 '불확정개념'이나 '요건재량'이 될 가능성도 있겠지만, 준비단계에서는 최대한 명확성을 확보하는 것이 법치국가원리에서 요청된다고 할 것이다.

또한, 환경단체소송의 적용영역은 기본적으로 사전환경성검토 및 환경영향평가의 대상이 되는 사업과 맞물리도록 하는 것이 무난하리라 생각된다. 그러나 처음 도입하면서 그 적용영역을 한정하여 단계적으로 실시할 경우, 자연환경보전법 및 야생동식물보호법의 보호법익과 관계되는 사업 및 '국토의 계획 및 이용에 관한 법률'이 적용되는 국토개발사업을 중심으로 그 적용영역을 설정하는 것도 하나의 방안이 될 수 있다.

4. 환경행정절차참여권 및 환경정보공개청구권과의 관계

환경사법액세스는 정보액세스 및 공중의 행정절차참여를 강화하여 공중이 환경법을 직접적으로 실효성 있게 하는 메커니즘을 제공하며, 이를 통해 환경법의 실효성이 제고될 수 있다.[45] 즉, 오르후스협약 제1기둥, 제2기둥은 제3기둥의 취지와 밀접한 관련이 있다.

---

44) 환경단체소송이 가져올 수 있는 역기능이라 할 수 있는 환경단체의 무분별한 남소까지 고려해야 한다는 지적이 있다. 이에 대해서는, 김해룡, "환경영향평가의 간소화 및 환경단체 제소권 제한 등에 관한 스위스 호프만 법안 고찰", 환경법연구 29-2(2), 3쪽 이하 참조.
45) Stec/Casey-Lefkowitz/Jendroska, 앞의 책, 6쪽.

이렇게 볼 때, 승인된 환경단체에게는 의견표명권 및 당해 전문가감정에 대한 열람권을 내용으로 하는 (절차)참여권을 보장할 필요가 있다. 우리 행정절차법 제27조 이하에서 규정하는 의견제출 및 청문에 법에 의해 승인된 단체가 적극적으로 참여할 수 있게 하는 것이다. 환경정보공개청구권의 경우에도 마찬가지로 강화된 형태로 보장할 필요가 있다. 이와 같은 정보액세스권, 행정절차참여권을 행정절차법 및 정보공개법에서 규정함으로써 단체의 助力에 관한 公權(subjektives öffentliches Recht auf Mitwirkung)을 보장하고, 이러한 권리가 침해될 경우 그 단체는 '참여소송'을 제기하는 방안도 생각할 수 있다. 여기서 참여소송(Beteiligungsklage)이란 절차참여가 하자가 있거나 절차참여가 결여된 경우 제기하는 소송을 말한다. 즉 일정한 환경단체가 행정절차참여권이나 정보액세스권이 침해되었다는 절차상 하자를 이유로 당해 행정결정의 취소나 무효확인 등을 구하는 소송이다. 다툼의 대상이 되는 행정작용이 처분이 아닌 경우에는 당사자소송으로서 확인소송도 활용할 수 있을 것이다. 이와 같은 참여소송형태의 단체소송은 단체소송에 관한 특별법이 없더라도, 절차에 관한 법률의 정비만 이루어진다면 기존의 행정소송법으로도 이용할 수 있는 것이다.

5. 자연의 권리소송과의 관계

우리나라에서도 최근 도롱뇽소송, 황금박쥐소송 등으로 불리는 이른바 자연의 권리소송이 제기된 바가 있다. 자연의 권리 소송이란 자연에는 고유한 가치가 있고, 사람이 자연을 대변하여 자연의 가치를 보존하기 위해 소송을 제기할 수 있다는 것이다. 즉, 자연물이 직접적인 소송당사자가 되지만, 인간이 그에 대한 대변인이 되어 당사자인 자연이 침해당하고 있는 이익에 대해 판단하고 이에 근거한 판결을 요구하는 소송이다. 그러나 법원은 자연물이나 그를 포함한 자연 그 자체에 대하여는 현행법 해석상 당사자능력을 인정할 만한 근거를 찾을 수 없다고 하여 자연의 권리소송을 인정하지 않고 있다.[46] 이처럼 자연의 권리소송은 소송실무에서는 관철되기 어려운 현실상황에서, 그 대안을 지방자치법상 주민소송에서 찾기도 한다.[47] 그러나 자연의 권리소송의

46) 대법원 2006. 6. 2. 자 2004마1148,1149 결정(이른바 도롱뇽사건). 같은 취지의 제1심(울산지방법원 2004. 4. 8. 자 2003카합959결정) 및 원심(부산고등법원 2004. 11. 29. 자 2004라41, 42 결정). 강재규, "자연의 권리", 환경법연구, 30-3, 2008, 41-71쪽; 한삼인 · 강홍균, "자연의 권리 소송에 관한 고찰", 법학연구 24, 한국법학회, 2006, 453-472쪽; 크리스토퍼 D. 스톤/ 허범 역, 법정에 선 나무들, 도서출판 아르케, 2003.

47) 강재규, 위의 논문, 65-66쪽; 한삼인 · 강홍균, 위의 논문, 469쪽. 일본에서는 자연의 권리소송이 주민소송의 형태로 제기된 판례가 있다. 曽和俊文, "オオヒシクイ事件ー自然の権利訴訟と住民訴訟(東京高裁平成8年4月23日判決)", 別册ジュリスト No. 171, 2004/4, 175-176頁.

취지에 부합할 수 있는 현실적이고 실효성 있는 대안은 다름 아닌 환경단체소송제도의 도입이라고 필자는 생각하고 있다.

6. 이른바 생태손해론과의 관계

아직 국내에서 그다지 활발히 논의가 되고 있진 않지만, 생물다양성보호, 기후변화와 같은 개인의 사적 이익과는 관계없는 순수한 생태손해(환경손해)에 대한 책임이 문제가 될 수 있다. 전통적인 행정소송, 민사소송으로는 순수한 생태손해문제를 해결하기 힘들다. 생태손해라는 공익성으로 인하여 사익보호성이라는 행정소송 원고적격을 충족할 수 없고, 개인의 이익조절을 목적으로 하는 것도 아니어서 민사소송도 한계가 있기 때문이다.

이때 일정한 요건을 갖춘 환경단체가 이러한 역할을 담당하게 할 필요가 있다. 이로써 결국 건강하고 쾌적한 환경에서 생활할 권리가 구현될 수 있다.

따라서 생태손해에 대한 책임문제를 함께 생각하면, 환경단체소송의 도입은 더욱 강하게 요청되는 것이다.[48]

Ⅴ. 맺음말

환경사법액세스권은 헌법의 환경권규정, 재판청구권규정, 법치주의원리, 인권의 보편성 등을 근거로 우리나라에서도 인정될 수 있으며, 그 보장을 통하여 환경법의 실효성을 제고할 수 있다. 환경사법액세스권의 입법론상으로 구현할 수 있는 방안으로 무엇보다 환경단체소송의 도입이 필요하다는 점을 필자는 강조하고자 한다. 이는 최근 우리나라에서 제기되고 있는 '자연의 권리'론에 대한 현실적 대안이 될 수도 있다. 이미 다른 기회에서 행한 연구 및 본고를 통하여 필자는 오르후스협약의 1, 2기둥에 대한 검토, 3기둥의 해석론에 이어 입법론까지 개관한 셈이다. 환경법 영역에서 절차적 권리가 가지는 의미와 역할에 대해서는 우리 헌법의 환경권의 해석과도 관련하여 계속해서 논의되어야 할 것이다.

끝으로, 司法액세스는 법치주의의 기본요소가 될 뿐만 아니라, 환경법의 효율적 집

48) 필자는 생태손해에 대한 책임체계, 즉 공법상 환경책임은 이러한 단체소송이 도입되기 전이라도 입법화할 수 있다고 보고 있다. 그러나 단체소송이 그 실효성을 높이게 될 것임은 긴 말을 필요로 하지 않는다.

49) Redgwell, 앞의 논문, 175쪽("Access to justice is not only a fundamental element in the rule of law, but

행에 있어서도 핵심요소가 된다는 C. Redgwell(2007)[49]을 인용함으로써, 본고의 결론에 갈음하고자 한다.

an essential component in the effective enforcement of environmental law").

찾아보기

ㄱ

ㅊ

ㅌ

ㅍ

ㅎ

저자 약력

- 경북대 법대, 동 대학원 졸업
- 독일 괴팅겐대 법학박사(Dr. jur)
- 일본 東京大 법학부 객원연구원(LG연암재단 해외파견프로그램)
- 제1회 변호사시험 출제 · 채점위원 등 각종 시험위원
- 한국공법학회 신진학술상 수상(2005)
- 현, 법제처 법령해석심의위원, 국민법제관
- 현, 영남대학교 법학전문대학원 교수(행정법 · 환경법 담당)

주요 논문

- 행정개혁의 공법적 과제 – 「同伴」과 「保證」의 행정개혁(2012)
- 토양환경보전법상 정화책임의 공법적 검토(2012)
- 지속가능한 물관리를 위한 법제도 정비에 관한 소고(2011)
- 예방적 금지를 구하는 행정소송(2010, 공저)
- 저탄소 녹색성장 기본법의 법적 성질 및 다른 법률과의 관계(2010)
- 환경사법액세스권과 행정소송법 제12조의 '법률상 이익' 의 해석(2009)
- 독일 물보호법의 현황과 시사점(2009)

외 다수 논문

행정법관계에서의 사인의 권리와 의무

2012년 12월 25일 초판 인쇄
2012년 12월 31일 초판 1쇄발행

저 자 金 鉉 峻
발행인 裵 孝 善
발행처 도서출판 法 文 社

주 소 413-756 경기도 파주시 문발동 526-3
등 록 1957. 12. 12 / 제2-76호 (윤)
TEL 031) 955-6500~6 FAX 031) 955-6525
e-mail (영업): bms@bobmunsa.co.kr
(편집): edit66@bobmunsa.co.kr
홈페이지 http://www.bobmunsa.co.kr
조 판 법 문 사 전 산 실

정가 45,000원 ISBN 978-89-18-08321-6